Die besten Windows ME Geheimnisse

Der große Report

Die besten Windows ME Geheimnisse

Hendric Wehr

DATA BECKER

Copyright	© 2001 by DATA BECKER GmbH & Co. KG Merowingerstr. 30 40223 Düsseldorf
	1. Auflage
Lektorat	David Grosvenor
Umschlaggestaltung	Inhouse-Agentur DATA BECKER
Satz und Layout	DTP-Studio Marl ubrinkmann@cityweb.de
Druck	Elsnerdruck, Berlin
E-Mail	buch@databecker.de

ISBN 3-8158-1640-8

Wichtiger Hinweis

Inhaltsübersicht

Inhaltsübersicht

Inhaltsübersicht

Inhaltsverzeichnis

Inhaltsverzeichnis

Inhaltsverzeichnis

Inhaltsverzeichnis

Inhaltsverzeichnis

Inhaltsverzeichnis

Inhaltsverzeichnis

Inhaltsverzeichnis

Inhaltsverzeichnis

Inhaltsverzeichnis

Inhaltsverzeichnis

Inhaltsverzeichnis

Inhaltsverzeichnis

Inhaltsverzeichnis

Windows ME gehört Ihnen

Das hört sich vielleicht komisch an – ich mein's aber ernst und es stimmt auch!

Mit diesem Buch können Sie nämlich Windows ME von hinten nach vorn aufrollen, selbst in seine verstecktesten Winkelchen gucken und fast alles, was Windows Ihnen so standardmäßig zeigt, verändern und obendrein besser machen. Und dann ist es eben plötzlich Ihr ganz eigenes und persönliches Windows!

Alles, was Sie jetzt noch brauchen, ist manchmal ein bisschen Geduld und ein möglichst aktueller „Schnappschuss" Ihres Systems. Nein – Fotos müssen Sie natürlich nicht machen, Sie sichern sich mit diesem Schnappschuss nur vor eventuellen Pannen ab. Gucken Sie einfach mal auf Seite 366 nach, dort zeige ich Ihnen, was es mit den Windows-Schnappschüssen auf sich hat.

Bevor Sie sich also auf den Weg hinter die Kulissen von Windows machen, spannen Sie sich dieses Sicherheitsnetz, dann steht dem Ausprobieren nichts mehr im Weg. Und selbst wenn mal was schief gehen sollte, sind Sie immer auf der sicheren Seite.

Jetzt aber hinein ins Vergnügen – ich wünsche Ihnen viel Spaß mit Ihrem ganz eigenen Windows.

Und auch bei diesem Buch haben wieder ein paar Leute – eher unwissentlich – im Hintergrund dafür gesorgt, dass es in der Form entstehen konnte, in der Sie es jetzt vor sich haben.

„Schönen Dank" deshalb (auch wenn sie's so gesehen eigentlich gar nicht verdient haben) an Batida_de_Cocos grüne Zensur und Dr.Barracudas freche Sprüche!

Hendric Wehr, Februar 2001

Das ist wirklich neu an Windows ME

Vielleicht haben Sie ja mitgezählt? Windows ME ist die fünfte (und bestimmt nicht die letzte) Version des „neuen“ Windows – also seit dem Wechsel vom steinzeitlichen Windows 3.11 zu Windows 95.

Seit diesen Zeiten hat sich eine ganze Menge getan, und Microsoft hat sich wirklich Mühe gegeben, ein vernünftiges Betriebssystem zusammenzubasteln, mit dem wir alle einfach besser arbeiten können. Und gar keine Frage – Windows ME ist seinen Vorgängern um einiges überlegen. Wirklich nervige Fehler wurden ausgebügelt, sinnvolle Erweiterungen hinzugefügt und die gesamte Performance erheblich gesteigert. Nichtsdestotrotz ist auch Windows ME im „Grunde seine Herzens“ genau genommen immer noch ein Windows 95 oder Windows 98 und funktioniert hinter den Kulissen auch fast genauso.

Aber – und so ist's nun mal leider im Leben – wo viel Licht ist, da gibt's auch eine ganze Menge Schatten. Dieser alte Spruch passt wirklich exakt auf Windows ME, denn an manchen Stellen hat Microsoft schlichtweg gepfuscht oder so unverständliche Entscheidungen getroffen, dass wir uns als Windows ME-Benutzer einfach nur noch wundern und ärgern können. Das Thema „Windows und DOS“ fällt zum Beispiel in diese Kategorie, aber dazu später mehr.

Natürlich gibt es aber auch die gute Nachricht: Genauso wie bei seinen Vorgängern müssen Sie sich auch bei Windows ME zum Glück nicht mit Microsofts Fehlentwicklungen und -entscheidungen abfinden, sondern können aktiv etwas dagegen unternehmen. Die meisten Ärgernisse sind mit ein paar Mausklicks zu beheben, manche andere leider nur mit etwas Bastelei. Aber keine Sorge: Alles was Sie tun müssen, zeige ich Ihnen Schritt für Schritt.

Zunächst aber erst mal ein kurzer Blick auf die echten Neuheiten in Windows ME.

Cooles Design

Wenn Sie mit einer der Vorgängerversionen von Windows ME gearbeitet haben, fällt Ihnen bestimmt sofort die neue und ziemlich coole Optik auf. Und ob man will oder nicht – man muss einfach zugeben, dass die Microsoft-Entwickler hier wirklich ein gutes Design-Händchen hatten. Die neue Optik ist aber nicht nur eine schöne Spielerei, sondern macht Menüs und Fenster auch ein bisschen übersichtlicher. Darüber hinaus kennt Windows ME nun auch das so genannte „Look & Feel" wie zum Beispiel im Startmenü.

Übrigens: Keine Angst, wenn Sie sich schon so richtig an Windows 95 oder 98 gewöhnt haben und jetzt auf ME umsteigen wollen oder müssen. Die Umstellung auf die neue Optik von Windows ME wird Ihnen garantiert keine Schwierigkeiten machen, denn dazu ist sie noch viel zu verwandt mit ihren Vorgängern.

Besser, schneller und sicherer surfen mit dem neuen Internet Explorer

Es hat zwar lange gedauert, aber schlussendlich hat Microsoft doch noch erkannt, dass der Internet Explorer nicht nur sicherer, sondern auch praktischer werden musste. Und so beherrscht der Internet Explorer in der Version 5.5 nun auch die 128-Bit-Verschlüsselung – seine Vorgänger kamen nur mit ziemlich unsicheren 56 Bit zurecht. Neben einer Menge weiterer Kleinigkeiten hat Microsoft dem Internet Explorer übrigens auch noch eine Druckvorschau spendiert, mit der Sie sich Webseiten vor dem Ausdrucken erst einmal genau ansehen können. Papierverschwendung durch Fehlausdrucke gehören damit endgültig der Vergangenheit an. Auf Seite 172 finden Sie mehr dazu.

Immer erreichbar mit dem neuen MSN Messenger

Wenn Sie vielleicht einen Hotmail-Account haben, werden Sie sich über den neuen MSN Messenger 2.2 bestimmt freuen. Mit ihm können Sie nämlich nicht nur ganz unkompliziert den Live-Kontakt zu Ihren Freunden im Internet halten, sondern eben auch Ihren Hotmail-Posteingang abfragen.

Windows ME als Multimedia-Multitalent

Microsoft hatte ja schon immer ein Faible für Multimedia – mit den neuen Features in Windows ME haben die Entwickler es aber wirklich auf die Spitze getrieben!

Wirklich gelungen: der neue Media Player

Der brandneue Media Player 7.0 kommt mit fast allen aktuellen Audio- und Videoformaten zurecht und bringt auch gleich noch zwölf verschiedene Designs mit.

Ab Seite 432 sehen Sie, wie Sie ihn blitzschnell ganz nach Ihrem Geschmack umgestalten können.

Videos bearbeiten auf dem PC – kein Problem für Windows ME

Wenn Sie Ihre Videos am PC selbst bearbeiten wollen, liefert Windows ME Ihnen gleich das richtige Programm dazu. Der Movie Maker ist zwar eine ziemlich einfache, aber trotzdem brauchbare Videoschnittlösung.

Ab Seite 453 zeige ich Ihnen, wie lässig Sie Ihre Videos schneiden und vertonen können.

Bildvorschau jetzt serienmäßig

Die Entwickler haben Windows ME einen Ordner namens *Eigene Bilder* verpasst, der zwar nicht gerade spektakulär aussieht, es aber faustdick hinter den Ohren hat. Auf Seite 501 sehen Sie, was Sie mit ihm alles anstellen können.

Meist sinnvoll und manchmal ärgerlich: Windows' Versteckspielchen

Als routinierter Windows-Benutzer werden Sie bestimmt einen „dicken Hals" bekommen, wenn Sie sehen, wie Windows ME versucht, sich vor PC-Laien zu schützen. Gemeint ist damit die Darstellung von Fensterinhalten, wie etwa in der Systemsteuerung. Anders als seine Vorgängerversionen versteckt Windows ME nämlich fast alles und zeigt nur bestimmte Bestandteile. Wenn Sie jederzeit vollen Zugriff auf Ihren PC haben wollen, ist das natürlich superärgerlich – auf Seite 293 zeige ich Ihnen aber, wie Sie das ganz schnell wieder ändern. Andererseits hat dieses Feature – manche Windows-Hasser bezeichnen es übrigens als „Idiotenbremse" – auch seine Vorteile. Wenn Sie beispielsweise verhindern wollen, dass Ihre Kinder oder Kollegen an Ihrem PC herumfummeln und dabei Ihre Daten in Schutt und Asche legen, können Sie mit der „Idiotenbremse" wenigstens das Allerschlimmste verhindern.

Ab jetzt ist Netzwerken wirklich supersimpel

Wenn Sie sich schon immer für Netzwerke interessiert haben, sich damit aber nicht auskennen, sind Sie mit Windows ME bestens bedient. Der Netzwerkassistent nimmt Ihnen nämlich fast die gesamte Arbeit ab – irgendwelche Netzwerkkenntnisse brauchen Sie also wirklich nicht, um ein prima funktionierendes Netzwerk aufzubauen. Ab Seite 721 zeige ich Ihnen, wie schnell und unkompliziert das geht.

Windows ME ist ein echter Schnellstarter

Früher mussten Sie beim Windows-Start oft minutenlang in den dunklen Monitor starren – das ist jetzt zum Glück vorbei. Der Grund dafür ist eine runderneuerte Registry. Was sich dahinter verbirgt und was Sie für sinnvolle Dinge mit der Registry machen können, zeige ich Ihnen ab Seite 540.

Hausapotheke serienmäßig

Windows ME bringt seine eigene „Hausapotheke" gleich mit und kann sich – wenn wirklich mal etwas so richtig schief gegangen ist – quasi selbst verarzten und heilen. Gucken Sie doch mal auf Seite 356 nach, dort zeige ich Ihnen, wie das funktioniert.

Windows ME auf der Intensivstation

Wenn Windows nach einem Mega-Crash „klinisch tot" ist, können Sie es mit der Systemwiederherstellung in eine Art Intensivstation schicken und wieder zum Leben erwecken. Wie das funktioniert und welche kleinen aber gemeinen Fallen es dabei gibt, zeige ich Ihnen ab Seite 365.

Das ist bitter: Kein DOS mehr unter Windows ME

Über diese Neuigkeit werden Sie sich wahrscheinlich gar nicht freuen – Windows ME hat nämlich offiziell kein DOS mehr! Mit diesem Schildbürgerstreich hat Microsoft es geschafft, Millionen Benutzer vor den Kopf zu stoßen, die mit ihren PC-Spielen auf den Real-Mode angewiesen sind.

Wie schon gesagt – „offiziell" ist DOS unter Windows ME nicht mehr vorhanden, „inoffiziell" aber eben doch noch, nur der Zugang dazu ist ein wenig verzwickt. Ab Seite 613 zeige ich Ihnen, wie Sie wieder an DOS herankommen und deshalb auch Ihre Lieblingsspiele nicht gleich wegschmeißen müssen.

Und gleich noch eine Ohrfeige: Kein TweakUI mehr in Windows ME

Ein weiteres „Feature" von Windows ME – leider ebenfalls ein ziemlich sinnloses – besteht darin, dass Microsoft das Tool TweakUI kurzerhand rausgeschmissen hat. In früheren Versionen war es Bestandteil der Windows-CD, heute müssen Sie es sich leider selbst besorgen.

Das geht aber zum Glück blitzschnell im Internet und zum Beispiel über die Adresse http://www.microsoft.com/ntworkstation/downloads/PowerToys/Networking/NTTweakUI.asp. Ich zeige Ihnen übrigens an vielen Stellen im Buch, was für tolle Möglichkeiten TweakUI bietet – daneben gibt's aber noch ein paar weitere, tolle Windows-Helferlein, die Sie unbedingt haben sollten!

Eines davon hört auf den Namen TuneUp, und im Internet finden Sie es unter der Adresse http://www.tuneup.de. Ein weiteres, nämlich Tweak Me, zeige ich Ihnen ab Seite 56 genauer.

Die totale Konfusion: Windows ME und seine verschiedenen Versionen

Microsoft ist wirklich ungeschlagener Meister in der Disziplin „Wie bringe ich meine Kunden durcheinander". Genau wie bei der Vorgängerversion Windows 98 SE gibt es nämlich auch von Windows ME wieder ein paar unterschiedliche Versionen, die gar nicht so leicht auseinander zu halten sind.

Update oder Vollversion?

Windows ME gibt es als Update und als Vollversion, wobei sich diese beiden Versionen ziemlich voneinander unterscheiden. Die Vollversion kostet rund 400 DM und lässt sich auf jeden beliebigen PC aufspielen, also auch auf einen, auf dem noch kein Betriebssystem vorhanden ist.

Ganz anders läuft das beim Update ab, denn hier haben Sie zwei Möglichkeiten. Wenn Sie bisher mit Windows 98 oder Windows 98 SE gearbeitet haben, können Sie ein spezielles Update wählen, das nur rund 150 DM kostet. Der Haken an der Sache: Diesen Update-Typ will Microsoft offiziell nur bis Februar 2001 anbieten. Kaufen Sie das Update nach diesem Datum, müssen Sie rund 230 DM für das „normale" Update bezahlen, das auch Benutzer von Windows 95 und 95b verwenden. Besonders für Windows 3.1-Benutzer richtig bitter: Windows ME sträubt sich gegen ein Update von dieser Betriebssystemversion – arbeiten Sie also noch mit Windows 3.1, müssen Sie wohl oder übel die Vollversion kaufen.

Was stimmt nun: Braucht Windows ME fürs Update ein installiertes Windows oder nicht?

Welche Update-Voraussetzungen es gibt, ist seit dem Erscheinen von Windows ME wieder mal ein nettes Verwirrspiel mit allen möglichen unterschiedlichen Aussagen. Vergessen Sie, was Sie bisher vielleicht gehört haben – Folgendes stimmt:

Wollen Sie auf Windows ME updaten, können, aber Sie müssen keine Windows-Version auf Ihrem PC installiert haben.

Wenn auf Ihrem PC bereits Windows 95, 98 oder 98 SE läuft, ist das Updaten absolut bequem und unkompliziert. Sie legen im laufenden Betrieb einfach die Windows ME-CD ein und schon startet das Update.

Ziemlich unkomfortabel funktioniert das, wenn Sie eine „nackte“ Festplatte, also eine ohne Betriebssystem haben. Dann nämlich müssen Sie den PC erst mal mit einer Windows-Startdiskette hochfahren und können das Update erst danach starten. Zu Beginn der ME-Installation müssen Sie dann die Windows 95 - oder 98-CD einlegen, die das Windows ME-Setup überprüft. Nach der Überprüfung legen Sie wieder die Windows ME-CD ein, und die Installation startet.

Vorsicht Falle: Die Update-CD ist nicht bootfähig

Eine ziemlich miese Falle hat Microsoft mit der nicht bootfähigen Windows ME-CD gestellt. Stellen Sie sich einfach mal vor, Sie haben brav Ihre Festplatte formatiert und wollen nun das Update installieren. Tja – Pech gehabt, denn die Update-CD ist nicht bootfähig und ohne eine Startdiskette wird's wirklich schwierig, den PC zum Laufen zu bekommen. Wenn Sie das Update also auf einer nackten Platte installieren wollen, legen Sie sich vorher unbedingt unter Windows die Startdiskette an! Auf Seite 347 zeige ich Ihnen, wie schnell das geht.

Vollgas gleich von Anfang an: So kriegen Sie das schnellste Windows aller Zeiten!

Kapitel 2

Bevor Sie den ersten Blick auf Windows ME werfen können, hat Ihr Rechner im Hintergrund schon eine ganze Menge zu tun. Das Rechner-BIOS – sozusagen das „echte Ich" Ihres Rechners – überprüft beim Start eine Menge verschiedener Einstellungen, bevor Windows zum Zuge kommt. Was dabei alles passiert und wo Sie sogar steuernd eingreifen können, zeige ich Ihnen ab Seite 381.

Diese Funktionen können Sie beim Rechnerstart gleich deaktivieren

Hier aber schon mal zwei Funktionen, die Sie sofort deaktivieren und mit denen Sie Ihren Rechner um einiges schneller starten können.

Weg mit dem Speichertest

Beim PC-Start überprüft das Rechner-BIOS den installierten Arbeitsspeicher auf Fehler. Der Speichertest ist im Grunde zwar ganz sinnvoll, Sie können ihn aber ohne Probleme abschalten, wenn auf Ihrem PC nie Speicherfehler auftauchen. So richtig nervig ist es, wenn dieser Test bei manchen BIOS-Versionen gleich ein paar Mal hintereinander abläuft. Und das dauert natürlich umso länger, je mehr Speicher Sie im Rechner haben.

> **So kommen Sie ins BIOS**
>
> *Bei den meisten PCs kommen Sie ins BIOS, wenn Sie beim Rechnerstart die [Entf]- oder die [F2]-Taste drücken. Klappt das bei Ihrem Rechner nicht, sehen Sie nach, welche Taste oder Tastenkombination Ihr BIOS verlangt. Diese Information wird beim Booten auf dem Bildschirm angezeigt.*

Im BIOS rufen Sie den Eintrag *Quick Power On Selftest* auf und ändern die Option auf *Enabled.* Und das war's auch fast schon. Bevor Sie das BIOS wieder verlassen, müssen Sie die Änderung natürlich speichern. In fast allen BIOS-Versionen finden Sie dazu den Punkt *Save and exit Setup*, den Sie mit *Yes* bestätigen.

> **Vorsicht Stolperstein englische Tastatur: Hier finden Sie die [Y]-Taste**
>
> *Weil der PC, solange Sie sich im BIOS befinden, keine deutsche Tastatur kennt, verwendet er standardmäßig die englische Tastaturbelegung. Und bei der sind die Tasten [Y] und [Z] vertauscht. Um* **Yes** *anzugeben, müssen Sie also auf die [Z]-Taste drücken!*

Beim Booten überprüft das BIOS ab jetzt nur noch die Größe des Arbeitsspeichers und lässt die ewigen Testdurchläufe bleiben.

Das kostet Zeit: Floppy-Boot

Ganz schön nervig ist die Angewohnheit mancher PCs, beim Systemstart erst einmal sekundenlang auf dem Floppy-Laufwerk „rumzukratzen", bevor Windows dann endlich startet. Vielleicht wundern Sie sich, dass manche Rechner das machen, andere aber nicht. Der Hintergrund ist ganz einfach – der Hersteller hat nämlich die so genannte „Bootsequenz" im BIOS des Rechners dummerweise auf das Diskettenlaufwerk gelegt, anstatt auf die Festplatte. Mit einer kleinen Änderung im BIOS stellen Sie diese lästige Angewohnheit schnell ab.

1. Wechseln Sie ins Rechner-BIOS.
2. Je nach BIOS-Version unterscheiden sich die Bezeichnungen zwar, normalerweise finden Sie die Bootsequenz aber unter dem Eintrag *Bios-Feature Setup*.
3. Hier finden Sie unter dem Eintrag *Bootup-Sequence* die Zeichenfolge *A; C*, die Sie einfach in *C; A* umstellen.
4. Bevor Sie das BIOS wieder verlassen, speichern Sie Ihre Änderungen.

Der nächste Neustart läuft jetzt auch schon ohne „Floppy-Kratzerei" ab.

Das steckt dahinter ...

Die Bootsequenz bestimmt, auf welchem Laufwerk der Rechner nach dem Betriebssystem suchen soll. In der Computersteinzeit war das tatsächlich das Floppy-Laufwerk, weil das Betriebssystem so klein war, dass es auf eine Floppy-Disk passte. Obwohl es natürlich unsinnig ist, auf einer Diskette nach Windows ME Ausschau zu halten, hat sich diese Einstellung der Bootsequenz bis heute gehalten. In zwei Situationen allerdings brauchen Sie diese Einstellung auch und müssen Sie manuell wieder auf *A; C* setzen. Wenn Sie Windows ME auf einem „nackten" Rechner ohne Betriebssystem völlig neu installieren, muss der PC zuerst auf die Windows-Startdiskette zugreifen und eine Art Mini-Betriebssystem laden. Erst so kommen Sie dann auch an das CD-ROM-Laufwerk heran und können Windows überhaupt installieren. Und die zweite Situation: Wenn Windows zum Beispiel nach einem heftigen Crash absolut nicht mehr starten will, hilft die Startdiskette weiter. Auch in diesem Fall muss die Bootsequenz natürlich auf das Floppy-Laufwerk verweisen.

Windows ME schneller starten

Wenn Sie ein wirklich kompromisslos schnelles Windows ME haben wollen, führt kein Weg daran vorbei, auf einen großen Teil der vielen schönen, bunten Features zu verzichten. Gerade die lassen Windows ME zwar so schön aussehen, bremsen es aber leider auch aus. Und das merken Sie besonders dann, wenn Sie einen nicht mehr ganz so neuen Rechner haben.

Weg mit dem Begrüßungsfenster

Erstes Ärgernis beim Windows-Start ist natürlich das Begrüßungsfenster – auch als „Startbildschirm" bezeichnet. Je nachdem, wie schnell Ihr PC arbeitet, müssen Sie sich dann bis zu einer Minute lang ansehen, dass Sie jetzt gleich mit Windows ME arbeiten werden. Wirklich toll – als wenn Sie das nicht schon gewusst hätten!

Klare Entscheidung also – weg mit dem Begrüßungsfenster. Das bringt, zumindest bei Grafikkarten mit nicht mehr als 8 MByte Speicher, einen schon deutlich bemerkbaren messbaren Geschwindigkeitszuwachs.

Das steckt dahinter ...

Wahrscheinlich werden Sie's nicht glauben wollen, aber das Begrüßungsfenster ist mehr als eine reine Microsoft-Werbung. Es versteckt nämlich all die recht umfangreichen Programmabläufe, die beim Start von Windows ME abgearbeitet werden. Dabei kann es sogar passieren, dass der sich bewegende Balken am unteren Bildschirmrand zeitweise stehen bleibt, weil der PC alle Ressourcen für den Start braucht und sie deshalb kurzerhand bei der Grafikkarte abknipst. Wenn Sie das von Ihrem PC kennen, dann lohnt sich das Abschalten des Begrüßungsfensters wirklich. So nehmen Sie dem Rechner ein bisschen Arbeit ab, die er dafür in den Windows-Start stecken kann. Und der wird dadurch natürlich beschleunigt. Besonders schön sieht der Windows-Start danach aber ehrlich gesagt nicht mehr aus. Jetzt können Sie nämlich zugucken, wie die einzelnen Startparameter zeilenweise abgearbeitet werden. Verantwortlich für das Einblenden des Begrüßungsfensters ist vor allem die Datei *Msdos.sys*, die Sie im *Root*-Verzeichnis Ihrer Festplatte finden. Mit einer simplen Änderung in der *Msdos.sys* verbieten Sie Windows, das Begrüßungsfenster zu zeigen.

> **Die Msdos.sys ist normalerweise versteckt und schreibgeschützt!**
>
> *Bevor Sie die* Msdos.sys *bearbeiten können, müssen Sie Windows austricksen. Als wichtige Systemdatei versteckt Windows die* Msdos.sys *nämlich normalerweise, was Sie aber schnell ändern können, indem Sie im Explorer unter* Extras/Ordneroptionen/Ansicht/Versteckte Dateien und Ordner *die Option* Alle Dateien und Ordner anzeigen *anklicken. Im Explorer klicken Sie die Datei jetzt an und deaktivieren in ihrem Eigenschaftenfenster die Option* Schreibgeschützt*.*

Haben Sie das Attribut *Schreibgeschützt* entfernt, können Sie die *Msdos.sys* mit dem Windows-Editor öffnen und im Abschnitt *[Options]* die Zeile

```
Logo=0
```

eintragen.

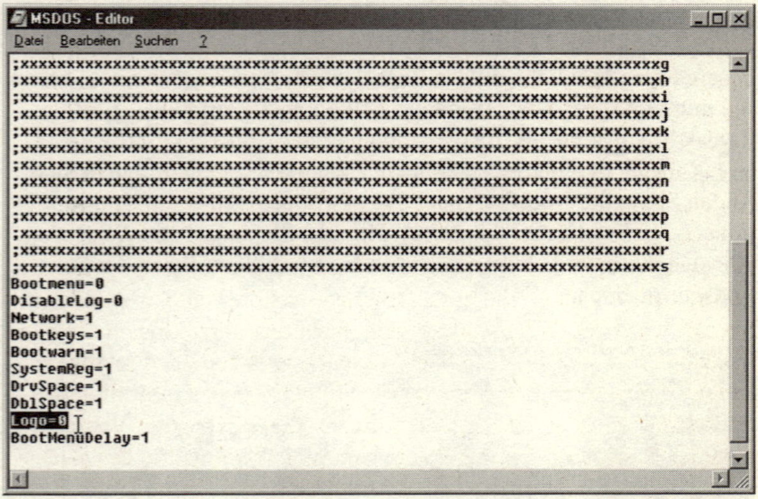

Nach dem Speichern wechseln Sie in den Explorer und aktivieren im Eigenschaftenfenster der *Msdos.sys* wieder die Option *Schreibgeschützt*.

Beim nächsten Windows-Start ist das Begrüßungsfenster verschwunden, und Sie sehen stattdessen die Befehlszeilen, die während des Startvorgangs ablaufen. Wie schon gesagt – das sieht zwar nicht gerade toll aus, macht den Startvorgang aber schneller. Übrigens: Mit der *MSDOS.SYS* können Sie noch eine ganze Menge anderer Sachen anstellen. Was genau, das zeige ich Ihnen ab Seite 639.

Msdos.sys: Eine prima Bastelstube

Auch wenn die ***Msdos.sys*** *unter Windows ME nicht mehr ganz so wichtig ist, wie unter den vorherigen Windows-Versionen, eignet sie sich doch noch für eine ganze Menge anderer Einstellungen, mit denen Sie den Windows-Start in manchen Punkten beeinflussen können. Wie das geht, zeige ich Ihnen ab Seite 639.*

Und noch eine Möglichkeit ...

Eine weitere Möglichkeit, das Begrüßungsfenster loszuwerden, haben Sie mit dem speziell für Windows ME entwickelten Super-Tool Tweak Me, das Sie als Testversion unter der Adresse http://www.tweak-me.de herunterladen können. Haben Sie Tweak Me installiert, finden Sie in der Rubrik *System Tweaks/Boot Tweaks* die Option *Windows Logo beim Start abschalten*. Klicken Sie danach auf *Einstellungen speichern*, und ab dem nächsten Neustart bleibt Ihnen der Startbildschirm erspart.

Übrigens: Tweak Me kann natürlich noch viel mehr. Allein schon die Möglichkeit, den Speicher zu optimieren und CD-ROM- und DVD-Laufwerke zu beschleunigen, sind die rund 40 DM wirklich wert, die das Programm als Vollversion kostet. Mein Tipp deshalb: kaufen!

Macht wenig Sinn und kostet Zeit: Passwortabfrage beim eigenen PC

Beim Windows-Start müssen Sie normalerweise Ihren Benutzernamen und ein Kennwort angeben. Das ist sinnvoll, wenn Sie den Rechner mit anderen Leuten teilen müssen.

Wenn Sie allein daran arbeiten, ist das Fenster aber eine echte Zeitverschwendung. Um es loszuwerden, gibt's mehrere Möglichkeiten:

1 Wenn Sie Windows gerade frisch installiert haben, geben Sie beim ersten Anmelden einfach kein Kennwort ein. Das Passwortfenster wird ab jetzt nicht mehr gezeigt.

2 Wenn Sie schon ein Passwort eingegeben haben, löschen Sie es einfach wieder. Das geht über den Punkt *Kennwörter* in der *Systemsteuerung*. Klicken Sie auf die Registerkarte *Kennwörter ändern* und dann auf *Windows-Kennwort ändern*. Jetzt geben Sie zuerst das alte Kennwort ein und dann einfach nichts als neues Kennwort.

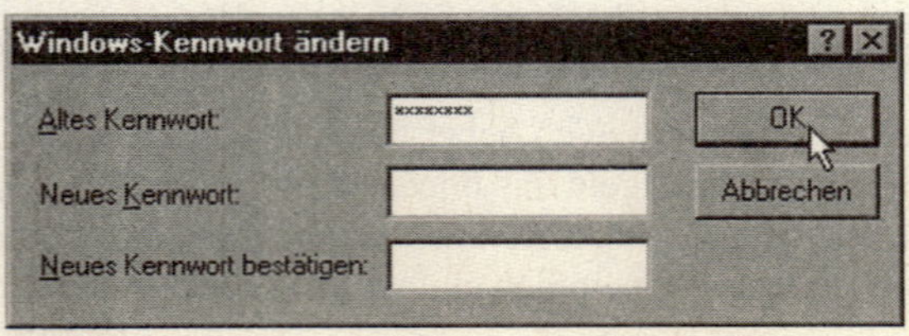

3 Klicken Sie jetzt auf die Registerkarte *Benutzerprofile* und sehen Sie nach, ob die Option *Für alle Benutzer dieses Computers gelten dieselben Vorgaben und Desktop-Einstellungen* aktiviert ist. Wenn nicht, holen Sie dies nach. In Verbindung mit dem leeren Passwort wird das Passwortfenster jetzt nicht mehr angezeigt.

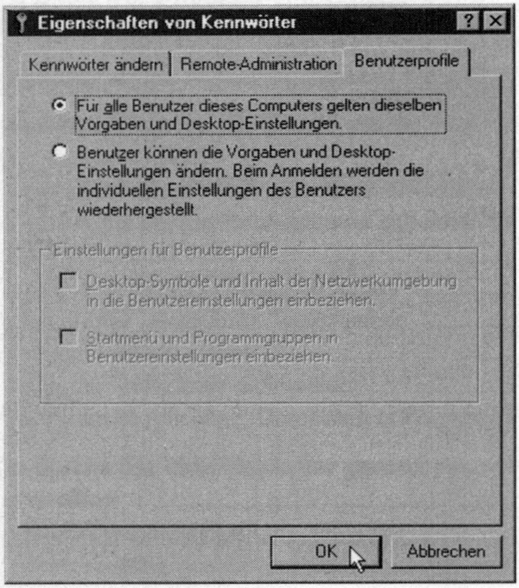

Wenn Sie das Passwort doch wieder brauchen

Wenn Sie, warum auch immer, doch lieber die Passwortabfrage beim Windows-Start haben wollen, geht das blitzschnell: In der *Systemsteuerung* gehen Sie wieder zum Punkt *Kennwörter* und geben in der Registerkarte *Kennwörter ändern* einfach ein neues Kennwort an.

Das bringt Speed: Versteckte Programme aufspüren und gleich abschalten

Beim Start von Windows ME passieren eine Menge Dinge hinter Ihrem Rücken, die Ihren Rechner ganz schön langsam machen können. Neben einigen Diensten und Programmen, die Windows wirklich braucht, sind das zumeist Hilfsprogramme, die Sie an den Symbolen in der Task-Leiste erkennen können.

Damit aber noch nicht genug, denn obendrein existieren auch noch einige spezielle Dienste, die geladen werden, ohne überhaupt auf dem Desktop aufzutauchen. Mit ein paar Mausklicks können Sie blitzschnell dahinter kommen, welche Programme im Hintergrund geladen werden und vielleicht gar nicht nötig sind.

Erster Schritt: Den Autostart-Ordner ausmisten

Am schnellsten kommen Sie den im Hintergrund startenden Programmen auf die Spur, wenn Sie im *Autostart*-Ordner nachschauen. Über *Start/Einstellungen/Taskleiste und Startmenü* gelangen Sie ins Eigenschaftenfenster der Task-Leiste. Klicken Sie auf die Registerkarte *Erweitert* und dann auf die Schaltfläche *Entfernen*.

Jetzt landen Sie im Fenster *Verknüpfungen/Ordner entfernen* und klicken auf den Ordner *Autostart*. Hier sehen Sie, welche Programme automatisch mit Windows gestartet werden. Haben Sie Microsoft Office installiert, finden Sie garantiert den Eintrag *Microsoft Office-Schnellstart*, der außer einer Geschwindigkeitsbremse rein gar nichts bringt. Also ein klarer Löschkandidat! Klicken Sie auf den Eintrag und danach auf die Schaltfläche *Entfernen*.

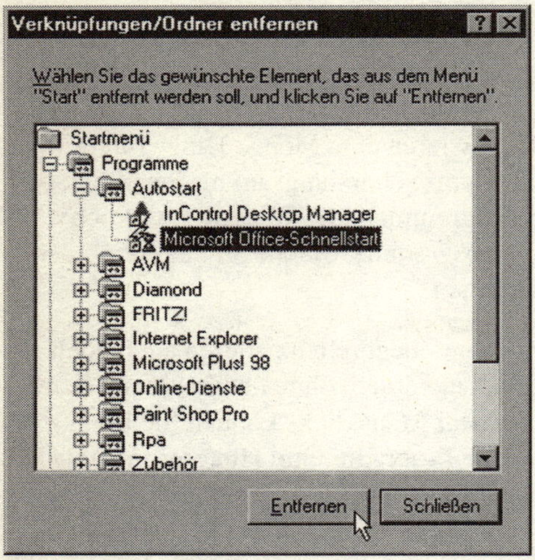

Weil sich aber dummerweise nicht alle „heimlichen" Programme so offen in den *Autostart*-Ordner schreiben, müssen Sie schon ein bisschen raffinierter vorgehen, um auch den Rest der Bremser aufzuspüren.

Und genau dafür gibt's die Systeminfo, der überhaupt nichts verborgen bleibt, was auf dem Rechner passiert.

Mit der Systeminfo alle Programmaufrufe finden ...

1 Zur Systeminfo kommen Sie über *Start/Programme/Zubehör/Systemprogramme/Systeminformation*.

2 Im linken Fenster der Systeminfo klicken Sie auf den Eintrag *Softwareumgebung* und danach auf *Autostart-Programme*.

3 Im rechten Fenster sehen Sie jetzt alle Programme, die beim Start von Windows ME ausgeführt werden.

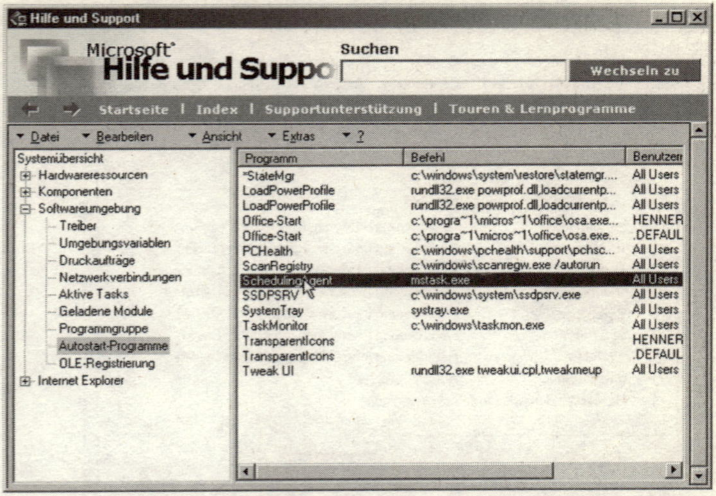

Wenn Sie einen Kandidaten ausgemacht haben, den Sie aus dem Autostart hinausschmeißen wollen, notieren Sie sich den Eintrag, denn entfernen können Sie ihn hier noch nicht. Als „Rausschmeißer" benutzen Sie im nächsten Schritt das Systemkonfigurationsprogramm, das Sie in der Systeminformation über *Extras/Systemkonfigurationsprogramm* erreichen.

> **Schneller zum Systemkonfigurationsprogramm**
>
> *Wenn Sie nur mal schnell ins Systemkonfigurationsprogramm wollen, müssen Sie nicht erst den Weg über die Systeminfo gehen. Schneller geht das, wenn Sie unter* Start/Ausführen *die Befehlszeile „Msconfig " eingeben.*

... und mit dem Systemkonfigurationsprogramm rauswerfen

Im Systemkonfigurationsprogramm klicken Sie auf die Registerkarte *Autostart*. Jetzt entfernen Sie einfach die Häkchen vor den Einträgen, die Sie rauswerfen wollen und verlassen das Programm mit *OK*. Und das war's auch schon!

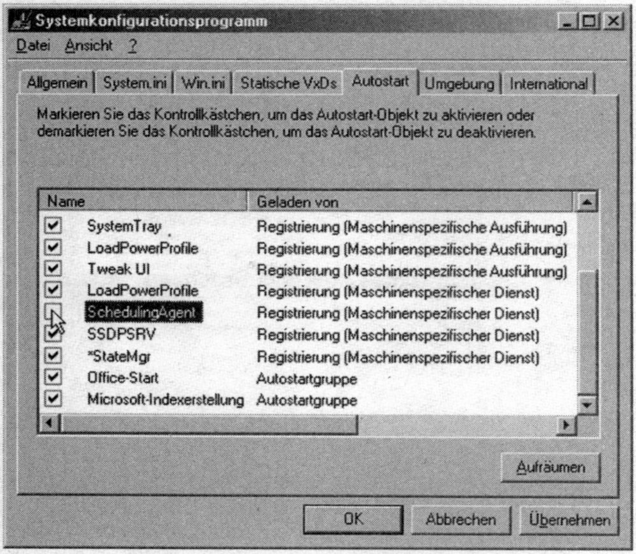

Die klassischen „Start-Bremsen" lösen

Wenn Sie auf den Taskplaner verzichten können und stattdessen bestimmte Routinearbeiten auf dem Rechner lieber selbst durchführen, ist er der klassische Löschkandidat.

Vorsicht: Nicht wild drauflos löschen!

Das Deaktivieren der Autostart-Einträge sollten Sie aber nicht übertreiben, denn hier befinden sich auch Programmaufrufe, die Windows wirklich braucht! ***ScanRegistry***, ***TaskMonitor*** *oder* ***SystemTray*** *zu löschen, würde den Windows-Start nicht beschleunigen, dafür aber den Systemtray mit der Uhrzeit deaktivieren. Das Programm ScanReg ist ebenfalls wichtig, weil es bei jedem Windows-Start blitzschnell die Registry auf Fehler durchsucht.*

Und jetzt: Automatische Programmabläufe deaktivieren

Leider haben Sie mit den bisherigen Arbeitsschritten noch nicht alle „Start-Bremser" erwischt, denn ein paar weitere Programme oder Programmabläufe bremsen den Windows-Start an verschiedenen Stellen aus.

Das nervt: Alte Explorer-Fenster beim Windows-Start

Das kennen Sie bestimmt: Sie starten Windows neu und was passiert? Es erscheint das alte Explorer-Fenster, das Sie in der vorherigen Sitzung geöffnet hatten. Genau das bremst aber nicht nur den Windows-Start, Sie müssen das Fenster auch erst wegklicken, bevor Sie arbeiten können. Dummerweise können Sie Windows dieses Verhalten nicht abgewöhnen, es aber ganz leicht umgehen. Beim Herunterfahren merkt sich Windows ME nämlich grundsätzlich alle noch geöffneten Explorer-Fenster, was übrigens auch für die Systemsteuerung gilt. Die Lösung ist so logisch wie einfach: Schließen Sie vor dem Herunterfahren alle Explorer-Fenster!

> **Explorer-Fenster blitzschnell schließen**
>
> *Wenn Sie ein paar Explorer-Fenster geöffnet haben, wird das Schließen natürlich zur nervigen Herumklickerei. Schneller geht's mit der Tastenkombination Alt+F4, mit der Sie offene Fenster blitzschnell schließen.*

Nach dem Crash: Windows-Start ohne ScanDisk

Wenn Windows ME aus irgendwelchen Gründen abgestürzt ist, wird beim Neustart automatisch ScanDisk gestartet und die Festplatte auf mögliche Fehler überprüft. Wenn Sie eine oder sogar mehrere große Festplatten haben, können Sie dann erst mal in aller Ruhe eine Tasse Kaffee trinken gehen, denn ScanDisk lässt sich mit der Überprüfung reichlich Zeit.

ScanDisk über das Systemkonfigurationsprogramm deaktivieren

Wenn Sie ScanDisk nach dem Neustart auf gar keinen Fall bei der Arbeit zusehen wollen, machen Sie Folgendes:

Gehen Sie ins Systemkonfigurationsprogramm und dort auf die Registerkarte *Allgemein.*

Jetzt klicken Sie auf die Schaltfläche *Erweitert* und setzen im Fenster *Erweiterte Einstellungen für die Problembehandlung* ein Häkchen vor die Option *Scandisk nach fehlerhaftem Herunterfahren deaktivieren.* Danach verlassen Sie das Fenster mit *OK.*

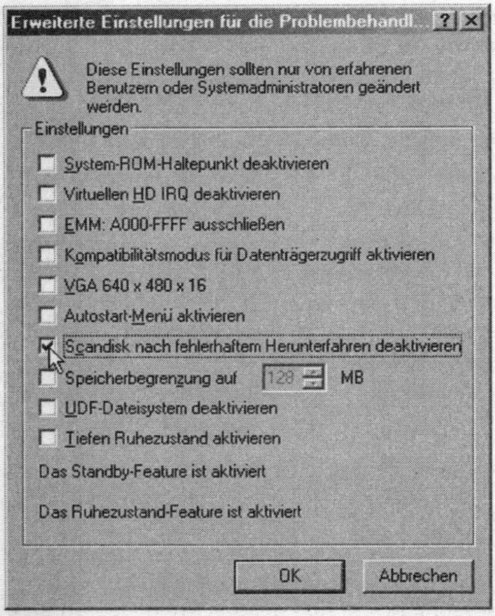

Das steckt dahinter ...

Für den Start von ScanDisk nach einem Windows-Crash ist die Datei *Msdos.sys* verantwortlich. Hier finden Sie im Abschnitt *[Options]* den Eintrag *AutoScan=1*. Ändern Sie den Eintrag auf *AutoScan=0*, wird ScanDisk nicht mehr gestartet.

Übrigens: Mehr zur *Msdos.sys* finden Sie auch auf Seite 639.

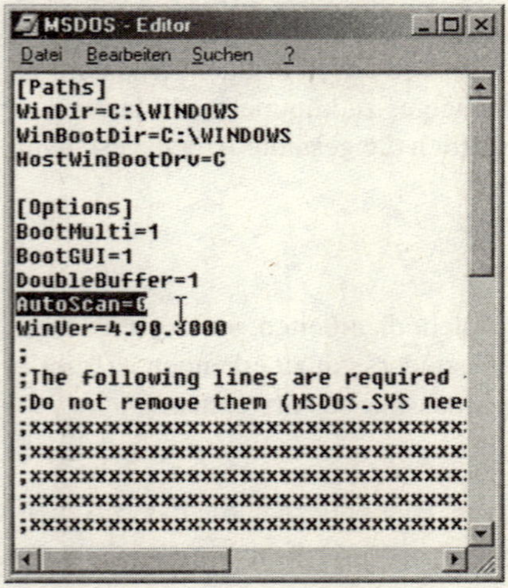

Kann böse enden: ScanDisk abschalten

Um es ganz klar zu sagen – wenn Sie ScanDisk abschalten, spart das im Zweifelsfall eine Menge Zeit. Aber: Ohne ScanDisk nach einem Absturz mögliche Fehler finden und beheben zu lassen, führt meist ganz schnell den nächsten Absturz herbei, weil ein Programmzugriff in einem der fehlerhaften Bereiche erfolgt ist. Ob Sie ScanDisk also wirklich abschalten wollen, müssen Sie selbst wissen. Relativ gefahrlos ist das Abschalten, wenn Sie sowieso fast nie Windows-Abstürze auf Ihrem Rechner haben.

Brauche ich das wirklich alles: Weg mit Mauszeigern, Hintergrundbildern & Co.

Keine Frage – die vielen bunten Hintergründe, Mauszeiger und Bildschirmschoner sehen nicht nur wirklich gut aus, sie machen auch eine Menge Spaß. Dummerweise sind sie aber echte Ressourcenfresser, die nicht nur viel Speicherplatz brauchen.

Am schlimmsten ist nämlich, dass sie, wenn Sie sie verwenden, den Prozessor des Rechners wirklich zum Schwitzen bringen. Und der muss sich dann, statt sich um Wichtigeres zu kümmern, mit lauter Gimmicks herumschlagen, die natürlich die gesamte Arbeitsgeschwindigkeit herunterbremsen.

Brauche ich nicht: Mausspur

Wenn Sie nicht gerade an einem Notebook arbeiten, auf dessen LCD-Bildschirm der Mauszeiger nicht besonders gut zu erkennen ist, gibt's keinen Grund, die Systembremse Mausspur zu verwenden.

In der *Systemsteuerung* klicken Sie auf den Eintrag *Maus* und dann auf die Registerkarte *Zeigeroptionen*. Hier entfernen Sie das Häkchen vor der Option *Mausspur anzeigen* und verlassen das Fenster dann mit *OK*.

Brauche ich auch nicht: animierte Mauszeiger

Die animierten Mauszeiger sind zwar ein optischer Leckerbissen, verschwenden aber so viel Platz und Rechenleistung, dass man sie am besten gleich entfernt. Während die Größe eines normalen Mauszeigers nämlich nur etwa 1 KByte beträgt, sind viele animierte Mauszeiger bis knapp unter 50 KByte groß.

Das steckt dahinter ...

Die animierten Mauszeiger brauchen nicht nur mehr Speicherplatz, sondern obendrein auch noch eine Menge Rechenzeit bei der Verwendung. Die Bewegung des Mauszeigers muss nämlich vom Prozessor berechnet werden. Parallel dazu muss der Prozessor aber auch noch andere Tasks abarbeiten. Und genau da liegt das Problem: Diese Programm-Tasks müssen für die Animation der Mauszeiger immer wieder unterbrochen werden. Zugegeben – auf einem superschnellen Pentium-PC werden Sie davon nicht so viel merken, auf nicht ganz so schnellen Rechnern allerdings bremst das die Geschwindigkeit eben doch merkbar.

> **Mauszeiger schnell finden**
>
> *Normale Mauszeiger haben die Dateiendung* .cur, *die animierten die Endung* .ani. *So können Sie die beiden Mauszeigertypen im Explorer leicht voneinander unterscheiden. Wollen Sie alle animierten Zeiger auf einen Schlag finden, geben Sie in der Windows-Suche unter* Start/Suchen/Nach Dateien und Ordnern *einfach* *.ani *ein!*

Wenn Sie sich trotzdem nicht von den animierten Mauszeigern trennen wollen, sollten Sie wenigstens die Zeiger löschen, die Sie sowieso nie oder nur ganz selten benutzen.

1. Wenn Sie einzelne Mauszeiger deinstallieren wollen, klicken Sie in der *Systemsteuerung* auf den Punkt *Maus*. In der Registerkarte *Zeiger* finden Sie jetzt alle installierten Mauszeiger.
2. Im Abschnitt *Schema* können Sie die verschiedenen Gruppen von Mauszeigern aussuchen.
3. Um ein Schema zu löschen, klicken Sie einfach auf die Schaltfläche *Löschen*.

Plus!-Pack-Mauszeiger löschen

Unter Windows 95 gab es noch das so genannte „Plus!-Pack“, das außer einer Menge optischer Gimmicks leider nicht viel zu bieten hatte. Nachdem Microsoft gemerkt hat, dass sich mit diesem Produkt doch kein Geld verdienen ließ, wurde das Plus!-Pack kurzerhand in Windows ME integriert. Das Plus!-Pack legt mit den verschiedenen Desktop-Motiven natürlich auch die dazugehörenden Mauszeiger auf Ihrem Rechner ab. Zum Glück lassen sie sich aber recht problemlos wieder löschen.

1 In der *Systemsteuerung* klicken Sie auf *Software* und dann auf die Registerkarte *Windows/Setup*.

2 In der Komponentenliste markieren Sie den Eintrag *Desktop-Motive* und klicken dann auf *Details*.

3 Jetzt sehen Sie alle installierten Desktop-Motive und entfernen einfach vor allen Motiven, die gelöscht werden sollen, die Markierungen.

Darauf können Sie verzichten: Weg mit dem Hintergrundbild

Toll anzuschauen sind sie ja, die Hintergrundbilder, die Windows ME anbietet. Jeder freut sich, dass es endlich einen Hintergrund ganz nach dem eigenen Geschmack gibt – bloß Ihr Rechner nicht, denn der kommt gehörig ins Schwitzen! Er muss nämlich nicht nur den notwendigen Speicherplatz im Festplatten-Cache bereitstellen, auch die Grafikkarte hat ganz schön zu tun, um das meist recht aufwändige Bild aufzubauen. Was das bedeutet, ist klar – kostbare Rechenzeit geht für ein paar rein optische Effekte flöten! Und so machen Sie Schluss damit:

1 Im Eigenschaftsmenü des Desktops wählen Sie den Eintrag *Eigenschaften*.

2 Sie landen automatisch auf der Registerkarte *Hintergrund*, auf der Sie im Feld *Hintergrundbild* den Eintrag *Kein* anklicken.

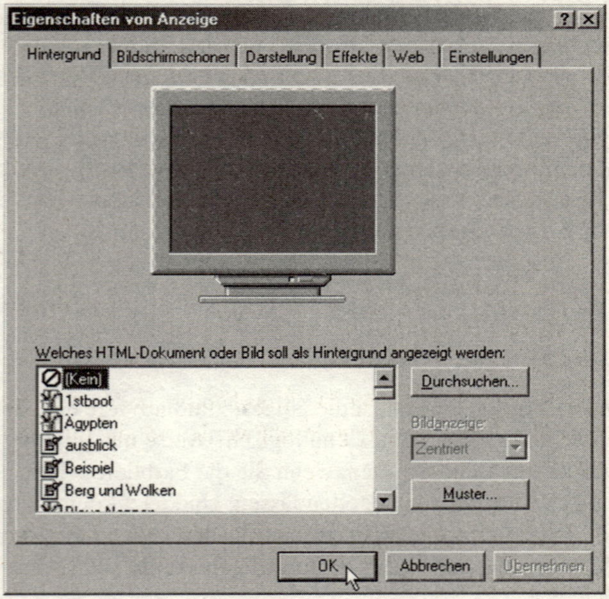

3 Mit *OK* ist der Vorgang abgeschlossen und Ihr PC hat wieder ein bisschen mehr Luft zum Arbeiten.

Das steckt dahinter ...

Wenn Windows ME startet, wird das aktuelle Hintergrundbild von der Festplatte in den Arbeitsspeicher geladen. Weil sich aber die Bildschirmanzeige während der Arbeit dauernd verändert, muss Windows das Hintergrundbild im Festplatten-Cache bereithalten, um blitzschnell darauf zugreifen zu können. Was das ausmacht, können Sie sich schnell ausrechnen: Ein Bitmap-Hintergrundbild mit einer Auflösung von 800 x 600 Pixel braucht bei TrueColor, also einer Farbtiefe von 24 Bit, satte 1,44 MByte Speicher!

Ganz schön aufdringlich: Herstellerreklame auf Ihrem PC

Zugegeben – dieser Tipp macht Windows nicht unbedingt schneller, dafür erspart er Ihnen aber die fast schon aufgezwungene Herstellerwerbung. Wenn Sie einen nagelneuen PC kaufen, kann es nämlich sein, dass Sie ein Hintergrundbild mit dem Riesenlogo des PC-Herstellers auf dem Monitor sehen. Wenn Sie diese unfreiwillige Werbefläche am besten ganz schnell wieder loswerden wollen, machen Sie dasselbe wie beim Entfernen des Hintergrundbildes.

Bringt ebenfalls Speed: Die Farbtiefe reduzieren

Neben den Hintergrundbildern ist die eingestellte Farbtiefe eine der gemeinsten Windows-Bremsen. Denn logischerweise müssen Prozessor und Grafikkarte mehr schuften, wenn Sie die Farbtiefe erhöhen, also mehr Bildschirmfarben darstellen lassen. Und jetzt kommt noch ein weiterer Faktor dazu: die Bildschirmauflösung. Auch hier gilt nämlich: Je höher die Auflösung, desto mehr Rechenleistung muss Ihr PC aufbringen!

Das steckt dahinter ...

Je nach Auflösung muss die Grafikkarte unterschiedlich große Mengen an einzelnen Bildpunkten, „Pixel“ genannt, berechnen. Bei einer superniedrigen Auflösung von 640 x 480 Pixel, die Sie sicherlich nicht verwenden werden, sind das dann zum Beispiel 307.200 Pixel. Schrauben Sie die Auflösung auf die heutzutage normalen 1.024 x 768 hoch, werden daraus aber plötzlich 786.432 Pixel! Obendrein wird jedes einzelne Pixel in einer bestimmten Farbe dargestellt. Je höher Sie jetzt die Farbtiefe setzen, desto mehr Bildschirmdaten muss Windows erzeugen, im Arbeitsspeicher und im Speicher der Bildschirmkarte verarbeiten und speichern.

Das sind die optimalen Einstellungen

Die niedrigste Farbtiefe, 16 Farben, wird – egal, wie viel Ressourcen sich damit sparen lassen – wohl niemand wählen, weil es einfach grässlich aussieht. Wenn Sie aber die Wahl zwischen 256 Farben und 16-Bit-Farben, also 65.536 Farben haben, ist 256 die schlauere Einstellung. Den optischen Unterschied zwischen 256 und 16-Bit-Farben werden Sie nur bei hochauflösenden Grafikvorlagen bemerken, im normalen Windows-Alltag aber garantiert nie. Was Sie aber merken, ist die deutlich höhere Geschwindigkeit beim Bildaufbau.

Auflösung in Bit	Gleichzeitig darstellbare Farben
4	16
8	256
15	32.768
16	65.536
24	16,7 Millionen
32	mehr als 16,7 Millionen

Die Auflösung und die Farbtiefe stellen Sie einfach über die Registerkarte *Einstellungen* im Eigenschaftsmenü des Desktops ein.

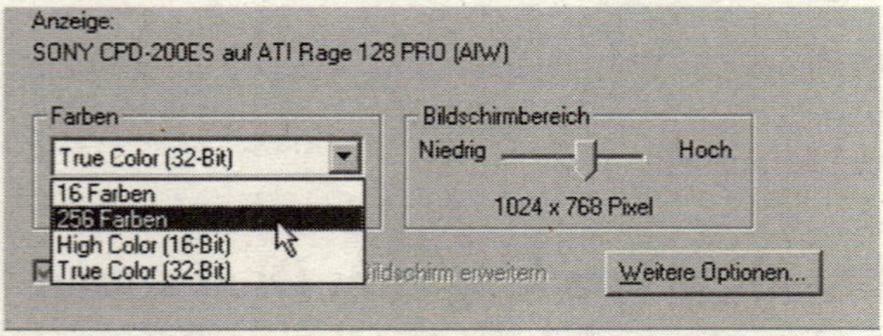

Mit *Weitere Optionen* kommen Sie ins Dialogfenster *Eigenschaften von ... (Name Ihrer Grafikkarte)*, in dem Sie je nach Grafikkarte und Monitor noch weitere Einstellungen vornehmen können. Hier können Sie sowohl die Einstellungen für die verwendete Grafikkarte als auch für den Monitor festlegen. Wie schon gesagt, im normalen Windows-

Alltag, also wenn Sie hauptsächlich mit Textverarbeitungs- oder Tabellenkalkulationsprogrammen arbeiten, sind 256 Farben der beste Kompromiss zwischen Geschwindigkeit und Farbdarstellung. Wenn Sie aber eher mit Grafiken oder vielleicht Digitalfotos arbeiten, brauchen Sie, damit Ihre Arbeit möglichst naturgetreu dargestellt wird, natürlich eine höhere Farbtiefe. Dabei haben Sie die Wahl zwischen 24 und 32 Bit. Logisch – jetzt wählt man natürlich auch hier den geringeren Wert, weil das wieder ein bisschen Ressourcen spart – oder?

Und genau falsch: Hört sich komisch an, stimmt aber – mit einer Farbtiefe von 32 Bit läuft der Bildaufbau schneller als bei 24 Bit.

Das steckt dahinter ...

Klar – bei 32 Bit Farbtiefe ist die Datenmenge zwar um einiges größer als bei 24 Bit, dass der Bildaufbau trotzdem schneller vonstatten geht, liegt an der Architektur des PCI-Busses. Weil er nämlich ebenfalls 32 Bit breit ist, können die Daten in nur einem Takt über den Bus geschoben werden. Stellen Sie dagegen 24 Bit Farbtiefe ein, wird von vielen Grafikkartentreibern nur der 16-Bit-Zugriff aktiviert. Was passiert, ist klar: Die Daten müssen in zwei Takten nacheinander über den Bus befördert werden. Und das wiederum verdoppelt die Zeit, die für den Transfer über den Bus benötigt wird!

Ob auch Ihre Grafikkarte mit 32 Bit schneller als mit 24 Bit Farbtiefe arbeitet, hängt hauptsächlich vom Treiber ab und lässt sich leider nur durch Ausprobieren herausbekommen.

Prima bunt heißt prima langsam: Die Farben der Desktop-Symbole bremsen Ihren PC aus

Windows versucht standardmäßig, die Symbole auf dem Desktop so plastisch wie möglich darzustellen. Realisiert wird das mit verschiedenen Farbverläufen.

Farben sind echte Ressourcenfresser

Logischerweise braucht Windows für die Darstellung der Farbverläufe mehr Farben als bei der normalen Darstellung. Eigentlich klar, dass mehr Farben eben auch eine Menge mehr Arbeit für den Rechner und die Grafikkarte bedeuten. Diese „Farb-Bremse" schalten Sie also am besten gleich ab.

1 Im Eigenschaftenfenster des Desktops klicken Sie auf die Registerkarte *Effekte*.

2 Unter *Optische Einstellungen* entfernen Sie jetzt einfach das Häkchen vor allen Optionen und verlassen das Fenster mit *OK*.

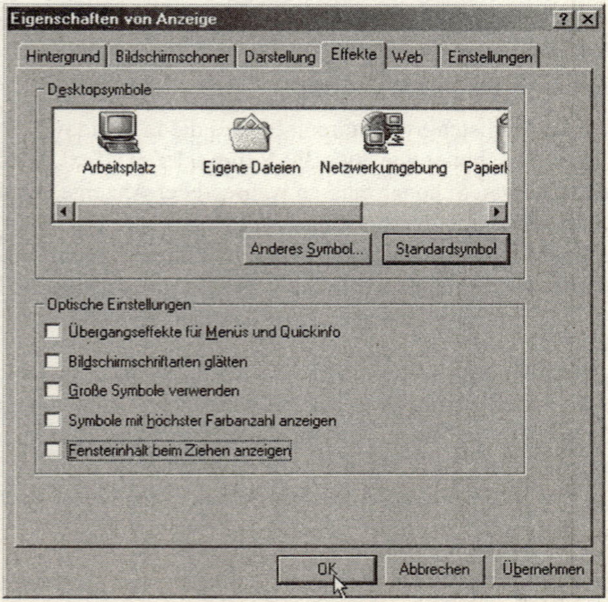

Schöne Optik, aber ganz schöne Bremser: Weg mit den Bildschirmschonern! Irgendwie ist das schade – da bringt Windows ME schon von Haus aus eine ganze Menge wirklich toller Bildschirmschoner mit, im Plus!-Pack stecken sogar noch mehr davon, aber alle haben eins gemeinsam: Sie sind nämlich echte Systembremsen! Und: Je toller die optischen Effekte, desto heftiger bremsen sie Windows ME aus!

> **Mal ehrlich: Bildschirmschoner sind Schnee von vorgestern**
>
> *Bildschirmschoner stammen aus einer Zeit, als die PC-Monitore noch kleine grüne Flimmerkisten waren, deren Bildröhren schnell einbrannten, wenn ein Bild längere Zeit unbewegt zu sehen war. Bei unseren modernen Monitoren passiert das nicht mehr, deshalb sind Bildschirmschoner heute eigentlich nur noch optische Gimmicks.*

Vollbremsung für Windows: Die OpenGL-Bildschirmschoner

Die wirklich schlimmsten Systembremsen sind die in Windows enthaltenen OpenGL-Schoner wie etwa 3D-Rohre oder 3D-Text. Diese ziemlich aufwändigen Schoner müssen während der Anzeige ständig neu berechnet werden und verbrauchen dabei logischerweise eine Menge Rechenzeit des Prozessors. Das merken Sie weniger an Windows selbst als an Programmen, die Sie vielleicht im Hintergrund laufen haben.

Wenn Sie also etwa eine große Grafikdatei neu berechnen lassen, dann zwickt der Bildschirmschoner dem Rechenprozess einfach einen Teil der Rechenzeit ab. Und so wird dann aus der vielleicht sowieso schon minutenlangen Grafikberechnung eine echte Geduldsprobe. Besser also, Sie verzichten auf Bildschirmschoner, zumindest aber auf die OpenGL-Schoner.

Viel besser sind Sie dran, wenn Sie eine Grafikkarte der neuesten Generation haben, die über einen leistungsfähigen Grafikprozessor verfügt. Der nimmt Windows die Rechenarbeit nämlich fast vollständig ab – Sie müssen also nicht unbedingt auf Ihren Lieblingsschoner verzichten. Im Zweifelsfall sollten Sie das aber lieber mal ausprobieren und zum Beispiel eine Grafikdatei einmal mit und einmal ohne Bildschirmschoner berechnen lassen.

Wenn Sie dabei bemerkbare Zeitunterschiede feststellen, dann sollten Sie – trotz toller Grafikkarte – lieber auf die Bildschirmschoner verzichten.

So werden Bildschirmschoner deinstalliert

Die Windows ME-Bildschirmschoner lassen sich mit ein paar Mausklicks in der Systemsteuerung deinstallieren.

1. In der *Systemsteuerung* klicken Sie auf *Software* und dann auf die Registerkarte *Windows Setup*.
2. In der Komponentenliste klicken Sie auf den Eintrag *Zubehör* und dann auf *Details*.
3. Jetzt klicken Sie auf den Eintrag *Bildschirmschoner* und wieder auf *Details*.
4. Entfernen Sie einfach die Häkchen vor den Einträgen *Flying Windows, OpenGL-Bildschirmschoner* und *Zusätzliche Bildschirmschoner*.

> **„Nicht-Windows"-Schoner ganz einfach löschen**
>
> *Bildschirmschoner, die Sie vielleicht aus dem Internet oder von Freunden haben, lassen sich dummerweise nicht immer so leicht automatisch entfernen. Sie können das aber ziemlich einfach manuell erledigen, indem Sie Windows nach Dateien mit der Endung* **.scr** *suchen lassen und diese dann löschen.*

Animierte Fenster: Schick, aber unnötige Systembremsen

Eine der wirklich gut versteckten Windows-Bremsen versteckt sich hinter den putzigen Fensteranimationen. Statt nämlich ein Fenster einfach zu öffnen, „springt“ es etwa aus der Task-Leiste auf den Monitor. Das sieht schick aus, Windows muss dafür aber mehrere Zwischenbilder berechnen, was natürlich wieder Rechenleistung und Rechenzeit kostet.

TweakUI als Gimmick-Killer nutzen

Am schnellsten können Sie diese Fensteranimation, wie übrigens auch eine ganze Menge anderer Windows-Gimmicks, mit dem kostenlosen Tool TweakUI wieder loswerden.

TweakUI installieren

TweakUI ist ein echtes Super-Tool, das es unter Windows ME offiziell leider nicht mehr gibt. Unter dem „alten“ Windows 98 – nicht unter Windows 98 SE – befand es sich auf der Installations-CD im Ordner ***Tools\Reskit\Powertoy****. Haben Sie die „alte“ Windows 98-CD noch, genügt ein Doppelklick auf die* ***.inf****-Datei und schon wird TweakUI auf Ihrem PC installiert. Sie können es sofort in der Systemsteuerung unter* ***TweakUI*** *starten. Haben Sie keinen Zugriff auf die Windows 98-CD, können Sie TweakUI zum Beispiel von der Internetadresse http://www.microsoft.com/ntworkstation/downloads/PowerToys/Networking/NTTweakUI.asp herunterladen. Achten Sie aber bitte auf Folgendes: TweakUI wird auf vielen Seiten im Internet angeboten – meistens aber in der veralteten Version. Um mit TweakUI unter Windows ME korrekt arbeiten zu können, sollten Sie es in der Version 1.33 direkt von der gerade erwähnten Microsoft-Seite herunterladen.*

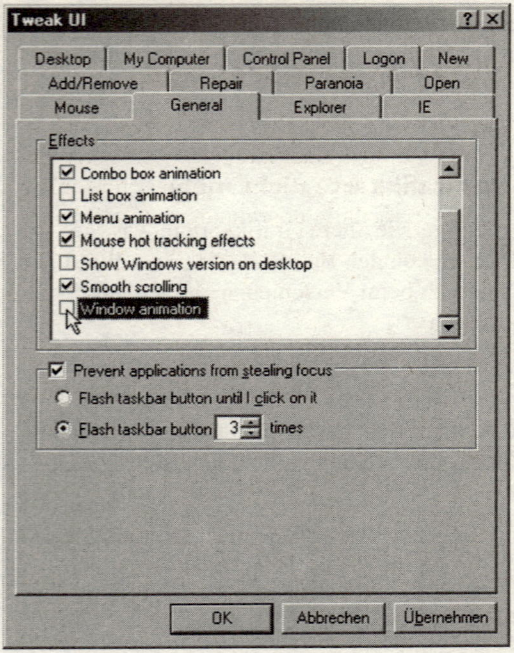

Haben Sie TweakUI gestartet, klicken Sie auf die Registerkarte *General* und entfernen das Häkchen vor dem letzten Eintrag *Window animation*.

Bremst ebenfalls: Fensterdarstellung beim Ziehen

Wenn Sie etwas ganz Alltägliches machen, etwa ein Fenster auf dem Desktop verschieben, schnappt im gleichen Augenblick schon die nächste „Bremsfalle“ zu!

Das sich bewegende Fenster zeigt nämlich während der gesamten Bewegung seinen Inhalt an. Ist das eigentlich nötig? Klar: Ist es nicht, Sie wissen doch sowieso, was in dem Fenster steht, das Sie verschieben.

Jetzt ruckelt Ihre alte Grafikkarte nicht mehr

Diese Funktion belastet aber gerade ältere Grafikkarten, was Sie schnell an einer scheußlich ruckelnden Bewegung merken. Windows kann aber auch anders, nämlich beim Verschieben einfach nur den Rahmen des Fensters anzeigen.

Und das geht so:

1 Klicken Sie mit der rechten Maustaste in den freien Bereich des Desktops. Dann wählen Sie im Kontextmenü den Eintrag *Eigenschaften* aus.

2 Wechseln Sie auf die Registerkarte *Effekte* und entfernen Sie das Häkchen vor der Option *Fensterinhalt beim Ziehen anzeigen.*

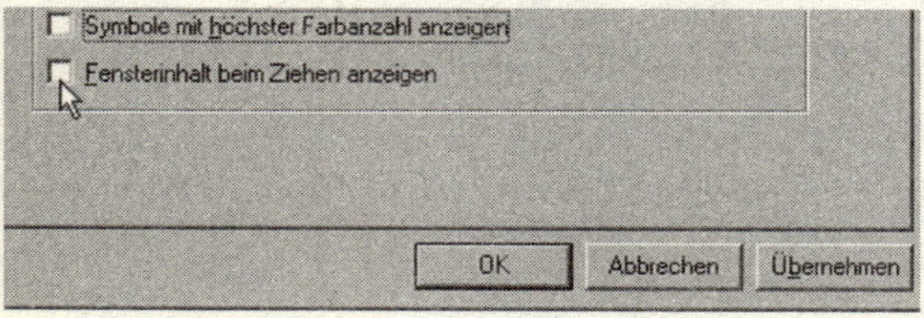

Bringt Speed: Akustische Signale reduzieren

Windows ME ist nun mal ein echtes Multimedia-Betriebssystem und deshalb piepst und pfeift es auch bei allen möglichen Programmaktionen. Die Ressourcen, die dafür verbraten werden, sind zwar nicht ganz so groß wie die der optischen Spielereien – Speicherplatz und Rechenzeit kosten sie aber allemal.

Das steckt dahinter ...

Die ausgewählten Klänge, die bei einer bestimmten Aktion ertönen sollen, müssen im Festplatten-Cache bereitgehalten werden, damit Windows sie möglichst ohne Verzögerung abspielen kann.

Der Microsoft-Sound zum Beispiel, den Sie bei jedem Windows-Start hören müssen, ist sage und schreibe 677 KByte, also fast 1 MByte groß! Die Klänge abzuschalten, ist zum Glück wirklich unkompliziert und schnell gemacht.

In der *Systemsteuerung* gehen Sie auf *Sounds und Multimedia* und wählen im Feld *Schema* den Eintrag *Keine akustischen Signale*. Windows ist ab jetzt zwar stumm, dafür aber auch ein bisschen schneller.

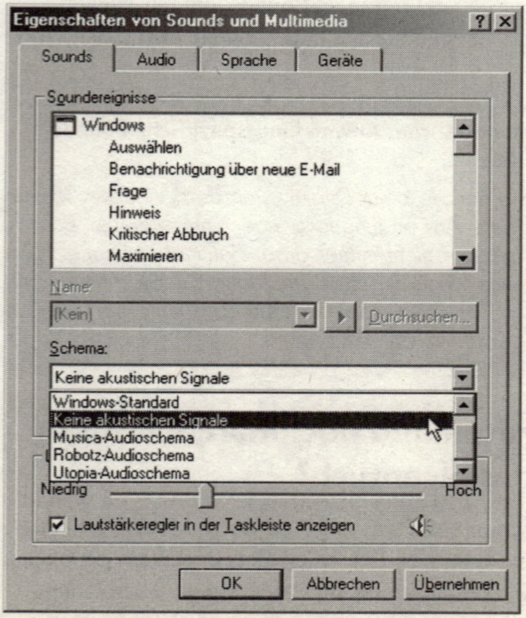

Hoppla – so still sollte es dann doch nicht sein

Naja – vielleicht wird's Ihnen ja doch ein bisschen zu ruhig, wenn Windows gar keinen Mucks mehr von sich gibt. Manche Tonsignale sind ja auch ganz sinnvoll, wie zum Beispiel das Signal *Frage*. Das spielt Windows immer dann ab, wenn Sie eine Datei schließen und von Windows gefragt werden, ob Sie nicht doch vorher noch speichern wollen. Wenn Sie also doch noch das eine oder andere Signal behalten wollen, machen Sie Folgendes:

1. Suchen Sie sich unter *Soundereignisse* das Signal heraus, das Sie definitiv nicht mehr haben wollen, und markieren Sie es.
2. Dann klicken Sie im Feld *Name* auf den ersten Eintrag *Kein*.
3. Das Ganze machen Sie jetzt mit allen Sounds, die rausfliegen sollen. Zum Schluss bleiben nur noch die Signale übrig, die wirklich sinnvoll sind.

Geschmackssache: Anwendungsspezifische Sounds rauswerfen

Wo Sie gerade beim Deaktivieren der Windows-Sounds sind: Viele Anwendungen bringen ihre eigenen Sounds mit, die zwar nicht immer groß, dafür aber häufig ziemlich nervig sind. Vielleicht überlegen Sie an dieser Stelle auch gleich, welche Anwendungssounds Sie wirklich noch haben wollen.

Schriften, Schriften und nochmals Schriften: Braucht man das eigentlich?

Windows ME bringt schon von Haus aus eine ganze Menge Schriften mit, die normalerweise für so ziemlich jeden Einsatzbereich genügen. Dummerweise beginnen die Schriften sich aber wie die Kaninchen vermehren, und zwar dann, wenn Sie Programme wie Word installieren. Die meisten Programme fragen bei der Installation zwar brav nach, ob Sie diese oder jene zusätzliche Schriftart haben möchten, andere Programme installieren aber einfach munter drauflos. Und irgendwann haben Sie dann 300 oder mehr Schriftarten auf dem Rechner, von denen Sie wahrscheinlich nicht mehr als fünf oder sechs wirklich brauchen. Die Folge ist klar – Windows wird mit zunehmender Anzahl von Schriften immer langsamer.

Das steckt dahinter ...

Schriften brauchen nicht nur Speicherplatz, sie bremsen – zumindest wenn es sehr viele sind – auch noch Ihren Computer aus. Das liegt daran, dass alle Schriften in der Registry verwaltet werden, die sich dadurch natürlich immer mehr aufbläht. Und damit dauert es selbstverständlich auch immer länger, wenn Windows auf die Registry zugreift, um Daten zu lesen. Damit die Registry sich nicht selbst mit Schriftenarten lähmt, verfügt sie über eine Art Sicherheitssystem, das nicht mehr als 1.000 Schriftarten erlaubt.

Wie viele Schriften braucht man nun tatsächlich?

Das ist eine gute Frage – auf die es aber keine eindeutige Antwort gibt. Im Normalfall, also wenn Sie hauptsächlich Texte und Briefe schreiben, reicht eine Hand voll Schriften völlig aus.

Fließtext und Headlines: Hier liegt der Unterschied

Die meisten Schriftarten eignen sich gar nicht für Fließtext, also Texte von mehr als zwei oder drei Zeilen Länge, weil sie zu verschnörkelt sind. Solche Schriften werden für Headlines oder Textaufmacher benutzt und deshalb auch als „Zierschriften" bezeichnet. Nur ein ganz kleiner Teil der Windows-Schriften, wie etwa Arial oder Times, lässt sich auch für längere Texte verwenden.

Wie bitte: TrueType und PostScript?

Die Verwirrung mit PostScript und TrueType ist schnell aufgeklärt: PostScript-Schriften werden eigentlich ausschließlich im professionellen Grafik- und DTP-Bereich benutzt und kosten meist eine Menge Geld. TrueType-Schriften dagegen werden bereits mit Windows geliefert und sind in der Regel kostenlos zu haben, zum Beispiel auch im Internet. Vergessen Sie also PostScript-Schriften am besten gleich wieder – Sie werden sie garantiert nicht brauchen.

Schneller Schriftenüberblick mit Systemsteuerung und Explorer

Wie viele Schriften auf Ihrem Rechner gespeichert sind, können Sie schnell nachprüfen. Windows legt alle installierten Schriften im Ordner *C:\Windows\Fonts* ab, den Sie sich im Explorer ansehen können. Genauso geht das über die *Systemsteuerung* und den Punkt *Schriftarten*.

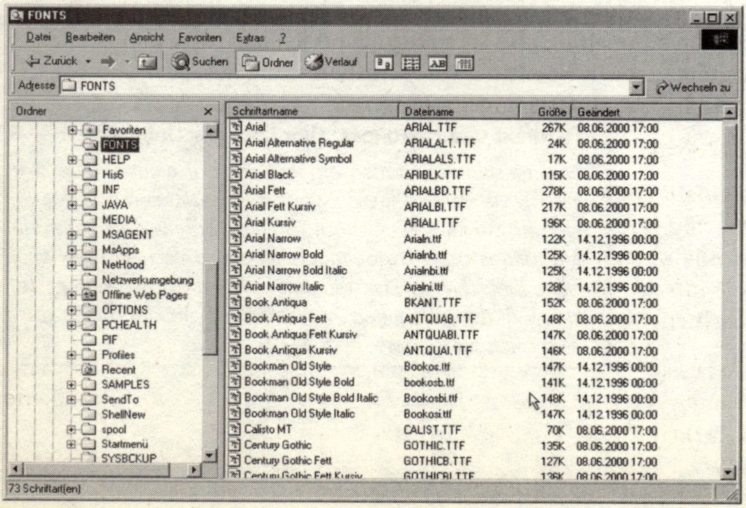

Geht schnell und bringt was: Überflüssige Schriften rauswerfen

Wenn Sie die Schriften festgelegt haben, die Sie rauswerfen wollen, markieren Sie sie einfach im Explorer-Fenster und löschen Sie sie. Ein paar Dinge müssen Sie dabei allerdings beachten: Sie dürfen das Verzeichnis *Fonts* nicht ganz löschen, weil Windows ME ein paar Schriften für die Darstellung in Fenstern und Menüfeldern braucht.

> **Vorsicht: Diese Schriften dürfen Sie auf keinen Fall löschen!**
> *Nicht gelöscht werden dürfen alle Schriften mit der Endung* **.fon** *und die Schriftart* **Marlett.ttf**, *weil diese von Windows selbst benutzt werden.*

Das steckt dahinter ...

Wenn Sie Schriften löschen, werden diese nicht nur von der Festplatte entfernt, sondern zugleich werden die entsprechenden Einträge auch in der Registry unter *HKEY_LOCAL_MACHINE\Software\Microsoft\WindowsCurrentVersion\Fonts* gelöscht. Die Registry wird dadurch abgespeckt, und Windows wird wieder ein bisschen schneller.

Auch ein Gimmick, auf das Sie verzichten können: Die Kantenglättung bei Schriften

Ebenfalls ein schöner Windows-Effekt, der ordentlich Ressourcen verschlingt, ist die Kantenglättung bei Schriften, die deren Bildschirmdarstellung verbessert. Grundsätzlich ist das ja eine wirklich gute Idee, dummerweise merken Sie aber nur bei den wenigsten Schriftarten überhaupt etwas davon.

Die zusätzlichen Pixel, also Bildpunkte, die Windows für die Kantenglättung benötigt, belasten dafür aber den Rechner und die Grafikkarte zusätzlich. Bester Tipp deshalb: abschalten!

1 Klicken Sie mit der rechten Maustaste in den freien Bereich des Desktops und wählen Sie im Kontextmenü den Eintrag *Eigenschaften*.

2 Dann wechseln Sie auf die Registerkarte *Effekte* und entfernen das Häkchen vor der Option *Bildschirmschriftarten glätten*.

Nichts einfacher als das: Behalten Sie den Schriftenüberblick mit Shareware

Wenn Sie aber tatsächlich auf ein bisschen mehr Windows-Speed verzichten können und stattdessen Ihre 999 tollen Schriften doch lieber behalten wollen, hilft Ihnen vielleicht ein ziemlich nützliches Sharewareprogramm weiter. Mit FontLister können Sie sich alle installierten Schriften als Vorschau ansehen, sie mit anderen Schriften vergleichen und überflüssige Schriftarten natürlich auch gleich löschen.

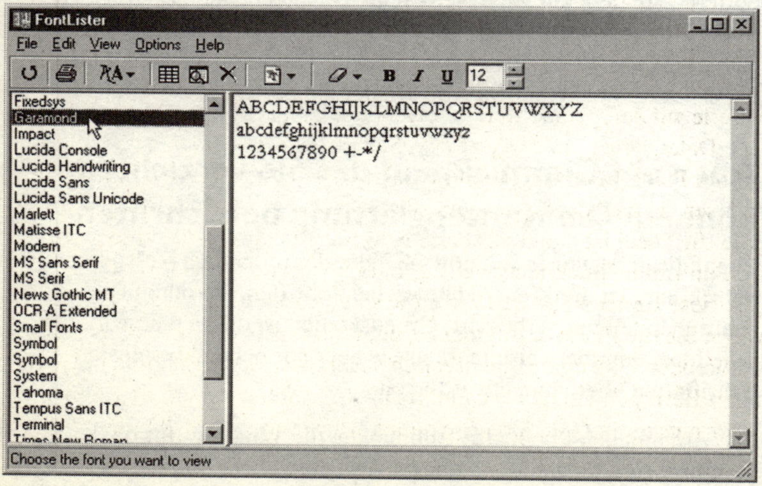

FontLister finden Sie übrigens unter der Webadresse http://www.powie.de/mentox2/tools/tools.ht

Speicherbremsen eliminieren leicht gemacht

Auch wenn Sie alle bisherigen Tipps berücksichtigt haben, wird Ihr Rechner – ob Sie wollen oder nicht – mit jedem Tag ein kleines bisschen langsamer. Das klingt nach einer echten Horrormeldung, stimmt aber und hat einen ganz einfachen Grund: Die fieseste aller Geschwindigkeitsbremsen versteckt sich hinter dem Begriff „Fragmentierung“ und entsteht fast schon automatisch, je mehr Sie mit Windows arbeiten!

Das steckt dahinter ...

Wenn Daten auf die Festplatte geschrieben werden, benutzt Windows dazu die nächsten freien Cluster auf der Platte, wobei es versucht, die Daten in Cluster zu schreiben, die möglichst genau hintereinander auf der Festplatte liegen. Auf einer frisch defragmentierten Platte funktioniert das auch tadellos. Wenn jetzt aber Daten gelöscht werden, werden die Bereiche, in denen diese gelöschten Daten vorher standen, wieder zum Beschreiben freigegeben. Weil natürlich häufig Daten gelöscht werden, entstehen in der Speicherplatzbelegung überall Löcher, und Daten, die eigentlich zusammengehören, werden als Einzelteile auf den gerade freien Speicherplätzen abgelegt. Wenn Sie jetzt eine Datei öffnen, muss der Lese-/Schreibkopf der Festplatte überall auf der Platte herumsuchen, um die zusammengehörenden Einzelteile zu lesen. Je nachdem, wie stark die Festplatte fragmentiert und wie groß die Datei ist, kann das dann natürlich zur echten Geduldsprobe werden kann. Glücklicherweise gibt es aber eine prima „Arznei“ gegen diese Bremserei – und zwar die so genannte „Defragmentierung“. Wenn Sie die Platte defragmentieren, ordnet Windows die zusammengehörenden Datenbereiche nämlich so an, dass die Leseköpfe mit wenigen Bewegungen den gesamten Datenbereich lesen können. Was dabei rauskommt ist klar – Sie haben wieder einen wirklich flotten Rechner!

Auch das geht: Programme beschleunigen

Das Defragmentieren allein macht Ihre Festplatte zwar schon um einiges schneller, den letzten „Kick“ an Speed holen Sie aber erst heraus, wenn Sie die am häufigsten benutzten Programme beschleunigen lassen.

Das steckt dahinter ...

Wie schnell eine Festplatte auf Dateien zugreift, hängt unter anderem von dem Festplattenbereich ab, auf dem diese Daten gespeichert sind. Windows erstellt ein internes Protokoll, in dem aufgezeichnet wird, welche Dateien am häufigsten verwendet wurden. Genau diese Dateien werden nun in schnellen Zugriffsbereichen der Festplatte gespeichert. Unglücklicherweise dürfen aber nicht alle Dateien auf der Festplatte verschoben werden – Systemdateien etwa sind von der Defragmentierung ausgenommen. Und damit nimmt die „Bremserei“ auch schon wieder ihren Lauf, denn beim nächsten Löschen und Speichern entstehen bereits wieder Löcher, also eine Fragmentierung der Festplatte.

Logischerweise müssen Sie die Defragmentierung der Festplatte also in regelmäßigen Abständen wiederholen. Je mehr Sie mit Windows arbeiten, desto häufiger ist die Defragmentierung dann auch nötig.

So defragmentieren Sie Ihre Festplatte optimal

Das Defragmentierungsprogramm namens Defrag starten Sie unter *Start/Zubehör/Systemprogramme/Defragmentierung*. Damit Defrag die besten Ergebnisse erzielt, müssen Sie aber darauf achten, die richtigen Optionen zu aktivieren.

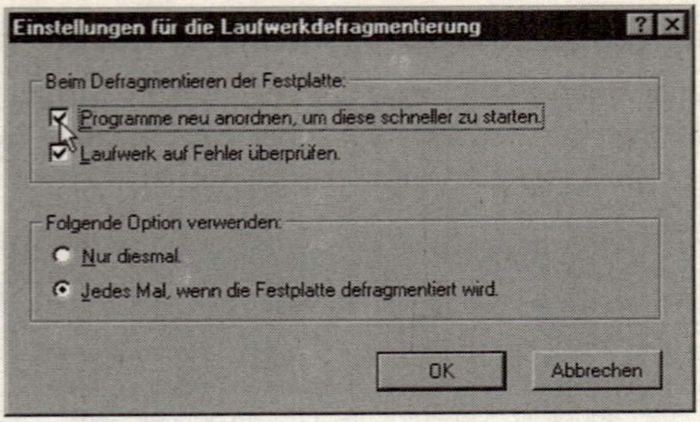

Nach dem Start von Defrag klicken Sie auf *Einstellungen* und sehen im Feld *Beim Defragmentieren der Festplatte* nach, welche Option aktiv ist.

Tja, was nun: Defragmentieren oder Programme beschleunigen?

Dummerweise kann Defrag nicht beides – also die Festplatte defragmentieren und zugleich die installierten Anwendungen beschleunigen. Haben Sie die Option *Programme neu anordnen, um diese schneller zu machen* aktiviert, kümmert sich Defrag auch nur darum, die Programme neu anzuordnen, um sie schneller öffnen zu können. Die „Löcher" in der Speicherplatzbelegung werden dabei aber nicht gestopft. Wenn Sie also die freien Speicherbereiche auf der Festplatte zusammenfassen wollen, müssen Sie diese Option deaktivieren.

Das ist praktisch: Defragmentieren und die Festplatte überprüfen in einem Rutsch

Defrag bietet beim Defragmentieren eine prima Möglichkeit, nach Festplattenfehlern Ausschau zu halten. Die Option *Laufwerk auf Fehler überprüfen* startet nämlich eine abgespeckte Version von ScanDisk, das sofort Alarm schlägt, wenn Laufwerkfehler auftauchen sollten.

Geheimtipp: Defrag genau so starten, wie Sie es wollen

Ein bisschen individueller können Sie Defrag über den Befehl *Ausführen* starten. Defrag führt dann nur festgelegte Aktionen aus, je nachdem, welchen Parameter Sie hinter den Aufruf *Defrag* setzen.

Parameter	Defrag-Aktion
/all	Alle lokalen Festplatten des Rechners werden defragmentiert.
/f	Zwischen den Dateien wird kein freier Speicherplatz gelassen, stattdessen wird der freie Speicher zusammengefasst und hinter den Daten abgelegt. Daten, die neu hinzukommen, legt Windows im freien Speicher ab, womit die vorher defragmentierten Daten ein bisschen länger defragmentiert bleiben.
/q	Es wird nur der freie Speicher defragmentiert.
/concise	Defrag arbeitet mit der normalen Fortschrittsanzeige ohne Details. Das bringt ein bisschen zusätzliche Geschwindigkeit.
/noprompt	Wenn Sie Defrag über den Systemdienst ausführen lassen, ist dieser Parameter ziemlich praktisch, weil Sie damit nicht zu irgendwelchen Eingaben aufgefordert werden.

Und hier ein „Geschwindigkeitstipp", den Sie gleich wieder vergessen sollten

Vielleicht haben Sie auch schon mal den „Tipp“ gehört, dass Windows schneller wird, wenn Sie den Cache verkleinern und dafür mehr Arbeitsspeicher in Ihren PC einsetzen. Keine Frage – mehr Arbeitsspeicher macht ihren PC bestimmt nicht langsamer – den „Tipp“ mit dem kleinen Cache können Sie aber getrost vergessen, denn er ist schlicht und einfach veraltet.

In früheren Windows-Versionen wurde ein Programm namens Smart Drive verwendet, das Daten von der Festplatte in den Cache-Speicher und von dort aus in den Hauptspeicher kopierte. Die Programme konnten dann nur im Hauptspeicher ausgeführt werden. Klare Folge: Mit einem großen Arbeitsspeicher gegenüber einem kleineren Cache konnten natürlich auch mehr Programme im Arbeitsspeicher gehalten und ausgeführt werden. Windows ME arbeitet aber stattdessen mit dem Programm MapCache, mit dem bestimmte Programmcodes von der Festplatte in den Cache geladen und dann direkt aus dem Cache-Speicher ausgeführt werden. Die Verkleinerung des Caches würde also gar nichts bringen.

Das steckt dahinter ...

Damit Windows weiß, welchen Programmcode es in den Cache-Speicher laden soll, wird jeder Programmaufruf in einer eigenen Datei protokolliert, wobei Windows für jedes Programm eine eigene Protokolldatei im Verzeichnis *C:\Windows\APPLOG* anlegt.

Die in den Protokolldateien abgelegten Informationen werden jetzt von Defrag verwendet, um die zum Programm gehörenden Dateien in der optimalen Reihenfolge anzuordnen. So kann der Cache schnellstmöglich gelesen werden. Die Programme, die am meisten benutzt werden, werden dann in den Festplattenbereichen mit dem schnellsten Zugriff angeordnet. Es liegt also auf der Hand, lieber Windows die Optimierung von Cache und Arbeitsspeicher zu überlassen.

Das macht Sinn: Arbeitsspeicher aufrüsten

Microsoft hat – was die Angabe von Hardwarevoraussetzungen für seine Programme angeht – schon immer eine recht merkwürdig Art von „Humor“ gezeigt. Die echte Lachnummer ist aber nun, dass man uns Usern erzählen will, Windows ME würde mit 32 MByte Arbeitsspeicher prima laufen. Wer das tatsächlich glaubt, glaubt wahrscheinlich auch noch an den Weihnachtsmann, denn unter dem doppelten Wert, also 64 MByte, ist ein auch nur halbwegs vernünftiges Arbeiten mit Windows ME gar nicht möglich.

Wenn Sie mal bedenken, wie viel Arbeitsspeicher sich allein schon Windows ME selbst unter den Nagel reißt, wird klar, dass selbst diese 64 MByte Arbeitsspeicher nicht gerade üppig sind. Starten Sie jetzt noch eine Textverarbeitung wie Word und vielleicht noch ein Grafikprogramm, ist der vorhandene Arbeitsspeicher bis aufs letzte Byte ausgenutzt. Dass Ihr Rechner dabei keine Geschwindigkeitsrekorde mehr bricht, ist auch klar.

Kurz und gut – Speicher ist so billig wie nie, und wenn Ihr Geldbeutel es erlaubt, sollten Sie möglichst sofort auf 64 MByte aufrüsten. Weil man ja nie Speicher genug haben kann, sind sogar 128 MByte sinnvoll, wenn Sie mit großen Grafikprogrammen wie der Grafiksuite CorelDRAW arbeiten und sich öfter mit Bildbearbeitung beschäftigen.

Supereinfach, selbst wenn Sie zwei linke Hände haben: Speicher aufrüsten

Wenn Sie jetzt zusammenzucken und sagen: „Ich habe aber noch nie einen PC aufgeschraubt", kann ich Sie beruhigen: Den Arbeitsspeicher aufzurüsten, gehört wirklich zu den einfachen Dingen, selbst wenn Sie meinen, Sie hätten zwei linke Hände.

Ab Seite 748 zeige ich Ihnen, wie Sie das in nicht mal zehn Minuten wirklich problemlos schaffen.

Schon ein bisschen verzwickter: Den virtuellen Speicher optimieren

Auch um die Möglichkeiten, den virtuellen Speicher von Windows ME zu verwalten und zu optimieren, ranken sich allerlei Gerüchte, die Sie aber alle getrost vergessen können.

Windows verwaltet immer optimal

Das klingt komisch – beschreibt aber die Tatsache, dass Windows den virtuellen Speicher einfach besser verwaltet, als man das manuell machen könnte. Was der virtuelle Speicher eigentlich ist und wie er funktioniert, ist schnell erklärt.

Das steckt dahinter ...

Windows nutzt diesen Speicher auf dem gesamten freien Platz einer Festplatte, um bestimmte Daten dorthin auszulagern, wenn der Platz im Arbeitsspeicher knapp wird. Werden die Daten wieder benötigt, holt Windows sie aus dem virtuellen Speicher zurück und muss dafür dann andere Daten dorthin auslagern. Je weniger Arbeitsspeicher Ihr PC hat, desto öfter muss Windows das erledigen und umgekehrt.

Wie schnell der virtuelle Speicher funktioniert, hängt also hauptsächlich von der Geschwindigkeit der Festplatte ab, auf der dieser Speicher arbeitet. Haben Sie mehrere Festplatten in Ihrem Rechner, sollten Sie den virtuellen Speicher demzufolge logischerweise auf der schnellsten Platte anlegen. Zu den Einstellungen des virtuellen Speichers kommen Sie, wenn Sie in der *Systemsteuerung* den Punkt *System* wählen, dort die Registerkarte *Leistungsmerkmale* anklicken und dann auf *Virtuellen Arbeitsspeicher* klicken.

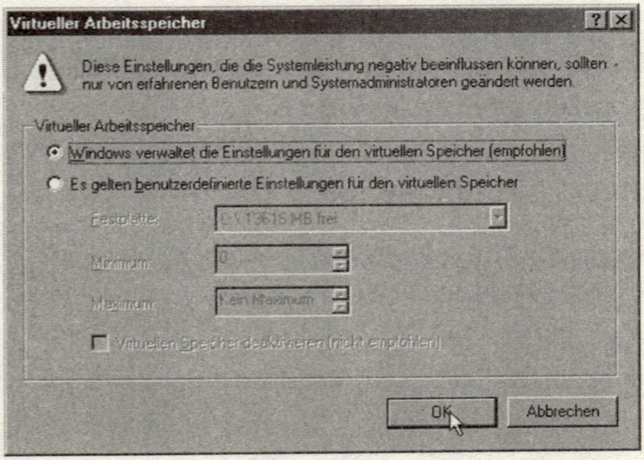

Standardmäßig verwaltet Windows den virtuellen Speicher selbst, was auch sinnvoll ist. Eingreifen sollten Sie erst, wenn Sie mehr als eine Festplatte im Rechner haben und genau wissen, welche die langsamste und welche die schnellste ist. Wenn Sie den virtuellen Speicher auf die schnellste Platte im Rechner legen, beschleunigt das Windows im Zweifelsfall natürlich erheblich.

1 Im Fenster *Virtueller Arbeitsspeicher* klicken Sie auf die Option *Es gelten benutzerdefinierte Einstellungen für den virtuellen Speicher.*

2 Jetzt können Sie unter *Festplatte* in der Auswahlliste die gewünschte Platte aussuchen und aktivieren. Windows stellt dabei automatisch den freien Plattenplatz fest und verwendet ihn ab jetzt für den virtuellen Speicher.

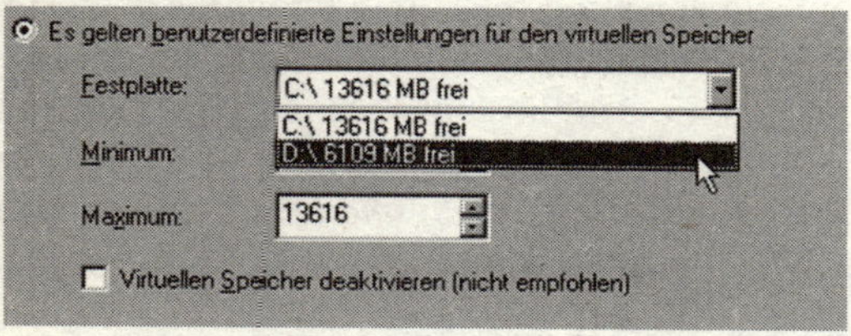

Das sollten Sie auf gar keinen Fall tun: Den virtuellen Speicher begrenzen oder deaktivieren

Das absolut Verkehrteste, was Sie tun könnten, wäre, den virtuellen Speicher zu begrenzen oder vielleicht sogar zu deaktivieren. Eine Größenbegrenzung bringt, auch wenn Sie vielleicht schon mal etwas anderes darüber gehört haben, überhaupt nichts, außer dass weniger virtueller Speicher zur Verfügung steht.

Dass das natürlich nicht besonders sinnvoll ist, versteht sich von selbst. Noch viel schlimmer wäre es allerdings, den virtuellen Speicher ganz zu deaktivieren. Das Einzige, was dabei nämlich herauskommt, ist, dass Windows gar nicht mehr startet.

Welche Einstellung ist die beste: Desktop, Notebook oder Netzwerkserver?

Eine weitere Einstellung, die Ihr Windows schneller macht, finden Sie, wenn Sie in der *Systemsteuerung* auf *System* klicken, dann die Registerkarte *Leistungsmerkmale* wählen und zum Schluss auf *Dateisystem* klicken.

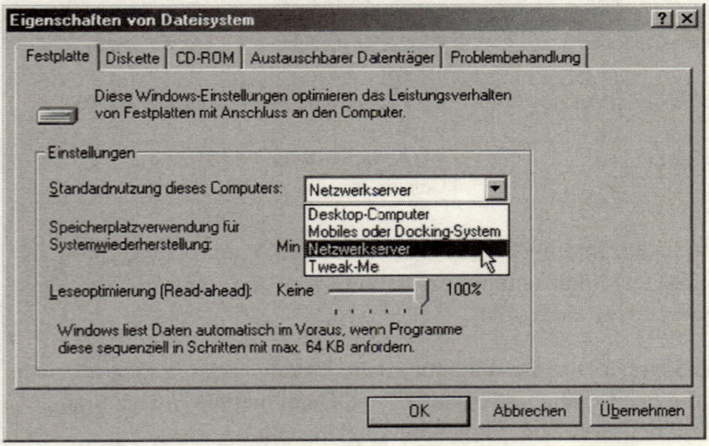

Was Windows hier anbietet, ist ziemlich clever, auch wenn es zunächst einmal etwas verwirrend aussieht: Je nachdem, welche Option Sie im Feld *Einstellungen* wählen, also *Desktop-Computer, Mobiles oder Docking-System* oder *Netzwerkserver*, kann sich Windows unterschiedlich viele Informationen über die Pfadnamen und Namen der zuletzt bearbeiteten Dateien merken.

Mit geänderter Standardnutzung mehr Speed für Windows

Und je mehr sich Windows merken kann, desto weniger muss es nach Informationen suchen, was ja wiederum Zeit kostet. In der Konsequenz wird Ihr PC also wieder ein bisschen schneller.

Standardnutzung des Rechners	So viel kann sich Windows merken
Desktop-Computer	Infos über die letzten 32 Ordner und 677 Dateien
Mobiles oder Docking-System	Infos über die letzten 16 Ordner und 337 Dateien
Netzwerkserver	Infos über die letzten 64 Ordner und 2.729 Dateien

Wenn Sie auf Ihrem PC hauptsächlich mit Textverarbeitungsprogrammen arbeiten, lohnt sich die Umstellung von *Desktop-Computer* zu *Netzwerkserver* eher nicht.

Wenn Sie aber zum Beispiel mit einem Datenbankprogramm arbeiten, sieht die Sache gleich ganz anders aus. Dann merken Sie nämlich recht schnell, welchen Zeitgewinn die Umstellung ausmacht.

Eine zwiespältige Geschichte: Das Powermanagement

Wenn's um die reine Arbeitsgeschwindigkeit geht, ist das Powermanagement von Windows nicht unbedingt die allererste Wahl – ob Sie deshalb aber darauf verzichten wollen, sollten Sie sich doch noch mal überlegen. Die Idee hinter dem Powermanagement ist diese:

Sie können Ihrem PC sagen, wann er „schlafen" gehen soll, sich also in längeren Arbeitspausen schrittweise selbst abschaltet und damit eine Menge Strom spart. Je nach Rechnernetzteil, Monitor und Festplatten kommen da nämlich ganz schnell mehr als 200 Watt pro Stunde zusammen, die Ihr PC verbrät – wohlgemerkt, ohne dass Sie überhaupt daran arbeiten!

Windows bietet zwei verschiedene Möglichkeiten an, den Rechner oder zumindest den Monitor stillzulegen.

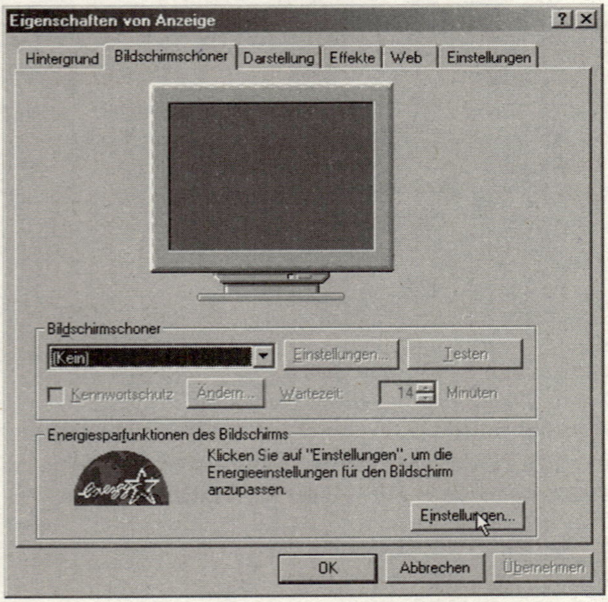

Über das Eigenschaftenfenster der Anzeige erreichen Sie die Registerkarte *Bildschirmschoner*, in der Sie im Feld *Energiesparfunktionen des Bildschirms* die Schaltfläche *Einstellungen* anklicken. Hier können Sie minutengenau einstellen, wann der Monitor in den Standby-Modus versetzt wird oder wann Windows ihn gleich ganz ausschaltet. Wenn Sie wieder an die Arbeit gehen, genügt eine Mausbewegung, um ihn wieder anspringen zu lassen.

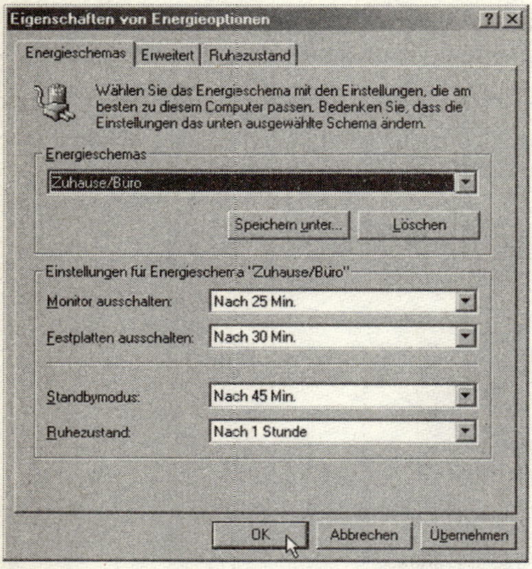

Ähnlich ist das mit dem *Standby-* und dem *Ruhezustand*-Modus des gesamten Rechners. Über *Start/Beenden* kommen Sie ins Fenster *Windows beenden* und können dort einen dieser beiden Modi wählen. Windows versetzt den PC dann in eine Art Dämmerschlaf, aus dem er aber sofort erwacht, wenn Sie eine Taste auf der Tastatur drücken.

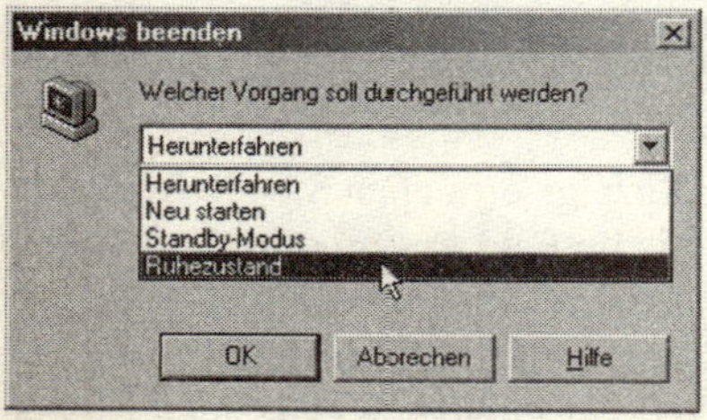

Standby oder Ruhezustand: Und wo ist da der Unterschied?

Auf den ersten Blick ist gar nicht so einfach zu durchschauen, was nun den Unterschied zwischen dem Standby-Modus und dem Ruhezustand ist. Vor allem: Wer von den beiden spart nun den meisten Strom, oder andersherum betrachtet – welcher Modus bremst Windows am meisten aus? Klarer Sieger, wenn's ums Stromsparen geht, ist der Ruhezustand. Was hier passiert, ist schnell erklärt. Windows schaltet den Rechner nämlich wirklich völlig ab und speichert dabei schlauerweise alle offenen Dateien vorher schnell noch auf der Festplatte. Drücken Sie später irgendeine Taste oder bewegen Sie die Maus, merkt Windows das, weckt den PC wieder auf und stellt genau den Zustand her, in dem Sie den PC „verlassen" haben. Normalerweise verwendet Windows ME den Ruhezustand automatisch – sollte er auf Ihrem PC nicht arbeiten, sehen Sie einfach einmal auf der Registerkarte *Ruhezustand* nach und setzen ein Häkchen vor die Option *Unterstützung für den Ruhezustand aktivieren*.

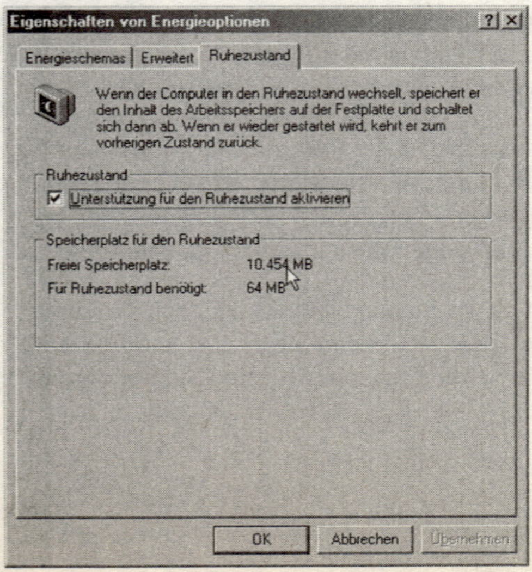

Windows zeigt Ihnen auf dieser Registerkarte, wie viel Platz noch auf der Festplatte vorhanden ist und wie viel davon für die Speicherung der offenen Daten benötigt wird. Übrigens: Lassen Sie sich nicht von der merkwürdigen Darstellungsart des Speicherplatzes durcheinander bringen: Windows kann in diesem Fenster nämlich nur MByte, aber keine GByte anzeigen. In der Abbildung können Sie das prima sehen: Statt den freien Speicherplatz mit 10,4 GByte anzugeben, heißt es hier 10.454 MByte. Tja – auf den ersten Blick sieht das natürlich so aus, als wären gerade mal noch 10 MByte frei.

Wichtig: Ruhezustand braucht Platz

Um die offenen Daten vor dem Eintritt in den Ruhezustand speichern zu können, braucht Windows ME ziemlich viel Platz auf der Festplatte. Das liegt daran, dass ja nicht nur die Daten selbst, sondern auch die dazugehörigen Programme bzw. deren aktueller Zustand mitgespeichert wird. Wenn nun weniger Platz auf der Festplatte frei ist, als Windows für die Speicherung braucht, funktioniert der Ruhezustand natürlich nicht – Windows deaktiviert ihn dann kurzerhand. Um den Ruhezustand dennoch verwenden zu können, müssten Sie in diesem Fall eben einfach ein bisschen Platz auf der Festplatte schaffen, indem Sie etwa nicht mehr benötigte Daten oder Programme löschen.

Was nun die Performance angeht, ist der Ruhezustand natürlich ein echter Bremser. Bis Windows den Rechner komplett hochgefahren und den vorherigen Zustand wiederhergestellt hat, vergeht schon ein bisschen Zeit – für hektische Zeitgenossen also nicht unbedingt ideal.

Sehr viel besser schneidet da der Standby-Modus ab, denn Windows „erwacht“ hier um einiges schneller – wenn Sie es also wirklich supereilig haben wieder an die Arbeit zu kommen, sind Sie mit diesem Modus besser bedient.

Von wegen warten: Strom sparen jetzt und hier

Wenn Sie die Powermanagementfunktionen nutzen wollen, müssen Sie übrigens nicht warten, bis Windows ME sich nach einer bestimmten Zeitspanne „schlafen legt“. Auf der Registerkarte *Erweitert* können Sie nämlich festlegen, was passieren soll, wenn Sie den Netzschalter an Ihrem Rechner drücken.

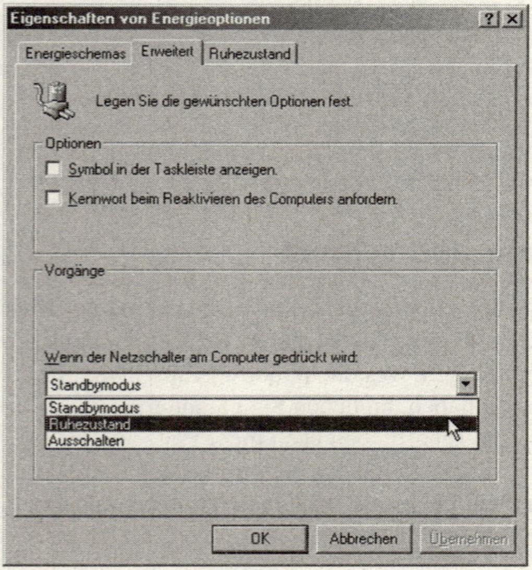

Standardmäßig finden Sie hier die Option *Ausschalten* aktiviert – je nachdem, wie viel Strom Sie sparen wollen oder wie eilig Sie es eben haben, wählen Sie dann entweder *Standbymodus* oder *Ruhezustand*.

Eine halbe Minute einsparen: Ist es das wirklich wert?

Ihr Auto hat ziemlich sicher einen Katalysator, auf Ihrem Hausdach stehen vielleicht Solarzellen und Ihre Waschmaschine war deshalb so teuer, weil sie besonders viel Wasser spart? Tja – ich finde es schon komisch, wenn es einem die 30 oder 40 Sekunden Wartezeit nicht wert sind, die erheblich dazu beitragen, dass unsere Kraftwerke nicht noch mehr Dreck in die Luft blasen, als sie es sowieso schon tun! Klar – es ist Ihre Wahl, ich benutze den Standby-Modus und den Ruhezustand aber immer. Auch wenn ich – ich gebe es ja zu – manchmal ganz schön ungeduldig rumzapple, bis Windows endlich wieder da ist.

Rechner-Standby und Ruhezustand nur bei ATX-Boards

Ärgerlich für alle, die die Umwelt wirklich schonen wollen, ist die Tatsache, dass der Standby-Modus und der Ruhezustand nur dann funktionieren, wenn Sie einen Rechner mit ATX-Motherboard und -Netzteil benutzen. Ältere PCs ohne ATX-Features können mit dem Powermanagement leider nichts anfangen.

Windows schlank und schnell

Tja – irgendwie ist das schon ein bisschen schade, dass Windows ME erst dann so richtig flott wird, wenn Sie es mal so richtig gründlich entrümpeln. Das meiste von dem, was die Windows-Entwickler ins Betriebssystem reingepackt haben, brauchen Sie garantiert sowieso nie, und alles was rausfliegt, schafft eben auch mehr Platz auf der Festplatte. Als Folge davon wird Windows ein gutes Stück schneller, denn es muss sich dann nicht bei jedem Systemstart durch endlos viele Programmeinträge wursteln.

So schnell werden Sie unnötigen Windows-Ballast wieder los

Irgendwie müssen die Windows-Entwickler es wohl schon geahnt haben – jedenfalls haben sie Windows mit einer komfortablen Deinstallationsroutine für unerwünschte Teile des Betriebssystems ausgestattet. Und damit können Sie dann blitzschnell fast alles wieder loswerden, was Windows Ihnen so auf die Festplatte gespielt hat. Und so geht das:

1 Klicken Sie in der *Systemsteuerung* auf *Software*.

2 Gehen Sie auf die Registerkarte *Windows-Setup* und warten Sie ein paar Sekunden, bis Windows alle Systeminformationen zusammengestellt hat.

3 In der Liste *Komponenten* können Sie aussuchen, welche Windows-Bestandteile Sie rauswerfen wollen.

In der Liste *Komponenten* zeigt Windows alle Komponentengruppen, die beim Setup installiert wurden, mit einem Häkchen vor dem Eintrag. Sehen Sie vor einer Komponentengruppe ein grau unterlegtes Häkchen, bedeutet das, dass in dieser Komponentengruppe nicht alle Komponenten installiert wurden.

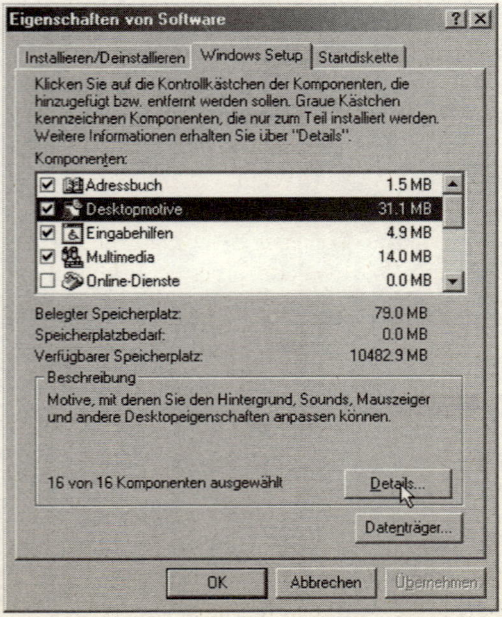

Schnell mal die Komponentengruppen durchforsten

Aber Vorsicht, denn bevor Sie sich jetzt gleich mit Volldampf ans Löschen machen, sollten Sie am besten erst einmal die einzelnen Komponentengruppen durchforsten, ob sich nicht doch noch das eine oder andere nützliche Programm darin versteckt. Markieren Sie einfach die jeweilige Komponentengruppe und klicken Sie dann auf *Details*.

Befinden Sie sich in der Detailansicht der jeweiligen Komponentengruppe, gehen Sie am besten jeden Eintrag einzeln durch, bevor Sie ihn dann wirklich löschen! Wie viel Speicherplatz Sie beim Entfernen von Komponenten gewinnen, zeigt Ihnen Windows dabei übrigens in der Zeile *Freigegebener Speicherplatz* an. Wenn Sie zum Beispiel alle Desktop-Motive entfernen, haben Sie schon fast 30 MByte Speicherplatz gewonnen! Haben Sie alle Komponentengruppen durchsucht und jedes Mal an den gewünschten Stellen die Häkchen entfernt, verlassen Sie das Fenster *Software* mit der *OK*-Schaltfläche. Die ausgewählten Komponenten werden jetzt von Windows gelöscht.

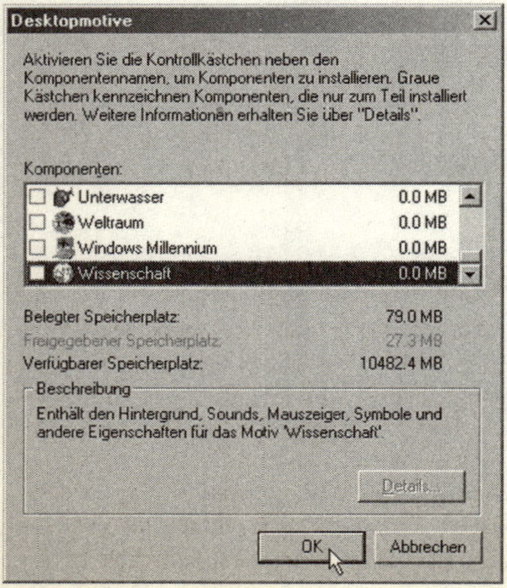

Windows-Komponenten, von denen Sie sich am besten gleich wieder verabschieden

So ganz pauschal lässt sich natürlich nur schwer sagen, welche Windows-Komponenten Sie definitiv löschen können – das hängt einfach zu sehr von Ihren persönlichen Bedürfnissen und Vorlieben ab.

Als kleine Entscheidungshilfe zeige ich Ihnen deshalb hier mal einen Überblick der Komponenten, die man normalerweise wirklich fast nie braucht oder bei denen es sich zumindest lohnt, übers Löschen nachzudenken. Die berühmte „Qual der Wahl" haben Sie aber leider trotzdem, denn Sie müssen sich einfach entscheiden, ob Sie lieber eine witzige Optik oder ein schnelles Windows haben möchten.

Eine echte Super-Leistungsbremse: die Desktop-Motive

Die Desktop-Motive sind wirklich nur ein optisches Gimmick, das Sie nicht brauchen und das Windows ausbremst. Also weg damit!

Eingabehilfen nur dann, wenn Sie auch wirklich darauf angewiesen sind

Die Eingabehilfen sind wirklich nur für Anwender mit bestimmten Behinderungen gedacht und machen für diese natürlich auch Sinn. Ansonsten: löschen!

Wozu Microsoft Outlook Express?

Ich kann mir ehrlich gesagt zwar kaum vorstellen, dass Sie das Internet gar nicht nutzen und deshalb auch auf Outlook Express als Mail-Programm verzichten können – wenn Sie aber ein anderes Mail- und News-Programm verwenden wollen, können Sie Outlook Express natürlich löschen.

Wenn Sie statt des abgespeckten Outlook Express lieber die Vollversion Outlook benutzen, können Sie Outlook Express natürlich deinstallieren. Wichtig dabei: Deinstallieren Sie Outlook Express auf jeden Fall vor der Installation von Outlook! Auf vielen PCs macht Outlook nämlich allerlei Probleme, wenn es über Outlook Express installiert wird.

Die reinste Fundgrube: Multimedia

Welche der Komponenten aus der Gruppe *Multimedia* Sie tatsächlich brauchen, hängt natürlich von Ihren persönlichen Anforderungen ab. Grundsätzlich aber können Sie auf die Komponenten *Audiodateien* und *Multimedia-Audioschema* immer verzichten. Sind Sie nicht im Internet unterwegs, können Sie auch die Macromedia Shockwave- und Shockwave Flash-Spieler entfernen. Wenn Sie doch einmal eine Shockwave-Animation ansehen wollen, installieren Sie die Erweiterung einfach kurzzeitig nach. Wenn Sie keine Lautsprecherboxen an Ihrem PC angeschlossen haben, können Sie obendrein auch noch die Audiokomprimierung löschen.

Onlinedienste: Brauche ich AOL?

Wenn Sie AOL – aus welchen Gründen auch immer – nicht als Onlinedienst nutzen wollen, sollten Sie diese Komponente einfach löschen.

Brauche ich wirklich alle Sprachen?

Wenn Sie nicht mit den angebotenen Sprachen arbeiten, sollten Sie diese Gruppe logischerweise auch nicht installieren bzw. Sie schnellstens wieder deinstallieren.

Nützliche Tools, aber nicht für jeden: Die Systemprogramme

Welches der angebotenen Systemprogramme Sie nutzen wollen, hängt vom Einsatz Ihres PCs ab. Klar ist aber, dass Sie, wenn Sie nicht im Netzwerk arbeiten, natürlich auch auf den Netzwerkmonitor oder WinPopup verzichten können. Zwei sinnvolle Tools – den Systemmonitor und die Systemressourcenanzeige – werden Sie nur dann brauchen, wenn Sie Windows-Problemen auf die Spur kommen wollen. Am besten also: löschen und bei Bedarf schnell nachinstallieren!

Hier gibt's (vielleicht) viel zu löschen: Verbindungen

Auch bei dieser Gruppe lässt sich natürlich nicht pauschal sagen, welche Teile Sie tatsächlich brauchen und welche nicht. Logischerweise könnten Sie aber die ganze Gruppe löschen, wenn Sie weder über ein Modem, eine ISDN-Karte oder eine Netzwerkanbindung verfügen. Wenn Sie aber später einmal eine Kamera an Ihren PC anschließen wollen, sollten Sie das lieber nicht tun, denn dann brauchen Sie den Eintrag *Universelles Plug and Play*. Wenn Sie zwar online sind, aber wirklich nur im Internet surfen wollen und sonst nichts, können Sie bis auf *DFÜ-Netzwerk* alle Einträge löschen. Und wenn Sie beispielsweise mit dem Yahoo-Messenger oder etwa ICQ arbeiten, können Sie den Eintrag MSN Messenger Service auch löschen.

Hier lohnt sich das Löschen: Zubehör

Eine ganze Menge recht unterschiedlicher Komponenten finden Sie in der Gruppe *Zubehör*. Am ehesten können Sie hier natürlich auf die Bildschirmschoner, Desktop-Hintergründe und die Dokumentenvorlagen verzichten. Wenn Sie ein anderes Grafikprogramm verwenden, können Sie auch Paint und Imaging löschen.

Ich brauche keine Hilfe

Bestimmt haben Sie schon das eine oder andere Mal die Hilfefunktion eines Programms benutzt. Und vielleicht – leider ist das ja nicht besonders oft so – haben Sie dann jeweils auch eine Lösung fürs das aktuelle Problem bekommen. Im Normalfall werden Sie aber Ihre Programme so gut kennen, dass Sie auf die Hilfefunktion gut und gern verzichten können. Da diese Hilfefunktionen sich ganz ordentlich Platz auf Ihrer Festplatte gönnen, sollten Sie sie am besten löschen. Das können Sie auf unterschiedliche Weise tun.

Hilfedateien schon bei der Installation „killen"

Den ganzen Ärger mit den Hilfedateien können Sie meistens schon beim Setup des Programms vermeiden. Wenn Sie nämlich statt der Standardinstallation die benutzerdefinierte Installation wählen, können Sie fast immer die Option **Hilfe** *oder* **Hilfe zum Programm** *deaktivieren. So landen speicherfressende Hilfedateien gar nicht erst auf dem Rechner.*

So werden Sie die Hilfedateien über das Setup los

In den meisten Programmen, wie etwa in Word oder Microsoft Office, können Sie die Hilfedateien im Programm-Setup loswerden.

1 In der *Systemsteuerung* klicken Sie auf *Software*.

2 In der Registerkarte *Installieren/Deinstallieren* suchen Sie das Programm heraus, dessen Hilfedateien Sie löschen wollen, und markieren es.

3 Sind Sie dann im Programm-Setup, entfernen Sie einfach die Häkchen vor den entsprechenden Hilfeeinträgen.

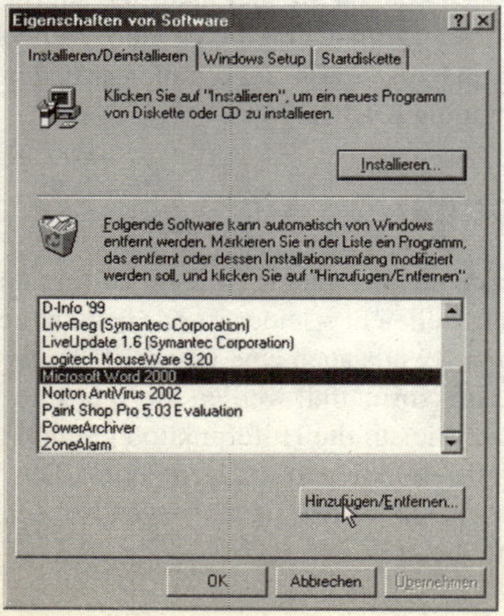

Auch ziemlich einfach: Hilfedateien manuell löschen

Dummerweise gibt es gerade bei vielen kleineren Programmen keine Möglichkeit, die Hilfedateien über das Programm-Setup wieder loszuwerden. In diesem Fall müssen Sie selbst Hand anlegen und die Dateien manuell vom Rechner löschen, was aber zum Glück nicht besonders aufwändig ist. Dabei nutzen Sie – zumindest bei Programmen, die noch nicht für Windows geschrieben wurden – die Tatsache, dass die Hilfedateien in diesem Fall immer die Endung *.hlp* haben.

1. Gehen Sie über *Start/Suchen/Nach Dateien oder Ordner* in die Windows-Suche.
2. Im Feld *Nach folgenden Dateien oder Ordnern suchen* geben Sie den Suchbegriff „*.hlp“ ein.
3. In der Liste der gefundenen Dateien löschen Sie jetzt einfach die gewünschten Dateien.

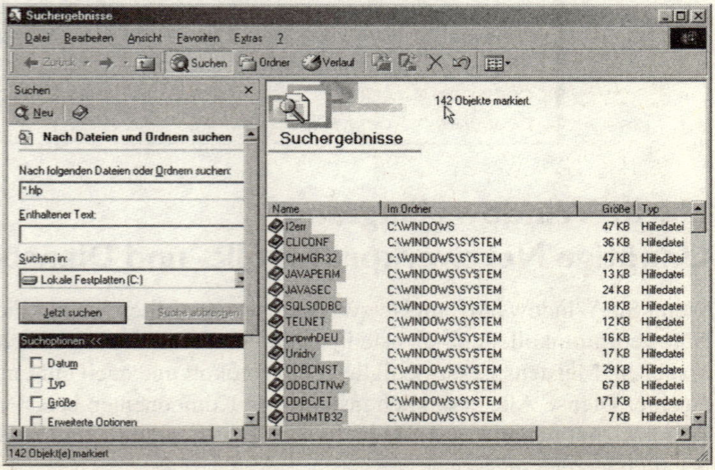

Auch nicht weiter schwer: Hilfedateien von neueren Programmen finden

Statt „*.hlp*“ haben die Hilfedateien in neueren Programmen die Endung „*.chm*“, was für kompilierte HTML-Dateien steht. Im Gegensatz zu den alten Hilfedateien, können die *.chm*-Dateien mit jedem Webbrowser angezeigt werden. Bis auf die Tatsache, dass Sie diese neue Dateiendung im Suchen-Fenster eingeben müssen, ändert sich aber sonst nichts beim Aufspüren und Löschen der neuen Hilfedateien.

> **Wo Windows die Windows-Hilfe versteckt**
>
> *Wenn Sie auch auf die Windows-Hilfe verzichten wollen – sie braucht immerhin gut 15 MByte Speicherplatz – finden Sie die Hilfedateien im Ordner* Windows\Help. *Auch wenn es Speicherplatz bringt, würde ich die Windows-Hilfe allerdings lieber nicht löschen – man weiß ja nie, ob man sie nicht vielleicht doch einmal braucht! Sie finden in diesem Ordner aber neben den neuen .chm-Hilfedateien auch noch eine Menge alter .hlp-Dateien zu Windows-Programmen wie Paint, dem Taschenrechner oder dem CD-Player. Diese Oldies würde ich natürlich bedenkenlos vom Rechner löschen.*

Macht Windows langsam: Unnötige Netzwerkprotokolle- und Dienste

Wenn Sie Windows ME im Netzwerk einsetzen, sollten Sie nur die Netzwerkprotokolle und -dienste installieren, die Sie auch wirklich brauchen. Meistens ist das lediglich ein Protokoll und auch nur ein einziger Dienst. Alle zusätzlich installierten Komponenten belasten Windows nur unnötig, weil sie in der Registry verarbeitet und bereitgehalten werden müssen.

Besonders dann, wenn Sie vielleicht ein wenig mit Ihrem Netzwerk herumexperimentieren, landen schnell viel zu viele unterschiedliche

Protokolle und Dienste auf dem Rechner, die Sie definitiv nicht brauchen. Ein fast schon klassisches Beispiel dafür ist die „Doppelbesetzung" der Protokolle TCP/IP und NetBEUI. Standardmäßig verwendet Windows ME das Protokoll TCP/IP, das Sie auch für die Verbindung mit dem Internet benötigen. Das zweite Protokoll, also NetBEUI, ist damit absolut überflüssig und kann natürlich gelöscht werden.

Alle nicht benutzten Protokolle und Dienste entfernen Sie über die *Systemsteuerung*. Hier wählen Sie zuerst *Netzwerk* und dann die Registerkarte *Konfiguration*. Überflüssige Einträge markieren Sie einfach und klicken dann auf *Entfernen*.

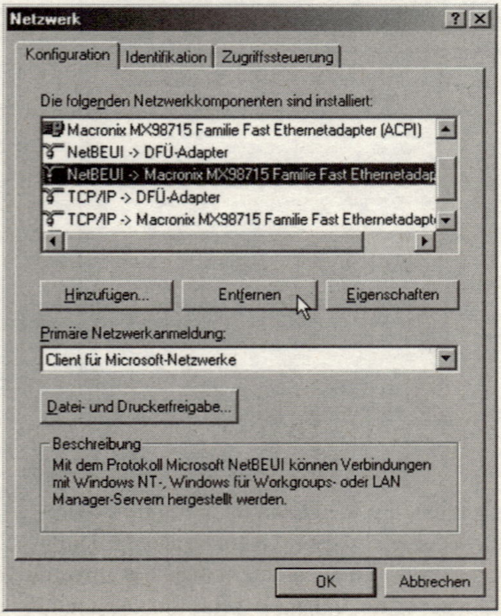

So weit erst einmal zu den Windows-Bremsen, die etwas mit Netzwerken zu tun haben. Alles, was Sie sonst zum Thema Windows ME und Netzwerke wissen müssen, finden Sie ab Seite 698.

Supernervig: Temporäre Dateien

Echte Speicherfresser, die sich obendrein auch noch kaninchenartig auf Ihrem PC vermehren, sind die temporären Dateien. Sie entstehen bei der Windows-Arbeit und sollten eigentlich – wie der Name schon sagt – „temporär“ sein und sich nicht zu Dauergästen auf der Festplatte entwickeln. Wenn Sie mal im Ordner *Windows\Temp* nachgucken, stellen Sie aber wahrscheinlich fest, dass sich hier ganze Massen dieser Dateien tummeln.

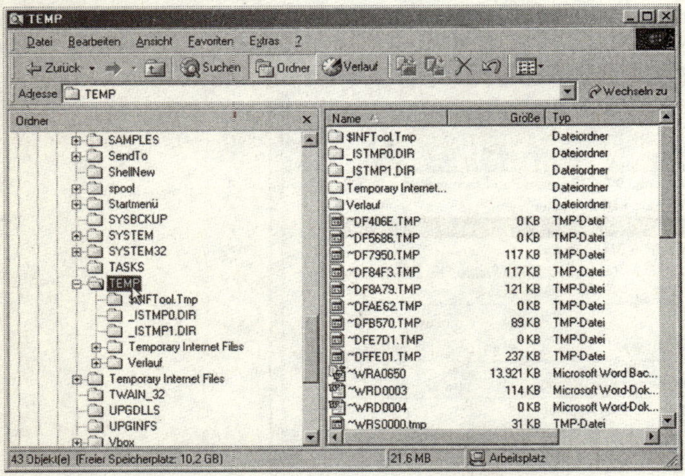

Das steckt dahinter ...

Temporäre Dateien sind Dateien, die Windows oder Windows-Programme bei der Installation oder auch beim Absturz anlegen. Die „Absturzdateien“ werden benötigt, um nach einem Neustart Informationen über die letzten Arbeitsschritte, beispielsweise den Zustand eines Dokuments, wiederherzustellen. Danach hat eine solche *.tmp*-Datei ihre Schuldigkeit getan und könnte eigentlich gelöscht werden. Leider erledigen aber weder Windows noch alle anderen Programme dies automatisch, sodass Sie selbst Hand anlegen müssen. Die temporären Dateien, die Sie im Ordner *Windows\Temp* sehen, können Sie genauso löschen wie die *.tmp*-Ordner, die hier stehen können.

Nervig, aber (manchmal) nützlich: Temporäre Dateien aus dem Internet

Eine andere Art dieser speicherfressenden Anhängsel sind die temporären Internetdateien. Diese Art der temporären Dateien besteht aus grafischen Elementen und Bildern, die beim Besuch jeder einzelnen Internetseite auf dem Rechner gespeichert werden. Das ist wirklich sinnvoll, denn wenn Sie auf eine schon mal besuchte Webseite kommen, holt Windows alle schon bekannten Elemente aus dem Ordner *Windows\Temporary Internet Files*. Und das spart natürlich eine Menge Zeit beim Anzeigen der Seite, denn alle diese Elemente müssen ja nicht mehr extra heruntergeladen werden.

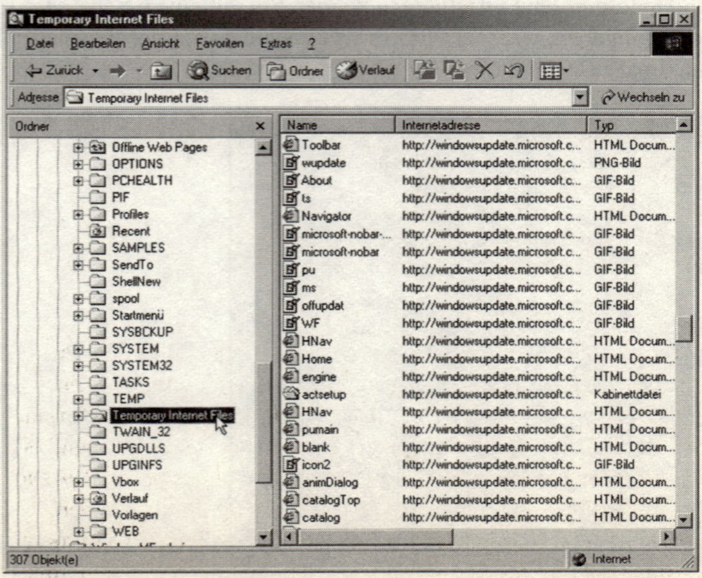

Weil sich auf jeder Webseite eine ganze Menge verschiedener grafischer Elemente tummeln, können nach ein paar Tagen, an denen Sie jeweils eine Stunde quer durchs Internet gesurft sind, ganz locker mal 30 bis 40 MByte an temporären Dateien übrig bleiben!

So schieben Sie den temporären Dateien einen Riegel vor

Wenn Sie nicht rechtzeitig einschreiten, wird Ihre Festplatte früher oder später aus allen Nähten platzen – glücklicherweise können Sie den temporären Internetdateien aber recht umkompliziert einen Riegel vorschieben.

1 Rufen Sie den Internet Explorer auf und klicken Sie auf *Extras/ Internetoptionen*.

2 In der Registerkarte *Allgemein* klicken Sie im Feld *Temporäre Internetdateien* auf *Einstellungen*.

3 Im Dialogfenster *Einstellungen* können Sie mit einem Schieberegler angeben, wie viel Platz die *.tmp*-Dateien auf der Festplatte maximal belegen dürfen.

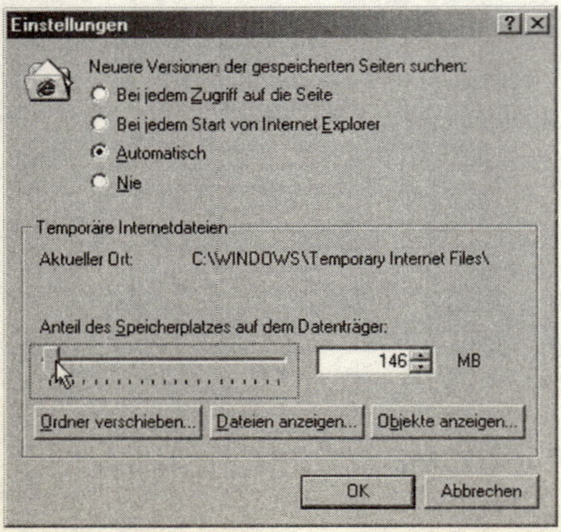

So unterbinden Sie die temporären Internetdateien völlig

Um es gleich vorweg zu nehmen – das Deaktivieren der temporären Internetdateien ist nicht unbedingt die allersinnvollste Sache: Ihre lästige Eigenschaft, sich massenhaft Festplattenspeicher unter den Nagel zu reißen sind die Sie mit den *.tmp*-Dateien dann zwar los – dummerweise müssen dann aber eben auch alle Internetseiten, die Sie schon mal besucht haben, bei jedem Besuch erneut geladen werden, was natürlich auf Kosten Ihrer Onlinezeit geht! Es gibt eigentlich nur zwei Situationen, in denen das Deaktivieren sinnvoll sein kann. Zum einen ist das dann der Fall, wenn Sie merken, dass die Rechnerleistung ohne die temporären Dateien massiv ansteigt. Die längeren Ladezeiten für Internetseiten können Sie dann vernachlässigen. Aber auch wenn Sie Sicherheitsbedenken haben, also beispielsweise Ihre superneugierigen Kollegen dauernd auf Ihrem PC herumschnüffeln, um zu sehen, wo Sie überall im Internet unterwegs waren, macht das Deaktivieren Sinn. Was beim Deaktivieren der temporären Dateien geschieht, ist recht einfach: Sie werden zwar in der laufenden Onlinesitzung angenommen, aber sofort gelöscht, sobald Sie den Internetbrowser schließen. Und so deaktivieren Sie die temporären Internetdateien:

1. Gehen Sie im Internet Explorer auf *Extras/Internetoptionen* und klicken Sie auf die Registerkarte *Erweitert*.
2. In der Optionsliste blättern Sie bis zum Abschnitt *Sicherheit*.
3. Hier markieren Sie die Option *Leeren des Ordners „Temporary Internet Files“ beim Schließen des Browsers*.

So einfach können Sie bestimmte temporäre Internetdateien behalten

Bestimmt haben Sie ein paar Lieblingsseiten im Internet, die Sie immer wieder besuchen. Auf die Dauer geht es natürlich schon ein wenig ins Geld, wenn diese Seiten bei jedem Besuch neu geladen werden müssen – zum Glück können Sie das aber ganz einfach ändern.

Ihre Lieblings-Webseiten legen Sie im Internet Explorer einfach über den Menübefehl *Favoriten/Zu Favoriten hinzufügen* in der Favoritenliste ab. Dadurch werden nur die für die jeweilige Seite benötigten Informationen gespeichert, wodurch sie nicht jedes Mal neu geladen werden muss.

Komfortabel: So werden Sie temporäre Dateien fast automatisch los

Ehrlich gesagt wäre es natürlich ein bisschen sehr zeitaufwändig, alle temporären Dateien ständig manuell finden und löschen zu müssen. Sehr viel einfacher und schneller geht das mit dem Windows-Tool *Datenträgerbereinigung*, das Sie unter *Programme/Zubehör/Systemprogramme* finden. Wirklich interessant daran ist, dass die Datenträgerbereinigung zwischen „normalen" temporären Dateien und temporären Internetdateien unterscheidet und für beide Dateitypen jeweils eine eigene Löschoption anbietet.

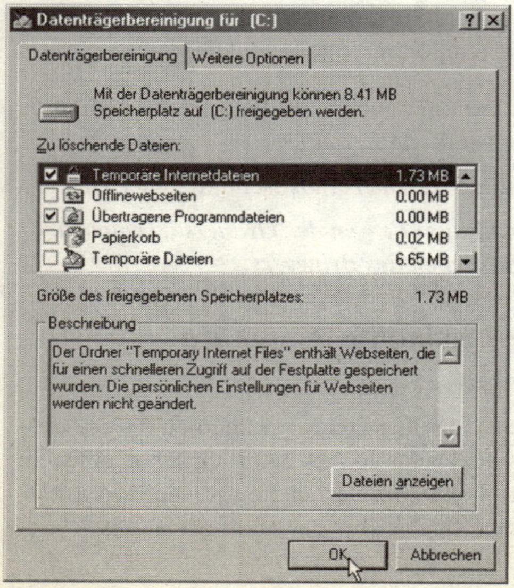

So geht's wirklich allen temporären Dateien an den Kragen

Es gibt ja bekanntlich immer jemanden, der aus der Reihe tanzt, und deshalb gibt es auch immer wieder Pogramme, die ihre temporären Dateien nicht im Ordner *Windows\Temp* ablegen. Word ist so ein Kandidat, denn Word legt beim Öffnen einer Datei im Speicherordner der Originaldatei eine temporäre Datei an. Normalerweise wird diese *.tmp*-Datei beim Programmende automatisch gelöscht, wenn Word aber abstürzt, passiert genau dies eben nicht. Und wenn Ihnen das ein paar Mal mit großen Word-Dokumenten passiert, sind ganz schnell das ein oder andere MByte Speicherplatz verschwunden. Ähnlich ist es übrigens mit manchen Versionen der Grafiksuite CorelDRAW.

Diese nervige Tatsache können Sie zwar nicht ändern, dafür gibt's ein supereinfaches Mittel, um die lästigen *.tmp*-Dateien loszuwerden.

1 Gehen Sie einfach über *Start/Suchen/Nach Dateien oder Ordnern* in die Windows-Suche.

2 Im Suchfenster geben Sie in der Zeile *Nach folgenden Dateien oder Ordnern suchen* die Endung aller temporären Dateien, nämlich „*.tmp“ ein.

3 Die im Ergebnisfenster angezeigten *.tmp*-Dateien löschen Sie dann.

Mit Windows-Tools können Sie auf einen Streich mehr Speicherplatz schaffen

Dass Sie mit der Datenträgerbereinigung ziemlich unkompliziert temporäre Dateien löschen können, haben Sie gerade gesehen – das ist aber längst nicht alles, was die Datenträgerbereinigung kann. Sie können mit diesem Tool nämlich eine ganze Menge an überflüssigen Dateien von der Festplatte putzen, die eigentlich nie genutzt werden, aber natürlich Festplattenplatz belegen. Manche Optionen, wie etwa den

Papierkorb, könnten Sie zwar auch manuell ausmisten, mit der Datenträgerbereinigung geht das aber alles automatisch und quasi auf einen Streich.

Haben Sie die Datenträgerbereinigung über *Start/Programme/Zubehör/Systemprogramme/Datenträgerbereinigung* aufgerufen, wählen Sie zuerst einmal das zu bereinigende Laufwerk aus. Auf der Registerkarte *Datenträgerbereinigung* können Sie in der Auswahlliste nun angeben, welche Dateien gelöscht werden sollen.

Wichtig ist die Option *Übertragene Programmdateien*. Damit entfernen Sie Java- und ActiveX-Elemente, die zur Darstellung von Webseiten im Ordner *Windows\Downloaded Program Files* gespeichert wurden. Den Papierkorb können Sie auch im Explorer leeren, wenn Sie aber gerade beim „Großreinemachen" sind, kreuzen Sie die Option hier einfach mit an.

Noch bequemer geht's kaum: So räumt Windows ganz brav von allein auf

So richtig gemütlich können Sie es angehen lassen, wenn Sie das Aufräumen Windows überlassen. Das geht ganz einfach, indem Sie nämlich Windows anweisen, die Datenträgerbereinigung automatisch zu einem bestimmten Zeitpunkt auszuführen. Diese Anweisung brauchen Sie Windows natürlich nur einmal zu geben – danach läuft alles automatisch ab. Um die „Aufräumarbeiten" zu organisieren, gehen Sie in *Programme/Zubehör/Systemprogramme* und wählen dann *Wartungs-Assistent*.

1 Im ersten Fenster des Wartungs-Assistenten klicken Sie jetzt auf die Option *Einstellungen oder Zeitplan ändern*.

2 Im nächsten Fenster möchte der Wartungs-Assistent von Ihnen wissen, wie Sie bei der Wartung vorgehen wollen. Klicken Sie einfach auf die Option *Benutzerdefiniert – Jede Wartungseinstellung festlegen*.

3 Im folgenden Fenster stellen Sie den Zeitpunkt ein, zu dem die Bereinigung starten soll.

4 In den nächsten fünf Fenstern bietet Ihnen der Wartungs-Assistent die Optionen *Startmenü bereinigen, Nach Viren suchen, Programme beschleunigen, Festplatte auf Fehler prüfen* und schließlich *Nicht erforderliche Dateien löschen*.

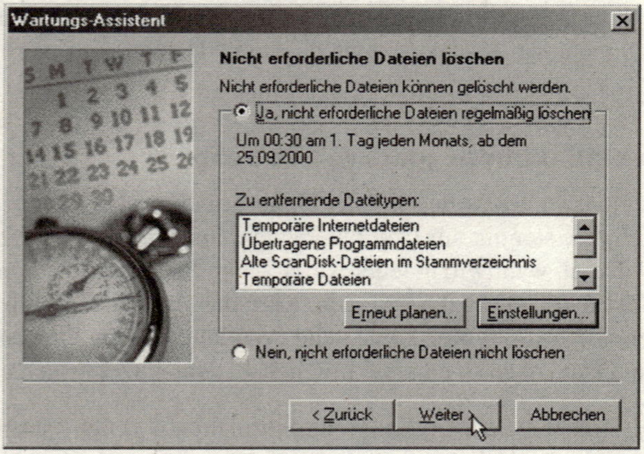

In der Liste, die Sie unter *Zu entfernende Dateitypen* sehen, werden alle aktuell ausgewählten Dateien angezeigt, die der Wartungs-Assistent bei seiner Aufräumaktion entfernt. Wenn Sie auf *Einstellungen* klicken, können Sie weitere Dateien hinzufügen, die gelöscht werden sollen.

Und wenn Ihnen der Zeitpunkt, zu dem der Wartungs-Assistent seine Arbeit beginnt, nicht gefällt, wählen Sie über *Erneut planen* einfach einen anderen Zeitplan aus.

Aufgepasst: Mit DriveSpace können Sie keine Laufwerke mehr komprimieren!

Noch unter Windows 98 gab es ein interessantes Programm namens DriveSpace, mit dem man, wenn der Festplattenplatz mal eng wurde, prima ein bisschen Luft schaffen konnte.

Unter Windows ME ist es damit leider vorbei, denn DriveSpace nur noch aus Gründen der Kompatibilität zu „alten“ Datenträgern vorhanden.

Windows ME und das „passive“ DriveSpace

Das klingt ein bisschen komisch – der Hintergrund ist aber ganz einfach. DriveSpace stammt aus Computerzeiten, in denen selbst klitzekleine Festplatten wahnwitzig teuer waren – den Speicherplatz konnte man also fast schon in Gold aufwiegen. Klar, dass man damals alles Mögliche versuchte, um bloß keine neue Festplatte kaufen zu müssen, sondern die Daten eben so eng wie möglich zusammenzuquetschen.

Heutzutage sind aber selbst riesengroße Festplatten wirklich spottbillig – das riskante Spielchen mit DriveSpace kann man sich also getrost schenken.

Aus genau diesem Grund ist die DriveSpace-Version in Windows ME auch „passiv“ - sie kann zwar DriveSpace-komprimierte Wechselmedien wie Disketten, Zips oder Jaz-Disks wieder entkomprimieren, neue Laufwerke lassen sich damit aber nicht mehr anlegen.

So wird entkomprimiert

Haben Sie beispielsweise eine mit DriveSpace komprimierte Diskette, legen Sie sie ein und gehen dann auf *Start/Programme/Zubehör/Systemprogramme/DriveSpace*.

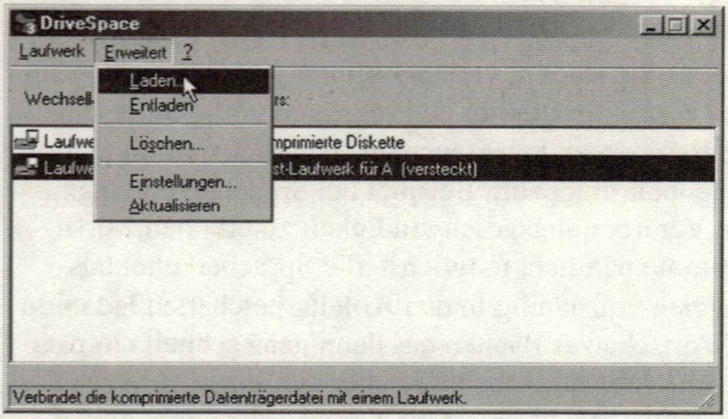

In der Liste der Wechsellaufwerke klicken Sie jetzt auf das Diskettenlaufwerk und danach auf den Menüpunkt *Laden*. Jetzt wird das Laufwerk geladen, was ein paar Sekunden dauert. Danach können Sie beispielsweise im Explorer auf die Diskette zugreifen, als wäre sie nicht komprimiert und die darauf gespeicherten Daten lesen, verändern und beispielsweise an einem anderen Ort wieder speichern.

Wenn's eng wird: So können Sie Windows auf die Finger gucken

Vielleicht hat Ihr PC ja weniger als 64 MByte Arbeitsspeicher, und deshalb erleben Sie bei der Windows-Arbeit immer wieder den einen oder anderen „Engpass"? Windows wird plötzlich quälend langsam und es dauert ewig, bis Sie durch ein längeres Dokument oder eine Tabelle geblättert haben. Der Grund dafür ist relativ einfach: Alle gerade laufenden Programme schnappen sich ihren Teil vom Arbeitsspeicher, bis nur noch der für Windows zwingend nötige Restspeicher übrig bleibt. Und logischerweise kommt Windows dann wirklich ins Schwitzen! Wer nun aber der gierigste Speicherfresser unter Ihren Programmen ist, lässt sich ohne Hilfsmittel eigentlich kaum feststellen. Clevererweise gibt es aber unter Windows ME zwei kleine Tools – die Ressourcen-Anzeige und den Systemmonitor – mit denen Sie dem „Übeltäter" schnell auf die Schliche kommen.

Das steckt dahinter ...

Jedes Programm, das Sie starten, verlangt seinen Teil an den Systemressourcen, wobei es von Programm zu Programm völlig unterschiedlich ist, wie viele Ressourcen belegt werden. Ziemlich extrem merkt man die Ressourcenbelastung zum Beispiel bei Spracherkennungssoftware. Um die Verarbeitungsgeschwindigkeit zu erhöhen, versuchen diese Programme nämlich, möglichst alle Spracherkennungs- und Vokabulardateien vollständig in den Arbeitsspeicher zu laden. Je nach Größe des Wortschatzes können das dann ganz schnell ein paar Dutzend MByte sein. Je mehr Arbeitsspeicher die Software verwenden kann, desto schneller funktioniert die Spracherkennung, weil die Erkennungsarbeit fast ausschließlich im Arbeitsspeicher abgewickelt wird. Wenn Sie also besonders bei einer solchen Software merken, dass die Erkennung nur stockend und mit vielen Pausen funktioniert, lohnt es sich auf jeden Fall, einen Blick auf die Auslastung der Systemressourcen zu werfen.

Ein schneller Blick sagt (fast) alles: Die Ressourcen-Anzeige

Bestimmt sind Sie enttäuscht, wenn Sie die Ressourcen-Anzeige zum ersten Mal sehen – sie ist nämlich rein optisch wirklich ziemlich unspektakulär. Lassen Sie sich davon aber nicht täuschen – die Ressourcen-Anzeige erfüllt ihren Zweck nämlich prima und gibt mit einem Blick alle wichtigen Informationen aus. Haben Sie die Ressourcen-Anzeige unter *Programme/Zubehör/Systemprogramme/Ressourcen-Anzeige* gestartet, sehen Sie erst einmal einen Warnhinweis.

Auch die Ressourcen-Anzeige braucht Ressourcen!

Weil leider gar nichts so richtig umsonst ist, braucht auch die Ressourcen-Anzeige selbst Ressourcen, wenn auch nicht besonders viele. Die Angabe der belegten Systemressourcen wird dadurch aber natürlich ein bisschen verfälscht.

Nach dem Aufruf taucht die Ressourcen-Anzeige als kleines grünes Symbol ganz rechts in der Task-Leiste auf.

Nachsehen, wie viele Ressourcen belegt sind

Um nun rauszubekommen, wie viele Ressourcen belegt bzw. wie viele noch frei sind, doppelklicken Sie einfach auf das Symbol und sehen dann das Fenster *Ressourcen-Anzeige*.

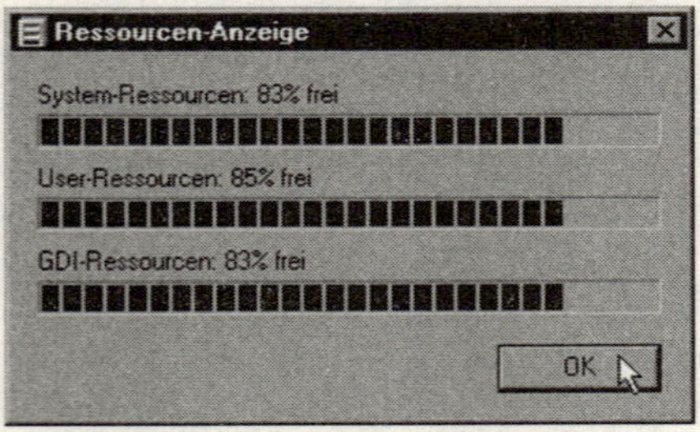

Die drei Balken zeigen die noch freien Kapazitäten in den Bereichen *System-Ressourcen*, *User-Ressourcen* und *GDI-Ressourcen*. Wenn Sie jetzt beispielsweise ein ressourcenintensives Programm starten, verringert sich der Prozentsatz der noch freien Ressourcen.

Schnell nachsehen, wenn Windows langsamer wird

Wenn Sie bei der Arbeit merken, dass Windows immer langsamer wird, sehen Sie sich die Werte in der Ressourcen-Anzeige an. Wenn einer der Balken einen Engpass anzeigt, muss Windows viel öfter auf die Auslagerungsdatei der Festplatte zugreifen. Und das drückt logischerweise die gesamte Arbeitsgeschwindigkeit herunter.

Einen solchen Ressourcen-Engpass können Sie nur umgehen, indem Sie eine der gerade nicht benötigten Anwendungen schließen. Wenn Sie dabei die Ressourcen-Anzeige im Auge behalten, können Sie sehen, dass mit dem Schließen eines Programms auch gleich wieder Ressourcen frei werden.

Supergenau: Windows mit dem Systemmonitor überwachen

Die Ressourcen-Anzeige ist zwar prima, wenn es um einen schnellen Eindruck über die Systemauslastung geht – wenn Sie aber ganz genau wissen wollen, welches Programm gerade wieder mal den Arbeitsspeicher belegt hält, ist der Systemmonitor die bessere Wahl. Wie die Ressourcen-Anzeige finden Sie ihn unter *Systemprogramme*.

Was tun, wenn der Systemmonitor fehlt?

Weil der Systemmonitor bei der Windows-Installation nicht standardmäßig mit installiert wird, müssen Sie das selbst erledigen.

1. In der *Systemsteuerung* gehen Sie auf *Software* und wählen die Registerkarte *Windows Setup*.
2. In der Komponentenliste markieren Sie den Eintrag *Systemprogramme* und klicken dann auf *Details*.
3. Jetzt aktivieren Sie das Kontrollkästchen vor dem Systemmonitor und klicken zweimal auf *OK*.
4. In ein paar Sekunden hat Windows den Systemmonitor nachinstalliert.

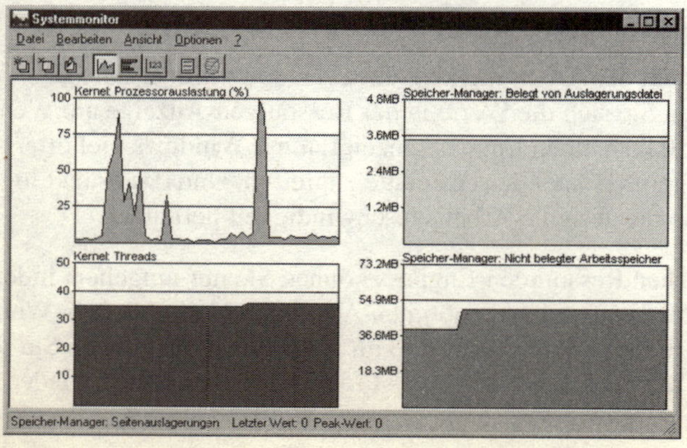

Das steckt dahinter ...

Der Systemmonitor kann, im Gegensatz zur Ressourcen-Anzeige, deshalb so genaue Werte liefern, weil er sehr eng mit der Registry und den dynamischen Daten im Schlüssel *HKEY_DYN_DATA\PerfStats* zusammenarbeitet. Was genau dabei passiert, zeige ich Ihnen ab Seite 575.

Systemmonitor optimal eingestellt

Beim ersten Start des Systemmonitors, sehen Sie standardmäßig die Daten für *Kernel/Prozessorauslastung*. Weil die Prozessorauslastung allein aber zu wenig Informationen bietet, müssen Sie verschiedene andere Ressourcen angeben, die überwacht werden sollen. Das funktioniert, indem Sie in der Menüleiste auf den Befehl *Bearbeiten/Element hinzufügen* klicken und das gewünschte Element aus der Liste auswählen. Übrigens: Haben Sie ein falsches Element gewählt, können Sie es auf dem gleichen Weg wieder entfernen.

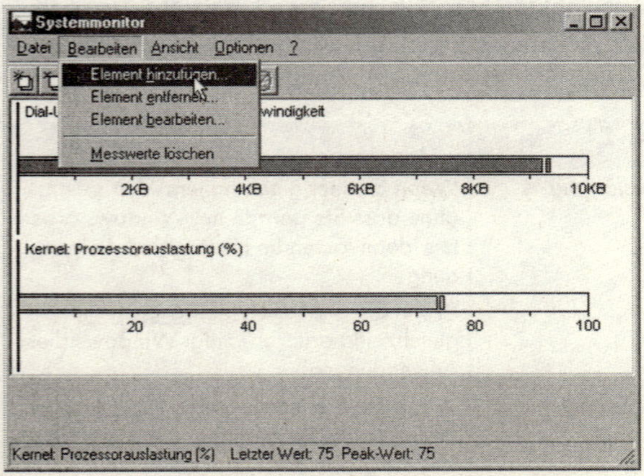

Für spätere Ursachenforschung: Protokoll erstellen lassen

Der Systemmonitor bietet die Möglichkeit, eine Protokolldatei zu erstellen, was Sinn macht, denn schließlich kann man sich ja kaum alle Werte und deren Veränderungen merken.

1 Im Systemmonitor klicken Sie auf *Datei/Protokollierung starten*.

2 Jetzt wählen Sie ein Verzeichnis, in dem die Protokolldatei gespeichert werden soll, und geben einen Namen für die Datei ein.

So wählen Sie die Datenquellen richtig aus

Und jetzt zum wichtigsten Schritt – der Auswahl der Datenquellen. Die richtige Auswahl entscheidet nämlich maßgeblich darüber, ob Sie einer besonders speicherintensiven Software überhaupt auf die Schliche kommen.

Damit Ihnen die Auswahl leichter fällt, hier eine Übersicht der wichtigsten Datenquellen. Die beiden letzten Datenquellen in der Übersicht brauchen Sie nur, wenn Sie im Netzwerk arbeiten.

Datenquelle	Das wird überwacht
Kernel: Prozessorauslastung %	Wenn Sie hier einen hohen Wert sehen, ohne dass Sie gerade mit Windows arbeiten, dann laufen im Hintergrund Anwendungen. Wenn Sie die Tasten [Alt]+[Strg]+ [Entf] gleichzeitig drücken, zeigt Windows diese Anwendungen.
Speicher-Manager: Seitenfehler	Wenn Sie hier einen hohen Wert sehen, brauchen die Programme, die aktuell laufen, mehr Speicher.
Speicher-Manager: Nicht belegter Arbeitsspeicher	Hier sehen Sie den Arbeitsspeicher, der nicht verwendet wird. Wenn Sie jetzt ein Programm starten, können Sie sehen, wie viel Speicher es benutzt.

Datenquelle	Das wird überwacht
Netzwerk-Client: Bytes/Sekunde gelesen *Netzwerk-Client: Bytes/Sekunde geschrieben*	Diese beiden Datenquellen zeigen im Netzwerk an, wie hoch der Datendurchsatz ist, also wie schnell Daten zwischen den vernetzten Rechnern ausgetauscht werden.

Die „Preisfrage“: Wer ist der Speicherfresser?

Im nächsten Schritt können Sie nun konkret überprüfen, wie viele Ressourcen ein bestimmtes Programm verschlingt, und das geht so:

Wichtig: Anzeige immer im Blick behalten!

Damit Sie die Anzeige während des Tests immer im Blick haben, aktivieren Sie zuerst den Befehl *Ansicht/Immer im Vordergrund*.

Die Anzeigeoption einstellen

Damit Sie das Anzeigefenster bei der Arbeit nicht stört, wählen Sie *numerische Anzeige*, um dadurch das Anzeigefenster maximal zu verkleinern.

Anzeige so klein wie möglich machen

Wenn Sie den Befehl *Ansicht/Titelleiste ausblenden* aktivieren, wird das Anzeigefenster so verkleinert, dass es problemlos auf dem Monitor Platz findet, ohne zu stören.

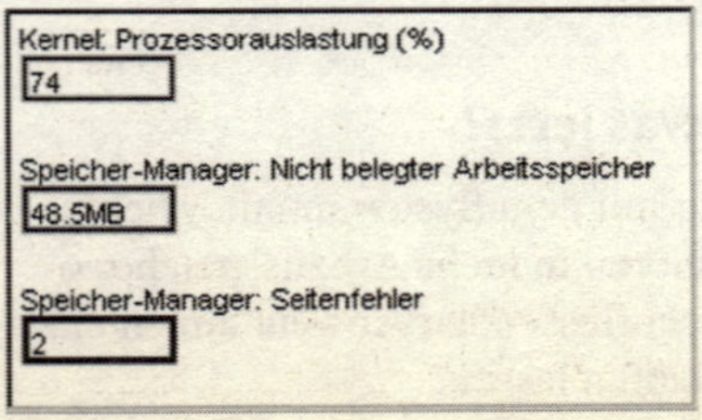

Und jetzt wird's ernst: Das „verdächtige" Programm starten

Starten Sie jetzt einfach das Programm, das Sie als Speicherfresser in Verdacht haben, und beobachten Sie dabei den Systemmonitor. Fast immer lässt sich das speichergierige Programm ganz schnell „festnageln". Wenn Sie beispielsweise ein Scanprogramm benutzen und sich immer gewundert haben, wieso alle anderen Programme während des Scannens fast „einschlafen", dann genügt ein Blick auf die Datenquelle *Nicht belegter Arbeitsspeicher*. Und wenn dabei, wie in meinem Beispiel, von vorher fast 50 MByte nicht belegtem Speicher nur noch müde 11,9 MByte übrig bleiben, ist klar, wer hier in die „Speicherkiste" greift!

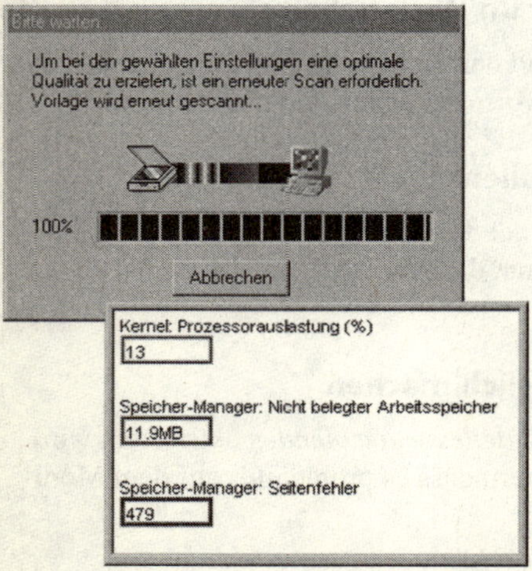

Speicherfresser erkannt und was jetzt?

Was bei der Windows-Überwachung mit dem Systemmonitor herauskommt, ist klar: Entweder Sie investieren in mehr Arbeitsspeicher oder Sie müssen die wirklich ressourcenfressenden Anwendungen einfach isoliert, also nicht gemeinsam laufen lassen.

Fehlanzeige: Manuelle Speicherverwaltung bei Programmen

Wenn Sie jetzt zum Beispiel ordentlich Arbeitsspeicher nachgerüstet haben, kann es zu einem richtig fiesen Fall kommen: Statt nämlich schneller zu arbeiten, „schnarcht" Windows ME genauso wie vorher! Woran das liegt, ist ganz einfach: Verfügt der PC über mehr Arbeitsspeicher, merken das natürlich auch die Programme, die auf Ihrem Rechner laufen. In der Folge greifen sie sich auch proportional mehr Speicher, und ehe Sie sich versehen, haben Sie schon wieder zu wenig Speicher.

Besonders gemein: Das machen bevorzugt Bildbearbeitungsprogramme, die sowieso schon am meisten Ressourcen verschlingen. Nur wenige solcher Programme, wie das fast nur von Profis benutzte PhotoShop, erlauben Ihnen, maximale Speicherwerte vorzugeben, die das Programm benutzen darf. Löbliche Ausnahme bei den etwas günstigeren Programmen ist dabei Adobe PhotoDeluxe. Hier nämlich können Sie ganz nach Belieben angeben, wie viel Arbeitsspeicher das Programm verwenden darf.

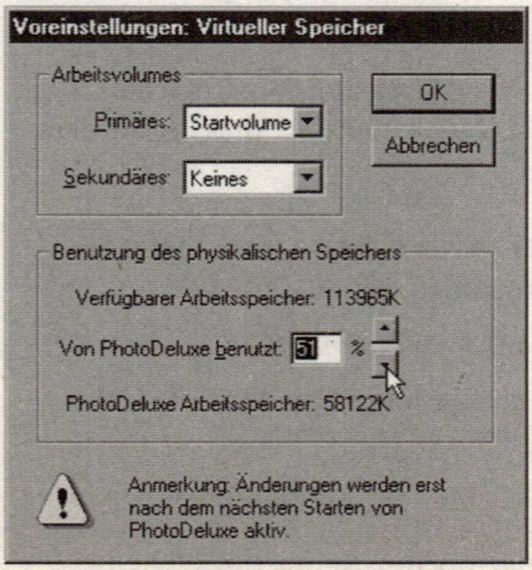

„Tschüss Windows" ohne langes Klicken

Haben Sie auch keine Lust, sich jedes Mal, wenn Sie Ihren PC ausschalten wollen, erst durch *Start/Beenden/Herunterfahren* zu klicken? Das ist auch gar nicht nötig, denn mit den folgenden beiden Möglichkeiten, verabschieden Sie sich ziemlich schnell von Windows.

Schnelles Windows-Ende mit einer Tastenkombination

Statt Windows über *Start/Beenden/Herunterfahren* zu beenden, wählen Sie einfach die Tastenkombination [Alt]+[F4].

Damit kommen Sie nämlich direkt ins Fenster *Windows beenden*. Wenn jetzt vom letzten Windows-Ende die Option auch noch auf *Herunterfahren* steht, brauchen Sie nur noch auf die [Enter]-Taste zu drücken und schon ist der PC aus. Bei älteren PCs, die noch nicht über ein ATX-Netzteil verfügen, sehen Sie dann übrigens den Bildschirm: *Sie können den Computer jetzt ausschalten*.

Geheim: Raus aus Windows ME mit nur einem Mausklick

Sie wollen mit wirklich nur einem Mausklick aus Windows raus? Kein Problem, denn mit einer kleinen Verknüpfung, die Sie auf dem Desktop ablegen, geht das.

1. Mit der rechten Maustaste klicken Sie auf eine freie Stelle des Desktops, um dessen Kontextmenü zu öffnen.
2. Klicken Sie im Kontextmenü auf *Neu/Verknüpfung*.
3. In das Fenster *Verknüpfung erstellen* tragen Sie jetzt die Zeile

   ```
   C:\WINDOWS\RUNDLL32.EXE user,ExitWindows
   ```

   ein.

   Ganz wichtig dabei: Vor und nach dem Komma dürfen keine Leerzeichen stehen!

4 Im nächsten Dialogfenster geben Sie der Verknüpfung einen Namen und klicken danach auf *Fertig stellen*.

Ab jetzt genügt ein Doppelklick auf die Verknüpfung, und Windows verschwindet ohne lästige Rückfragen.

Noch ein paar clevere Klicks

Wenn Sie wollen, können Sie sich übrigens noch ein paar andere Verknüpfungen anlegen, mit denen Sie ohne viel Klickerei ans Ziel kommen.

Wollen Sie sich schnell mal neu anmelden, geben Sie

```
C:\WINDOWS\RUNDLL32.EXE shell32.dll,SHExitWindowsEx 0
```

ein.

Wenn Sie Ihren Rechner ohne viel Federlesen neu starten wollen, geht das mit dieser Eingabe:

```
C:\WINDOWS\RUNDLL32.EXE shell32.dll,SHExitWindowsEx 2.
```

So geht's blitzschnell und ohne Probleme ins Internet

Kapitel 3

Sie wollen mit Windows ME online gehen? Kein Problem, denn Windows bringt, natürlich bis auf das Modem, schon alles mit, was Sie dazu brauchen.

Nur ein paar Mausklicks: Mit dem Internetassistenten ins Web

Windows ME macht es Ihnen wirklich einfach ins Web zu kommen – mit ein paar wenigen Informationen, die Sie von Ihrem Internetprovider bekommen, und dem Internetverbindungsassistenten, sind Sie in wenigen Minuten im Internet. Übrigens: Wenn Sie einfach keine Lust auf den Assistenten haben, können Sie Ihren Provider natürlich auch manuell einrichten. Ehrlich gesagt ist das wirklich nicht besonders schwierig und ab Seite 148 zeige ich Ihnen, wie das geht.

Voraussetzung für das Einrichten eines Internetzugangs ist natürlich, dass Sie Ihr Modem oder die ISDN-Karte angeschlossen bzw. eingebaut und konfiguriert haben.

> **Infos, die Sie von Ihrem Provider brauchen**
>
> *Während der verschiedenen Arbeitsschritte will der Internetverbindungsassistent ein paar Informationen von Ihnen. Diese Infos – wie zum Beispiel die Einwahlnummer, die Namen der Posteingangs- und Ausgangsserver oder die Konfiguration der IP-Adressen bekommen Sie von Ihrem Provider.*

Was nun: Internetverbindungsassistent oder Installations-CD?

Wenn Sie einen Provider wie etwa „12Move“ oder „SurfEU“ wählen, können Sie auf den Internetverbindungsassistenten verzichten. Sie bekommen von diesen Providern nämlich eine kostenlose CD mit einem kleinen Installationsprogramm, das alle Einstellungen für Sie vornimmt, ohne das Sie viel tun müssen.

Nur wenn Sie einen Provider einrichten wollen, der Ihnen keine Installation anbietet, oder eine „12Move“ oder „SurfEU“-Installation ohne CD vornehmen wollen, können Sie auf den Internetverbindungsassistenten zurückgreifen.

Los geht’s

1 Den Internetverbindungsassistenten können Sie auf zwei Arten starten – entweder über das Desktop-Symbol *Verbindung mit dem Internet herstellen* oder über *Start/Programme/Zubehör/Kommunikation/Assistent für den Internetzugang*.

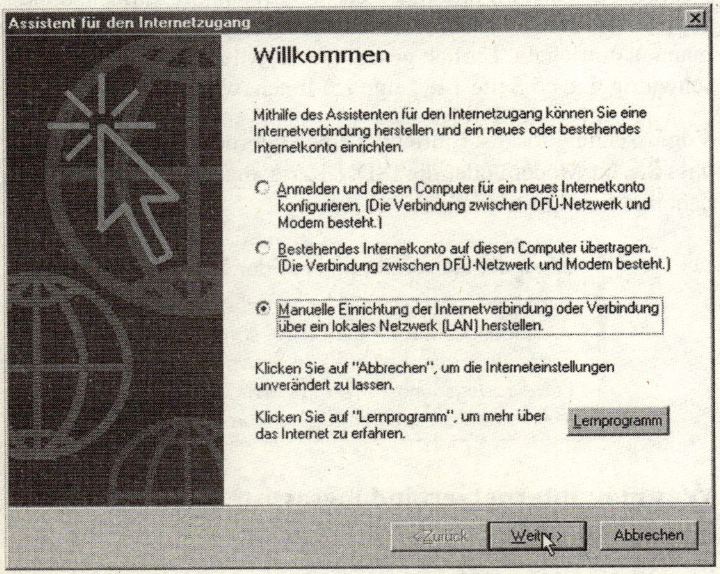

2 Im Assistentenfenster wählen Sie die dritte Option *Manuelle Einrichtung der Internetverbindung oder Verbindung über ein lokales Netzwerk (LAN) herstellen.*

Aufgepasst: Mit der ersten Option landen Sie ganz woanders!

Eigentlich ist der Gedanke ja gar nicht schlecht, dass Ihnen der Assistent auch gleich noch einen Provider vorschlägt. Wenn Sie die erste Option wählen, passiert genau das: Windows wählt sich auf einem Informationsserver ein und zeigt Ihnen eine Liste mit allen möglichen Internetprovidern. Leider ist diese Liste weder besonders aktuell, noch berücksichtigt sie viele kleinere oder lokale Internetprovider. Die Wahrscheinlichkeit, dass Sie dort Ihren Provider finden, ist also ziemlich gering.

3 Im nächsten Fenster wählen Sie die Option *Verbindung über Telefonleitung und Modem* und klicken auf *Weiter*.

4 Im nun folgenden Fenster wählen Sie Ihr Modem aus einer Liste aus und klicken wieder auf *Weiter*.

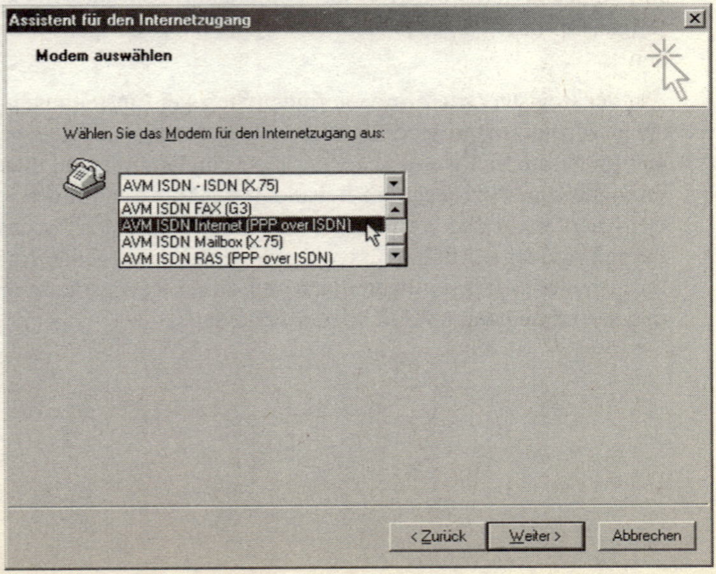

5 Das folgende Fenster beschäftigt sich zuerst mit der Einwahlnummer Ihres Providers, bietet aber noch einige weitere wichtige Optionen. Wenn Sie auf *Erweitert* und dann auf die Registerkarte *Adressen* klicken, zeigt Windows Ihnen – allerdings nur, wenn Sie in einem Netzwerk arbeiten – zunächst eine Warnmeldung.

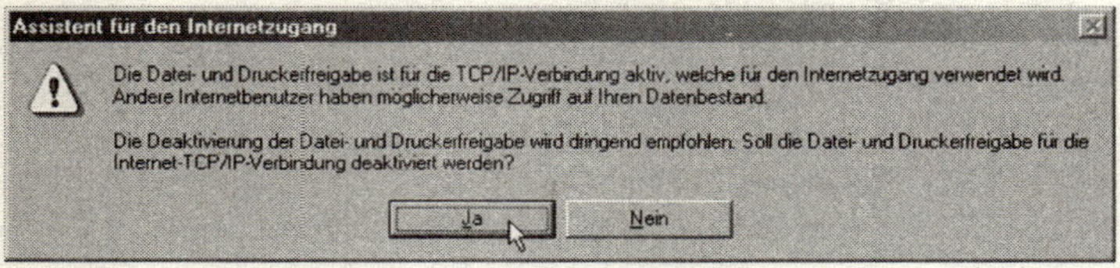

6 Da Windows für Netzwerkverbindungen standardmäßig das Protokoll TCP/IP verwendet, könnten andere Internetbenutzer theoretisch über die Datei- und Druckerfreigabe auf Ihren PC zugreifen. Um das zu verhindern, klicken Sie in der Warnmeldung auf *Ja* und deaktivieren die Freigabe damit. Die Datei- und Druckerfreigabe in Ihrem eigenen Netzwerk bleibt dabei übrigens bestehen.

7 Auf der Registerkarte *Adressen* finden Sie zwei Einstellungen, zu denen Ihr Internetprovider Ihnen bereits Informationen gegeben hat. Im Normalfall werden Sie hier nichts ändern müssen, manche Provider schreiben aber zum Beispiel feste Adressen für den DNS-Server vor oder verwenden statische IP-Adressen. Ist das bei Ihrem Provider der Fall, müssen Sie diese Adressen genau so, wie Ihr Provider es Ihnen mitgeteilt hat, auf dieser Registerkarte eintragen und sie dann mit *OK* wieder verlassen.

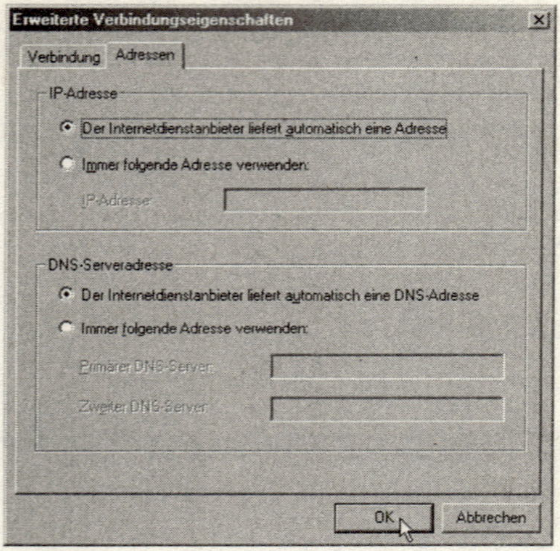

8 Im nächsten Fenster geben Sie Ihren Benutzernamen und Ihr Kennwort ein – beides bekommen Sie im Normalfall ebenfalls von Ihrem Provider.

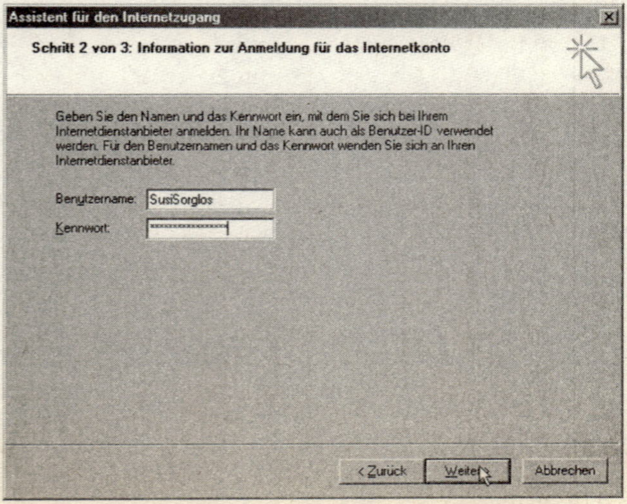

9 Haben Sie Benutzername und Kennwort eingetragen, geben Sie der Verbindung im nächsten Fenster einen Namen. Dabei macht es übrigens Sinn, wenn Sie einen aussagekräftigen Namen verwenden, denn gerade wenn Sie vielleicht mehrere Provider nutzen, behalten Sie damit einfach einen besseren Überblick.

10 Mit *Weiter* kommen Sie ins nächste Fenster, in dem Sie entscheiden können, wie Sie das Internet nutzen wollen.

Nur Surfen oder auch E-Mail?

Im gerade angesprochene Fenster haben Sie zwei Optionen.

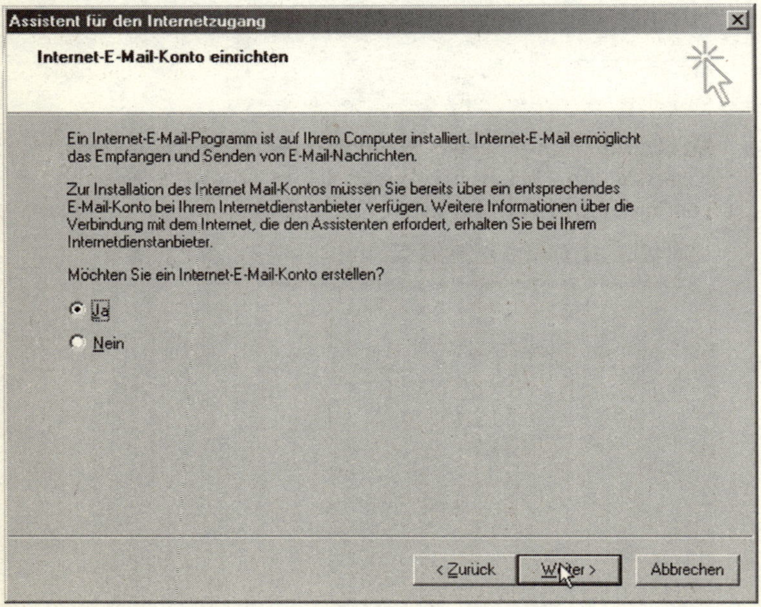

Klicken Sie hier auf *Ja*, können Sie mit ein paar weiteren Arbeitsschritten auch gleich Ihr E-Mail-Konto aktivieren, was wirklich sinnvoll wäre. Wollen Sie nur im Internet surfen und auf eine E-Mail-

Adresse im Augenblick verzichten, klicken Sie auf *Nein* und beenden den Assistenten damit. Übrigens: Selbst wenn Sie sich entscheiden, im Augenblick noch kein E-Mail-Konto einzurichten, können Sie das später jederzeit nachholen.

Das macht Sinn: E-Mail-Konto gleich mit einrichten

Vielleicht wollen Sie aber doch nicht nur surfen, sondern eben auch e-mailen und jetzt Ihr E-Mail-Konto einrichten? Nichts einfacher als das, denn dazu brauchen Sie im Assistentenfenster *Internet-E-Mail-Konto einrichten* nur die Option *Ja* anzuklicken

1 Jetzt müssen Sie im ersten Fenster zunächst nur Ihren Namen eingeben. Aber aufgepasst, denn dieser Name steht in jeder E-Mail die Sie schreiben als Absender – irgendein Ulkname könnte da vielleicht doch ein wenig merkwürdig wirken.

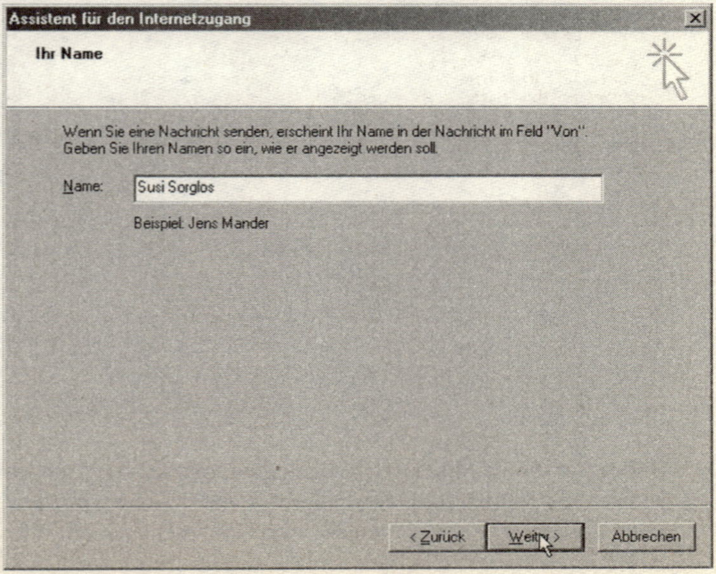

2 Mit *Weiter* gelangen Sie ins nächste Fenster, in dem Sie Ihre E-Mail-Adresse angeben. Diese Adresse hat Ihnen Ihr Provider im Normalfall bereits mitgeteilt.

3 Das jetzt folgende Fenster ist ziemlich wichtig – hier geben Sie nämlich Ihre Mailserver an. Auch in diesem Fall tragen Sie wieder exakt das ein, was Ihr Provider Ihnen mitgeteilt hat. Eine kleine Falle gibt es dabei allerdings, denn man verwechselt schnell mal den Posteingangs- mit dem Postausgangsserver, mit der Folge, dass sich E-Mails weder senden noch empfangen lassen. Also lesen Sie die Informationen Ihres Providers am besten genau durch und kontrollieren Sie Ihre Angaben zum Schluss lieber noch einmal!

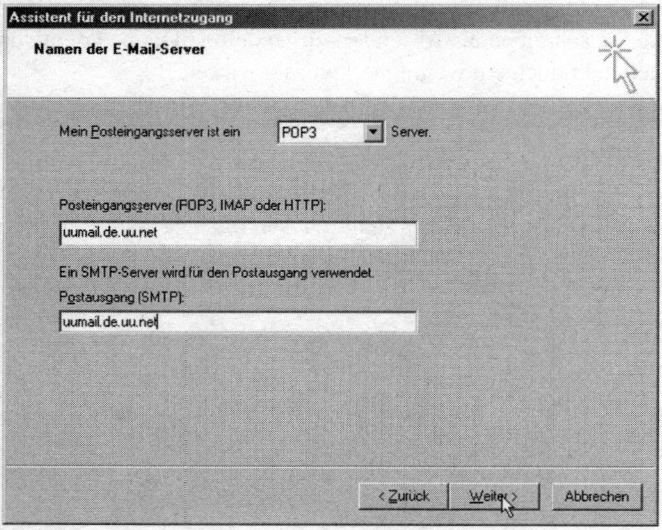

4 Haben Sie Ihre E-Mailserver eingetragen, müssen Sie im nächsten Fenster den Namen Ihres E-Mailkontos und das dazugehörige Kennwort eingeben. Und genauso wie bei denen anderen Infos zu Ihrem Internetzugang bekommen Sie auch diese Informationen von Ihrem Provider.

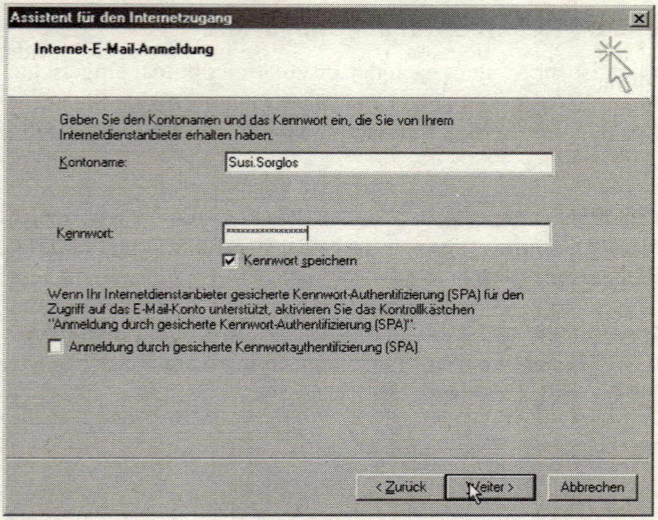

5 Schon sind Sie im letzten Fenster gelandet, in dem Sie nur noch auf *Fertig stellen* klicken müssen. Der Assistent verschwindet und nach ein paar Sekunden können Sie auf das blaue „e" – das Symbol für den Internet Explorer – klicken, um eine Verbindung zum Internet aufzubauen.

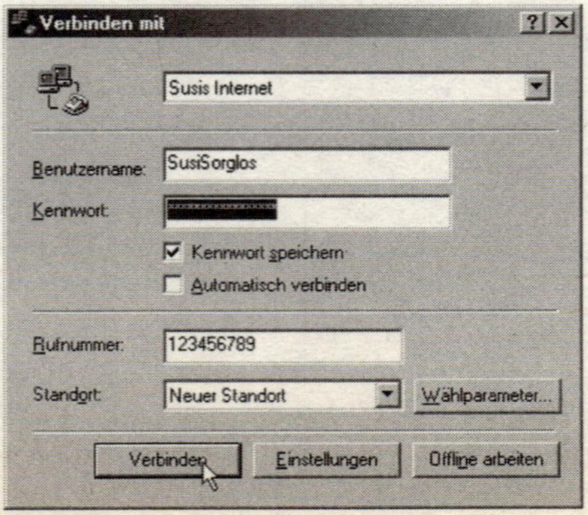

So geht's: Modem optimal konfiguriert

Eigentlich ist Ihr Modem nach der Installation optimal eingerichtet und bringt die bestmöglichen Übertragungswerte. Wenn Sie aber nicht sicher sind, ob das wirklich so ist, können Sie die Modemeinstellungen noch mal überprüfen.

In der *Systemsteuerung* gehen Sie auf *Modems* und dann in die Registerkarte *Diagnose*. Hier markieren Sie den Eintrag Ihres Modems und klicken auf *Details*.

Windows simuliert jetzt ein paar Sekunden lang eine Datenübertragung zum Modem und zeigt Ihnen danach in einem Fenster alle technischen Werte des Modems.

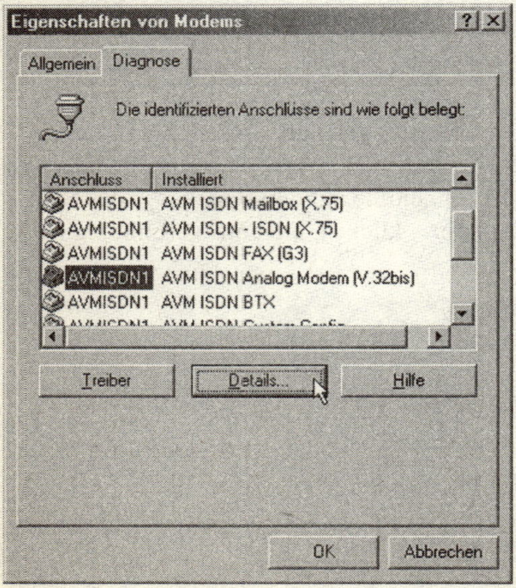

Auf jeden Fall checken: Die Anschlusseinstellungen

Um die Anschlusseinstellungen zu überprüfen, gehen Sie im Eigenschaftenfenster des Modems in die Registerkarte *Allgemein*, markieren Ihren Modemeintrag und klicken dann auf *Eigenschaften*.

Im folgenden Fenster öffnen Sie die Registerkarte *Einstellungen*.

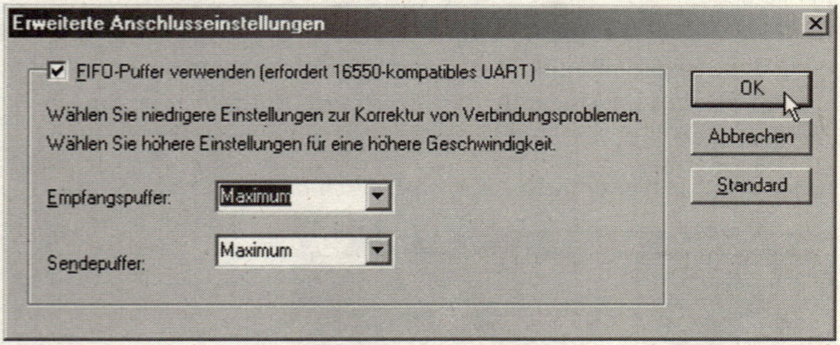

Im Normalfall müssen Sie auf dieser Registerkarte nichts einstellen und können gleich auf *Anschlusseinstellungen* klicken. Und genau hier stehen häufig Werte, die Ihr Modem einfach ausbremsen!

Achten Sie einfach darauf, dass in den zwei Auswahllisten mit den Werten *Niedrig, Mittel, Hoch* und *Maximum* die Werte auf *Maximum* stehen!

Wenn das Modem Zicken macht

Also, um es mal klar zu sagen – echte Probleme mit dem Modem werden Sie unter Windows ME nur sehr selten bis gar nicht haben. Sollte das doch mal der Fall sein, liegt es fast immer an einem locker aufgesteckten Schnittstellenkabel!

Bevor Sie also nach weiteren Fehlern suchen, sehen Sie einfach mal nach, ob das Kabel richtig sitzt und verschraubt ist. Wenn Sie regelmäßig mit Ihrem Bürostuhl über das Modemkabel fahren, ist die Fehlerquelle auch schnell klar – ein neues Modemkabel muss her! Bringt das alles nichts, müssen Sie systematisch vorgehen. Und als Erstes in der Reihe kommt das Modemprotokoll.

Modemprotokoll zur Fehlersuche verwenden

Um herauszubekommen, warum das Modem plötzlich Verbindungen abbricht oder einfach viel zu lahm läuft, werfen Sie einen Blick ins Modemprotokoll.

Weil Windows das Protokoll dummerweise nicht automatisch anlegt, müssen Sie dies im Modemfenster *Erweiterte Einstellungen für Modem* festlegen.

Aktivieren Sie hier einfach *An Protokoll anhängen*.

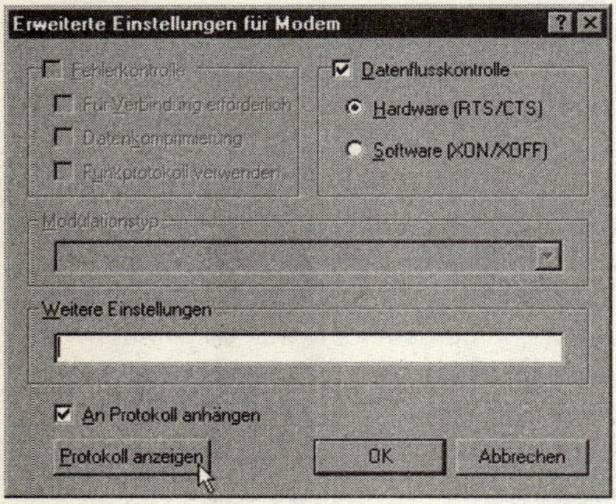

Alle wichtigen Daten einer Onlinesitzung zeichnet Windows jetzt in der Datei *Modem.txt* auf, die Sie über *Protokoll anzeigen* einsehen können.

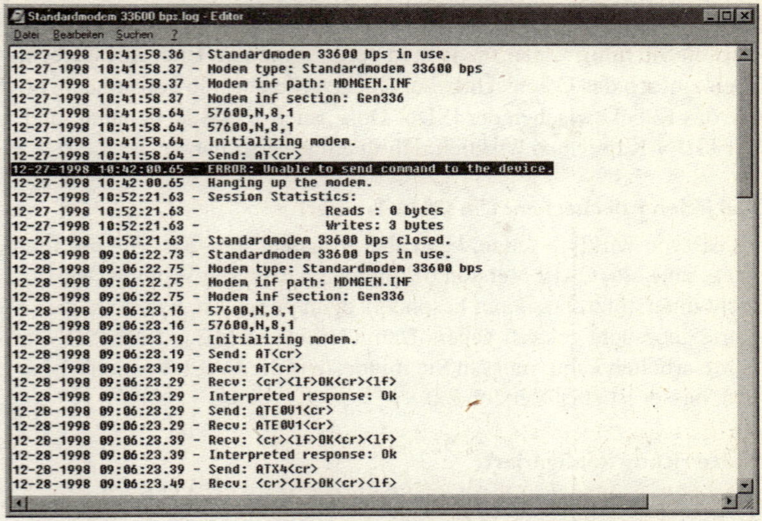

Standardmodem 33600 bps.log - Editor

Datei Bearbeiten Suchen ?

```
12-27-1998 10:41:58.36 - Standardmodem 33600 bps in use.
12-27-1998 10:41:58.37 - Modem type: Standardmodem 33600 bps
12-27-1998 10:41:58.37 - Modem inf path: MDMGEN.INF
12-27-1998 10:41:58.37 - Modem inf section: Gen336
12-27-1998 10:41:58.64 - 57600,N,8,1
12-27-1998 10:41:58.64 - 57600,N,8,1
12-27-1998 10:41:58.64 - Initializing modem.
12-27-1998 10:41:58.64 - Send: AT<cr>
12-27-1998 10:42:00.65 - ERROR: Unable to send command to the device.
12-27-1998 10:42:00.65 - Hanging up the modem.
12-27-1998 10:52:21.63 - Session Statistics:
12-27-1998 10:52:21.63 -                 Reads : 0 bytes
12-27-1998 10:52:21.63 -                 Writes: 3 bytes
12-27-1998 10:52:21.63 - Standardmodem 33600 bps closed.
12-28-1998 09:06:22.73 - Standardmodem 33600 bps in use.
12-28-1998 09:06:22.75 - Modem type: Standardmodem 33600 bps
12-28-1998 09:06:22.75 - Modem inf path: MDMGEN.INF
12-28-1998 09:06:22.75 - Modem inf section: Gen336
12-28-1998 09:06:23.16 - 57600,N,8,1
12-28-1998 09:06:23.16 - 57600,N,8,1
12-28-1998 09:06:23.19 - Initializing modem.
12-28-1998 09:06:23.19 - Send: AT<cr>
12-28-1998 09:06:23.19 - Recv: AT<cr>
12-28-1998 09:06:23.29 - Recv: <cr><lf>OK<cr><lf>
12-28-1998 09:06:23.29 - Interpreted response: Ok
12-28-1998 09:06:23.29 - Send: ATE0V1<cr>
12-28-1998 09:06:23.29 - Recv: ATE0V1<cr>
12-28-1998 09:06:23.39 - Recv: <cr><lf>OK<cr><lf>
12-28-1998 09:06:23.39 - Interpreted response: Ok
12-28-1998 09:06:23.39 - Send: ATX4<cr>
12-28-1998 09:06:23.49 - Recv: <cr><lf>OK<cr><lf>
```

Wenn Sie im Protokoll sehen, dass Ihr Modem nicht mit den Übertragungswerten arbeitet, die es eigentlich beherrschen sollte, müssen Sie wohl oder übel noch einmal in der *Systemsteuerung* unter *Modems* nachsehen, ob Sie es richtig installiert haben.

Gehen Sie einfach schrittweise alle Werte durch und probieren Sie eine erneute Verbindung. Wenn das Modem immer noch nicht korrekt arbeitet, entfernen Sie es im *Geräte-Manager*, den Sie in der *Systemsteuerung* unter *System* finden, und installieren es erneut.

Superselten: ISDN-Probleme

Genau wie beim Modem, sind Probleme mit ISDN-Karten unter Windows ME zum Glück ziemlich selten. Wenn Sie aber wirklich keine Verbindung über ISDN aufbauen können, dann checken Sie doch mal diese Kriterien:

Steckt das Kabel?

Lachen Sie ruhig – aber manchmal vergisst man im Eifer des Gefechts eben einfach das Offensichtliche. Gucken Sie deshalb zuerst nach, ob Sie das Kabel zwischen der ISDN-Dose, auch „NTBA“ genannt, und der ISDN-Karte auch wirklich richtig eingesteckt haben.

Auf jeden Fall checken: Die CAPI-Treiber!

Es ist zwar wirklich selten, kann aber trotzdem sein, dass Sie mit Ihrer Karte eine alte CAPI-Version bekommen haben, die Windows ME nicht unterstützt. Das kann besonders dann passieren, wenn Sie die Karte gebraucht gekauft haben. Damit Windows ME mit der ISDN-Karte arbeiten kann, müssen Sie mindestens die CAPI-Version1.1 haben, besser ist aber Version 2.0.

Karte richtig konfiguriert?

Sehen Sie noch mal nach, ob Sie die ISDN-Karte wirklich richtig konfiguriert haben. Wichtig dabei: Überprüfen Sie die Einstellungen von IRQ und Speicheradresse im Geräte-Manager!

Treiberprobleme? – Am besten alles löschen

Wenn die Karte absolut nicht funktionieren will, Sie aber auch keine IRQ- oder Speicheradressenkonflikte im Geräte-Manager finden können, sollten Sie einfach die Treiber deinstallieren und neu einrichten.

Wichtig dabei: Deinstallieren Sie vor einer Neuinstallation unbedingt alle alten Treiber und vielleicht übrig gebliebene Ordner und Dateien im Explorer! Nur so können Sie nämlich sicher sein, dass keine Treiberleichen auf dem Rechner bleiben, die dann in eine Neuinstallation übernommen werden.

Stress mit der ISDN-Anlage? Hier sollten Sie mal nachsehen

Wenn Sie eine ISDN-Anlage betreiben und weder per Modem noch über die ISDN-Karte eine Verbindung aufbauen können, dann sehen Sie doch mal nach, ob die Anlagenkonfiguration überhaupt stimmt! ISDN-Anlagen identifizieren nämlich jedes angeschlossene Gerät nach einer bestimmten Klasse, also etwa Telefon, Modem, Anrufbeantworter oder Kombigerät. Haben Sie beispielsweise Ihr Modem an einen bestimmten Anschluss gelegt, der aber als Telefon konfiguriert ist, kann natürlich keine Datenübertragung stattfinden.

Übrigens: Genauso ist es mit den so genannten „Kombigeräten“, die Drucker, Fax, Anrufbeantworter und Telefon vereinen. Solche Geräte müssen Sie in der Anlage natürlich auch als Kombigerät angeben! Die meisten etwas neueren ISDN-Anlagen bieten zur Konfiguration übrigens eigene Tools an, die Sie auf Ihrem PC installieren. Dann verbinden Sie Ihren Rechner über ein serielles oder ein USB-Kabel mit der Telefonanlage und können sie mit ein paar Mausklicks richtig konfigurieren.

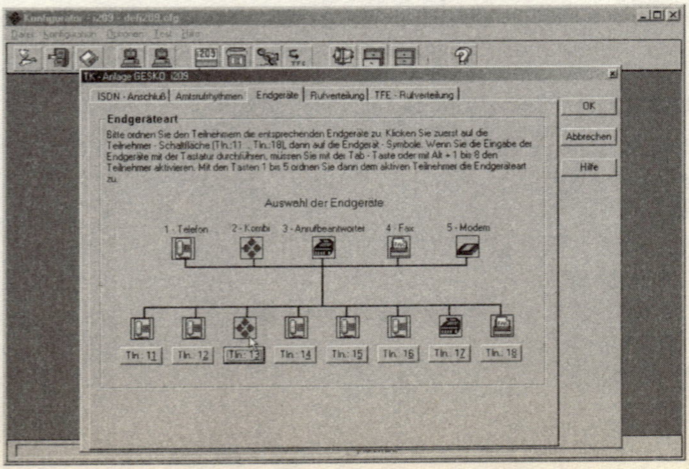

OnlineOptimizer: Macht müde Modems (und ISDN-Karten) munter

Wenn Sie wirklich das Letzte aus Ihrem Modem oder Ihrer ISDN-Karte rauskitzeln wollen, dann probieren Sie doch mal das Programm OnlineOptimizer aus, das Sie unter der Adresse http://www.onlinetimer.de finden. Mit dem OnlineOptimizer können Sie mit nur einem Mausklick voreingestellte Optimierungswerte festlegen, mit denen Ihr PC und Modem definitiv besser und schneller arbeiten.

So geht's: Einen Internetprovider manuell einrichten

Wenn Sie eine Verbindung zu einem reinen Internetprovider herstellen wollen, und dabei keine Lust haben, den Internetverbindungsassistenten zu verwenden, läuft das normalerweise über das DFÜ-Netzwerk ab. Dazu legen Sie einfach eine neue DFÜ-Verbindung an und stellen bestimmte Werte nach den Vorgaben Ihres Providers ein. Und so geht's:

1 Klicken Sie auf *Start/Einstellungen/DFÜ-Netzwerk* und im nächsten Fenster auf *Neue Verbindung erstellen*.

2 Jetzt landen Sie im Assistentenfenster *Neue Verbindung erstellen*, in dem Sie die ersten wichtigen Einstellungen machen.

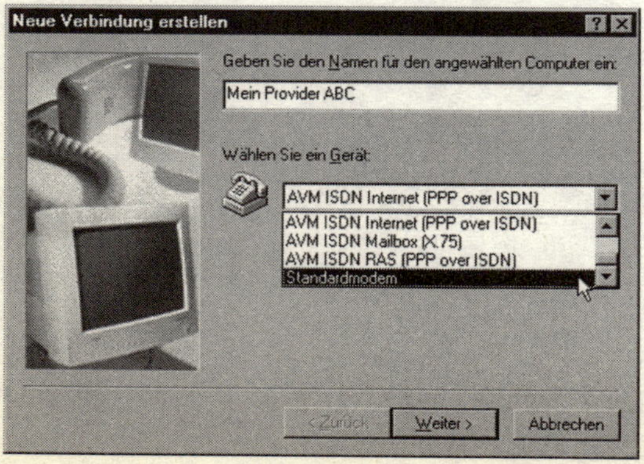

3 Hier geben Sie der Verbindung einen Namen, an dem Sie sie später erkennen können.

4 Ebenfalls im diesen ersten Fenster müssen Sie den korrekten Modemtyp beziehungsweise die ISDN-Verbindung aus dem Listenfeld auswählen. Übrigens: Wenn Sie noch kein Modem eingerichtet haben, startet jetzt der Konfigurations-Assistent für Modems automatisch. Ansonsten kommen Sie mit *Weiter* ins nächste Fenster, in dem Sie die Ortsvorwahl, die Landeskennziffer und die Einwahlnummer Ihres Providers angeben.

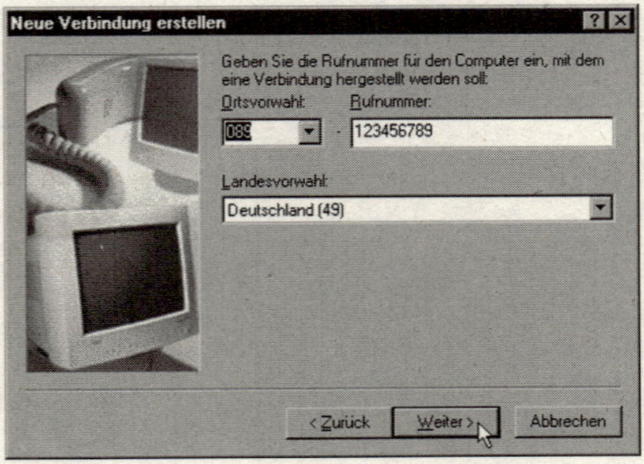

5 Der Assistent zeigt Ihnen jetzt im letzten Fenster noch mal den eingegebenen Providernamen, aber keine weiteren Daten. Mit *Fertig stellen* beenden Sie den Assistenten.

6 Und genau jetzt kommt ein typischer Stolperstein: Im *DFÜ-Netzwerk*-Ordner sehen Sie nun zwar die neu konfigurierte Verbindung, alle wichtigen Daten zum Aufbau einer Verbindung fehlen aber noch. Im jetzigen Zustand können Sie sich mit der angelegten DFÜ-Verbindung garantiert nicht bei Ihrem Provider einwählen. Um die restlichen Daten einzugeben, klicken Sie die neu angelegte Verbindung mit der rechten Maustaste an und wählen im Kontextmenü den Eintrag *Eigenschaften*.

7 Mit die wichtigsten Einstellungen machen Sie zwar auf den Registerkarten *Netzwerk* und *Sicherheit* – vorher überprüfen Sie aber am besten noch mal in der Registerkarte *Allgemein* die bisher eingetragenen Werte für Ortsvorwahl, Rufnummer, Landesvorwahl und Modemverbindung!

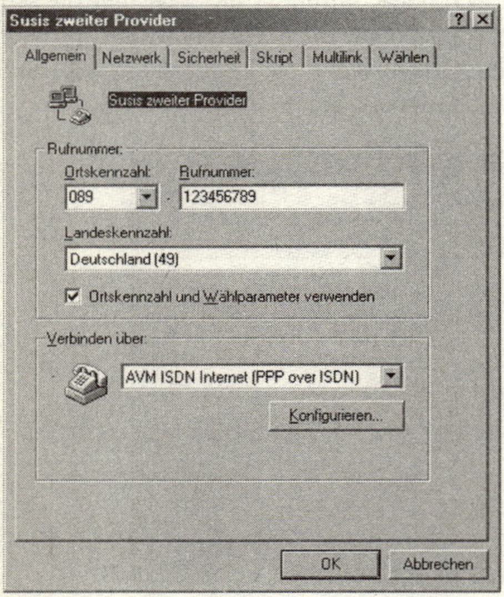

8 Ist auf der Registerkarte *Allgemein* alles okay, wechseln Sie in die Registerkarten *Netzwerk* und *Sicherheit*. Alle Einstellungen, die Sie hier vornehmen müssen, gibt Ihnen Ihr Provider vor. Weil man im Eifer des Gefechts manchmal einfach die eine oder andere Einstellung übersieht, gehen Sie am besten alle Änderungen noch mal einzeln durch, bevor Sie sie mit *OK* bestätigen!

9 Das Gleiche gilt für die Einstellungen, die Sie über die Schaltfläche *TCP/IP-Einstellungen* machen, welche Sie auf der Registerkarte *Netzwerk* finden. Hier genügt in den Feldern der zugeteilten DNS nämlich schon eine falsche Ziffer und Sie werden sich niemals bei Ihrem Provider einwählen können!

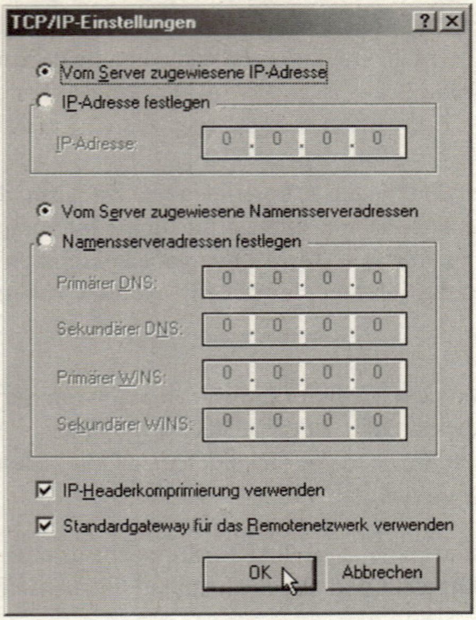

10 Alle wichtigen Einstellungsmöglichkeiten im DFÜ-Netzwerk sind damit schon ausgeschöpft, und Sie können sich, wenn alle Angaben stimmen, bei Ihrem Provider anmelden.

Fakten, Fakten, Fakten: Das müssen Sie übers Internet wissen

Eine der wichtigsten Dinge ist, wenn es ums Internet geht, das TCP/IP-Protokoll. Ohne TCP/IP bzw. wenn es falsch konfiguriert wird, wird Ihr Browser keine Internetseite finden.

Was sind eigentlich IP-Adressen?

Im Internet wird die Adressenverwaltung über so genannte „DNS-Server" abgewickelt. Die DNS-Server wandeln alphanumerische Internetadressen in zwölfstellige so genannte „IP-Adressen" um. Jeder mit dem Internet verbundene Computer bekommt eine solche Adresse zugewiesen, wobei es zwei Vergabearten, die statische und die dynamische Adressenvergabe gibt.

Das steckt dahinter ...

Der Unterschied zwischen den beiden Adresstypen besteht darin, dass Sie eine statische IP-Adresse behalten, solange Sie dieses Internetkonto besitzen. Bei der dynamischen Adressenvergabe bekommen Sie jeweils beim Einloggen in das Internet eine neue IP-Adresse zugeteilt.

Dynamisch oder statisch?

Wenn Ihr Provider vorgibt, dass Sie beim Einwählen eine vom Server zugewiesene IP-Adresse bekommen, ist das also eine dynamische IP-Adresse, und damit müssen Sie auch das entsprechende Optionsfeld in *TCP/IP-Einstellungen* aktivieren.

Ist die Vorgabe des Providers eine statische IP-Adresse, bekommen Sie diese vom Provider mitgeteilt und tragen sie unter *IP-Adresse* ein.

Flotter und sicherer surfen: So richten Sie den Internet Explorer richtig ein

Eigentlich kann nicht viel schief gehen, wenn Sie nach dem Anlegen einer Internetverbindung zum ersten Mal im Internet surfen. Das liegt daran, dass er bei der Windows ME-Installation automatisch so eingerichtet wurde, dass Ihnen alle grundsätzlichen Funktionen zur Verfügung stehen.

Erst mit der Zeit bekommt man dann langsam heraus, welche Einstellungen den Internet Explorer einfach besser, schneller und sicherer machen.

Internet Explorer immer auf dem neuesten Stand

Wenn Sie den Internet Explorer immer auf dem neuesten Stand haben wollen – im Augenblick ist die Version 5.5 aktuell – dann gehen Sie im Internet einfach auf die Seite http://windowsupdate.microsoft.com/.

Das Ausprobieren können Sie sich aber sparen, denn auf den nächsten Seiten zeige ich Ihnen, wie Sie den Internet Explorer optimal einrichten.

Zum Glück sind alle Optionen des Internet Explorer schön zentral über ein Menü zu erreichen, sodass Sie nicht erst lange herumsuchen müssen, sondern einfach *Extras/Internetoptionen* wählen.

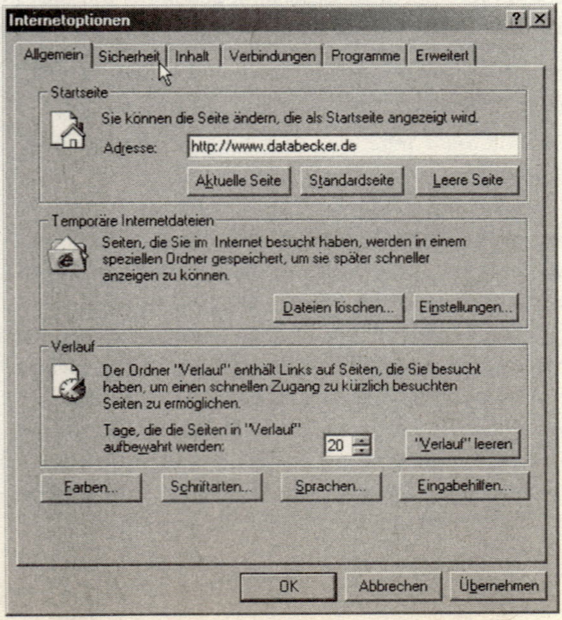

Registerkarte Allgemein

Auf der Registerkarte *Allgemein* können Sie alle grundsätzlichen Einstellungen für den Internet Explorer vornehmen.

Wichtig ist gleich die erste Option *Startseite*. Die Internetadresse, die Sie in dieser Zeile sehen, springen Sie immer zuerst an, wenn Sie sich mit dem Internet verbinden.

Umso wichtiger natürlich, dass hier nicht irgendeine Webseite steht, die Sie vielleicht furchtbar nervt, sondern am besten Ihre Lieblingsseite.

Und so einfach ändern Sie den Eintrag:

1. Wenn Sie gerade im Internet unterwegs sind, gehen Sie auf die Seite, die Sie zu Ihrer Startseite machen wollen.
2. Jetzt klicken Sie auf *Extras/Internetoptionen* und landen auf der Registerkarte *Allgemein*.
3. Wenn Sie nun auf *Aktuelle Seite* klicken, ist diese Seite Ihre neue Startadresse im Internet.

Hier bestimmen Sie, wann aufgeräumt werden soll

Clevererweise speichert der Internet Explorer die wichtigsten Elemente aller bisher besuchten Webseiten im Ordner *Windows\Temporary Internet Files*, um sie beim erneuten Aufruf einer Seite nicht nochmals laden zu müssen. Mit der Zeit sammeln sich aber logischerweise ganz schnell mal etliche MByte an, die Festplattenplatz kosten. Noch nerviger: Meist stammen diese Daten gar nicht von Ihren Lieblingsseiten, sondern eben von den Seiten, durch die Sie sich nur mal so durchgeklickt haben, die Sie aber vielleicht nie wieder besuchen. Auf temporäre Dateien von solchen Seiten können Sie natürlich bestens verzichten.

Wenn Sie in das Feld *Temporäre Internetdateien* auf *Einstellungen* klicken, können Sie festlegen, wie viel MByte-Plattenplatz der Ordner *Temporary Internet Files* maximal groß sein darf.

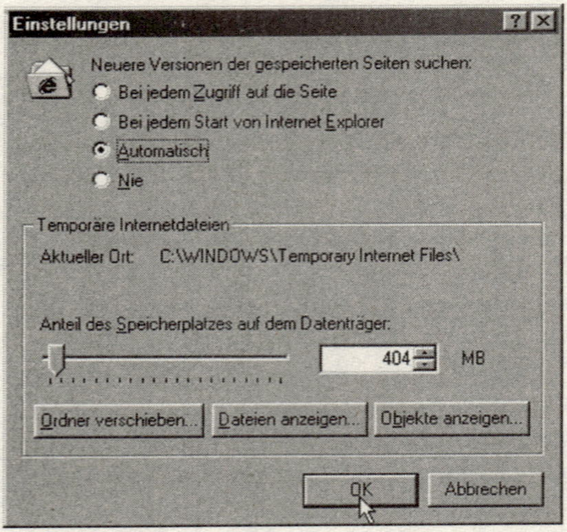

Hat der Ordner seine maximale Größe erreicht, werden die ältesten Dateien automatisch gelöscht.

Registerkarte Sicherheit

Auf der Registerkarte *Sicherheit* bestimmen Sie, welche Webinhalte auf Ihren Computer geladen werden. Dazu stellt Ihnen der Internet Explorer die vier Sicherheitszonen *Internet, Lokales Intranet, Vertrauenswürdige Sites* und *Eingeschränkte Sites* zur Wahl. Die vertrauenswürdigen Sites sind dabei der „harmloseste" Bereich, also der mit dem niedrigsten Sicherheitsstandard. Den eingeschränkten Sites wird dagegen das meiste Misstrauen entgegengebracht, und deshalb gilt hier auch der höchste Sicherheitsstandard.

Die Sicherheitseinstellungen sind aber nicht starr, sondern Sie können diese Zuordnung jederzeit ändern. Ehrlich gesagt würde ich das aber -

bis auf eine einzige Ausnahme – eher nicht machen, denn die standardmäßige Zuordnung von Sicherheitsstufen ist wirklich ziemlich sicher. Die gerade erwähnte Ausnahme stellen die so genannten „Cookies“ dar, über die Sie ab Seite 174 alles Wichtige erfahren.

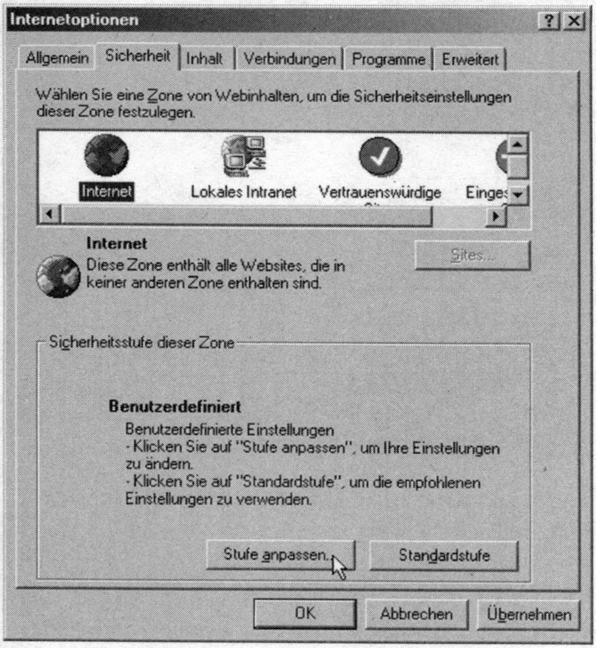

Wenn's noch ein bisschen sicherer sein darf: So einfach können Sie eigene Sicherheitsstufen einführen

Wenn Ihnen die standardmäßigen Sicherheitsstufen nicht sicher genug sind, können Sie ganz einfach eigene Sicherheitsstufen definieren.

Und das geht so:

1 In der Registerkarte *Sicherheit* wählen Sie zuerst die Zone, deren Sicherheitseinstellungen Sie anpassen möchten.

2 Dann klicken Sie auf die Schaltfläche *Stufe anpassen*. Damit landen Sie im Fenster *Sicherheitseinstellungen*.

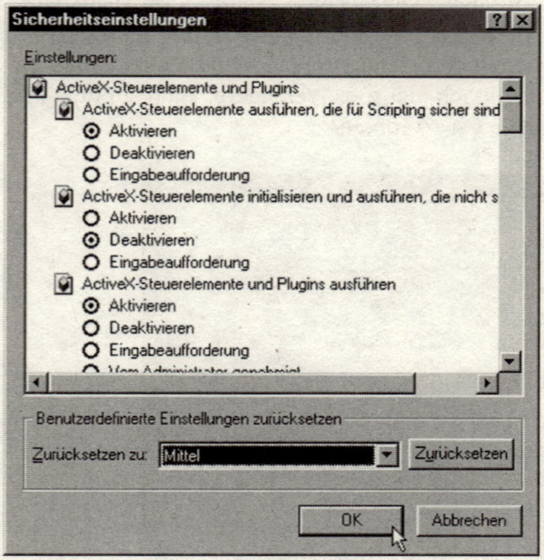

3 Im Fenster *Sicherheitseinstellungen* können Sie jetzt bestimmte Aktionen unterbinden oder genehmigen. Gerade bei ActiveX-Elementen sollten Sie aber – egal, wie misstrauisch Sie sind – nicht gleich auf *Deaktivieren* klicken, sondern lieber erst mal auf *Eingabeaufforderung*. Bevor ein ActiveX-Element dann ausgeführt werden darf, werden Sie erst einmal gefragt. Auf fast allen Webseiten finden Sie heute diese Elemente, und natürlich sind nicht alle potenziell bösartig. Wird eine Webseite ohne Informationsverluste und andere Störungen korrekt angezeigt, können Sie später immer noch die Option *Deaktivieren* wählen.

Registerkarte Verbindung

Die Registerkarte *Verbindung* können Sie normalerweise ignorieren. Wenn nicht – dann stehen die Zeichen eher auf Sturm, denn dann funktioniert irgendetwas bei der Verbindung zu Ihrem Provider nicht. Das ist zwar noch kein Grund zur Panik – die Einstellungen in dieser Registerkarte aber einfach mal so zu verändern, kann auf dem kürzesten Weg ins totale Chaos führen!

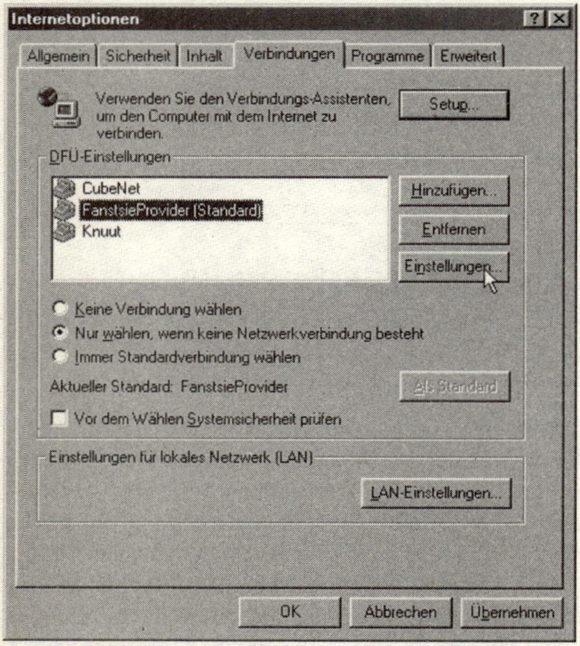

Das liegt hauptsächlich daran, dass jeder Onlinedienst und auch viele Internetprovider ganz eigene Einstellungen fordern. Wenn Sie also Verbindungsschwierigkeiten mit Ihrem Provider haben, hilft nur noch eines: Lassen Sie sich vom Provider die exakten Einstellungen geben, die Sie hier eintragen müssen.

Der Internet Explorer führt übrigens alle DFÜ-Netzwerkverbindungen, die Sie angelegt haben, in dieser Registerkarte auf – sollten sich Schwierigkeiten mit einer Verbindung ergeben, klicken Sie zuerst die Verbindung an und wählen danach die Schaltfläche *Einstellungen*.

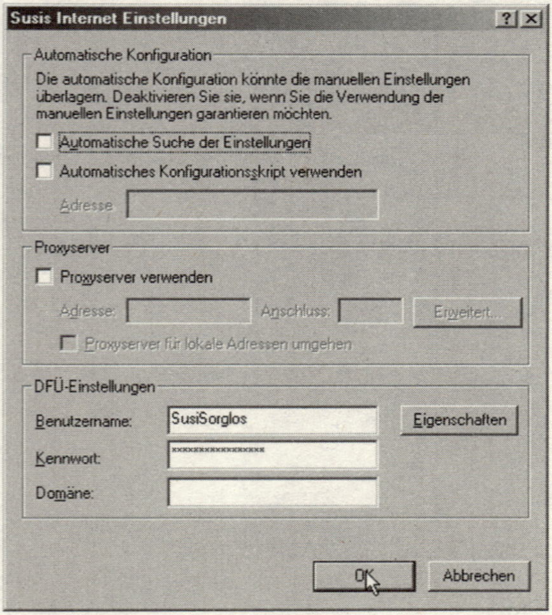

Im Einstellungsfenster können Sie schnell überprüfen, ob Sie Ihren Benutzernamen und Ihr Passwort richtig eingetragen haben. Wenn Ihr Provider einen Proxyserver verwendet, müssen Sie in diesem Fenster die entsprechende Option aktivieren.

Welche konkreten Einstellungen für den Proxyserver erforderlich sind, erfahren Sie von Ihrem Provider. Wenn Sie sicher sein wollen, dass beispielsweise die Einwahlnummer und die Servereinstellungen des Providers korrekt eingetragen sind, klicken Sie auf die Schaltfläche *Eigenschaften*.

Damit landen Sie im Fenster der globalen DFÜ-Einstellungen und können die Einträge auf den einzelnen Registerkarten überprüfen.

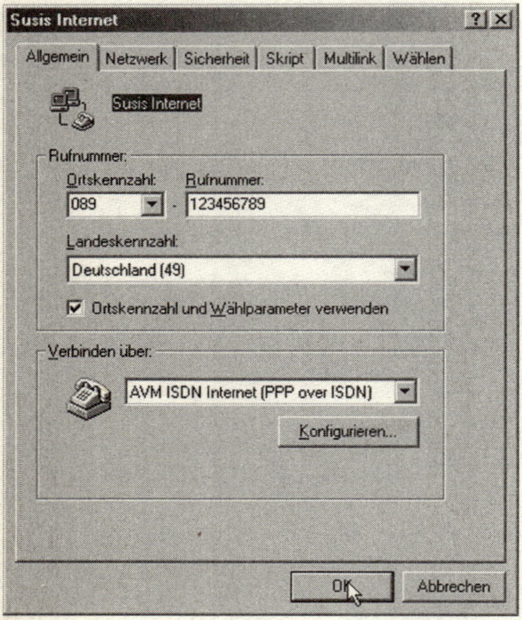

Registerkarte Programme

Auf der Registerkarte *Programme* werden Sie normalerweise ebenfalls keine Einstellungen ändern müssen, weil sich hier zum Beispiel Outlook automatisch als Ihr E-Mail-Programm einträgt. Erst wenn Sie andere Programme fürs Versenden von E-Mails oder für die Nutzung von Newsgroups nutzen wollen, können Sie das hier einstellen.

Eine Ausnahme gibt's allerdings auch hier: Wenn Sie nämlich neben dem Internet Explorer auch andere Webbrowser wie den Netscape Navigator nutzen wollen, ist diese Registerkarte für Sie höchst interessant.

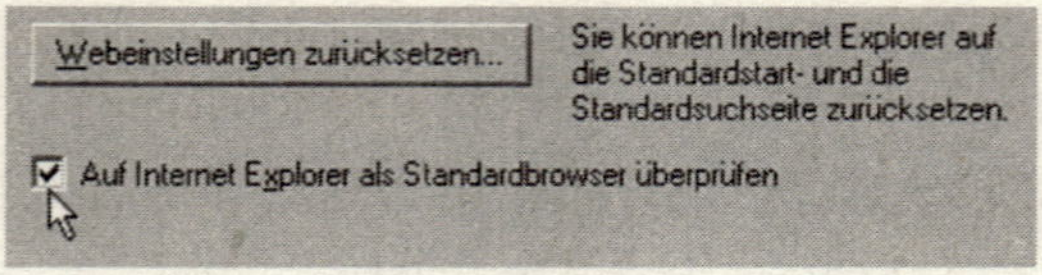

Hier finden Sie nämlich die Option *Auf Internet Explorer als Standardbrowser überprüfen.* Wenn Sie die Option aktivieren, dann fragt Windows beim Aufruf einer Internetseite nach, ob der Internet Explorer oder der andere installierte Browser zum Einsatz kommen soll. Das ist einerseits sinnvoll, weil es immer wieder Webseiten gibt, mit denen einer der beiden Browser seine Schwierigkeiten hat, andererseits ist's aber auch nervig, dauernd die Meldungen angezeigt zu bekommen.

Haben Sie eine Zeit lang mit einem anderen Browser, also etwa Netscape, gearbeitet können Sie mit der Schaltfläche *Webeinstellungen zurücksetzen* alle ursprünglichen Einstellungen des Internet Explorer wiederherstellen.

Registerkarte Erweitert

Die Registerkarte *Erweitert* sieht auf den ersten Blick ganz harmlos aus, hat's aber wirklich faustdick hinter den Ohren! Viele der Optionen, die Sie aktivieren und deaktivieren können, haben nämlich weitreichenden Einfluss auf so unterschiedliche Bereiche wie das Aussehen des Internet Explorer, die Sicherheit, Multimedia oder das Suchen. Grundsätzlich sollten Sie alle Einstellungen dieser Registerkarte so lassen, wie sie sind und keine Änderungen vornehmen.

Eine Ausnahme dieser Regel sehen Sie auf Seite 169, wo wir kurzerhand die zu übertragenden Bildinhalte abschalten, um das Anzeigen von Webseiten zu beschleunigen.

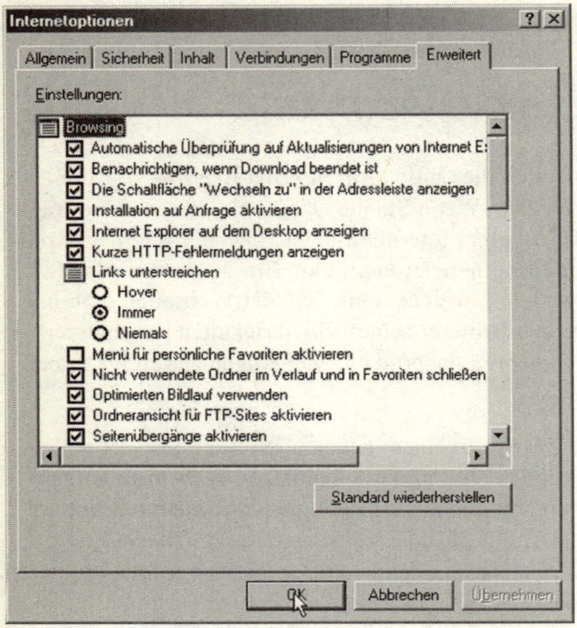

Die Top-Tipps für den Internet Explorer

Wie schnell sich der Internet Explorer mit ein paar Tricks einfach besser bedienen lässt, zeige ich Ihnen auf den folgenden Seiten. Weil der Internet Explorer aber unter Windows ME natürlich mehr ist als nur der Standardbrowser für das Surfen im Internet, wirken sich die folgenden Tipps nicht nur auf das Verhalten bei Internetverbindungen positiv aus, sondern auch auf das von Windows ME.

Per Ausführen-Befehl in den Internet Explorer

Wollen Sie per Adresseingabe den Internet Explorer starten und gleich auf der richtigen Seite landen? So schnell geht das:

1 Gehen Sie auf *Start/Ausführen.*

2 In der *Ausführen*-Zeile geben Sie einfach die gewünschte Webadresse an und klicken dann auf *OK*.

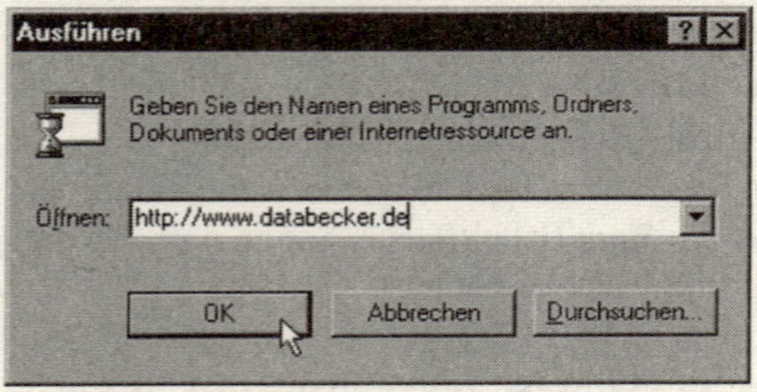

3 Jetzt springt sofort der Internet Explorer an und verbindet Sie mit der eingegebenen Adresse.

Ohne Umwege zu den Sicherheitseinstellungen

Wenn Sie für den Internet Explorer andere Sicherheitseinstellungen verwenden möchten, müssen Sie sich nicht erst über *Extras/Internetoptionen* auf die Registerkarte *Sicherheit* durcharbeiten: Ein Doppelklick auf die rechte Seite der Statusleiste des Internet Explorer genügt, und schon landen Sie auf der Registerkarte *Sicherheit*.

Prima übersichtlich und immer griffbereit: Favoriten-Ordner auf dem Desktop

Den schnellsten Zugriff auf die Favoriten haben Sie natürlich vom Windows-Desktop aus – also legen Sie sie doch einfach auch genau dort hin. Gehen Sie in den Explorer und ziehen Sie einfach den *Favoriten*-Ordner als Verknüpfung auf den Desktop. Neue Links können Sie jetzt hinzufügen, wenn Sie deren Symbole per Drag & Drop auf den *Favoriten*-Ordner auf dem Desktop ziehen.

Und das geht natürlich auch mit Links

Sie können Links auch direkt auf dem Desktop ablegen, indem Sie sie einfach per Drag & Drop dort hinziehen. Dazu gibt's zwei Möglichkeiten: Wenn Sie sich auf einer Webseite befinden, ziehen Sie den gewünschten Link mit gedrückter Maustaste auf den Desktop. Genauso gut können Sie aber auch auf das kleine Symbol in der Adressleiste klicken und es dann mit gedrückter Maustaste auf den Desktop ziehen.

Ein Link als Startseite? So geht's!

Und so können Sie ganz blitzschnell einen Link zu Ihrer neuen Startseite anlegen: Klicken Sie auf den Link und ziehen Sie ihn mit gedrückter Maustaste auf die *Start*-Schaltfläche. Schon wird die entsprechende Seite direkt zur Startseite gemacht.

Ganz einfach: AutoVervollständigen-Funktion optimal nutzen

Die Adressleiste im Internet Explorer verfügt mit *AutoVervollständigen* über eine wirklich nützliche Funktion. Die letzten Buchstaben bereits aufgesuchter Links werden nämlich automatisch ergänzt, wenn Sie die ersten Buchstaben des Links eingetippt haben.

Wenn es für die Adresse mehrere Alternativen gibt, finden Sie im Kontextmenü der Adressleiste den zusätzlichen Befehl *Vervollständigen.* Wenn Sie den Befehl anklicken, sehen Sie in einem Untermenü sämtliche Links, die mit den gleichen Buchstaben wie die bisher eingegeben beginnen. Mit einem Klick auf einen der Links wird dann die entsprechende Seite geöffnet.

Und noch etwas mehr kann *AutoVervollständigen:* Wenn Sie einen Teil der Adresse eingeben, versucht diese Funktion nämlich, den Rest sofort zu ergänzen. Statt http://www.microsoft.com geben Sie einfach nur „microsoft" ein, und schon wird die Adresse komplettiert und die Seite geöffnet. Das funktioniert natürlich nur mit den Seiten, die Sie schon mal besucht haben und deshalb schon im Cache des Internet Explorer liegen. Übrigens: Wenn Sie zu den Menschen gehören, denen die AutoVervollständigen-Funktion eher auf die Nerven geht, können Sie sie natürlich auch abschalten. Über *Extras/Internetoptionen* öffnen Sie die Registerkarte *Erweitert* und entfernen das Häkchen vor der Option *Verwenden von AutoVervollständigen.*

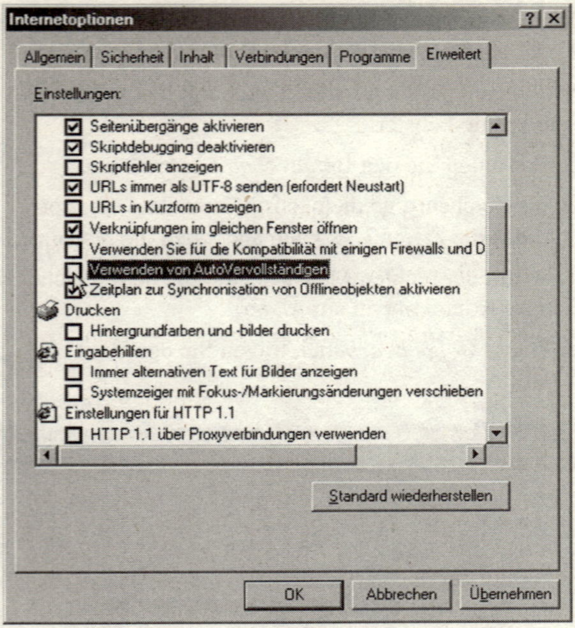

Superbequem: Automatisches Suchen nach neuen Domänen

Wenn Sie die Adresse der Webseite nicht genau kennen, genügt es, einen Teil der Adresse einzugeben, und der Internet Explorer findet Domains mit den Adressen *.com, .net*, *.edu* und *.org*.

Wenn Sie wollen, können Sie die automatische Domain-Suche jederzeit um weitere Prä- und Suffixe erweitern, indem Sie einfach die Registry entsprechend editieren. Wenn der Internet Explorer ab jetzt auch nach Seiten mit der Adresse *.de* suchen soll, machen Sie Folgendes:

1 Über *Start/Ausführen* und die Eingabe „Regedit" öffnen Sie die Registry.

2 In der Registry suchen Sie den Schlüssel *HKEY_LOCAL_MACHINE\Software\Microsoft\Internet Explorer\Main\URLTemplate*.

3 Jetzt markieren Sie den Schlüssel und klicken mit der rechten Maustaste in das rechte Fenster.

4 Im Kontextmenü wählen Sie den Befehl *Neu/Zeichenfolge*.

5 Nun geben Sie als Zeichenfolge die nächsthöhere Zahl ein, normalerweise wird das die Ziffer 7, es kann aber auch die 5 sein.

6 Dann klicken Sie mit der rechten Maustaste auf die neue Zeichenfolge und gehen im Kontextmenü auf *Ändern*.

7 In das Fenster *Zeichenfolge bearbeiten* tragen Sie den Wert „www.%s.de" ein.

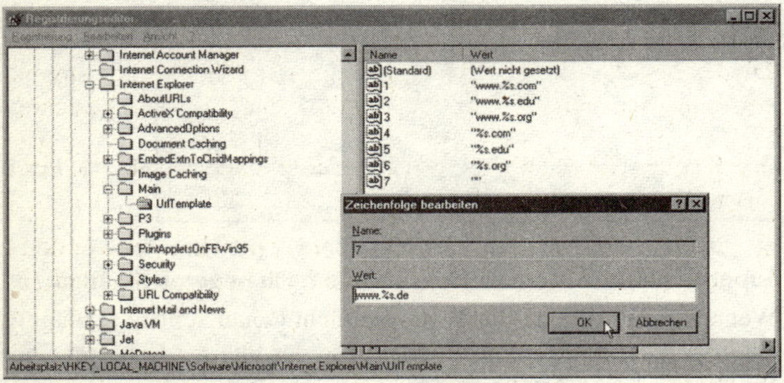

Wie wär's mit der Suchseite im Startmenü?

Wenn Sie Ihre Lieblings-Suchseite, also zum Beispiel Yahoo, im Startmenü haben wollen, geht das ganz einfach und lediglich über einen kleinen Eintrag in der Registry.

1 Gehen Sie über *Start/Ausführen* und den Befehl *Regedit* in die Registry.

2 Jetzt öffnen Sie den Schlüssel *HKEY_CURRENT_USER\Software\Microsoft\Internet Explorer\Main*. Wichtig ist hier der Ein-

trag *Search Page*! Wenn Sie darauf doppelklicken, können Sie die Zeichenfolge bearbeiten und statt der bisherigen die Adresse Ihrer eigenen Suchseite eingeben.

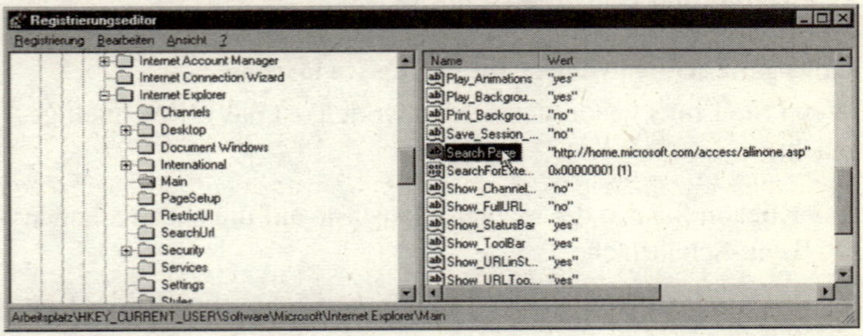

Mehr Platz zum Surfen

Die Leisten des Internet Explorer sind zwar nicht wirklich störend, aber ein bisschen mehr Platz zum Surfen haben Sie ohne sie schon.

1 Klicken Sie mit der rechten Maustaste in die Menüleiste des Internet Explorer.

2 Im Kontextmenü entfernen Sie einfach die Häkchen vor den Leisten, die ausgeblendet werden sollen. Das können Sie übrigens auch über *Ansicht/Symbolleisten* machen.

Noch mehr Platz zum Surfen

Wenn die aktuelle Webseite größer als das Browserfenster ist, klicken Sie einfach auf die Schaltfläche *Vollbild* bzw. drücken die Taste F11. Von den Explorer-Leisten sehen Sie jetzt nur noch eine ganz schmale Symbolleiste am oberen Bildrand. Wenn Sie nun noch in deren Kontextmenü den Eintrag *Automatisch im Hintergrund* wählen, werden die Symbolleiste und die Task-Leiste ganz ausgeblendet und nur dann angezeigt, wenn Sie den Mauszeiger an den Bildschirmrand bewegen. Noch mehr Platz zum Surfen haben Sie nur noch auf einer Kinoleinwand!

Neue Links ganz schnell in die Link-Leiste übernehmen

Einfacher geht's kaum: Wenn Sie einen Link in der Link-Leiste anzeigen wollen, klicken Sie einfach auf den Link und ziehen ihn mit gedrückter Maustaste in die Link-Leiste.

Links ganz schnell wieder aus der Leiste löschen

Wenn Sie Links wieder loswerden wollen, ist das blitzschnell gemacht:

1. Klicken Sie mit der rechten Maustaste auf die entsprechende Link-Schaltfläche.
2. Im Kontextmenü wählen Sie *Löschen*, und schon ist der Link gelöscht.

Ein bisschen mehr Übersicht: Links neu sortieren

Vielleicht wird Ihre Link-Leiste irgendwann mal ein bisschen unübersichtlich und Sie wollen deshalb die Reihenfolge der Links ändern? Klicken Sie einfach das jeweilige Link-Symbol an und ziehen Sie es mit gedrückter Maustaste an die gewünschte Stelle in der Link-Leiste. Fertig!

Webseiten separat öffnen

Wenn Sie einen neuen Link aufrufen, verlassen Sie damit normalerweise automatisch auch die aktuelle und vielleicht ganz interessante Webseite. Wenn Sie sich auf diese Weise durch ein paar Links hangeln, verlieren Sie schnell den Überblick, was denn eigentlich nun die Ursprungsseite war. Das geht aber auch anders!

Wählen Sie auf der aktuellen Webseite *Neu/Fenster*, wodurch die aktuelle Seite in diesem Fenster erscheint und egal, über wie viele Links Sie sich weiterhangeln – immer in diesem Fenster bestehen bleibt. Noch schneller geht das, wenn Sie beim Klick auf den gewünschten Link die [Umschalt]-Taste drücken. Die ursprüngliche Seite bleibt erhalten und der Link wird nun in einem zweiten Fenster geöffnet.

Webseiten schneller anzeigen? So geht's!

Nicht immer wenn eine Seite ziemlich lange zum Laden braucht, ist eine langsame Internetverbindung daran Schuld. Viele Seiten sind einfach mit Grafiken und allen möglichen multimedialen Gimmicks so vollgepackt, dass damit die Ladezeiten automatisch ansteigen. Das können Sie aber drastisch ändern, wenn Sie auf das Laden aller oder einzelner Multimedia-Komponenten verzichten.

1 Im Internet Explorer wählen Sie *Extras/Internetoptionen* und klicken dann auf die Registerkarte *Erweitert*.

2 Jetzt entfernen Sie einfach die Häkchen vor den Komponenten im Bereich *Multimedia*, die künftig nicht geladen werden sollen.

Wenn Sie bestimmte Inhalte doch sehen wollen

Wenn Sie die Anzeige von Multimedia-Dateien deaktiviert haben, können Sie sie im Einzelfall dennoch ansehen. Um zum Beispiel ein Bild anzeigen zu lassen, gehen Sie so vor:

1 Auf der Webseite klicken Sie mit der rechten Maustaste auf das Symbol des Bildes.

2 Dann gehen Sie im Kontextmenü auf *Bild anzeigen*.

Geht denn das? Den Internet Explorer nur mit der Tastatur bedienen.

Vielleicht sind Sie ja ein echter Keyboard-Freak sind und wollen den Internet Explorer mit der Tastatur bedienen? Kein Problem – hier sind die Tastenkombinationen, mit denen das prima klappt:

Taste/Tastenkombination	Ausgelöste Aktion
Enter	Link aufrufen
Alt+←	Zurück zur letzten Seite
Alt+→	Weiter zur nächsten Seite
↑	Bildlauf nach oben
↓	Bildlauf nach unten

Taste/Tastenkombination	Ausgelöste Aktion
Bild↑	Schnelles Scrollen nach oben
Bild↓	Schnelles Scrollen nach unten
Umschalt+Leertaste	Schnelles Scrollen nach oben
Leertaste	Schnelles Scrollen nach unten
Pos1	Zum Dokumentanfang springen
Ende	Zum Dokumentende springen
Tab	Weiterschalten zwischen Links und Leisten
Alt+Tab	Zurückschalten zwischen Links und Leisten
Strg+Tab	Weiterschalten zwischen Frames und Leisten
Umschalt+Strg+Tab	Zurückschalten zwischen Frames und Leisten
Umschalt+F10	Kontextmenüs für Seiten und Links aufrufen
Strg+N	Neues Explorer-Fenster öffnen
Strg+O	URL-Eingabedialog öffnen
Strg+P	Ausdruck der aktuellen Seite anfordern
Strg+S	Speichern der aktuellen Seite
F5	Aktualisieren der angezeigten Webseite
Esc	Herunterladen der Seite abbrechen

Geht das? Multimedia-Dateien mit dem Explorer angucken

Weil der Internet Explorer ziemlich viele verschiedene Formate von Multimedia-Dateien im Internet unterstützen muss, können Sie ihn natürlich auch dazu benutzen, diese Daten auf Ihrem Rechner anzeigen oder abspielen zu lassen.

1. Gehen Sie in den Windows-Explorer und ziehen Sie mit gedrückter Maustaste einfach das entsprechende Dateisymbol in das Browserfenster.

2. Der Internet Explorer startet jetzt automatisch den Windows Media Player, und die Datei wird abgespielt. Übrigens – das können Sie natürlich auch mit ganz normalen Bilddateien machen, die dann im Browserfenster angezeigt werden.

So einfach geht das: Text auf einer Webseite suchen

Wenn Sie auf einer Webseite eine bestimmte Textpassage suchen, können Sie die im Internet Explorer fast genauso einfach machen wie zum Beispiel in Word.

1 Wählen Sie einfach *Bearbeiten/Suchen (aktuelle Seite)*.

2 Jetzt geben Sie den zu suchenden Text ein und nehmen die gewünschten Einstellungen für die Suche vor.

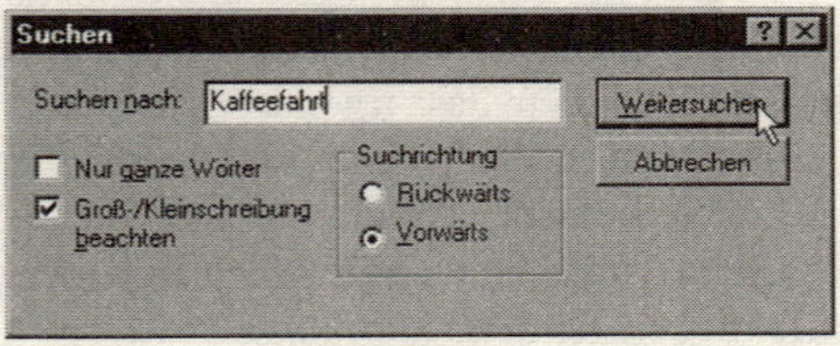

3 Dann klicken Sie auf *Weitersuchen*.

Übrigens: Noch schneller gelangen Sie mit der Tastenkombination Strg+F zur Suche.

Das können Sie tun, wenn der Internet Explorer mit HTML-Verknüpfungen nicht startet

Normalerweise startet der Internet Explorer beim Doppelklick auf das Symbol *HTML-Datei* automatisch. Wenn das nicht passiert, ist meist nur die Verknüpfung mit dem Dateitypen *.htm* verloren gegangen. Die können Sie aber blitzschnell wiederherstellen:

1 Mit der rechten Maustaste klicken Sie auf das Dokument, das nicht mehr geöffnet wird.

2 Im Kontextmenü gehen Sie auf *Öffnen mit*.

3 Jetzt wählen Sie im *Öffnen mit*-Fenster den Internet Explorer, und schon ist die Verknüpfung wiederhergestellt. Wichtig ist jetzt nur noch, dass Sie das Kontrollkästchen *Diese Datei immer mit diesem Programm öffnen* aktivieren!

Supereinfach: Webseiten ausdrucken

Das kennen Sie bestimmt: Sie sind auf einer Webseite gelandet und lassen sie ausdrucken. Dummerweise kommt aber alles Mögliche aus dem Drucker, nur nicht die Webseite so, wie Sie sie am Bildschirm sehen. Das nervt wirklich, denn es kostet unnötig Papier und Zeit.

Mit solchen Ärgernissen ist es jetzt zum Glück vorbei, denn Microsoft hat dem Internet Explorer 5.5 in Windows ME endlich eine Druckvorschau spendiert, die Sie über *Datei/Seitenansicht* erreichen. Bevor Sie also eine Webseite ausdrucken, sehen Sie sie sich am besten mit der Druckvorschau an. Wenn Sie feststellen, dass irgendwelche Seiteninhalte nicht abgebildet werden, können Sie in den Druckoptionen andere Parameter einstellen. Klicken Sie in der Druckvorschau einfach auf das kleine Symbol für *Seite einrichten* am oberen linken Bildschirmrand, und schon landen Sie im Fenster *Seite einrichten*.

Internet superentspannt: Ganz einfach mit genialen Tools

Wo Sie auch hingucken – es wimmelt geradezu vor Internet-Tools für so ziemlich jeden nur denkbaren Einsatzzweck. Dummerweise sind die meisten Tools aber mehr optische Gimmicks als wirklich nützlich.

Ein paar ganz wenige Ausnahmen gibt es allerdings, und diese Tools sind fast schon „Pflicht"! Logischerweise sind sie Shareware, d.h. Sie können sie sich umsonst aus dem Internet herunterladen.

Supersuche mit WebFerret

WebFerret, das Sie unter http://www.ferretsoft.com/netferret/ finden, ist ein so genanntes „Meta-Such-Tool". Mit ihm können Sie bis zu acht Suchmaschinen gleichzeitig nach einem Suchbegriff durchforsten lassen, und dass das eine Menge Zeit spart, versteht sich von selbst.

WebFerret funktioniert so einfach, dass ich es Ihnen an dieser Stelle gar nicht zu erklären brauche. Wenn Sie sich WebFerret herunterladen, dann sehen Sie sich doch mal die anderen Sharewareprogramme an, die der gleiche Hersteller noch anbietet. Diese sind nämlich mindestens genauso nützlich wie WebFerret.

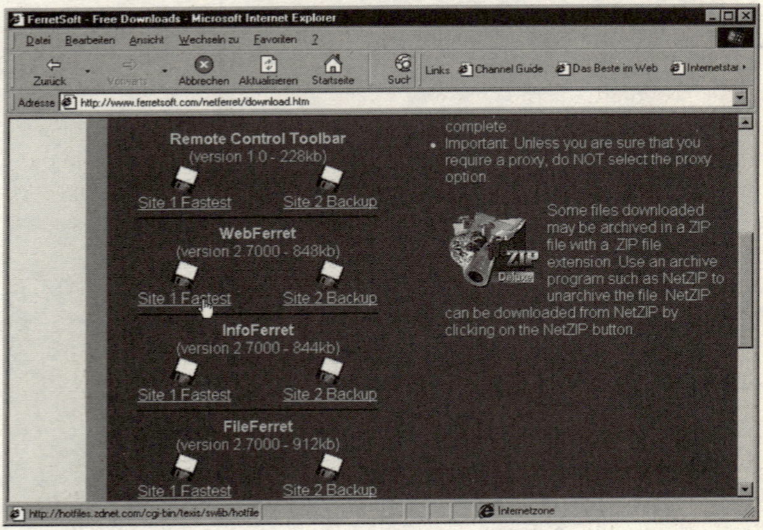

Downloads nie wieder von vorn anfangen mit GetRight

Eines der ärgerlichsten Dinge, die Ihnen passieren können, ist dies hier: Sie haben eine riesige Datei fast ganz heruntergeladen, und plötzlich bricht die Internetverbindung ab! Das bedeutet, dass Sie beim Download wieder von vorn anfangen müssen, was Zeit und Geld kostet.

Damit macht GetRight Schluss, denn mit diesem Programm können Sie den abgebrochenen Download exakt wieder an der Stelle aufnehmen, an dem der Abbruch stattfand. GetRight können Sie unter der Adresse http://www.headlightsw.com/getright.html downloaden.

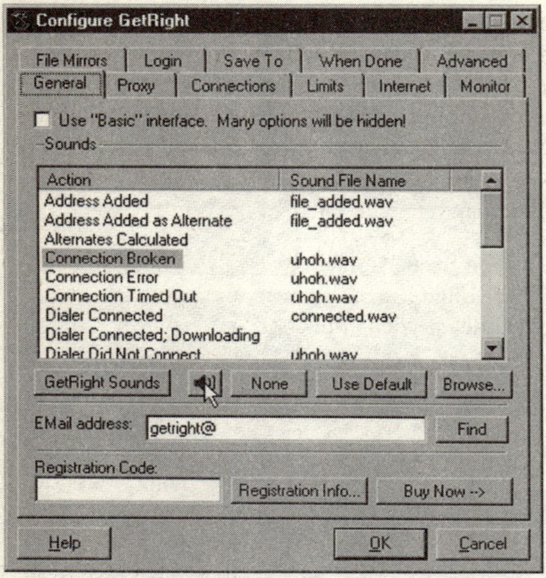

Cookies: Die „Internet-Pest" oder ganz harmlos?

Über Cookies ist schon viel gesprochen, gestritten und geschrieben worden, komischerweise weiß aber kaum jemand, was die kleinen „Internetkekse" eigentlich machen.

Cookies – eigentlich eine ganz sinnvolle Sache

Cookies sind kleine Infodateien, die von einem Webserver mit einer HTML-Datei auf Ihren Rechner übertragen werden. Und eigentlich sind Cookies eine wirklich sinnvolle Sache, denn mit Ihrer Hilfe kann der Webanbieter unter anderem die Besuchshäufigkeit seiner einzelnen Seiten überprüfen und diese damit natürlich besser den Benutzerbedürfnissen anpassen. Darüber hinaus finden Sie dank der Cookies eine einmal geöffnete Seite wieder im selben Zustand vor, wenn Sie sie erneut anwählen. Und selbst die speziell auf ältere Browserversionen zugeschnittene Darstellung von Webseiten ermöglichen erst die Cookies. Ebenso sind zum Beispiel Cookies dafür verantwortlich, wenn Sie auf einer Webseite nur einmal Ihren Namen und Ihr Passwort eingeben müssen – bei jedem weiteren Besuch der Seite „kennt man Sie schon" und Sie müssen nicht wieder alles eintippen.

Das Dumme an der ganzen Sache ist nur, dass die Informationen, die für diese ja wirklich sinnvollen Eigenschaften verantwortlich sind, auch anderweitig verwendet werden können.

Die Cookie-Lobby

Cookies haben natürlich auch eine riesige Lobby, die Ihnen gern weismacht, wie völlig harmlos und supersinnvoll Cookies sind. Und damit hat sie ja sogar recht – aber eben nur so lange, wie Cookies nicht missbraucht werden!

Um sich ein eigenes Bild von Cookies zu machen, können Sie eine Art „Selbstversuch" unternehmen: Haben Sie die Cookies deaktiviert, surfen Sie wie gewohnt durchs Web und beobachten ein paar Tage lang, wie viele unerwünschte Werbe-Mails in Ihrem Postfach landen.

Jetzt lassen Sie die Verwendung der Cookies zu und beobachten ebenfalls ein paar Tage lang, wie viele Werbe-Mails Sie jetzt bekommen. Was bei dem Versuch herauskommt, kann ich Ihnen jetzt schon sagen: In Ihrem Onlinepostfach werden sich plötzlich eine ganze Menge dieser Werbe-Mails finden! Ganz besonders heftig ist das, wenn Sie – ich will Sie dazu jetzt aber keinesfalls anstiften (!) – einmal kreuz und quer durch die typischen „eindeutig-zweideutigen" Seiten surfen.

Cookie-Missbrauch: Was tun?

Wenn ein Webanbieter Cookies zu etwas anderem nutzt, als es eigentlich vorgesehen ist, können Sie dagegen absolut nichts tun. Was Sie allerdings machen können, ist etwas ganz anderes, nämlich den Cookies die kalte Schulter zu zeigen. Das ist zum Glück sehr einfach, denn der Internet Explorer bietet Ihnen eine spezielle Funktion dafür an.

Im Internet Explorer gehen Sie auf *Extras/Internetoptionen,* dort auf die Registerkarte *Sicherheit* und klicken dann auf die Schaltfläche *Stufe anpassen.*

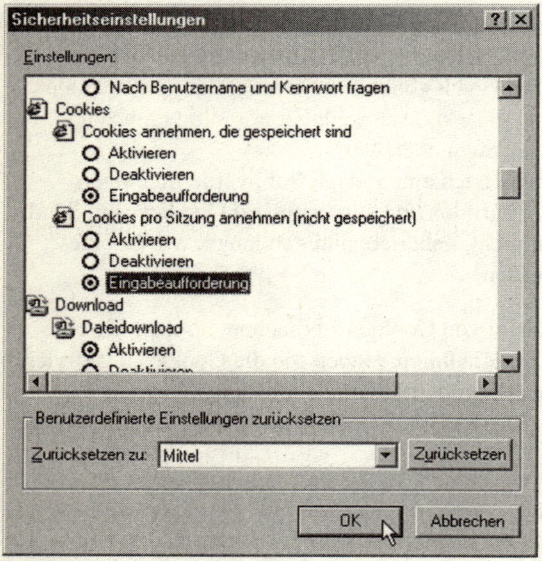

Hier können Sie jetzt beispielsweise festlegen, ob bereits gespeicherte Cookies aktiviert werden dürfen oder nicht. Das ist praktisch, wenn Sie sich vielleicht schon ein paar dieser Kekse „gefangen“ haben, im Moment aber nicht daran denken, und eine Webseite versucht, eines der Cookies wieder zu aktivieren. Die Cookies generell abzulehnen, ist nicht unbedingt sinnvoll – stattdessen setzen Sie die Optionen einfach auf *Eingabeaufforderung* und können Cookies dann mit einem Druck auf die Enter-Taste akzeptieren. Das ist dann nötig, wenn Sie auf die so genannten „guten Cookies“ stoßen – im übernächsten Abschnitt sehen Sie, welche das sind.

Verwenden Sie anstatt des Internet Explorer den Netscape Communicator, legen Sie die Cookie-Einstellungen über *Bearbeiten/Einstellungen/Erweitert* fest.

Ganz wichtig: Lassen Sie sich nicht einschüchtern!

Wenn Sie die Cookies deaktiviert haben, merkt das die Webseite, die Ihnen einen dieser Kekse schicken will, natürlich sofort. Manche Webanbieter lassen dann auch gleich eine Warnmeldung einblenden, die Sie darauf hinweist, dass die Webseite nicht richtig angezeigt wird, wenn Sie Cookies nicht akzeptieren.

Auch hier hilft der Versuch weiter: Lassen Sie's einfach drauf ankommen, und Sie werden sehen – die Seite wird im Normalfall völlig problemlos angezeigt.

Die „guten“ Cookies

Es gibt sie tatsächlich, die „guten” Cookies, und genau die sollten Sie natürlich auch nicht einfach wieder vor die Tür setzen. Ein Beispiel dafür sind Internet-Chats, wie ich sie auf Seite 204 zeige, die Cookies dazu benutzen, um die aufwändigen Grafiken auf Ihrem Browser richtig darstellen zu können.

Erst durch das Cookie und die entsprechende Rückmeldung kann dann der Server des Chatbetreibers feststellen, welche Browserversion auf Ihrem PC läuft, und Grafiken dementsprechend darstellen lassen. Auch manche webbasierten Mailservices wie etwa Hotmail verwenden Cookies und verlangen sie sogar als technische Voraussetzung.

Mehr über Cookies

Wenn Sie mehr über Cookies wissen wollen, sollten Sie mal unter der Adresse http://www.cookiecentral.com nachsehen. Hier finden Sie zahlreiche Shareware-Tools, die den Umgang mit Cookies über die Browsereinstellungen hinaus ermöglichen. Zudem werden hier etliche interessante Links zum Thema „Cookies" angeboten. Ein Besuch der Seite lohnt sich absolut.

Echtes Gift für Cookies – Der Cookie-Killer

Den Cookie-Killer – ein kleines, aber sinnvolles Programm – sollten Sie sich auf jeden Fall besorgen, wenn Sie keine Lust auf Scherereien mit Cookies haben. Cookie-Killer können Sie unter der Adresse http://www.funtastic.soft-ware.de herunterladen und sich nach der Installation auch gleich ans „Killen" der kleinen Plagegeister machen.

Interessant am Cookie-Killer ist vor allem, dass Sie zu jedem Cookie auch die Webseite angezeigt bekommen, die das Cookie auf Ihren Rechner platziert hat. So können Sie vor dem Löschen unkompliziert entscheiden, welche Cookies Sie behalten und welche Sie „killen" wollen.

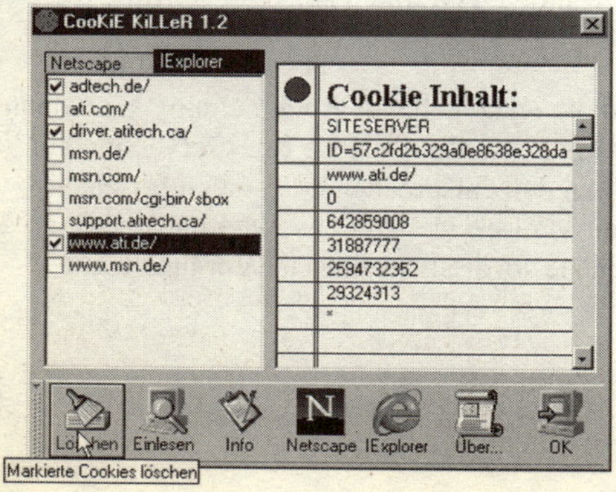

Alptraum Internetsuche? So finden Sie wirklich, was Sie suchen!

Dass das Internet eine wahre Goldgrube an wertvollen Informationen sein kann, ist allgemein bekannt. Dummerweise gibt es da nun aber ein kleines, aber entscheidendes Problem: Wo stecken die gesuchten Infos?

In der unüberschaubaren Informationsflut bleiben Sie nämlich selbst dann, wenn Sie relativ genau wissen, was Sie suchen, häufig in der Sackgasse von Tausenden von Informationen stecken.

Das Einzige, was hier noch hilft ist: Die richtig und ganz scharf eingegrenzte Suche.

Und weil es fast allen Internetbenutzern so geht, sind die meistbesuchten Seiten des Internets logischerweise die der Suchmaschinen.

Finden auf „Teufel komm raus": Alle Tricks zum richtigen Suchen im Internet

Vielleicht sind Sie auf einer Suchmaschine wie Lycos, Yahoo! oder Excite gelandet und das Suchergebnis ist immer noch nicht so, wie Sie sich das vorgestellt haben? Woran das liegt, ist klar: Die Suchanfrage war einfach nicht eindeutig genug.

Suchen mit Operatoren: So finden Sie, was Sie suchen

Ich stelle mir gerade mal vor, Sie wären ein Fan der genialen Komikertruppe Monty Python und wollen ein paar Infos zum Kultfilm „Das Leben des Brian" finden. Was machen Sie also? Sie gehen zum Beispiel auf die Seite www.yahoo.com, geben in das Suchfeld „Brian" ein und freuen sich auf ein paar tolle Links zu Monty Python-Seiten. Dummerweise finden Sie aber nicht etwa zehn oder vielleicht 50 und auch nicht 500 Einträge, sondern rund 16.000 Einträge!

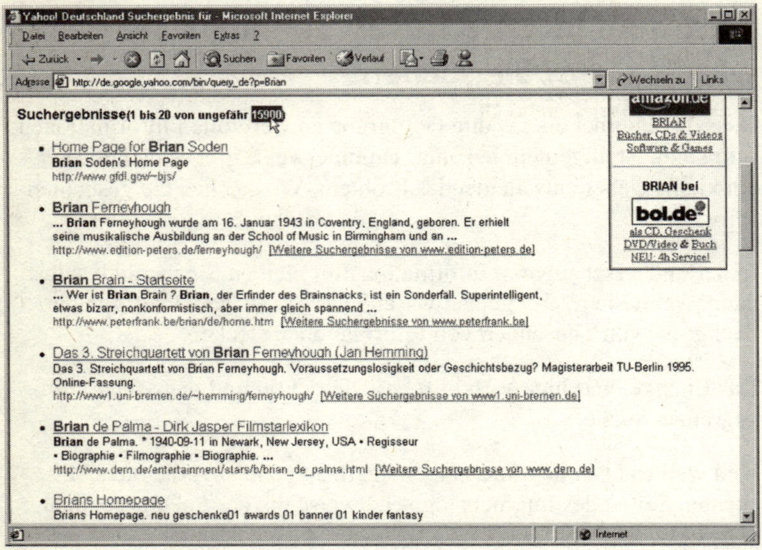

Um alle Einträge durchzugehen, brauchen Sie garantiert ein paar Wochen Zeit und obendrein eine Menge Geld für die Telefonrechnung. Einfacher geht's, wenn Sie in einer Suchmaschine wie Yahoo! direkt die Option *Advanced Search* oder *Erweiterte Suche* wählen.

Hier geben Sie, je nach Suchmaschine etwas unterschiedlich, bestimmte Suchoperatoren ein. Also statt einfach nur „Brian" würden Sie beispielsweise nach „Brian + Monty Python" suchen.

Durch die Verknüpfung beider Suchbegriffe mit dem Pluszeichen durchforstet die Suchmaschine das Internet nun nach einem Vorkommen dieser beiden Begriffe.

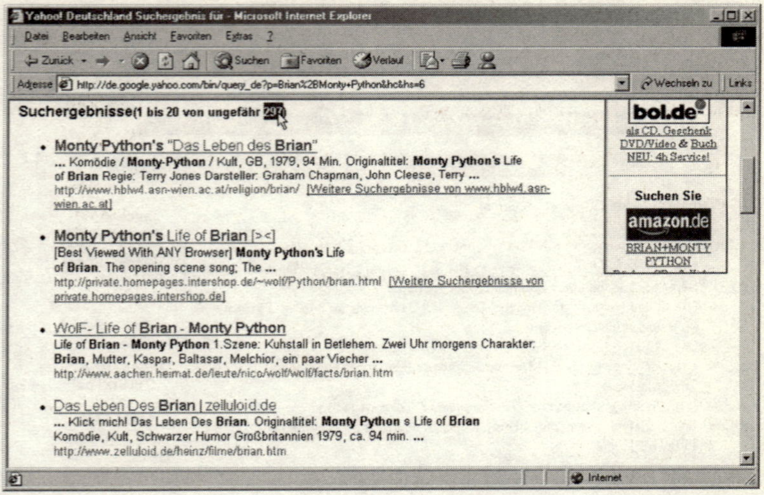

Wenn Sie die Suche jetzt starten, ist das Suchergebnis schon sehr eng umrissen und in unserem Beispiel auf nur noch 297 dafür aber treffende Einträge geschrumpft.

Vielleicht wollen Sie bei Ihrer Suche ja nur deutschsprachige Ergebnis berücksichtigen? Wenn Sie dies als Suchvorgabe verwenden, schrumpft das Suchergebnis noch einmal drastisch zusammen.

Dafür wird Ihnen jetzt quasi die „Creme de la Creme" der Internetsuche angezeigt.

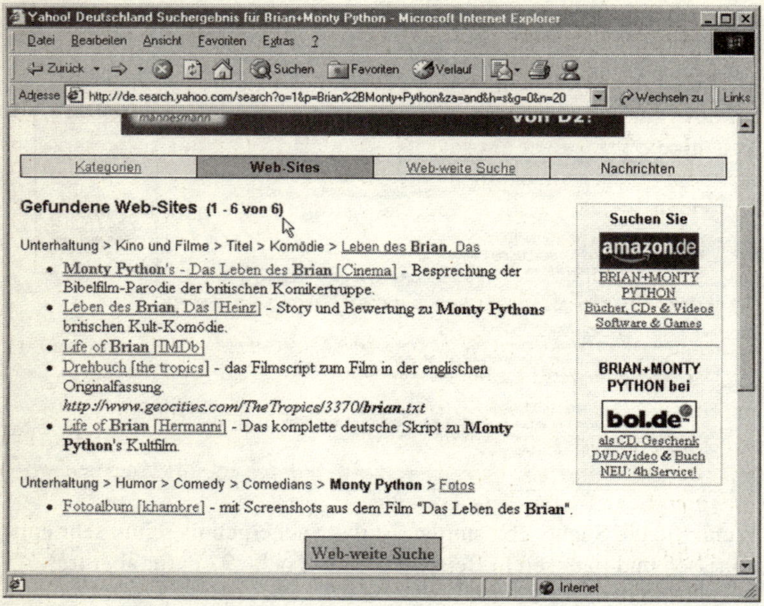

Achten Sie also wann immer Sie eine bestimmte Information suchen darauf, möglichst nicht einen allgemeinen Begriff zu verwenden! Je mehr Sie Ihre Suche eingrenzen, desto treffender wird das Ergebnis. Am besten verwenden Sie gleich die in jeder Suchmaschine angebotene „Profi“ oder „Erweiterte“ Suche.

Wenn Sie es wirklich eilig haben: Meta-Suchmaschinen

Wenn Sie es zu eilig haben, um alle möglichen Suchmaschinen zu probieren, dann lassen Sie doch einfach eine Meta-Suchmaschine für sich schuften!

Solche Meta-Suchmaschinen durchforsten mehrere andere Suchmaschinen auf einmal, was die Trefferhäufigkeit natürlich erhöht. Eine derartige Meta-Suchmaschine finden Sie zum Beispiel unter http://meta.rrzn.uni-hannover.de.

So arbeiten Sie richtig mit Outlook Express

Mit Windows ME bekommen Sie auch gleich ein vollwertiges E-Mail-Programm geliefert: Outlook Express 5.5. Die Vollversion, also Outlook, kann zwar ein paar Dinge mehr als Outlook Express, trotzdem können Sie damit aber nicht nur E-Mails empfangen und versenden, sondern auch Usenet-News lesen und an den Diskussionsgruppen teilnehmen.

So wird Outlook Express perfekt eingerichtet

Normalerweise installiert Windows ME Outlook Express standardmäßig. Vielleicht haben Sie es bei der Windows-Installation aber ausgelassen, zum Beispiel weil Sie mit Netscape arbeiten wollten. Um es jetzt nachzuinstallieren, gehen Sie in der *Systemsteuerung* einfach auf *Software* und dann auf die Registerkarte *Windows Setup*. In der *Komponenten*-Liste finden Sie *Outlook Express*.

Wenn Sie Outlook Express zum ersten Mal starten, müssen Sie auf Ihrer Festplatte einen Ordner angeben, in dem später Ihre sämtlichen E-Mails gespeichert werden. Standardmäßig ist das übrigens der Ordner *Windows\Anwendungsdateien\Microsoft\Outlook Express*. Und dann kommt etwas, was Sie wahrscheinlich schon ab Seite 139 gelesen haben: der Assistent springt an und hilft Ihnen bei der Einrichtung eines E-Mail-Kontos. Hatten Sie den Abschnitt bisher übersprungen, dann blättern Sie jetzt am besten dorthin zurück, denn alles, was Sie auf den folgenden Seiten lesen, setzt voraus, dass Sie schon ein E-Mail-Konto eingerichtet haben!

So einfach geht's: Noch mehr Konten anlegen

Vielleicht brauchen Sie ja mehrere E -Mail-Konten, also etwa zu dem privaten noch ein geschäftliches? Kein Problem für Outlook Express – klicken Sie einfach auf *Extras/Konten*. Dann öffnen Sie die Registerkarte *E-Mail* und klicken danach auf die Schaltfläche *Hinzufügen*. Hier legen Sie Ihr neues E-Mail-Konto genau so an, wie Sie es bei Ihrem bereits bestehenden getan haben.

Ganz einfach: Alle Mails auf einmal lesen

Wenn Sie mehrere Konten angelegt haben, müssen Sie Ihre E-Mails nicht von jedem Konto einzeln abholen. Einfacher geht's, wenn Sie **Extras/Alle Synchronisieren** *wählen, dann werden nämlich die E-Mails für alle angelegten Konten auf einmal abgeholt.*

So nutzen Sie Ihr Adressbuch wirklich effektiv

Outlook Express hat eine ziemlich gute Adressverwaltung, in der Sie nicht nur E-Mail-Adressen speichern können, sondern auch viele weitere Daten über Ihre Kontakte. Das Adressbuch öffnen Sie über die Schaltfläche *Adressen* im Outlook-Fenster oder über *Extras/Adressbuch*. Wenn Sie eine neue Adresse eingeben wollen, klicken Sie einfach auf die Schaltfläche *Adressen*. Im Fenster *Adressbuch* klicken Sie dann auf die Schaltfläche *Neu* und danach auf *Neuer Kontakt*. Im Adressfenster können Sie jetzt zu jedem Kontakt auf sieben unterschiedlichen Registerkarten so ziemlich alle Informationen eintragen, die man über jemanden nur sammeln kann.

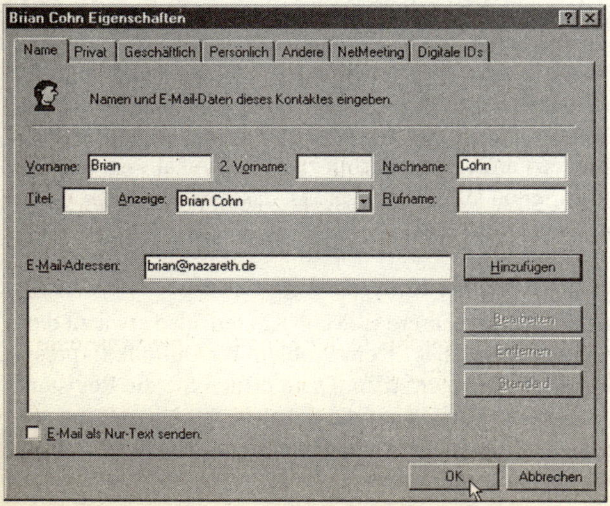

Das spart die ewige Adressentipperei: E-Mail-Adressen einfach automatisch übernehmen

Wirklich superpraktisch ist die Adressbuchfunktion, mit der Sie das lästige Eintippen von E-Mail-Adressen auf ein Minimum reduzieren können.

1 Wählen Sie *Extras/Optionen*.

2 In der Registerkarte *Senden* aktivieren Sie jetzt das Kontrollkästchen *Adresse beim Antworten automatisch ins Adressbuch übernehmen*. Wenn Sie nun auf eine E-Mail antworten und deren Empfänger noch nicht in Ihrem Adressbuch haben, macht Outlook das nun automatisch. Dies spart eine Menge Arbeit und vermeidet vor allem falsche Adressbucheinträge durch Tippfehler.

Supernützlich für Rund-Mails: So schnell können Sie Empfängergruppen definieren

Keine Frage – fast jeder hasst diese berühmt-berüchtigten Rund-Mails mit Witzen, über die man schon seit Jahren nicht mehr lacht. Vielleicht haben Sie ja aber neue Witze auf Lager und wollen einen bestimmten, immer gleichbleibenden Empfängerkreis damit erfreuen?

Mit Outlook Express müssen Sie nur einmal ein paar Minuten Arbeit investieren und können sich ab dann jede Menge Arbeit ersparen. Anstatt Ihre Witze nämlich einzeln an jeden Empfänger zu schicken oder jedes Mal ewig im Adressbuch herumsuchen zu müssen, definieren Sie einfach eine Empfängergruppe.

1 Im Adressbuch klicken Sie auf *Neu/Neue Gruppe*.

2 Im nächsten Fenster tragen Sie in der Zeile *Gruppenname* eine Bezeichnung für die Gruppe ein.

3 Jetzt klicken Sie auf *Mitglieder auswählen*, um die Gruppe aus den eingetragenen Adressen zusammenzustellen.

4 Und das war's auch schon! Haben Sie die Gruppe zusammen, können Sie das Fenster *Gruppenmitglieder auswählen* mit *OK* schließen. Die neu angelegte Gruppe taucht jetzt im Outlook-Adressbuch unter der vorher vergebenen Bezeichnung auf, und Sie können nun Ihre E-Mails an die Gruppe schreiben.

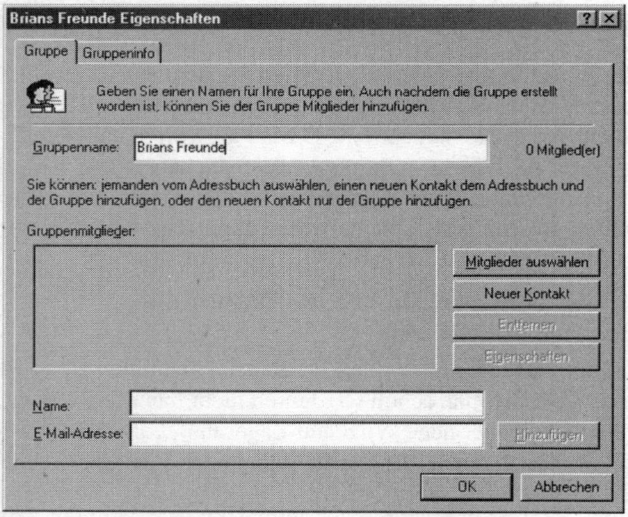

So erreichen Ihre E-Mails hundertprozentig den richtigen Empfänger

Wenn Sie mit Outlook Express eine E-Mail schreiben wollen, klicken Sie einfach die Schaltfläche *Neue E-Mail* in der Symbolleiste an. Im E-Mail-Fenster legen Sie dann den Empfänger und den Betreff der E-Mail fest, indem Sie einfach in die entsprechenden Felder klicken.

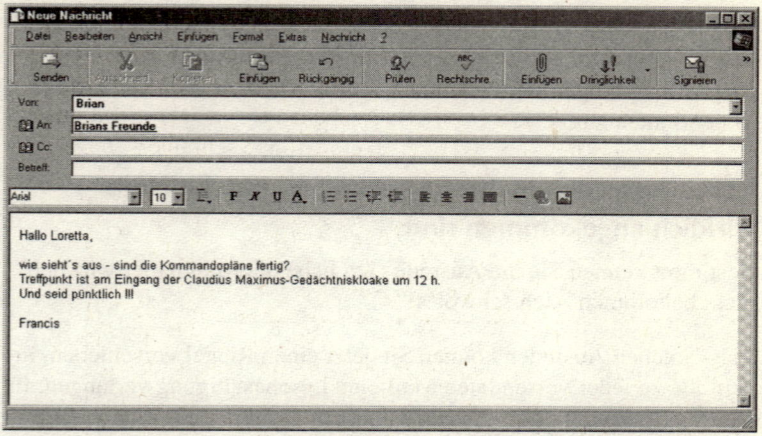

Auf den ersten Blick etwas verzwickter wird's, wenn Sie einen so genannten „Verteiler" erstellen.

An, CC, BCC – Ja was denn nun?

Ziemlich verwirrend sind die Bezeichnungen ja schon – *CC*, *BCC* – die Sie unter der Empfängerzeile sehen. Dahinter verbergen sich aber superpraktische Funktionen.

CC oder Carbon Copy

Wenn Sie in die Zeile *CC* einen Empfänger eintragen, dann bekommt dieser einen „Durchschlag" der E-Mail. Das ist zum Beispiel dann sinnvoll, wenn Sie möchten, dass der Empfänger B darüber informiert ist, was Sie dem Empfänger A gemailt haben.

Der Empfänger A kann dabei sehen, wer den Durchschlag der Nachricht bekommt.

BCC oder Blind Carbon Copy

Wenn Sie in die Zeile *BCC* einen Empfänger eintragen, dann kann der Originalempfänger nicht erkennen, wer noch einen Durchschlag der Mail erhalten hat.

Keine Ausreden mehr: So sehen Sie, welche Mails wirklich angekommen sind

Bestimmt kennen Sie die Ausrede „ich habe die Mail leider wirklich nicht bekommen – ich schwör's!".

Tja – solchen Ausreden können Sie jetzt einen Riegel vorschieben, indem Sie zu jeder versendeten Mail eine Lesebestätigung verlangen. In Outlook Express klicken Sie dazu einfach auf *Extras/Optionen* und gehen dann auf die Registerkarte *Bestätigungen*.

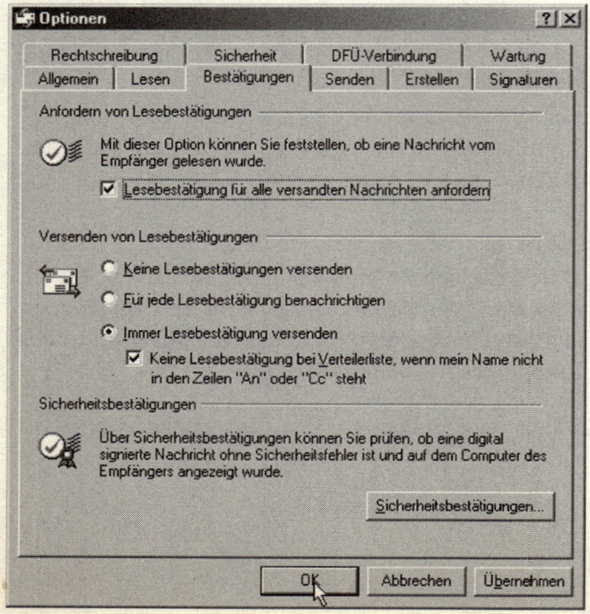

Jetzt können Sie festlegen, ob und vor allem wie Sie die Lesebestätigungsfunktion einsetzen wollen.

Geheim: Header-Infos von Outlook Express enttarnen jeden Absender!

Vielleicht wollten Sie ja schon mal wissen, woher eine eingegangene E-Mail wirklich kommt? Mit Outlook Express geht das ganz einfach.

Klicken Sie einfach auf den Listeneintrag der gewünschten Mail und wählen Sie im Kontextmenü den Eintrag *Eigenschaften*. Wenn Sie jetzt noch auf die Registerkarte *Details* klicken, sehen Sie alle Einzelheiten zum Absender.

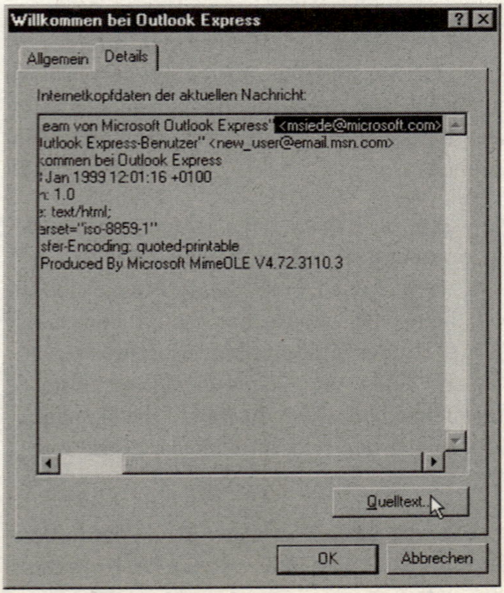

Newsgroups, Chats und Liebe im Netz: Das müssen Sie wissen

Die Newsgroups sind mehr oder weniger die Wurzel des Internets und existieren schon seit vielen Jahren – also schon lange, bevor das Internet seinen heutigen Boom erlebte. Auch Fachleute wissen nicht so genau, ob es aktuell 20.000 oder 27.000 dieser Diskussionsforen im Internet gibt, was daran liegt, dass jeden Tag neue hinzukommen und andere Newsgroups wieder verschwinden.

Briefmarken, Schneckenzucht oder Formel 1: In den Newsgroups finden Sie alles

Egal, was Sie für ein Hobby oder Interesse haben – in den Newsgroups gibt es alles, und zwar wirklich alles, über das man sprechen, diskutieren und streiten kann. Ob Sie sich über Astrologie austauschen wollen, Infos zur Aufzucht und Pflege von Grottenolmen suchen oder sich für französische Küche interessieren – in den Newsgroups finden Sie Ihre Themen unter Garantie!

Dummerweise sind die Newsgroups in den letzten Jahren immer mal wieder in die Schlagzeilen geraten, weil sich in dieser virtuellen Gesellschaft, wie ja auch im richtigen Leben, eine Menge Wirrgeister jeder Richtung herumtreiben, die rassistischen Schwachsinn, gewaltverherrlichende Bilder oder sogar Kinderpornographie verbreiten. Aber keine Angst – meistens verschwinden solche Newsgroups genauso schnell wieder, wie sie entstanden sind. Deshalb sollten Sie sich auch nicht davon abhalten lassen, sich in den Newsgroups nach Lust und Laune zu vergnügen.

Mit Outlook Express haben Sie das beste Werkzeug genau dafür, denn neben einem E-Mail-Programm ist es zugleich auch ein hervorragender News-Client und eignet sich sehr gut für den Empfang und Versand von Nachrichten aus diesen Diskussionsgruppen. Sie können mit Outlook Express also Nachrichten der Internet-Newsgroups lesen, diese Nachrichten beantworten, eigene Beiträge verfassen und den Verfassern von Nachrichten auch persönlich antworten.

Wenn Sie Outlook Express auch auf den Empfang und Versand von News vorbereiten wollen, hilft Ihnen auch hier wieder der Assistent. Ich gehe einfach mal davon aus, dass Sie den Zugang zu Ihrem Internetprovider wie auf Seite 134 beschrieben schon eingerichtet haben.

1 In Outlook Express klicken Sie auf *Extras/Konten*.

2 Im nächsten Fenster öffnen Sie die Registerkarte *News*, danach klicken Sie auf die Schaltfläche *Hinzufügen* und im folgenden Untermenü wieder auf den Eintrag *News*.

3 In den nächsten beiden Fenstern müssen Sie Ihre E-Mail-Adresse und den Namen angeben, den die Empfänger Ihrer Nachrichten sehen sollen.

4 In das Fenster *Newsserver Name* tragen Sie jetzt den Namen des Newsservers ein, den Ihnen Ihr Provider mitgeteilt hat.

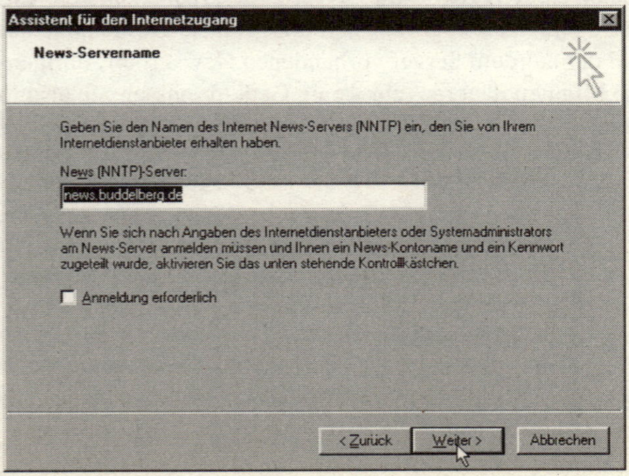

5 Mit der Schaltfläche *Weiter* beenden Sie den Assistenten und sehen im Fenster *Internetkonten* Ihr neu angelegtes Newskonto.

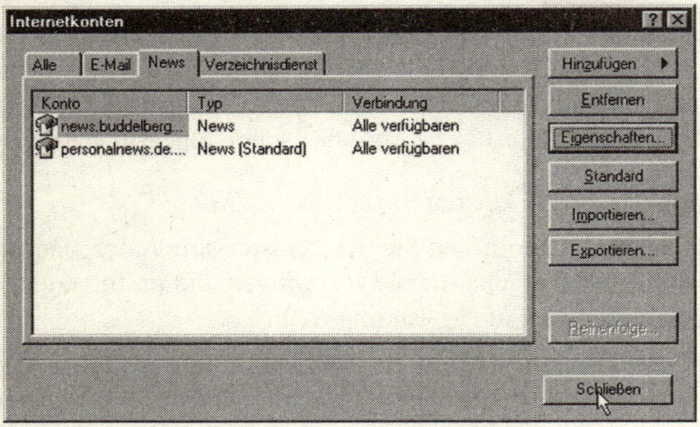

6 Jetzt stellen Sie die Verbindung zum Internet her und klicken in Outlook Express auf die Schaltfläche *Newsgroups*. Nun wird der von Ihnen eingetragene Newsserver angesprochen und die Liste der verfügbaren Newsgroups heruntergeladen. Das kann je nach Anzahl der auf dem Server vorhandenen Newsgroups übrigens etliche Minuten dauern – ein wenig Geduld müssen Sie also mitbringen.

Wo versteckt sich die Newsgroups-Schaltfläche?

Wenn Sie die Schaltfläche **Newsgroups** *nicht finden, dann liegt das daran, dass sie noch nicht in die Outlook-Symbolleiste eingebunden wurde. Klicken Sie einfach mit der rechten Maustaste in einen freien Bereich der Menüleiste und wählen Sie im Kontextmenü den Eintrag* **Anpassen**. *Jetzt können Sie im Fenster* **Symbolleiste anpassen** *den Menüpunkt* **Newsgroups** *markieren und in die Symbolleiste aufnehmen.*

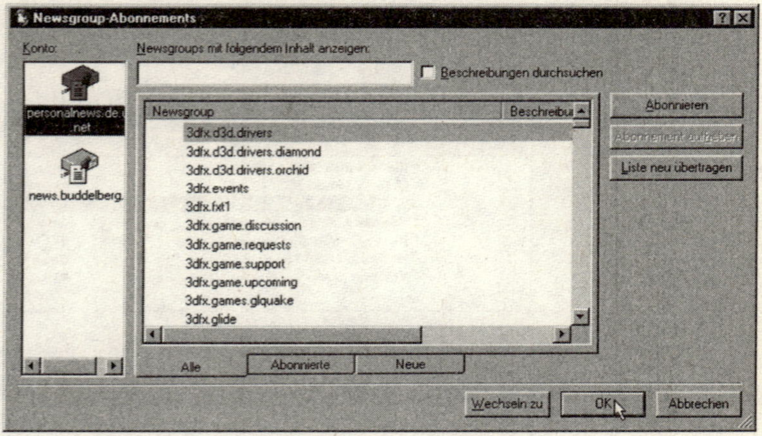

Supereinfach: Zusätzliche Newsserver einrichten

Vielleicht bietet ja der Server Ihres Providers nicht alle Newsgroups, die Sie haben wollen? Kein Problem, denn mit Outlook Express können Sie blitzschnell weitere Newsserver anlegen. Dazu gehen Sie einfach genauso vor wie beim Anlegen Ihres ersten Newskontos.

Newsgroups abonnieren, verwalten und kündigen

Wenn die Liste aller auf dem Server eingetragenen Newsgroups geladen ist, können Sie sich die Kopfzeilen einer Nachrichtengruppe anzeigen lassen.

1. Zuerst markieren Sie eine Nachrichtengruppe im Listenfenster der Registerkarte *Alle*.
2. Dann klicken Sie auf *Wechseln zu*, um die aktuellen Kopfzeilen der in der Nachrichtengruppe vorliegenden Diskussionsbeiträge zu sehen.
3. Wenn Sie eine Nachricht in einer Newsgroup lesen wollen, doppelklicken Sie einfach auf die Nachricht.

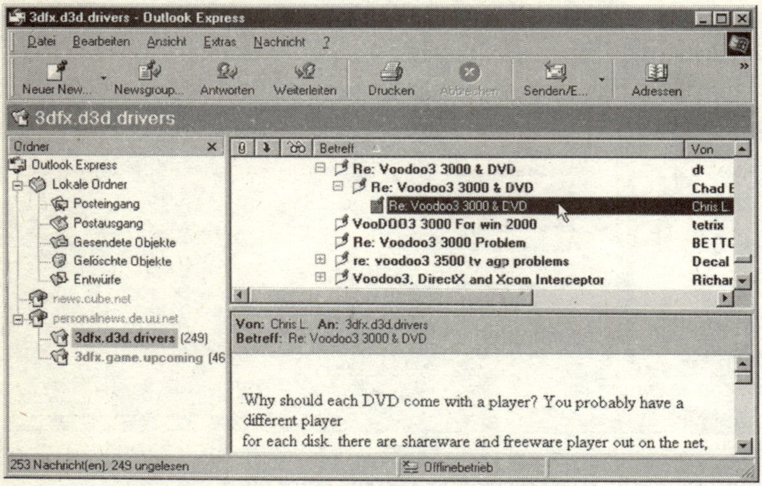

Wenn Sie eine oder mehrere Newsgroups abonnieren wollen, klicken Sie im Fenster der heruntergeladenen Newsgroups erst auf die Newsgroup, die Sie abonnieren wollen, und danach auf die Schaltfläche *Abonnieren*.

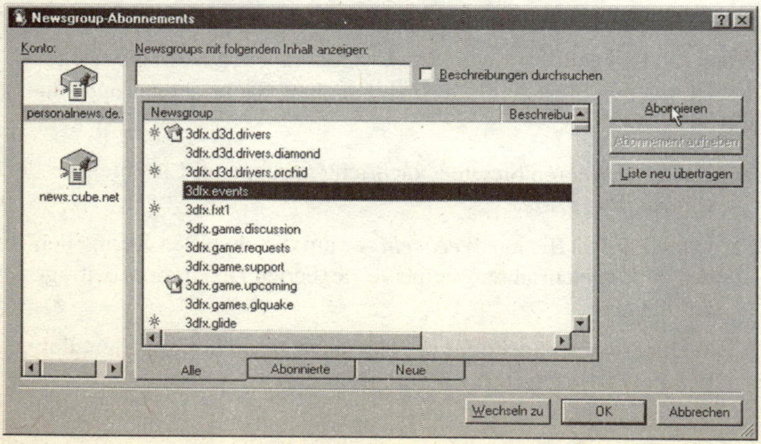

Auf diese Art können Sie ganz problemlos einzelne Newsgroups abonnieren, was den Vorteil hat, dass die Nachrichtengruppen in die Ordnerliste eingefügt werden und auch in der Registerkarte *Abonnierte* auftauchen.

Wenn's doch nicht das Richtige war: Newsgroups wieder loswerden

Wenn Sie eine Newsgroup nervt, können Sie das Abonnement blitzschnell wieder löschen: Markieren Sie die Newsgroup, die Sie kündigen möchten, und klicken Sie dann auf die Schaltfläche *Abonnement aufheben*.

Davon leben die Newsgroups: Beiträge schreiben und beantworten

Wenn Sie alle Nachrichtenköpfe auf Ihren Rechner geladen haben, können Sie die Nachrichten lesen, sie öffentlich beantworten, eine Antwort an den Verfasser der Nachricht senden oder natürlich auch eigene Nachrichten und Anfragen in der Newsgroup veröffentlichen. Um eine Nachricht zu lesen, müssen Sie nur auf den Eintrag der Nachricht doppelklicken.

Antworten in die Newsgroup stellen

Wenn Sie an einer Diskussion teilnehmen möchten und beispielsweise eine Frage in die Newsgroup stellen wollen, klicken Sie einfach auf die Schaltfläche *Neue Nachricht*. Sie gelangen daraufhin ins gleichnamige Fenster, in das Sie zuerst die Betreffzeile eintragen und danach Ihren Nachrichtentext einsetzen.

Nur dem Verfasser antworten

Wollen Sie nur dem Verfasser einer Nachricht antworten, klicken Sie seine Nachricht mit der rechten Maustaste an und wählen dann im Kontextmenü den Eintrag *Verfasser antworten*.

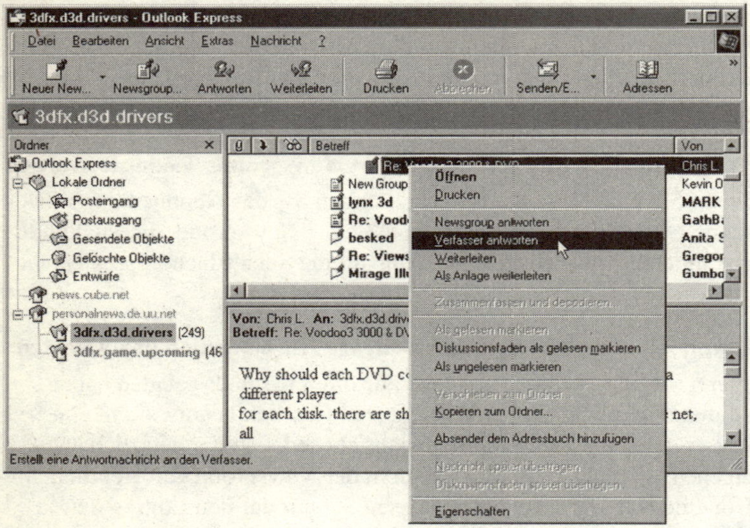

Allen Antworten

Wenn Sie sowohl der Newsgroup als auch dem Verfasser antworten wollen, klicken Sie die Nachricht wieder mit der rechten Maustaste an und wählen im Kontextmenü den Eintrag *Newsgroup antworten*.

Newsgroups blitzschnell nach Bildern durchsuchen

Sie laden häufiger Bilder aus Newsgroups und sind es leid, alle möglichen Newsgroups nach bestimmten Bildern zu durchsuchen?

Kein Problem – benutzen Sie einfach das kleine Programm *Binary Boy*, das Sie zum Beispiel gerade unter der Adresse http://www.binaryboy.com finden.

Haben Sie das Programm installiert, müssen Sie lediglich Ihren Newsserver, Ihren Benutzernamen und das Passwort eingeben und schon kann's losgehen.

Sinnvoll ist es allerdings, wenn Sie auf der Registerkarte *Newsgroups* vorher angeben, nach welchen Dateianhängen, also Bilder, Sounds usw. Sie suchen lassen wollen.

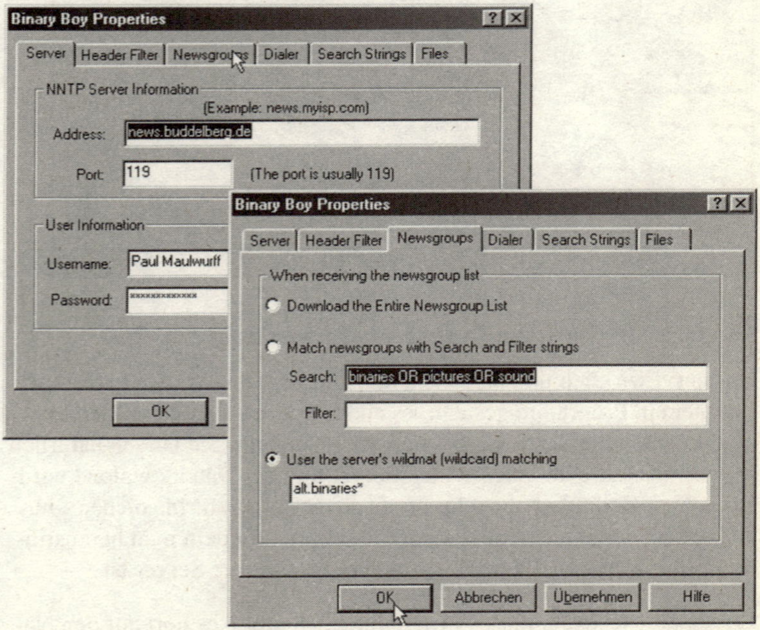

Hat Binary Boy die vorhandenen Newsgroups nach Ihren Kriterien durchsucht, zeigt er das Ergebnis in einem recht übersichtlichen Fenster an.

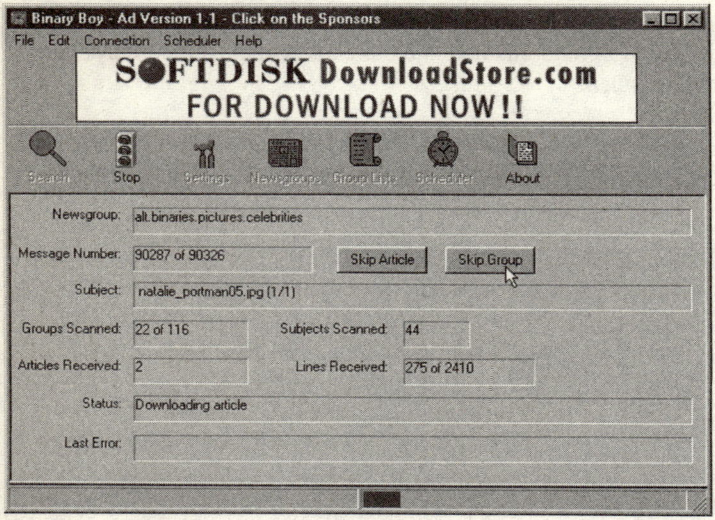

So tricksen Sie superlangsame Server aus

Das nervt wirklich und passiert leider ziemlich häufig: Sie haben im Internet ein Programm gesucht, es endlich gefunden und wollen es nun downloaden. Und was passiert jetzt? Richtig: Sie landen natürlich wieder mal auf dem langsamsten Server und der Dateidownload wird zur echten Geduldsprobe oder bricht sogar völlig ab! In solchen Situationen bräuchte man einfach ein Programm, mit dem man herausfinden kann, wie schnell oder langsam ein bestimmter Server ist.

Prima, dass es exakt dieses Programm auch gibt – es hört auf den Namen *Go!Zilla* und macht Schluss mit diesem Ärgernis. Unter der Adresse http://www.gozilla.com können Sie dieses supernützliche Programm downloaden, das Sie innerhalb kürzester Zeit garantiert nicht mehr missen möchten.

Go!Zilla beginnt seine Arbeit eigentlich erst dann, wenn Sie den Download eines Programms starten, dann aber werden Sie bestimmt nicht schlecht staunen. Was jetzt nämlich passiert, ist schnell erklärt: Go!Zilla durchsucht das Internet nach der Datei, die Sie gerade herunterladen wollen, und findet in Windeseile den schnellsten, aber auch die langsamsten Server.

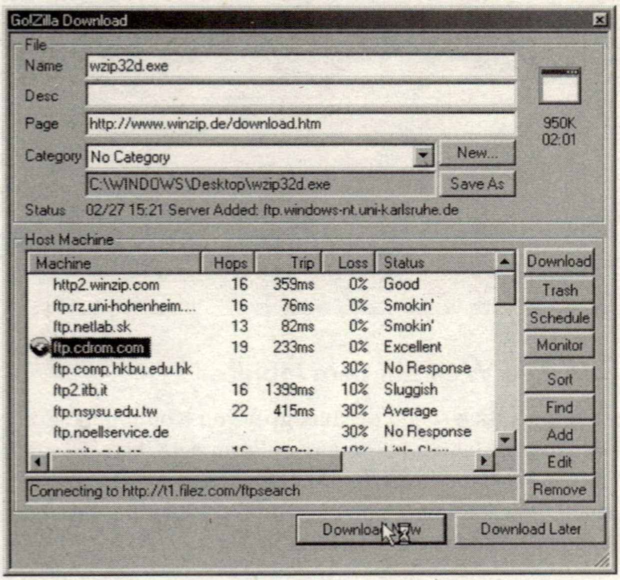

In einer Liste sehen Sie, auf welchen Servern Go!Zilla nach Ihrer Datei gesucht hat und wie die jeweiligen Server reagiert haben. Warten Sie einfach ein paar Sekunden, bis Go!Zilla seine Tests abgeschlossen hat, und suchen Sie sich dann einen Server heraus, der die Beurteilung *Smokin'* bekommen hat. Solche Server haben die schnellsten Reaktionszeiten, Ihr Download wird also garantiert nicht mehr zur Zwangs-Kaffeepause.

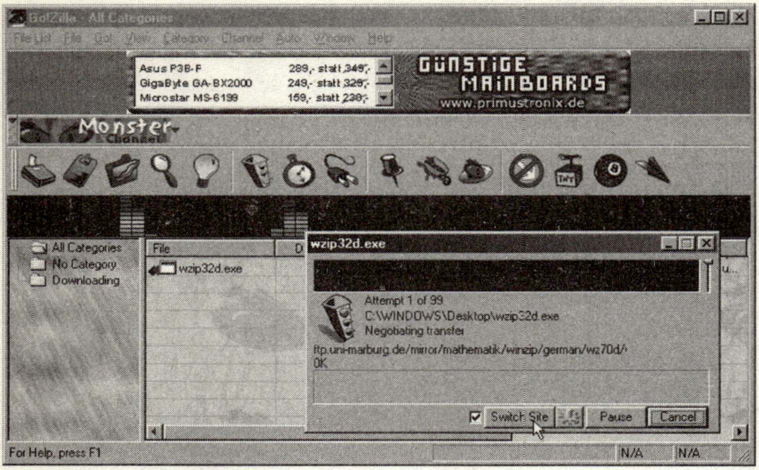

Internet-Chats: Die Welt auf dem Monitor

Das Internet ist ja eigentlich schon der Inbegriff von Kommunikation jeder Art – in den letzten Jahren besonders in Form der Chats. Hier können Sie sich von Tastatur zu Tastatur in Echtzeit mit anderen Chattern unterhalten, diskutieren, einfach neue Bekannte und Freunde oder vielleicht sogar die Liebe Ihres Lebens finden.

Internet Relay Chat: Hier geht's rasend schnell

Jeden Tag treffen sich Hunderttausende im Internet Relay Chat, kurz IRC, der im Grunde ähnlich wie der Amateurfunk mit verschiedenen Kanälen funktioniert.

Verwaltet werden der IRC und seine Benutzer über weltweit aufgestellte IRC-Server, die untereinander kommunizieren. Und wie auch in den Newsgroups gibt es im IRC eigentlich nichts, was es nicht gibt – also Hunderte oder sogar Tausende verschiedener Kanäle mit unterschiedlichen Themen.

Um den IRC nutzen zu können, brauchen Sie ein eigenes Programm namens mIRC, das Sie zum Beispiel unter der Adresse http://www.mirc.co.uk herunterladen können. Haben Sie das Programm installiert, tragen Sie Ihren Namen, Ihre E-Mail-Adresse und einen Kurznamen ins Setup-Fenster ein, und schon kann es losgehen.

Jetzt wählen Sie einen Chat-Server aus, klicken auf *Verbinden*, und Sie sind im Server eingeloggt.

Wenn Sie zum ersten Mal im IRC sind, kriegen Sie wahrscheinlich einen ziemlichen Schrecken, denn hier geht's wirklich flott zur Sache. Die Geschwindigkeit, mit der die Chat-Gäste die Nachrichten eintippen, ist wirklich schwindelerregend, aber keine Sorge – mit ein bisschen Übung schaffen Sie das früher oder später auch.

Übrigens: Ein guter Einstieg in die Welt des IRC sind die Beginnerkanäle, in denen Ihnen erfahrenere Chatter auch bei den meisten Fragen weiterhelfen können.

Viel ruhiger und dennoch Auswahl ohne Ende: Die Web-Chats

Viel ruhiger, deshalb aber nicht weniger interessant, sind die Web-Chats, die vor allem optisch viel schöner sind als der IRC. Und genau da liegt auch der einzige Nachteil der Web-Chats, denn die teilweise ziemlich aufwändige Optik verlangt natürlich auch längere Ladezeiten. Abgesehen davon haben natürlich auch die Server auf denen die Chats laufen, durch die Grafiken mehr zu tun. Besonders wenn viele Chatter in einem Kanal sind, merken Sie das schnell an den teilweise wirklich langen Pausen, bis Ihre oder die Texte anderer im Chat erscheinen.

Wenn Sie einen Ausgangspunkt zum Chatten suchen, besuchen Sie doch mal die Adresse http://www.webchat.de.

Hier finden Sie eine Übersicht aller möglichen Chats, die Sie bloß anklicken müssen, um mitmachen zu können. Aber Vorsicht: Hier werden auch so genannte „kostenpflichtige Chats“ aufgeführt. Was sich dahinter verbirgt ist klar – Chats für Erwachsene. Ob Sie damit besonders viel Spaß haben werden, wage ich jetzt einfach mal zu bezweifeln – Ihr Kreditkartenunternehmen wird sich jedenfalls freuen.

Wenn Sie heiße Flirts suchen, werden Sie auf kostenlosen Chatseiten garantiert fündig – und das vor allem kostenlos!

Übrigens: Einige Dinge, auf die Sie im Umfeld von Chats und Kontaktanzeigen unbedingt beachten sollten, um nicht richtig böse auf die Nase zu fallen, zeige ich Ihnen ab Seite 253.

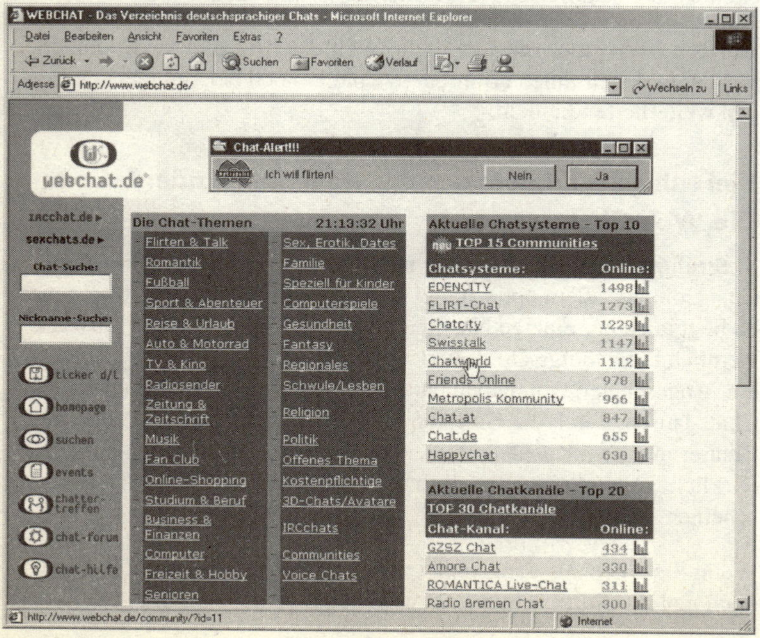

Haben Sie sich einen Chat herausgesucht, funktioniert die Anmeldung fast immer nach den gleichen Regeln. Zuerst suchen Sie sich einen Chat-Namen aus, der natürlich nicht Ihr wirklicher Name sein sollte!

Viele Chats bieten so genannte „Avatars“, also kleine Bildchen, mit denen Sie sich den anderen Chattern vorstellen können. Als Chat-Gast können Sie dabei meist zwischen einer Reihe von verschiedenen Bilder auswählen – registrierte Benutzer dürfen in machen Chats ihre eignen Bilder verwenden.

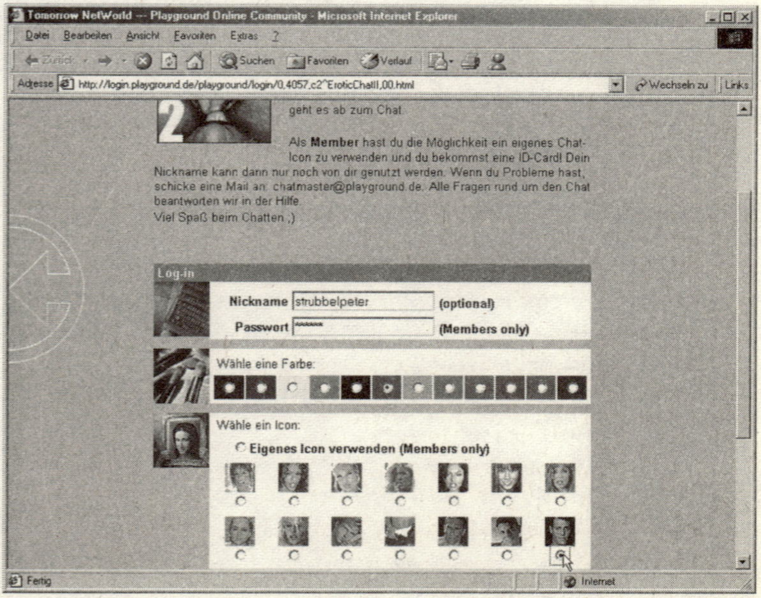

Wenn Sie sich angemeldet haben, steht dem Chat-Vergnügen nichts mehr im Weg. Ein paar Kleinigkeiten sollten Sie aber trotzdem beachten – es gibt nämlich auch im Internet so etwas wie „Benimmregeln“! Chatter, die sich nicht an diese „Netiquette“ halten, werden auf Dauer wenig Spaß haben und eher einsam vor sich hinsurfen, weil niemand mit ihnen reden will.

Bleiben Sie einfach nett

Wenn Sie nett zu den anderen Chattern sind, zahlt sich das immer aus und Sie kommen garantiert schnell miteinander ins Gespräch. Platzen Sie also nicht einfach in einen Chat hinein, sondern begrüßen Sie einfach die Anwesenden und beobachten Sie, um was es gerade geht.

> **Die Sache mit den „guten" Cookies**
>
> *Auf Seite 177 habe ich es ja schon gesagt – es gibt sie tatsächlich, die „guten" Cookies! Chat-Betreiber benutzen sie, um Ihnen die auf Ihren Browser optimal zugeschnittene Darstellung zu ermöglichen, und normalerweise zu nichts anderem. Wenn Sie also die Cookies deaktiviert haben und Schwierigkeiten beim Chat feststellen, dann aktivieren Sie sie einfach für die Dauer des Chats wieder.*

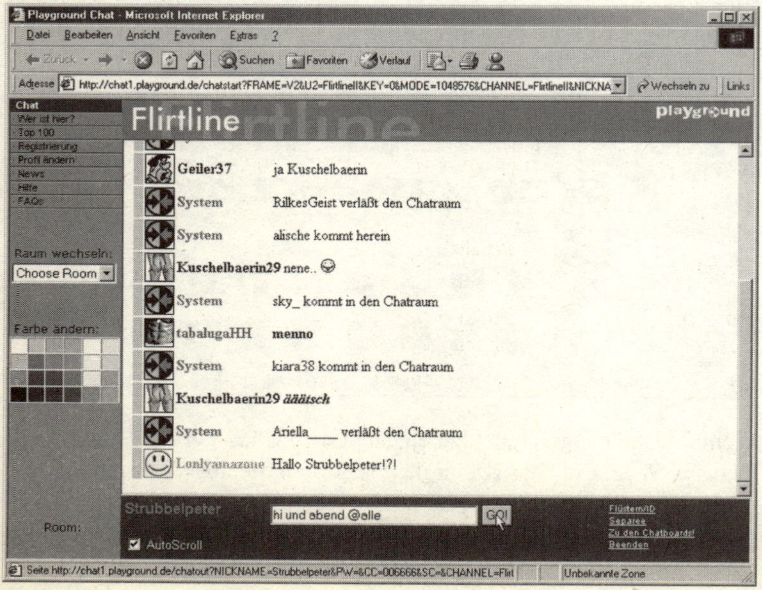

Wie gesagt – wenn Sie ein bisschen charmant sind, werden Sie sich schnell in einer angeregten Gesprächsrunde wiederfinden und garantiert schon bald neue Online-Bekanntschaften machen!

Was sollen denn diese komischen Zeichen überall?

Vielleicht wundern Sie sich darüber, dass sich in den meisten Sätzen, die die Chatter schreiben, irgendwelche merkwürdigen Zeichen wie etwa ;-) oder :-/ befinden? Und auch Zeichenfolgen wie <lol> oder >gg> sind auf den ersten Blick wahrscheinlich doch etwas verwirrend.

Die Auflösung ist ganz einfach – es sind so genannte „Emoticons" und Akronyme, die die Chatter verwenden. Um die Emoticons zu erkennen, drehen Sie sie doch einfach mal um 90 Grad nach rechts und schon erkennen Sie ein Gesicht. Klar – es ist natürlich nur ein Strichmännchengesicht, um blitzschnell und ohne viel Tipperei einen Gemütszustand oder eine Meinung auszudrücken, reicht das aber allemal. Nicht anders verhält es sich bei den Akronymen – englischen Abkürzungen für etwas, was man gerade tut.

Hier ein kurzer Überblick der wichtigsten Emoticons und Akronyme:

Dieses Emoticon/ Akronym ...	... bedeutet
:-)	lächeln
;-)	jemandem zuzwinkern
:-(	traurig sein, schmollen
:-/	skeptisch sein
:-o	erstaunt sein
:-D	laut lachen
:-P	jemandem die Zunge rausstrecken
:-x	nichts sagen wollen
:-*	küssen
:-Q	eine Zigarette rauchen
:-(=)	die Zähne fletschen

Dieses Emoticon/ Akronym ...	... bedeutet
lol	laughing out loud – laut lachen
rofl	rolling on the floor laughing – sich am Boden wälzen vor lachen
s	smile – lächeln
g	grins – grinsen
eg oder fg	evil grin – fies grinsen
bg	big grin - ein dickes Grinsen
vbg	very big grin - ein superdickes Grinsen
btw	by the way – übrigens ...

Natürlich gibt es noch Unmengen weiterer Emoticons und Akronyme – mit den hier gezeigten, kommen Sie aber auf jeden Fall schon mal weiter und können sicher sein, dass andere Chatter sie auch kennen.

Das Bildtelefon ist ein alter Hut: Videokonferenzen mit NetMeeting

Auch in Windows ME gibt es wieder das Programm NetMeeting – ein echtes Multitalent in Sachen Internetkommunikation. Mit NetMeeting können Sie nicht nur wie in einem Chat von Tastatur zu Tastatur kommunizieren, sondern auch gemeinsam mit anderen Teilnehmern zeichnen oder an einer Windows-Applikation arbeiten.

Und wenn Sie die richtige Hardware haben, können Sie übers Internet telefonieren oder sogar Videokonferenzen abhalten. Das war vor ein paar Jahren noch Sciencefiction – allein schon, weil die Kameras einfach unerschwinglich teuer und die Übertragungsprotokolle noch nicht so leistungsfähig waren. Heute bekommen Sie eine gute Webcam für knapp 150 DM und mit einem 56K-Modem, besser noch mit ISDN, können Sie mit Ihren Freunden am Nordpol fast ruckelfrei und in Echtzeit per Kamera kommunizieren. Zugegeben – ein halbwegs flotter Internetprovider gehört auch dazu, ansonsten wird aus der Videokonferenz ein recht langweiliges Standbild-Angucken.

NetMeeting konfigurieren

Bevor Sie NetMeeting nutzen können, müssen Sie es erst einmal konfigurieren. Rufen Sie dazu den Internet Explorer auf und wählen Sie *Datei/Neu/Internetanruf*. Am besten verbinden Sie jetzt auch Ihre gesamte Kommunikationshardware, also etwa Kamera, Mikrofon, Kopfhörer und Lautsprecher, schon mit dem PC und schalten sie wenn nötig ein.

Jetzt startet NetMeeting mit einem Assistenten, mit dessen Hilfe Sie in mehreren Fenstern verschiedene Angaben wie Ihren Namen, Ihre E-Mail-Adresse und die Art der Verbindung zum Internet machen müssen.

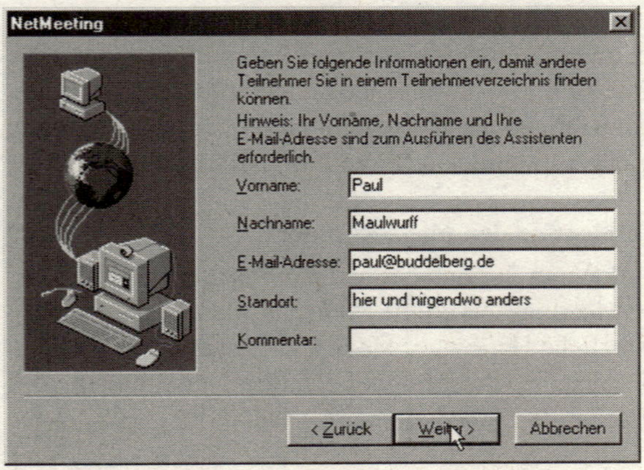

Dabei sollten Sie an eines denken: Wenn Sie es vorziehen, lieber ein wenig anonym zu bleiben, müssen Sie bei der Konfiguration natürlich nicht Ihren wirklichen Namen oder Ihre tatsächliche E-Mail-Adresse angeben. Besonders dann, wenn Sie sich in den einen oder anderen heißen Kamera-Flirt stürzen möchten, macht sich Ihr Name im Teilnehmerverzeichnis der NetMeeting-Server nicht besonders gut. Schließlich könnte ja auch Ihr Nachbar oder Chef im gleichen Augenblick dort unterwegs sein!

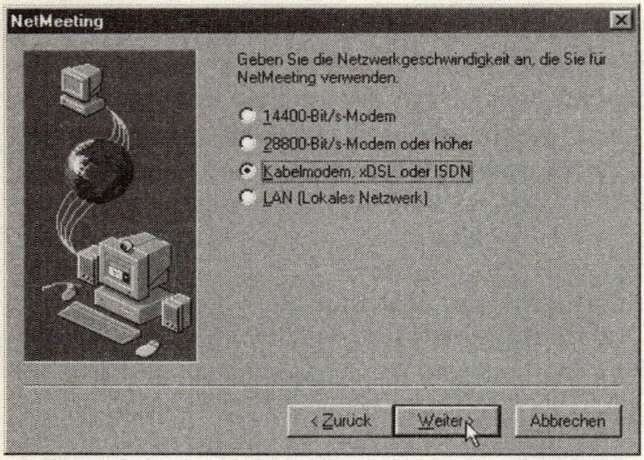

Wollen Sie NetMeeting mit einer Kamera und einem Mikrofon betreiben, sollten Sie beide Geräte spätestens jetzt angeschlossen und eingeschaltet haben, denn während der Konfiguration überprüft NetMeeting zum Beispiel auch die Aufnahmelautstärke Ihres Mikrofons.

Brauche ich für NetMeeting den Mega-Rechner?

Klare Antwort: nein! Wenn Sie sich einfach per Tastatur mit anderen Gästen auf dem NetMeeting-Server unterhalten wollen, brauchen Sie natürlich keine zusätzliche Hardware. Maus und Tastatur haben Sie sowieso und für die reine Textübertragung genügt sogar ein nicht mehr so ganz taufrisches 28.800-Modem.

Etwas anders sieht das aber schon aus, wenn Sie die Audio- und Videounterstützung von NetMeeting nutzen wollen: Dann brauchen Sie neben einem schnellen Modem noch zusätzliche Hardware. Neben einer Soundkarte, die möglichst Vollduplex unterstützen sollte, um gleichzeitig miteinander reden zu können, benötigen Sie ein Mikrofon und ein paar Lautsprecher. Viel komfortabler ist übrigens ein so genanntes „Headset“, eine Kombination aus Mikrofon und Kopfhörer.

Und wenn Sie jetzt auch noch Videokonferenzen abhalten wollen, brauchen Sie natürlich außerdem noch eine Kamera. Dazu ein Tipp:

Wenn Sie einen neueren Rechner mit USB-Anschlüssen haben, sollten Sie auf jeden Fall eine USB-Kamera kaufen! Im Gegensatz zu den einfachen Modellen, die am Parallelport angeschlossen werden, bietet der USB-Port nämlich einfach höhere Übertragungsraten, also auch eine bessere Bildqualität.

Das war's auch schon: Es kann losgehen

Haben Sie NetMeeting konfiguriert, können Sie sofort loslegen. Wenn Sie sich bei Ihrem Provider eingewählt haben, gehen Sie im Internet Explorer einfach auf *Wechseln zu/Internetanruf*. NetMeeting startet und versucht, die Verbindung zum eingestellten Server herzustellen. Übrigens: Wenn Sie mit Freunden oder Kollegen über NetMeeting kommunizieren wollen, sollten Sie einfach eine bestimmte Zeit vereinbaren, zu der Sie sich auf einem der NetMeeting-Server treffen. Und am besten vereinbaren Sie einen oder zwei Ausweichserver, falls Ihr Treffpunkt überfüllt ist.

Hier gibt's ILS-Server

NetMeeting läuft über spezielle Server – „ILS-Server“ genannt. Microsoft selbst unterhält einige dieser Server und raten Sie mal – richtig: Sie sind ständig überfüllt! Bevor Sie stundenlang versuchen, doch noch auf einen dieser Server zu kommen, sollten Sie besser auf andere, nicht so überlastete Server ausweichen.

Unter den Internetadressen http://www.dowloadhits.de/chat/netmeeting_ils.htm und http://www.netmeet.net/bestservers.asp finden Sie die Adressen einer ganzen Menge verschiedener ILS-Server – meistens sogar mit einer kurzen Beschreibung.

In einen ILS-Server wechseln

Wollen Sie auf einen bestimmten ILS-Server gehen, klicken Sie in NetMeeting auf *Anrufen/Verzeichnis*. Jetzt öffnet sich ein Verzeichnisfenster, in dem Sie in der Zeile *Verzeichnis* den bisherigen Eintrag löschen und stattdessen den des ausgesuchten ILS-Servers eingeben. Wenn Sie danach die [Enter]-Taste drücken, wird eine Liste mit allen angemeldeten Teilnehmern des aktuellen Verzeichnisdienstservers angezeigt. Das allerdings kann bis zu einer Minute lang dauern – verlieren Sie also nicht zu schnell die Geduld.

Wenn Sie jemanden anrufen wollen

Wenn Sie einen Teilnehmer, also beispielsweise die mit Ihnen verabredete Person in der Liste gefunden haben, doppelklicken Sie einfach auf deren Namenseintrag. Damit startet NetMeeting automatisch den Anruf und zeigt mit einem Klingelzeichen, dass der andere Teilnehmer den Anruf entgegengenommen hat.

Wieso habe ich kein Bild?

Damit der andere Teilnehmer das Bild sehen kann, das Ihre Kamera aufzeichnet, müssen Sie in NetMeeting auf die Schaltfläche *Video starten* klicken. Exakt das Bild, das Sie nun im Kamerafenster sehen, sieht auch Ihr Gesprächspartner.

Da ist aber immer besetzt!

Sie wollen eine Person aus der Liste anrufen, werden aber dauernd mit Meldungen wie „Der andere Gesprächsteilnehmer hat Ihren Anruf nicht entgegengenommen“ abgewiesen? Kein Wunder – die andere Person hat nämlich festgelegt, dass sie nicht gestört werden möchte. Dazu wählt man den Menübefehl *Anrufen/Nicht stören*. Das macht Sinn, denn in den ILS-Servern treiben sich teilweise eine Menge recht merkwürdiger Leute herum, die alles und jeden mit ihren Anrufen belästigen.

Übrigens: Wenn Sie sich mit einem Frauennamen anmelden, können Sie sicher sein, in kürzester Zeit eine Menge männlicher Zeitgenossen „an der Strippe“ zu haben, die Ihnen unbedingt bestimmte Körperteile vorführen wollen. Wenn Ihnen das auf Dauer dann doch zu eintönig wird, sollten Sie diese Option also auf jeden Fall aktivieren!

Solange Sie sich noch nicht mit der verabredeten Person getroffen haben, müssen Sie die *Nicht stören*-Option allerdings deaktivieren – sind Sie im Gespräch mit der gewünschten Person, aktivieren Sie die Funktion wieder und haben Ruhe vor allen Störenfrieden.

Chatten, malen und Bilder schicken

Klar – Sie chatten ja schon, aber mit NetMeeting können Sie auch auf dem klassischen Weg miteinander chatten, also von Tastatur zu Tastatur. Dazu klicken Sie im NetMeeting-Fenster einfach auf die *Chat*-Schaltfläche und schon öffnet sich ein Fenster, in dem Sie Ihre Texte eingeben und die Ihres Chatpartners sehen können.

Ebenso können Sie über die Schaltfläche *Freigabe* bestimmte Anwendungen mit dem Chatpartner teilen, über *Whiteboard* gemeinsam an einer Zeichnung arbeiten oder mit der Schaltfläche *Dateiübertragung* Bild- oder Textdateien versenden.

Wo sind denn meine Chatvideos geblieben?

Sie haben sich von Kamera zu Kamera prima unterhalten und würden sich das später gern noch einmal ansehen? Tja – Fehlanzeige! Zumindest was NetMeeting selbst angeht, werden Sie auf diese Möglichkeit verzichten müssen, denn dieses wirklich sinnvolle Feature bietet das Programm leider nicht. Schade eigentlich, aber glücklicherweise haben sich genügend Leute über genau dieses Manko geärgert und nette kleine Programme entwickelt, mit denen es eben doch funktioniert. Das Schönste daran: Alle diese Programme gibt es entweder völlig kostenlos oder für wirklich nur wenig Geld zu kaufen.

Diese und noch eine ganze Reihe anderer Programme finden Sie übrigens im Internet unter der Adresse http://www.meetingbywire.com/NetMeetingAddons.htm.

Ein Besuch dieser Seite lohnt sich!

Aufgepasst: Beim heißen Flirt lieber das Gesicht aus dem Bild halten!

Ohne Sie jetzt auf komische Gedanken bringen zu wollen, aber: Stellen Sie sich mal vor, Sie haben einen superheißen Kamera-Flirt, zeigen so die eine oder andere nicht ganz „jugendfreie" Stelle und Ihr Gegenüber weiß, wie man die Chatvideos mitschneidet! Tja – und dann taucht dieses putzige Filmchen plötzlich irgendwo im Internet auf und ein paar Monate später lachen sich auch Ihre Kollegen auf der Arbeit darüber halbtot. Um auf Nummer sicher zu gehen, sollten Sie also – egal, wie weit Sie vor der Kamera gehen wollen – einfach Ihr Gesicht aus dem Bild halten.

HyperTerminal: Steinalt, aber manchmal ziemlich nützlich

Wenn Sie Ihren PC mal eben mit einem weit entfernten Rechner oder einer Mailbox verbinden wollen, ist HyperTerminal genau das Richtige!

Es stammt zwar aus Zeiten, in denen „Internet" noch ein Fremdwort war, manches Mal kann man es aber auch heute noch ganz gut einsetzen.

HyperTerminal finden Sie unter *Programme/Zubehör/Kommunikation*. Und so schnell können Sie sich in eine Mailbox einwählen:

1 Nachdem Sie HyperTerminal geöffnet haben, landen Sie in einem Fenster, in das Sie den Namen der Mailbox eintragen, mit der Sie kommunizieren möchten, und wählen ein Symbol aus.

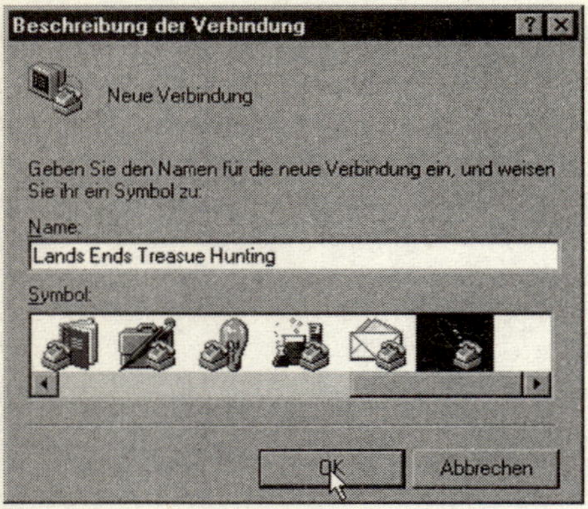

2 Im nächsten Fenster geben Sie, wenn nötig, die Vorwahl, dann die Rufnummer der Mailbox an und wählen Ihren Modemtyp aus dem Listenfeld.

3 Im letzten Fenster klicken Sie einfach auf die Schaltfläche *Wählen*, um eine Verbindung herzustellen.

Mal eben Daten austauschen

Wenn Sie mal eben ohne große Umwege Daten mit jemanden austauschen wollen, machen Sie das so:

1 Machen Sie einen Zeitpunkt aus, an dem sich der andere Rechner auf Ihrem PC einwählen soll.

2 Rufen Sie HyperTerminal auf und klicken Sie auf *Anruf/Anruf annehmen*.

3 Kommt der verabredete Anruf nun, nimmt HyperTerminal ihn entgegen.

4 Sobald die *Connect*-Meldung erscheint, können Sie Daten austauschen.

5 Wählen Sie *Übertragen/Datei senden*.

6 Jetzt geben Sie im Fenster *Datei senden* den Pfad und den Namen der Datei an, die Sie senden wollen.

7 Bevor die Übertragung startet, müssen Sie das Protokoll zur Datenübertragung auswählen. Am besten wählen Sie hier *Zmodem* und klicken dann auf *Senden*.

Und natürlich lässt sich der Datenaustausch auch umdrehen. Wenn eine Datei an Sie gesendet werden soll, wählen Sie einfach *Übertragen/Datei empfangen*.

Mit Netscape ins Internet

Vielleicht mögen Sie den Internet Explorer ja einfach nicht so recht und wollen lieber einen anderen Webbrowser verwenden? Kein Problem, denn Windows ME installiert den Internet Explorer zwar standardmäßig, macht es Ihnen aber leicht, alternativ einen anderen Browser, also etwa Netscape, zu verwenden. Zugegebenerweise ist es auch eine reine Geschmacksfrage, ob man nun eher den Netscape- oder den Microsoft-Browser verwendet; der Netscape Communicator ist aber wirklich eine hochklassige Alternative zum Internet Explorer und ihm in manchen Dingen, wie zum Beispiel der Geschwindigkeit, teilweise überlegen.

Auch wenn ich persönlich den Internet Explorer lieber mag – ausprobieren sollten Sie den Netscape Communicator auf jeden Fall. Wenn er Ihnen nicht gefällt, können Sie ihn schließlich jederzeit wieder deinstallieren – wagen Sie den Versuch nicht, haben Sie definitiv etwas verpasst!

Neben der direkten Konkurrenz zum Internet Explorer, dem Netscape Communicator, gibt es übrigens noch einige andere Alternativen, die ich Ihnen ab Seite 223 vorstelle.

Wenn Sie den Netscape Communicator installiert haben, müssen Sie nach dem ersten Start erst einmal ein Benutzerprofil erstellen. Übrigens: Weil natürlich auch Netscape ständig neue und überarbeitete

Versionen seines Browsers auf den Markt bringt, kann es sein, dass die eine oder andere Abbildung, die Sie hier sehen, im „Original" etwas anders aussieht.

Lassen Sie sich davon aber nicht durcheinander bringen – die Funktionalität ändert sich in den meisten neuen Browserversionen nämlich meist nur minimal.

Auch die ständig neu hinzukommenden Features, wie etwa der Netscape Messenger, ändern daran nichts – lediglich bei der Installation des Browsers haben Sie dann eben stets ein paar neue Auswahlmöglichkeiten, wenn Sie die Option *Benutzerdefiniert* wählen.

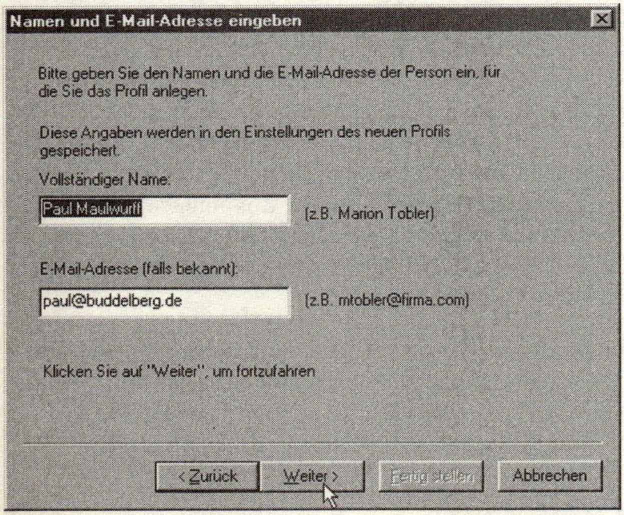

In dem Profil speichert der Communicator Daten wie Ihren Namen, Ihre E-Mail-Adresse und die Zugangsdaten für Ihren Internet Service Provider. Über *Bearbeiten/Einstellungen* können Sie diese Einstellungen später natürlich auch ändern.

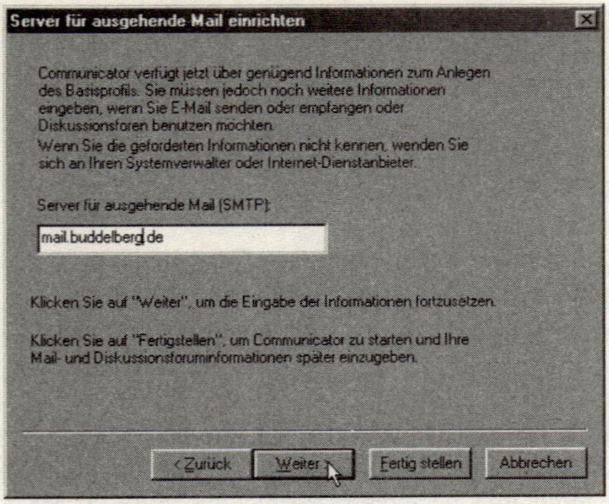

Alle Daten, die Sie hier für die Profileinstellungen benötigen, sind im Übrigen die gleichen wie beim Einrichten eines E-Mail-Kontos mit Outlook Express. Wenn Sie nicht ganz sicher sind, wie die Posteingangs- und -ausgangsserver heißen, fragen Sie am besten Ihren Internetprovider.

Wenn zwei sich streiten: Den Standardbrowser festlegen

Weil der Internet Explorer bei der Windows-Installation logischerweise gleich zum Standardbrowser gemacht wird, sehen Sie beim ersten Netscape-Aufruf ein Fenster, in dem Sie festlegen müssen, welcher Browser ab jetzt standardmäßig verwendet werden soll. Umgehen können Sie die Entscheidung leider nicht, aber wenn Sie den Netscape-Browser jetzt zum Standard machen, sind Sie damit nicht auf Dauer festgelegt. Starten Sie später den Internet Explorer, zeigt der Ihnen nämlich das gleiche Fenster. So können Sie problemlos zwischen den Browsern hin- und herwechseln, während die beiden sich um die „Vorherrschaft“ streiten.

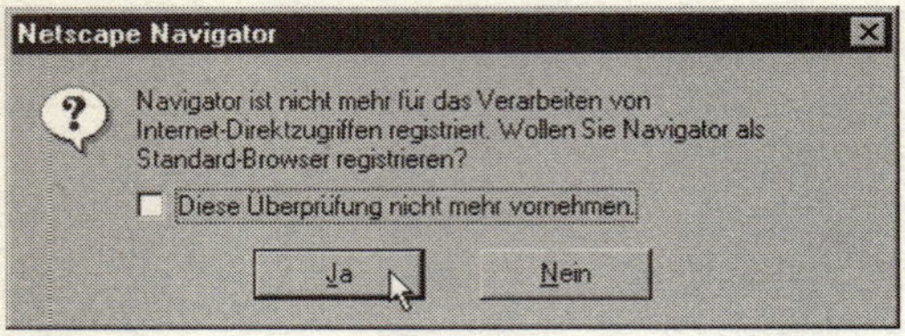

Übersichtlicher als beim Internet Explorer: Den Communicator optimal konfigurieren

Haben Sie den Netscape-Browser zum ersten Mal gestartet, können Sie damit zwar auch schon gleich online gehen, ein paar Einstellungen zu ändern, empfiehlt sich aber allemal. Ansonsten funktioniert der Communicator auch nicht sehr viel anders als der Internet Explorer – die beiden Browser unterscheiden sich eigentlich hauptsächlich durch die unterschiedliche Optik und die anderen Bezeichnungen für verschiedene Einstellungen und Programmaktionen. Alle Einstellungen für den Browser erreichen Sie übrigens über *Bearbeiten/Einstellungen.*

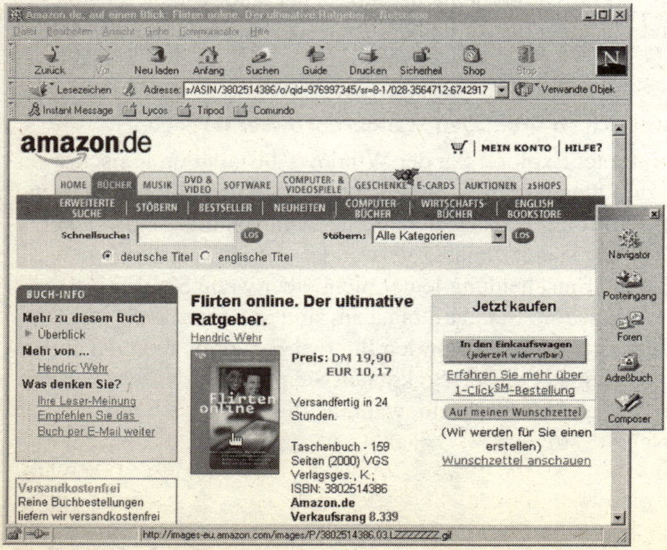

Aber ehrlich gesagt: So wie Netscape die Einstellungsmöglichkeiten für den Browser strukturiert hat, ist das schon ein bisschen übersichtlicher als beim Internet Explorer. Statt der endlosen Registerkarten und *Erweitert*-Schaltflächen können Sie sich nämlich einfach durch die Ordnerstruktur klicken und finden jeden Einstellpunkt komplett in einem Fenster ohne zusätzliche Untermenüs. Wenn man an den Internet Explorer gewöhnt ist, ist der Navigator zwar erst einmal ziemlich gewöhnungsbedürftig – funktioniert aber wirklich blitzschnell und ohne große Komplikationen.

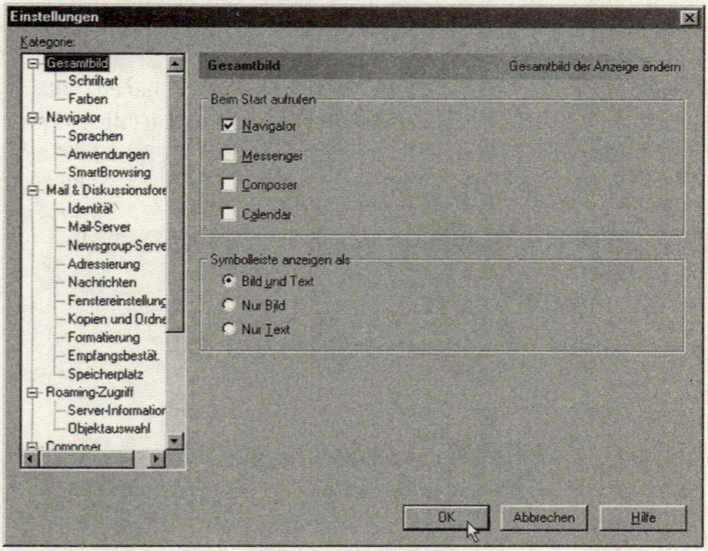

Und das sind die Einstellungen, die Sie überprüfen sollten:

Gesamtbild

Hier legen Sie hauptsächlich das optische Erscheinungsbild des Communicators fest, also die Farbgestaltung oder das Schriftbild. Wichtig sind aber die Einstellungen, die festlegen, welche Programmkomponente der Suite beim Start aufgerufen wird. Das ist dann sinnvoll, wenn Sie mehrere Benutzerprofile eingerichtet haben und eines davon beispielsweise nur für den E-Mail-Client verwendet wird. Bei diesem Profil wählen Sie *Briefkasten* aus. So wird beim Doppelklick auf das Netscape-Symbol nach Auswahl des Profils automatisch der E-Mail-Client gestartet.

Navigator

Hier stellen Sie zum Beispiel Ihre Startseite fürs Internet ein. Im Feld *History* legen Sie fest, wie lange der Navigator die Links besuchter Webseiten aufbewahren soll. Zwar nicht für die Einrichtung von Netscape, aber für die spätere Arbeit ist besonders die Schaltfläche *Adressleiste löschen* wichtig. Wollen Sie verhindern, dass jemand herausbekommt, welche Internetseiten Sie zuletzt besucht haben, klicken Sie einfach auf diese Schaltfläche. Tatsächlich wirksam ist diese Spitzelbremse natürlich nur, wenn Sie auch im Feld *History* die Links zu den besuchten Webseiten löschen!

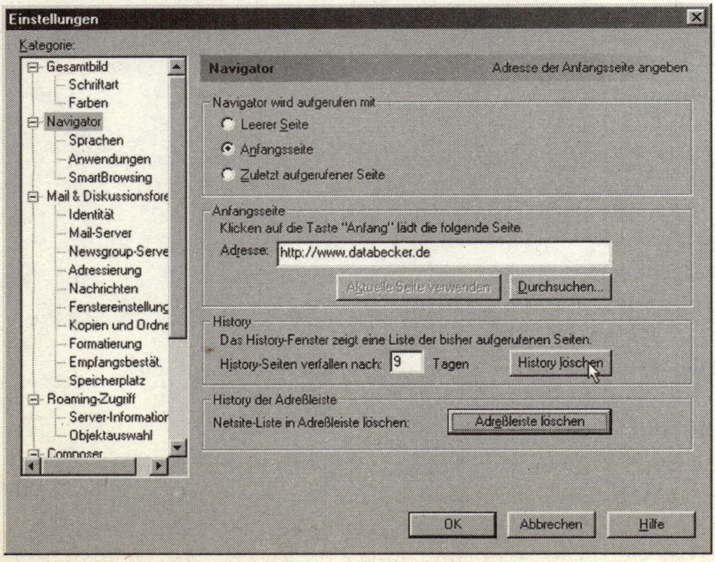

Mail und Diskussionsforen

Das ist der wichtige Bereich für die Konfiguration von E-Mail- und News-Client. Die einzelnen Unterpunkte beinhalten alle notwendigen Daten für diese Clients. Weil hier vor allem die notwendigen Posteingangs- und -ausgangsserver festgelegt werden, müssen Sie sich wie bei Outlook Express unbedingt an den Daten orientieren, die Ihnen Ihr Provider zur Verfügung stellt.

Offlinebetrieb

Hier legen Sie fest, wie der Webbrowser gestartet wird. Als Standard finden Sie die Option *Online-Betrieb*, was bedeutet, dass der Navigator beim Starten automatisch versucht, die vorher festgelegte Startseite zu laden.

Erweitert

Und hier sind Sie auch schon am wichtigsten Punkt für die Browsereinstellungen angelangt. Auf der ersten Seite legen Sie fest, ob Java aktiviert werden soll und ob Sie Cookies zulassen wollen oder nicht. Aber aufgepasst: Standardmäßig macht der Communicator nämlich dasselbe wie der Internet Explorer – er akzeptiert Cookies!

Unter *Cache* nehmen Sie alle Einstellungen für den lokalen Zwischenspeicher des Browsers vor. Wie auch beim Internet Explorer legen Sie hier fest, wie viel Festplattenplatz der Cache belegen darf, um einmal besuchte Webseiten zwischenzuspeichern. Auswählen können Sie dabei zwischen zwei verschiedenen Cache-Arten. Beim *Speicher-Cache* wird ein Teil des Arbeitsspeichers als Zwischenspeicher reserviert. Aufgerufene Webseiten kommen dann zuerst in diesen Speicher, da er die schnellsten Zugriffe gewährleistet.

Wenn Sie 32 MByte oder weniger Arbeitsspeicher haben, lassen Sie die Einstellung für diesen Speicher am besten auf dem Wert 1.024 KByte stehen. Haben Sie mehr Arbeitsspeicher zur Verfügung, setzen Sie den Wert einfach höher. Der *Festplatten-Cache* ist ein Teil der Festplatte, der als Zwischenspeicher verwendet wird. Die Festplatte ist zwar langsamer im Zugriff als der Arbeitsspeicher, dafür sind dort abgelegte Daten aber auch nach dem nächsten Neustart noch vorhanden.

Unter *Proxies* stellen Sie die Art des Zugangs ein. Manche Provider verwenden Proxies, und in einem solchen Fall müssen Sie diese hier natürlich angeben. Ob Ihr Provider Proxies verwendet, erfahren Sie von ihm, und in diesem Zuge natürlich auch die Werte, die Sie hier eintragen müssen.

SmartUpdate

Mit SmartUpdate schließlich, können Sie ganz schnell dafür sorgen, dass Ihr Netscape-Browser auf dem immer neuesten Stand ist. Haben Sie über den Punkt *Netscape SmartUpdate* im Startmenü schon mal ein Update durchgeführt, tauchen alle zusätzlich installierten Netscape-Programme nun im Fenster *SmartUpdate* auf, wo Sie sie auch wieder deinstallieren können.

Microsoft und Netscape mag ich nicht! Gibt's denn überhaupt noch Alternativen?

Eigentlich möchte man es ja kaum glauben, aber es gibt tatsächlich noch Alternativen zu den beiden marktbeherrschenden Browsern! Es sind zwar nicht viele – die meisten sind nämlich eher im permanenten Betastadium – zwei wirklich interessante Programme möchte ich Ihnen aber unbedingt zeigen.

Der größte Vorteil dieser Alternativprogramme besteht darin, dass hier eben nicht die geballte Finanzkraft riesiger Unternehmen dahintersteckt und diese Browser deshalb erheblich schlanker programmiert sind als ihre Konkurrenten. Und das macht sie besonders für nicht so üppig ausgestattete Rechner interessant, weil natürlich auch weniger Ressourcen verbraucht werden.

Nicht nur einen Blick wert: Opera

Den Browser des norwegischen Herstellers finden Sie unter der Adresse http://www.operasoftware.com. Er ist eine echte Alternative zu den etablierten Browsern von Netscape und Microsoft, vor allem weil er extrem schlank und wirklich schnell ist. Die aktuelle Version 5.0 ist zwar im Augenblick nur in Englisch erhältlich, soll aber bald in allen gängigen Sprachen verfügbar sein. Neben den reinen Webfunktionen finden Sie in Opera zusätzlich einen E-Mail- und News-Client und haben damit eine ausgezeichnete Komplettlösung für alle Grundbedürfnisse des Internets. Ausprobieren lohnt sich wirklich!

Browse2000

Browse2000, den Sie unter der Adresse http://www.ftppro.com finden, beschränkt sich auf das Anzeigen von Webseiten. Einige feine Funktionen hat Browse2000 aber, die andere Programme vermissen lassen. Wichtig an Browse2000 ist, dass er nicht als vollständiger Ersatz für Ihren Browser arbeitet, sondern einen bereits installierten Browser voraussetzt! Übrigens gibt es auf der Internetseite, auf der Sie Browse2000 finden, auch noch einige andere interessante Programme – ein Besuch der Seite lohnt sich also wirklich.

Vom Netzwerk ins Internet – mit nur einem einzigen Modem!

Wenn Sie lediglich einen einzigen Rechner betreiben, wird Sie das auch schon in Windows 98 SE vorhandene Feature namens ICS ziemlich sicher nicht besonders interessieren. ICS steht für **I**nternet **C**onnection **S**haring, die so genannte „Internetverbindungsfreigabe", also das gemeinsame Nutzen einer einzigen Internetverbindung – was in der Praxis eine Menge Geld spart.

So funktioniert ICS

Die Idee hinter ICS ist so einfach wie genial und funktioniert folgendermaßen: Stellen Sie sich vor, Sie hätten ein klitzekleines Netzwerk mit genau zwei Rechnern. Mal arbeiten Sie an dem einen, mal an dem anderen Rechner und das Netzwerk funktioniert auch ganz prima – lediglich eine Tatsache nervt Sie wirklich: Weil nämlich nur einer der beiden PCs mit einem Modem bzw. einer ISDN-Karte ausgestattet ist, müssen Sie immer an diesen Rechner wechseln, wenn Sie ins Internet wollen.

Lieber etwas Arbeit investieren oder doch gleich ein neues Modem kaufen?

Um diese Unbequemlichkeit abzustellen, haben Sie exakt zwei Möglichkeiten: Entweder ziehen Sie nun los und kaufen ein zweites Modem oder eine ISDN-Karte und dazu noch die nötigen Abzweigeadapter für Ihre Telefondose. Das kostet Sie – im günstigsten Fall – rund 120 DM. Unschlagbarer Vorteil dieser Methode: Die Karte ist schnell eingebaut, das Modem noch schneller angeschlossen, und Sie sind blitzschnell online. Wenn Ihnen die 120 DM nicht weiter weh tun, also eine prima Lösung des Problems.

Die zweite Möglichkeit ist dagegen völlig kostenlos, hat aber zwei entscheidende Nachteile. Zum einen müssen Sie einiges an Handarbeit hineinstecken – ein gute Stunde Bastelei ist eigentlich schon das Minimum dafür. Zum anderen ist der ganze Arbeitsaufwand leider absolut keine Garantie dafür, dass die Internetverbindungsfreigabe dann auch wirklich zuverlässig arbeitet. Die Installation und Konfiguration funktioniert zwar eigentlich ziemlich unkompliziert – es können sich aber allerlei kleine und allerkleinste Fehler einschleichen, die einen dann wirklich zur Verzweiflung treiben!

Wenn Sie es trotzdem wagen wollen, sollten Sie sich wirklich haargenau an die Arbeitsschritte halten, die ich Ihnen im Folgenden aufzeige. Und noch etwas sollten Sie auf jeden Fall tun: sich eine große Tasse Kaffee kochen und ganz entspannt bleiben.

> **Problemfall AOL**
>
> *Noch eine wichtige Sache vorab, die Sie aber nur dann betrifft, wenn Sie AOL als Internetprovider nutzen und mit der aktuellen Version 5.0 arbeiten. Dann nämlich können Sie sich mit absoluter Sicherheit auf heftige Probleme gefasst machen, die Sie nur verhindern können, wenn Sie die AOL-Software vor (!!) dem ICS installieren. Tun Sie das nicht, können Sie den AOL-eigenen DIAL-UP-Adapter nicht mehr auswählen!*

Erster Schritt: die Internetverbindungsfreigabe wird installiert

Der erste Schritt zur Internetverbindungsfreigabe besteht darin, sie zu installieren, weil sie bei der Windows-Installation standardmäßig nicht berücksichtigt wird.

Voraussetzung dafür ist allerdings, dass bereits eine funktionierende Netzwerkverbindung zwischen den beiden PCs besteht!

> **Wichtig: auf welchem Rechner Sie die Internetverbindungsfreigabe installieren müssen**
>
> *Die Internetverbindungsfreigabe müssen Sie auf dem Rechner installieren, der über die Internetverbindung, also das Modem oder die ISDN-Karte verfügt! Ebenso wichtig ist, dass auf diesem Rechner das Protokoll TCP/IP installiert ist. Wie Sie Protokolle installieren, erfahren Sie auf Seite 708.*

1 Klicken Sie in der *Systemsteuerung* auf die Gruppe *Software* und dort auf die Registerkarte *Windows-Setup*.

2 Jetzt markieren Sie die Option *Verbindungen* und klicken auf die Schaltfläche *Details*. Hier finden Sie den Eintrag *Internetverbindungsfreigabe*, vor den Sie ein Häkchen setzen und das Fenster dann mit *OK* wieder verlassen. Sie landen wieder auf der Registerkarte *Windows-Setup*, die Sie ebenfalls mit *OK* schließen.

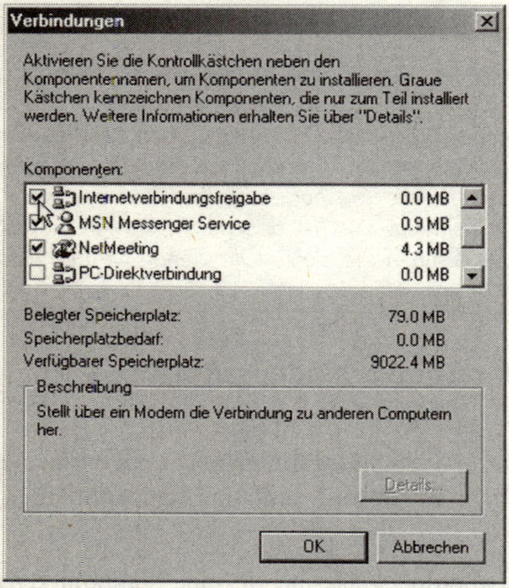

3 Windows installiert nun die nötigen Komponenten und Sie landen automatisch in einem Assistentenfenster.

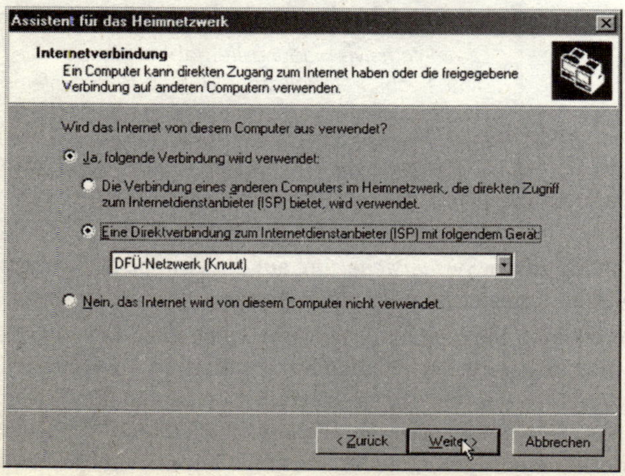

4 Im ersten Assistentenfenster aktivieren Sie die zweite Option *Eine Direktverbindung zum Internetdienstanbieter (ISP) mit folgendem Gerät.* und klicken auf *Weiter*.

5 Im nächsten Fenster müssen Sie die Client-Diskette erstellen, die Sie für die Konfiguration des zweiten PCs brauchen.

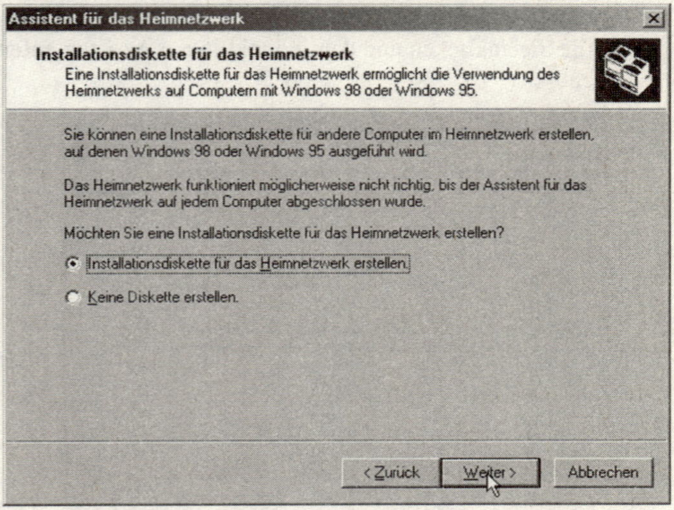

6 Legen Sie dazu einfach eine leere Diskette ein und klicken Sie auf *Weiter*. Jetzt speichert der Assistent die nötigen Dateien auf der Diskette und beendet seine Arbeit damit auch schon. Nach einem Neustart des Rechners ist bereits die Hälfte der Arbeit getan.

Das steckt dahinter ...

Auf der Diskette wird der so genannte „Client" gespeichert, also das Programm, mit dem der oder die anderen Rechner später auf das so genannte „Gateway" zugreifen können.

Als Gateway fungiert dabei der PC, auf dem die Internetverbindungsfreigabe installiert wurde. Übrigens müssen die Clients keineswegs auch Windows ME-Rechner sein – genauso gut können auf einem Client auch das „alte“ Windows 98 oder Windows 95 als Betriebssystem arbeiten.

7 Die soeben erstellte Diskette legen Sie nun in den anderen PC ein, also den, der nicht über ein Modem oder eine ISDN-Karte verfügt und damit der Client ist. Auf der Diskette finden Sie die Datei *Setup*, die Sie anklicken und damit direkt in ein Assistentenfenster gelangen.

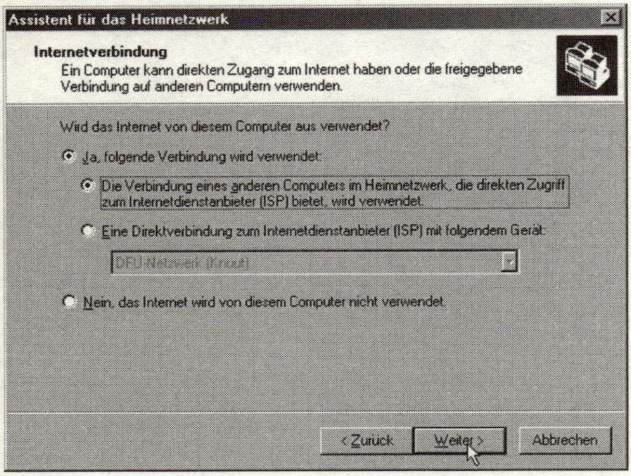

8 In diesem Fenster aktivieren Sie die erste Option *Die Verbindung eines anderen Computers im Heimnetzwerk, die direkten Zugriff zum Internetdienstanbieter (ISP) bietet, wird verwendet.*, denn es ist ja der andere, also der Windows ME-Rechner, der über ein Modem oder eine ISDN-Karte verfügt. Damit kommen Sie auch schon ins nächste Fenster.

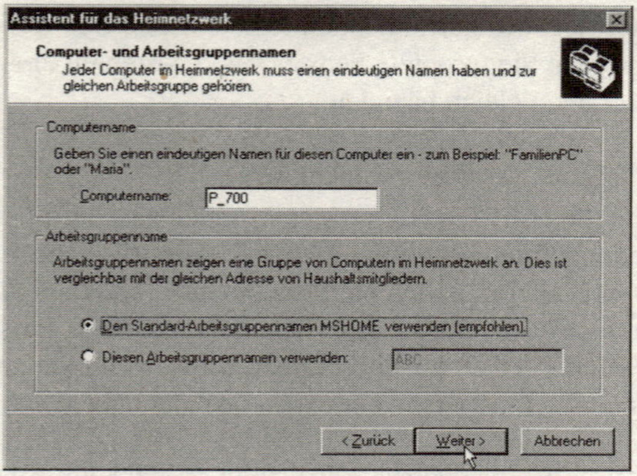

9 Hier müssen Sie dem Client-PC einen aussagekräftigen Namen geben, was Sie aber logischerweise schon getan haben, wenn Sie über eine funktionierende Netzwerkverbindung verfügen. Im Feld *Arbeitsgruppennamen* legen Sie nun fest, wie Ihre Arbeitsgruppe heißen soll. Im Normalfall, also wenn Ihr Netzwerk bereits läuft, werden Sie ja schon einen Namen vergeben haben, den Sie jetzt wählen können. Mit *Weiter* gelangen Sie ins nächste Fenster, in dem Sie festlegen müssen, welche Ressourcen Sie freigeben wollen.

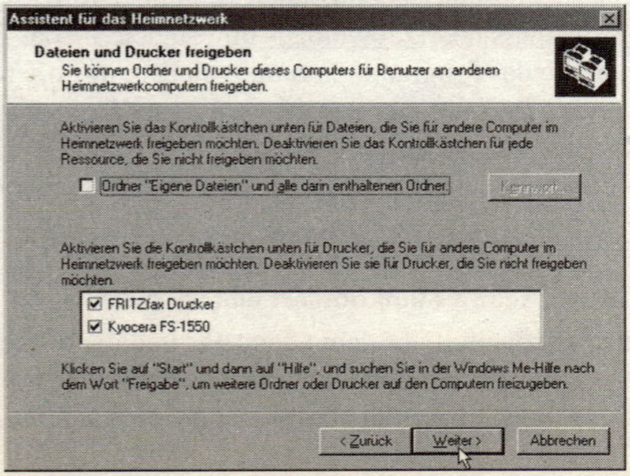

10 Haben Sie die Freigaben gewählt sind Sie auch fast schon fertig – mit *Weiter* kommen Sie ins letzte Fenster des Assistenten und können ihn dort auch gleich beenden.

Verflixt! Wieso hängt der andere PC nicht auf?

Kompliment, wenn Sie es gleich beim ersten Versuch geschafft haben, die Internetverbindungsfreigabe zum Laufen zu bekommen! Dummerweise tut sich jetzt aber plötzlich ein Problem auf: Nachdem Sie eine Zeit lang herumgesurft sind, stellen Sie nun nämlich fest, dass die Verbindung zum Internet einfach weiterbesteht, selbst wenn Sie auf dem Client-Rechner alle Internetanwendungen beendet haben!

Dieses Problem – das Sie eine ganze Menge Geld kosten kann, wenn Sie es nicht bemerken – liegt leider in der Natur der Internetverbindungsfreigabe und lässt sich mit Windows-Mitteln allein nicht lösen. Wichtig ist also, dass Sie, wenn Sie die Internetverbindung beenden wollen, dies immer auf dem Gateway-Rechner tun! Wollen Sie das nicht, gibt's aber noch eine andere Lösung.

Ein kleines Tool macht die „Aufpasserei" überflüssig

Wenn Sie keine Lust haben, immer darauf aufpassen zu müssen, ob der Client nicht doch noch online ist, hilft ein kleines Tool weiter, das Sie sich aus dem Internet herunterladen können. Unter der Adresse http://www.twiga.fsbusiness.co.uk/downloads.htm finden Sie das Programm RDU. Haben Sie das Programm heruntergeladen, installieren Sie es auf dem Gateway-Rechner und danach ein kleines Extraprogramm auf dem Client. Nach der Installation können Sie dann ganz problemlos die Verbindung zum Internet auch vom Client-Rechner aus beenden.

Das darf doch nicht war sein! Es funktioniert einfach nicht!

Aha – Sie sitzen also verzweifelt vor dem Client-PC und die Internetverbindungsfreigabe will und will einfach nicht funktionieren? Ihr Kaffee ist alle und Sie fangen langsam aber sicher an, sich aufzuregen?

Tun Sie's einfach nicht – wenn ich Ihnen gestehe, dass ich ziemlich oft an genau solchen Stellen ganz kurz davor war, meinen PC aus dem nächstbesten Fenster zu werfen, können Sie das Ganze wahrscheinlich wieder etwas entspannter sehen, oder?

Hier ein paar Möglichkeiten, um den Fehlern auf die Spur zu kommen:

Ärger mit AOL?

Wenn Ihr Internetprovider AOL heißt, dann gucken Sie doch mal auf Seite 225 nach. Hier zeige ich Ihnen, wie Sie mögliche Probleme lösen können.

Nervig aber sinnvoll: Noch mal ganz von vorn anfangen

Ich weiß – Sie haben garantiert absolut keine Lust dazu, aber tun Sie es bitte trotzdem: Gehen Sie einfach noch mal alle Arbeitsschritte im Einzelnen durch und überprüfen Sie, ob Sie nicht doch etwas übersehen haben.

Neuinstallation wirkt manchmal Wunder

Die simpelste Möglichkeit, die Internetverbindungsfreigabe doch noch zum Laufen zu bekommen, besteht darin, sie einfach noch mal neu zu installieren. Zugegeben – die Chancen, dass es jetzt plötzlich klappen sollte, sind nicht allzu riesig. Der Arbeitsaufwand ist allerdings auch nur minimal, also probieren Sie's einfach!

Kontrollieren Sie die Netzwerkeinstellungen

Sehen Sie auf beiden PCs nach, ob die Netzwerkeinstellungen stimmen und ob TCP/IP installiert und an die Netzwerkkarten gebunden ist. An dieser Stelle sollten Sie auch einmal ausprobieren, ob Ihr Netzwerk überhaupt funktioniert.

Eine Goldgrube für Informationen: Die Microsoft-Newsgroups

Fast immer wissen die User der Newsgroup *microsoft.public.de.german.win98.allgemein* eine ganze Ecke besser über Windows-Probleme Bescheid als Microsoft selbst. Auch wenn diese Newsgroup grundsätzlich eher für Windows 98-Benutzer gedacht ist, finden Sie hier garantiert eine Menge Leute, die dasselbe Problem mit ICS hatten wie Sie. Beachten Sie aber bitte auf jeden Fall, dass Sie sich zuerst einmal die vorhandenen Beiträge auf mögliche Lösungen ansehen, bevor Sie Ihre Frage stellen. Nichts wird in Newsgroups nämlich so übel genommen wie Leute, die sich gar nicht in der Newsgroup umsehen, sondern gleich mit ihren Fragen hervorpreschen!

Besser als ihr Ruf: Die Support-Datenbank von Microsoft

Eine interessante Quelle für Problemlösungen und weiterführende Infos ist die Support-Datenbank von Microsoft, die Ihnen im Internet unter der Adresse http://support.microsoft.com/support/search offen steht. Probieren Sie es am besten mit dem Suchbegriff „ICS“.

Online sein ist prima – online sein bezahlen, tut (manchmal) weh

Wer viel online ist, muss am Monatsende normalerweise ganz schön tief in die Tasche greifen, um seinen Provider und/oder Telefonrechnung zu bezahlen.

Verhindern lässt sich das leider nicht – vor allem so lange es in Europa noch keine günstigen Flatrates gibt wie beispielsweise in den USA. Ein bisschen mehr Überblick über Ihre Onlinekosten können Sie sich aber mit einem absolut sinnvollen Tool namens OnlineTimer verschaffen. Das wirklich günstige Sharewareprogramm finden Sie unter der Adresse http://www.onlinetimer.de und können es nach dem Download 28 Tage lang kostenlos ausprobieren. Der OnlineTimer sucht und findet nicht nur automatisch den günstigsten Provider, Sie können auch Kostenlimits setzen und sich beim Überschreiten warnen lassen!

Räuberhöhle Internet: Hier lauern die Gefahren

Schade eigentlich, dass es im ansonsten so schön friedlichen Internet ein Menge Spinner aller möglichen Richtungen gibt. Glücklicherweise sind die meisten dieser Spinner eigentlich eher harmlos, dummerweise gibt es aber auch ein paar Leute, die man ganz und gar nicht mehr als harmlos bezeichnen kann!

Was solche Leute anstellen, reicht vom Virenprogrammieren übers Hacken von Webseiten bis hin zum professionellen Abzocken ahnungsloser Internetnutzer.

Ich will Ihnen an dieser Stelle wirklich keinen Schrecken einjagen – bitte seien Sie sich aber dennoch der Tatsache bewusst, dass Sie sich im Internet relativ schutzlos bewegen und deshalb zu jeder Zeit Ziel und Opfer eines wie auch immer gearteten Angriffs durch einen wie auch immer gearteten Spinners werden können!

Solange Sie aber den uralten Spruch „Vorsicht ist die Mutter der Porzellankiste" beherzigen, sind Sie zumindest halbwegs auf der sicheren Seite.

Sciencefiction oder Realität: Wenn die Festplatte übers Internet gelöscht wird

Auch wenn das gar keine schöne Vorstellung ist – es stimmt leider, dass theoretisch jemand übers Internet Ihre Festplatte formatieren kann. Ich will wirklich keine Panik schüren, aber Sie sollten sich trotzdem darüber im Klaren sein, dass solche Hackerangriffe jederzeit jeden Benutzer treffen können! Im harmlosesten Fall kann sich ein Hacker die auf Ihrem PC gespeicherten Daten ansehen – im ungünstigsten Fall sogar manipulieren oder ganz einfach löschen.

Die andere Seite an dieser Sache ist, dass solche Übergriffe so selten sind wie ein Sechser im Lotto. Hacker, die so raffiniert vorgehen, interessieren sich nämlich in der Regel nicht dafür, was der „Normal-User“ auf seinem Rechner gespeichert hat, sondern eher für die Computer großer Unternehmen.

Das steckt dahinter ...

Klar – ich werde jetzt natürlich nicht konkret auflisten, was ein Hacker tun muss, um übers Internet ganz schnell mal auf den Rechner eines ahnungslosen Benutzers zuzugreifen. Was dabei aber grundsätzlich passiert, ist Folgendes: Der Hacker stellt eine Homepage ins Internet, die er eigentlich nur braucht, um andere Surfer auszuspionieren. Auf dieser Seite befinden sich nämlich einige sehr einfache VB-Skripts, mit deren Aufruf die Homepage den Inhalt des ahnungslosen Surfers ausspioniert. Um das VB-Skript zu starten, hat der Hacker ein ActiveX-Objekt auf der Seite abgelegt, dessen Vorhandensein der Surfer aufgrund falscher Sicherheitseinstellungen seines Browsers gar nicht erst bemerkt und dessen Aktivierung er deshalb gestattet hat. Was dabei rauskommen kann, ist, dass der Hacker zum Beispiel die Zeile *Format C:* in die *Autoexec.bat* des ausspionierten Rechners schreibt. Wenn der ahnungslose Surfer seinen Rechner dann das nächste Mal startet, wird seine Festplatte formatiert, ehe er irgendetwas tun kann!

Hintertürchen für Bösewichte: ActiveX und Java

Wie gesagt – so etwas passiert wirklich sehr selten, aber es passiert eben doch. Völlig verhindern können Sie solche Angriffe natürlich nur, wenn Sie gar nicht mehr surfen, was aber nicht der Sinn der Sache ist.

Es gibt zwar keinen wirklich hundertprozentigen Schutz, Sie haben aber die größtmögliche Sicherheit im Onlinealltag, wenn Sie die Sicherheitseinstellungen des Internet Explorer möglichst hoch setzen!

Immer mit Vorsicht zu betrachten: ActiveX

Um bei dem gerade erwähnten Hackerbeispiel zu bleiben – die größtmögliche Sicherheit beim Surfen haben Sie nur dann, wenn Sie, die

Sicherheitseinstellungen im Internet Explorer manuell einstellen und dabei ActiveX von Ihrem Rechner verbannen. Dazu setzen Sie die ersten fünf Optionen der angepassten Sicherheitseinstellungen auf *Deaktiviert*. ActiveX wird damit nicht mehr auf Ihren Rechner geladen. Der große Nachteil dieser Einstellung: Fast alle Webseiten enthalten ActiveX-Elemente, sodass Sie sich von diesen Webseiten selbst aussperren.

Und Java?

Das Gleiche gilt im Grunde auch für Java-Applets. Wirklich böse Absichten eines Hackers vorausgesetzt, kann sich hinter einem Applet ein unangenehmer Inhalt verbergen. Allerdings ist es unter Java weitaus schwieriger, so etwas zu bewerkstelligen, weil Java-Applets grundsätzlich in einer eigens gesicherten Umgebung, der so genannten „Sandbox", ablaufen. Was Java betrifft, sind die Standardeinstellungen des Internet Explorer auf so hohem Niveau, dass Sie dort nichts mehr ändern müssen.

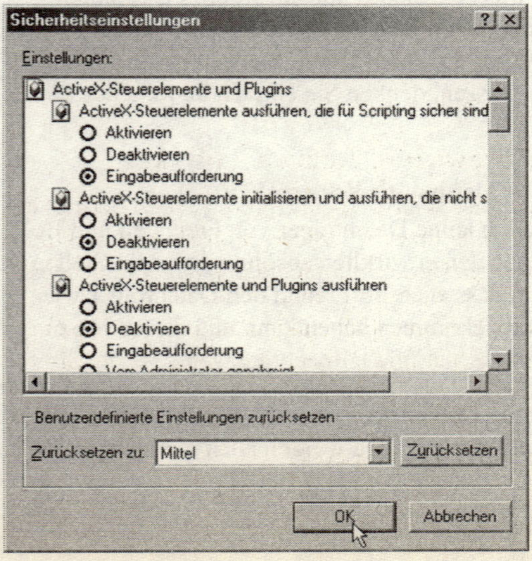

Damit Hacker auch mit Java keine Chance auf Ihren Rechner haben, sollten Sie diese Einstellungen auch keinesfalls ändern!

Die echte Pest des Computerzeitalters: Viren!

Auch für Viren ist das Internet der richtige Tummelplatz, denn hier können sich die Virenentwickler so richtig schön austoben und haben genügend Möglichkeiten, ihre „Ware“ an den Mann zu bringen. Wenn Sie ein paar Vorsichtsmaßnahmen beachten, müssen Sie sich aber nicht allzu viele Gedanken um Viren machen.

So hat das Virus keine Chance

Auch wenn Sie die folgenden Regeln strikt einhalten, holen Sie sich bitte trotzdem einen aktuellen Virenscanner, noch besser aber zwei verschiedene. Den Virenscanner brauchen Sie zwar erst, wenn's fast schon zu spät ist, das Virus sich also schon auf Ihrem PC tummelt – genau dann ist der Scanner aber auch der letzte Rettungsanker, um den Rechner wieder „gesund“ zu machen! Damit Sie sich gar nicht erst mit Viren herumärgern müssen, denken Sie einfach an folgende Dinge:

„Fremde“ Datenträger – hier heißt's Vorsicht!

Benutzen Sie grundsätzlich keine Datenträger von Freunden und Bekannten, außer Sie können denen wirklich absolut vertrauen. Stellen Sie sich einfach mal vor, dass auch Ihr Freund den Datenträger wiederum von einem Freund bekommen haben kann und dieser von einem weiteren Freund.

Die Herkunftskette solcher Datenträger ist einfach nicht mehr nachvollziehbar, und exakt auf diesem Weg werden auch die meisten Viren verbreitet!

Finger weg von unbekannten Dokumenten und Programmen!

Damit Sie Ihren Rechner nicht mit Makroviren infizieren, sollten Sie Folgendes beachten:

Wenn Sie plötzlich eine E-Mail von völlig Unbekannten erhalten, an die eine Dokumentendatei angehängt ist, dann laden Sie diese Mail am besten erst gar nicht herunter! Im angehängten Dokument muss sich zwar nicht zwangsläufig ein Makrovirus verstecken, die Wahrscheinlichkeit ist aber ziemlich hoch. Löschen Sie die Mail am besten samt Anhang noch vor dem Herunterladen vom Server des Providers!

Was dabei rauskommt, wenn man das nicht tut, hat der „I love you-Virus" ja deutlich genug gezeigt. Auf Seite 241 zeige ich Ihnen übrigens ein kleines aber feines Programm, mit dem Sie Ihre Mails schon auf dem Server des Providers ansehen und bei Bedarf auch gleich löschen können.

Mindestens genauso wichtig: Laden Sie keine Programme von Ihnen völlig unbekannten Webseiten, auch wenn sich die Beschreibung noch so toll oder verlockend anhört! Wenn es sich nicht um bekannte Sharewareprogramme handelt, sondern um „handgestrickte" Tools, dann ist die Wahrscheinlichkeit, zum Programm auch gleich noch ein Virus zu bekommen, nicht gerade gering.

Daten immer checken!

Fremddaten sollten Sie wirklich immer sofort und vor allem, bevor Sie sie auf Ihren PC spielen, mit einem aktuellen Virenscanner checken.

Das gilt natürlich auch für Daten, die Sie aus dem Internet herunterladen. Bevor Sie Textdateien öffnen oder gezippte Daten entpacken, lassen Sie erst einmal den Virenscanner drüberlaufen.

Superwichtig: Regelmäßige Virenprüfung

Auch wenn Sie gerade keine Virenaktivitäten feststellen können – überprüfen Sie Ihren PC regelmäßig mit einem aktuellen Virenscanner. Denken Sie auch daran, alle regelmäßig benutzten Wechselmedien wie etwa Zip-Disketten mit zu überprüfen!

Sicher ist sicher: Aktueller Virenscanner

Auf der sicheren Seite sind Sie natürlich mit einem aktuellen Virenscanner, mit dem Sie Ihren Rechner möglichst regelmäßig und in kurzen Abständen untersuchen sollten.

Es geht noch sicherer: Zwei Virenscanner

Nein, ich will Sie nicht veräppeln – mit zwei unterschiedlichen Virenscannern sind Sie definitiv besser dran als mit nur einem. Sie kennen den alten Spruch „Vier Augen sehen mehr als zwei" und genau das trifft auch bei der Virensuche zu! Am besten besorgen Sie sich also zu Ihrem regulär gekauften Virenscanner noch eine Sharewareversion wie zum Beispiel Fprot, den Sie übrigens unter der Adresse ftp://ftp.europe.datafellows.com/f-prot/free/ downloaden können

Viren, Viren, Viren – aber welche Viren machen was?

Gemeinerweise sind Computerviren unseren „echten" Viren ziemlich ähnlich – es gibt also etliche verschiedene Gruppen und Untergruppen. In der Übersicht zeige ich Ihnen deshalb einmal, welche Virenarten es gibt und was genau sie eigentlich anrichten.

So heißt das Virus ...	... und das stellt es an
Bootvirus	Bootviren beginnen ihre Arbeit beim Booten des Rechners und schreiben sich – deshalb der Name – in den Master Boot Record.
Companion-Virus	Dieses Virus tarnt sich mit seinem Namen, der der gleiche ist, wie ein beliebiges Programm des Betriebssystems. Theoretisch könnte sich ein solcher Virus also *paint.exe* nennen – genauso wie das Windows-Malprogramm Paint.

So heißt das Virus ...	... und das stellt es an
Dateivirus	Ein Dateivirus manipuliert den Code einer beliebigen Programmdatei und schleicht sich damit in das Programm ein. Jedes Mal, wenn Sie das Programm starten, starten Sie also auch das Virus!
Makrovirus	Ein Makrovirus funktioniert wie ein Makro, das Sie beispielsweise in Word geschrieben haben, nur dass ein solcher Virus dann zum Beispiel Texte völlig zerstört.
Polymorpher Virus	Polymorphe Viren legen ständig neue und ganz unterschiedliche Kopien von sich selbst an und versuchen damit, sich vor einem Virenscanner zu verstecken.
Retrovirus	Retroviren sind ebenfalls ziemlich fies – sie greifen aber nicht etwa „normale" Dateien an, sondern den Virenscanner selbst! Im ungünstigsten Fall merken Sie von dem Angriff nichts und arbeiten dann mit einem völlig nutzlosen Virenscanner!
Stealth-Virus	Stealth-Viren tarnen sich, ähnlich wie polymorphe Viren, tun das aber durch die Manipulation von Systemprogrammen.
Trojanisches Virus	Trojanische Viren fallen in mehrere Kategorien. Zum einen sind damit Viren gemeint, mit denen ein Hacker auf Ihren PC zugreifen kann, zum anderen gilt die Bezeichnung für scheinbar harmlose Programme, die aber in Wirklichkeit Böses im Schilde führen.
Wurmvirus	Alle Wurmviren tun grundsätzlich erst einmal dasselbe: Sie vermehren sich und senden sich an andere Benutzer. Haben Sie also einen Wurmvirus, versucht er zum Beispiel, sich an alle Ihre E-Mail-Adressen zu versenden. Bei den Empfängern angekommen, tut er dort wiederum das Gleiche.

Das ist wirklich fies: Windows ME öffnet Viren Tür und Tor

Was das Virus „I love you" vor gar nicht allzu langer Zeit angerichtet hat, daran werden Sie sich vielleicht noch erinnern. Die Gefährlichkeit dieses Virus lag darin, dass es als harmloser Anhang an E-Mails verschickt wurde und ein Doppelklick auf diesen Anhang ausreichte, um das Desaster zu starten. Verantwortlich dafür war die wirklich dämliche Angewohnheit des „alten“ Windows 98, VBScripts ganz brav zu verarbeiten. Und leider ist Windows ME genauso „dämlich“ und tut haargenau das Gleiche!

Damit Sie solchen gefährlichen Viren nicht hilflos ausgeliefert sind, können Sie Folgendes machen:

1. Öffnen Sie die Registry und gehen Sie dort in den Zweig *HKEY_LOCAL_MACHINE_\Software\Microsoft\WindowsScripHost\Settings*.
2. Hier klicken Sie mit der rechten Maustaste auf den Eintrag *ActiveDebugging* und setzen im Fenster *Zeichenfolge bearbeiten* den Wert von *1* auf *0*. Verlassen Sie das Fenster dann mit *OK* und schließen Sie die Registry wieder.

Und noch eine Macke: Der Media Player öffnet Tür und Tor zu Ihrem PC

Eine wirklich fiese Hintertür zu Ihrem PC können Hacker über den Media Player nutzen! Theoretisch kann es also sein, dass ein Hacker ActiveX und JavaScript nutzt, um Daten auf Ihrem PC zu lesen oder sogar zu schreiben!

Solange Microsoft dieses Sicherheitsloch nicht gestopft hat, bleibt Ihnen nur eine Möglichkeit, solche Hackerangriffe abzuwehren – Sie müssen das ActiveScripting im Internet Explorer deaktivieren.

Dazu wählen Sie *Extras/Internetoptionen* und wechseln dann auf die Registerkarte *Sicherheit*. Dann klicken Sie auf *Stufe anpassen* und setzen in der Gruppe *Scripting* die Option vor *Active Scripting* auf *Deaktivieren*!

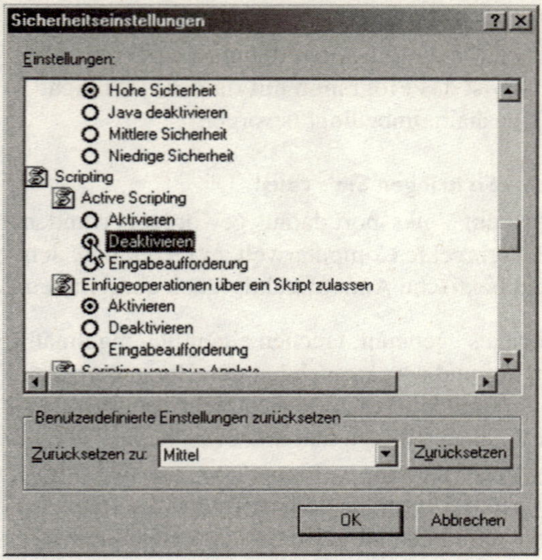

Am besten sehen Sie regelmäßig auf Microsofts Windows-Update-Seite nach, ob mittlerweile eine Lösung für dieses Problem bereitsteht.

Ein wirklich cleveres Tool: CS-Mail Security

Ein supergeniales Tool namens CS-Mail Security finden Sie unter der Adresse http://www.charonsoft.de. Was das kleine Programm macht, ist schnell erklärt: Es überprüft Ihren Posteingang bereits auf dem Server Ihres Providers, also ohne die Mails tatsächlich herunterzuladen. In einer Zusammenfassung können Sie Absender und Betreff, eventuelle Dateianhänge sowie deren Größe sehen. Wenn Ihnen etwas komisch vorkommt, löschen Sie die ausgewählten Mails bereits auf dem Server und laufen keine Gefahr mehr, virenverseuchte Mails auf Ihren Rechner zu bekommen. Netter Nebeneffekt: Sie können sofort sehen, ob Sie nicht vielleicht schon zum x-ten Mal das gleiche Gag-Video geschickt bekommen haben, das schon seit Wochen im Internet kursiert. Damit sparen Sie sich teure Onlinezeit und eine Menge Nerven.

Das Schönste an CS-Mail Security ist aber, dass Sie es völlig kostenlos benutzen können, wenn Sie die Bannerwerbung akzeptieren. Aber auch ohne Bannerwerbung ist das Programm mit rund 30 DM nicht gerade teuer. Mein Tipp deshalb: unbedingt besorgen!

Virus oder böser Witz? – So kriegen Sie's raus!

Mittlerweile ist schon fast ein Volkssport daraus geworden, erfundene Virenmeldungen in die erschreckte Computerwelt zu setzen und sich dann zu amüsieren, wenn hektische Antivirenaktivitäten aufkommen.

Diese „Viren“, auch „Hoaxes“ genannt, tauchen eigentlich regelmäßig meist mehrmals jährlich auf und sorgen auch bei den Herstellern von Antivirensoftware für viel Freude. Wenn Sie sich nicht veralbern lassen wollen, dann sehen Sie doch einfach mal unter den beiden Webadressen http://www.nltoy.fi/services/support/hoax/hoax.asp und http://ciac.llnl.gov/ciac/bulletins/h-05.shtml nach. Hier finden Sie stets die aktuellsten Aufstellungen aller bekannten Hoaxes und viele interessante Geschichten zu deren Entstehung.

Firewall: Brauche ich denn so was?

Von Firewalls hört man normalerweise nur im Zusammenhang mit großen Unternehmen, die damit versuchen, Ihre Netzwerke vor Hackern und Viren zu schützen.

Was ein Unternehmen einsetzt, sollten und vor allem können Sie auch tun. Etliche Hersteller haben nämlich erkannt, dass es einen Markt für so genannte „Desktop-Firewalls“ gibt und eine Reihe ziemlich guter Produkte entwickelt, die durch die Bank bezahlbar sind.

Vielleicht fragen Sie sich jetzt, wieso ausgerechnet Sie eine Firewall brauchen sollten, denn wer will Sie schon angreifen? Das ist wirklich ein gute Frage, die sich am besten mit einem kleinen Versuch beantworten lässt, doch dazu gleich mehr.

So werden Hacker fündig

Was ein potenzieller Angreifer versucht ist, sich über die so genannten „Ports" Zugriff zu Ihrem Rechner oder Netzwerk zu verschaffen. Im Grunde ist das relativ leicht, denn diese Ports benötigt Ihr PC, um mit anderen PCs im Internet zu kommunizieren. Ports werden in unterschiedliche Kategorien eingeteilt und für ganz bestimmte Aufgaben verwendet. So sind zum Beispiel die Ports 0 bis 1023 für Systemdienste zuständig, die Ports 1024 bis 65535 dagegen beschäftigen sich mit allerlei Anwendungen.

Wenn Sie also zum Beispiel ein bisschen im Internet herumsurfen und sich irgendeine beliebige Webseite ansehen, wird diese Seite über den Port 80 geladen. Gehen Sie auf einen FTP-Server, um etwa MP3-Dateien herunterzuladen, dann geschieht das über die Ports 20 und 21.

Weil die unterschiedlichen Ports auch unterschiedlich reagieren, suchen sich Hacker die Ports aus, die lange genug geöffnet sind, um quasi als offene Tür zu Ihrem PC zu fungieren. Normalerweise nutzen Hacker dazu die Ports für die Systemdienste, die in der Regel offen stehen, während die Ports für die Anwendungen immer nur ganz kurz, nämlich solange die Anwendung läuft, geöffnet sind.

Was der Hacker nun tut, ist Folgendes: Er führt ein so genanntes „Portscanning" durch, mit dem er feststellen kann, welche Ihrer Ports geöffnet sind. Hat er diese gefunden, kann er sich beispielsweise daran machen, in Ihren PC einzudringen.

Und was macht die Firewall?

Firewalls tun eigentlich etwas sehr einfaches, um Hackerangriffe abzuwehren – sie machen einfach die Ports dicht und damit ist keinerlei Datenaustausch mit dem Internet mehr möglich. Die Desktop-Firewalls arbeiten ein wenig anders, denn sie verhindern lediglich, dass sich bestimmte Anwendungen in den Netzwerkverkehr einklinken. Welche Anwendungen das sind, können Sie dabei selbst festlegen.

Und jetzt ein kleiner Test ...

Wenn es Sie interessiert, wie viele Leute wirklich versuchen, Ihren PC zu „knacken", dann sollten Sie Folgendes ausprobieren:

Erst mal eine Firewall besorgen

Zuerst müssen Sie sich eine Firewall besorgen, was Sie unter der Adresse http://www.zonelabs.com tun können. Hier finden Sie das Programm ZoneAlarm, das Sie herunterladen und kostenlos benutzen können, wenn es sich um einen reinen Privatgebrauch handelt. Nach der Installation von ZoneAlarm beginnt das Programm zu lernen und versteht, welche Anwendungen mit dem Internet kommunizieren dürfen und welche nicht. Sie können dabei jederzeit bestimmten Programmen den Netzwerkverkehr verbieten oder erlauben und die Ports dicht machen. Klicken Sie dazu einfach das jeweilige Programm in der Liste mit der rechten Maustaste an und bestimmen Sie im Kontextmenü von ZoneAlarm, was das Programm darf und was nicht.

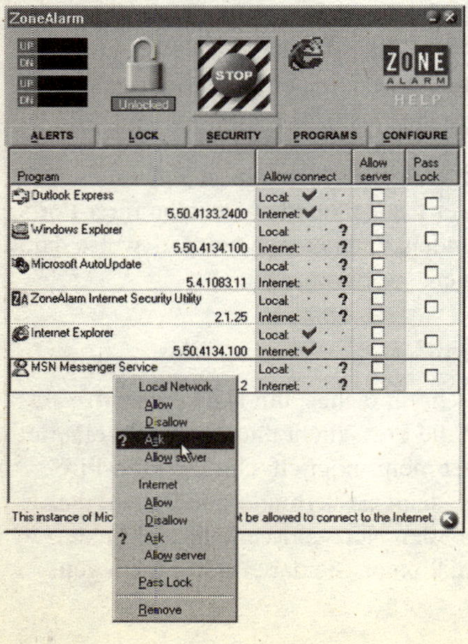

Sobald ein Programm auf das Internet zugreift oder umgekehrt ein Programm von außen auf Ihren PC zugreifen will, tut ZoneAlarm genau das, was sein Name sagt – es schlägt Alarm und fragt, was Sie tun möchten.

Einfach mal ausprobieren: AnalogX PortBlocker

Eine weitere Firewall bekommen Sie unter der Adresse http://www.analogx.com und dort unter der Rubrik *Network*. Der AnalogX PortBlocker macht im Grunde dasselbe wie ZoneAlarm, geht dabei aber ein wenig anders vor. Ausprobieren lohnt sich auf jeden Fall!

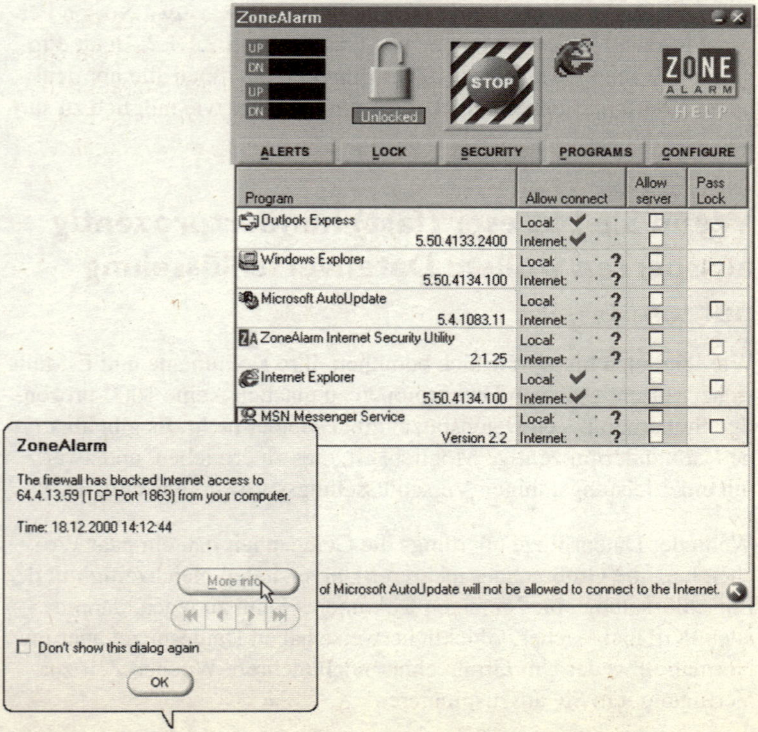

Natürlich sind nicht alle Alarme auch automatisch Hackerangriffe – wenn Sie aber einmal ein paar Stunden durchgehend im Internet surfen, werden Sie sich wundern, wie viele tatsächliche „Einbruchsversuche" in Ihren PC es gibt. ZoneAlarm blockiert diese Angriffe aber nicht nur, es protokolliert sie auch, sodass Sie später jederzeit nachsehen und versuchen können, den Angreifer ausfindig zu machen. Die Protokolldatei von ZoneAlarm finden Sie übrigens im Ordner *Windows\Internet Logs*.

Firewalls – eine Investition, die sich lohnt

Neben der für den privaten Einsatz kostenlosen Firewall ZoneAlarm gibt es natürlich etliche kommerzielle Produkte, wie etwa Norton Personal Firewall 2.0 oder McAfee personal Firewall 2.1.1.2. Beide Programme kosten jeweils rund 100 DM und bieten Ihnen alle nur denkbaren Konfigurationsmöglichkeiten, um so sicher wie möglich zu surfen.

Wenn Sie Mitleser (fast) hundertprozentig aussperren wollen: Datenverschlüsselung nutzen

Wie sehr auch immer Sie sich bemühen, Ihre Dokumente und E-Mails sicher vor unliebsamen Datenspionen zu machen – eine 1000-prozentige Sicherheit gegen Datenspitzel gibt es leider nicht. Es gibt aber eine fast hundertprozentige Möglichkeit, dies zu erreichen, und zwar mit einer leistungsfähigen Verschlüsselungssoftware wie etwa PGP.

Wenn der Datenspitzel allerdings die Gelegenheit hat, ein paar Wochen lang die Großrechner mehrerer Universitäten gleichzeitig mit der Entschlüsselung eines einzigen Dokuments lahm zu legen, dann ist auch PGP nicht sicher. Glücklicherweise haben Datenspitzel aber im Normalfall weder Uni-Großrechner noch mehrere Wochen Zeit zur Verfügung, um Sie auszuspionieren!

PGP: Kostenlos und gnadenlos sicher

Im Internet finden Sie ein ganze Reihe interessanter Verschlüsselungsprogramme, das beste ist aber sicherlich **P**retty **G**ood **P**rivacy, kurz PGP, das Sie unter http://www.pgpi.com finden und downloaden können.

Das steckt dahinter ...

Datenverschlüsselung, auch als „Kryptographie“ bezeichnet, arbeitet nach einem logischen und einfachen Schema. Bei PGP funktioniert das so: Es gibt zwei verschiedene Schlüssel, mit denen ein Dokument verschlüsselt wird. Einer der Schlüssel ist der so genannte „Public Key“, der öffentliche Schlüssel, der andere ist der „Private Key“, der geheime Schlüssel. Wenn ein Dokument nun mit dem einen Schlüssel verschlüsselt wurde, lässt es sich nur mit dem anderen Schlüssel wieder entschlüsseln. Stellen Sie sich vor, Sie wollen sich mit einem Freund über eine geheime Sache unterhalten, können dafür aber dummerweise nur Postkarten verwenden, die jedermann lesen kann. Deshalb entwickeln Sie ein Schlüsselpaar, von dem Sie sich den einen, den privaten Schlüssel, merken und den anderen, den öffentlichen Schlüssel, per Postkarte an Ihren Freund senden. Ihr Freund macht jetzt genau das Gleiche, einen Schlüssel merkt er sich, den anderen schickt er Ihnen per Postkarte. Jetzt haben Sie den öffentlichen Schlüssel Ihres Freundes und umgekehrt. Und nun schreiben Sie eine Karte an Ihren Freund und verschlüsseln den Text mit dessen öffentlichem Schlüssel. Ihr Freund benutzt jetzt seinen privaten Schlüssel, um den Text zu entschlüsseln. Selbst wenn jemand anders die Karte abfängt, könnte er nichts damit anfangen, denn seinen privaten Schlüssel kennt Ihr Kollege ja nur allein. Das sieht ein bisschen kompliziert aus, ist es aber gar nicht. Alles, was Sie nämlich machen müssen, ist, sich Ihren privaten Schlüssel, also ein Passwort, zu merken. Den Rest, also die Ver- und Entschlüsselung, macht PGP, ohne dass Sie irgendetwas unternehmen müssten.

So arbeiten Sie mit PGP

Wenn Sie PGP heruntergeladen haben, wird es bei der Installation auch gleich konfiguriert. Dabei müssen Sie lediglich ein paar Daten eingeben:

1. Im PGP-Setup landen Sie im Fenster *Select Components* und können da, je nachdem, was für ein Mail-Programm Sie verwenden, die von PGP zur Verfügung gestellten Plug-Ins ankreuzen. Wenn Sie PGP aber gar nicht zur Verschlüsselung von E-Mails benutzen wollen, deaktivieren Sie einfach die entsprechenden Optionen.
2. Während des Kopiervorgangs fragt PGP Sie, ob Sie schon über Schlüssel verfügen, die Sie weiterverwenden möchten. Um einen neuen Schlüssel erzeugen zu lassen, wählen Sie hier *Nein*.
3. Im letzten Fenster der Installation sehen Sie die Option *Yes, I want to run PGPkeys*, die Sie aktivieren müssen, damit PGP einen neuen Schlüssel erzeugen kann.
4. Jetzt landen Sie im Key Generation Wizard, in dem Sie Ihren Namen und Ihre E-Mail-Adresse angeben. Wenn Sie PGP nur zum Verschlüsseln von lokalen Daten benutzen wollen, können Sie hier irgendwelche Phantasieeinträge machen, in jeder Zeile muss aber mindestens ein Buchstabe stehen.
5. Im folgenden Fenster legen Sie den Typ des Verschlüsselungsalgorithmus fest. Welchen Sie wählen, hängt davon ab, wie Sie PGP verwenden wollen. Nutzen Sie PGP zur E-Mail-Verschlüsselung, müssen Sie mit den Empfängern abklären, welche Version von PGP diese haben. Wenn Sie PGP nur zur lokalen Datenverschlüsselung benutzen wollen, nehmen Sie den leistungsfähigeren Diffie-Hellmann/DSS-Algorithmus.
6. Im nächsten Fenster können Sie die Länge des Schlüssels definieren. PGP schlägt standardmäßig eine Schlüssellänge von 2.048 Bit vor, je länger ein Schlüssel ist, desto sicherer ist er aber auch. Allerdings dauert es bei einem langen Schlüssel auch länger, die Daten zu verarbeiten.

7 Im folgenden Fenster legen Sie fest, wie lange der Schlüssel gelten soll. Wählen Sie die Vorgabe *Key pair never expires*, läuft der Schlüssel nie ab und existiert quasi für alle Ewigkeit, denn Sie können sein Ablaufdatum nachträglich nicht mehr ändern. Schlauer ist es da schon, Sie wählen die Option *Key pair expires on* und geben das entsprechende Datum an, bis zu dem der Schlüssel gilt. Dann müssen Sie zwar einen neuen Schlüssel erstellen, ein neuer Schlüssel bedeutet aber auch mehr Sicherheit, falls ein potenzieller Bösewicht Versuche gemacht hat, Ihren alten Schlüssel zu knacken.

8 Jetzt geben Sie das Passwort ein, das Ihren persönlichen Schlüssel schützt. Denken Sie daran, dass Sie ein für andere möglichst kompliziert erscheinendes, für Sie aber gut zu merkendes Passwort verwenden.

9 Nun erzeugt PGP den eigentlichen Schlüssel. Dazu müssen Sie die Maus hin- und herbewegen und können den Fortschritt in einer Anzeige mitverfolgen.

10 Zum Schluss der Schlüsselerstellung können Sie jetzt den erzeugten öffentlichen Schlüssel an einen Webserver senden. Das ist aber nur dann sinnvoll, wenn Sie PGP zur Verschlüsselung Ihrer E-Mails verwenden wollen.

11 Jetzt müssen Sie den eben erzeugten Schlüssel unbedingt mit der entsprechenden Option sichern! Denken Sie daran: Wenn Sie den Schlüssel verlieren würden, könnten Sie keines der verschlüsselten Dokumente jemals wieder entschlüsseln! Am besten sichern Sie den Schlüssel deshalb auch auf einer Diskette.

So geht's: Dokumente verschlüsseln

Nach erfolgreicher Installation legt PGP ein Symbol in der Task-Leiste ab, in dessen Kontextmenü Sie alle PGP-Optionen finden. Um ein Dokument zu verschlüsseln, gehen Sie folgendermaßen vor:

1 Zuerst öffnen Sie in der Task-Leiste das Kontextmenü des PGP-Symbols und wählen den Eintrag *Launch PGPtools*. Jetzt erscheint die Werkzeugleiste mit den wichtigsten PGP-Aktionen auf dem Desktop.

2 Nun klicken Sie in der PGP-Werkzeugleiste auf das Symbol des geschlossenen Briefkuverts, und PGP öffnet ein Fenster, in dem Sie das Dokument bestimmen, das verschlüsselt werden soll.

3 Im folgenden Fenster sehen Sie eine Liste standardmäßig vorhandener E-Mail-Empfänger. Die brauchen Sie für die lokale Dokumentenverschlüsselung natürlich nicht und wählen deshalb im unteren Bereich des Fensters die Option *Conventional Encryption*. Wenn Sie wollen, dass das Original des Dokuments nach der Verschlüsselung gelöscht wird, klicken Sie auf die Option *Wipe Original*. Mit *OK* startet die Verschlüsselung.

4 Jetzt gelangen Sie ins Fenster *Passphrase for conventional encryption*, in dem Sie Ihr Passwort eingeben.

5 Von der eigentlichen Verschlüsselung, die jetzt startet, bekommen Sie nicht viel mit, und sie dauert, je nach Umfang des Dokuments und Schlüssellänge, von ein paar Sekunden bis zu einer halben Minute.

6 Ein bisschen verwirrend ist, dass PGP die Verschlüsselung einfach so und ohne irgendeine Meldung beendet. Im Explorer sehen Sie jetzt, was PGP gemacht hat. Die ursprüngliche Datei ist gelöscht und durch die verschlüsselte Version ersetzt worden.

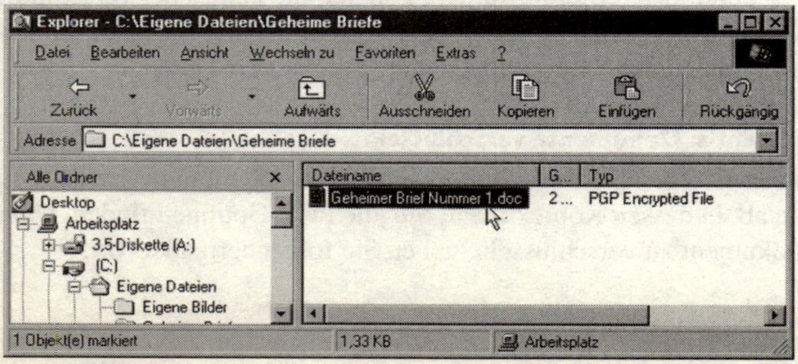

7 Wenn der Datenspitzel jetzt versucht, die Datei per Anklicken zu öffnen, hat er wirklich Pech gehabt. Was er dann nämlich sieht, ist das Fenster *PGP Enter Passphrase*, er müsste jetzt also das richtige Passwort eingeben, um die Entschlüsselung zu starten. Ohne das Passwort gibt es keine Chance mehr, die Datei zu öffnen.

8 Und selbst wenn der Datenspion versucht, das Dokument mit seiner Ursprungsanwendung Word zu öffnen, ist das Ergebnis ziemlich deprimierend. Was herauskommt, ist nämlich nichts anderes als eine wirklich kryptische Zeichenfolge, die keinerlei Rückschlüsse auf den Inhalt erlaubt.

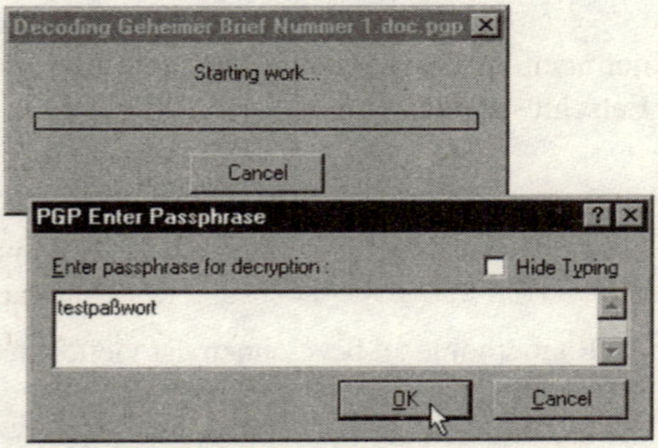

Und so wird entschlüsselt

Wenn Sie ein vorher verschlüsseltes Dokument wieder entschlüsseln wollen, ist das wirklich unkompliziert:

Wenn Sie gerade im Explorer sind, wählen Sie im Kontextmenü der zu entschlüsselnden Datei den Eintrag *PGP*, und dann geht es so weiter:

1 Haben Sie im Kontextmenüeintrag *PGP* gewählt, klicken Sie im Untermenü auf den Eintrag *Decrypt/Verify*.

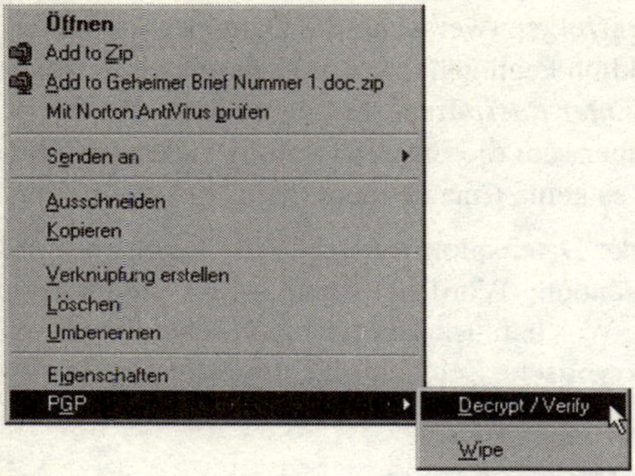

2 Jetzt müssen Sie nur noch Ihr Passwort eingeben, und sofort danach beginnt die Entschlüsselung.

Die große Abzocke – So versucht man Sie reinzulegen!

Das Internet generell als Räuberhöhle zu bezeichnen, ist vielleicht ein bisschen übertrieben. Tatsächlich treiben sich dort aber ein ganze Menge Leute herum, die auf direkte oder indirekte Weise versuchen, an Ihr Geld zu kommen oder auf Ihre Kosten ein gutes Leben zu führen.

Der Ideenreichtum dieser Leute ist schon irgendwie erstaunlich – Sie sollten also lieber auf der Hut sein und zumindest die folgenden Tipps berücksichtigen!

Der Passwortklau hat immer Konjunktur

Einer der ältesten und gleichzeitig beliebtesten Onlinetricks um sich an anderen zu bereichern, besteht in der Verwendung fremder Passwörter. Das passiert normalerweise nur bei Onlinediensten wie AOL, CompuServe oder T-Online, lässt sich aber leicht verhindern.

Denken Sie einfach daran, dass Sie bei einem Onlinedienst wie AOL, CompuServe oder T-Online niemals von Beschäftigten des Unternehmens nach Ihrem Kennwort gefragt werden! Wann immer also plötzlich ein Chatfenster auftaucht und jemand, der sich als Service oder Kundenbetreuung ausgibt, nach diesem Kennwort fragt, dürfen Sie auf keinen Fall antworten!

Dass der Passwortdieb sich andernfalls mit Ihrem Passwort einwählt und dort auf Ihre Kosten surft, ist klar. Wenn Ihnen das übrigens passiert ist, dann loggen Sie sich keinesfalls aus dem Dienst aus, sondern gehen Sie so schnell wie möglich in die Sektion, in der Sie Ihr Passwort ändern können, und machen Sie dies auch sofort!

Ignorieren Sie also solche „Passwortanfragen“ einfach, notieren Sie sich aber den Namen, unter dem der vermeintliche „Service“ Sie angesprochen hat, und die genaue Uhrzeit. Diese Daten geben Sie dann an die Mitgliederbetreuung Ihres Onlinedienstes weiter. Dort lässt sich sehr schnell feststellen, wer zu welchem Zeitpunkt und unter welchem Namen unterwegs war. Dass solchen Passwortdieben natürlich der sofortige Rausschmiss aus dem Onlinedienst droht, ist klar.

Achtung: Die Liebes-Abzocker sind unterwegs!

Vielleicht suchen auch Sie ja schon seit längerem eine Partnerin oder einen Partner? Kein Problem, denn das Internet steckt schließlich voll interessanter Chat- und Anzeigenseiten, in denen Sie ziemlich unkompliziert jemanden kennen lernen können.

Dummerweise haben genau das aber auch die „Liebes-Abzocker“ spitzbekommen und versuchen – meistens allerdings ziemlich plump - ihr lukratives Geschäft mit der Einsamkeit zu machen. Wie das funktioniert, ist ganz einfach.

Je einsamer, desto blöder? Von wegen!

Stellen Sie sich vor, Sie haben eine Kontaktanzeige auf einer Seite geschaltet und warten nun auf Zuschriften. Und – welche Freude – nach kurzer Zeit hat sich auch schon jemand gemeldet und schreibt Ihnen vielleicht folgende Mail:

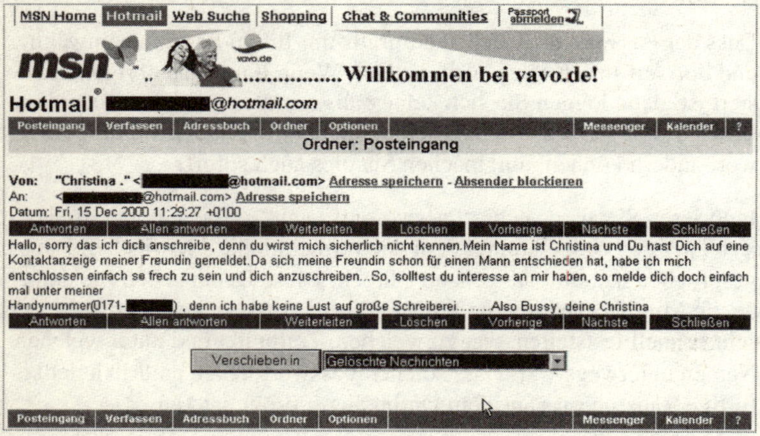

Tja – die Idee ist ja nicht mal schlecht, aber raten Sie mal was passiert, wenn Sie die angegebene Handynummer tatsächlich anrufen? Stimmt: Es meldet sich eine Mailbox, auf der Sie mit zuckersüßer Stimme gebeten werden, doch wenn möglich die Nummer „Nulleins-Neunnullacht ...“ anzurufen.

Alles klar? Es handelt sich um eine 01908-Nummer, die mal eben schlappe 3,63 DM pro Gesprächsminute kostet – pro Stunde also „gerade mal“ 220 DM!

Fast noch besser ist diese Antwort-Masche hier, die allein schon so dämlich verfasst ist, dass man sich nur wundert, wie überhaupt jemand auf so etwas hereinfallen soll.

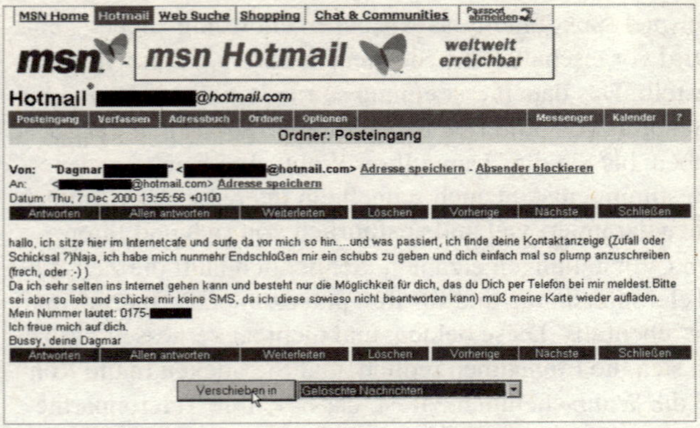
MSN Home | Hotmail | Web Suche | Shopping | Chat & Communities | Passport abmelden

msn Hotmail weltweit erreichbar

Hotmail [redacted]@hotmail.com

Posteingang | Verfassen | Adressbuch | Ordner | Optionen | Messenger | Kalender | ?

Ordner: Posteingang

Von: "Dagmar [redacted]" <[redacted]@hotmail.com> Adresse speichern - Absender blockieren
An: <[redacted]@hotmail.com> Adresse speichern
Datum: Thu, 7 Dec 2000 13:55:56 +0100

Antworten | Allen antworten | Weiterleiten | Löschen | Vorherige | Nächste | Schließen

hallo, ich sitze hier im Internetcafe und surfe da vor mich so hin....und was passiert, ich finde deine Kontaktanzeige (Zufall oder Schicksal ?)Naja, ich habe mich nunmehr Endschloßen mir ein schubs zu geben und dich einfach mal so plump anzuschreiben (frech, oder :-))
Da ich sehr selten ins Internet gehen kann und besteht nur die Möglichkeit für dich, das du Dich per Telefon bei mir meldest.Bitte sei aber so lieb und schicke mir keine SMS, da ich diese sowieso nicht beantworten kann) muß meine Karte wieder aufladen.
Mein Nummer lautet: 0175-[redacted]
Ich freue mich auf dich.
Bussy, deine Dagmar

Antworten | Allen antworten | Weiterleiten | Löschen | Vorherige | Nächste | Schließen

Verschieben in | Gelöschte Nachrichten

Und auch hier landen Sie selbstverständlich wieder in einer Mailbox, die Sie an eine der bekannten 0190-Nummern verweist! Und weil wir gerade so schön dabei sind, hier eine weitere Masche:

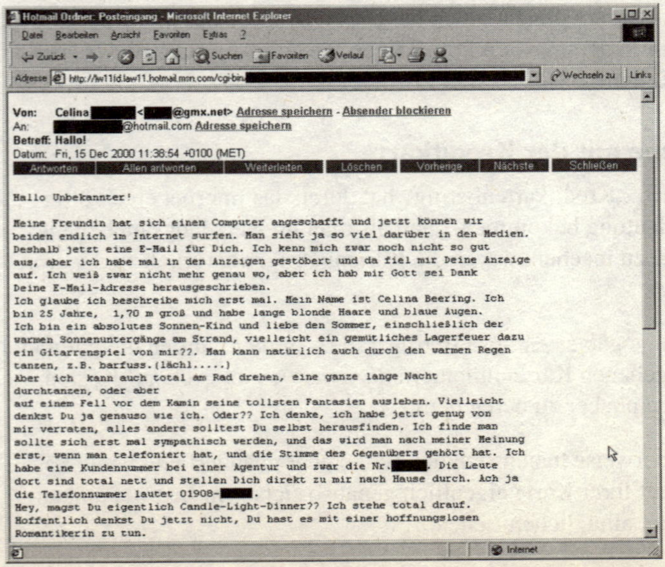
Hotmail Ordner: Posteingang - Microsoft Internet Explorer

Datei Bearbeiten Ansicht Favoriten Extras ?

Zurück | Suchen | Favoriten | Verlauf

Adresse http://lw11fd.law11.hotmail.msn.com/cgi-bin/[redacted] Wechseln zu | Links

Von: Celina [redacted] <[redacted]@gmx.net> Adresse speichern - Absender blockieren
An: [redacted]@hotmail.com Adresse speichern
Betreff: Hallo!
Datum: Fri, 15 Dec 2000 11:38:54 +0100 (MET)

Antworten | Allen antworten | Weiterleiten | Löschen | Vorherige | Nächste | Schließen

Hallo Unbekannter!

Meine Freundin hat sich einen Computer angeschafft und jetzt können wir beiden endlich im Internet surfen. Man sieht ja so viel darüber in den Medien. Deshalb jetzt eine E-Mail für Dich. Ich kenn mich zwar noch nicht so gut aus, aber ich habe mal in den Anzeigen gestöbert und da fiel mir Deine Anzeige auf. Ich weiß zwar nicht mehr genau wo, aber ich hab mir Gott sei Dank Deine E-Mail-Adresse herausgeschrieben.
Ich glaube ich beschreibe mich erst mal. Mein Name ist Celina Beering. Ich bin 25 Jahre, 1,70 m groß und habe lange blonde Haare und blaue Augen.
Ich bin ein absolutes Sonnen-Kind und liebe den Sommer, einschließlich der warmen Sonnenuntergänge am Strand, vielleicht ein gemütliches Lagerfeuer dazu ein Gitarrenspiel von mir??. Man kann natürlich auch durch den warmen Regen tanzen, z.B. barfuss.(lächl.....)
Aber ich kann auch total am Rad drehen, eine ganze lange Nacht durchtanzen, oder aber
auf einem Fell vor dem Kamin seine tollsten Fantasien ausleben. Vielleicht denkst Du ja genauso wie ich. Oder?? Ich denke, ich habe jetzt genug von mir verraten, alles andere solltest Du selbst herausfinden. Ich finde man sollte sich erst mal sympathisch werden, und das wird man nach meiner Meinung erst, wenn man telefoniert hat, und die Stimme des Gegenübers gehört hat. Ich habe eine Kundennummer bei einer Agentur und zwar die Nr.[redacted]. Die Leute dort sind total nett und stellen Dich direkt zu mir nach Hause durch. Ach ja die Telefonnummer lautet 01908-[redacted].
Hey, magst Du eigentlich Candle-Light-Dinner?? Ich stehe total drauf. Hoffentlich denkst Du jetzt nicht, Du hast es mit einer hoffnungslosen Romantikerin zu tun.

Internet

In diesem Beispiel funktioniert das Abzocken ein wenig anders – eine „Agentur“ wird vorgeschaltet, die Sie dann zu Ihrer „Gesprächspartnerin“ durchstellt. Das dauert erst einmal so runde fünf Minuten – bei einem Minutenpreis von 3,63 DM haben Sie also schon mal gut 20 DM ausgegeben, bis Sie die „Dame Ihrer Wahl“ überhaupt am Telefon haben. Bestimmt entsteht auch schnell ein interessantes Gespräch und Sie können garantiert viel und ausführlich von sich und Ihren Wünschen und Vorstellungen erzählen. Schließlich läuft die Zeit – für Sie auf der Telefonrechnung und für Ihre potenzielle „Partnerin“ und die „Agentur“ ebenfalls. Diese beiden, und nicht zu vergessen die Telekom, teilen sich die Einnahmen redlich, und Sie gucken in die Röhre! Wie groß die Wahrscheinlichkeit ist, dass Sie Ihre Telefonpartnerin jemals im echten Leben treffen werden, können Sie sich selbst ausrechnen.

Um sich gar nicht erst ärgern zu müssen und obendrein eine Menge Geld zu sparen, löschen Sie solche „Antworten“ auf Ihre Kontaktanzeigen am besten gleich. Noch besser: Nutzen Sie die Filterfunktion Ihres Mail-Programms und blockieren Sie den Absender dieser Mail für alle Zeiten!

Die Sache mit der Kreditkarte

Der Begriff „Kreditkartenbetrug“ hat durch das Internet eine völlig neue Bedeutung bekommen, denn als man im Netz langsam begann Geschäfte zu machen, waren die Kartenbetrüger natürlich auch sofort zur Stelle.

In der Folge gab es endlose Betrugsfälle – immer wurden die gutgläubig angegebenen Kartennummern dazu verwendet, sich auf Kosten der Karteninhaber zu bereichern.

Glücklicherweise haben sich die Zeiten aber geändert und heute können Sie mit Ihrer Karte eigentlich genauso sicher im Internet einkaufen, wie im alltäglichen Leben.

Ein paar wenige Dinge sollten Sie dabei aber bitte beachten:

Kaufen Sie nicht bei undurchsichtigen Onlinehändlern, die vielleicht gute Preise haben, aber keinerlei Sicherheiten bei der Übermittlung Ihrer Kreditkartendaten bieten. Seriöse Händler übertragen diese Daten mittels spezieller Verschlüsselungsmechanismen und geben Ihnen auf ihren Webseiten auch gern Auskunft darüber. Händler, die das nicht tun, sollten Sie meiden!

Ein gutes Beispiel für die Seriosität eines Händlers finden Sie beim wohl größten Onlinebuchhändler Amazon.de.

Hier finden Sie einen eigenen Bereich, der das Thema Zahlungssicherheit behandelt – Amazon übernimmt in bestimmten Missbrauchsfällen sogar einen Teil der Haftung!

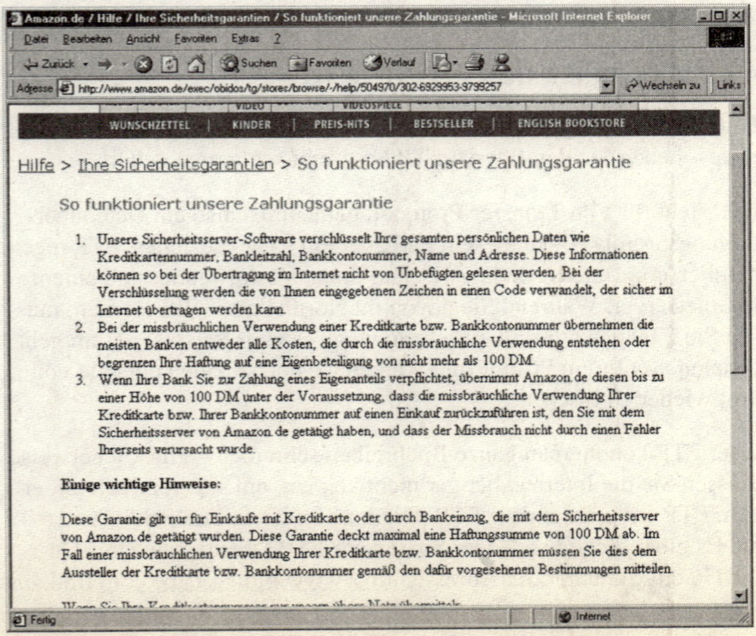

Ein so kundenfreundliches Verhalten finden Sie zurzeit leider noch nicht bei allen Onlinehändlern – allerdings werden es täglich mehr und in Zukunft werden die „schwarzen Schafe“ dieser Branche wohl aussterben.

Was tun, wenn's doch passiert ist?
Was Sie tun können, wenn Ihre Kreditkartendaten aus welchen Gründen auch immer doch an Unbefugte geraten sind, ist relativ einfach. Sofern Sie Ihre Kartenauszüge regelmäßig kontrollieren, haben Sie auch eine Chance, den unrechtmäßig abgebuchten Betrag wieder zurücküberweisen zu lassen. Dafür gilt aber eine bestimmte Frist, die Sie natürlich nicht wahren können, wenn Sie Ihre Auszüge wochenlang nicht durchsehen. In jedem Fall sollten Sie sofort Ihre Bank oder Ihr Kreditkartenunternehmen informieren und mit ihnen weitere Schritte besprechen!

FTP: Was ist das eigentlich?

Hin und wieder – besonders aber im Zusammenhang mit einer Homepage – haben Sie den Begriff FTP bestimmt schon mal gehört.

FTP steht für **F**ile **T**ransfer **P**rotocol, gemeint ist also ein Datenübertragungsprotokoll – in diesem Fall aber ein ganz spezielles. FTP regelt nämlich den Datenverkehr zwischen Ihnen als Anwender und einem Internetserver. Während Sie davon im Normalfall nichts merken, müssen Sie FTP ganz gezielt einsetzen, wenn es zum Beispiel darum geht, Dateien von Ihrem PC auf Ihre Homepage hochzuladen oder sie von dort wieder zu löschen.

Über FTP könnte man ganze Buchreihen schreiben – glücklicherweise müssen Sie die Interna aber gar nicht kennen, um supereinfach mit einem FTP-Programm oder FTP-Client zu arbeiten. Das Schönste daran: Es gibt etliche Free- oder Shareware-FTP-Clients, wie etwa CuteFTP, das Sie unter der Adresse http://www.globalscape.com finden.

Am Beispiel von CuteFTP will ich Ihnen mal zeigen, wie unkompliziert die Arbeit mit FTP-Clients sein kann. Klar – es gibt andere, bessere und kompliziertere Programme – mit CuteFTP kommen Sie aber garantiert auch dann zurecht, wenn Sie bisher noch nie etwas von FTP gehört haben.

So einfach arbeiten Sie mit CuteFTP

Haben Sie CuteFTP heruntergeladen, müssen Sie bei der Installation einige Angaben machen, ohne die das Programm nicht arbeiten kann.

Wichtig: Infos, die Sie von Ihrem Provider brauchen!

Wichtig ist dafür eigentlich nur eine Voraussetzung: Sie brauchen ein paar Informationen Ihres Providers! Sie müssen zum einen die genaue Adresse des FTP-Servers kennen, also etwa ftp://home.provider.de. Zum anderen müssen Sie wissen, über welche Adresse Sie Ihre Homepage erreichen können – das könnte zum Beispiel http://home.provider.de/paul.maufwurf/ sein. Zuletzt brauchen Sie noch den Benutzernamen und das Passwort, mit dem Sie sich auf dem FTP-Server anmelden. Im Normalfall sind das Ihr Benutzername und Ihr Passwort, die Sie schon für Ihren Internet Account benutzen.

Haben Sie alles entsprechend den Infos Ihres Provider angegeben, können Sie eigentlich auch schon loslegen. CuteFTP sieht fast wie der Windows-Explorer aus und funktioniert im Gunde auch genau so. Im linken Fensterteil sehen Sie die Dateien auf Ihrem PC, rechts die auf dem Server, auf dem sich Ihr Webspace befindet. Genauso wie im Windows-Explorer können Sie auf dem Server zwischen den Ordnern wechseln, neue Ordner anlegen oder auch wieder löschen.

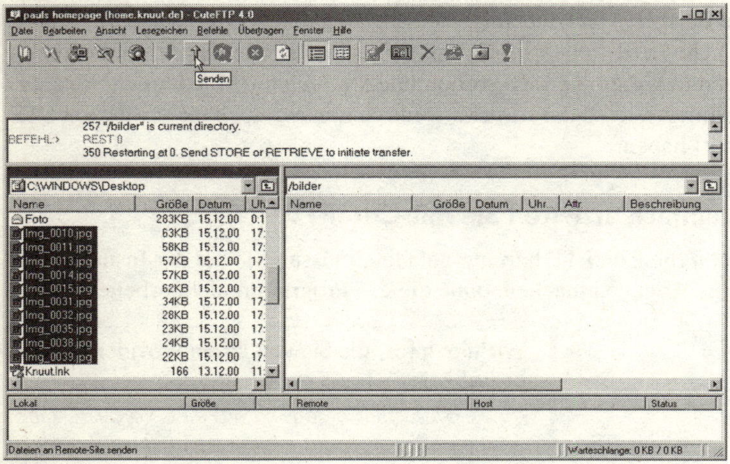

Per Drag & Drop können Sie nun die Dateien von Ihrem Rechner auf den Server übertragen. Das dauert je nach Dateigröße nur ein paar Sekunden und nach Abschluss des Hochladens, sehen Sie alle Dateien im rechten Fenster.

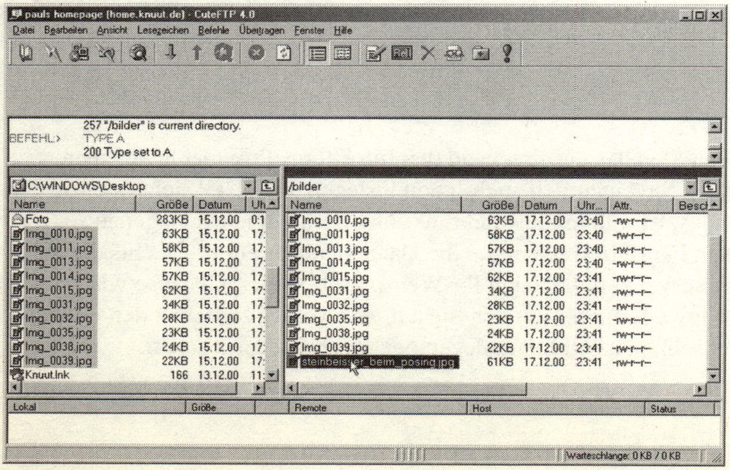

Und das war's auch schon! Sobald Sie auf *Datei/Verbindung trennen* geklickt haben, verlassen Sie den FTP-Server wieder und Ihre Bilder liegen abrufbereit auf Ihrer Homepage.

Die echten Powergeheimnisse für Desktop und Task-Leiste

Vielleicht ärgern Sie sich ja auch immer wieder über den wirklich einfallslosen Startbildschirm von Windows ME ? Irgendwie ist es auch schon etwas nervig, sich beim Rechnerstart erst mal eine halbe Minute lang die Microsoft-Reklame anschauen zu müssen – oder?

Mit wirklich nur ganz wenig Aufwand können Sie das jetzt blitzschnell ändern – ein paar Sachen müssen Sie dabei aber beachten: Entweder „killen" Sie den Startbildschirm über die Datei *Msdos.sys* gleich völlig – auf Seite 639 zeige ich Ihnen wie das geht – oder Sie verwenden einfach Ihr eigenes Lieblingsbild!

Schnell gemacht: Ab jetzt wird der eigene Windows-Startbildschirm verwendet

Windows ME hat seinen Startbildschirm – anders als die vorherigen Windows-Versionen – „offiziell" richtig fies versteckt, sodass Sie keine Chance haben, direkt an ihn heranzukommen. Das müssen Sie aber auch gar nicht, denn es gibt einen wirklich simplen Trick, mit dem Sie ganz schnell zum Ziel kommen. Windows ME orientiert sich beim Startbildschirm an der Datei *Logo.sys*, die Sie im Ordner *C:* finden. Bevor Sie aber gleich mit Vollgas an den neuen Startbildschirm gehen, sollten Sie diese Datei zur Sicherheit in ein anderes Verzeichnis kopieren. Und hier die Dinge, auf die Sie bei Ihrem neuen Startbildschirm achten müssen, damit Windows ME ihn überhaupt erkennen und verwenden kann:

Wichtig: Die richtige Dateigröße

Windows verlangt vom Startbildschirm eine bestimmte Dateigröße, die 129.080 Byte nicht überschreiten darf.

Das richtige Dateiformat verwenden

Der Startbildschirm funktioniert nur mit dem Grafikformat *.bmp*, alle anderen Formate akzeptiert Windows nicht.

Die Dateiauflösung beachten

Die von Windows akzeptierte *.bmp*-Datei muss eine bestimmte Auflösung, nämlich 320 x 400 Pixel haben. Andere Auflösungswerte akzeptiert Windows zwar, stellt sie aber völlig verzerrt dar und dann wird aus dem schönen Startbildschirm schnell ein Bild fürs Gruselkabinett.

Eingescannte Fotos verwenden

Wenn Sie höher auflösende Bilder wie etwa eingescannte Fotos verwenden wollen, ist es natürlich etwas schwierig, genau die verlangte Pixel-Auflösung hinzubekommen. Aber keine Sorge – mit einer vernünftigen Bildbearbeitungssoftware haben Sie das mit ein paar Mausklicks erledigt.

Eine Bildbearbeitungssoftware muss her

Weil die Fähigkeiten der beiden Windows-Tools Imaging und Paint einfach zu beschränkt sind, müssen Sie sich eine Grafiksoftware mit mehr Bearbeitungsmöglichkeiten besorgen. Wie wär's etwa mit Paint Shop Pro, einem absoluten Klassiker, den Sie als Shareware im Internet unter http://www.jasc.com/pspdl.html downloaden können.

Aus dem Lieblingsbild wird der Startbildschirm

1 Zuerst scannen Sie das gewünschte Bild ein, das Sie später für den Startbildschirm verwenden wollen.

2 Haben Sie das gescannte Bild vorliegen, kommt der wichtigste Arbeitsschritt, nämlich das Anpassen der Bildgröße auf die von Windows vorgeschriebenen 320 x 400 Pixel.

3 In Paint Shop Pro brauchen Sie dafür bloß ein paar Mausklicks: Wählen Sie einfach den Menübefehl *Bild/Bildgröße* und stellen Sie die Werte 320 x 400 Pixel ein. Dann stellen Sie im Feld *Seitenverhältnis von* den Wert *0,8000* ein und klicken auf *OK*.

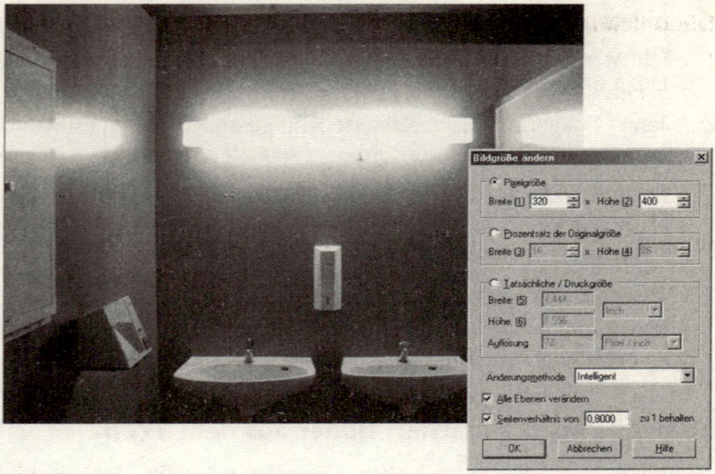

4 Tja – das Ergebnis der Größenveränderung sieht durch die Verzerrung auf den ersten Blick nicht besonders toll aus – es entspricht aber exakt den Anforderungen an den Startbildschirm.

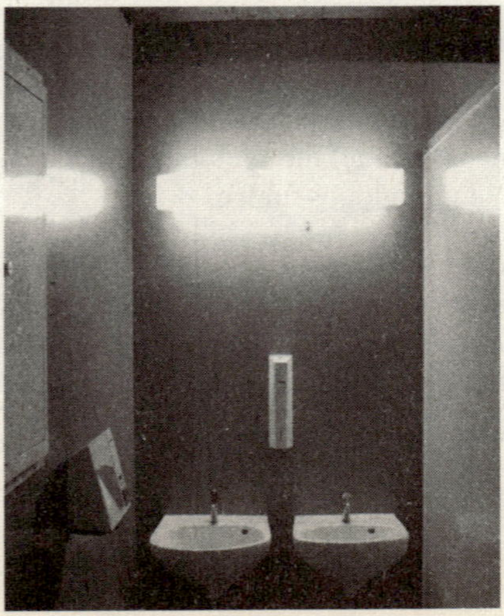

5 Im nächsten Arbeitsschritt müssen Sie aus dem veränderten Bild eine Systemdatei mit der entsprechenden Endung *.sys* machen. Dazu öffnen Sie in Paint Shop Pro einfach die Datei *Logo.sys*.

6 Jetzt klicken Sie das veränderte Bild an und kopieren es über den Menübefehl *Bearbeiten/Kopieren* in die Zwischenablage.

7 Dann klicken Sie auf das Bild der Datei *Logo.sys* und fügen das eben kopierte Bild über die Menübefehle *bearbeiten/Einfügen/Als neue Auswahl* ein.

8 Und das war's schon fast! Wenn Sie die neue Datei jetzt unter dem Namen *Logo.sys* wieder im Ordner *C:* speichern, sehen Sie es beim nächsten Windows-Start als Startbildschirm.

So geht's noch einfacher: Bilder aus dem Web

Vielleicht haben Sie ja weder einen Scanner noch ein Lieblingsbild und vor allem einfach keine Lust, erst lange herumzubasteln? Kein Problem, denn im Internet wimmelt es nicht nur von Millionen toller Fotos, sondern auch von Webseiten, auf denen bereits fertig konfigurierte Startbildschirme angeboten werden.

Dass sich da natürlich auch eine Menge schlechter Geschmack tummelt, ist klar.

Aber werfen Sie doch mal einen Blick auf die Webseite, die Sie unter http://www.nucleus.com/~kmcmurdo/logos finden.

Hier ist alles von Sciencefiction bis zur bissigen Windows-Satire versammelt. Die Startbildschirme auf dieser Seite sind zwar ursprünglich für Windows 95 und 98 gedacht, funktionieren aber unter Windows ME genauso – ein Besuch lohnt sich wirklich!

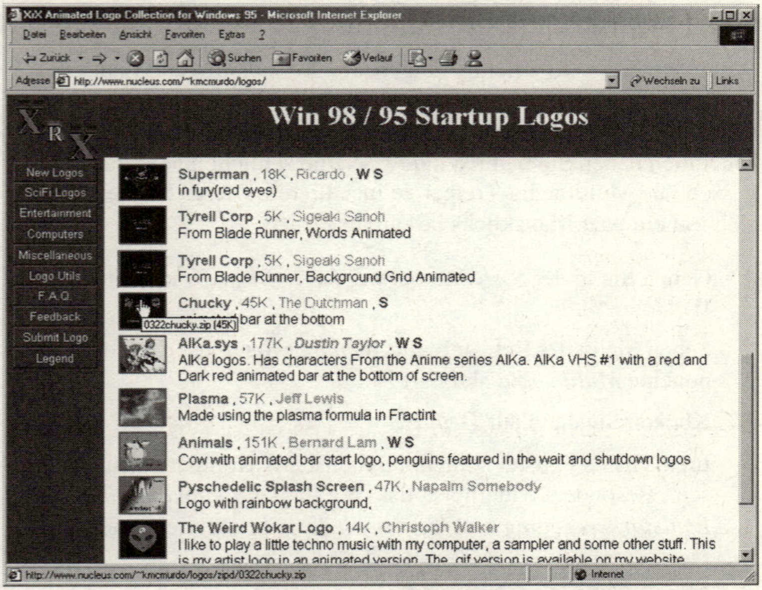

Wie wär's mal mit Windows-Sounds?

Windows ME hat eine Menge multimediales Talent und das merken Sie spätestens dann, wenn Sie in Ihren Rechner eine Soundkarte einbauen und Lautsprecherboxen anschließen.

Ob der bombastische Microsoft-Sound beim Windows-Start aber unbedingt so witzig ist, darüber lässt sich natürlich streiten. Doch auch während der Rechner läuft, meldet sich Windows bei fast jeder Programmaktion mit teils ziemlich nervigen Pfeif-, Piep- und Zwitschergeräuschen.

Hilfe! Mein Rechner ist stumm!

Wenn Windows trotz richtig eingebauter Soundkarte und Lautsprecherboxen einfach stumm bleibt, ist das kein Grund zur Panik. Der Grund für die „Stummheit“ ist nämlich meist ziemlich einfach: Wahrscheinlich haben Sie beim Windows-Setup schlicht und einfach vergessen, die Multimedia-Treiber zu installieren. Dieses Malheur lässt sich mit ein paar Mausklicks beseitigen.

1 Gehen Sie in der *Systemsteuerung* auf *Software* und dann auf *Windows Setup.*

2 Sehen Sie in der Registerkarte *Windows Setup* nach, ob die Komponente *Multimedia* aktiviert ist.

3 Klicken Sie dann auf *Details.*

4 Im nächsten Fenster sollten möglichst alle Komponenten aktiviert sein. Besonders wichtig ist, dass die Punke *Audiokomprimierung, Lautstärkeregelung* und *Medienwiedergabe* aktiviert sind.

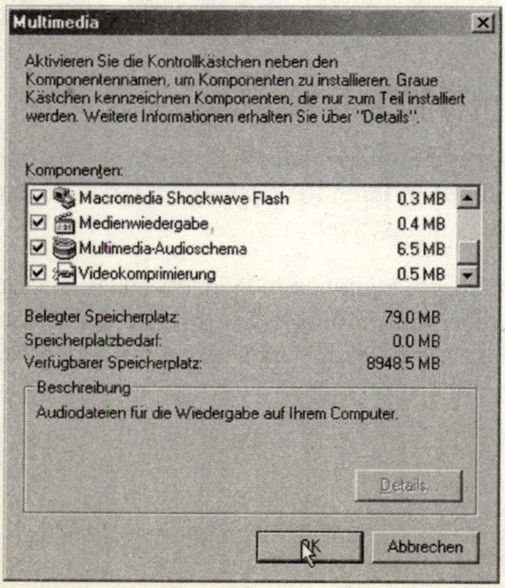

5 Haben Sie die Multimedia-Treiber installiert, wählen Sie in der *Systemsteuerung* den Eintrag *Sounds und Multimedia*.

6 Hier sind alle Programmaktionen aufgeführt, denen Windows standardmäßig bestimmte Klänge zuordnet.

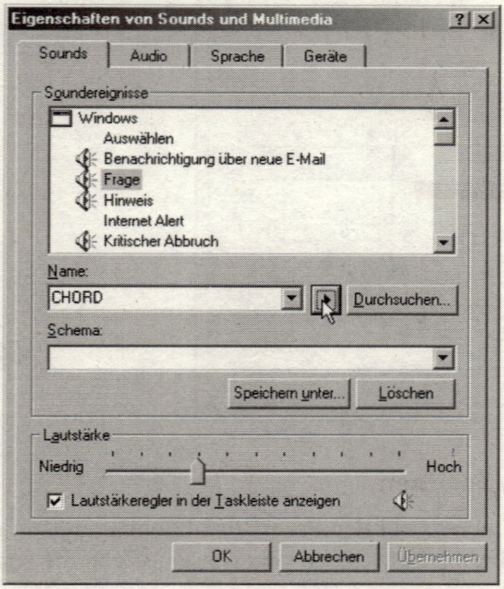

Windows-Klänge neu zuordnen

Mit der Abspieltaste im Feld *Test* können Sie sich die aktuell zugewiesenen Klänge anhören. Und wenn Ihnen ein Klang nicht gefällt, ordnen Sie der Programmaktion einfach einen anderen Klang zu. Und das geht so:

1 In der Liste *Soundereignisse* klicken Sie auf die Programmaktion, die einen anderen Klang bekommen soll.

2 Jetzt öffnen Sie das Listenfeld unter *Name* und aktivieren einen Klang aus der Liste.

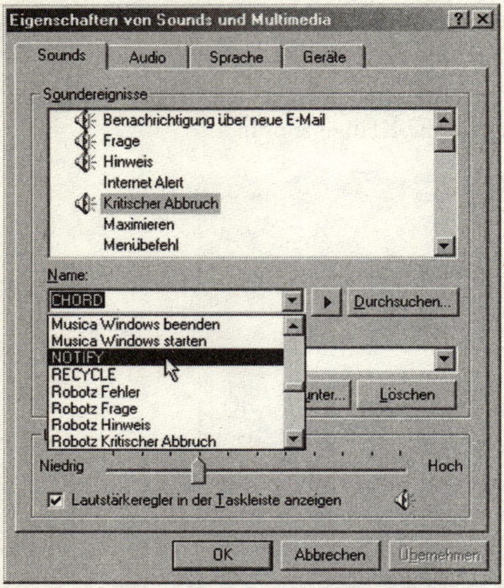

Klänge ganz neu zuordnen

Standardmäßig hat Windows nur den Programmaktionen mit dem gelben Lautsprechersymbol bereits Klänge zugewiesen. Wenn Sie anderen, bisher noch „nackten" Aktionen Klänge zuweisen wollen, klicken Sie einfach auf die jeweilige Aktion und wählen dann in der Liste *Name* den gewünschten Klang aus.

Mit eigenen Sounds klingt's noch besser

Wenn Ihnen die Windows-Klänge zu langweilig oder zu unpersönlich sind, können Sie ziemlich einfach Ihre eigenen Klänge verwenden. Windows ME hat zwar einen wirklich schicken neuen Media Player, aufnehmen können Sie damit aber leider nichts. Das bedeutet, dass Sie auch in der neuesten Windows-Version auf den guten alten Audiorecorder zurückgreifen müssen, um Songs von CD aufzunehmen.

So einfach geht das: Windows-Start mit Ihrem Lieblingssong

Ist doch eine schöne Vorstellung, wenn Windows bei jedem Start Ihren aktuellen Lieblingssong spielt, oder? Das ist schnell gemacht und geht so:

1 Legen Sie die CD mit Ihrem Lieblingstitel ein.

2 Warten Sie, bis der Media Player beginnt, den gewünschten Titel zu spielen, und klicken Sie auf die *Pause*-Taste.

3 Mit den Tasten für Vor- oder Rücklauf stellen Sie den Beginn des Titels ein.

4 Unter *Programme/Zubehör/Unterhaltungsmedien* öffnen Sie jetzt den Audiorecorder und platzieren ihn neben dem CD-Player.

5 Suchen Sie sich jetzt erst einmal aus, bis zu welcher Stelle Sie den Song verwenden wollen. Genau dort klicken Sie auf die *Pause*-Taste. Die Sekundenzahl im Anzeigefenster merken Sie sich und stellen den Media Player jetzt wieder auf den Songstart.

6 Und jetzt heißt's: schnelle Finger! Sie müssen nämlich die Wiedergabetaste des Media Players und die Aufnahmetaste des Audiorecorders möglichst direkt hintereinander anklicken.

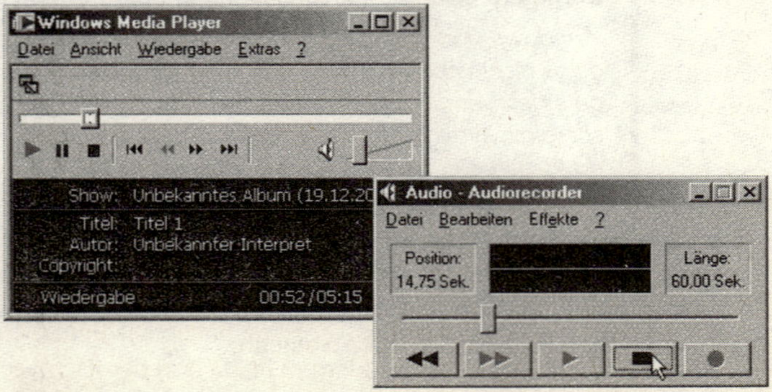

7 Am Endpunkt der Aufnahme klicken Sie zuerst am Audiorecorder und dann am Media Player auf die *Stopp*-Taste.

8 Hören Sie sich die Aufnahme einfach mal an. Gefällt sie Ihnen, speichern Sie sie im Audirecorder über den Menüpunkt *Datei/ Speichern*.

9 Wichtig ist jetzt eigentlich nur noch der Speicherort der neuen Datei. Dazu verwenden Sie den Ordner *Windows/Media*, in dem auch alle anderen Windows-Klänge stehen.

10 Im letzen Schritt bestimmen Sie die Qualität der Aufnahme. Unter *Speichern unter* wählen Sie *Ändern* und kommen damit ins Fenster *Audiodatei wählen*.

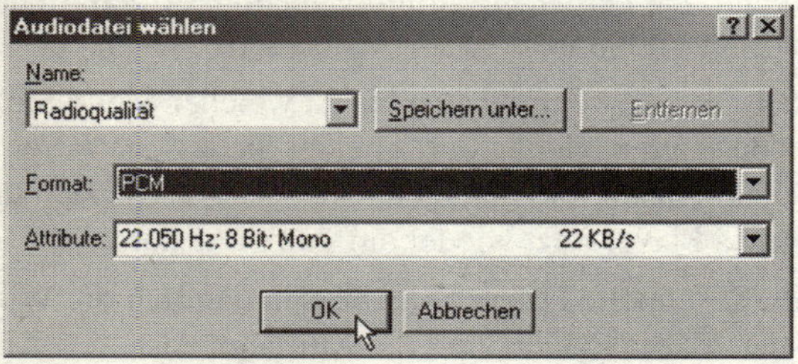

Geringere Qualität bedeutet weniger Speicherplatz!

Windows-Klänge sollten zwar CD-Qualität, müssen allerdings nicht unbedingt das Format 16 Bit Stereo *haben. Je geringer Sie die Qualität einstellen, desto weniger Speicherplatz braucht die Datei und desto besser kann Windows sie beim Systemstart auch abspielen.*

11 Nach dem Speichern gehen Sie in der *Systemsteuerung* wieder auf *Sounds und Multimedia* und weisen die Datei dem Eintrag *Windows starten* zu. Und das war's auch schon: Bei jedem Windows-Start spielt Ihr Rechner jetzt Ihren Song ab.

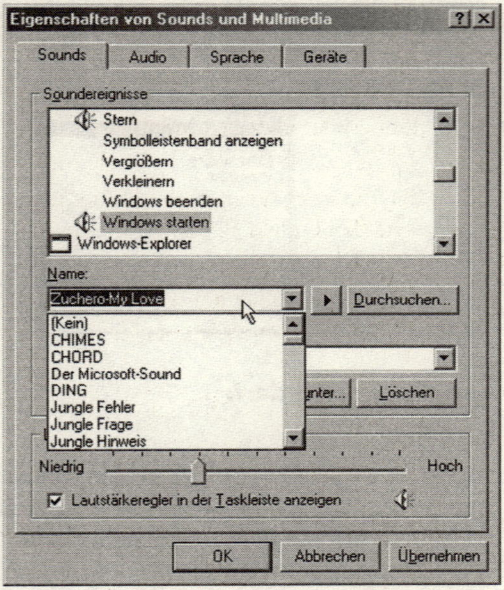

Übrigens: Wenn Sie viel mit Sounddateien im Format *.wav* arbeiten, sollten Sie sich auf jeden Fall ein Programm zulegen, mit dem Sie schnell mal in die Dateien hineinhören können.

Genau so ein Programm ist der WaveBrowser, den Sie im Internet unter der Adresse http://www.dataphone.se/~bitworks herunterladen können.

Unkomplizierter als mit dem WaveBrowser können Sie nämlich mit kaum einem anderen Programm ganz schnell mal Ihre *.wav*-Dateien durchforsten und sie bei Bedarf auch löschen.

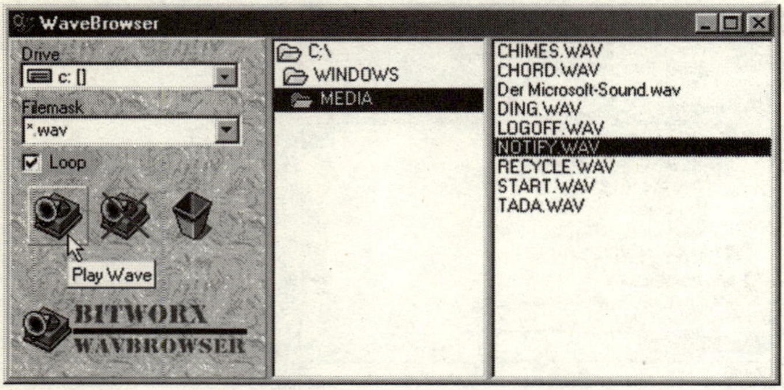

Wenn's etwas persönlicher sein darf: Das Gleiche mit Sprache

Vielleicht wollen Sie lieber, dass Windows ME Sie bei jedem Start ganz persönlich per Sprache begrüßt? Kein Problem – was Sie dazu brauchen, ist lediglich ein einfaches Mikrofon, mit dem Sie Ihren Text aufnehmen. Haben Sie die Sprachdatei im Ordner *Windows/Media* gespeichert, steht sie Ihnen sofort zur Verfügung.

Mixereinstellungen für Sprachaufnahmen anpassen

Der Windows-Audiomixer zeigt standardmäßig keine Einstellungen für einen Mikrofoneingang an, den Sie für die Sprachaufnahme natürlich brauchen.

1 Doppelklicken Sie einfach auf das Lautsprechersymbol in der Task-Leiste und Sie gelangen ins Fenster *Lautstärkeregelung*, das alle aktuellen Audioressourcen zeigt.

2 Über *Optionen/Eigenschaften* kommen Sie ins Fenster *Eigenschaften*, in dem Sie den Eintrag *Mic* aktivieren.

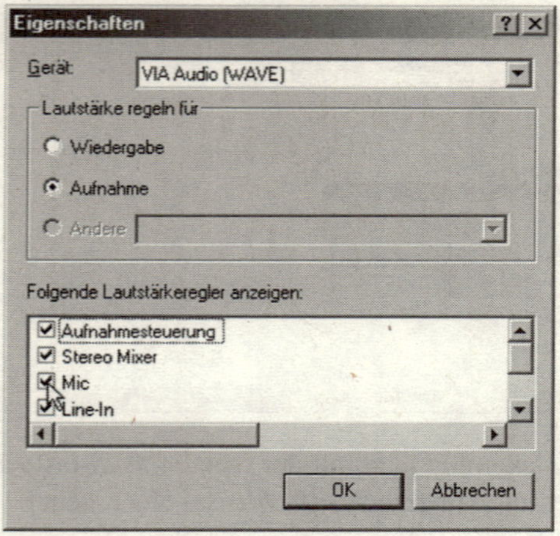

Geheim: Sound auch dort, wo es eigentlich gar nicht geht

Eine Sache an der Klangzuordnung in Windows ME ist ziemlich ärgerlich: Wenn Sie nämlich versuchen, Klangereignisse auch anderen Programmen als denen in der Liste zuzuordnen, merken Sie schnell, dass das irgendwie nicht funktioniert!

Aber halt: Es geht doch, wenn auch nur, indem Sie Windows austricksen und ein paar Veränderungen in der Registry vornehmen. Aber keine Angst, auch wenn Sie noch nie etwas mit der Registry zu tun hatten – das funktioniert nämlich einfacher, als Sie vielleicht denken!

Stellen Sie sich vor, Sie möchten Ihrer Textverarbeitung Word 2000 Klänge zuweisen. Und zwar wollen Sie einen bestimmten Sound beim Programmstart und beim Programmende hören. Und so geht es:

1 Zuerst müssen Sie den Registrierungseditor der Registry über *Start/Ausführen/Regedit* öffnen.

2 Jetzt suchen Sie in der Registry den Eintrag *HKEY_CURRENT_USER* und dort den Eintrag *AppEvents/Schemes/Apps*.

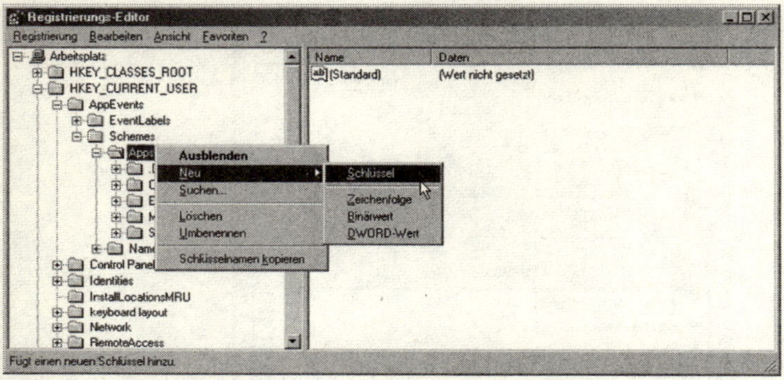

3 Den Eintrag *Apps* klicken Sie jetzt mit der rechten Maustaste an und legen über die Kontextmenüs *Neu/Schlüssel* einen neuen Schlüssel an.

> **Aufpassen bei der Schlüsseleingabe!**
>
> *Der neue Schlüssel soll auf das Programm Word 2000 verweisen. Damit das funktioniert, muss der Schlüsseleintrag dabei den Namen der ausführbaren Datei, also* Winword *tragen.*

4 Der Registrierungseditor zeigt Ihnen jetzt den neuen Schlüssel mit der Bezeichnung *Neuer Schlüssel#1*, den Sie in *Winword* umbenennen.

5 Damit Windows weiß, dass es jeweils beim Programmstart und -ende von Word einen bestimmten Klang abspielen soll, müssen Sie für diese beiden Programmaktionen ebenfalls jeweils einen eigenen Schlüssel anlegen.

6 Dazu klicken Sie den Schlüssel *Winword* mit der rechten Maustaste an und erstellen über das Kontextmenü zuerst einen neuen Unterschlüssel mit der Bezeichnung *open*. Das machen Sie danach noch einmal und geben dem zweiten Schlüssel den Namen *close*.

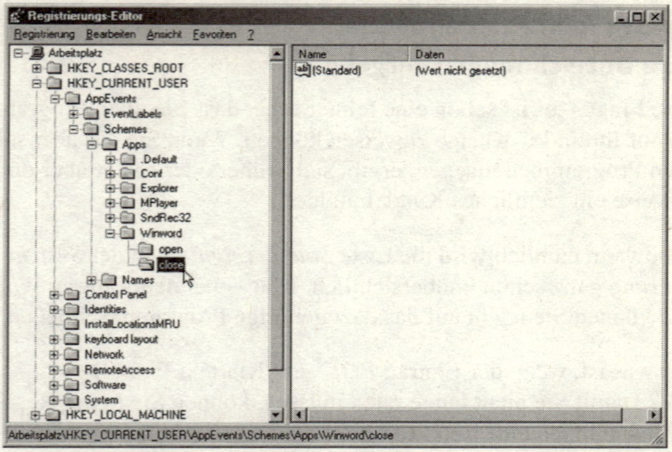

7 Jetzt schließen Sie den Registrierungseditor, öffnen die *Systemsteuerung* und klicken dort auf *Sounds und Multimedia*.

8 Nun finden Sie auch Ihr Word in der Liste *Ereignisse* und können ihm für Programmstart und -ende beliebige Klänge zuweisen.

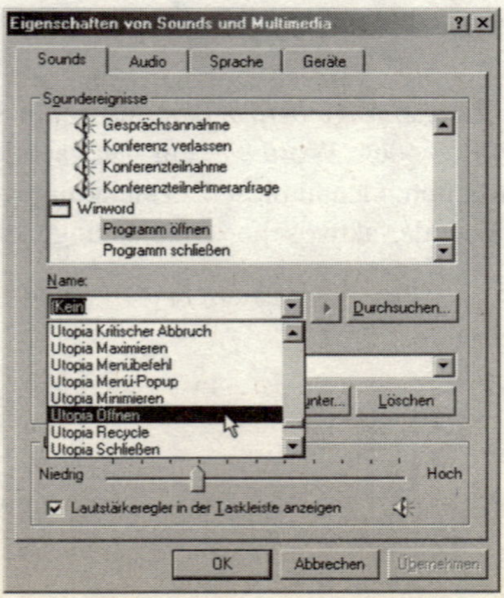

So gibt's kein Kuddelmuddel: Klare Bezeichnungen vergeben

Keine Frage – es ist schon eine feine Sache, dass Sie allen Programmen auf Ihrem PC Klänge zuweisen können. Wenn Sie das aber mit vielen Programmen machen, ergibt sich früher oder später aber dummerweise ein ziemliches Kuddelmuddel!

Irgendwann nämlich wird die Liste *Soundereignisse* in der *Systemsteuerung* ganz schön unübersichtlich. Klar – bei dem Eintrag *Winword* können Sie leicht auf das dazugehörige Programm schließen.

Aber was ist, wenn der Eintrag *PDL* – im Klartext PhotoDeluxe – heißt? Damit Sie nicht lange raten müssen, können Sie in der Registry ziemlich einfach eine treffende Bezeichnung angeben.

Und das geht so:

1. Öffnen Sie den Registrierungseditor und suchen Sie dort den soeben angelegten Schlüssel *Winword.*
2. Jetzt öffnen Sie den Schlüssel *Winword* per Mausklick. Im rechten Fenster des Registrierungseditors doppelklicken Sie auf den Eintrag *(Standard).*
3. Sie sehen nun das Fenster *Zeichenfolge bearbeiten* und geben hier die Bezeichnung „Word 2000" oder „Word 97" ein – je nachdem mit welcher Version Sie arbeiten. Genau diese Bezeichnung wird dann auch in der Auswahlliste der akustischen Signale angezeigt.

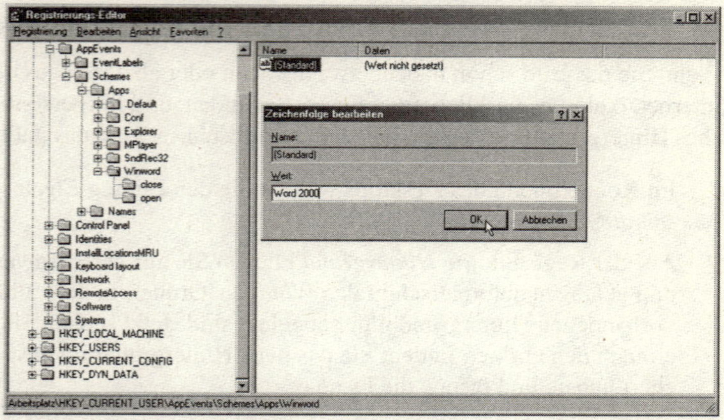

4 Schließen Sie den Registrierungseditor und sehen Sie sich das Ergebnis in der *Systemsteuerung* unter *Soundereignisse* an.

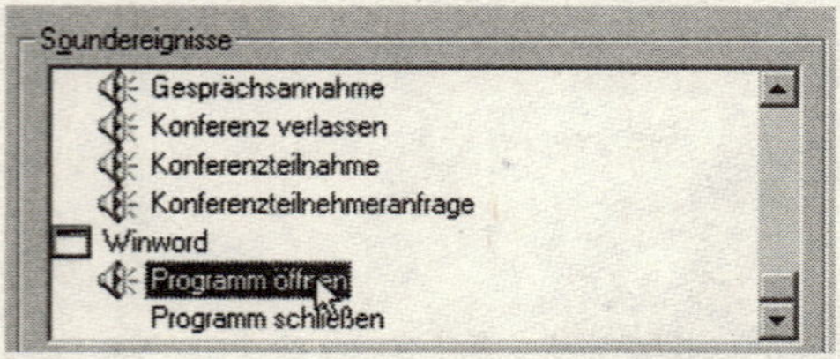

Blitzschnell gemacht: Ihre eigenen Hintergrundbilder verwenden

Windows ME liefert zwar gleich massenweise Desktop-Hintergrundbilder mit, aber ehrlich gesagt – so toll sind die nun auch wieder nicht. Wie wär's denn mal mit Ihren eigenen Hintergrundbildern?

So einfach geht das: Eigene Fotos als Hintergrundbilder

Wenn Sie das Bild schon haben, etwa als Scan oder als Datei aus dem Internet, dauert es wirklich nur ein paar Sekunden, und Ihr persönliches Hintergrundmotiv erscheint auf dem Bildschirm. Und das geht so:

1. Im Kontextmenü des Desktops wählen Sie den Eintrag *Eigenschaften*.
2. Auf der Registerkarte *Hintergrund* klicken Sie auf *Durchsuchen* und gelangen automatisch in den *Windows*-Ordner, in dem alle vorhandenen Hintergrundbilder abgelegt sind. Jetzt suchen Sie einfach den Ordner, in dem Sie das neue Hintergrundbild gespeichert haben, und öffnen die Datei.
3. Jetzt können Sie im Fenster *Eigenschaften von Anzeige* die ausgewählte Bilddatei im Vorschaumonitor ansehen.

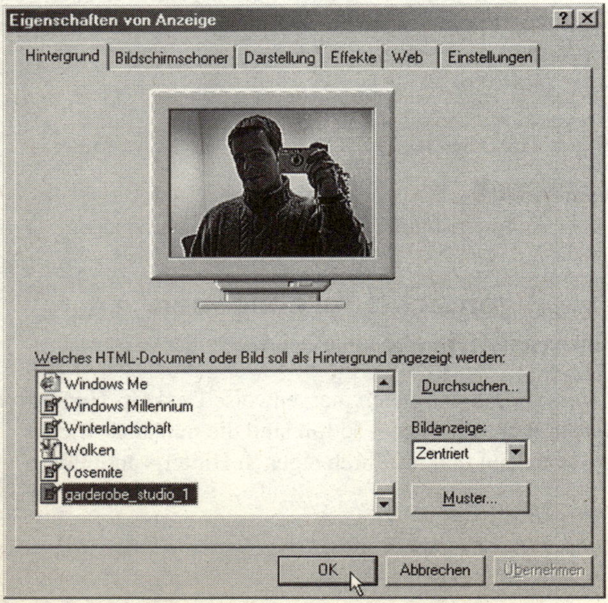

4 Wenn Ihnen die Vorschau gefällt, akzeptieren Sie Ihre Auswahl mit *OK*, und das neue Hintergrundbild wird sofort angezeigt.

Hintergrundbilder richtig darstellen lassen

Auf der Registerkarte *Hintergrund* können Sie die Darstellungsart Ihres Hintergrundbildes selbst bestimmen. Wenn Sie ein relativ kleines Bildobjekt haben, können Sie die Option *Nebeneinander* ausprobieren. Aus dem einzelnen Bild machen Sie damit eine regelrechte Bildtapete. Bei großen Bildobjekten, wie etwa dem Foto Ihres Lieblings-Formel-1-Renners, nehmen Sie besser die Option *Strecken* oder *Zentriert*. Damit wird das Bild genau auf die Bildschirmgröße ausgerichtet und sieht am besten aus.

Nützlicher als man denkt: Das können Sie mit den Bildschirmschonern machen

Eine hübsche Sache sind die Bildschirmschoner in Windows ME auf jeden Fall – mit dem „Schonen des Bildschirms" haben sie aber rein gar nichts am Hut. Der Grund ist ganz einfach: Sie stammen nämlich aus Zeiten, als Computermonitore noch so primitiv waren, dass ein für längere Zeit unverändertes Bild einbrannte, sich also auf der Bildröhre verewigte. Die „Steinzeitmonitore" gibt's zum Glück nicht mehr, die Bildschirmschoner sind uns aber erhalten geblieben. Und das ist eigentlich ganz gut so, denn Sie können mit den Schonern recht sinnvolle Sachen machen.

Ganz einfach: Bildschirmschoner gegen Datenspitzel

Wirklich praktisch einsetzen können Sie Bildschirmschoner, wenn Sie ihnen einen Passwortschutz verpassen. Damit wird der Schoner zur Spitzelbremse, wenn Sie vielleicht neugierige Kollegen im Büro haben. Sind Sie also mal eben nicht an Ihrem Platz, schützt der Bildschirmschoner Ihren Rechner vor allzu neugierigen Blicken. Und so einfach aktivieren Sie ihn:

1 Wählen Sie im Kontextmenü des Desktops den Eintrag *Eigenschaften* und im Fenster *Eigenschaften von Anzeige* die Registerkarte *Bildschirmschoner*.

2 Suchen Sie sich einen Schoner aus und aktivieren Sie dann die Option *Kennwortschutz*.

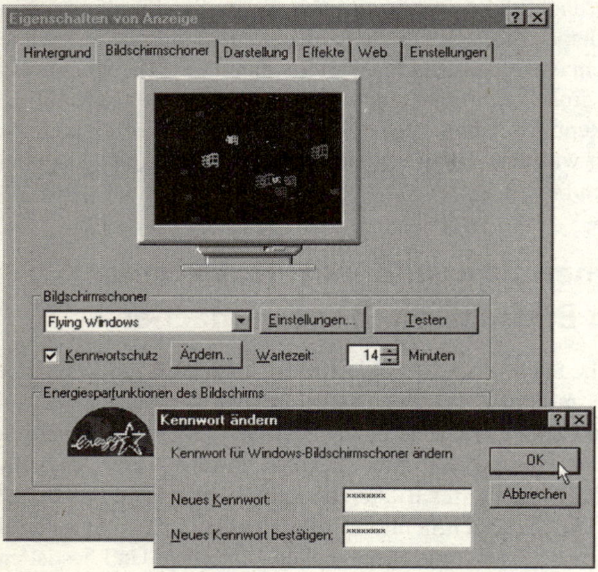

3 Im Fenster *Kennwort ändern* geben Sie Ihr Kennwort an und bestätigen es dann noch einmal.

4 Mit *OK* verlassen Sie das Fenster und danach die Registerkarte *Bildschirmschoner*. Und das war's auch schon!

5 Wenn der Bildschirmschoner angesprungen ist, müssen Sie jetzt Ihr Kennwort eingeben, um wieder am Rechner arbeiten zu können. Gibt jemand das falsche Kennwort ein, sperrt Windows ihn einfach aus!

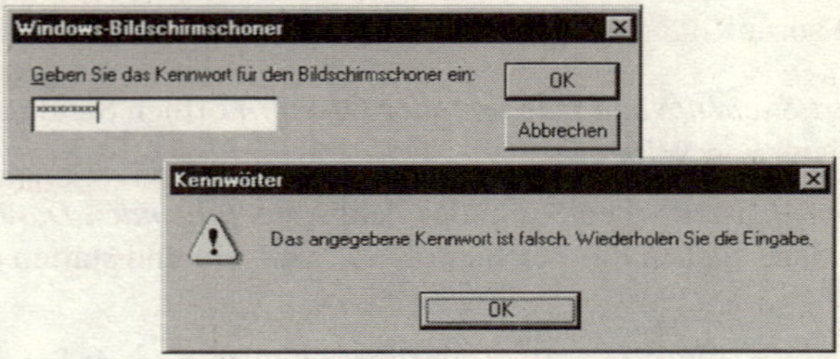

Und wie komme ich selbst wieder an meinen PC?

Sie haben Ihr eigenes Kennwort vergessen und stehen jetzt genauso ratlos da, wie der potenzielle Datenspitzel? Macht nichts – wenn Sie den Rechner neu starten, ist der Bildschirmschoner verschwunden und Sie können wieder normal weiterarbeiten.

Bildschirmschoner bieten nur eingeschränkten Schutz

Sie haben bestimmt schon bemerkt, dass der Passwortschutz zwei wirklich deftige Haken hat! Zum einen ist er ist nicht unbedingt der Top-Schutz, wenn sich jemand ernsthaft vorgenommen hat, Ihren PC auszuspionieren. Wenn Sie den PC neu starten können, um wieder an Ihre Daten zu kommen, kann der Spitzel das schließlich auch! Der zweite Haken: Wenn Sie Ihr Passwort wirklich vergessen haben und den PC neu starten müssen, sind eventuell alle nicht gespeicherten Daten weg! Wenn Sie den Passwortschutz also nutzen wollen, heißt's ab jetzt, immer speichern, bevor Sie den Arbeitsplatz verlassen!

So geht's einfach schneller: Bildschirmschoner per Mausklick starten

Natürlich müssen Sie nicht warten, bis der Bildschirmschoner endlich anspringt und Ihren PC wenigstens ein bisschen vor zu neugierigen Blicken schützt. Sie können ihn nämlich jederzeit einfach per Mausklick vom Desktop starten.

Und das geht so:

1 Über *Start/Suchen/Nach Dateien oder Ordnern* öffnen Sie das *Suchen*-Fenster von Windows.

2 Im *Suchen*-Fenster geben Sie in das Feld *Nach folgenden Dateien oder Ordnern suchen* die Zeichenfolge „*.scr" ein und starten die Suche.

3 Jetzt sehen Sie alle Windows-Bildschirmschoner. Suchen Sie sich Ihren Schoner heraus und ziehen Sie ihn mit gedrückter rechter Maustaste auf den Desktop. Im Kontextmenü aktivieren Sie dann den Eintrag *Verknüpfung(en) hier erstellen*.

4 Ab jetzt genügt ein Doppelklick auf die Verknüpfung, und der Bildschirmschoner startet sofort.

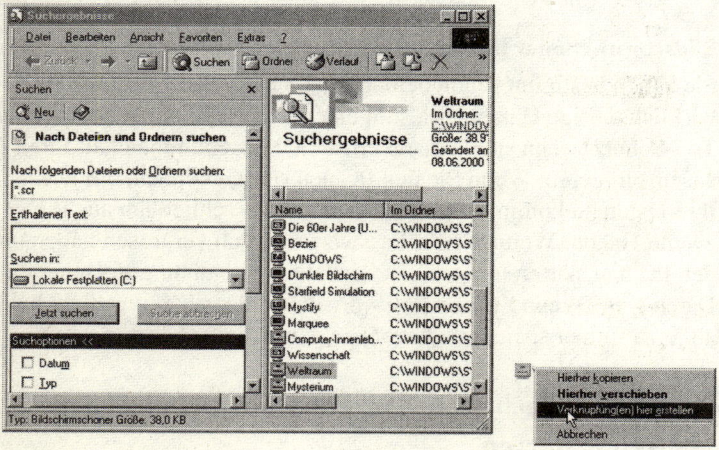

Das geht auch: Bildschirmschoner im Startmenü

Wenn Sie sowieso schon viel zu viele Verknüpfungen und Symbole auf dem Desktop abgelegt haben, können Sie ihn natürlich auch gleich ins Startmenü verfrachten.

Ziehen Sie den Bildschirmschoner aus dem *Suchen*-Fenster einfach auf die Schaltfläche *Start* – und schon haben Sie ihn im Startmenü!

Das geht: Bildschirmschoner als Nachrichtenbote

Wenn Sie jemandem am Arbeitsplatz eine witzige Nachricht hinterlassen wollen, machen Sie das am besten mit dem Bildschirmschoner Marquee.

1 Öffnen Sie im Eigenschaftenfenster des Desktops wieder die Registerkarte *Bildschirmschoner* und markieren Sie in der Auswahlliste den Schoner *Marquee*.

2 Klicken Sie auf *Einstellungen* und geben Sie Ihren Text ein. Wenn Sie wollen, können Sie noch die Schriftart, -farbe und -größe einstellen. Und obendrein lässt sich einstellen, wie schnell der Text über den Monitor laufen soll und an welcher Position.

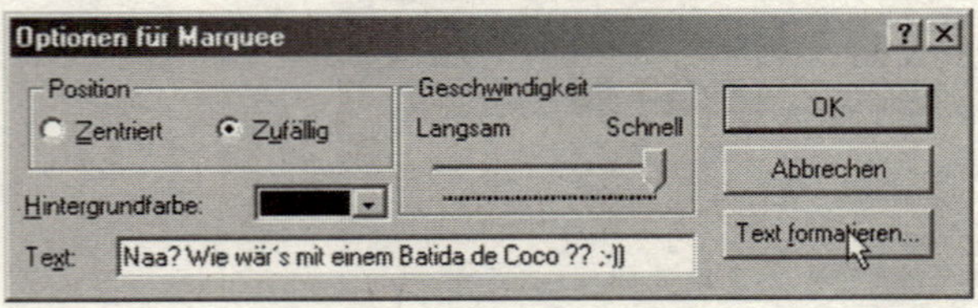

Selten, aber nicht unmöglich: Wenn der Bildschirmschoner spinnt

Es ist wirklich superselten, dass ein Bildschirmschoner mal Ärger macht und einfach nicht mehr funktionieren will. Der Grund ist fast immer eine beschädigte Bildschirmschonerdatei, und die lässt sich leider nicht reparieren. Was Sie aber tun können, um den Schoner doch wieder zum Laufen zu bekommen, ist Folgendes:

1 In der Windows-Suche geben Sie unter *Nach folgenden Dateien oder Ordnern suchen* die Zeichenfolge „*.scr" ein.

2 Haben Sie den defekten Schoner im Suchfenster aufgespürt, löschen Sie die Datei. Dann gehen Sie in der *Systemsteuerung* auf *Software* und dort auf die Registerkarte *Windows Setup*.

3 In der Liste der Windows-Komponenten klicken Sie auf *Zubehör* und landen damit im gleichnamigen Fenster. Hier wählen Sie den Eintrag *Zubehör* und klicken auf *Details*.

4 Im nächsten Fenster klicken Sie auf *Bildschirmschoner* und dann wieder auf *Details*. Je nachdem, welchen Schoner Sie vorher gelöscht hatten, setzen Sie jetzt einfach ein Häkchen vor den entsprechenden Eintrag und klicken dann auf *OK*.

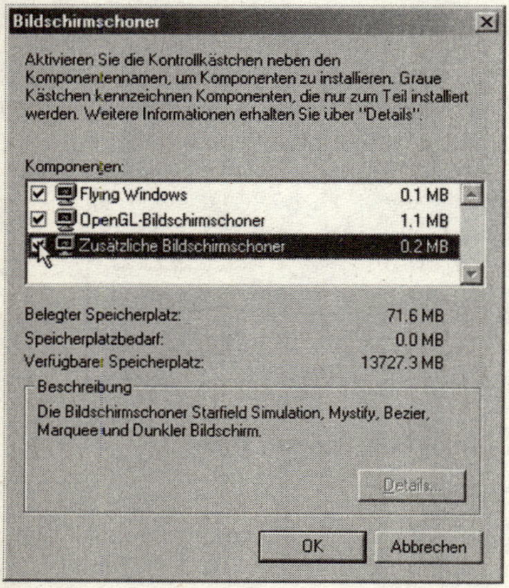

5 Windows ME kopiert jetzt die Bildschirmschonerdateien und der defekte Schoner funktioniert wieder.

Das macht Sinn: Mehrere Desktops für Familie oder Kollegen

Wenn Sie sich den PC mit Familienmitgliedern oder Kollegen teilen müssen, kommen Sie wahrscheinlich früher oder später an einen wirklich nervigen Punkt: Die anderen Benutzer haben nämlich vermutlich eine andere Vorstellung davon, wie ihr Windows-Desktop aussehen soll und bringen mit ihren Einstellungen Ihren Desktop total durcheinander!

So gibt's keinen Ärger: Jedem seinen eigenen Desktop

Eine Menge Streiterei und „Wiederherstellungsarbeit“ können Sie sich sparen, wenn Sie einfach jedem Benutzer seinen eigenen Desktop spendieren, auf dem er dann nach Herzenslust herumbasteln kann, ohne dass er Ihnen damit auf die Nerven geht. Das Schönste daran: Ihr eigener Desktop bleibt von allen Veränderungen ausgenommen und sieht immer so aus, wie Sie sich das vorstellen. Und so einfach geht das:

1. In der *Systemsteuerung* klicken Sie auf *Benutzer*.
2. Im Fenster *Benutzereinstellungen* klicken Sie auf *Neuer Benutzer*.
3. Windows weist Sie darauf hin, dass der Assistent jetzt einen neuen Benutzer anlegt. Wenn Sie das mit *Weiter* bestätigen, gelangen Sie ins Fenster *Benutzer hinzufügen*, in dem Sie den Namen des Benutzers eingeben.
4. Im nächsten Fenster geben Sie ein Kennwort für den Benutzer ein.
5. Jetzt folgt das Fenster *Einstellungen für persönlich angepasste Objekte*. Hier geben Sie konkret an, welche Objekte die Umgebung des neuen Benutzers umfassen soll. Mit *Weiter* kommen Sie auch schon ins letzte Fenster.

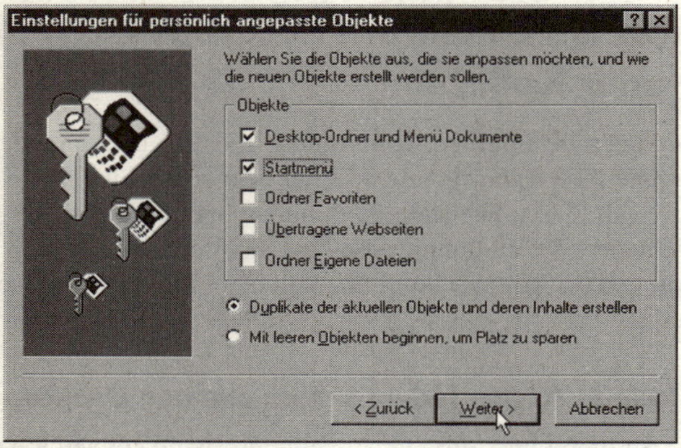

6 Wenn Sie jetzt auf *Fertig stellen* klicken, gelangen Sie wieder ins Ursprungsfenster zurück.

7 Exakt die gleichen Arbeitsschritte machen Sie jetzt noch einmal und legen dabei sich selbst als den zweiten Benutzer an.

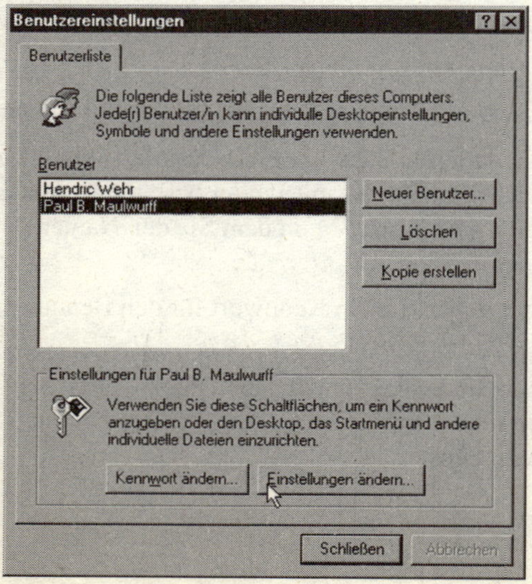

Wenn Sie nach dem nächsten Neustart in der *Systemsteuerung* wieder auf *Benutzer* gehen, finden Sie hier die Einträge der neu angelegten Benutzer. In diesem Fenster können Sie übrigens auch das Benutzerkennwort und die Umgebungseinstellungen jedes Benutzers verändern oder den Benutzer löschen. Bei jedem Windows-Neustart sehen Sie und Ihre „Mitbenutzer" jetzt eine Abfrage, in der Sie jeweils Ihren Namen und das persönliche Kennwort eingeben müssen.

Muss ich jetzt etwa jedes Mal den Rechner neu starten?

Es wäre natürlich ziemlich nervig, den PC jedes Mal neu starten zu müssen, wenn ein anderer Benutzer daran arbeiten möchte. Um das zu umgehen, hat Windows beim Anlegen der Benutzer auch gleich einen neuen Eintrag im Startmenü vorgenommen. Klicken Sie einfach auf die *Abmelden*-Zeile, und nur Windows wird neu gestartet, der Rechner selbst wird aber nicht gebootet!

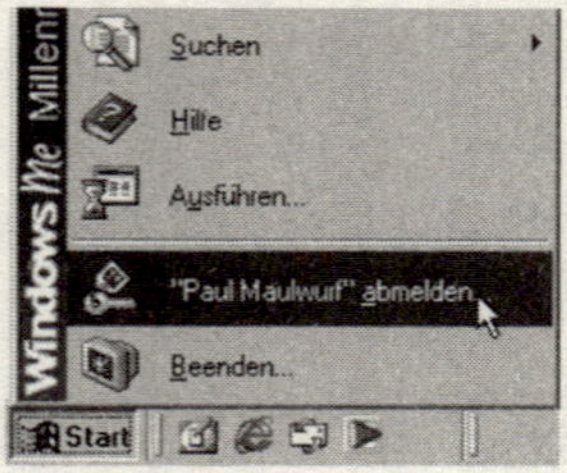

Sie mögen den Papierkorb nicht?

Sie haben bestimmt schon bemerkt, dass Sie fast alle Desktop-Symbole umbenenennen können – bloß mit dem Papierkorb funktioniert das irgendwie nicht. Stimmt nicht ganz, denn das klappt natürlich schon, allerdings nicht einfach so über den Desktop. Was Sie dazu brauchen, ist das „Allroundtalent" TweakUI.

1 Gehen Sie in die *Systemsteuerung* und starten Sie TweakUI.

2 In der Registerkarte *Desktop* markieren Sie den Eintrag *Papierkorb*. Im Kontextmenü wählen Sie den Eintrag *Rename* und geben dem Papierkorb den neuen Namen.

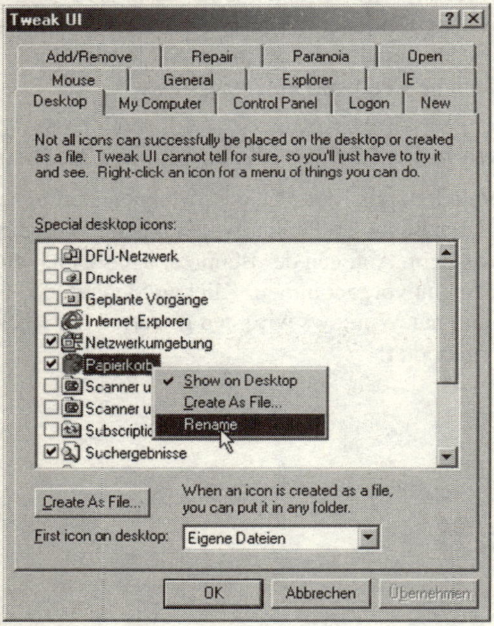

Anderer Infotext gefällig?

Auch den Infotext, den Windows zeigt, wenn Sie den Cursor auf dem Papierkorb stehen lassen, können Sie gleich löschen oder umschreiben. Klicken Sie dazu in der Registry im Schlüssel *HKEY_CLASSES_ROOT\CLSID\{645FF040-5081-101B-9F08-00AA002F954E}* auf den Eintrag *InfoTipp*. Übrigens: Obwohl Windows ME ja manche Manipulationen der Registry nicht akzeptiert und sich gegen die Namensänderung des Papierkorbs sträubt, funktioniert die Änderung des Infotextes in diesem Fall ganz prima!

Endlich: Die Systemsteuerung genau so, wie Sie es wollen

Keine Frage – die Systemsteuerung ist so ein bisschen das „Herz und Hirn" von Windows ME. Komisch nur, dass sie trotzdem so umständlich zu erreichen ist. Und ist man endlich dort angekommen, muss man sich unter rund 30 verschiedenen Symbolen das richtige heraussuchen.

Da wär's doch eigentlich viel einfacher, wenn man die wirklich häufig benutzten Symbole immer griffbereit hätte, statt ewig herumsuchen zu müssen. Geht nicht, meinen Sie? Von wegen! Hier zwei blitzschnelle Möglichkeiten, wie Sie das schaffen.

Systemsteuerung blitzschnell griffbereit

Am einfachsten ist es natürlich, die jeweiligen Symbole per Verknüpfung auf dem Desktop abzulegen.

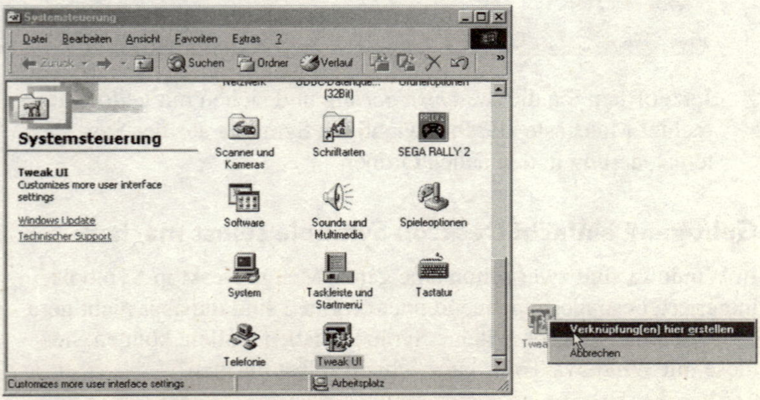

So schön einfach das mit den Verknüpfungen auch ist – leider gibt's da aber auch einen Haken. Von dem merken Sie allerdings erst dann etwas, wenn Ihr Desktop irgendwann vor lauter Symbolen aus allen

Nähten platzt. Zum Schluss dauert es dann länger, das gewünschte Symbol zu finden, als gleich auf die Systemsteuerung zuzugreifen.

Deshalb hier die zweite Methode, mit der Sie sogar auf einem überfüllten Desktop die Übersicht behalten.

1 Im Kontextmenü des Desktops klicken Sie auf *Neu/Ordner*.

2 Auf dem Desktop liegt jetzt ein neuer Ordner, dem Sie am besten gleich einen aussagekräftigen Namen geben.

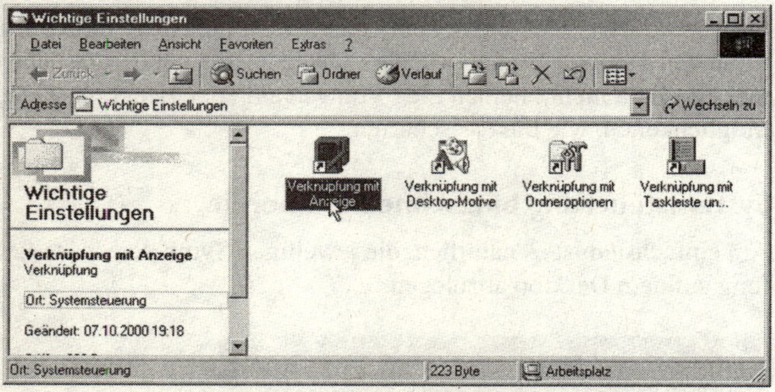

3 Jetzt öffnen Sie die *Systemsteuerung* und ziehen mit gedrückter rechter Maustaste alle Ihre wichtigen Symbole aus der Systemsteuerung in den neuen Ordner.

Geht ganz einfach: Desktop-Symbole selbst machen

In Windows sind zwar schon eine ganze Menge Desktop-Symbole integriert, besonders spannend oder originell sind die aber nicht gerade. Wenn Sie wirklich witzige Symbole haben wollen, können Sie diese mit Windows-Tools ganz schnell selbst machen.

Zum Erstellen der Symbole brauchen Sie keinen Symboleditor, sondern können mit dem Windows-Programm Paint arbeiten.

1 Starten Sie Paint, das Sie unter *Programme/Zubehör* finden.

2 Jetzt bestimmen Sie über den Menübefehl *Bild/Attribute* die Höhe und Breite des Bildes. Diese beiden Werte müssen jeweils unbedingt auf 32 Pixel stehen, sonst akzeptiert Windows sie nicht.

3 Mit dem Lupen-Werkzeug vergrößern Sie die Arbeitsfläche und können mit der Symbolgestaltung anfangen.

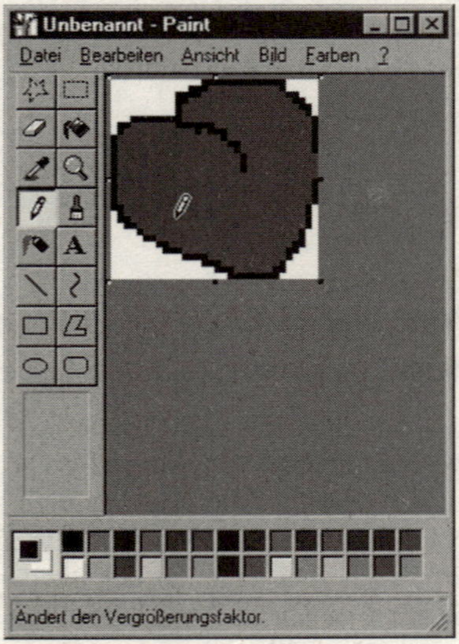

4 Sind Sie mit dem Symbol fertig, speichern Sie es als 16-Farben-Bitmap. Windows warnt Sie zwar, dass dieser Vorgang zum Verlust von Farbinformationen führen kann, aber das können Sie ignorieren.

5 Gehen Sie in den Windows-Explorer und benennen Sie die Datei in eine Symboldatei um. Dazu geben Sie Ihr einfach die Endung *.ico*.

6 Suchen Sie sich jetzt die Verknüpfung auf dem Desktop, die das neue Symbol bekommen soll. In dem zugehörigen Kontextmenü wählen Sie den Eintrag *Eigenschaften*.

7 Klicken Sie auf *Anderes Symbol* und im folgenden Fenster auf *Durchsuchen*, um zum Speicherort Ihres selbstgemachten Symbols zu gelangen.

8 Mit der *OK*-Schaltfläche weisen Sie das Symbol jetzt der Verknüpfung zu. Warten Sie ein paar Sekunden, bis Windows den Desktop aktualisiert hat oder machen Sie das selbst mit der [F5]-Taste. Und? Sieht Ihr eigenes Symbol nicht wirklich ein bisschen besser aus als das Verknüpfungssymbol von Windows?

Haben Sie noch die alte Windows 98-CD? Dann können Sie alle Desktop-Symbole knallhart verschwinden lassen

Das Folgende funktioniert leider nur, wenn Sie vielleicht von Windows 98 oder 98 SE auf Windows ME upgedatet haben und die Windows 98-CD noch besitzen. Dummerweise hat Microsoft nämlich ein wirklich sinnvolles Tool namens PolEdit von der Windows ME-CD verbannt – unter Windows 98 gibt es das aber noch. Öffnen Sie den Windows-Explorer und legen Sie einen neuen Ordner am besten mit dem Namen PolEdit an. Dann öffnen Sie auf der Windows 98-CD den Ordner *Tools\Netadmin\Poledit* und kopieren die Dateien in den neuen Ordner.

Desktop-Symbole ausblenden: Was bringt das?

Alle Symbole auf dem Desktop auszublenden, ist zwar ganz schön gemein, wenn Sie damit zum Beispiel einen Kollegen ärgern wollen – es kann aber auch einfach nur nützlich sein. Und zwar genau dann, wenn Sie nicht wollen, dass andere Leute an Ihrem Rechner alle möglichen Programme starten. Das funktioniert aber nur bei jemandem, der sich mit Windows nicht besonders gut auskennt, denn über das Startmenü bleiben alle Programme erreichbar.

Haben Sie PolEdit in den neuen Ordner kopiert, starten Sie es durch einen Doppelklick.

1 Läuft PolEdit, gehen Sie zuerst auf *Optionen/Vorlage*. Dort bestimmen Sie die einzige vorhandene Vorlage *Netadmin* als aktive Vorlage.

2 Jetzt öffnen Sie die Registrierung über *Datei/Registrierung öffnen*.

3 Im Fenster *Systemrichtlinien-Editor – Lokale Registrierung* doppelklicken Sie auf das Symbol *Lokaler Benutzer*.

4 Im Fenster *Eigenschaften von Lokaler Benutzer* klicken Sie im Feld *Richtlinien* auf den Eintrag *Shell* und aktivieren die Unterordner *Zugriffsbeschränkungen*.

5 Machen Sie ein Häkchen vor die Option *Alle Desktop-Elemente ausblenden* und verlassen Sie das Fenster mit *OK*.

6 Zurück im Fenster *Systemrichtlinien-Editor – Lokale Registrierung* wählen Sie *Datei/Speichern* und schließen das Fenster danach.

7 Beim nächsten Windows-Start sind alle Symbole vom Desktop verschwunden. Wollen Sie das Versteckspiel wieder rückgängig machen, rufen Sie einfach wieder PolEdit auf und entfernen das Häkchen vor der Option *Alle Desktop-Elemente ausblenden*.

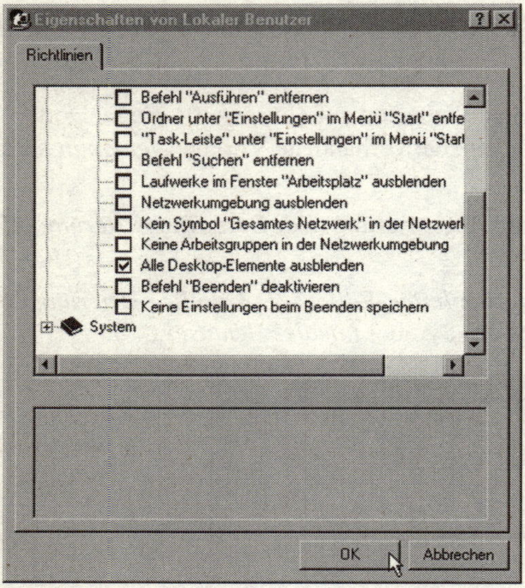

So schnell geht das: Endlich ein wirklich praktisches Windows

Es wäre wirklich ungerecht zu sagen, die Windows-Entwickler hätten ihren Job verfehlt und ein völlig unübersichtliches Betriebssystem zusammengebaut. Dummerweise haben sie aber an vielen Stellen einfach zehnmal „um die Ecke gedacht" und genau daraus ergeben sich dann eben eine ganze Menge kleinerer und größerer Desktop-Ärgernisse!

Klar – man „kann" damit leben und muss eben an manchen Stellen etliche Mausklicks machen, nur um irgendeinen Menüpunkt zu erreichen. Fragt sich nur: Wollen Sie auch damit leben? Wahrscheinlich nicht, denn diese ganze Rumklickerei kostet nicht nur Zeit und Nerven, man „verklickt" sich eben auch schnell mal und landet dann ganz woanders, als geplant.

Eines dieser „Klick-Spielchen“ – für mich ist es übrigens fast das ärgerlichste überhaupt – finden Sie im Startmenü. Wenn Sie nämlich nicht schon Programm- und Dateiverknüpfungen auf den Desktop gelegt haben, müssen Sie sich immer wieder durch das Startmenü hangeln, um ein Programm zu starten.

Und es kommt noch schlimmer: Wenn Sie an die Windows-Tools heran wollen, gibt's noch viel mehr Menü-Hangelei, weil die Systemprogramme unsinnigerweise ganz hinten in der Startmenü-Hierarchie angeordnet sind. Und so richtig ärgerlich ist diese Hierarchie wohl für die meisten Windows ME-Benutzer, die vorher mit Windows 95 und 98 gearbeitet haben. Dort war zum Beispiel der Windows-Explorer noch da, wo er auch hingehört – nämlich unter *Start/Programme*. Scheinbar findet Microsoft den Explorer aber nicht mehr so wichtig und deshalb versteckt er sich nun unter *Start/Programme/Zubehör*. Das ist nicht besonders clever – vor allem aber einfach nervig, weil es schon wieder mehr Klickerei bedeutet, um an dieses wirklich wichtige Programm zu kommen.

Schluss mit Rumklicken – So kriegen Sie Ihre Programme an die richtige Stelle im Startmenü

Solche „Klick-Ärgernisse“ können Sie aber zum Glück schnell abstellen, denn das Startmenü ist ganz schön flexibel und lässt sich fast nach Belieben umbauen. Und dann stehen die Programme, die Sie wirklich häufig brauchen, gleich in der ersten Ebene des Startmenüs, die selten benutzten dafür weiter hinten. Und so geht es:

1. Zuerst hangeln Sie sich im Startmenü bis zum gewünschten Programm und lassen den Mauszeiger auf dem Menüeintrag stehen.
2. Jetzt ziehen Sie den Menüeintrag mit gedrückter linker Maustaste auf die *Start*-Leiste.
3. Und das war's auch schon! Am besten starten Sie Ihren PC nach dieser Aktion neu, auch wenn Sie Windows nicht extra dazu auffordert.

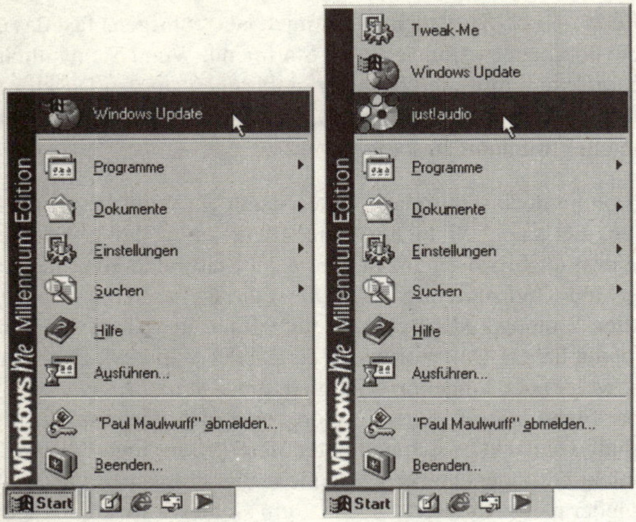

Der Vorher-nachher-Effekt ist einfach toll: Ab jetzt haben Sie Ihre wirklich wichtigen Programme blitzschnell griffbereit im Startmenü!

Und das Gleiche mit ganzen Programmgruppen ...

Was Sie mit einzelnen Programmen machen können, das geht logischerweise auch mit ganzen Programmgruppen. Wenn Sie also zum Beispiel nicht nur Defrag und ScanDisk, sondern alle Systemprogramme im Startmenü haben wollen, ziehen Sie einfach den Eintrag *Systemprogramme* aufs Startmenü!

Ähhh ... geht das auch irgendwie wieder zurück?

Nach ein bisschen Herumprobieren haben Sie versucht, eine Programmgruppe wieder an ihren Ursprungsplatz zu bekommen, und das hat nicht geklappt?

Kein Problem – so geht's:

1 Wählen Sie *Start/Einstellungen/Taskleiste und Startmenü* und klicken Sie auf die Registerkarte *Erweitert*.

2 Jetzt klicken Sie dort auf die Schaltfläche *Erweitert*.

3 Ziehen Sie den Eintrag *Systemprogramme* am Ende der Liste einfach mit gedrückter linker Maustaste auf den Eintrag *Zubehör*. Und das war's! Jetzt stehen die Systemprogramme wieder an ihrem ursprünglichen Ort.

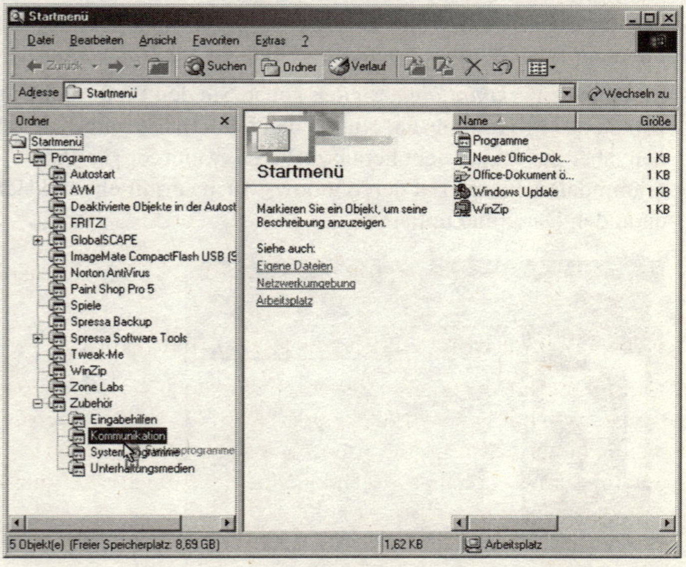

Verbannen Sie unwichtige Programme einfach ganz nach hinten

Und natürlich funktioniert das Ändern der Position im Startmenü auch umgekehrt: Sie können also selten benötigte oder unwichtige Programme einfach in tiefere Ebenen des Startmenüs verlagern.

Ein bisschen präziser: Programmverknüpfungen im Startmenü

Eine andere und vor allem etwas präzisere Methode, mit der Sie Programme ins Startmenü aufnehmen können, funktioniert über Verknüpfungen. Sie hat den Vorteil, dass Sie sehr exakt festlegen können, wo genau im Startmenü das gewünschte Programm auftauchen soll. Wenn Sie dies zum Beispiel mit dem Registrierungseditor machen wollen, geht das folgendermaßen:

1 Gehen Sie über *Start/Einstellungen/Taskleiste und Startmenü* ins Fenster *Eigenschaften von Taskleiste und Startmenü*. Hier öffnen Sie die Registerkarte *Erweitert* und klicken auf *Hinzufügen*.

2 Im Fenster *Verknüpfung erstellen* geben Sie den Pfad- und Dateinamen des Programms an. Klar – den müssen Sie natürlich kennen, aber das ist ja leicht herauszufinden, wenn Sie die Programmdatei einfach mit der Windows-Suche ermitteln und sich dann den Dateipfad notieren.

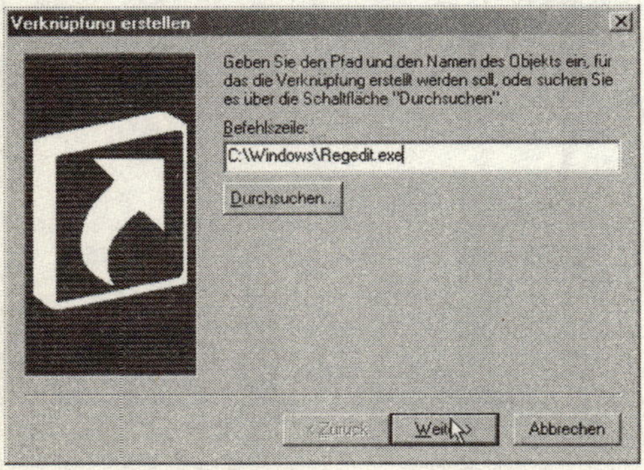

3 Mit *Weiter* gelangen Sie ins Fenster *Programmgruppe wählen*, in dem Sie nun bestimmen, in welcher Programmgruppe Ihr Programm abgelegt werden soll. Wenn Sie hier zum Beispiel *Programme* wählen, taucht der Registrierungseditor eben unter *Start/Programme* auf.

4 Mit *Weiter* kommen Sie ins Fenster *Programmbezeichnung* und vergeben hier einen Namen für das Programm. Danach klicken Sie auf *Fertig stellen*, und das war's auch schon. Der Registrierungseditor erscheint jetzt unter *Programme* im Startmenü!

Geht das eigentlich auch mit Dokumenten?

Gute Frage! Klar – was mit Programmen geht, funktioniert natürlich auch mit Dokumenten. Das ist eine feine Sache, denn wenn Sie zum Beispiel länger an einem bestimmten Dokument arbeiten, müssen Sie es nicht immer über verschiedene Menüs und die Ursprungsanwendung öffnen, sondern starten es gleich übers Startmenü. Und hier erfahren Sie, wie das funktioniert:

1 Suchen Sie im Windows-Explorer den Ordner *Windows/Startmenü*. Dann suchen Sie sich das Dokument aus, das im Startmenü erscheinen soll.

2 Jetzt ziehen Sie das Dokument mit gedrückter linker Maustaste auf den Ordner *Startmenü*.

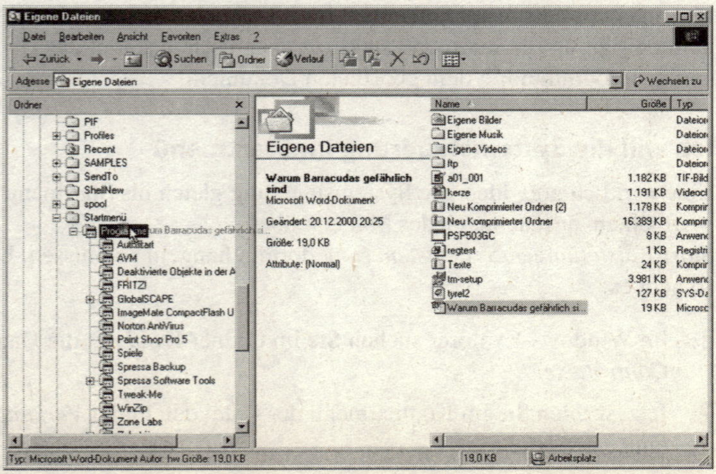

3 Und das war's! Das Dokument erscheint jetzt im Startmenü.

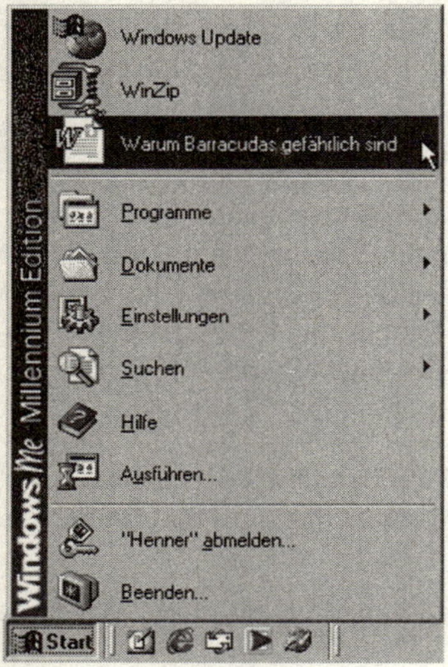

Besonders praktisch am Dokument im Startmenü: Sie brauchen bloß auf den Eintrag im Startmenü zu klicken, und schon startet das Ursprungsprogramm mit dem geöffneten Dokument!

Ich will die Systemsteuerung im Startmenü

Eine wirklich gute Idee, die Systemsteuerung gleich ins Startmenü zu verfrachten, anstatt sich jedes Mal erst über *Start/Einstellungen/Systemsteuerung* dorthin hangeln zu müssen. Und so geht es:

1 Im Windows-Explorer suchen Sie im Ordner *Windows* die Datei *Control.exe*.

2 Jetzt wählen Sie im Kontextmenü der Datei den Punkt *Verknüpfung erstellen*.

3 Ganz am Ende des Windows-Ordners finden Sie nun den Eintrag *Verknüpfung mit Control*. Und den benennen Sie jetzt einfach in *Systemsteuerung* um.

4 Ziehen Sie die Verknüpfung mit gedrückter linker Maustaste auf die *Start*-Schaltfläche.

5 Jetzt finden Sie zwar den Eintrag *Systemsteuerung* im Startmenü, der hat aber ein wirklich hässliches Symbol.

6 Um das ändern, klicken Sie den Eintrag *Systemsteuerung* mit der rechten Maustaste an und wählen im Kontextmenü den Eintrag *Eigenschaften*. Im Fenster *Eigenschaften* klicken Sie auf *Anderes Symbol*.

7 Windows meckert jetzt zwar und meldet, dass es kein anderes Symbol für diesen Eintrag gäbe, das ignorieren Sie aber einfach und klicken auf *OK*. Und schon landen Sie im Fenster *Anderes Symbol*.

8 Suchen Sie einfach das gewünschte Symbol aus und verlassen Sie das Fenster mit *OK*. Und schon finden Sie die *Systemsteuerung* im Startmenü!

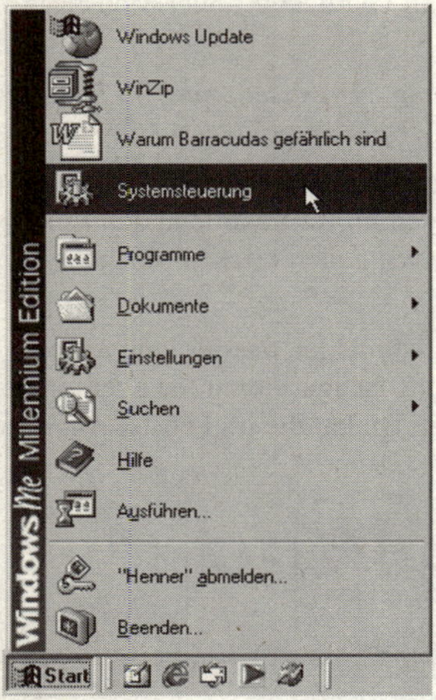

Mit Desktop-Verknüpfungen geht's einfach leichter und schneller

Haben Sie schon mal darüber nachgedacht, dass der Windows-Desktop ja eigentlich gar nichts anderes ist als ein ganz normaler Ordner und deshalb auch genauso funktioniert? Was liegt näher, als ihn deshalb auch so zu nutzen?

Also zugegeben – alle meine Dokumente würde ich natürlich auch nicht unbedingt im *Desktop*-Ordner speichern – einfach weil sie dann jeder beim ersten Blick auf den Bildschirm sofort sieht. Für weniger brisante Dokumente oder solche, an denen Sie häufig und längere Zeit arbeiten, ist der Desktop ein prima Speicherplatz. Größter Vorteil: Sie brauchen nur das im *Desktop*-Ordner oder besser gesagt „auf“ dem Desktop gespeicherte Dokument anzuklicken, und schon startet die dazugehörige Anwendung und öffnet das Dokument.

Dokumente blitzschnell auf den Desktop befördern ...

Dokumente auf den Desktop zu bekommen, ist wirklich nicht weiter schwer: Sie ziehen sie einfach per Drag & Drop vom Explorer auf den Desktop.

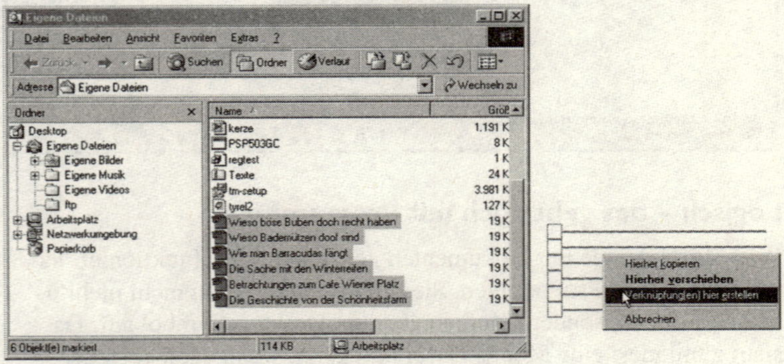

Übrigens: Wenn Sie noch nicht so recht wissen, was Sie mit Drag & Drop alles anstellen können, dann gucken Sie einfach mal auf Seite 322 in diesem Kapitel. Dort zeige ich Ihnen, was sich hinter Drag & Drop verbirgt und was Sie dabei beachten müssen.

... oder direkt in den Desktop-Ordner

Wenn Sie sowieso gerade im Explorer arbeiten und ihn derzeit nicht verkleinern möchten, um Dateien auf den Desktop zu schieben, benutzen Sie im Explorer einfach den Ordner *Desktop* als Ziel.

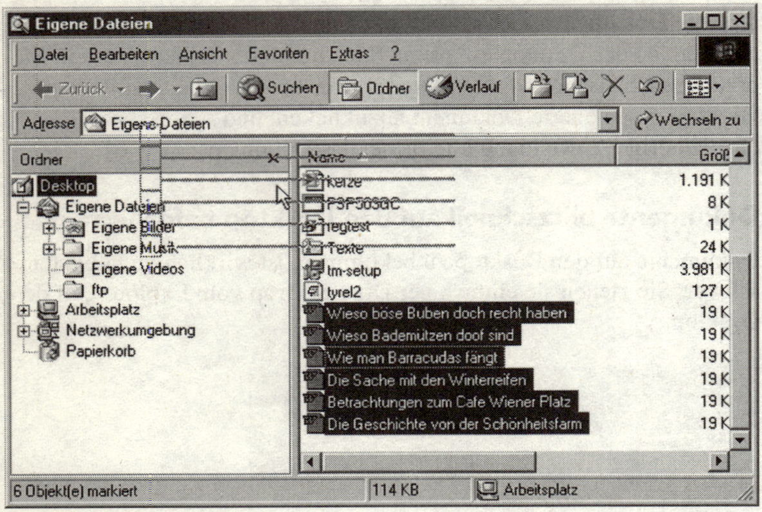

Logisch – das geht auch mit Programmen

Was Sie da gerade mit Dokumenten gemacht haben, funktioniert natürlich auch mit Programmen. Sie rufen sie dann eben nicht mehr übers Startmenü, sondern einfach über ein Desktop-Symbol auf. Das spart zumindest eine Menge Herumklickerei, wenn dann auch der Desktop langsam aber sicher ein bisschen voll wird.

1. Zuerst starten Sie den Windows-Explorer und verkleinern ihn so weit, dass Sie den Desktop noch gut sehen können.
2. Dann suchen Sie im Explorer das Programm aus, das Sie vom Desktop aus starten wollen. Dafür brauchen Sie die Anwendungsdatei – also bei Word die Datei *Winword.exe*.
3. Jetzt klicken Sie die Datei an und ziehen sie mit gedrückter rechter Maustaste auf den Desktop.

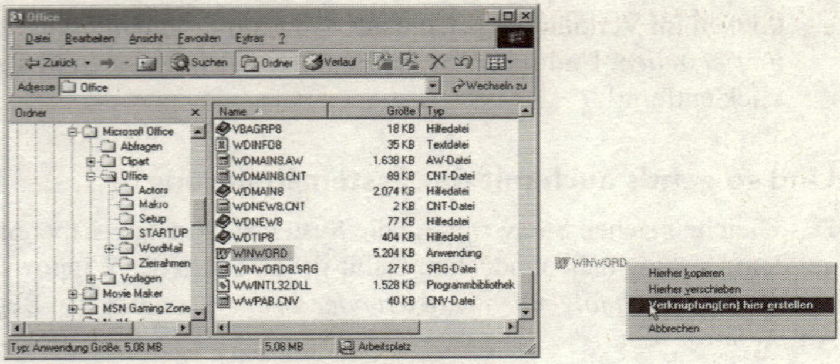

4 Im Verknüpfungsmenü, das jetzt auftaucht, wählen Sie *Verknüpfung(en) hier erstellen*. Und das war's! Das Programm liegt auf dem Desktop, und Sie können es mit einem Mausklick starten.

Explorer und Systemsteuerung endlich auf dem Desktop

Eigentlich ist es ja fast schon eine Frechheit, dass die Programme, die man am häufigsten braucht, also der Windows-Explorer und die Systemsteuerung, nur über das Startmenü und einige Herumklickerei zu erreichen sind.

Mit diesem Superärgernis können Sie jetzt aber sofort Schluss machen, indem Sie die beiden Programme auf dem Desktop platzieren. Und so geht es:

1 Gehen Sie über *Start/Suchen/Nach Dateien oder Ordnern* in die Windows-Suche.

2 Hier geben Sie unter *Name* „Explorer.exe“ ein und starten die Suche.

3 Windows wird Ihnen jetzt einige Suchergebnisse präsentieren – lassen Sie sich davon nicht durcheinander bringen! Das für Sie wichtige Suchergebnis heißt *Explorer*, steht im Ordner *Windows* und trägt unter *Typ* die Bezeichnung *Anwendung*. Diese Datei ziehen Sie mit gedrückter rechter Maustaste auf den Desktop und

klicken im Verknüpfungsmenü auf den Eintrag *Verknüpfung(en) hier erstellen*. Und schon ist der Explorer nur noch einen Mausklick entfernt!

Und so geht's auch mit der Systemsteuerung

Das Gleiche machen Sie, wenn Sie die Systemsteuerung griffbereit auf dem Desktop haben möchten. Dafür geben Sie in der Windows-Suche unter *Nach folgenden Dateien oder Ordnern suchen* den Begriff „Control" ein.

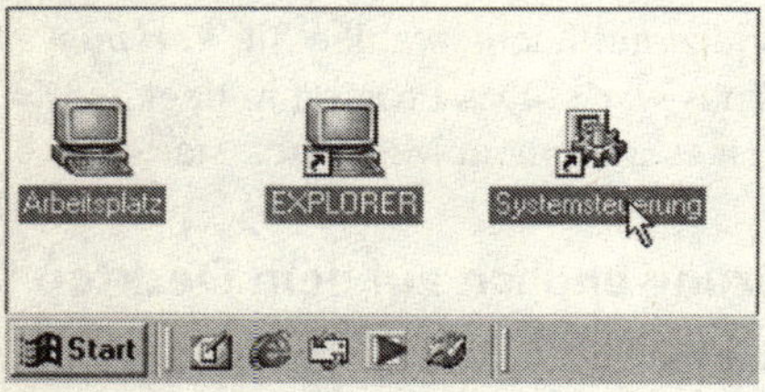

Wie wär's mit CD-ROM, Floppy und Festplatte auf dem Desktop?

Wahrscheinlich hatten Sie diese Frage sowieso schon auf der Zunge – und ganz klar: Sie können natürlich auch die Laufwerke Ihres PCs als Verknüpfung auf dem Desktop ablegen. Und das bringt echte Vorteile:

Jetzt können Sie nämlich blitzschnell auf die einzelnen Laufwerke zugreifen und müssen nicht erst den Arbeitsplatz oder den Explorer starten!

Starten Sie einfach den *Arbeitsplatz*, klicken Sie das gewünschte Laufwerk an und ziehen Sie es auf den Desktop.

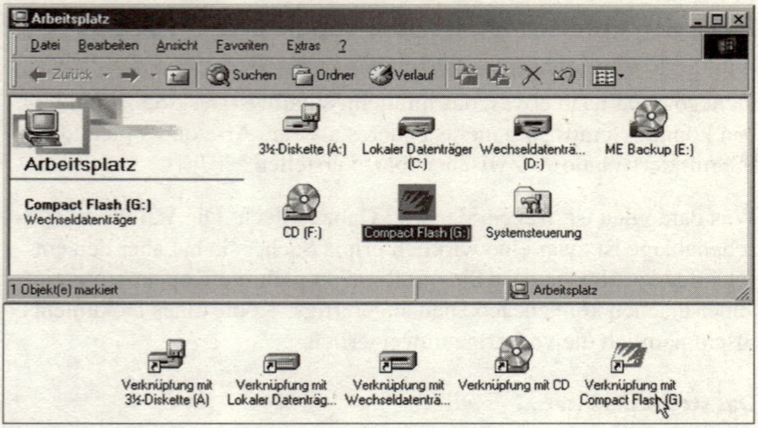

Das macht Sinn: Drucker auf dem Desktop

Wissen Sie, wie Sie mit einer Desktop-Verknüpfung so richtig Zeit sparen können? Ganz einfach: Indem Sie Ihren Drucker auf dem Desktop ablegen, schlagen Sie gleich zwei Fliegen mit einer Klappe! Sie erreichen den Drucker blitzschnell, wenn Sie etwa seine Einstellungen verändern wollen. Und Sie können, wenn Sie auch Dokumentenverknüpfungen auf dem Desktop haben, diese blitzschnell und ohne Umweg über das Ursprungsprogramm ausdrucken. Öffnen Sie über *Start/Einstellungen/Drucker* den Druckerordner und ziehen Sie dann den Drucker auf den Desktop. Wenn Sie ein Dokument ausdrucken wollen, ziehen Sie einfach die Dokumentverknüpfung auf die Druckerverknüpfung, und schon startet der Ausdruck.

Hört sich komisch an, ist aber supernützlich: Scraps

Stimmt – „Scraps“ hört sich nach allem möglichen an, aber irgendwie nicht so recht nach etwas, das mit dem Windows-Desktop zu tun haben könnte. Scraps sind nichts anderes als eine Art von Kopien, die Sie mit der Windows-Zwischenablage erstellen.

Was daran neu ist, fragen Sie sich? Ganz einfach: Die Windows-Zwischenablage ist zwar eine wirklich prima Sache, sie hat aber den entscheidenden Haken, dass Sie mit ihr nicht mehrere Kopien hintereinander machen können. Jede neu angefertigte Kopie eines Dokuments löscht nämlich die vorherige unweigerlich.

Das steckt dahinter ...

Die Zwischenablage nützt dem Arbeitsspeicher des Rechners, der aber nur temporär funktioniert, also wie eine Art offenes Rohr arbeitet. Wenn Sie auf der einen Seite etwas hineinstecken, also beispielsweise ein in die Zwischenablage kopiertes Bild, fällt es auf der anderen Seite wieder hinaus, geht also für immer verloren, sobald Sie etwas anderes ins Rohr stecken.

Das ist natürlich besonders störend, wenn man an Texten arbeitet und häufig Textpassagen ausschneidet, um sie an einer anderen Stelle wieder einzufügen.

Und genau hier setzen die Scraps ein! Es sind dauerhafte Kopien, die Sie auf dem Desktop ablegen und mit denen Sie die Zwischenablage quasi austricksen können. Und so arbeiten Sie mit Scraps:

1. Zuerst starten Sie Ihre Textverarbeitung und verkleinern das Programmfenster so weit, dass Sie den Desktop noch sehen können.
2. Jetzt öffnen Sie das Dokument, aus dem Sie Scraps erstellen wollen, und markieren die erste dieser Passagen mit der Maus.
3. Letzter Schritt: Sie ziehen die markierte Textpassage mit gedrückter linker Maustaste auf den Desktop und lassen die Maustaste dort wieder los.

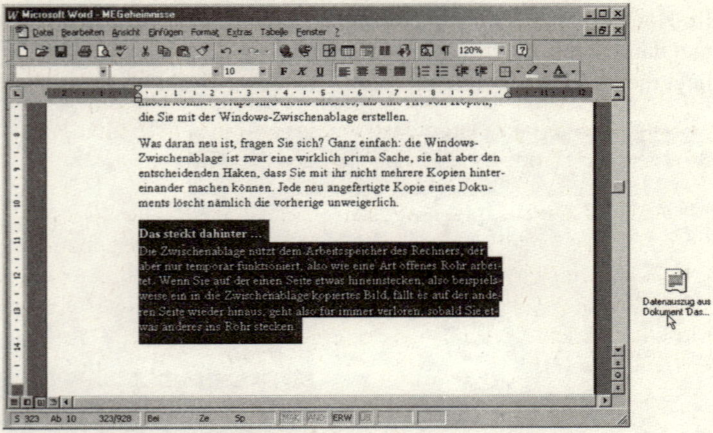

Auf dem Desktop erscheint jetzt ein neues Symbol mit der Bezeichnung *Datenauszug aus Dokument*.

Mit einem Doppelklick auf das Symbol, wird das Scrap in der Textverarbeitung geöffnet.

Wenn Sie die im Scrap gespeicherte Textpassage einfügen wollen, ziehen Sie das Symbol einfach vom Desktop an die Stelle des Dokuments, an der die Textpassage eingefügt werden soll.

Komfortabler geht's kaum: Desktop-Verknüpfungen übers Kontextmenü

Eine prima Möglichkeit, um Desktop-Verknüpfungen anzulegen, ist der Kontextmenüeintrag *Senden an*, den Sie sehen, wenn Sie eine Datei im Arbeitsplatz oder Explorer mit der rechten Maustaste anklicken. Besonders praktisch ist das, weil Sie Ihre Explorer-Arbeit nicht unterbrechen wollen oder einfach keine Lust haben, den Explorer für jede Verknüpfung so weit zu verkleinern, dass der Desktop zu sehen ist.

Im Kontextmenü der entsprechenden Datei wählen Sie also *Senden an* und dann den Eintrag *Desktop (Verknüpfung erstellen)*. Und schon liegt die Datei griffbereit auf Ihrem Windows-Desktop.

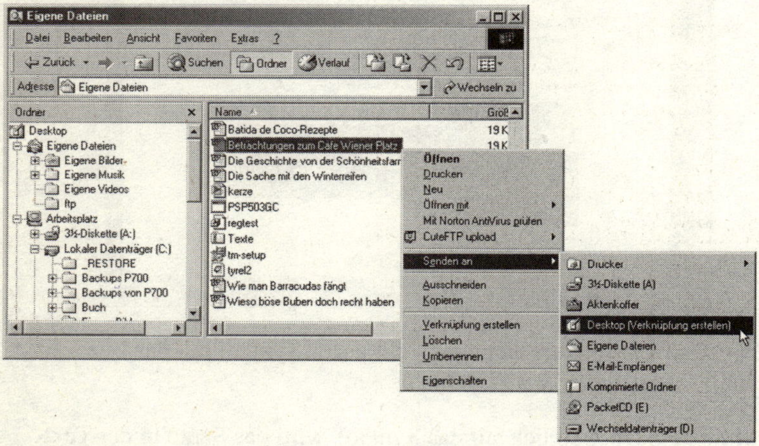

Praktische Desktop-Tipps für jeden Tag

Es gibt ein paar Dinge, die den Windows-Alltag ein bisschen komfortabler machen und gar nicht viel Aufwand erfordern.

Gerade habe ich Ihnen die Sache mit dem Menüpunkt *Senden an* gezeigt, die Ihre Explorer-Arbeit nicht dauernd unterbricht. Aber wie wär's denn zum Beispiel, wenn Sie ein neues Dokument anlegen, ohne dafür erst das entsprechende Programm öffnen zu müssen?

Über den Desktop geht das blitzschnell und völlig unkompliziert. Klicken Sie einfach mit der rechten Maustaste in einen freien Bereich des Desktops und dann im Kontextmenü auf *Neu*.

In einer Liste finden Sie alle auf Ihrem Rechner installierten Programme und klicken einfach auf den Eintrag des Programms, mit dem

Sie ein neues Dokument erstellen wollen. Sofort sehen Sie ein neues Symbol auf dem Desktop, das Sie bloß anzuklicken brauchen, um das entsprechende Programm zu starten.

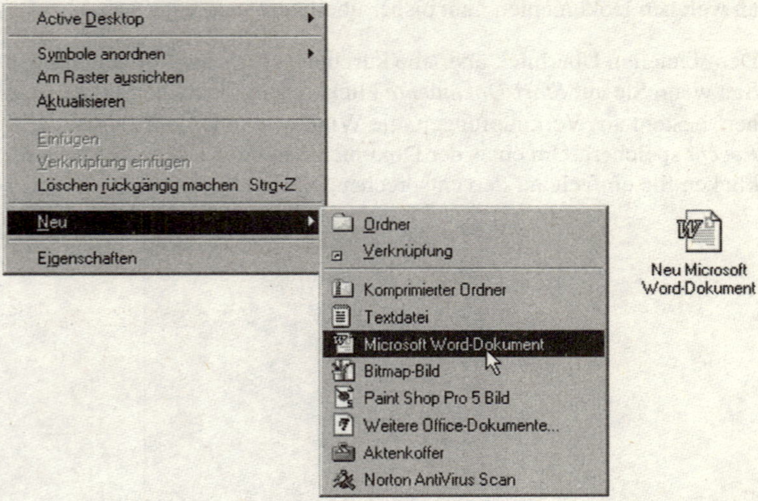

So bleibt der Desktop immer aktuell

Sie haben Verknüpfungen auf dem Desktop angelegt, die aber einfach nicht dargestellt werden? Keine Angst – Sie haben nichts falsch gemacht. Es liegt lediglich an Windows' Trägheit, dass es etwas dauert, bis der Desktop aktualisiert wird. Wenn Sie darauf nicht warten wollen, drücken Sie einfach die Taste F5 auf der Tastatur, und der Desktop wird sofort aktualisiert.

> **F5 funktioniert auch im Explorer**
>
> *Die F5-Taste funktioniert übrigens nicht nur auf dem Desktop. Sie können damit auch die Ansicht im Explorer aktualisieren und müssen nicht erst den Menübefehl* ***Ansicht/Aktualisieren*** *wählen.*

Der Ordner „Dokumente": Damit bleibt's übersichtlich

Das kennen Sie bestimmt: Nach einem langen Tag am Computer, weiß man am nächsten Morgen manchmal nicht mehr so ganz genau, an welchen Dokumenten man bisher überhaupt gearbeitet hat.

Den schnellen Überblick über alle kürzlich geöffneten Dateien kriegen Sie, wenn Sie auf *Start/Dokumente* klicken. Die Liste, die Sie hier sehen, besteht aus Verknüpfungen, die Windows im Ordner *Windows/Recent* speichert. Um eines der Dokumente in der Liste zu bearbeiten, klicken Sie einfach auf den entsprechenden Eintrag.

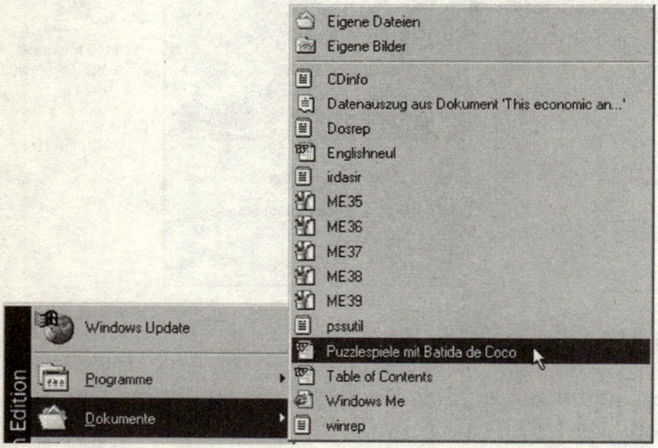

Und wieso tauchen manche Dokumente nicht im Dokumente-Ordner auf?

Sie wundern sich, dass manche Ihrer Dokumente einfach nicht im *Dokumente*-Ordner auftauchen? Der Grund ist einfach: Dokumente aus Programmen, die nicht für Windows 95, 98, ME oder 2000 entwickelt wurden, erscheinen dummerweise nicht automatisch im *Dokumente*-Ordner.

Wenn Sie das ändern wollen, öffnen Sie die Datei nicht über das Programm selbst, sondern über den Explorer. Dadurch wird eine gültige Verknüpfung mit dem *Dokumente*-Ordner erstellt, und deshalb erscheint die Datei dort jetzt auch.

Vorsicht: Im Dokumente-Ordner lässt sich's leicht spionieren

Keine Frage – der *Dokumente*-Ordner ist für Ihre tägliche Arbeit eine superpraktische Sache, unangenehmerweise ist er aber ebenso praktisch für jemanden, der Sie ausspionieren will! Ein Blick auf diesen Ordner und der Bösewicht weiß, an was Sie gerade arbeiten. Wenn Sie das verhindern wollen, wählen Sie zuerst *Start/Einstellungen/Taskleiste und Startmenü*. Im Eigenschaftenfenster der Task-Leiste öffnen Sie dann die Registerkarte *Erweitert*. Ein Klick auf die Schaltfläche *Löschen* und der Inhalt des *Dokumente*-Ordners ist verschwunden. Übrigens: Wenn Sie sich gerade im Windows-Explorer befinden, können Sie stattdessen den Inhalt des Ordners *Windows/Recent* löschen.

Dem Durcheinander ein Ende – jedem Projekt seinen Desktop

Egal, wie gut man organisiert ist – irgendwann hat man die berühmte „Chaosgrenze" erreicht und findet auf seinem Rechner einfach nichts mehr. Besonders ärgerlich: Das passiert natürlich immer genau dann, wenn man's am wenigsten braucht, die Zeit drängt und irgendeine Arbeit blitzschnell fertig sein muss.

Stellen Sie sich mal vor, Sie sitzen parallel an drei oder vier völlig unterschiedlichen Projekten mit jeweils unterschiedlichen Dokumenten. Da wird es natürlich schnell ziemlich nervig und zeitaufwändig, jedes Mal nach den richtigen Dokumenten zu suchen und den Überblick über die verschiedenen Projekte zu behalten.

Zum Glück bietet Windows aber ein gute Möglichkeit, damit Sie möglichst weit von der „Chaosgrenze" entfernt bleiben: Sie können sich nämlich für jedes Projekt einen eigenen Desktop anlegen, der dann wirklich nur die Dokumente enthält, die mit dem Projekt zu tun haben.

Und das geht so:

1 Klicken Sie in der *Systemsteuerung* auf *Benutzer*.

2 Über die Schaltfläche *Neuer Benutzer* legen Sie jetzt einen Benutzer an, dem Sie einfach den Namen eines Ihrer Projekte geben.

3 Das Kennwort, das Ihnen Windows für den neuen Benutzer anbietet, ignorieren Sie am besten, um sich bei einem Desktop-Wechsel unnötige Tipperei zu ersparen.

4 Im Fenster *Einstellungen für persönlich angepasste Objekte* kommt jetzt eine wichtige Entscheidung: Hier legen Sie fest, wie der Desktop für das neue Projekt aussehen soll.

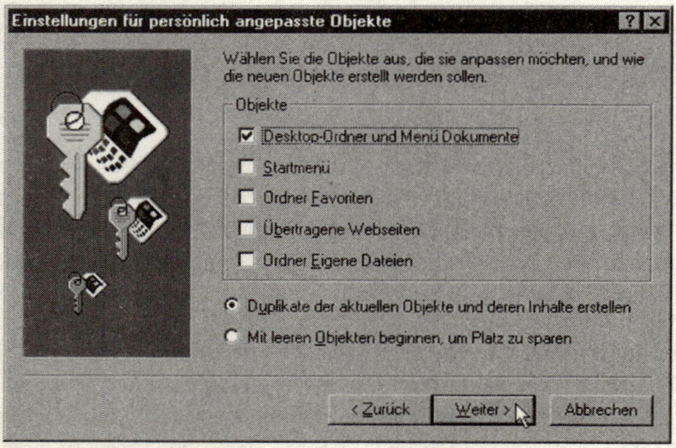

5 Wenn Sie Ihren bisherigen Desktop übernehmen und nur ein paar Änderungen vornehmen wollen, ist die Option *Duplikate der aktuellen Objekte und deren Inhalte erstellen* die beste Wahl. Für einen wirklich rein projektbezogenen Desktop benötigen Sie allerdings die zweite Option, mit der Sie den Desktop ganz neu aufbauen können. Hierbei ist im Feld *Objekte* die Option *Desktop-Ordner und Menü Dokumente* wichtig. Ist sie aktiviert, speichert Windows für jedes Projekt Informationen darüber, was genau im *Desktop*-Ordner und im *Dokumente*-Menü abgelegt wurde.

6 Wenn Sie die Desktops für die einzelnen Projekte angelegt haben, können Sie sie nacheinander anpassen. Erst verlassen Sie Windows über den Startmenüeintrag *Abmelden* und melden sich direkt danach im Fenster *Kennwort eingeben* mit dem jeweiligen Projektnamen an.

7 Jetzt startet Windows mit dem Standard-Desktop, auf dem sich nur die Objekte *Arbeitsplatz*, *Papierkorb*, *Internet Explorer*, *Netzwerkumgebung* und *Outlook Express* befinden. Öffnen Sie den Explorer und ziehen Sie einfach die Dokumente, die zum jeweiligen Projekt gehören, auf den Desktop. Und wenn Sie neue Dokumente erstellen, speichern Sie sie ab jetzt gleich im Ordner *Desktop*.

Mit Kachel Man bleibt's übersichtlich auf dem Desktop

Wenn Sie bei Ihren Projekten mit vielen offenen Fenstern gleichzeitig arbeiten, dann sollten Sie auf jeden Fall mal ein kleines, aber feines Programm namens Kachel Man ausprobieren.

Mit Kachel Man, das Sie unter der Adresse http://www.almisoft.de herunterladen können, lassen sich alle geöffneten Programmfenster sehr übersichtlich auf dem Desktop anordnen.

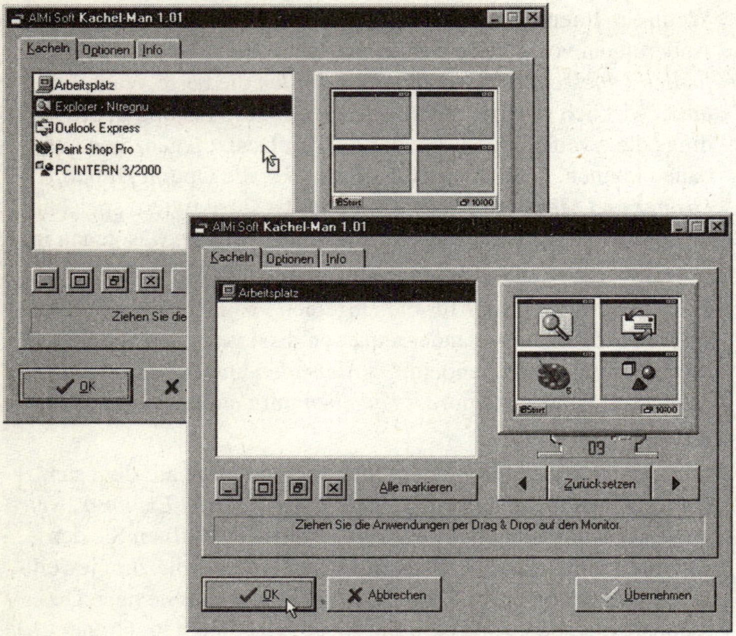

Fast immer schneller als die Maus: Windows mit der Tastatur bedienen

Eigentlich müssten wir ja alle ziemlich erleichtert sein, dass die Zeiten, in denen sich Computer ausschließlich mit der Tastatur bedienen ließen, schon lange vorbei sind.

Und weil wir deshalb auch fast nur noch mit der Maus arbeiten, gerät die Tastatur – zumindest wenn's um die Windows-Steuerung geht – immer mehr in Vergessenheit.

Alle Tastenkombinationen, die Sie jeden Tag brauchen

Ob Sie's glauben oder nicht, aber selbst wenn Sie Desktop-Verknüpfungen nutzen und das Windows-Startmenü optimal konfiguriert haben, kommen Sie mit einer ganzen Reihe von Tastenbefehlen viel schneller ans Ziel als mit der Maus. Probieren Sie die Tastenkürzel in der Liste doch einfach mal aus, und Sie werden sehen – die Tastatur gewinnt haushoch gegen die Maus!

Das wollen Sie tun	Und das ist die Tastenkombination
Zur Windows-Hilfe	F1
Löschen eines markierten Bereichs	Entf
AutoStart einer CD verhindern	Umschalt
Ein Programm oder auch Windows beenden	Alt+F4
Ins nächste aktive Programm wechseln	Alt+Tab
In das vorherige Programm wechseln	Alt+Umschalt+Tab
Kontextmenü eines markierten Objekts anzeigen	Umschalt+F10
Einen markierten Bereich kopieren	Strg+C
Einen markierten Bereich ausschneiden	Strg+X
Das vorher Kopierte/Ausgeschnittene einfügen	Strg+V
Die letzte Aktion rückgängig machen	Strg+Z
Das Startmenü öffnen	Win oder Strg+Esc
Befehl *Ausführen* im Startmenü wählen	Win+R
Die Windows-Suche nach Dateien/Ordner öffnen	Win+F
Den Explorer öffnen	Win+E
Alle offenen Fenster minimieren	Win+D
Das Minimieren wieder rückgängig machen	Win+Umschalt+M
Wenn sich Windows rettungslos aufgehängt hat	Alt+Strg+Entf

Tastenkürzel auch für den Explorer

Klar – auch den Explorer können Sie mit Tastenkürzeln prima bedienen. Wie das funktioniert, zeige ich Ihnen ab *Seite 473.*

Gewusst wie: Drag & Drop

Von Drag & Drop haben Sie bestimmt schon häufiger etwas gehört – nur was das eigentlich ist, wissen Sie vielleicht noch nicht so genau. Drag & Drop ist eine der wichtigsten Programmeigenschaften von Windows ME, die Sie garantiert jeden Tag brauchen.

Das Tolle an Drag & Drop: Es ersetzt die nötigen Einzelschritte, die Sie sonst etwa beim Kopieren oder Löschen von Dateien machen müssten.

Drag & Drop: Was ist das eigentlich?

Drag & Drop ist die englische Bezeichnung für „Ziehen und fallen lassen" und bezieht sich auf alles, was Sie mit Dateien machen können, um sie von einem Ort zum anderen zu bekommen.

Hier einfach mal ein kleines Beispiel:

Im Windows-Explorer wollen Sie eine Word-Datei vom Ordner *Eigene Dateien* in den Ordner *Meine Briefe* bringen. Ziemlich sicher werden Sie ganz automatisch die einfachste Möglichkeit wählen – also die Datei mit der linken Maustaste anklicken und mit gedrückter Maustaste in den Ordner *Meine Briefe* ziehen, wo Sie die Maustaste wieder loslassen. Und was passiert? Genau: Im Ordner *Eigene Dateien* ist die Datei jetzt verschwunden und taucht dafür im Ordner *Meine Briefe* auf.

Tja – und was Sie da gerade gemacht haben, war nichts anderes als reinrassiges Drag & Drop!

Ohne Drag & Drop hätten Sie mehrere Arbeitsschritte absolvieren müssen: zuerst die Datei anklicken, dann *Bearbeiten/Ausschneiden* wählen, danach auf den Ordner *Meine Briefe* klicken und zum Schluss den Befehl *Bearbeiten/Einfügen* anklicken. Klar – wenn Sie eine solche Aktion nur einmal am Tag durchführen, könnten Sie auch den Umweg über die Menübefehle wählen. Verschieben Sie aber täglich

20, 30 oder mehr Dateien, könnten Sie die fürs viele Klicken verbratene Zeit auch für eine gemütliche Tasse Kaffee nutzen.

Hoppla – das wollte ich dann doch nicht: So können Sie Drag & Drop abbrechen

In eine etwas verzwickte Situation kommen Sie, wenn Sie eine Drag & Drop-Aktion mittendrin abbrechen wollen. Wenn Sie jetzt nämlich einfach die linke Maustaste loslassen, wird Drag & Drop zwar abgebrochen, die Datei landet aber nun dort, wo der Mauszeiger gerade steht.

Und was jetzt?

Wenn Sie eine Drag & Drop-Aktion abbrechen wollen, machen Sie das besser so: Klicken Sie, während Sie die linke Maustaste weiter gedrückt halten, einmal mit der rechten Maustaste. Dummerweise funktioniert diese Methode aber nicht, wenn Sie etwa eine Textstelle aus Word auf dem Desktop ablegen wollen. Diese Aktion können Sie nur abbrechen, indem Sie das Dokumententeil wieder genau an seine Ursprungsstelle zurückbewegen, bevor Sie die Maustaste loslassen.

Wie war das noch mal mit OLE und DDE?

DDE und OLE führen unter Windows ein ziemlich heimliches Leben, obwohl sie – genauso wie Drag & Drop – zu den wichtigsten Windows-Features gehören.

DDE (**D**ynamic **D**ata **E**xchange) ist nichts anderes als eine Erweiterung von OLE (**O**bject **L**inking and **E**mbedding), von der Sie im Windows-Alltag nichts zu sehen bekommen.

Von OLE bekommen Sie dagegen mehr mit, denn damit können Programme Daten untereinander austauschen und gemeinsam nutzen. Das passiert zum Beispiel dann, wenn Sie etwa eine Grafik in ein Textdokument einbauen wollen.

Wie denn nun: Mit Kopieren und Einfügen oder mit OLE?

Wollen Sie das machen – also eine Grafik in einen Text einfügen – würden Sie bestimmt die einfachste Möglichkeit wählen, nämlich das Kopieren und Einfügen, das über die Windows-Zwischenablage funktioniert.

Vorteil dieser Methode: Sie funktioniert sehr schnell und völlig unkompliziert. Die Nachteile bemerkt man erst einmal gar nicht, dafür kommen sie später dann umso heftiger zum Tragen! Wenn Sie zum Beispiel ein paar Dutzend Abbildungen nach dem gleichen Schema in das Dokument gebracht haben und dann merken, dass alle Abbildungen viel zu dunkel geraten sind, wird's richtig unangenehm.

Dann nämlich müssen Sie alle eingefügten Bilder erst einmal aus dem Text löschen und danach die überarbeiteten von neuem wieder einfügen.

Zweiter Nachteil: Die Bilddateien werden mit dem Dokument gespeichert, das dann natürlich so richtig schön groß und schwerfällig wird!

Und was machen DDE und OLE?

Ganz anders geht das mit DDE und OLE. Auf den ersten Blick sieht das Verfahren allerdings schon etwas langwieriger aus.

1. In der Textverarbeitung, im Beispiel Word 97, wählen Sie den Menübefehl *Einfügen/Grafik/Aus Datei*.
2. Im Fenster *Grafik einfügen* wählen Sie den Speicherort der Bilddatei, die Ihnen dann im Vorschaufenster angezeigt wird.
3. Und jetzt die wichtigste Sache überhaupt: Im rechten Fensterbereich finden Sie drei Optionen, von denen nur die erste, also *Verknüpfung zu Datei*, aktiviert sein darf!

4 Mit der Schaltfläche *Einfügen* starten Sie den Vorgang und das Bild wird ins Textdokument integriert.

Bei der soeben gezeigten Verknüpfungsmethode kommt DDE zum Einsatz. DDE sorgt dafür, dass die mit dem Textdokument verknüpfte Bilddatei automatisch aktualisiert wird. Wenn Sie also feststellen würden, dass die Bilder nachbearbeitet werden müssen, können Sie dies einfach im Grafikprogramm machen. Die Bilder werden dann auch im Textdokument automatisch aktualisiert und richtig dargestellt. Die einzige Voraussetzung dafür ist, dass Sie jedes Bild mit dem Befehl *Einfügen/Grafik/Verknüpfung zu Datei* in das Textdokument eingebunden haben.

Das steckt dahinter ...

Durch den Befehl *Verknüpfung zu Datei* werden im Textdokument so genannte „Felder" eingefügt, deren Eigenschaften mit einem bestimmten Objekt, in diesem Fall natürlich mit einer Grafik, verbunden sind. Anhand der Feldinformation kann dem Feld dann jederzeit das entsprechende Objekt zugeordnet werden.

Was ist denn jetzt los? Wenn DDE und OLE Zicken machen ...

Sie haben brav alle Bilder mit *Verknüpfung zu Datei* in Ihr Dokument eingebunden, aber plötzlich sehen Sie keine Bilder mehr, sondern nur noch Platzhalterfelder? Keine Sorge – es ist nichts Schlimmes passiert – Sie haben nur den Haken an DDE und OLE entdeckt! DDE-Verknüpfungen funktionieren nämlich nur dann, wenn die Pfade zu den Bildern stimmen. Nur so kann DDE feststellen, wo eine bestimmte Bilddatei gespeichert wurde, die mit dem Feld im Textdokument verknüpft werden soll. Wenn Sie die Bilddateien im Ordner *Eigene Bilder* und das Textdokument im Ordner *Eigene Dateien* speichern, merkt sich Windows die genauen Speicherpositionen mit Hilfe von DDE. Wenn Sie die Bilddateien anschließend in einen anderen Ordner verschieben, stellt DDE fest, dass die bisherigen Pfade nicht mehr stimmen und zeigt anstelle der Bilddatei einen Platzhalter für das Feld und möglicherweise einen Warnhinweis.

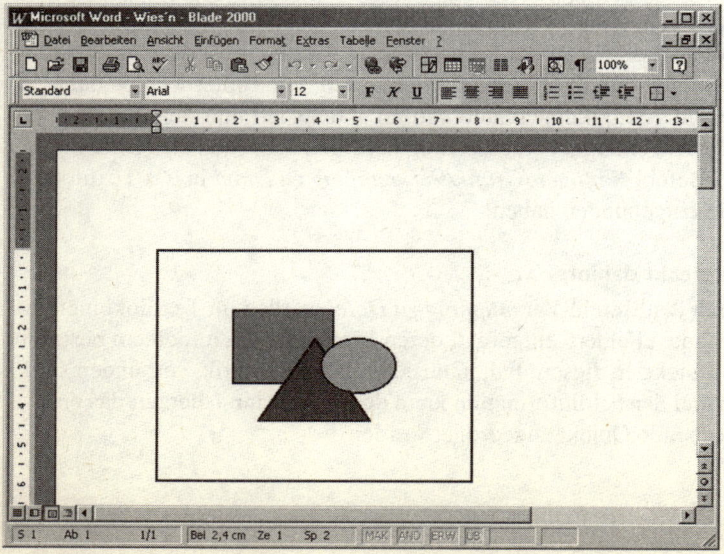

... können Sie das Problem so lösen!

Wenn Ihnen das mit den veränderten Pfaden passiert ist, gibt es zwei einfache Möglichkeiten, wie Sie die Sache wieder hinbekommen.

1 Zuerst löschen Sie den Platzhalter und wählen dann den Menübefehl *Einfügen/Grafik/Aus Datei*.

2 Im Fenster *Grafik einfügen* suchen Sie nun den neuen Speicherort der Bilddateien aus.

3 Jetzt fügen Sie die erste Bilddatei als Verknüpfung in das Dokument ein, dann speichern und schließen Sie es.

4 Wenn Sie das Dokument danach wieder öffnen, hat DDE die neuen Bezüge hergestellt und die restlichen Bilddateien eingefügt.

Wenn Sie Verknüpfungen wieder loswerden wollen

Sie wollen die DDE-Verknüpfungen wieder loswerden? Kein Problem – die Bilddatei bleibt dann zwar im Dokument stehen, die Verbindung, die zwischen dem Dokument und der Bilddatei bestand, wird aber quasi gekappt.

Wenn Sie also die Bilddatei in ihrer Ursprungsanwendung verändern, wirkt sich das nicht mehr auf die Bilddatei im Dokument aus.

1 Zuerst öffnen Sie das Dokument, in dem die Verknüpfung gelöst werden soll, und klicken die Bilddatei an.

2 Dann wählen Sie den Menübefehl *Bearbeiten/Verknüpfungen*.

3 Im Fenster *Verknüpfungen* klicken Sie auf den Namen der verknüpften Datei und danach auf *Verknüpfung lösen*.

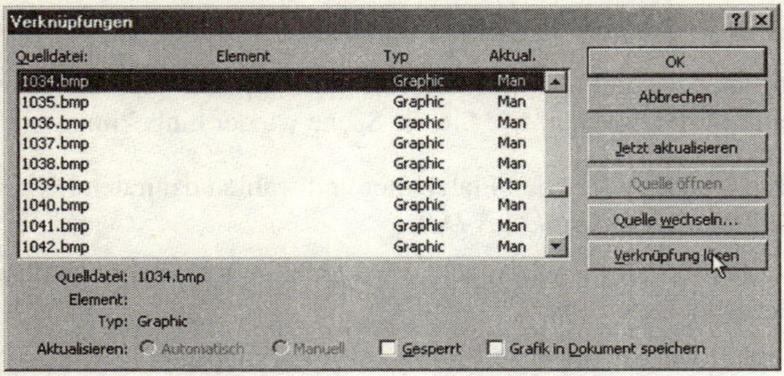

Das geht auch: Bilder und Objekte einbetten

Und noch einmal etwas anderes als das DDE-Verknüpfen ist das Einbetten. Der Vorteil am Einbetten ist, dass sich, wenn Sie das eingebettete Objekt anklicken, seine Ursprungsanwendung öffnet und Sie das Objekt dort bearbeiten können. Praktisch, nicht wahr? Um ein Objekt oder ein Bild in ein Textdokument zum Beispiel unter Word 97 einzubetten, machen Sie Folgendes:

1 In der Textverarbeitung wählen Sie den Menübefehl *Einfügen/Objekt* und im Fenster *Objekt* öffnen Sie die Registerkarte *Aus Datei erstellen.*

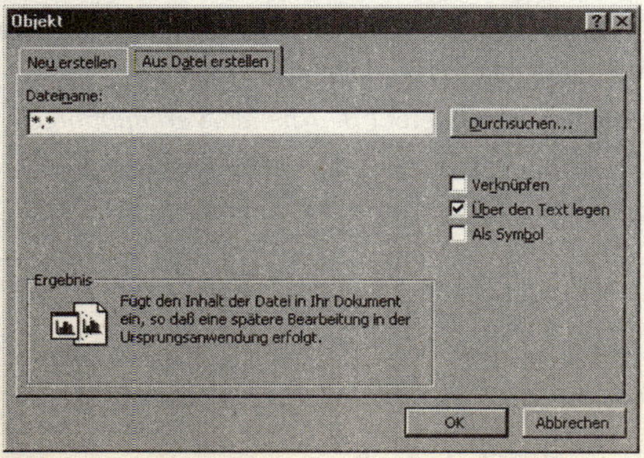

2 Im Fenster *Objekt* wählen Sie jetzt die Option *Über den Text legen* und entfernen die Häkchen vor den beiden anderen Optionen. Jetzt suchen Sie über die Schaltfläche *Durchsuchen* das Objekt.

3 Wenn Sie im Fenster *Objekt* in der Zeile *Dateiname* die richtige Dateibezeichnung sehen, klicken Sie auf *OK* und kehren damit ins Textdokument zurück.

4 In Ihrem Textdokument erscheint jetzt das eingebettete Objekt in seiner Originalgröße. Mit den Ziehpunkten, die Word um das Objekt zeigt, können Sie jetzt noch seine Größe verändern, dann speichern Sie das Dokument.

Um auszuprobieren, wie das Einbetten funktioniert, führen Sie einfach mal einen Doppelklick auf das Objekt aus. Jetzt wird automatisch die Ursprungsanwendung aufgerufen, mit der Sie das Objekt erstellt haben.

Wenn Sie einfach nicht genug von Schriften bekommen können

In Windows ME gibt's ja schon von Haus aus mehr als genug verschiedene Schriften, aber vielleicht sind Sie ja einfach ein Schriftenliebhaber und können von ausgefallenen und verrückten Schriften gar nicht genug bekommen? Kein Problem: Der einfachste Weg, an so viele Schriften zu kommen, dass Sie sich garantiert eine neue Festplatte kaufen müssen, ist – klar: das Internet!

Und so finden Sie Schriften im Web

Wenn Sie online sind, gehen Sie auf eine beliebige Internetsuchmaschine und geben dort den Suchbegriff „Fonts" ein. Aber Vorsicht: Das Suchergebnis kann Ihre Onlinerechnung ganz schön in die Höhe treiben, denn da tauchen leicht 1.000 bis 1.500 Ergebnisse auf! Manche der Schriftenseiten wie etwa http://www.pcfonts.com fungieren dabei als Katalogseiten, auf denen Sie teilweise Hunderte Links zu anderen Seiten finden.

> **Vorsicht! Urheberrechte beachten!**
>
> *Alle Schriften, egal, ob Sie sie mit einer Grafiksuite bekommen oder aus dem Internet downloaden, dürfen Sie grundsätzlich völlig kostenlos für Ihre privaten Zwecke benutzen. Etwas anders sieht das schon aus, wenn Sie damit etwa Werbeprospekte drucken oder irgendwelche anderen Publikationen, die Sie dann unters Volk bringen wollen. Dann nämlich müssen Sie das Urheberrecht beachten, das auf jeder Schrift liegt. In einem solchen Fall kontakten Sie also bitte den „Hersteller" der Schrift und verständigen ihn über Ihre Vorhaben!*

Mittlerweile gibt es sogar Web-Hitparaden der besten Schriftenseiten – folgen Sie einfach einmal diesen Hitlisten und Sie landen auf Seiten wie etwa http://www.acidfonts.com.

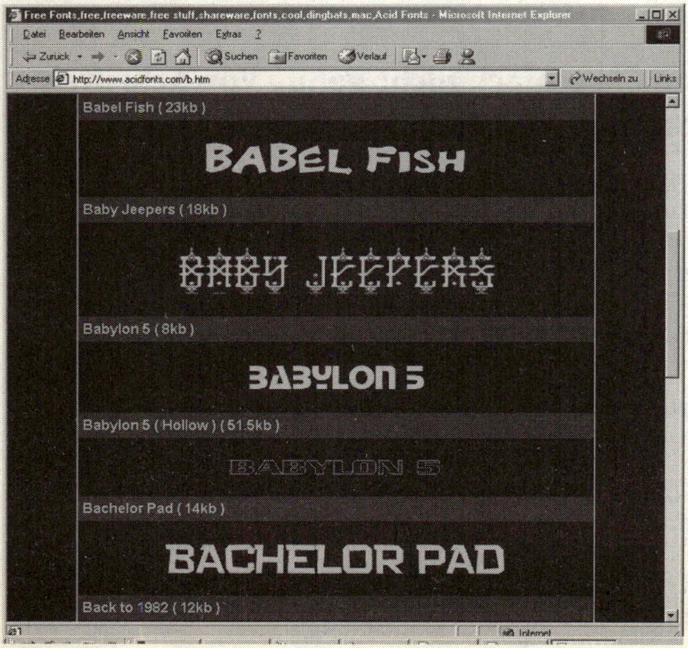

Schriften installieren

Haben Sie Schriften heruntergeladen, müssen Sie sie in Windows installieren, damit sie verwendet werden können.

1 Im Explorer öffnen Sie den Ordner *Windows\Fonts*.

2 Jetzt klicken Sie auf *Datei/Neue Schriftart installieren*.

3 Im Fenster *Schriftarten hinzufügen* suchen Sie den Pfad zum Speicherort der Schriftdatei, markieren die Datei und schließen das Fenster mit *OK*.

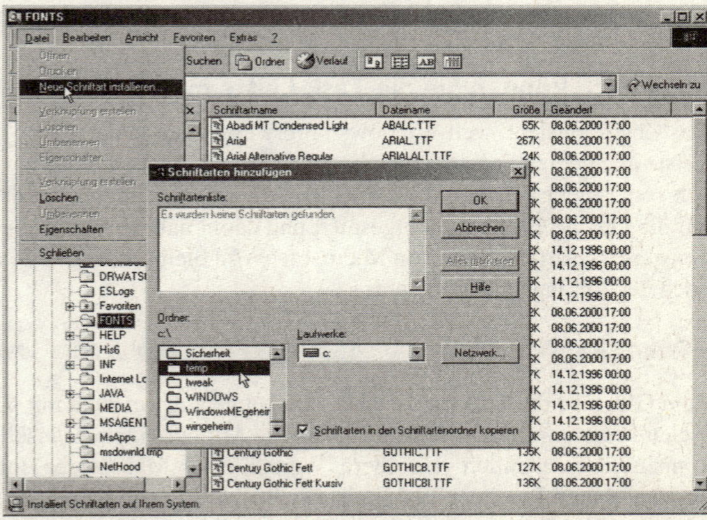

Hoppla – und wo bleibt der Überblick?

Tja – vielleicht haben Sie jetzt doch die eine oder andere Schrift zu viel auf Ihrem Rechner und verlieren langsam aber sicher den Überblick? Kein Problem – auf Seite 84 zeige ich Ihnen ein kleines Programm, mit dem Sie garantiert den Überblick über Ihre ausufernde Schriftensammlung behalten.

Genervt von der Task-Leiste? Hier kommt Abhilfe!

Ohne die Task-Leiste wäre Windows nicht nur arm dran – sie ist nämlich eigentlich eines der wichtigsten Windows-Werkzeuge überhaupt! Alle Fenster, die Sie „wegzoomen“, landen dort und ein Mausklick genügt, um sie wieder auf Bildschirmgröße zu bringen. Doch genau hier taucht auch schon eine unpraktische Sache auf.

Haben Sie nämlich mehrere Programme und Dateien geöffnet, platzt die Task-Leiste aus allen Nähten und mit der Übersichtlichkeit ist's nicht mehr weit her.

So einfach können Sie die Task-Leiste modifizieren

Das Chaos entsteht, weil Windows fairerweise allen in der Task-Leiste abgelegten Fenstern gleich viel Platz zuteilt. Wohin das bei zehn oder mehr Fenstern führt, ist klar: Alle Fenstereinträge werden auf die gleiche Größe zurechtgestutzt und damit natürlich auch die Fensterbeschriftung. Und von Microsoft Word bleibt dann gerade noch der Anfangsbuchstabe übrig.

Zum Glück ist die Task-Leiste aber flexibel genug, um auch mit so vielen Programmfenstern fertig zu werden: Mit nur einem Mausklick können Sie sie nämlich vergrößern. Wenn Sie den Mauszeiger einfach auf den oberen Rand der Task-Leiste stellen, wird er zum Doppelpfeilsymbol. Mit gedrückter linker Maustaste können Sie die Task-Leiste jetzt nach oben ziehen.

Was tun, wenn die Task-Leiste immer im Weg ist?

Standardmäßig zeigt Windows die Task-Leiste am unteren Bildschirmrand, was normalerweise auch der optimale Platz für sie ist. Und trotzdem – manchmal stört sie genau dort. Alles kein Problem, denn wenn Sie wollen, können Sie die Task-Leiste genauso gut am linken, am rechten oder am oberen Bildschirmrand ablegen.

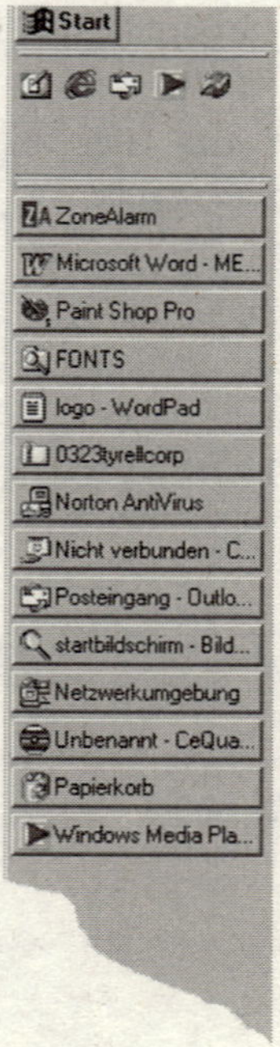

Dazu klicken Sie einfach in einen freien Bereich der Task-Leiste und ziehen sie dann mit gedrückter linker Maustaste an den gewünschten Bildschirmrand.

Das geht auch: Ganz weg mit der Task-Leiste

Wenn Ihnen die Task-Leiste einfach immer nur im Weg ist, können Sie sie einfach vom Desktop verbannen. Aber keine Sorge – sie ist natürlich samt allen darin abgelegten Programmen noch vorhanden, Sie verstecken sie einfach nur! Und nur dann, wenn Sie sie auch wirklich brauchen, taucht sie wieder aus der Versenkung auf. Und so geht das:

1 Mit der rechten Maustaste klicken Sie in einen freien Bereich der Task-Leiste und wählen im Kontextmenü *Eigenschaften*.

2 Jetzt landen Sie im Fenster *Eigenschaften von Taskleiste*. Hier aktivieren Sie die Option *Automatisch im Hintergrund* und deaktivieren dann die Option *Immer im Vordergrund*.

3 Ab jetzt ist die Task-Leiste standardmäßig ausgeblendet und taucht erst dann wieder auf, wenn Sie den Mauszeiger an den unteren Bildschirmrand stellen. Ich weiß, das ist gemein – aber wenn Sie jemanden, der sich nicht besonders gut mit Windows auskennt, wirklich ärgern wollen, dann wissen Sie jetzt auch, wie.

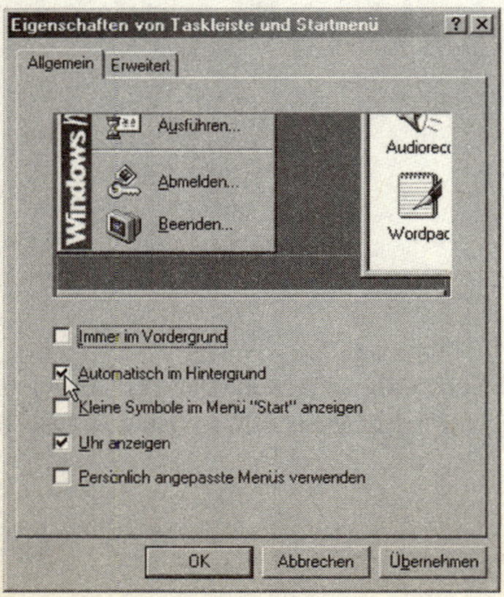

Schneller geht's nicht: Aufgeräumt mit nur einem Mausklick

Kennen Sie das: Sie haben sieben, acht oder noch mehr Fenster offen und müssen schnell mal auf den Desktop zugreifen? Genau jetzt startet die große „Klick-Orgie", nämlich bis jedes Programmfenster minimiert in der Task-Leiste liegt.

Das können Sie für die Zukunft gleich wieder vergessen – es geht nämlich auch viel schneller: In der Schnellstartleiste finden Sie das Desktop-Symbol, auf das Sie klicken, und schon sehen Sie nur noch den freien Desktop!

Noch ein Klick darauf und alle eben minimierten Fenster werden wieder so dargestellt wie vorher. Schneller können Sie gar nicht zu freier Sicht kommen.

Aufräumen mit der Task-Leiste

Wenn Sie die Schnellstartleiste modifiziert haben oder es Ihnen einfach zu mühsam ist, immer nach dem zugegebenermaßen etwas kleinen Symbol zu suchen, können Sie den Desktop auch über die Task-Leiste selbst anzeigen lassen. Klicken Sie einfach mit der rechten Maustaste in einen freien Bereich der Task-Leiste und dann im Kontextmenü auf *Alle Fenster minimieren*.

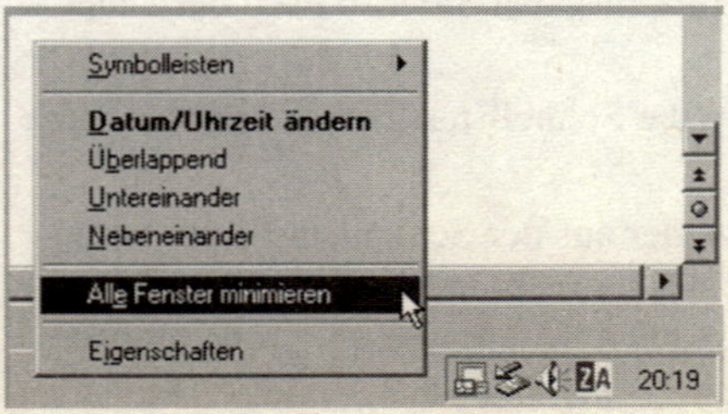

Wenn die Fenster wieder sichtbar sein sollen, klicken Sie noch einmal in die Task-Leiste und dann im Kontextmenü auf *Alles minimieren rückgängig machen.*

Noch mal Drag & Drop: Diesmal über die Task-Leiste

Einen ihrer Vorteile spielt die Task-Leiste aus, wenn Ihr Bildschirm vor lauter geöffneten Programmfenstern aus allen Nähten platzt. Wenn Sie beispielsweise einen markierten Text aus Word in ein Excel-Dokument verschieben, müssen Sie jetzt nämlich nicht erst alle Fenster aus dem Weg räumen, die Excel möglicherweise verdecken. Stattdessen ziehen Sie den markierten Text einfach auf die Excel-Schaltfläche in der Task-Leiste und halten ihn dort etwa zwei Sekunden lang fest. Windows vergrößert das Excel-Fenster jetzt automatisch und Sie können den Text an der gewünschten Stelle einfügen.

So geht's: Eigene Programme in der Schnellstartleiste

Über die Schnellstartleiste können Sie – der Name lässt's ja schon vermuten – Programme schnell starten, weil Sie vorher nicht extra ins Startmenü gehen müssen. In der Schnellstartleiste zeigt Windows ME standardmäßig die vier Symbole für den Internet Explorer und den Media Player, für Outlook Express und das Symbol für die Anzeige des Desktops. Wenn Sie Ihre eigenen Programme in der Schnellstartleiste haben wollen, machen Sie das so:

1. In der Windows-Suche oder im Explorer suchen Sie die Anwendungsdatei des Programms, das in der Schnellstartleiste erscheinen soll. Wäre das etwa Word, müssten Sie also nach der Datei *Winword.exe* suchen.
2. Jetzt ziehen Sie die Datei in die Schnellstartleiste, in der Sie auch gleich erscheint.
3. Wenn Sie ein Programm wieder aus der Schnellstartleiste entfernen wollen, klicken Sie es mit der rechten Maustaste an und wählen im Kontextmenü *Löschen.* Keine Angst – es ist nur die Verknüpfung, die Sie löschen – nicht das Programm selbst!

Gar kein Problem: So bauen Sie sich Ihre eigene Task-Leiste

Eigene Task-Leisten selbst zu machen, ist viel einfacher, als Sie vielleicht denken. Großer Vorteil der eigenen Task-Leiste: Es tauchen nur die Dateien, Ordner oder Laufwerke auf, die Sie wirklich ständig benutzen. Und so geht's:

1 Mit der rechten Maustaste klicken Sie in einen freien Bereich der Task-Leiste und wählen im Kontextmenü *Symbolleisten/Neue Symbolleiste*.

2 Jetzt landen Sie im Fenster *Neue Symbolleiste* und klicken dort den Ordner oder das Laufwerk an, der bzw. das in der Task-Leiste erscheinen soll. Mit *OK* bestätigen Sie die Auswahl und schließen das Fenster wieder. In der Task-Leiste finden Sie jetzt die ausgewählten Ordner.

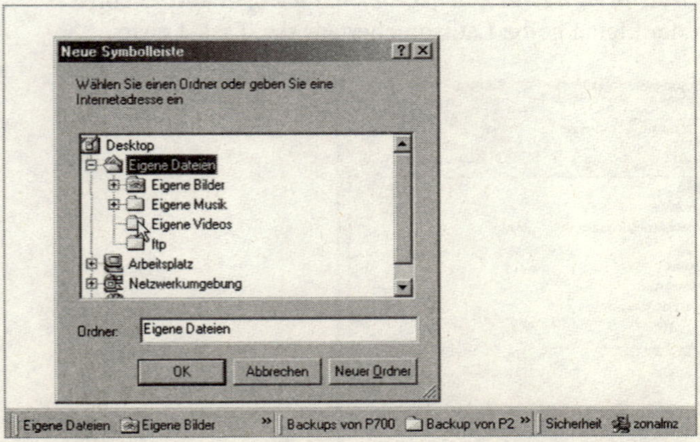

Wenn Sie eine selbstgemachte Task-Leiste wieder ausblenden wollen, klicken Sie mit der rechten Maustaste auf das Pfeilsymbol am linken oder rechten Rand und wählen danach im Kontextmenü *Schließen*. Aber Vorsicht: Die Task-Leiste wird dabei nämlich nicht nur ausgeblendet, sondern auch gleich gelöscht!

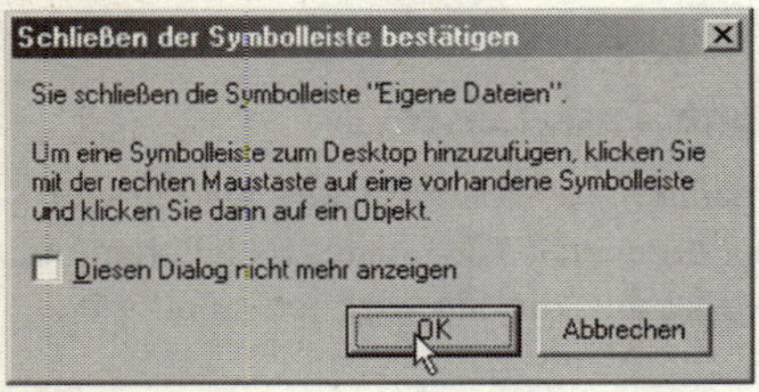

Task-Leiste abgespeckt I: Es geht auch ohne Lautsprechersymbol

Wenn Sie nichts von Multimedia halten und weder Boxen noch Soundkarte haben, brauchen Sie auch das Lautsprechersymbol in der Task-Leiste nicht. Und so werden Sie's ganz schnell los: In der *Systemsteuerung* klicken Sie auf *Sounds und Multimedia* und wählen im jetzt folgenden Fenster die Registerkarte *Sounds*. Wenn Sie das Häkchen vor *Lautstärkeregelung in Taskleiste anzeigen* entfernen, verschwindet der kleine gelbe Lautsprecher aus der Task-Leiste.

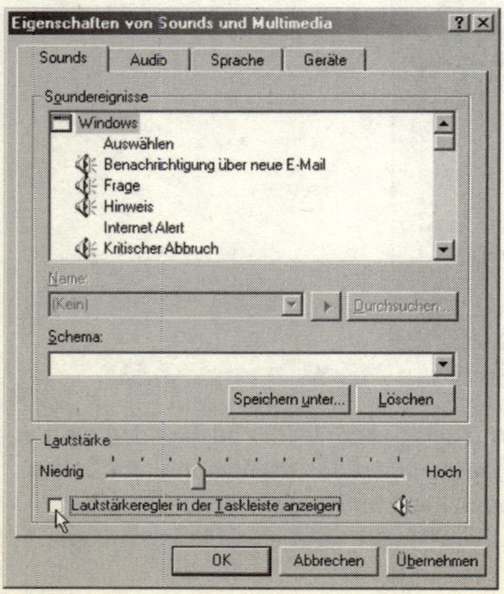

Task-Leiste abgespeckt II: Weg mit der Uhrzeit

Vielleicht haben Sie eine riesige Wanduhr direkt über dem Monitor hängen und können deshalb auf die Uhrzeitanzeige in der Task-Leiste verzichten? Prima – so werden Sie die Uhr los:

Klicken Sie mit der rechten Maustaste in einen freien Bereich der Task-Leiste und wählen Sie im Kontextmenü *Eigenschaften*. In der Registerkarte *Eigenschaften von Taskleiste und Startmenü* entfernen Sie einfach das Häkchen vor der Option *Uhr anzeigen*. Und das war's! Ihre Task-Leiste ist jetzt so gut wie nackt!

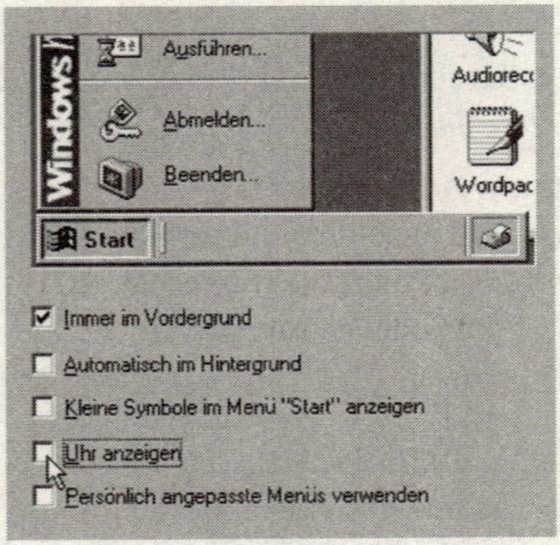

Praktische Sache: Tagesdatum in der Task-Leiste

Vielleicht wollen Sie ja doch lieber nicht auf die Uhrzeit verzichten und sogar noch das aktuelle Datum einblenden? Tja – wie Sie sich die Uhrzeit wieder anzeigen lassen können, wissen Sie ja, nur das mit dem Datum beherrscht Windows ME leider nicht.

Trotzdem kein Problem, denn mit dem kleinen Tool namens *SwtdM*, das Sie im Internet unter der Adresse http://www.sw4you.de herunterladen können, geht dies blitzschnell.

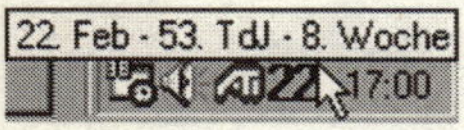

Übrigens: Haben Sie das Programm installiert und stellen den Mauszeiger dann auf das Datum in der Task-Leiste, bekommen Sie auch noch die aktuelle Woche und die Tageszahl des Jahres angezeigt.

Surfen mit der Task-Leiste

Ein ziemlich sinnvolles Feature der Task-Leiste ist leider ziemlich unbekannt – Sie können mit der Task-Leiste nämlich auch im Internet surfen!

1 Zuerst klicken Sie in einen freien Bereich der Task-Leiste und wählen im Kontextmenü *Symbolleisten/Adresse*.

2 Jetzt erscheint in der Task-Leiste ein Adressfenster, in das Sie die gewünschte Webadresse eingeben und anschließend mit der [Enter]-Taste bestätigen. Windows startet damit den Internet Explorer und verbindet Sie mit der angegebenen Adresse.

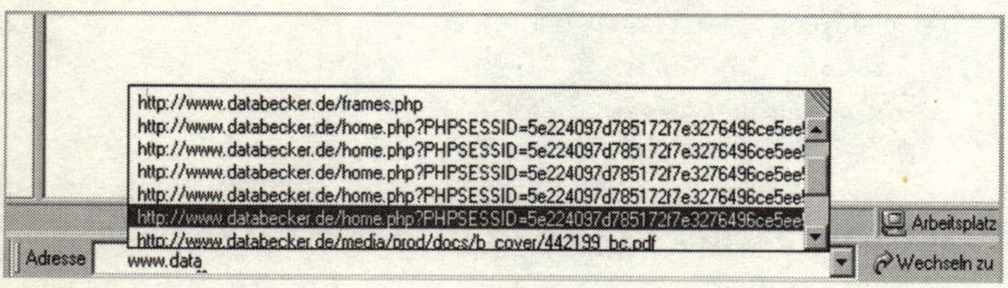

Übrigens: Genauso wie der Internet Explorer hat auch das Adressfenster einen eigenen Cache-Speicher, in dem die zuletzt besuchten Webseiten gespeichert sind. Ein Klick auf den Auswahlpfeil am rechten Rand, und schon können Sie Ihre Seiten per Mausklick anspringen!

Manchmal ziemlich nervig: Der Address-Cache der Task-Leiste

Natürlich macht der Cache der Task-Leiste Sinn, denn damit ersparen Sie sich beim Surfen einfach viel Tipparbeit. In manchen Situationen kann der Cache aber auch ganz schön nervig werden, und zwar deshalb, weil er sich ja auch die falsch eingegebenen Adressen merkt, die zu keiner Webseite führen.

Besonders ärgerlich ist das, wenn Sie ein paar Versuche gemacht haben, eine Webseite aufzurufen, und immer die falsche Adresse eingegeben haben. Nach einiger Zeit haben Sie dann natürlich keine Ahnung mehr, welches eine richtige und welches eine falsche Adresse war.

Und das Ärgerlichste an der ganzen Sache: Die Adressleiste bietet keine Möglichkeit, die Adressen im Cache wieder zu löschen! Zum Glück lässt sich Problem mit den Adresseinträgen aber recht unkompliziert lösen.

Und zwar so:

1 Starten Sie den Registrierungseditor über *Ausführen/Regedit*.

2 In der Registry suchen Sie den Eintrag *HKEY_CURRENT_USER\Software\Microsoft\Windows\Current Version\Explorer\RunMRU*.

3 Jetzt markieren Sie die fehlerhaften Adresseinträge und löschen sie. Wenn Sie den Registrierungseditor verlassen haben, sind auch die Einträge in der Adressleiste gelöscht.

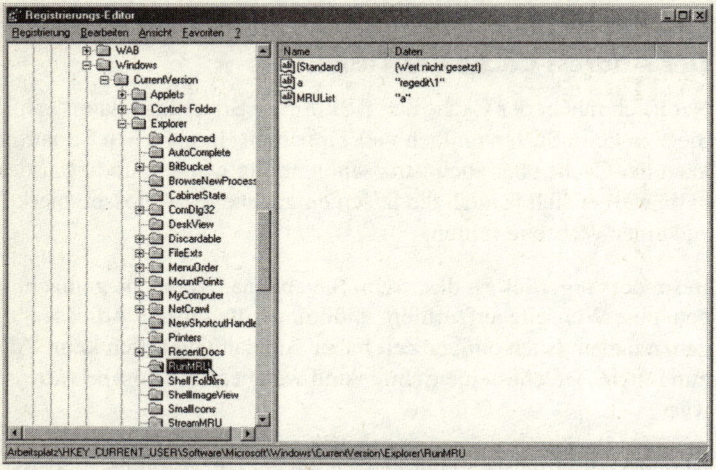

Programme über die Adressleiste starten

Mit der Adressleiste können Sie nicht nur Webadressen öffnen, das funktioniert auch mit Programmen.

Damit es klappt, müssen Sie einfach die Programmdatei und den dazugehörigen Pfad des gewünschten Programms in der Adressleiste eingeben und dann die [Enter]-Taste drücken.

Wenn Sie also den Registrierungseditor über die Adressleiste öffnen wollen, geben Sie die Zeile „C:\Windows\Regedit.exe“ ein. Haben Sie das Programm einmal über die Adressleiste geöffnet, wird die Befehlszeile im Cache der Adressleiste gespeichert, und Sie können Programme dann genauso schnell öffnen wie Internetadressen.

Alarmstufe Rot: Was Sie tun können, wenn Windows Zicken macht

Kapitel 5

Microsoft verspricht uns Windows-Benutzern ja mit jeder neuen Version wieder das Gleiche – nämlich ein (fast) absturzsicheres, zumindest aber ein „sehr, sehr" stabiles Betriebssystem.

Tja – das die Realität oft ganz anders aussieht, das wissen wir wohl alle aus leidvoller Erfahrung: Windows hat Macken an allen Ecken und Enden und macht immer dann Zicken, wenn man es am allerwenigsten erwartet und gebrauchen kann.

Ehrlich gesagt – Windows ME läuft tatsächlich um einiges stabiler und ist sehr viel weniger absturzgefährdet als alle seine Vorgänger. In diesem Punkt hat die Microsoft-Werbung also wenigstens recht.

Das war's aber leider auch schon, denn nach wie vor müssen Sie sich auf kapitale Hänger, kommentarlose Abstürze oder Fehlfunktionen gefasst machen, die im schlimmsten Fall sogar Ihre gesamten Daten ins „Computer-Nirwana" mitreißen!

Und woher kommen diese Pannen eigentlich alle?

Eine wirklich gute Frage, auf die es aber leider keine so ganz eindeutige Antwort gibt. Ein Großteil der täglichen Windows-Probleme ist sicherlich „hausgemacht", beruht also auf Fehlern, die Microsofts Entwickler zu verantworten haben.

Der Gerechtigkeit halber muss man aber sagen, dass auch die Soft- und Hardwareentwickler anderer Hersteller ein Menge Patzer fabrizieren. Ob das fehlerhafte Chipsätze auf Motherboards und Grafikkarten sind, ob Programm-Features, die einfach nicht den Windows-Vorgaben entsprechen – ausbaden müssen all diese Stolpersteine immer nur wir, die Windows-Benutzer!

Die Macken und Zicken unserer täglich benutzten Soft- und Hardware lassen sich leider nur in den seltensten Fällen ausbügeln – um aber trotzdem immer auf der sicheren Seite zu sein, können Sie einiges tun!

Das wäre ziemlich dämlich: Windows ohne Startdiskette

Mit das Ungeschickteste, was Sie tun könnten, wäre, Ihr Windows ME völlig ohne Startdiskette zu betreiben!

Windows ME läuft ja nun um einiges stabiler als seine Vorgängerversionen, trotzdem tauchen immer wieder Situationen auf, in denen Windows einfach nicht mehr starten will. Ob das nach einem kapitalen Absturz oder nach der Installation einer schlecht programmierten Software passiert, ist dabei eigentlich egal. Die Folge ist nämlich immer die gleiche: Man sitzt vor dem Rechner und starrt auf den schwarzen Monitor. Natürlich schützt die Startdiskette Sie nicht vor Windows-Pannen, Sie haben aber, wenn's denn mal gekracht hat, eine faire Chance, Ihren Rechner wieder zum Laufen zu bekommen.

Aktuelle Startdiskette ist ein Muss

Normalerweise haben Sie bereits während der Windows-Installation eine Startdiskette angelegt. Das ist aber vielleicht schon ein bisschen her und in der Zwischenzeit haben Sie Ihrem Rechner vielleicht eine neue Sound- oder Grafikkarte spendiert? Und genau hier fängt es an, ziemlich gemein zu werden! Auf der Startdiskette werden nämlich neben verschiedenen Diagnose- und Rettungsprogrammen auch die Informationen über die aktuelle Konfiguration Ihres Rechners gespeichert. Stimmt nun aber die Rechnerkonfiguration nicht mit den Informationen auf der Startdiskette überein, können Sie den PC mit diesen veralteten Informationen im schlimmsten Fall nicht starten. So schlimm muss es natürlich nicht kommen und ehrlich gesagt tritt dieser Fall auch nur selten ein – darauf ankommen lassen sollten Sie's aber lieber nicht!

Trotzdem: Die Startdiskette müssen Sie also jedes Mal aktualisieren, wenn Sie eine tief greifende Systemveränderung wie etwa den Einbau neuer Hardware vorgenommen haben.

Wichtig: Auch neue Treiber gelten als tiefgreifender Eingriff!

Auch wenn Sie beispielsweise Gerätetreiber wie etwa die der Grafikkarte aktualisiert haben, sollten Sie die Startdiskette danach gleich auf den neuesten Stand bringen!

Wirklich wenig Arbeit und dafür ein gutes Gefühl

Die Startdiskette anzulegen oder auch aktuell zu halten, ist wirklich keine große Sache, dafür haben Sie aber das gute Gefühl, schon mal auf der ziemlich sicheren Seite zu sein. Die paar Minuten Zeit, die Sie dafür investieren, machen sich im Pannenfall wirklich bezahlt. Und so einfach geht das:

1. In der *Systemsteuerung* wählen Sie *Software* und wechseln dann auf die Registerkarte *Startdiskette*.
2. Hier klicken Sie auf *Diskette erstellen* und legen eine leere, formatierte Diskette ein.
3. Windows kopiert dann die nötigen Dateien in den Arbeitsspeicher und fordert Sie auf, eine Diskette einzulegen.
4. Bestätigen Sie das einfach mit *OK*, und Windows schreibt die Startdateien auf die Diskette.

Und das war's auch schon! Die beschriftete Diskette – möglichst vermerken Sie das Datum der Aktualisierung darauf – verwahren Sie einfach an einem sicheren Ort und hoffen, dass Sie sie nie brauchen.

Neugierig? – Das ist auf der Startdiskette

Wenn Sie wissen wollen, was Windows ganz konkret auf der Startdiskette gespeichert hat und was die einzelnen Dateien eigentlich machen, werfen Sie einfach mal schnell einen Blick hinein.

Versteckte Dateien anzeigen lassen

Windows versteckt aus Sicherheitsgründen eine ganze Reihe der Dateien auf der Startdiskette. Tricksen Sie Windows einfach aus und wählen Sie im Explorer unter ***Extras/Ordneroptionen*** *die Registerkarte* ***Ansicht****. Mit der Option* ***Alle Dateien und Ordner anzeigen*** *können Sie jetzt auch versteckte und Systemdateien sehen.*

Dateiname auf der Startdiskette	Aufgabe der Datei
Aspi2dos.sys, Aspi4dos.sys, Aspi8dos.sys, Aspi8u2.sys, Aspicd.sys	Real-Modus-Adaptec-CD-ROM-Treiber
Btcdrom.sys, Btdosm.sys, Flashpt.sys	Mylex/BusLogic-CD-ROM-Treiber
Oakcdrom.sys	Allgemeiner Gerätetreiber für ATAPI-CD-ROM-Laufwerke
Autoexec.bat	Startet die Batch-Datei
Command.com	Befehlsinterpreter
Config.sys	Lädt die Gerätetreiber
Ebd.cab	*.cab*-Datei mit den Extrahierprogrammen
Extract.exe	Datei zum Entpacken der Datei *Ebd.cab*
Fdisk.exe	Programm zum Partitionieren von Festplatten
Ramdrive.sys	Erstellt während des Startvorgangs ein RAM-Laufwerk.
Findramd.exe	Sucht das RAM-Laufwerk während des Startvorgangs.
Setramd.bat	Legt das erste verfügbare Laufwerk als RAM-Laufwerk fest.
Himem.sys	XMS-Speicher-Manager
Mode.com	Änderung von Anzeigeparametern, beispielsweise Zeilenanzahl.
Readme.txt	Readme-Textdokument mit Informationen über die Windows ME-Startdiskette

Neben diesen Dateien hat Windows auf der Startdiskette auch einen Ordner namens *Ebd* angelegt, in dem es die Programme speichert, die Sie im Pannenfall für die Diagnose oder Reparatur benötigen.

Dateiname auf der Startdiskette	Aufgabe der Datei
Attrib.exe	Fügt Dateiattribute hinzu oder entfernt diese.
Chkdsk.exe	Programm zum Anzeigen des Festplattenstatus
Debug.exe	Debug-Programm
Edit.com	Real-Modus-Texteditor
Ext.exe	Neues, einfaches Dateiextrahierprogramm
Format.com	Programm zum Formatieren der Festplatte
Mscdex.exe	Microsoft-eigene CD-ROM-Dateierweiterung für MS-DOS
Scandisk.exe	Programm zum Anzeigen des Festplattenstatus
Scandisk.ini	Konfigurationsdatei für ScanDisk
Sys.com	Überträgt Systemdateien und erstellt eine Startdiskette.
Help.bat	Aufruf der Datei *Readme.txt* von der Startdiskette

Das steckt dahinter ...

Was genau beim Booten mit der Startdiskette passiert, ist eigentlich ziemlich simpel: Zuerst sehen Sie ein Startmenü, in dem Sie die Option zum Laden eines CD-ROM-Treibers auswählen. Jetzt erstellt Windows im Arbeitsspeicher des Rechners ein 2 MByte großes RAM-Laufwerk, das man auch „virtuelles Laufwerk" nennt, weil es nach dem Neustart des Rechners nicht mehr vorhanden ist. Mit diesem RAM-Laufwerk passieren jetzt zwei Dinge: Zuerst lädt die Datei *Config.sys* die entsprechenden CD-ROM-Treiber. Im zweiten Schritt werden die Diagnoseprogramme aus dem komprimierten Ordner *Ebd* in das RAM-Laufwerk geladen und beginnen dann auch sofort mit der Arbeit.

Fast schon eine Lebensversicherung: Die Registry sichern

Obwohl – oder vielleicht auch gerade weil – sie eigentlich der wichtigste Bestandteil von Windows ist, führt die Registry ein ziemlich verstecktes Dasein.

Ist die Registry beschädigt, ist Windows damit absolut lahm gelegt! Passiert er dann wirklich mal – also der wirklich katastrophale Windows-Crash, bei dem auch die Registry was abbekommen hat – können Sie sie aber zum Glück jederzeit wiederherstellen.

Wieso eigentlich die Registry manuell sichern?

Windows ME verfügt zwar über das neue Feature der *Systemwiederherstellung*, das Ihnen das Scannen und Sichern der Registry im Grunde schon abnimmt, wenn Sie die Sicherungen aber manuell durchführen, müssen Sie sich eben nicht auf Windows verlassen! Das Gleiche gilt natürlich auch, wenn Sie die Systemwiederherstellung aus irgendwelchen Gründen deaktiviert haben. Mehr zur *Systemwiederherstellung* zeige ich Ihnen übrigens ab Seite 365!

So geht's mit ScanRegW

Neben der gerade erwähnten Systemwiederherstellung bietet Windows zur manuellen Sicherung der Registry auch das Programm Scan RegW, das Sie im *Windows*-Ordner finden. Übrigens – ab Seite 578 zeige ich Ihnen, was ScanRegW sonst noch so kann, an dieser Stelle deshalb nur die Schritte, die Sie am besten regelmäßig durchführen sollten: Klicken Sie auf *Start/Ausführen*, geben Sie „ScanRegW" ein und bestätigen Sie Ihre Eingabe mit *OK*. ScanRegW wird jetzt ausgeführt und überprüft zunächst die Registry auf Fehler. Wenn keine Fehler festgestellt wurden, was normalerweise der Fall ist, sehen Sie ein entsprechendes Dialogfenster.

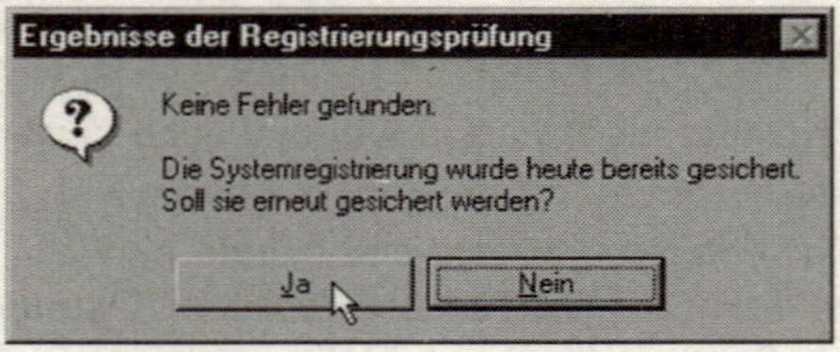

Ist das Scannen der Registry abgeschlossen, können Sie auswählen, ob Sie die Sicherungskopie der Registry vom heutigen Tag mit der soeben gescannten Version überschreiben wollen. Damit Sie immer auf dem neuesten Sicherungsstand sind, sollten Sie diese Möglichkeit auch wahrnehmen!

Wie Sie die Registry im Falle des Falles wiederherstellen und Windows damit auch wieder zum Laufen bekommen, zeige ich Ihnen ab Seite 583.

Landung nach dem Crash: Der abgesicherte Modus

Nach einem kapitalen Absturz, aber auch wenn etwas anderes mit Windows nicht stimmt, fährt Windows den Rechner automatisch im abgesicherten Modus hoch.

Das steckt dahinter ...

Beim Start im abgesicherten Modus wird nur der Systemkern, also die wichtigsten Windows-Dateien, geladen. Alle anderen Dateien, wie etwa spezielle Grafikkartentreiber, ignoriert Windows dabei. Das merken Sie zum Beispiel daran, dass Windows die Bildschirmauflösung auf 640 x 480 Pixel reduziert. Das sieht grausig aus, geht aber nun mal nicht anders. Auch andere Treiber, wie etwa die für Netzwerk- oder ISDN-Karten, werden im abgesicherten Modus übrigens nicht geladen.

Wenn's noch schlimmer kommt: Das Startmenü

Wenn Windows nach einem Absturz nicht starten will und auch nicht von selbst im abgesicherten Modus hochfährt, müssen Sie das selbst in die Hand nehmen. Starten Sie den Rechner neu und halten Sie während des Bootvorgangs die [F8]-Taste auf der Tastatur gedrückt. Damit kommen Sie in das so genannte Startmenü", das bei Windows ME so aussieht:

```
Microsoft Windows Millennium Startmenü
________________________________

1. Normal
2. Protokolliert (\BOOTLOG.TXT)
3. Abgesicherter Modus
4. Schrittweise Betätigung

Geben Sie eine Option ein:

F5=Abgesichert Umschalt+F8=Bestätigen [N]
```

Das Who's who im Windows-Startmenü

Die vier Optionen des Startmenüs dienen ganz unterschiedlichen Windows- bzw. Rechnerstarts:

- Mit der Option *Normal* würden Sie Windows regulär starten.
- Bei der Option *Protokolliert (\BOOTLOG.TXT)* wird der gesamte Windows-Start protokolliert. Jede geladene Systemkomponente wird dabei entweder mit dem Eintrag *Success* oder *Failure* für korrektes oder fehlgeschlagenes Laden versehen. Das Protokoll mit dem Startvorgang wird von Windows in der Datei *Bootlog.txt* gespeichert. Die Option *Protokolliert* ist dann sinnvoll, wenn Sie meinen, dass mehr als nur ein Gerätetreiber die Startprobleme verursacht, aber auch wenn Sie noch völlig unsicher sind, welche Komponente der Störenfried sein könnte. In der Protokolldatei können Sie später nachsehen, wer wirklich hinter dem Ärger steckt und die jeweilige Komponente deaktivieren.

- Mit der Option *Abgesicherter Modus* lädt Windows nur noch die wichtigsten Systemtreiber, und Sie können nach dem Windows-Start eventuell störende Gerätetreiber deaktivieren.
- Über die Option *Schrittweise Bestätigung* lädt Windows jede einzelne Systemkomponente erst dann, wenn Sie das per Tastaturbefehl bestätigen. So ein Windows-Start kann zwar ziemlich lange dauern, die fehlerverursachende Komponente können Sie auf diese Weise aber leicht isolieren und beobachten, wie Windows sich danach verhält.

Fehlerquelle Gerätetreiber

Im abgesicherten Modus haben Sie den Vorteil, bestimmte Gerätetreiber, die Sie als „Unruhestifter" im Verdacht haben, deaktivieren oder löschen zu können. Wenn Sie Windows danach normal starten können, wissen Sie zumindest schon mal, wer der Übeltäter war.

Der nächste Schritt besteht dann darin, den Treiber neu zu installieren oder sich beim Hersteller eine aktualisierte Version zu besorgen.

Wenn Windows schon beim Start ins Stolpern kommt

Eines der häufigsten Windows-Probleme sind Fehlermeldungen beim Start. Da wird dann zum Beispiel plötzlich gemeldet, dass bestimmte Dateien nicht gefunden werden konnten. Wenn Sie eine solche Meldung beim Windows-Start sehen, sind davon grundsätzlich zwei Arten von Dateien betroffen.

Windows kann die Datei A nicht finden und den Treiber Z nicht laden

Wenn Windows meldet, dass es die Datei A nicht finden kann oder der Treiber Z nicht geladen wird, gibt es meist recht einfache Gründe dafür: Entweder sind nämlich diese beiden Dateien gelöscht worden oder schlicht und einfach defekt. In jedem Fall hilft Ihnen nur eine gehörige Portion Geduld weiter, um diese Dateien im System aufzuspüren und neu zu installieren bzw. zu entfernen.

Das steckt dahinter ...

Diese „Vermisstenmeldungen" kommen immer dann zustande, wenn Sie ein Gerät aus dem System entfernt haben, der Geräteaufruf aber noch in den Dateien *Config.sys* oder *System.ini* steht. Das Gleiche passiert bei Anwendungen, welche die Deinstallationsroutine einfach nicht sauber aus dem System gelöscht hat.

Wie war das noch mal: Keine Autoexec.bat, Config.sys, Win.ini und System.ini mehr unter Windows ME?

Vielleicht haben Sie ja auch gehört, dass die Dateien *Autoexec.bat, Config.sys, Win.ini* und *System.ini* unter Windows ME gar nicht mehr existieren oder zumindest keine Bedeutung mehr haben? Stimmt – und stimmt nicht! Also zunächst mal: Sehen Sie einfach kurz nach, es gibt diese Dateien natürlich nach wie vor! Lediglich ihre Bedeutung hat sich ein wenig verringert, weil die Aufgaben dieser Dateien jetzt hauptsächlich von der Registry übernommen werden. Trotzdem gelten Einstellungen in diesen Dateien weiterhin, sie werden lediglich doppelt verwaltet. Besonders bei älteren 16-Bit-Programmen oder älterer Hardware sind Einträge in diesen Systemdateien also sehr wohl wichtig, und Sie sollten bei Problemen auf jeden Fall dort nachsehen!

Der erste Blick: Was ist im Autostart-Ordner los?

Zuallererst sollten Sie allerdings im Ordner *Autostart* nachsehen, ob hier nicht noch Aufrufe für Programme stehen, die gar nicht mehr auf Ihrem PC vorhanden sind. Ist das der Fall, entfernen Sie den oder die entsprechenden Aufrufe. Wenn Sie ganz sicher sein wollen, dass nicht vielleicht auch eines der korrekt eingetragenen AutoStart-Programme der Unruhestifter ist, löschen Sie am besten alle Einträge im *Autostart*-Ordner.

Oldtimer machen das: Einträge in Win.ini und System.ini

Wie schon gesagt: Nicht mehr ganz so aktuelle 16-Bit-Programme tragen sich häufig in Datei *Win.ini* ein und werden beim Deinstallieren einfach nicht gelöscht. Der Programmaufruf geht dann quasi ins Leere, und Sie sehen die entsprechende Fehlermeldung. Das Problem lässt sich aber recht schnell lösen, wenn Sie die *Win.ini* mit dem Editor öffnen und nach Einträgen durchsuchen, die fast immer mit *LOAD=* beginnen. Wenn Sie solche Einträge finden, sollten Sie sie aber nicht gleich löschen, sondern die Zeichenfolge *REM* davor setzen. Dadurch wird der Eintrag beim Systemstart nicht geladen. Wenn Windows beim nächsten Start keine Probleme mehr zeigt, können Sie den Eintrag wirklich löschen. Das Gleiche gilt auch für die *System.ini* – also zuerst die verdächtigen Einträge mit *REM* isolieren und später eventuell löschen.

... und in der Registry

Auch in der Registry tauchen solche veralteten Einträge auf. Um sie zu finden, durchsuchen Sie die Registry im Zweig *HKEY_LOCAL_MACHINE\Software\Microsoft\Windows\CurrentVersion\Run*.

Manchmal bleibt leider nur der Schrotthaufen

Wenn Sie mit einem älteren Programm oder irgendeiner wirklich steinalten Hardwarekomponente arbeiten und unter Windows ME, trotz aller Lösungsversuche ständig Ärger haben, bleibt nur noch eines: der Schrotthaufen! Natürlich nicht für Windows, sondern für die betreffende Komponente. Für manche uralte Netzwerkkarte etwa gibt es eben einfach keine Treiberunterstützung mehr – und zwar weder vom Hersteller noch von Microsoft oder Drittherstellern. Wenn Sie aber mal bedenken, dass neue, hochleistungsfähige PCI-Netzwerkkarten heute nicht mal mehr 50 DM kosten, sollten Sie sich wirklich ganz schnell von Ihrer Problemhardware verabschieden!

Hier ist Ärger vorprogrammiert!

Es gibt einige wenige „Klassiker", die immer wieder Ärger machen, wenn auch keine festen Regeln existieren, welche Programme oder welche Hardware sich bevorzugt in die erwähnten Dateien eintragen. Im *Autostart*-Ordner sind es aber meistens die Taskplaner von Backup-Programmen, die sich dort eintragen und dann beim Windows-Start „Zoff" machen. Richtig schlimm sind alle älteren Microsoft-Mäuse, die sich in die Dateien *Win.ini* und *System.ini* eintragen und dort für Unruhe sorgen. Bester Tipp hier: Weg mit der alten Maus, selbst wenn sie noch einwandfrei funktioniert, und eine neue Maus kaufen!

Rechnerstart prima, aber Hänger beim herunterfahren?

Mindestens genauso ärgerlich wie die Startprobleme sind die immer wieder auftretenden Hänger beim Herunterfahren von Windows. Der Grund dafür ist, dass sich manche Treiber beim Herunterfahren nicht wieder selbst aus dem System entladen. Umgehen lassen sich die Hänger auf verschiedene Arten:

Zuerst sollten Sie versuchen, Windows mit der [Enter]-Taste wieder aufzuwecken.

Klappt das nicht, versuchen Sie beim nächsten Herunterfahren Folgendes: Halten Sie die [Umschalt]-Taste gedrückt und klicken Sie im *Herunterfahren*-Dialog auf die Schaltfläche *OK*. Ein weiterer Grund für die Hänger können Sounddateien sein, die beim Herunterfahren abgespielt werden. Probieren Sie einfach einmal aus, wie sich Windows verhält, wenn Sie die Sounddatei für das Windows-Ende in der *Systemsteuerung* unter *Sounds und Multimedia/Windows beenden* deaktivieren.

Windows ME kennt fast keine Startfehler mehr, aber ...

Im Gegensatz zu seinen Vorgängern verfügt Windows ME über ein neues Feature, den so genannten „Systemdateischutz". Wenn ein Benutzer oder ein Programm wichtige Dateien „zerschießen", kann Windows zwar abstürzen, stellt die Dateien beim nächsten Start aber wieder her, sodass es keine Probleme mehr gibt. Das funktioniert zwar in fast allen Fällen absolut zuverlässig – leider aber eben nicht wirklich immer. Deshalb kann es durchaus sein, dass Sie auch als Windows ME-Benutzer dort Hand anlegen müssen, wo es auch alle anderen tun, die noch mit einer früheren Windows-Version arbeiten.

Zuerst sollten Sie aber versuchen, die Fehler mit der Systemwiederherstellung aus dem Weg zu räumen. Wie das geht, zeige ich Ihnen auf Seite 365.

Manchmal ziemlich nervig: PC Health

Genau dieser gerade schon erwähnte Systemdateischutz – Windows-intern PC Health, also „Computer-Gesundheit" genannt, ist zwar wirklich sinnvoll, es gibt aber Situationen, in denen ist er supernervig. Das merken Sie dann, wenn sich zum Beispiel ein x-beliebiges Programm einfach nicht installieren lassen will.

Der Grund dafür ist ziemlich einfach: Bei der Installation versucht das Programm, Systemdateien zu überschreiben, was zwar nicht unbedingt zu irgendeinem Schaden führt, PC Health aber sofort auf den Plan ruft. Die Folge daraus: Die Installation wird „untersagt".

Zum Glück ist die Lösung dieses Problems ziemlich einfach und braucht nur ein paar Mausklicks:

1. Wählen Sie *Start/Ausführen* und geben Sie den Befehl *msconfig* ein.
2. Damit landen Sie im Systemkonfigurationsprogramm, in dem Sie auf die Registerkarte *Autostart* klicken.
3. Hier entfernen Sie einfach das Häkchen vor dem Eintrag *PC Health*. Dann verlassen Sie das Fenster mit *OK*.

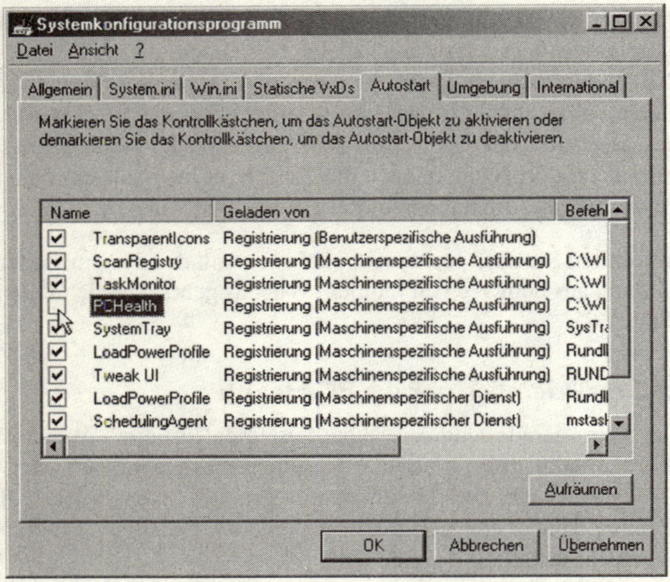

4 Jetzt können Sie das Programm problemlos installieren. Nach der Installation gehen Sie zurück ins Systemkonfigurationsprogramm und aktivieren die Option *PCHealth* wieder.

Bevor etwas „den Bach runter geht": Mit Backups sind Sie auf der sicheren Seite

Klar – wenn Sie Ihre Daten bei einem Crash verloren haben, ist es wirklich ein bisschen spät, sich über Backups Gedanken zu machen! Logischerweise sollten Sie also – gerade wenn Ihr PC wunderbar und problemlos läuft – Ihre wirklich wichtigen Daten und vielleicht sogar Windows selbst rechtzeitig in Sicherheit bringen. Wie das mit Windows geht, zeige ich Ihnen ab Seite 375. Zuerst aber mal ein kurzer Ausflug zum „normalen" Backup, mit dem Sie Ihre Daten sichern können.

Backup – ja, bitte! Nur wie?

Sie wollen Ihre Anwendungsdaten in Sicherheit bringen, wissen aber nicht genau wie und ein Backup-Programm haben Sie auch nicht?

Kein Problem – Sie haben ja Windows ME und damit auch ein ziemlich gutes Datensicherungsprogramm namens Microsoft Backup. Weil es bei der Windows-Installation nicht berücksichtigt wird, müssen Sie es manuell nachinstallieren – Sie finden es auf der Windows ME-CD im Ordner *add-ons\msbackup*. Nach einem Neustart finden Sie das Programm dann in der Gruppe der Systemprogramme.

Gerät auswählen und los geht's

Was das Backup von Anwendungsdaten, also etwa Word-Dokumente, angeht, macht Windows ME Ihnen die Backup-Arbeit wirklich ziemlich einfach. Das liegt vor allem daran, dass das Windows-eigene Backup-Programm zur Sicherung alle nur denkbaren Datenträger unterstützt. Ob Sie Ihre Daten also auf der Festplatte, einer Diskette, dem Zip-Laufwerk, dem CD-Brenner oder einem Streamer sichern möchten, hängt eigentlich nur noch davon ab, ob die zu sichernden Daten auch auf den Datenträger passen.

1. Um ein Backup zu starten, gehen Sie auf *Programme/Zubehör/Systemprogramme/Backup*.
2. Im Startfenster von Microsoft Backup klicken Sie auf die Option *Einen neuen Sicherungsauftrag erstellen*.
3. Im nächsten Fenster will der Assistent für die Datensicherung von Ihnen wissen, welche Art von Backup Sie anlegen wollen. Weil wir erst einmal nur einzelne Daten sichern wollen, wählen Sie die zweite Option *Markierte Dateien, Ordner und Laufwerke sichern*.

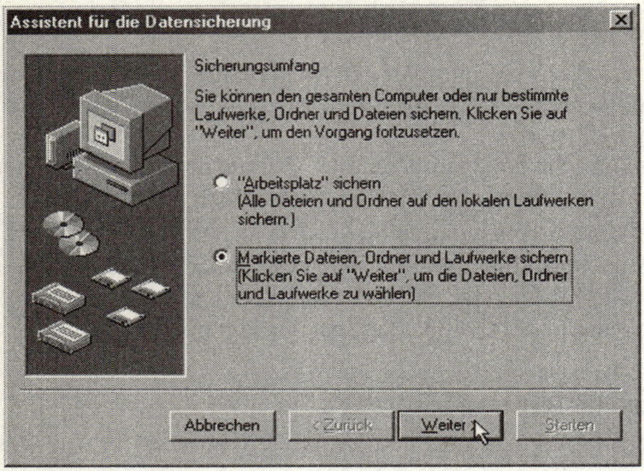

4 Im jetzt folgenden Assistentenfenster markieren Sie auf der linken Seite die Ordner und danach auf der rechten Seite die Dateien, die Sie sichern wollen. Mit *Weiter* gelangen Sie ins nächste Fenster.

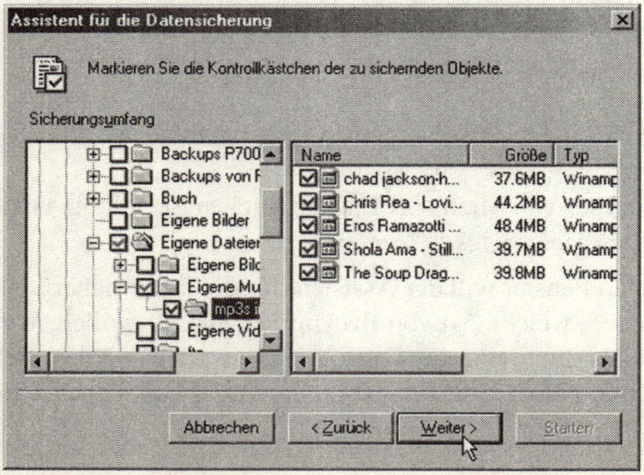

Wichtig: Ist genügend Platz auf dem Datenträger?

Im Eifer des Gefechts klickt man schnell mehr Dateien an, als vielleicht auf den Datenträger passen! Besonders wenn Sie auf Diskette sichern wollen, sollten Sie ein Auge auf die Dateigrößen haben und zumindest grob überschlagen, ob alles, was Sie sichern wollen, überhaupt noch auf die Diskette passt!

5 Der Assistent will jetzt wissen, ob Sie *Alle markierten Dateien* oder *Neue und geänderte Dateien* sichern wollen. In unserem Fall ist das natürlich klar – wir wollen die markierten Dateien sichern.

6 Im nächsten Fenster müssen Sie das Sicherungsziel festlegen. Mit Sicherungsziel ist natürlich der Datenträger gemeint, auf dem die Sicherung gespeichert werden soll. Standardmäßig gibt der Assistent dabei *C:\MyBackup.qic* vor. Das ist natürlich nicht besonders sinnvoll, denn wenn das Backup auf der Festplatte abgelegt wird, ist es bei einem Plattendefekt natürlich auch verloren! Über die Auswahlliste bestimmen Sie jetzt also ein anderes Laufwerk, wie zum Beispiel den CD-Brenner.

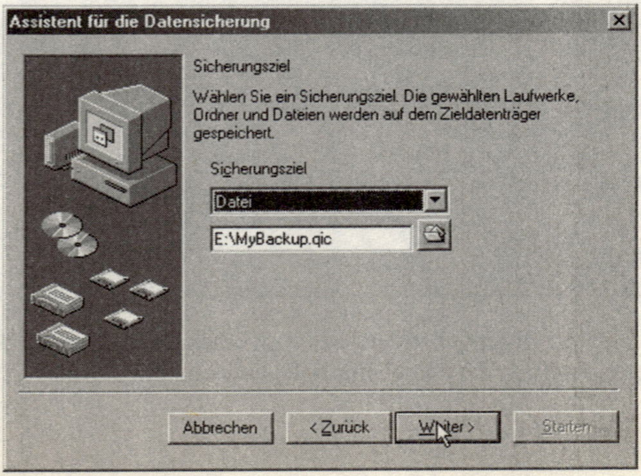

7 Im Fenster *Sicherungsziel* geben Sie der Sicherung einen aussagekräftigen Namen und sind damit fast schon fertig.

8 Der Assistent bestätigt jetzt die Eingabe des neuen Sicherungsziels und bietet Ihnen zwei Optionen zur Sicherungsart an. Die erste Option *Sicherungsdateien vergleichen, um sicherzustellen, dass die Daten gesichert wurden* sollten Sie auf jeden Fall aktivieren. Die zweite Option *Sicherungsdaten komprimieren, um Speicherplatz zu sparen* brauchen Sie nur, wenn der Platz auf dem Datenträger eng werden könnte.

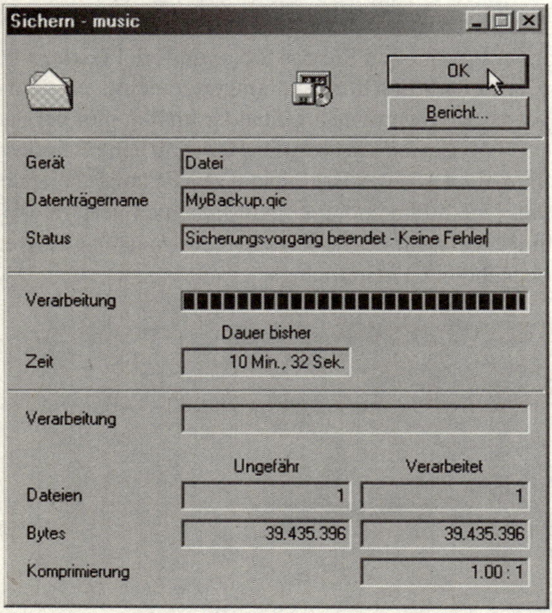

9 Im letzten Fenster geben Sie jetzt noch einen Namen für den Sicherungsauftrag ein und beginnen das Backup mit *Starten*.

Und fertig ist das Backup! Im Abschlussfenster zeigt Ihnen der Assistent noch eine Zusammenfassung des Backups und springt automatisch wieder ins Startfenster des Programms.

So einfach stellen Sie Backup-Daten wieder her

Wenn der „Fall der Fälle“ tatsächlich eingetreten sein sollte und Sie deshalb das Backup brauchen, stellen Sie die gesicherten Daten ganz einfach mit dem Assistenten wieder her. Und das geht so:

1 Zuerst legen Sie den Datenträger, also zum Beispiel die CD, ein und starten dann Microsoft Backup.

2 Im Startfenster des Programms klicken Sie auf *Gesicherte Daten wiederherstellen.*

3 Im ersten Fenster von *Assistent für die Wiederherstellung* geben Sie an, aus welcher Quelle die Dateien wiederhergestellt werden sollen.

4 Im Fenster *Sicherungssatz wählen* suchen Sie das gewünschte Backup heraus und markieren es.

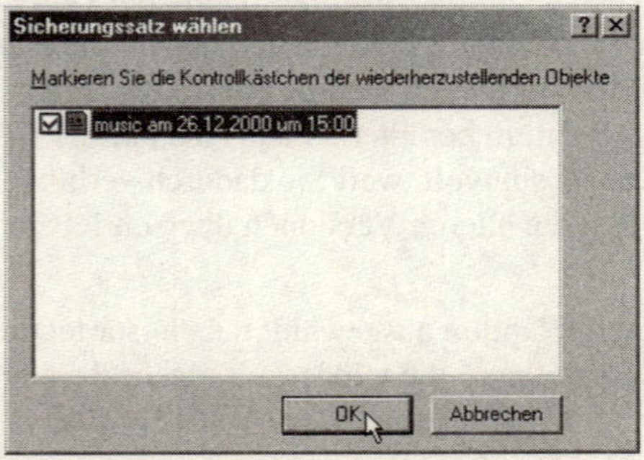

5 Im nächsten Assistentenfenster legen Sie fest, welche Objekte wiederhergestellt werden sollen. Klar – hier gehen Sie genauso vor wie bei der Sicherung der Dateien, also setzen ein Häkchen vor die entsprechenden Objekte.

6 Jetzt will der Assistent wissen, an welchem Ort die Daten wiederhergestellt werden sollen. Sie können hier entweder das Originalverzeichnis oder ein anderes Verzeichnis angeben.

7 Im letzten Assistentenfenster können Sie jetzt zwischen drei verschiedenen Optionen wählen.

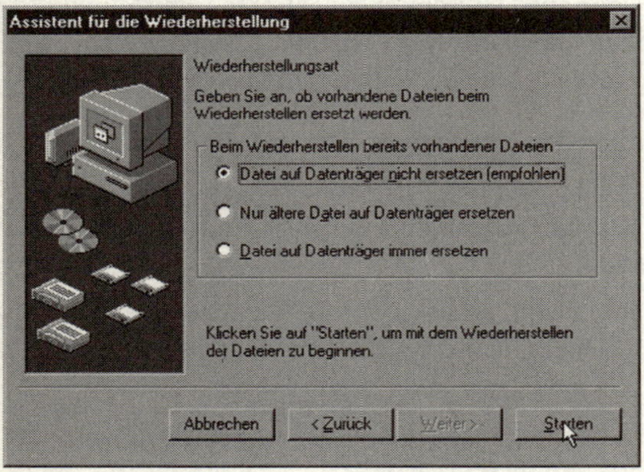

Sinnvoll ist hier die zweite Option *Nur ältere Datei auf Datenträger ersetzen.* So werden Dateien mit gleichem Namen, die noch im Zielordner vorhanden sind, nur dann überschrieben, wenn diese vom Datensicherungsdatum her älter sind als die auf der CD gesicherten Daten. Das ist sinnvoll, weil Sie dadurch verhindern, dass neue Dateien mit deren älteren Versionen überschrieben werden.

8 Wenn Sie die gewünschte Option ausgewählt haben, startet der Assistent die Wiederherstellung, die wieder mit einem Berichtsfenster abschließt.

Nach dem Gau – So kommen Sie wieder an Ihr Windows

Der so genannte „**G**rößte **A**nzunehmende **U**nfall" droht leider nicht nur in bröseligen Atomkraftwerken – auch unter Windows ME gibt es so was! So ein „Daten-Gau" kann ganz unterschiedliche Ursachen und damit natürlich auch unterschiedliche Auswirkungen haben.

Der „harmlose" Daten-Gau

Dieser Gau ist deswegen „harmlos", weil er softwarebedingt ist, also lediglich Windows zerschießt und damit lahm legt. Mit der Systemwiederherstellung, die ich Ihnen gleich zeige, können Sie einen solchen Gau im Normalfall mit ein paar Minuten Arbeit wieder ausbügeln.

Der „fiese" Daten-Gau

Ganz anders sieht's leider aus, wenn Sie der „echte" Daten-Gau erwischt hat, der durch einen Festplattencrash ausgelöst wird. Hier liegen echte physikalische Defekte auf der Festplatte vor, die Sie nicht mehr reparieren können. Die Folge ist klar: Ihr Windows hat sich für immer verabschiedet und die Festplatte ist ein Fall für den Schrotthaufen! Verhindern können Sie einen solchen Gau nicht – Sie können sich aber rechtzeitig absichern und dafür sorgen, dass der Schaden so klein wie möglich bleibt. Dafür gibt es ein paar unterschiedliche Möglichkeiten, die ich Ihnen ab Seite 371 zeige.

Kein Allheilmittel, aber supersinnvoll: Die Systemwiederherstellung

Eines der wirklich sinnvollsten neuen Windows-Features ist die Systemwiederherstellung, die genau das tut, was ihr Name schon vermuten lässt: Sie stellt Windows nach einem kapitalen Crash wieder auf die Beine.

So arbeitet die Systemwiederherstellung

Die Systemwiederherstellung arbeitet eng mit dem Systemdateischutz zusammen und sorgt dafür, dass Windows nach fehlerhaften Benutzer- oder Programmeingriffen wieder in seinen ursprünglichen Zustand versetzt wird. Dazu legt der Systemdateischutz von praktisch allen wichtigen Systemdateien Kopien an – wenn Sie also versehentlich eine Systemdatei löschen oder ein Programm sie beschädigen sollte, hat das nur für den Augenblick Auswirkungen auf Windows.

Denn schon beim nächsten Neustart ersetzt Windows die beschädigte Datei durch das Original und schwupps – läuft alles wieder fehlerfrei. Damit das klappt, macht die Systemwiederherstellung eine Art Schnappschuss von Ihrem PC und bewahrt diesen für später auf.

Dieser Schnappschuss – eigentlich als „Prüfpunkt" bezeichnet – kommt dann zum Einsatz, wenn's gekracht hat und Windows mit zerschossenen Systemdateien am Boden liegt.

So schnell geht's: Der Sicherheits-Schnappschuss von Windows

Grundsätzlich arbeitet die Systemwiederherstellung automatisch – gleich nach der ersten Installation von Windows ME, dann alle 24 Stunden bzw. alle 10 Stunden. Wenn der PC so lange ununterbrochen läuft, werden die Prüfpunkte gesetzt.

Sie müssen allerdings nicht warten, bis Windows dies tut und können stattdessen jederzeit selbst einen Schnappschuss machen. Dazu klicken Sie einfach auf *Start/Programme/Systemprogramme/Systemwiederherstellung.*

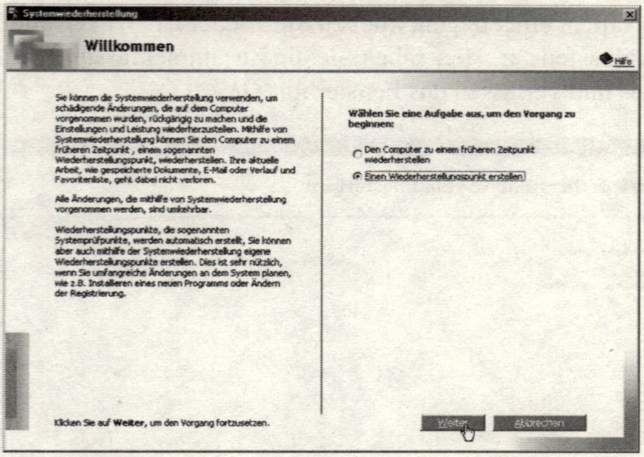

Jetzt aktivieren Sie die Option *Einen Wiederherstellungspunkt erstellen* und klicken auf *Weiter*. Im nächsten Fenster vergeben Sie einen Namen für den Schnappschuss, also zum Beispiel „Vor dem Grafikkarteneinbau". Übrigens macht es keinen Sinn, Datum und Uhrzeit als Namen zu verwenden, denn diese beiden Angaben werden sowieso automatisch mit in den Namen übernommen.

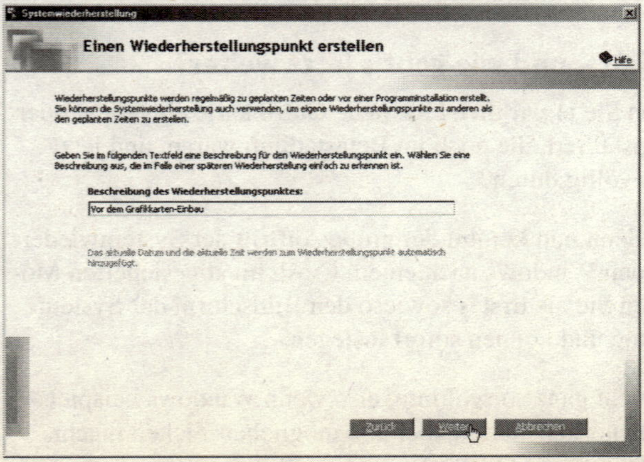

Haben Sie den Namen eingetragen, klicken Sie wieder auf *Weiter* und landen im Abschlussfenster. Hier sehen Sie die Zusammenfassung des Schnappschusses und verlassen das Fenster mit *OK*.

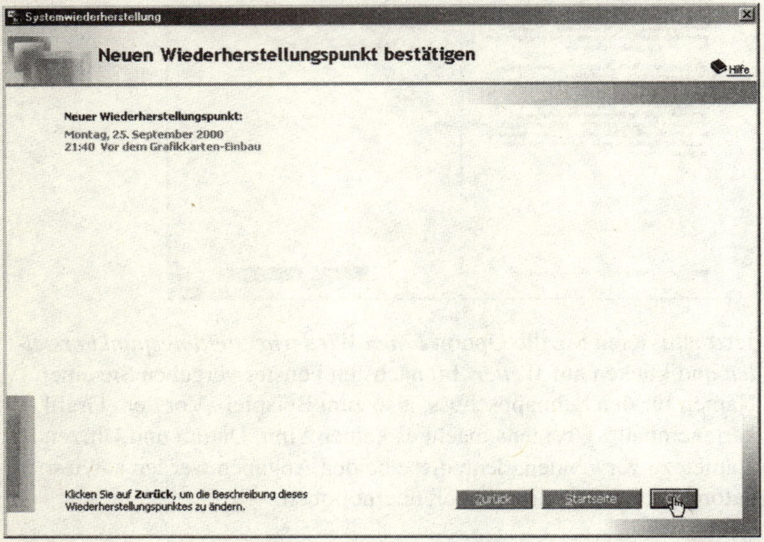

Nach dem Gau – und wie geht's jetzt weiter?

Vielleicht haben Sie ja wirklich eine neue Grafikkarte eingebaut oder einen Treiber installiert, die noch im Betastadium waren, und jetzt dreht Windows völlig durch?

Kein Problem, denn nun kommt der große Auftritt der Systemwiederherstellung! Wenn Windows nach einem Crash im abgesicherten Modus startet, sehen Sie als Erstes sowieso den Bildschirm der Systemwiederherstellung und können sofort loslegen.

Liegt der Fall nicht ganz so schlimm, also wenn Windows beispielsweise noch ganz normal startet, aber alle möglichen Zicken macht, wählen Sie einfach wieder *Start/Programme/Systemprogramme/*

Systemwiederherstellung. Aktivieren Sie diesmal die Option *Den Computer zu einem früheren Zeitpunkt wiederherstellen* und klicken Sie auf *Weiter*.

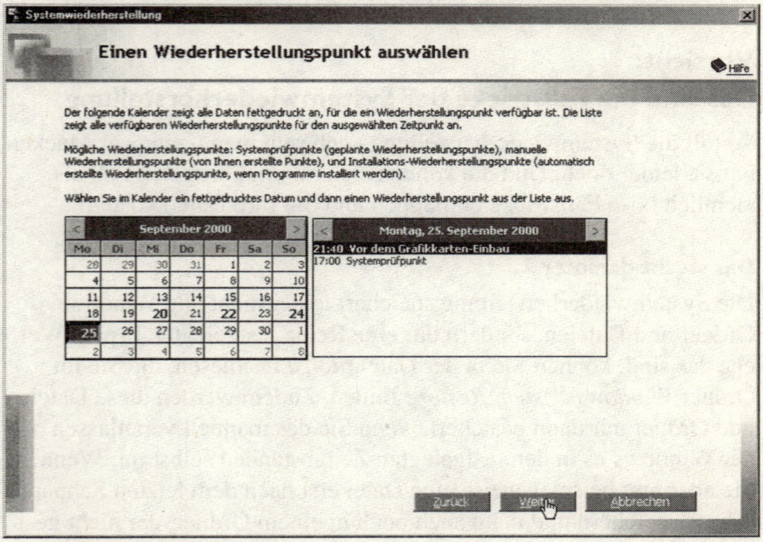

Windows zeigt Ihnen jetzt eine Warnmeldung, die Sie auch auf jeden Fall beherzigen sollten.

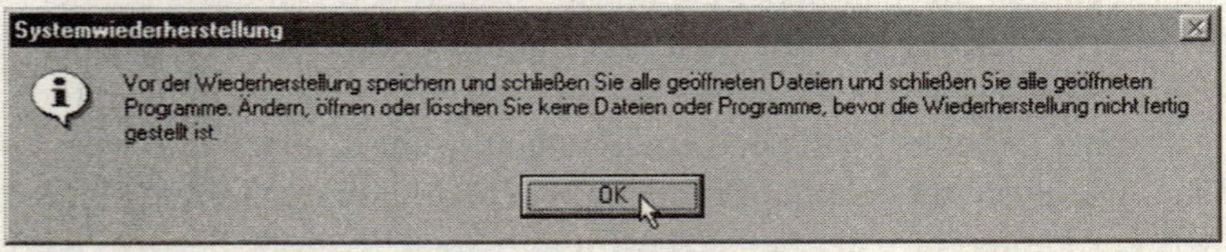

Bestätigen Sie Warnmeldung mit *OK*, beginnt Windows mit der Wiederherstellung. Das kann einige Minuten dauern, zum Abschluss folgt ein automatischer Neustart des PCs.

Nach dem Neustart landen Sie zunächst noch einmal in einem Fenster der Systemwiederherstellung, das Sie mit *OK* schließen können. Ob Sie's glauben oder nicht: In 99,9 Prozent aller Fälle funktioniert Windows ME jetzt tatsächlich wieder wie frisch nach der Installation!

Vorsicht: Das sind die Fallstricke der Systemwiederherstellung

So toll die Systemwiederherstellung auch sein mag – ein paar Macken hat sie leider doch. Und die können sich im ungünstigsten Fall als ziemlich böse Fallstricke entpuppen und Sie Ihre Daten kosten!

Das steckt dahinter ...

Die Systemwiederherstellung speichert leider nicht alle Windows-Ordner und Dateien, sondern nur eine Reihe festgelegter Typen. Welche das sind, können Sie in der Datei *filelist* nachlesen, die Sie im Ordner *Windows\System\Restore* finden. Zudem werden diese Dateien und Ordner nur dann gesichert, wenn Sie das manuell veranlassen oder Windows es in den festgelegten Zeitabständen selbst tut. Wenn Sie aber nun beispielsweise eine Datei erst nach dem letzten Schnappschuss speichern und dann auch noch in einem Ordner, der nicht gesichert wird, ist diese Datei nach der Systemwiederherstellung verschwunden. Klar – Sie können die Wiederherstellung auch rückgängig machen, aber darauf verlassen, dass die jeweilige Datei dann wieder da ist, sollten Sie sich lieber nicht. Ein Ordner, den Windows bei der Wiederherstellung in Ruhe lässt, ist zum Beispiel der Ordner *Eigene Dateien*. Was hier liegt, ist also vor zu viel „Wiederherstellungseifer" geschützt! Aber es kann noch etwas anderes sehr unangenehm werden. Die Systemwiederherstellung arbeitet nämlich im Grunde ähnlich wie der Papierkorb, der ja eine bestimmte Speichergröße besitzt. Wird diese Größe überschritten – also zum Beispiel weil Sie sehr viele Schnappschüsse gemacht haben – schmeißt die Systemwiederherstellung einfach ältere Schnappschüsse raus, um Platz zu schaffen. Und das auch noch, ohne Sie zu warnen!

Schutz vor dem „fiesen“ Daten-Gau

Wie schon gesagt – neben dem softwarebedingten Gau, den Sie fast immer mit der Systemwiederherstellung beheben können, gibt es noch den weitaus schlimmeren Hardware-Gau.

In einem solchen Fall verabschiedet sich Ihre Festplatte kurz und schmerzhaft – und zwar für immer! Daran lässt sich leider nichts ändern – Sie können sich aber auf einen solchen Gau vorbereiten und nach dem Crash innerhalb kürzester Zeit mit Ihrem PC so weiterarbeiten, als wäre (fast) nichts passiert.

Um das zu realisieren, gibt es ein paar Möglichkeiten, die aber alle einen entscheidenden Nachteil haben: Sie kosten die eine oder andere Mark, denn Sie müssen sich eine zweite Festplatte zulegen! Ob sich das in Ihrem Fall wirklich lohnt, müssen Sie natürlich selbst entscheiden – bei den immer weiter fallenden Festplattenpreisen ist eine zweite Festplatte aber wirklich kein Luxus mehr.

Wie bitte: Festplattenspiegelung?

Die garantiert beste Möglichkeit, Ihr Windows in Sicherheit zu bringen, funktioniert mit der so genannten „Festplattenspiegelung“. Die Festplattenspiegelung funktioniert natürlich nur, wenn Sie mindestens eine zweite Festplatte im Rechner eingebaut haben. Ist das nicht der Fall, brauchen Sie jetzt natürlich nicht gleich loszusausen und eine neue Platte zu kaufen! Es gibt auch andere, weniger teure Möglichkeiten, Windows zu sichern, die ich Ihnen später zeige. Die Sache mit der Festplattenspiegelung ist aber nun einmal wirklich „narrensicher“, und wer sie einmal ausprobiert hat, schwört drauf!

Das steckt dahinter ...

Die Festplattenspiegelung funktioniert eigentlich ziemlich einfach, wobei Sie grundsätzlich zwei Möglichkeiten haben: Sie spielen Windows zuerst auf die erste Festplatte und richten dann alle Ihre Geräte und Programme ein. Exakt das Gleiche tun Sie nun mit der zweiten

Festplatte. Wieder zurück auf der ersten Festplatte richten Sie das Programm Microsoft Backup so ein, dass alle Anwendungsdaten von der ersten Platte regelmäßig auf der zweiten, der Spiegelplatte gesichert werden. Tritt wirklich ein Festplattencrash ein, klemmen Sie die defekte Platte einfach ab und können mit der „gespiegelten", also der zweiten Festplatte wie gewohnt weiterarbeiten. Etwas weniger aufwändig ist die zweite Möglichkeit: Sie installieren Windows nur einmal, und zwar auf Ihrer „Hauptplatte". Dann „klonen" Sie diese Platte mit einem speziellen Tool, wie etwa Norton Ghost und schaffen damit ein absolut identisches Abbild Ihrer ersten Platte auf der zweiten Festplatte. Der einzige Nachteil dieser Methode: Ein Cloning-Tool müssen Sie normalerweise kaufen! Glücklicherweise gibt es aber auch Sharewarealternativen wie etwa das Programm HDCopy 2.03, das Sie unter der Adresse http://www.hdcopy.de finden.

Ein bisschen Bastelarbeit, die sich aber lohnt

Je nach Bussystem auf Ihrem PC, also entweder EIDE oder SCSI, unterscheidet sich die Vorgehensweise ein bisschen voneinander. Der absolut wichtigste Arbeitsschritt ist aber bei SCSI und bei EIDE-Rechnern der gleiche: Weil Windows sich nämlich nicht auf beiden angeschlossenen Festplatten nacheinander installieren lässt, müssen Sie die Festplatten nacheinander einbauen und wenn Sie Windows auf der einen Platte installieren, die andere Platte deaktivieren.

So funktioniert die Festplattenspiegelung bei SCSI-Rechnern ...

Um eine Festplatte auf einem SCSI-Rechner zu spiegeln, machen Sie Folgendes:

1. Wenn Sie einen fertig aufgebauten Rechner haben, stecken Sie einfach das Datenkabel zur zweiten Festplatte ab und starten den Rechner dann. Windows erkennt jetzt natürlich nur die eine Platte im Rechner, auf der Sie Windows mit allen Geräten und Programmen einrichten.

2 Sind Sie damit fertig, fahren Sie den Rechner herunter und stecken das Datenkabel wieder auf die zweite Platte. Dafür entfernen Sie jetzt das Datenkabel der eben eingerichteten Platte.

3 Wenn Sie den Rechner jetzt hochfahren, erkennt Windows wiederum nur eine Festplatte, diesmal natürlich die zweite – die Spiegelplatte. Und jetzt installieren Sie Windows und alle Programme exakt so wie auf der ersten Platte.

4 Sind Sie mit der Installation fertig, fahren Sie den Rechner herunter und verbinden die zweite Platte wieder mit dem Controller. Danach starten Sie den PC erneut.

5 Jetzt starten Sie auf der ersten Platte Microsoft Backup und legen fest, welche Anwendungsdaten gesichert werden sollen. Als Sicherungsgerät wählen Sie die entsprechenden Programmordner auf der zweiten Festplatte aus.

6 Wenn Sie das Backup-Programm jetzt regelmäßig starten, werden alle Daten aus Ihren Programmen in den richtigen Ordnern auf der Spiegelplatte gespeichert.

Klar – bis Sie mit dieser Methode endlich das erste Backup anlegen können, dauert es etwas, weil das Einrichten natürlich ein bisschen Zeit kostet.

Die investierte Zeit lohnt sich aber spätestens nach dem ersten echten Plattencrash. Wenn nämlich unter SCSI die erste Platte ausfällt, fahren Sie den Rechner einfach herunter und klemmen die defekte Platte ab.

Beim erneuten Hochfahren erkennt Windows die gespiegelte Platte nun als einzige im Rechner vorhandene Festplatte, und Sie können sofort und ohne Datenverlust weiterarbeiten.

... und so, wenn Sie einen IDE-Rechner haben!

Genau genommen funktioniert die Spiegelung bei IDE-Rechnern fast genau so wie bei SCSI-Rechnern. Weil aber unter IDE die Festplatten anders verwaltet werden als unter SCSI, müssen Sie ein paar zusätzliche Arbeitsschritte durchführen.

1 Zuerst stecken Sie das Datenkabel der zweiten Platte ab und konfigurieren die erste Festplatte per Jumper als Master.

2 Auf der Master-Platte richten Sie nun Windows und Programme komplett ein. Danach fahren Sie den Rechner herunter.

3 Jetzt ziehen Sie das Datenkabel der Master-Platte ab und jumpern die zweite Festplatte als Master-Platte.

4 Im nächsten Schritt installieren Sie jetzt auf dieser Platte wiederum Windows und alle Programme.

5 Zum Schluss fahren Sie den Rechner herunter, stecken das Datenkabel der ersten Festplatte an und jumpern diese wieder als die Master-Platte. Die zweite Platte müssen Sie jetzt natürlich als Slave-Platte jumpern. Haben Sie Windows gestartet, konfigurieren Sie das Microsoft Backup genau so wie beim SCSI-Rechner, sodass das Backup auf der zweiten Festplatte in den jeweiligen Programmordnern erstellt wird.

Nach einem Festplattencrash müssen Sie bei einem IDE-Rechner die kaputte Platte nicht nur abstecken, sondern natürlich auch die Spiegelplatte als Master-Platte jumpern. Danach können Sie aber weiterarbeiten, als wäre nichts passiert.

Master & Slave?

Wenn Sie nicht so ganz sicher sind, was es bei IDE-Festplatten mit Master & Slave auf sich hat, lesen Sie Näheres am besten ab Seite 753 nach.

Microsoft Backup beherrscht auch die Komplettsicherung

Wie Sie mit Microsoft Backup bestimmte Daten sichern können, habe ich Ihnen auf Seite 359 gezeigt – Sie können aber auch das Betriebssystem selbst sichern. Das funktioniert im Grunde ziemlich zuverlässig. Treten aber beim Backup Fehler auf, müssen Sie den gesamten Backup-Vorgang von vorn starten.

Erst mal ein Test

Es ist wirklich sinnvoll, erst einmal in einem Testlauf auszuprobieren, wie das Komplett-Backup funktioniert, bevor Sie sich völlig darauf verlassen. Und das könnte so aussehen:

Die besten Bedingungen haben Sie, wenn Sie mit zwei Festplatten arbeiten. Dann können Sie Windows nach dem Backup von der ersten Platte löschen und danach von der Backup-Platte wiederherstellen.

Und hier die wirklich wichtigen Arbeitsschritte beim Windows-Backup:

1. Zuerst starten Sie Microsoft Backup und setzen dort vor den *Windows*-Ordner ein Häkchen, womit dann auch alle Unterordner aktiviert werden.
2. Unter *Sicherungsziel* geben Sie nun die zweite Festplatte als Ort an, an dem das Backup gespeichert werden soll. In diesem Arbeitsschritt müssen Sie auch gleich einen Namen für das Backup vergeben.
3. Im nächsten Schritt klicken Sie auf *Optionen* und wechseln dann auf die Registerkarte *Weitere Optionen*.
4. Hier klicken Sie auf die Option *Windows-Registrierung sichern*. Dann kehren Sie ins Hauptfenster zurück und klicken auf *Starten*.

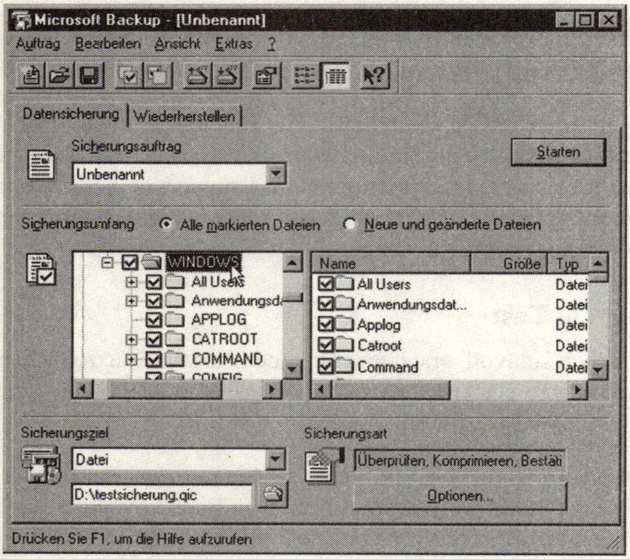

Fehler beim Windows-Backup: Und was jetzt?

Wie schon gesagt: Ein Komplett-Backup von Windows ist ziemlich empfindlich, was Fehler angeht. Um nachzusehen, ob tatsächlich Fehler aufgetreten sind, lassen Sie sich am Ende der Sicherung einfach die Berichtsdatei anzeigen.

Backup-Fehler, die Sie ignorieren können

Backup-Fehler, bei denen zum Beispiel die *.log*-Datei des Taskplaners oder Hilfedateien nicht erfasst wurden, sind absolut unkritisch. Gefährlich wird es jedoch, wenn im Backup-Bericht Fehlermeldungen auftauchen, die sich auf *.dll-*, *.exe-* oder *.vxd*-Dateien beziehen! Wenn diese Programm- und Treiberdateien nicht richtig gesichert wurden und deshalb natürlich auch nicht wiederhergestellt werden können, ist das gesicherte Windows wahrscheinlich nicht lauffähig. Was hier also noch übrig bleibt, ist ein erneutes Backup.

So stellen Sie Windows wieder her

Hat das Backup fehlerfrei funktioniert, können Sie auch gleich die Wiederherstellung starten.

1 Zuerst starten Sie Microsoft Backup und wählen im Startfenster die Registerkarte *Wiederherstellen*.

2 Im Feld neben *Wiederherstellen von* suchen Sie jetzt den Backup-Pfad und klicken dann auf *Optionen*.

3 Im Fenster *Wiederherstellungsoptionen* müssen Sie die Option *Datei auf dem Datenträger immer ersetzen* wählen. Nur so können Sie nämlich sicher sein, dass das wiederhergestellte Windows keine Reste der vorherigen Version enthält.

4 Die Einstellungen auf der Registerkarte *Bericht* übernehmen Sie am besten so, wie sie sind. Das gibt Ihnen einen sehr detaillierten Bericht über alle nicht wiederhergestellten Dateien oder alle während der Wiederherstellung angezeigten Systemwarnungen.

5 Die wichtigste Option, die Sie aktivieren müssen, *Windows-Registrierung wiederherstellen*, finden Sie auf der Registerkarte *Weitere Optionen*.

6 Wenn Sie jetzt auf *Starten* klicken, beginnt die Wiederherstellung.

Das sind die wichtigsten Daten, die Sie immer sichern sollten

Klar ist eine Komplettsicherung von Windows eine ziemlich sinnvolle Sache, die aber den Haken hat, dass Sie viele persönliche Daten gar nicht mitsichern können.

Damit Sie nach einem Windows-Crash nicht wieder von vorn anfangen müssen, zeige ich Ihnen hier alle Dateien, die Sie zwischendurch ruhig immer mal wieder auch manuell sichern sollten.

Onlineadressbücher und Lesezeichen retten

Wenn Sie Ihr Adressbuch verlieren, ist das schon ziemlich ärgerlich. Mindestens genauso ärgerlich ist aber der Verlust Ihrer Onlineadressbücher.

Sichern Sie sie einfach von Zeit zu Zeit und ersparen Sie sich damit nach einem Windows-Crash viel Tipparbeit. Das Gleiche gilt für die mühsam gesammelten Lesezeichen von interessanten Webseiten. Auch diese gehen nämlich bei einem Windows-Crash verloren.

Die Adressbücher und Lesezeichen werden je nach Onlinedienst in verschiedenen Ordnern verwaltet:

- CompuServe legt die Adressen im Ordner *Support\Addrbook.dat* ab.
- Bei AOL werden die Adressen in den Dateien *Addrbook.ind* und *Addrbook.lst* im Ordner *Idb* gespeichert.
- Wenn Sie mit dem Internet Explorer 5.5 und Outlook Express arbeiten, finden Sie die Adressen im Ordner *Windows\Anwendungsdaten\Microsoft\Addressbook abc.wab*. Die Zeichenfolge *abc* steht dabei für den Profilnamen des jeweiligen Anwenders.
- Internetadressen finden Sie beim Internet Explorer im Ordner *Windows\Favoriten*.
- Benutzen Sie einen Netscape-Browser, finden Sie die Webadressen im Ordner *Netscape\Navigator* oder *Netscape\Navigator\Users\ABC* in der HTML-Datei namens *Bookmarks.html. ABC* steht auch hier wieder für den Profilnamen des jeweiligen Anwenders.
- In T-Online finden Sie Ihre Kontakte im Ordner *Tonline\Data* und dort in der Datei *Userkrzw.ini*.
- Wenn Sie mit Outlook Express arbeiten, wird Ihr Adressbuch in der Datei *Wab.exe* gespeichert, die Sie im Ordner *Programme\Outlook Express* finden.

Und noch ein paar Postablagen ...

- Bei manchen Onlinediensten wird die ein- und ausgehende Post noch in weiteren Ordnern gespeichert, die Sie ebenfalls sichern sollten:
- Bei AOL finden Sie sie im Ordner *Organize*.
- CompuServe verwendet dazu den Ordner *FCabinet*.

Noch eine Backup-Möglichkeit: Die Wiederherstellungs-CD

Eine weitere, sehr interessante Möglichkeit, Ihren PC nach einem Softwarecrash wiederherzustellen, funktioniert über eine so genannte „Wiederherstellungs-CD“. Mit dem kleinen Programm MakeExe, das Sie unter der Adresse http://www.hdcopy.de finden, geht das im Handumdrehen. Dabei können Sie ganz exakt festlegen, was wiederhergestellt werden soll – also etwa nur die Systempartition oder gleich die ganze Festplatte!

Alle Daten weg! Oder doch nicht?

Wenn es doch einmal zum Riesen-Crash gekommen ist, bleiben von Dateien manchmal nur noch Fragmente übrig, die sich mit keinem normalen Windows-Programm mehr öffnen lassen.

Eine Möglichkeit, zumindest bei Textdateien vielleicht noch etwas zu retten, haben Sie mit einem kleinen Tool namens TextGrabber das Sie unter der Adresse http://www.thomas.mergner.de finden.

TextGrabber kann aus völlig zerschossenen Textdateien nämlich noch lesbare Wörter herausklauben – wenn es sich um wirklich wichtige Informationen, beispielsweise Adressen, kann diese Fähigkeit Gold wert sein! Mein Tipp deshalb: angucken und ausprobieren!

Ein heißes Eisen: BIOS-Tuning

Um es mal ganz klar und gleich vorneweg zu sagen: Viele so genannte „BIOS-Tuning-Tipps“ sind ausgemachter Blödsinn! Der Grund: Moderne BIOS-Versionen verwalten den Rechner und die Hardware vollautomatisch und eigentlich immer mit den optimalen Werten.

Zudem sind Veränderungen am BIOS ziemlich heikel und führen, wenn Sie Pech haben, dazu, dass der Rechner nicht mehr hochfährt. Dann hilft nur noch ein BIOS-Reset, also das Zurücksetzen des BIOS auf seine Standardwerte. Und das zieht wiederum eine ganze Menge an zusätzlicher Konfigurationsarbeit nach sich.

BIOS-Tuning: Soll ich oder soll ich lieber nicht?

Auch wenn ich Sie gerade so eindringlich vor Spielereien am BIOS gewarnt habe – ein paar wenige Parameter des BIOS können Sie tatsächlich ändern und damit Geschwindigkeitsgewinne oder einfach mehr Systemstabilität erreichen.

Ich zeige Ihnen im Folgenden einfach einmal diese Parameter und beziehe mich dabei auf das sicherlich am weitesten verbreitete BIOS, das Award-BIOS. Aber keine Sorge, falls Sie vielleicht ein AMI- oder Phoenix-BIOS haben: Die Einstellungen in den verschiedenen BIOS-Versionen ähneln sich nämlich bis auf eine etwas unterschiedliche Bezeichnung ziemlich.

Übrigens: Wenn Sie mehr über das BIOS des Rechners wissen wollen, als ich Ihnen aus Platzgründen hier vermitteln kann, dann besuchen Sie im Internet doch mal die Seite des „BIOS-Kompendiums“ unter der Adresse http://www.bios-info.de. Hier können Sie zum Beispiel die Fehlermeldungen einzelner BIOS-Versionen nachlesen und sehen, welche Einstellungen in welcher BIOS-Version für Sie wichtig sind!

So kommen Sie ins BIOS

Ins BIOS Ihres Rechners kommen Sie, indem Sie beim Booten eine oder mehrere Tasten auf der Tastatur drücken. Beim Award- und AMI-BIOS ist dies die [Entf]-Taste, beim Phoenix-BIOS die Taste [F2].

Das steht im BIOS Ihres Rechners

Das BIOS Ihre PCs ist in unterschiedliche Kategorien aufgeteilt, die Sie in seinem Hauptfenster sehen. Ich zeige Ihnen hier übrigens nur die Kategorien, in denen es sich lohnen kann, etwas zu ändern bzw. in denen es eher ungeschickt wäre, wenn Sie Einträge verändern.

BIOS Feature Setup

In dieser Kategorie werden alle Einstellungen verwaltet, die nicht vom Chipsatz des Motherboards abhängig sind. Wenn Sie auf die BIOS-Standardwerte zurückkehren wollen, wählen Sie hier einfach die Option *Load Setup Defaults*.

Virus Warning: Kein echter Schutz und Rechnerbremse

Einen sehr einfach gestrickten Virenschutz können Sie über den Eintrag *Virus Warning* aktivieren. Wenn jetzt ein Programm versucht, in den Bootsektor oder die Partitionstabelle auf der Festplatte zu schreiben, wird sofort Alarm geschlagen. Wenn Sie beispielsweise einen Boot-Manager verwenden, sollten Sie diese Option deaktivieren. Boot-Manager setzen nämlich beim Start Einträge in den Bootsektor und die Partitionstabelle, der Virenschutz merkt das und Sie müssen erst allerlei Abfragen bestätigen, bevor Windows starten kann. Übrigens: Der „Virenscanner“, den Ihnen das BIOS anbietet, ist auf gar keinen Fall ein Ersatz für ein vollwertiges Antivirenprogramm! Also selbst, wenn Sie den Eintrag *Virus Warning* aktiviert haben, bedeutet das nur einen absolut oberflächlichen und sehr löchrigen Virenschutz – an einem „vernünftigen“ Virenscanner kommen Sie also nicht vorbei.

CPU Internal Cache: Alte DOS-Spiele hassen das

CPU Internal Cache hat mit dem Cache-Speicher im Prozessor, dem so genannten „First Level Cache" zu tun. Normalerweise steht dieser Eintrag auf *Enabled*, und genau dabei sollten Sie ihn auch belassen. Einzige, wenn auch seltene Ausnahme: Manche Uralt-DOS-Spiele kommen mit schnellen Prozessoren wie einem Pentium 300 oder 350 nicht zurecht. Um das Spiel laufen zu lassen, müssen Sie die Option dann auf *Disabled* setzen. Wenn Sie zur normalen Windows-Arbeit zurückkehren, setzen Sie die Option aber wieder auf *Enabled*, weil Windows sonst nur noch im Zeitlupentempo abläuft.

External Cache: Macht den Rechner schneller

Der externe, auch „Pipeline Burst-" oder „Second Level Cache" genannte Speicher wird über *External Cache* verwaltet. Standardmäßig steht er auf *Enabled*, weil der Rechner ohne ihn ziemlich langsam wäre.

Freie Wahl des Bootlaufwerks

Im Eintrag *Boot Sequence* geben Sie an, von welchem Laufwerk der PC gebootet wird. Alle neueren BIOS-Versionen erlauben dabei übrigens auch das Booten vom CD-ROM-Laufwerk. Das funktioniert aber nur, wenn Sie auch eine bootfähige CD besitzen. Zur Erinnerung: Die Windows ME-Update-CD ist nicht bootfähig!

Das können Sie abschalten: Boot Up Floppy Seek

Wenn der Eintrag *Boot Up Floppy Seek* auf *Enabled* steht, geht das schnell auf die Nerven. Beim Booten sucht der Rechner dann nach dem Diskettenlaufwerk, was zu dem bekannten Kratzgeräusch führt. Am besten also, Sie setzen den Eintrag auf *Disabled*.

Wenn Sie den Ziffernblock nicht brauchen

Über *Boot Up Num Lock Status* wird schon beim Booten der Ziffernblock auf der Tastatur aktiviert. Sie können das am Aufleuchten des entsprechenden Lämpchens auf der Tastatur erkennen. Wenn Sie gar nicht mit dem Ziffernblock arbeiten, setzen Sie die Option auf *Disabled*.

Schneller Zugriff auf den Arbeitsspeicher

Gate A20 Option ist einer der wichtigsten Einträge, weil er den Zugriff auf den Arbeitsspeicher oberhalb von 1 MByte ermöglicht. Dieser Eintrag steht standardmäßig auf *Fast*, und dabei sollten Sie es in jedem Fall auch blassen! Wenn Sie *Normal* einstellen, läuft der Rechner nur noch im Schneckentempo.

Finger weg von der Parity!

Auch der Eintrag *Memory Parity/ECC Check* ist ziemlich wichtig, weil er beim Booten den Arbeitsspeicher überprüft. Wenn in Ihrem PC Arbeitsspeicher mit Parity oder Parität eingebaut ist, muss diese Option auf *Enabled* stehen, ansonsten auf *Disabled*. Wenn Sie den Eintrag aus Versehen verstellen, kann der Rechner nicht mehr booten und zeigt die Fehlermeldung *ParityError*.

Sicher ist sicher: User-Passwort und Supervisor-Passwort

Über die *Security*-Option können Sie in der Kategorie *User Password* und *Supervisor Password* ein Kennwort festlegen, mit dem dann entweder das Setup oder das System selbst geschützt wird.

Eine PCI-Grafikkarte mit einer ISA-Videokarte verwenden

Wenn Sie parallel zu einer PCI-Grafikkarte auch eine ISA-Videokarte benutzen, müssen Sie den Eintrag *PCI/VGA Palette Snoop* auf *Enabled* setzen. Erst damit werden dann Veränderungen an der VGA-Farbpalette auf die am ISA-Bus steckende Videokarte übertragen.

Wichtig für schnelle Grafik bei DOS-Spielen

Video BIOS Shadow ist ebenfalls ein ziemlich wichtiger Eintrag. Standardmäßig steht er auf *Enabled*, und so sollten Sie ihn auch stehen lassen. Das ist wichtig, weil damit das ziemlich langsame VGA-BIOS der Grafikkarte in den Arbeitsspeicher des Rechners geladen wird. Windows verwendet dafür seine eigenen Treiber, deshalb merken Sie den Geschwindigkeitszuwachs eigentlich nur bei DOS-Spielen.

Vorsicht: ISA-Karten mit eigenem Arbeitsspeicher

Supervorsichtig müssen Sie mit Einträgen wie *C8000-CBFFF Shadow* sein, die sinnvollerweise auch standardmäßig auf *Disabled* stehen. Eigentlich sollen diese Einstellungen den Speicher aus bestimmten ISA-Karten in den Arbeitsspeicher des Rechners laden. Weil aber viele ISA-Karten über einen eigenen Arbeitsspeicher verfügen oder spezielle Treiber mitbringen, könnte es zu heftigen Konflikten führen, wenn Sie hier die Option *Enabled* einstellen. Einzige Ausnahme ist dabei, dass in Dokumentationen einer ISA-Karte ausdrücklich eine solche Einstellung verlangt wird.

Keine PS/2-Maus? – Dann können Sie einen IRQ freigeben!

Nur wenn Sie eine PS/2-Maus verwenden, ist der Eintrag *PS/2 Mouse Function Control* für Sie wichtig und muss dann auf *Enabled* stehen. Haben Sie aber eine normale serielle Maus, setzen Sie den Eintrag auf *Disabled*. Bei vielen Motherboards macht das den sonst von der PS/2-Maus belegten IRQ 12 frei.

Am besten automatisch: IRQs und DMAs vergeben

Unter *Resources Controlled By* wird festgelegt, ob IRQs und DMAs automatisch per Plug & Play oder manuell verteilt werden. Standardmäßig finden Sie hier die Einstellung *Auto*, die Sie auch so stehen lassen sollten. Nur wenn schwerwiegende Probleme mit einzelnen Geräten auftauchen, ist es sinnvoll, auf *Manual* umzustellen und IRQs und DMAs selbst zu vergeben.

Hier arbeitet Plug & Play

Auf Windows ME-Rechnern steht der Eintrag *PNP OS Installed* standardmäßig auf *Yes*. Das bedeutet, dass Plug & Play die Ressourcen auf dem PC verteilen darf. Dies ist natürlich erwünscht und sollte nicht verändert werden. Wenn Sie aber ständig Probleme mit Plug & Play-Geräten haben, können Sie hier nachsehen, ob der Eintrag versehentlich auf *No* seht.

Integrated Peripherals

Hier finden Sie die Einstellungen für die Schnittstellen des Rechners, also die COM-Ports oder die Druckerschnittstelle. Änderungen sind in diesem Fall eigentlich nie nötig, deshalb lassen Sie am besten alles so, wie es ist.

Hier werden die IDE-Kanäle auf dem Motherboard verwaltet

Mit den Einträgen *On-Chip IDE Controller* und *On-Chip Secondary IDE* werden die beiden IDE-Kanäle auf dem Motherboard verwaltet. An diese Kanäle schließen Sie Ihre IDE-Festplatten und CD-ROM-Laufwerke an. Wenn Sie beispielsweise eine Festplatte und ein CD-ROM-Laufwerk auf dem ersten IDE-Kanal betreiben, ist es sinnvoll, den Eintrag *On-Chip Secondary IDE* auf *Disabled* zu setzen, weil Sie damit Ressourcen freigeben. Wenn Sie einen reinen SCSI-Rechner haben, sind diese Einträge übrigens automatisch auf *Disabled* gesetzt, weil alle SCSI-Geräte über einen eigenen SCSI-Controller angesteuert werden.

Das betrifft die Festplatten: PIO-Timing-Modus

Der PIO-Timing-Modus betrifft alle im Rechner eingebauten Festplatten und wird über die Einträge *IDE Primary Slave PIO* bis *IDE Secondary Slave PIO* gesteuert. Standardmäßig finden Sie hier die Einstellung *Auto*, die Sie so stehen lassen sollten. Nur wenn Sie auf einer Platte häufig Lesefehler feststellen, ist es sinnvoll, das Problem durch Umstellen auf *PIO-Modus 0* oder *1* zu lösen.

Auch für die Festplatten: UDMA-Modus

Genauso ist es mit den Einträgen *IDE Primary Master UDMA* bis *IDE Secondary Slave UDMA*. Auch sie stehen standardmäßig auf *Auto*. Dadurch kann der Rechner erkennen, welchen UDMA-Modus eine angeschlossene Festplatte unterstützt. Auch hier gilt: Am besten alles so lassen, wie es ist. Einzige Ausnahme: Wenn sich auf einer Festplatte die Lesefehler häufen, setzen Sie die Einträge auf *Disabled*.

IDE HDD Block Mode: Für Windows nicht so wichtig

IDE HDD Block Mode ist nur dann für Sie wichtig, wenn Sie hauptsächlich unter DOS arbeiten. Die Einstellung bewirkt, dass mehrere Datensektoren auf einer Festplatte auf einmal gelesen werden können, was Programmabläufe schneller macht. Nur wenn Sie bei DOS-Programmen oder DOS-Spielen Geschwindigkeitsprobleme bemerken, sehen Sie nach, ob der Eintrag auf *Enabled* steht.

Den Parallelport schneller machen

Im Eintrag *Parallel Port Mode* wird der Modus der Druckerschnittstelle bestimmt. Normalerweise finden Sie hier den Eintrag *SPP*. Wenn Ihr Drucker zu langsam ist oder häufig Fehler produziert, sollten Sie den Eintrag auf *EPP* oder *ECP* abändern. Diese Einstellungen sind übrigens auch dann sinnvoll, wenn Sie am Parallelport einen Scanner oder ein Zip-Laufwerk betreiben. Solche Geräte lassen sich nämlich mit diesen Einstellungen teilweise erheblich beschleunigen!

Kein USB-Gerät? – Dann machen Sie einen IRQ frei!

Wenn Sie kein USB-Gerät verwenden, können Sie den Eintrag *On Chip USB Controller* auf *Disabled* setzen, was einen IRQ im System frei macht. Am besten notieren Sie sich die Änderung, denn wenn Sie den USB irgendwann doch mal nutzen wollen, müssen den Eintrag natürlich wieder auf *Enabled* setzen!

Wenn alles drunter und drüber geht: BIOS-Flash als letzte Möglichkeit

Sie haben Windows ME korrekt installiert, alle nur möglichen Einstellungen und Fehlerstellen wieder und wieder überprüft und trotzdem scheint Windows völlig zu spinnen. Wahrscheinlich äußert sich das besonders durch dauernde Hänger und Abstürze.

Natürlich können Sie Ihren Rechner jetzt „platt machen", also etwa die Festplatte formatieren und Windows komplett neu aufspielen. Wenn Sie damit keine Verbesserung erreichen, ist der Schuldige nicht Windows, sondern Ihr Motherboard.

Präzise gesagt: das BIOS Ihres Motherboards. Das nämlich kann durchaus schon etwas angestaubt sein und deshalb alle möglichen Probleme mit Windows ME verursachen.

Aber aufgepasst: Nicht nur alte, sondern auch ganz brandneue Boards machen häufig Zicken, etwa weil sich Programmfehler ins BIOS eingeschlichen haben. Dagegen gibt es nur eine einzige Möglichkeit – das Flashen, also Updaten des BIOS. Das funktioniert bei jedem Boardhersteller zwar ein wenig anders, ist aber im Grunde recht unkompliziert und läuft immer nach einem ähnlichen Schema ab.

Auch hier ist die Internetseite http://www.bios-info.de übrigens wieder eine tolle Hilfe, denn dort finden Sie viele zusätzliche Infos zum Flashen der verschiedenen BIOS-Versionen.

1 Zuerst gehen Sie im Internet auf die Seite Ihres Boardherstellers. Die Adressen der wichtigsten Motherboardhersteller finden Sie übrigens auf Seite 750!

2 Fast immer befinden sich die BIOS-Dateien im Bereich *Support*, *Service* oder *Download*. Hier suchen Sie Ihren Motherboardtyp und wählen dann das entsprechende Update aus.

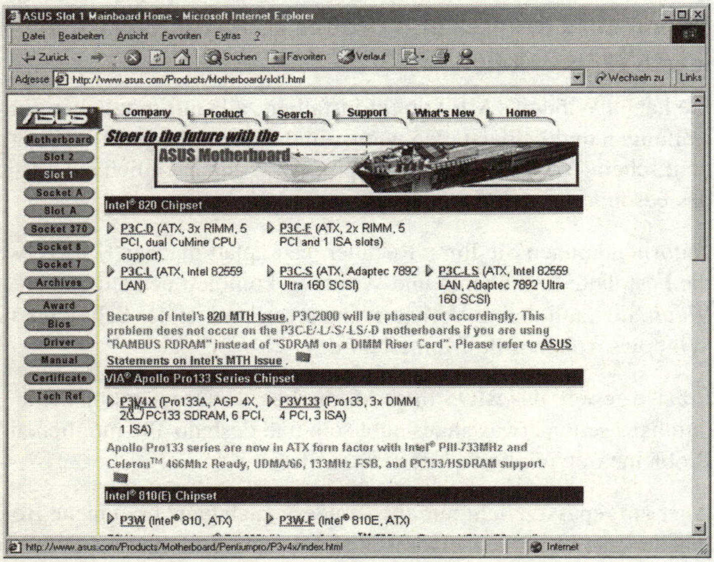

3 Haben Sie die Update-Datei heruntergeladen, brauchen Sie noch das so genannte „Flash-Tool“, also das Programm, mit dem Sie den Update-Vorgang starten. Dies finden Sie ebenfalls meistens im Support-Bereich der Webseite.

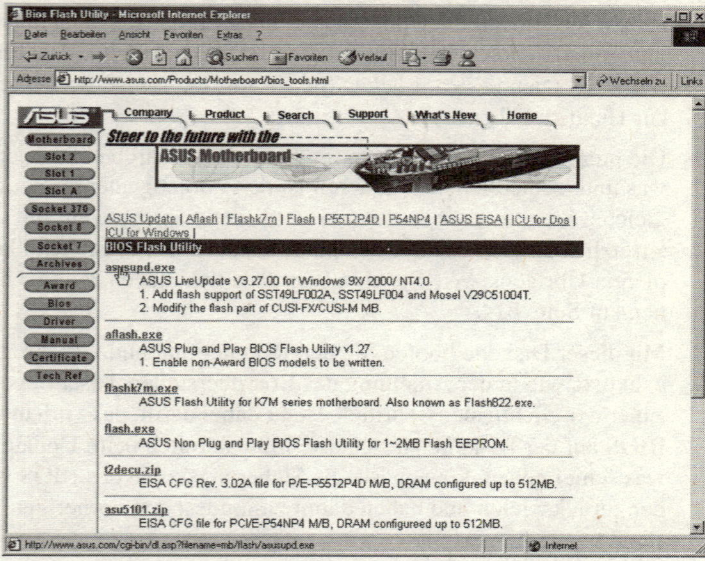

4 Eine kleine Tücke gibt es bei den Flash-Tools leider, die man leicht übersieht: Manche Hersteller unterscheiden bei diesen Tools nämlich zwischen denen, die Plug & Play-Motherboards unterstützen, und solchen, die dies nicht tun. Achten Sie bei der Auswahl des Flash-Tools also in jedem Fall darauf, auch das für Ihren Boardtyp richtige herunterzuladen!

Wichtig: Das richtige Flash-Tool verwenden!

Achten Sie darauf, dass Sie ein Flash-Tool herunterladen, das unter Windows ME oder zumindest Windows 2000 arbeitet! Bei manchen Herstellern arbeiten die Tools, die für Windows 95 und 98 geschrieben wurden, nämlich nicht mehr unter Windows ME!

5 Haben Sie sowohl die Update-Datei als auch das Flash-Tool heruntergeladen, lesen Sie bitte auf jeden Fall die Anleitung zu diesem Tool – am besten drucken Sie sie aus, um sie bei der Arbeit zur Hand zu haben.

6 Die nun folgenden Schritte laufen bei jedem Boardhersteller etwas unterschiedlich ab – generell ist der Vorgang aber immer der gleiche: Sie müssen zuerst eine Bootdiskette anlegen, auf die sie zusätzlich sowohl das BIOS-Update als auch das Flash-Tool kopieren. Übrigens: Wie Sie eine Bootdiskette anlegen, zeige ich Ihnen auf Seite 614.

7 Mit dieser Diskette booten Sie den Rechner nun und verfahren exakt so, wie in der Anleitung des Boardherstellers beschrieben. Einer der wichtigsten Schritte besteht dabei darin, das vorhandene BIOS auf der Diskette zu sichern. Sollte nämlich beim Update etwas schief gehen, können Sie die Sicherungskopie des BIOS wieder zurückspielen und haben damit zumindest den vorherigen Zustand wiederhergestellt.

8 Ist der Update-Vorgang abgeschlossen, sind die Windows-Probleme nach einem Rechner-Neustart meistens beseitigt. Einige Hersteller verlangen allerdings noch verschiedene Einstellungen im Setup des Rechners, bevor Sie wie gewohnt unter Windows arbeiten können – ist das bei Ihrem Motherboard der Fall, werden Sie in der Anleitung einen entsprechenden Hinweis finden.

Damit es erst gar keine Pannen gibt: Systempflege leicht gemacht

Kennen Sie noch den Spruch „Vorsorge ist die beste Medizin"? Und was beim Zahnarzt stimmt, trifft auch auf Windows ME zu. Klar können Sie die meisten Pannen ja mit Windows-Bordmitteln wieder beheben – viel entspannter ist's aber nun mal, wenn Sie die typischen Windows-Pannen schon von vornherein vermeiden können. Das Beste daran: Windows ME bringt schon fast alles mit, was Sie für ein bisschen vorsorgende Wartung brauchen!

Prima Pannenvorsorge: Der Wartungs-Assistent

Ein solches Vorsorge-Tool ist der Wartungs-Assistent, den Sie unter *Programme/Zubehör/Systemprogramme/Wartungs-Assistent* finden.

Ab Seite 116 habe ich Ihnen den Wartungs-Assistenten schon mal kurz vorgeführt und mit ihm temporäre Dateien automatisch entfernen lassen.

Aber – der Wartungs-Assistent kann eine ganze Menge mehr, als nur temporäre Dateien zu löschen! Besonders angenehm an ihm ist, dass Sie sich, wenn Sie einmal alle Wartungsarbeiten eingestellt haben, eigentlich um gar nichts mehr kümmern müssen.

So schuftet der Wartungs-Assistent ganz brav im Hintergrund

Der Wartungs-Assistent schuftet dann brav vor sich hin, bügelt Festplattenfehler aus, löscht überflüssige Dateien und beschleunigt den Programmzugriff.

1 Im Startfenster des Wartungs-Assistenten wählen Sie, ob Sie mit der Option *Standard* die standardmäßigen Wartungseinstellungen übernehmen wollen oder über die Option *Benutzerdefiniert* lieber selbst festlegen, was genau der Wartungs-Assistent zu welchem Zeitpunkt erledigen soll.

2 Wenn Sie die Option *Benutzerdefiniert* gewählt haben, können Sie im nächsten Fenster einstellen, zu welchem Zeitpunkt die Wartungsarbeiten durchgeführt werden. Warum also etwa nicht die Mittagspause dafür auswählen, in der der PC sonst nur „arbeitslos“ herumsteht?

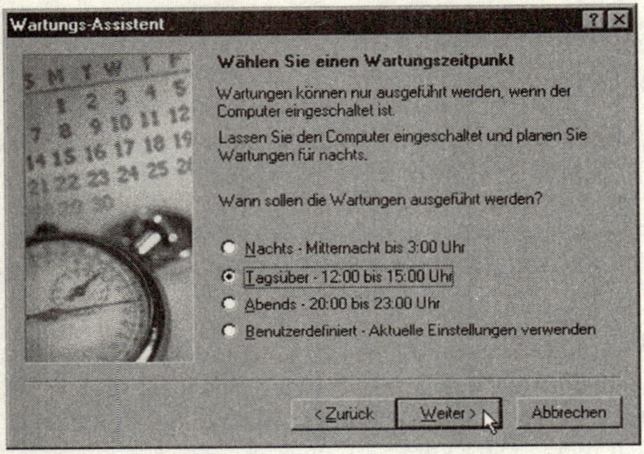

3 Im nächsten Fenster können Sie Programme davon abhalten, beim Windows-Start geladen zu werden und damit den Startvorgang beschleunigen. Welche Einträge der Assistent Ihnen hier zeigt, hängt dabei von der Konfiguration Ihres Rechners ab.

4 Im jetzt folgenden Fenster bestimmen Sie, ob und wann die Festplatte defragmentiert werden soll. Wenn es auf Ihrem Rechner mehrere Festplatten oder Partitionen gibt, dann können Sie über *Einstellungen* festlegen, welche defragmentiert werden sollen. Das Fenster *Geplante Einstellungen für Defragmentierung* bietet Ihnen mit *Programme neu anordnen, um diese schneller zu starten* übrigens eine interessante Option.

5 Im nächsten Fenster stellen Sie ein, wann ScanDisk in Aktion treten und die Festplatte auf Fehler untersuchen soll. Über *Erweitert* können Sie dabei auf die ScanDisk-Einstellungen zugreifen.

6 Im folgenden Assistentenfenster geben Sie an, welche nicht mehr erforderlichen Dateien von der Festplatte gelöscht werden sollen.

7 Im letzten Fenster zeigt der Wartungs-Assistent eine Zusammenfassung aller Einstellungen. Wenn Sie diese jetzt mit *Fertig stellen* bestätigen, sehen Sie bis zu seinem ersten Einsatz nichts mehr vom Wartungs-Assistenten.

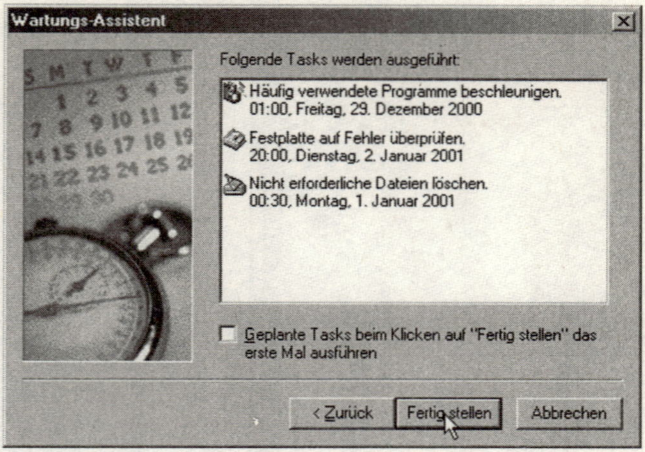

Systemfehler aufspüren mit Dr. Watson

Eines der besten System-Tools in Windows ME hört auf den Namen Dr. Watson und macht Sherlock Holmes' altem Assistenten wirklich alle Ehre.

Normalerweise sehen Sie von Dr. Watson nichts, weil er dummerweise nicht standardmäßig mit Windows gestartet wird – Sie finden ihn aber unter *Programme/Zubehör/Systemprogramme/Systeminformation*. Im Systeminformationsfenster klicken Sie auf *Extras* und dann auf *Dr. Watson*.

Wenn Sie Dr. Watson gestartet haben, verkrümelt er sich auch gleich in die Task-Leiste und wartet dort, bis Unstimmigkeiten im System auftauchen.

Wenn Sie Dr. Watson aber gleich auf die Jagd nach Systemfehlern schicken wollen, doppelklicken Sie auf das Symbol in der Task-Leiste.

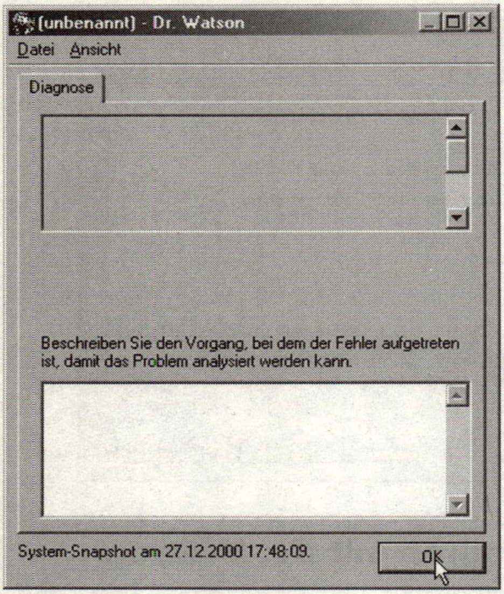

Dr. Watson untersucht das System dann blitzschnell und gibt normalerweise die Meldung *„Dr. Watson hat nichts Ungewöhnliches gefunden“* aus.

Was tun, wenn Dr. Watson Fehler findet?

Wenn Dr. Watson tatsächlich Fehler aufgespürt hat, ist das im Regelfall kein Grund zur Panik, denn fast immer bemängelt er in solchen Fällen, dass Treiber nicht mehr auf dem neuesten Stand sind. Das ist kein Problem, solange Sie etwa mit einem bemängelten Grafikkartentreiber problemlos arbeiten können. Dass Sie sich einfach mal vormerken, demnächst beim Hersteller oder im Internet nach einem aktuelleren Treiber zu suchen, ist aber eigentlich auch logisch!

Treiber im Internet

Weil ich Ihnen ersparen will, vielleicht das ganze Internet nach der richtigen Herstellerseite zu durchsuchen, finden Sie ab Seite 775 eine Liste aller wichtigen Hardwarehersteller und deren Internetadresse.

Über den Menüpunkt *Ansicht/Erweiterte Ansicht* zeigt Dr. Watson verschiedene Registerkarten mit den einzelnen Systemkomponenten. So können Sie sich über die Registerkarte *16-Bit-Module* anzeigen lassen, welche dieser Module geladen wurden und aktuell laufen.

Dr. Watson zeigt, was im Hintergrund abläuft

Wenn Sie einen Blick hinter die Windows-Kulissen werfen möchten, um beispielsweise zu sehen, welche Tasks gerade aktiv sind, klicken Sie im Programmfenster von Dr. Watson einfach auf *Ansicht/Erweiterte Ansicht*.

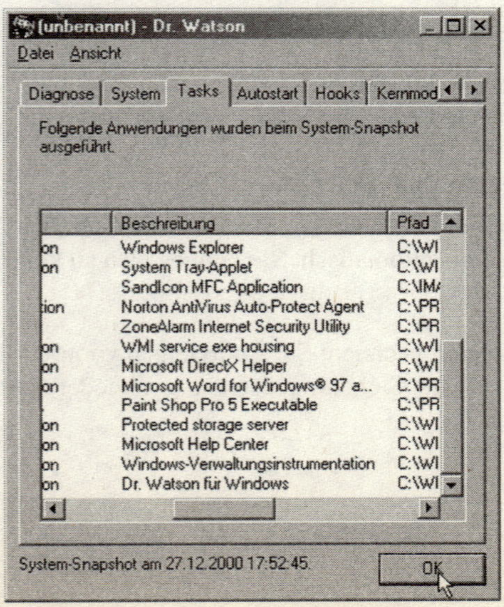

Auf der Registerkarte *Tasks* zeigt Dr. Watson alle zurzeit aktiven Tasks mit einer kurzen Beschreibung an. Das kann nützlich sein, wenn Windows zum Beispiel immer wieder der Speicher ausgeht, Sie aber nicht wissen, welche Programme heimlich im Hintergrund herumwirtschaften.

Die erste Adresse für Pannenhilfe: Systemkonfigurationsprogramm und Signaturenüberprüfung

Das Systemkonfigurationsprogramm, das Sie ebenfalls in der Systeminformation unter dem Menüpunkt *Extras* finden, habe ich Ihnen schon ab Seite 61 gezeigt.

Mit diesem sinnvollen Windows-Tool können Sie aber natürlich mehr anfangen, als nur automatisch startende Programme zu aktivieren.

So können Sie die Konfiguration verändern

Auf der Registerkarte *Allgemein* können Sie festlegen, wie Windows gestartet werden soll und haben dafür drei Optionen für zur Auswahl.

Normaler Start – Alle Gerätetreiber und Software laden

Mit dieser Option funktionieren der Windows-Start und die Verarbeitung der Aufrufe in den Dateien automatisch. Sie können also an keiner Stelle eingreifen.

Wenn sich der Rechner aufhängt, nachdem Sie Änderungen vorgenommen haben, verwenden Sie die Sicherungsdateien, um wieder den Originalzustand herzustellen.

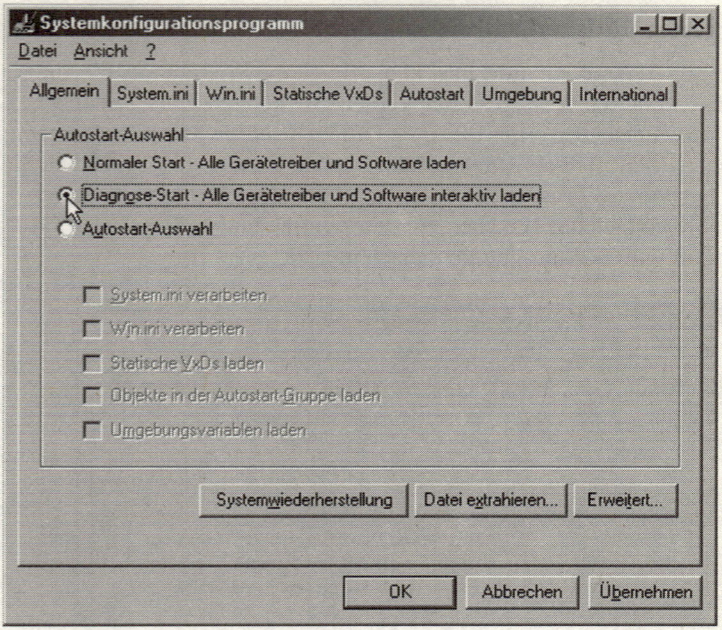

Diagnose-Start – Alle Gerätetreiber und Software interaktiv laden

Wenn Sie diese Option wählen, werden Sie bei jedem Eintrag in eine der Dateien gefragt, ob dieser Eintrag ausgeführt werden soll. Wenn Sie nach fehlerhaften Aufrufen in den Dateien suchen, ist diese Option sinnvoll.

Autostart-Auswahl

Bei dieser Option können Sie angeben, welche der vier Dateien ausgeführt und ob auch die Aufrufe auf der Registerkarte *Autostart* abgearbeitet werden sollen.

Ärgerkandidaten rausschmeißen

Die echten Ärgerkandidaten sind häufig genug Programme, die automatisch mit Windows gestartet werden. Sie können – müssen aber nicht zwangsläufig – im *Autostart*-Ordner des *Star*-Menüs auftauchen, deshalb lohnt sich ein Blick auf die Registerkarte *Autostart*. Haben Sie ein bestimmtes Programm in Verdacht, der Übeltäter zu sein, entfernen Sie einfach das Häkchen vor dem Eintrag und verlassen das Systemkonfigurationsprogramm danach mit *OK*.

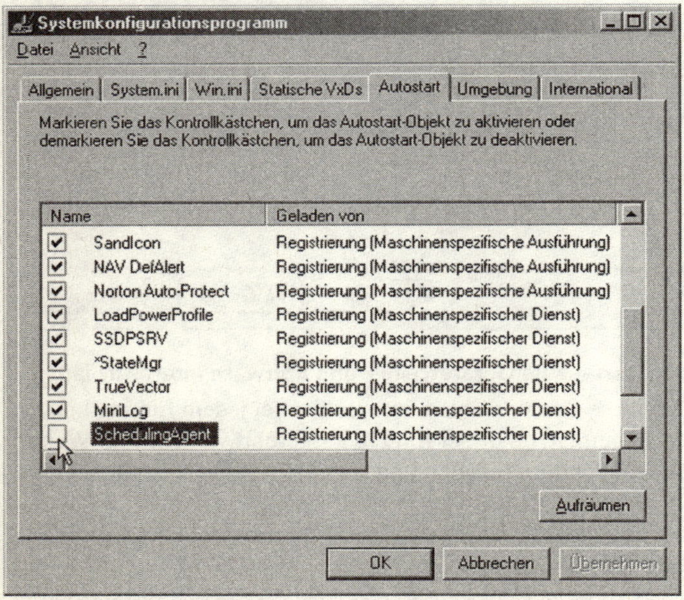

Aber aufgepasst – deaktivieren Sie nicht wild drauflos, denn einige der Einträge sind für Windows absolut wichtig! Die Einträge *ScanRegistry, TaskMonitor, PCHealth* und *SystemTray* lassen Sie also besser unverändert!

Sinnvoll bei Ärger mit Windows: Die Signaturenüberprüfung

Mit der Signaturenüberprüfung können Sie feststellen, ob die installierten Treiber tatsächlich auf dem neuesten Stand sind.

Weil Windows ME voraussetzt, dass alle verwendeten Treiber auch eine Signatur tragen – also für die Verwendung mit ME freigegeben sind – sollten Sie bei Problemen zuerst das Überprüfungsprogramm für Signaturen starten, das Sie im Systemkonfigurationsprogramm unter *Extras* finden. Haben Sie das Programm gestartet, durchsucht es Ihren PC nach unsignierten Dateien und zeigt sie in einer Auflistung an.

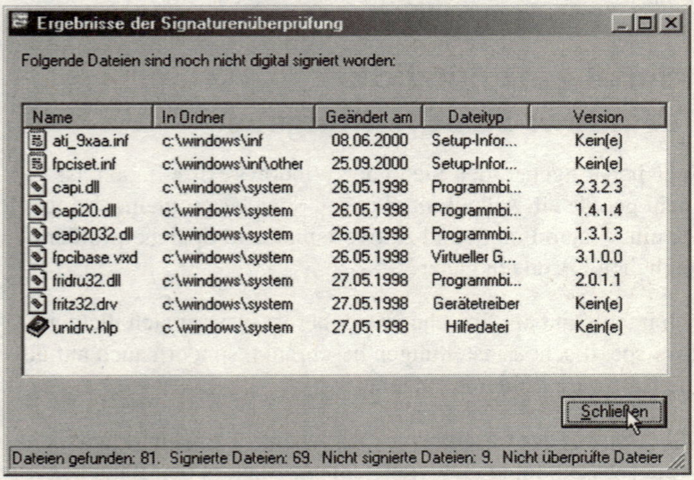

Wenn Sie im Startfenster des Programms auf *Erweitert* klicken, können Sie selbst festlegen, welche Dateien auf Signaturen überprüft werden sollen. Wenn Sie vermuten, dass etwa Treiberdateien an Windows-Problemen Schuld sind, legen Sie in den Suchoptionen den Dateityp, also etwa **.drv* fest.

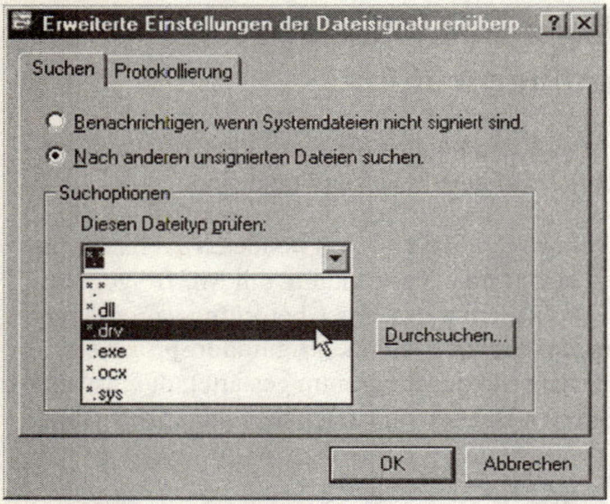

Manchmal ganz nützlich: Der Windows-Speicher-Ratgeber

Der Speicher-Ratgeber, den Sie in der Windows-Hilfe finden, ist zwar nicht gerade ein Allheilmittel gegen Speicherprobleme, bringt Sie aber mit seinem Frage- und Antwortspiel dem Speicherproblem und möglichen Lösungen näher.

Wirklich interessant am Speicher-Ratgeber ist, dass er sich nicht auf Windows-spezifische Einstellungen beschränkt, sondern auch auf allgemeine Hardwareprobleme eingeht.

Wenn Sie also bei der Lösung eines Speicherproblems wirklich nicht mehr weiterwissen, lohnt sich vielleicht ein Blick in den Ratgeber.

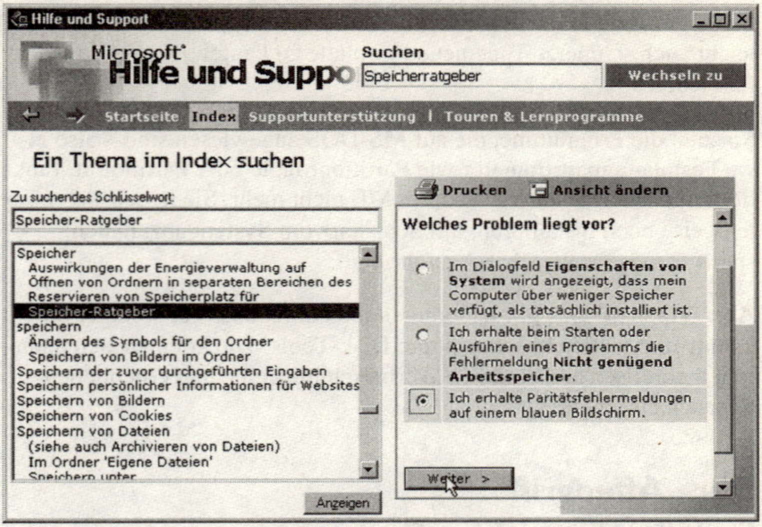

Alte Disk-Tools? Finger weg!

Etwas, vor dem ich Sie an dieser Stelle ganz entschieden warnen will, sind alte, also nicht speziell für Windows ME entwickelte Disk-Tools!

Was so ein vielleicht aus Windows 95-Zeiten liebgewonnenes Programm für Schäden anrichten kann, wird einem erst klar, wenn im schlimmsten Fall sogar die Festplatte zerstört ist – zumindest aber das System so zerschossen ist, dass man Windows komplett neu aufspielen muss.

Wenn Sie bisher unter Windows 95 oder 98 mit einem solchen Tool gearbeitet haben und auch unter Windows ME nicht darauf verzichten wollen, dann tun Sie sich selbst den besten Gefallen und holen sich vom Hersteller eine aktualisierte Programmversion.

Die Investition lohnt sich allemal, wenn sie im ersten Moment vielleicht auch schmerzt. Eine neue Festplatte zu kaufen, ist aber in jedem Fall teurer!

Speziell die Programme, die auf MS-DOS angewiesen sind – also etwa Festplattenpartitionierer wie PartitionMagic oder Partition It, funktionieren nämlich unter Windows ME nicht mehr. Sie lassen sich zwar teilweise noch installieren, um Schaden vom System abzuhalten, sperrt Windows aber ihre Ausführung.

Aber Vorsicht! Das gilt leider nicht unbedingt auch für weniger bekannte und vielleicht schon ältere Disk-Tools! Die könnten sich dann rein theoretisch an Windows „vorbeischmuggeln“ und erheblichen Schaden anrichten!

Der „Affengriff“: So killen Sie zickige Programme

Sie kennen sicher auch Ihre ganz speziellen „Lieblinge“, also die Programme auf Ihrem Rechner, die immer wieder mal für einen Hänger oder kommentarlosen Absturz gut sind.

Gnadenlos, wenn's um Abstürzer geht: Der Task-Manager

Damit ein solcher „Abstürzer“ nicht gleich auch noch den Rest von Windows mitreißt, gibt es den Windows-Task-Manager.

Mit dem berühmten „Affengriff“, also den Tasten [Alt]+[Strg]+[Entf], aktivieren Sie ihn, wenn ein Programm hängen geblieben ist.

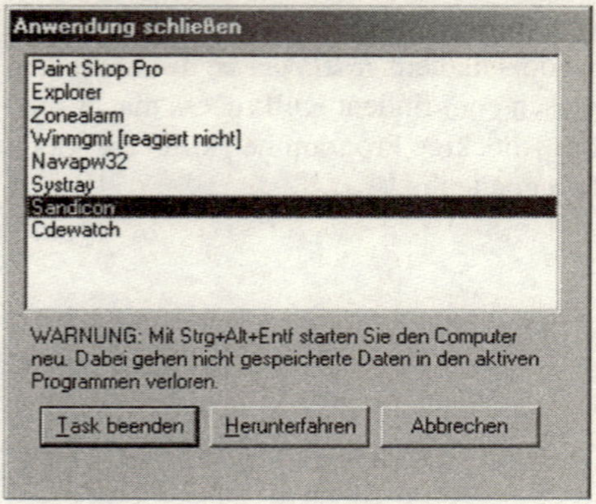

Im Fenster *Anwendung schließen* suchen Sie jetzt das bockige Programm, markieren es und klicken dann auf *Task beenden*.

> **Vorsicht: Doppelter Affengriff bedeutet „Warmstart"!**
>
> *Aber aufgepasst, wenn Sie den „Affengriff" anwenden. Wenn Sie die Tastenkombination zweimal hintereinander drücken, wird der Rechner ohne Wenn und Aber sofort neu gestartet! Was das für nicht gespeicherte Daten bedeutet, ist klar!*

Wundern Sie sich übrigens nicht, wenn erst einmal scheinbar gar nichts passiert, nachdem Sie die Anwendung per *Task beenden* rausgeschmissen haben: Manchmal dauert es bis zu 20 Sekunden oder länger, bis Windows es geschafft hat, das Programm zu beenden.

In diesem Fall zeigt Windows ein Fenster mit der Meldung „*Diese Anwendung reagiert nicht mehr*". Wirklich ausgesprochen sinnvoll, denn das wussten Sie schließlich vorher schon! In diesem Fenster können Sie noch einmal auf *Task beenden* klicken, was dann auch das bockigste Programm rauswirft.

Wenn Ihnen der Task-Manager zu langweilig ist, dann probieren Sie doch mal ein wirklich feines Tools namens *KillProcess*, das Sie unter der Adresse http://www.koeltzsch.com finden. KillProcess macht seinem Namen wirklich alle Ehre – bockige Programme „killt“ das kleine Programm nämlich wirklich gnadenlos!

Kapitel 6

So klappt's ganz lässig: Top-Sound und Filme auf Ihrem PC

Besonders in seiner neuesten Version ist Windows ein wirkliches Multimedia-Talent und bringt die meisten Sound- und Videofähigkeiten schon von Haus aus mit.

„Die meisten“ heißt, dass Sie an der einen oder anderen Stelle doch noch selbst Hand anlegen und neue Hardware einbauen und einrichten müssen, um noch bessere Ergebnisse zu erzielen. Meistens reichen aber schon ein paar veränderte Einstellungen, um wirklich das Letzte aus Windows' Multimedia-Fähigkeiten herauszukitzeln. Und wo könnte das anders anfangen als bei der Grafikkarte?

Geheimnisvolle Grafikkarte? Von wegen!

Wenn Sie Ihren PC als Komplettsystem gekauft haben, können Sie fast schon drauf wetten, dass die standardmäßigen Grafikkarteneinstellungen eher bescheiden sind und die technischen Möglichkeiten Ihrer Grafikkarte damit gar nicht ausgenutzt werden.

Noch schlimmer: Weil Komplettsysteme ja ständig mit anderen Monitortypen verkauft werden, macht sich kaum jemand die Mühe, Monitor und Grafikkarte vernünftig aufeinander abzustimmen.

So einfach gibt Ihre Grafikkarte richtig Gas

Mal gleich vorweg: Wie viel die optimale Abstimmung zwischen Grafikkarte und Monitor wirklich bringt, hängt nur von den beiden Komponenten selbst ab. Mit einer tollen Grafikkarte können Sie aus einem billigen Noname-Monitor eben einfach kein Highend-Gerät machen – umgekehrt kann das auch nicht natürlich funktionieren!

Das Wichtigste zuerst: So stellen Sie das Farbprofil Ihres Monitors ein

Weil Farben von jedem Monitor anders dargestellt werden, hält Windows ME eine ganze Reihe so genannter „Farbprofile“ bereit, in denen die Darstellungsinformationen von verschiedenen Monitoren gespeichert sind. Bei der Installation des Monitors aktiviert Windows normalerweise das entsprechende Farbprofil, was aber dummerweise nicht immer funktioniert.

Wenn Sie an Ihrem Monitor eigentlich nie die richtigen Farben zustande bekommen, liegt das fast immer am falschen Farbprofil. Das lässt sich aber schnell ändern, und zwar so:

1 Öffnen Sie im Eigenschaftenfenster der Anzeige die Registerkarte *Einstellungen* und klicken dann auf *Weitere Optionen*. Jetzt gelangen Sie ins Eigenschaftenfenster der Grafikkarte, in dem Sie die Registerkarte *Farbverwaltung* anklicken.

2 Wenn Windows den Monitor richtig erkannt hat, finden Sie hier die Typenbezeichnung des Monitors. Unter *Dem Gerät aktuell zugeordnete Profile* trägt Windows dann die jeweilige Profilinformation ein.

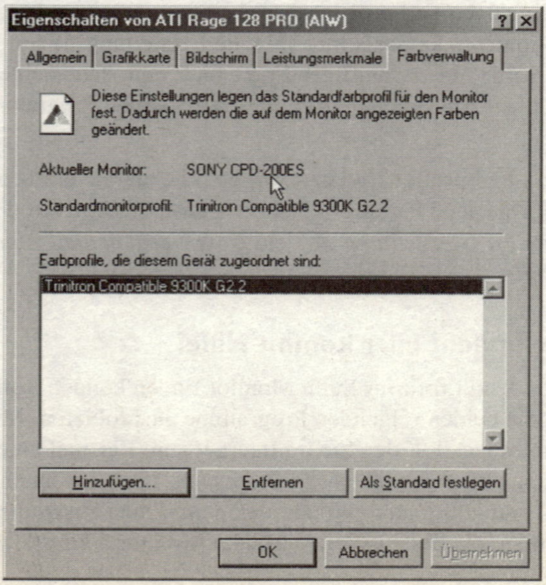

3 Wenn Sie ein anderes Farbprofil festlegen wollen, klicken Sie auf *Hinzufügen* und gelangen so ins Fenster *Profilzuordnung hinzufügen.*

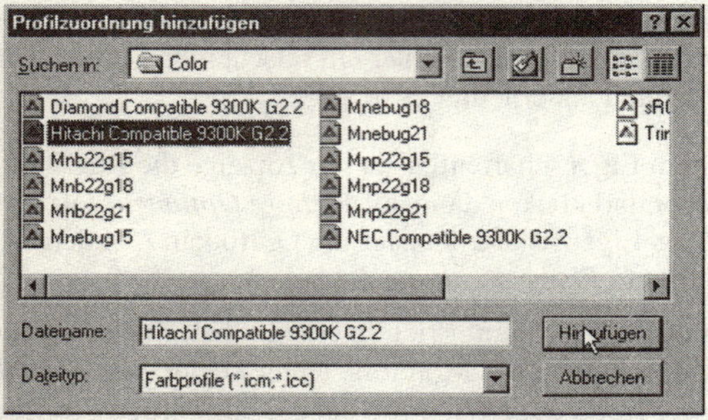

4 Nicht für alle Monitore gibt es spezielle Farbprofile, Sie sollten aber die vorhandenen Farbprofile ausprobieren, weil eines davon besser funktionieren kann als Ihre aktuelle Einstellung. Wenn keines der Profile ein vernünftiges Ergebnis bringt, dann zeige ich Ihnen gleich, wie Sie sich mit zwei cleveren, kleinen Programmen helfen können.

5 Wenn Sie ein Farbprofil aktivieren wollen, klicken Sie einfach auf *Hinzufügen.* Das neue Farbprofil erscheint anschließend auf der Registerkarte *Farbverwaltung* im Feld *Dem Gerät aktuell zugeordnete Profile.*

Kein Profil gefunden? Hier kommt Hilfe!

Wenn Sie absolut kein Profil für Ihren Monitor finden können, sollten Sie einfach mal die beiden folgenden Programme ausprobieren. Mit dem Monitor *.inf* Maker 1.4, den Sie im Internet zum Beispiel unter http://www.fortunecity.de/lindenpark/beethoven/3/ finden, können Sie sich blitzschnell und völlig unkompliziert eine *.inf*-Datei zusammenbasteln, mit dem Sie die besten Werte aus dem Monitor herauskitzeln können.

Ebenfalls einen Versuch wert ist Pits Monitorassistent ME 6.0, den Sie unter http://www.pitsoft.de finden! Mit diesem Programm bauen Sie sich ganz einfach eine eigene Treiberdatei, die alle Features des Monitors ausnutzt!

Nächster Schritt: Helligkeits- und Farbwerte einstellen

Wenn Sie das Farbprofil bestimmt haben, stellen Sie als Nächstes die Helligkeits- und Farbwerte ein. Aber aufgepasst: Ich zeige Ihnen das hier mit einer ATI-Grafikkarte, die in fast allen neuen Komplettsysteme eingebaut ist. Bei Ihrer Grafikkarte kann das aber logischerweise völlig anders aussehen!

Im Eigenschaftenfenster der Anzeige öffnen Sie die Registerkarte *Farbe*.

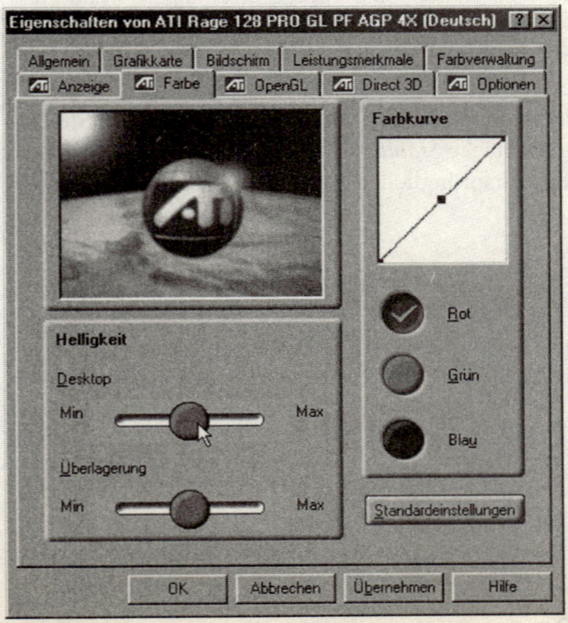

Auf dieser Registerkarte finden Sie alle Werte als Voreinstellungen, die generell zwar in Ordnung sind, aber natürlich nicht automatisch für jeden Monitor optimal. Und so können Sie die Einstellungen verändern:

1 Zuerst nutzen Sie die Monitorregler, um das Gerät so neutral wie möglich einzustellen. Bei vielen Monitoren gibt's extra dafür einen Schalter, mit dem die Werkseinstellungen aktiviert werden.

2 Jetzt können Sie mit den Schiebereglern im Feld *Helligkeit* verschiedene Helligkeits- und Kontrastwerte ausprobieren, bis Sie einen angenehmen Wert gefunden haben. Sehen Sie sich dabei das Referenzbild genau an – es zeigt alle Ihre Einstellungen sofort an!

3 Wenn Sie die Helligkeits- und Kontrastwerte eingestellt haben, kann das Ergebnis je nach Monitor schon fast perfekt sein. Noch etwas feiner abstimmen können Sie die Einstellungen, wenn Sie im Feld *Farb-Kurve* die Feinreglung des Rot-, Grün- und Blauanteils im Bild vornehmen. Auch hier zeigt das Referenzbild alle Veränderungen sofort an. Übrigens: Wenn Sie sich bei der Einstellung der Farbwerte so richtig verhauen haben, klicken Sie einfach auf die Schaltfläche *Standardeinstellungen*. Damit wird die Farbkurve auf die ursprünglichen Ausgangswerte zurückgesetzt.

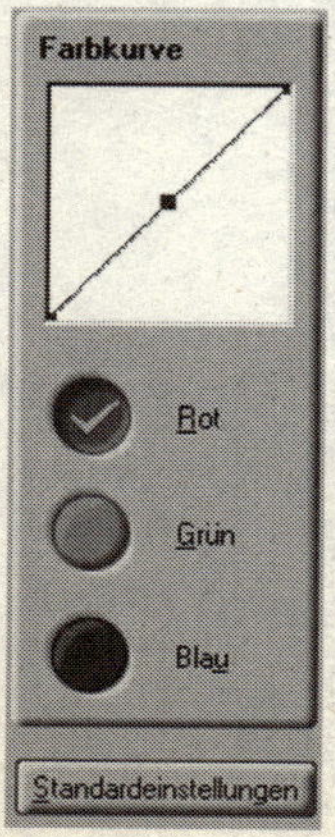

Superwichtig: Optimale Einstellungen für DirectX

Besonders dann, wenn Sie auf Ihrem Rechner die neuesten Flug- oder Rennsimulatoren haben, hängen Spielgeschwindigkeit und Grafikqualität entscheidend von den richtigen DirectX-Einstellungen ab. Bei alle neueren Grafikkarten finden Sie deshalb auch verschiedene Optionen, mit denen Sie die Karte optimal auf die Anforderung Ihrer Spiele einstellen können. Welche Einstellungen sich für welches Spiel am ehesten empfehlen, finden Sie nur durch Ausprobieren heraus – fast immer bietet die Spielanleitung aber wertvolle Tipps zu den jeweiligen Einstellungen.

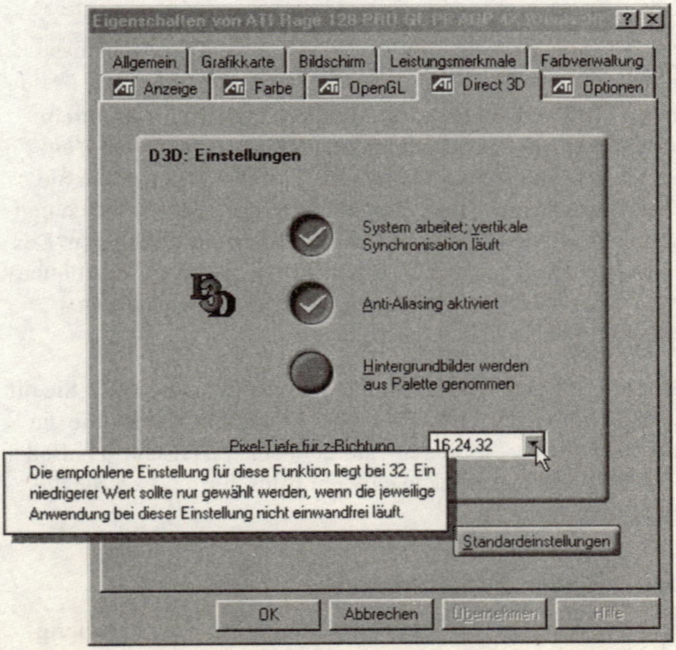

DirectX: Die aktuellste Version ist ein Muss

Auch DirectX wird ständig weiterentwickelt – Sie sollten also unbedingt versuchen, möglichst immer die aktuellste Version auf Ihrem PC zu haben! Die Crux daran: Fast alle Spiele überprüfen bei der Installation, welche DirectX-Version vorhanden ist und installieren es gegebenenfalls. Ein halbes Jahr später ist diese Version aber vielleicht schon wieder überholt und Sie können die Leistungsreserven Ihres PCs gar nicht richtig ausnutzen! Am besten besuchen Sie also über ***Start/ Windows Update*** *regelmäßig auf die Windows-Update-Seite, sehen nach, ob es schon eine neue Version gibt und laden sie herunter.*

Geht denn das: Zwei Monitore an einem PC?

Mit Windows ME können Sie zwei Monitore gleichzeitig an Ihrem Rechner betreiben, und das macht nicht nur eine Menge Spaß – es bringt bei vielen Arbeiten auch handfeste Vorteile! Das merken Sie ganz schnell, wenn Sie mehrere Programmfenster geöffnet haben und irgendwann einfach den Überblick auf dem Bildschirm verlieren. Das passiert unversehens schon bei täglichen Arbeiten und gar nicht unbedingt erst, wenn Sie sich mit aufwändigen Programmen aus dem CAD- oder Grafikbereich beschäftigen.

Wenn Sie zum Beispiel viel im Internet unterwegs sind, stoßen Sie oft auf Webseiten mit vielen Links. Mit zwei Monitoren können Sie die Links superbequem ausprobieren – auf dem einen Bildschirm befindet sich die Webseite selbst, auf dem anderen Bildschirm lassen Sie die jeweiligen Links anzeigen.

Geht das mit allen Programmen?

Klar – mit allen Windows-Programmen können Sie ohne Schwierigkeiten oder Extrakosten an zwei Monitoren arbeiten. Viele neuere Programme haben übrigens schon ganz speziell auf den Doppelmonitorbetrieb ausgelegte Funktionen.

Aha! Und welche Hardware brauche ich dafür?

Logisch – Sie brauchen natürlich zuerst einmal einen zweiten Monitor! Der muss aber weder das gleiche Modell wie Ihr erster Monitor sein noch die gleichen technischen Werte haben. Wenn Sie also vielleicht einen „Schnäppchen-Monitor" aufgegabelt haben – dann umso besser!

Was Sie noch brauchen, ist eine zweite Grafikkarte. Wichtig dabei: Beide Grafikkarten müssen PCI-Geräte sein! Das dürfte aber kein Problem sein, weil Sie die alten ISA-Karten sowieso nur noch auf dem Flohmarkt finden.

Abgesehen davon: Sollten Sie tatsächlich noch eine ISA-Grafikkarte haben, dann lassen Sie bitte die Finger davon und investieren Sie lieber in eine günstige, neue Karte. Zum einen werden Sie bei der Installation und Konfiguration der ISA-Karte nicht wirklich besonders viel Freude haben – Hardwareprobleme sind hier nämlich quasi schon vorprogrammiert. Zum anderen haben solch alte Karten viel zu wenig Grafikspeicher. Während heute 32 MByte Speicher eigentlich schon Standard sind, finden Sie auf alten Karten vielleicht sogar einmal 4 MByte Speicher vor. Wie „gut" eine solche Karte mit Windows ME zurechtkommt, können Sie sich bestimmt vorstellen!

Ein bisschen anders ist das übrigens bei älteren PCI-Karten: Logischerweise werden Sie auch mit einer veralteten 8-MByte-Karte keine Geschwindigkeitsrekorde mehr aufstellen, wenn es um den Bildaufbau geht – da der PCI-Bus aber sehr viel leistungsfähiger ist als sein alter ISA-„Kollege", macht sich das aber nicht so drastisch bemerkbar. Haben Sie also noch eine ältere PCI-Karte, lohnt sich zumindest ein Versuch, bevor Sie Geld für eine neue Karte ausgeben!

AGP? Vergessen Sie's!

Vielleicht haben Sie ja eine schöne neue AGP-Karte in Ihrem Rechner und wollen für den zweiten Monitor die gleiche noch einmal kaufen.

Vergessen Sie's, denn das funktioniert nicht!: Dummerweise haben nämlich selbst die neuesten Motherboards lediglich einen einzigen AGP-Steckplatz!

Klare Folge: Die zweite Grafikkarte kann also auch nur eine normale PCI-Karte sein und nicht die leistungsfähigere AGP-Version. Damit wird also auf einem Monitor AGP unterstützt, auf dem anderen nicht. Das ist zwar wirklich ärgerlich, lässt sich aber nicht ändern.

Vorsicht beim Kartenkauf: Hier kann's Probleme geben

Obwohl es das Feature des „doppelten Monitors“ schon seit Windows 98 gibt, existiert immer noch das gleiche Problem: Nicht alle Grafikkarten arbeiten auch mit allen anderen Grafikkarten in einem PC zusammen! Eigentlich ist das ja schon eine echte Unverschämtheit, lässt sich aber dummerweise nicht ändern. Für Sie heißt die Konsequenz daraus: Lassen Sie sich beim Kartenkauf vom Verkäufer bestätigen, dass die neue Karte zusammen mit der in Ihrem Rechner wirklich korrekt funktioniert! Tut sie's nicht, gibt's beim Umtausch keinen Ärger.

Kann oder will der Verkäufer keine Aussagen dazu machen, wenden Sie sich mit Ihrer Frage am besten per E-Mail an den Support des jeweiligen Kartenherstellers. Die Internetadressen der wichtigsten Grafikkartenhersteller finden Sie übrigens ab Seite 775.

Karteneinbau? – Kein Problem!

Am einfachsten funktioniert der Einbau der Grafikkarten natürlich, wenn sie bereits vor der Windows-Installation im Rechner stecken. Windows erkennt die Karten dann bei der Installation und konfiguriert den Rechner richtig. Aber auch wenn Sie die zweite Karte nachrüsten, gibt's eigentlich keine Probleme, weil alle PCI-Karten ja Plug & Playfähig sind und sich fast von allein installieren. Um wirklich allen möglichen Problemen aus dem Weg zu gehen, halten Sie sich am besten pedantisch genau an die Installationshinweise des Kartenherstellers!

Zum Schluss: die Monitore konfigurieren

Sind beide Karten eingebaut und konfiguriert, gibt's für Sie nur noch zwei Schritte zu tun, bis Sie Windows auf beiden Monitoren nutzen können:

1 Im Eigenschaftenfenster der Anzeige wählen Sie die Registerkarte *Einstellungen.*

2 Und jetzt wählen Sie in der Zeile *Anzeige* den zweiten Monitor aus. Dann aktivieren Sie die Option *Windows-Desktop auf diesem Bildschirm erweitern.* Und das war es auch schon.

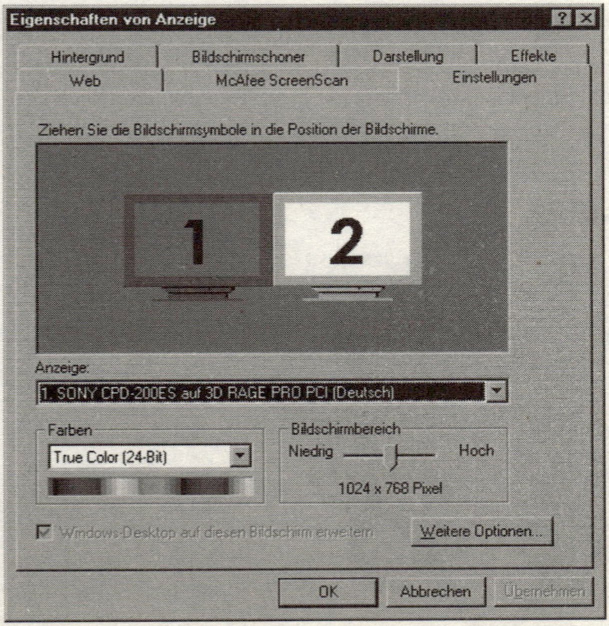

Jetzt wird's bunt und laut: Windows ME als Multimedia-Talent!

Dass Windows ME wirklich multimedial ist, merken Sie, wenn Sie Ihrem Rechner Lautsprecherboxen gönnen. Da pfeift und zwitschert Windows an jeder Ecke, und nebenbei können Sie natürlich auch noch CDs auf Ihrem PC hören, Videos ansehen und auch gleich selbst schneiden. Fast alles, was Sie dazu brauchen, bringt Windows ME schon mit, sodass Ihnen im Grunde nur noch die eine oder andere Einstellung bleibt, um sich dem Hörgenuss so richtig hinzugeben.

Hörgenuss pur: Media Player und Sound-Tools

Wenn Sie eine Audio-CD einlegen, geht's auch schon los. Windows arbeitet dabei nicht so viel anders als Ihre Stereoanlage: Nach dem AutoStart der CD springt der Media Player an, der kinderleicht zu bedienen ist.

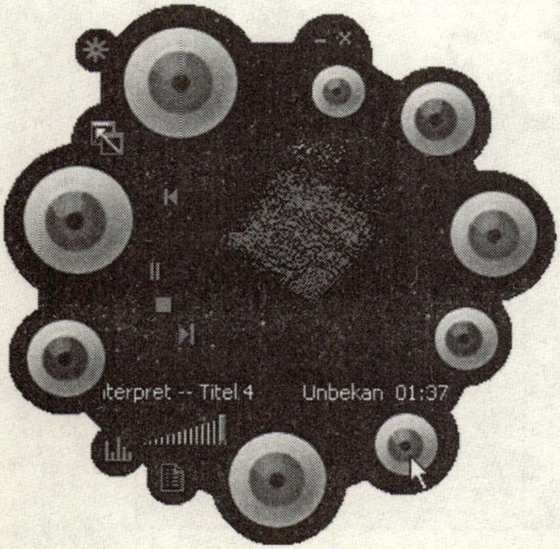

Wundern Sie sich aber nicht, wenn Ihr Media Player ganz anders aussieht als dieser hier! Windows liefert Ihnen nämlich gleich eine ganze

Hand voll verschiedener Designs, mit denen Sie den Player ganz nach Ihren Wünschen verändern können. Und noch besser: Sie können sich aus dem Internet kostenlos neue Designs, „Skins“ genannt, herunterladen! Wie das geht und was Sie mit dem Media Player sonst noch alles anstellen können, zeige ich Ihnen ab Seite 432.

AutoStart funktioniert nicht? Daran liegt's!

Sie legen eine Audio-CD ein und der Media Player springt nicht automatisch an? Kein Grund zur Panik – es gibt genau zwei Möglichkeiten, an denen es liegen kann:

1 Öffnen Sie die *Systemsteuerung*, klicken Sie dort auf *System* und dann auf die Registerkarte *Geräte-Manager*.

2 Klicken Sie auf das CD-ROM-Laufwerk und dann auf *Eigenschaften*.

3 Im Eigenschaftenfenster des CD-ROM-Laufwerks öffnen Sie die Registerkarte *Einstellungen*.

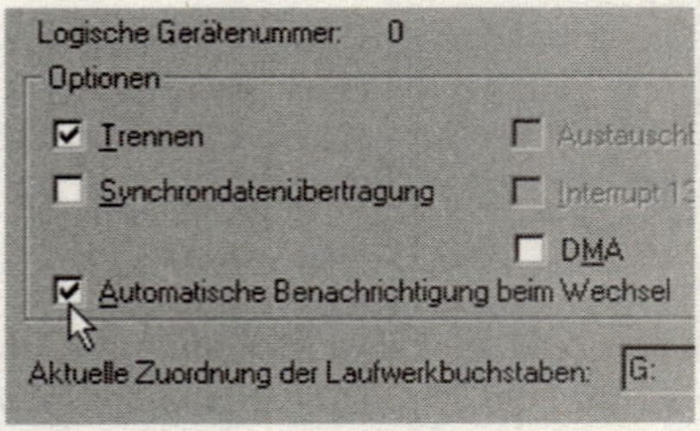

4 Sehen Sie mal im Feld *Optionen* nach, ob ein Häkchen vor *Automatische Benachrichtigung beim Wechsel* steht. Wenn nicht, dann setzen Sie jetzt eines davor und verlassen das Fenster mit *OK*.

5 Nach einem Neustart müsste der AutoStart mit Musik-CDs jetzt funktionieren.

Wenn der AutoStart immer noch nicht funktioniert, dann haben Sie wahrscheinlich TweakUI installiert und aus Versehen eine Option deaktiviert.

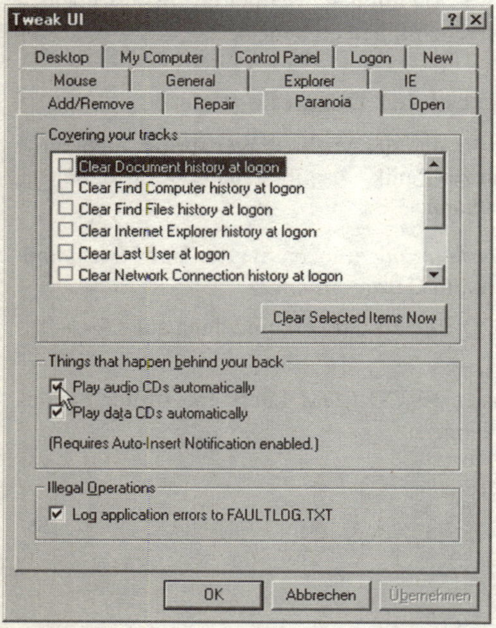

Rufen Sie einfach über die *Systemsteuerung* TweakUI auf und öffnen dort die Registerkarte *Paranoia*. Im Feld *Things That Happen Behind Your Back* setzen Sie jetzt ein Häkchen vor die Option *Play audio CDs automatically*.

Fast schon wie im Tonstudio: Die Sound-Tools

Wenn Sie das Lautsprechersymbol in der Task-Leiste mal anklicken, ist ein mickriger Lautstärkeregler scheinbar alles, was Windows zu bieten hat. Nach Tonstudio sieht das ja nun wirklich nicht gerade aus, oder?

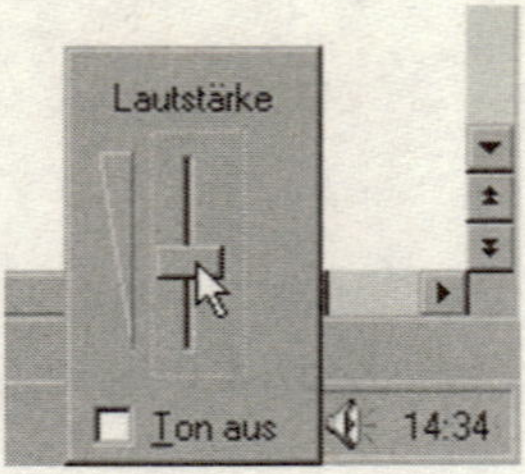

Zum Glück steckt aber doch noch mehr in Windows als nur dieser kleine Regler! Windows zeigt seine Tools allerdings erst, wenn Sie einen Doppelklick auf Lautsprechersymbol ausführen.

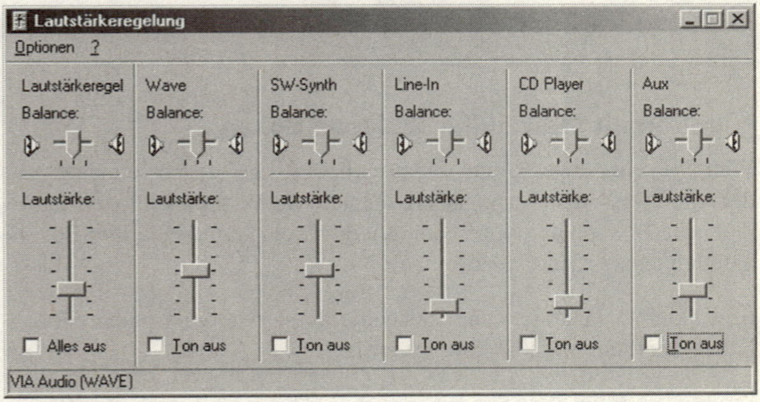

Die Lautstärkeregler konfigurieren

Die standardmäßige Lautstärkeregelung müssen Sie übrigens nicht so übernehmen, sondern können sie ganz individuell einstellen. Wählen Sie einfach *Optionen/Eigenschaften*, und im nächsten Fenster können Sie die benötigten Regler aktivieren und nicht benötigte rauswerfen.

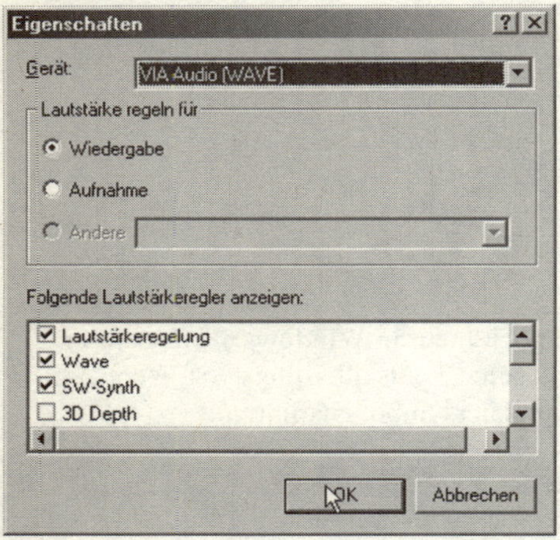

Hier kommt Medizin für schlappe Boxen

Wenn Sie eher etwas kleine und „schmalbrüstige" Boxen ohne besonders tolle Basswiedergabe haben, müssen Sie nicht gleich losziehen und neue Boxen kaufen: Mit den Sound-Tools können Sie Ihre Boxen nämlich ganz ordentlich aufmöbeln!

Einen kleinen Haken hat die Sache allerdings: Sie funktioniert nämlich leider nicht mit allen Soundkarten!

Wichtig ist dafür, dass Sie die Option 3D Depth aktiviert haben! Wählen Sie in der Lautstärkeregelung einfach *Optionen/Eigenschaften* und setzen Sie ein Häkchen vor den Eintrag *3D Depth*.

Jetzt sehen Sie in der Lautstärkeregelung diesen neuen Eintrag und darunter die Schaltfläche *Erweitert*, auf die Sie klicken.

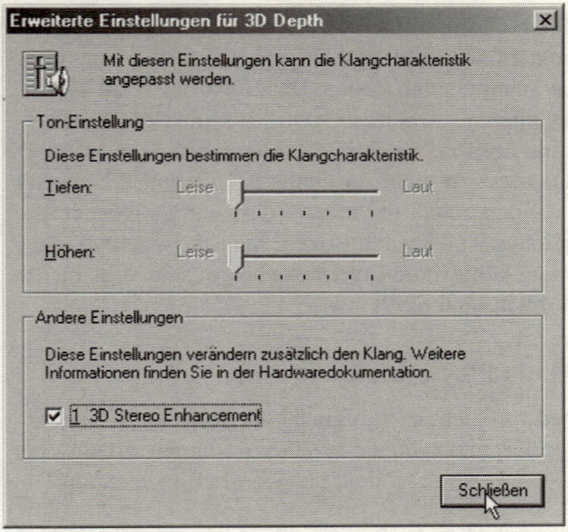

Jetzt können Sie im Fenster *Erweiterte Einstellungen für 3D Depth* die Bässe und Höhen mit zwei Schiebereglern ganz individuell einstellen.

Aber bitte Vorsicht beim Ausprobieren: Boxen mit unter 15 Watt Leistung verabschieden sich nämlich ganz schnell für immer, wenn Sie die Bässe auf den höchsten Wert setzen und dann die Lautstärke voll aufdrehen! Umgekehrt müssen Sie bei wirklichen Powerboxen mit den Bässen nicht ganz so vorsichtig sein. Trotzdem – so lange Ihre Nachbarn nicht rebellieren, sollten Sie sich an die optimalen Werte einfach durch Ausprobieren heranarbeiten!

Und wieso funktioniert die Balance jetzt nicht mehr?

Sie haben die Option *3D Depth* aktiviert und plötzlich können Sie die Balance nicht mehr regeln? Das ist ausnahmsweise keine Windows-Macke, sondern hat einen ganz konkreten Grund. 3D Depth verwendet nämlich eine Art „erweiterten Stereoeffekt“, der eine manuelle Regelung der einzelnen Kanäle nicht erlaubt.

Das steckt dahinter ...

Den Stereoeffekt registrieren unsere Ohren nur, wenn wir genau in der Mitte zwischen den Schallquellen stehen. Das funktioniert im Wohnzimmer ganz prima, aber am Arbeitstisch, auf dem die Boxen vielleicht noch rechts und links neben dem Monitor stehen, kommt der Stereoeffekt meistens erst gar nicht zur Geltung. Und genau hier setzt die 3D-Depth ein, die den Schall so verzerrt, dass wir glauben, er käme von weiter auseinander stehenden Boxen. Je nach Boxentyp und räumlicher Umgebung können die Ergebnisse so gut sein, dass man sich wirklich wie im Kinosaal fühlt!

Verflixt: Der Media Player bleibt stumm

Das nervt: Sie haben vielleicht nachträglich eine Soundkarte eingebaut, richtig konfiguriert und auch die Windows-Klänge ertönen, aber wenn Sie eine Musik-CD hören wollen, bleiben die Boxen stumm!

Eigentlich gibt's nur drei Gründe für dieses Ärgernis, und die sind schnell beseitigt.

Audiokabel vergessen?

Wenn Sie die Soundkarte nachträglich gekauft und eingebaut haben, wurde auch ein kleines, dünnes Kabel mitgeliefert, das man beim Karteneinbau schnell mal übersieht und vergisst einzubauen.

Klare Lösung: Schrauben Sie den Rechner wieder auf und stecken Sie das Audiokabel in die entsprechende Buchse auf der Rückseite des CD-ROM-Laufwerks. Danach verbinden Sie es mit der Buchse auf der Soundkarte. Erst jetzt können die Audiosignale vom CD-ROM-Laufwerk an die Soundkarte weitergeleitet werden. Und schon hören Sie endlich auch die Musik von der CD!

Das Gleiche gilt übrigens auch, wenn Sie keine Soundkarte nachgerüstet haben, sondern Ihr PC eine auf dem Motherboard integrierte Karte benutzt.

Wenn Sie keine CDs anhören können

Sie haben das Audiokabel überprüft und trotzdem bleibt der Media Player stumm? Ein Grund dafür kann in Ihrem CD-ROM-Laufwerk liegen, das möglicherweise nicht mit der standardmäßig verwendeten digitalen Wiedergabe zurechtkommt.

Das können Sie zwar nicht ändern, wenn Sie die digitale Wiedergabe aber deaktivieren, ist das Problem fast immer gelöst! Öffnen Sie einfach die *Systemsteuerung*, klicken Sie das CD-ROM-Laufwerk an und wählen Sie *Eigenschaften*. In der Registerkarte *Eigenschaften* deaktivieren Sie die Option *Digitales CD-Audio für dieses Gerät aktivieren* und verlassen das Fenster mit *OK*.

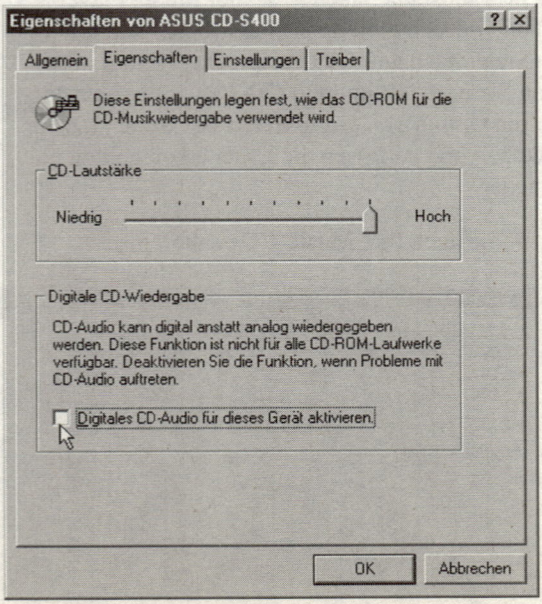

Boxen voll aufgedreht und trotzdem ist fast nichts zu hören?

Sie haben tolle Boxen und können alle Windows-Klänge hören, nur Musik-CDs sind immer superleise, obwohl Sie die Boxen voll aufgedreht haben? Gucken Sie doch einfach noch mal in das Fenster aus dem vorherigen Abschnitt: Dort können Sie nämlich nicht nur die digitale Wiedergabe aktivieren und deaktivieren, sondern auch die CD-Lautstärke einstellen! Schieben Sie den Regler im Feld *CD-Lautstärke* einfach ganz nach rechts und klicken Sie dann auf *OK*.

Zum wahnsinnig werden: Immer noch kein Ton

Werden Sie lieber nicht wahnsinnig, auch wenn der Media Player immer noch keinen Ton von sich gibt, denn eine Möglichkeit gibt es noch: Doppelklicken Sie einfach auf das Lautsprechersymbol in der Task-Leiste und sehen Sie nach, ob im Feld *CD-Player* der Lautstärkeregelung vielleicht die Option *Ton aus* aktiviert ist. Wenn ja, dann entfernen Sie das Häkchen und verlassen die Lautstärkeregelung über *Optionen/Beenden* wieder.

Spätestens jetzt können Sie auch Ihre Musik-CDs anhören!

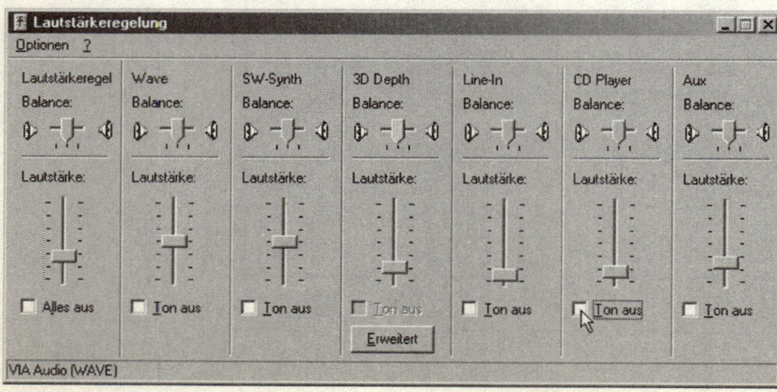

Wie bitte: Line-In, Line-Out?

Eine weitere Stolperfalle ist der Anschluss der Boxen an die Soundkarte, denn hier kann man wirklich einiges falsch machen! Das liegt aber nur daran, dass die Beschriftung der Soundkartenanschlüsse mit „Line-In" oder „Line-Out" nicht unbedingt aussagekräftig ist.

Aktivboxen, Passivboxen und Kopfhörer

Fast alle Boxen sind Aktivboxen, also Boxen mit einem eigenen Verstärker. Sie werden immer über den Anschluss „Line-Out" oder „Out" an der Soundkarte angeschlossen. Wenn Sie Ihren Stereoanlagenverstärker an Ihren PC anschließen wollen, machen Sie das ebenfalls an diesem Anschluss.

Passivboxen

Passive Boxen ohne eigenen Verstärker, zum Beispiel die der Stereoanlage, werden am Ausgang „SPK" oder „Speaker Out" angeschlossen. So werden sie über den in die Soundkarte integrierten Verstärker versorgt. Kommen Sie aber nicht auf die Idee, Ihre Aktivboxen hier anzuschließen, denn der in den Boxen eingebaute Verstärker kann den auf der Soundkarte im ungünstigsten Fall „abrauchen" lassen!

Geheim: Windows ME hat einen DVD-Player!

Wussten Sie, dass Windows ME bereits einen DVD-Player mitbringt? Microsoft hat sich komischerweise alle Mühe gegeben, ihn so richtig gut zu verstecken – auf den ersten Blick werden Sie ihn ganz bestimmt nicht finden!

Finden können Sie den Player im Ordner *Windows* unter dem Namen *DVDPLAY.EXE*.

Haben Sie ein DVD-Laufwerk in Ihrem PC und wollen den Windows-Player nutzen, legen Sie sich am besten eine Desktopverknüpfung zu dieser Datei an!

Geht denn das: Windows-Sound auch ganz ohne die richtige Hardware?

Zugegeben – dieser Fall dürfte wirklich selten sein, aber vielleicht haben Sie ja tatsächlich keine Soundkarte und auch keine Boxen? Kein Grund, den Kopf hängen zu lassen, denn Sie können trotzdem – wenn auch nicht gerade in Konzertsaalqualität – die Windows-Sounds hören!

Wie das geht? Ganz einfach: Sie benutzen den kleinen PC-Lautsprecher, der in Ihrem Rechner eingebaut ist. Weil der aber eigentlich ganz und gar nicht für solche Abenteuer gedacht ist, müssen Sie ein bisschen Hand anlegen und ihn überlisten.

Und das geht so:

1. Zuerst brauchen Sie die Treiberdatei, um den Lautsprecher überhaupt ansteuern zu können. Den Treiber gibt's im Internet auf der Microsoft FTP-Seite unter der Adresse ftp.microsoft.com.
2. Auf der Microsoft-Seite öffnen Sie das Verzeichnis *Softlib\Mslfiles* und downloaden dort die Datei *Speak.exe*.
3. Haben Sie die Datei heruntergeladen, klicken Sie sie an, um sie zu entpacken.
4. Jetzt klicken Sie in der *Systemsteuerung* auf *Hardware* und starten den *Hardware-Assistenten*. Der Assistent fragt Sie, ob neue Hardware gesucht werden soll, was Sie verneinen. In der folgenden Liste wählen Sie unter *Hardwaretypen* den Eintrag *Audio-, Video- und Gamecontroller* aus.
5. Sie gelangen jetzt ins Herstellerfenster, in dem Sie auf *Diskette* klicken. Im nächsten Fenster *Von Diskette installieren* geben Sie den Pfad zur entpackten Datei an. Im Fenster *Gerät wählen* steht nun der Eintrag *Sound Driver for PC-Speaker*, den Sie mit *OK* bestätigen.

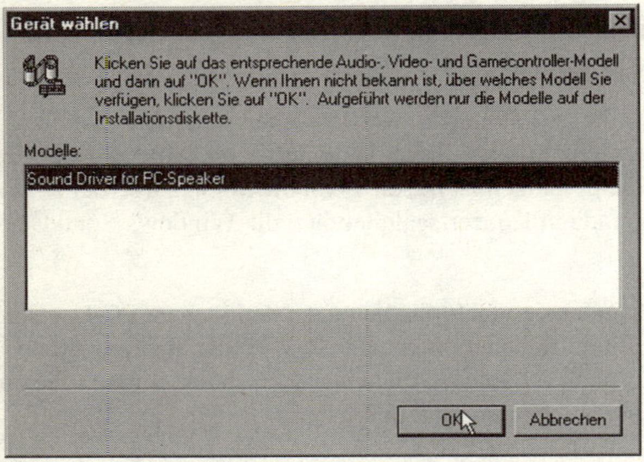

6 Zurück im Hardware-Assistenten klicken Sie abschließend auf *Fertig stellen* und gelangen automatisch ins Fenster *PC-Speaker Setup*. Am besten übernehmen Sie erst einmal alle vorgegebenen Einträge mit *OK*.

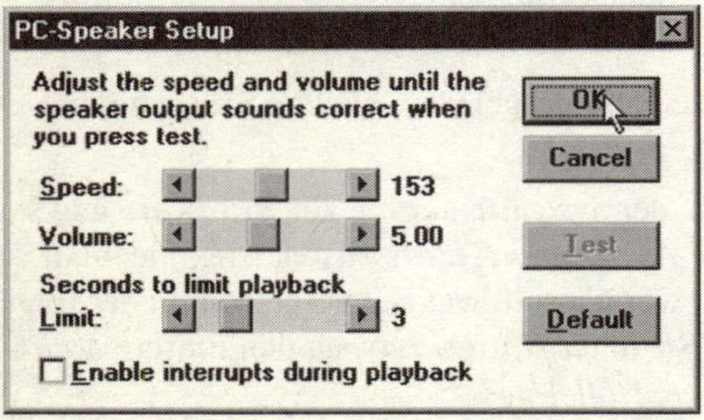

7 Sie müssen Windows jetzt neu starten und können den Lautsprecher danach in der *Systemsteuerung* unter *Multimedia/Geräte/Audiogeräte* einstellen.

Das eigene Hit-Archiv: Musik-CDs verwalten

Der Media Player in Windows ME spielt nicht nur Musik-CDs ab, sondern ist auch wirklich gespickt mit massenhaft interessanten Features! Eines davon ist natürlich die Wiedergabeliste, die gegenüber der Wiedergabeliste im „alten“ Windows 98 einen großen Vorteil hat: Weil Sie die gewünschten Songs dafür gleich auf den PC kopieren, müssen Sie beim Abspielen der Liste nicht einmal mehr die jeweilige CD einlegen!

Wollen Sie eine Wiedergabeliste zusammenstellen, geht das wie folgt:

1 Nach dem Start des Media Players klicken Sie auf *Neue Wiedergabeliste*.

2 Jetzt öffnet sich ein kleines Fenster, in das Sie einen Namen für die Wiedergabeliste eingeben.

3 Legen Sie die CD ein, von der Sie einen oder mehrere Songs in die Wiedergabeliste aufnehmen wollen, und klicken Sie auf das Feld *CD-Audio*.

4 Hier müssen Sie nun den oder die gewünschten Songs mit einem Häkchen vor dem zugehörigen Eintrag versehen und dann auf *Musik kopieren* klicken. Windows kopiert daraufhin in ein paar Sekunden den Song und fügt ihn in eine so genannte „Bibliothek" ein.

5 Ist der Kopiervorgang beendet, klicken Sie wieder auf *Medienbibliothek* und sehen dort unter der Rubrik *Album* den soeben aufgenommenen Song. Erscheinen keine Angaben zu Song, Albumname und Interpret, klicken Sie die Einträge einfach mit der rechten Maustaste an, wählen dann im Kontextmenü *Bearbeiten* und können diese Infos jetzt eingeben.

6 Nun ziehen Sie den Song mit gedrückter linker Maustaste einfach auf die vorher angelegte Wiedergabeliste, und schon taucht der Song dort auf.

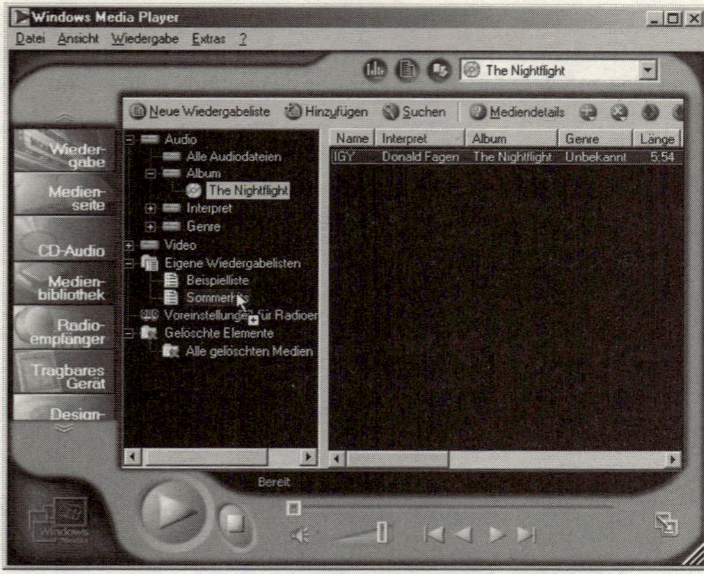

7 Das Gleiche machen Sie jetzt nacheinander mit allen Songs, die Sie in der Wiedergabeliste haben möchten. Sind Sie damit fertig, gehen Sie auf das Feld *Wiedergabe* und können im Auswahlfenster oben rechts Ihre Wiedergabeliste anklicken.

8 Jetzt klicken Sie einfach auf die *Wiedergabe*-Schaltfläche am unteren Rand, und schon startet Ihre Wiedergabeliste!

Auch der Media Player hat Sound-Tools!

Die verschiedenen Windows-Sound-Tools habe ich Ihnen ja schon gezeigt – und jetzt kommen gleich noch ein paar dazu, denn auch der Media Player kann damit aufwarten!

Im Kompaktmodus finden Sie am unteren Rand des Media Players eine kleine Griffleiste. Wenn Sie darauf klicken, öffnet sich ein Einstellungsfenster, in dem Sie zum Beispiel zusätzliche Bässe oder Halleffekte regeln können. Mit zwei kleinen Pfeiltasten können Sie ins nächste Einstellungsfenster wechseln. Dort finden Sie einen Graphic Equalizer, mit dem Sie die Klangfarbe des Sounds sehr genau bestimmen können.

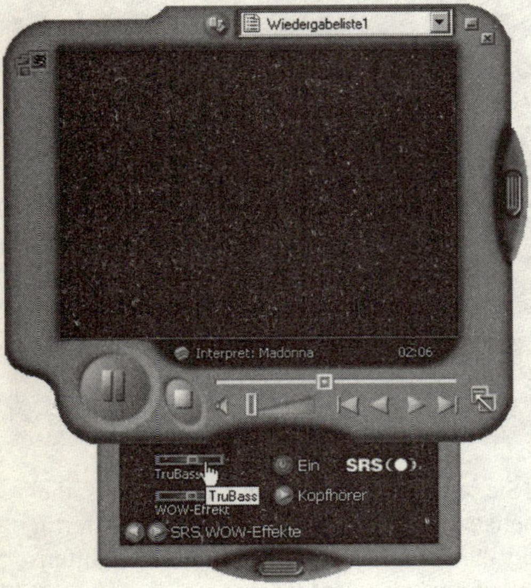

Übrigens: Im Vollmodus des Media Players finden Sie diese Sound-Tools unter *Ansicht/Wiedergabetools*.

Disco auf dem Monitor: Visualisierungen und Skins für den Media Player

Wirklich auf die Spitze getrieben haben es die Windows-Entwickler beim Design des Media Players. Den können Sie nämlich nicht nur mit so genannten „Skins", also Oberflächen, im Aussehen total verändern, auch mit den witzigen optischen Effekten, „Visualisierungen" genannt, können Sie bis zum Abwinken herumspielen!

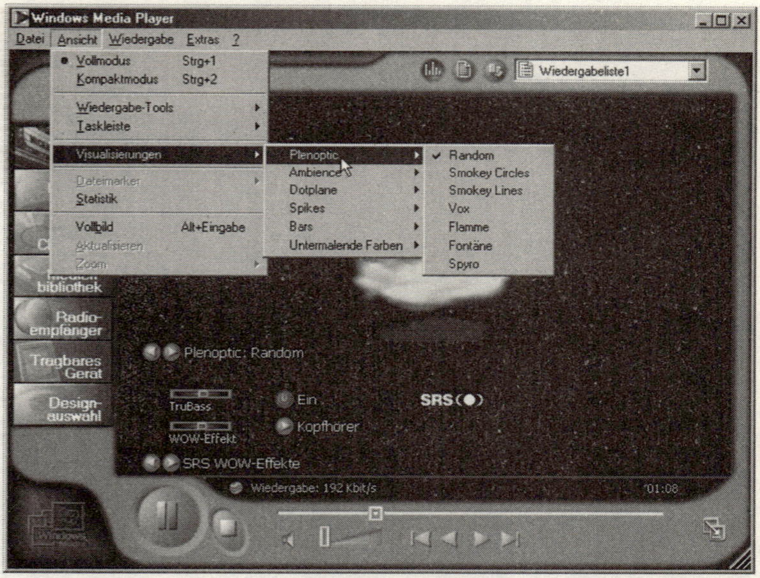

Wollen Sie sich die verschiedenen Visualisierungen ansehen, wählen Sie im Media Player einfach *Ansicht/Visualisierungen* und suchen sich eine der rund 30 verschiedenen Möglichkeiten aus.

Noch mehr bunter Stoff aus dem Internet

Wenn Ihnen die Visualisierungen des Media Players noch nicht reichen, können Sie zahlreiche neue und obendrein auch andere Skins, also Media Player-Designs aus dem Internet herunterladen.

Wenn Sie gerade online sind, klicken Sie im Media Player einfach auf *Extras/Visualisierungen downloaden* und landen auf einer Microsoft-Seite mit massenhaft neuen Visualisierungen.

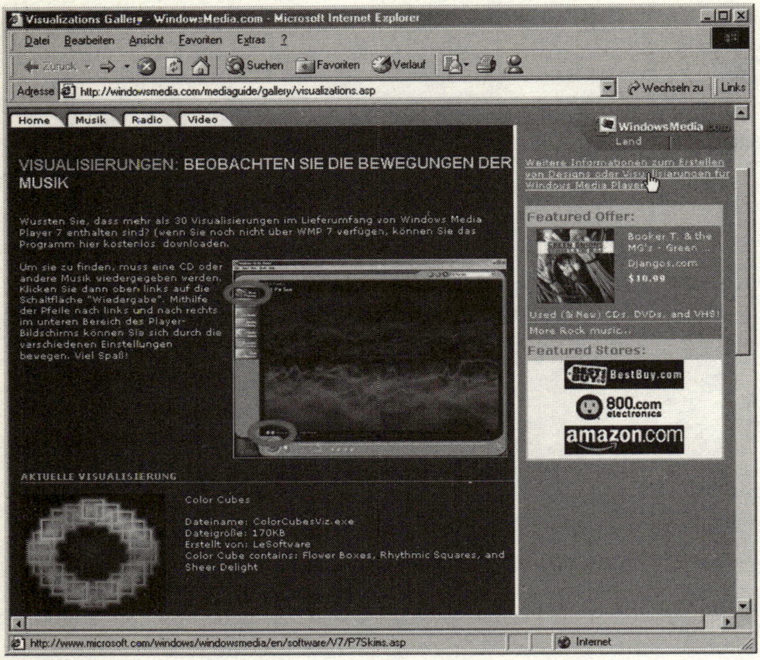

Auf dieser Seite finden Sie auch den Link zu einer Skin-Seite, auf der Sie ein Menge unterschiedlicher neuer Designs für den Media Player finden.

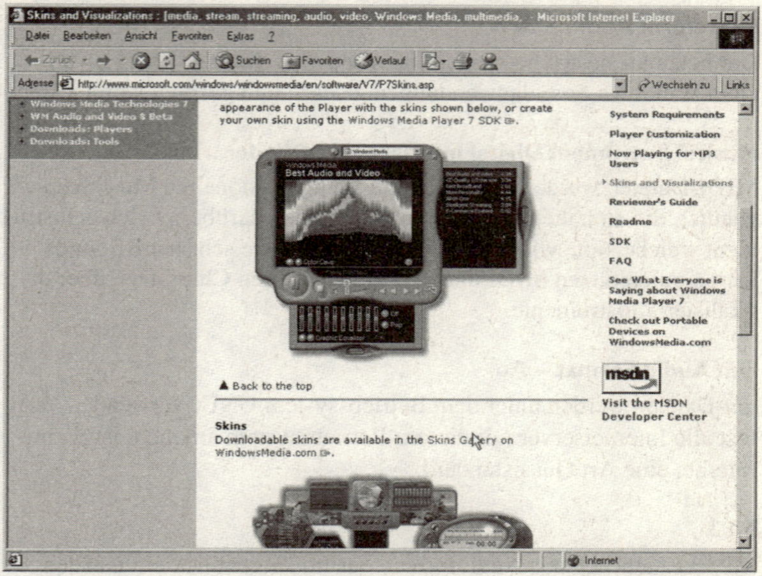

Geheimnisvolle Wesen: Audiodateien und Audio-Codecs

Audiodateien begegnen Ihnen überall, auf CDs oder im Internet. Im Normalfall müssen Sie sich um nichts Besonderes kümmern, wenn Sie eine Audiodatei anhören wollen, weil Windows mit der Medienwiedergabe bzw. mit dem Media Player bereits den nötigen Player für alle möglichen Dateiformate mitbringt.

Wie gesagt – im Normalfall! Hin und wieder stolpert Windows aber über Audiodateien, die nicht wiedergegeben werden können. Das hat mehrere Ursachen, die Sie aber meist recht schnell beseitigen können.

Das Who's who der Audiodateien

Audioformate gibt es zwar wie Sand am Meer, aber nur eine Hand voll von ihnen hat überhaupt Bedeutung bei der Windows-Arbeit.

Waveform Audio – .wav

Der bekannteste Audiostandard ist *.wav*. *.wav*-Dateien können von allen Windows-Soundanwendungen gelesen und gespielt werden.

Musical Instrument Digital Interface – MIDI oder .rmi

MIDI-Dateien werden eigentlich nur im professionellen Musikbereich genutzt. Sie enthalten konkrete Informationen darüber, welches Instrument welche Note wie lange spielen muss. Viele sehr teure Soundkarten unterstützen MIDI und verfügen auf ihren Chipsätzen über digitalisierte Instrumente.

Sun Audio Format – Au

.au-Dateien werden unter dem Betriebssystem UNIX verwendet. Weil fast alle Internetserver mit diesem Betriebssystem arbeiten, ist *au* im Internet eine Art Quasistandard.

MP3

MP3 ist natürlich das Audioformat, das im Augenblick am meisten Furore macht – kein Wunder, denn täglich werden Millionen von MP3-Sounddateien im Internet heruntergeladen. Was es mit MP3 auf sich hat, lesen Sie ab Seite 442.

Wozu eigentlich Audio-Codecs?

Die Audio-Codecs sind nichts anderes als verschiedene Techniken, um Audiodateien zu komprimieren und wieder zu dekomprimieren. Diese Kompressions- und Dekompressionstechniken werden immer wichtiger, weil mit höherer Wiedergabequalität natürlich auch der Speicherplatzbedarf der Audiodateien heftig ansteigt! Über die Jahre wurden ein ganze Anzahl verschiedener Codecs entwickelt, von denen sich ein paar durchsetzen konnten. Und das sind Microsoft-Codecs und deren Einsatzgebiete:

ADPCM

ADPCM steht für **A**daptive **D**elta **P**ulse **C**ode **M**odulation und erlaubt eine Kompressionsrate von 4 zu 1. ADPCM arbeitet zwar recht gut mit niedrigen Frequenzen, neigt aber dazu, höhere Frequenzen zu verzerren.

CCITT

CCITT steht für **C**onsultative **C**ommittee for **I**nternational **T**elephone and **T**elegraph, arbeitet mit dem TAPI, also der Telefonschnittstelle von Programmen, zusammen und bietet Kompressionsraten von maximal 2 zu 1.

IMA-ADPCM

IMA-ADPCM funktioniert eigentlich genauso wie ADPCM und erreicht ebenfalls Kompressionsraten von 4 zu 1. Einziger Unterschied zu ADPCM ist, dass IMA-ADPCM bei der Kompression sehr viel schneller arbeitet.

Wenn Audio-Codecs Zicken machen

Wie schon vorher erwähnt: Es kommt hin und wieder vor, dass Windows mit bestimmten Sounddateien nicht zurechtkommt. Windows meldet das übrigens recht konkret und zeigt damit, dass ein bestimmter Codec nicht bekannt ist. Das Problem können Sie ziemlich einfach lösen, und zwar wie folgt:

1. In der *Systemsteuerung* klicken Sie auf *Sounds und Multimedia* und dann auf die Registerkarte *Geräte*.
2. In der Liste *Multimedia-Geräte* wählen Sie *Audiokomprimierungs-Codecs*, dann den von Windows als „unbekannt" bezeichneten Codec und klicken schließlich auf *Eigenschaften*.
3. Im Eigenschaftenfenster des Codecs klicken Sie auf *Entfernen*.
4. Windows will jetzt zwar einen Neustart, das können Sie aber ignorieren. Schließen Sie das Fenster *Multimedia* und wählen Sie in der *Systemsteuerung Hardware*.

5 Hier starten Sie den Hardware-Assistenten und klicken auf die Option *Nein, Hardware in der Liste wählen.*

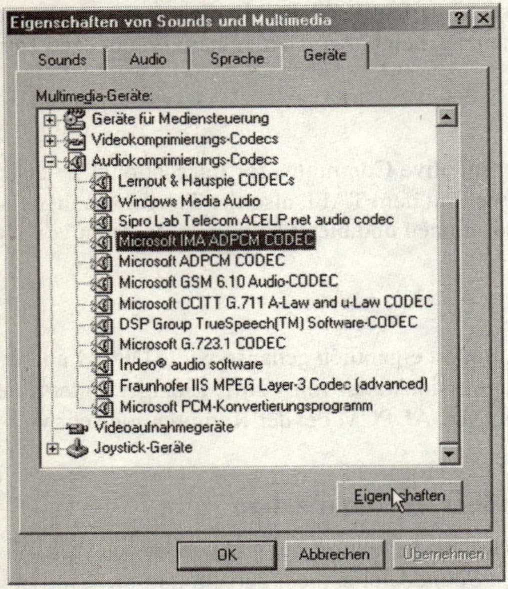

6 In der Liste *Hardwaretypen* aktivieren Sie nun den Eintrag *Audio-, Video- und Gamecontroller* und klicken auf *Weiter.*

7 Im nächsten Fenster suchen Sie unter *Hersteller* den entsprechenden Eintrag und wählen unter *Modelle* den zu installierenden Codec.

8 Windows installiert jetzt den Codec, und nach einem Neustart ist das Problem beseitigt.

Codec-Ärger vermeiden: Codecs automatisch aktuell halten

Wenn Sie erst gar nicht in die Situation kommen wollen, einen aktualisierten oder neuen Codec zu verpassen, bietet der Media Player eine prima Möglichkeit. Wählen Sie im Media Player einfach *Extras/Optionen* und öffnen Sie dann die Registerkarte *Player*. Hier wählen Sie die Option *Automatischen Codecdownload aktivieren*. Direkt oberhalb dieser Option können Sie festlegen, wie oft der Media Player im Internet nach neuen Codecs suchen soll – sinnvoll ist die Einstellung *Einmal pro Woche*. Hat der Media Player, während Sie im Internet surfen, eine Codec-Aktualisierung entdeckt, wird sie sofort heruntergeladen und installiert.

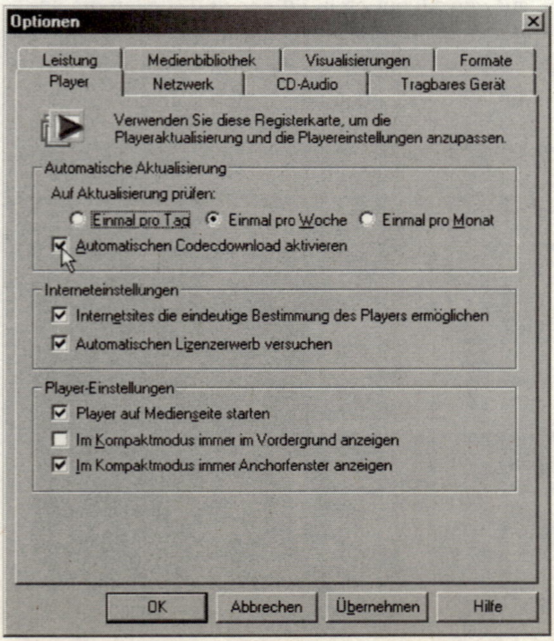

Videos gucken am PC: So klappt's mit dem Media Player

Musik und Windows-Sounds zu hören, ist zwar ganz nett – Videoclips auf dem Monitor zu sehen, ist aber schon ein bisschen faszinierender. Und logischerweise ist auch für Videos wieder der Media Player das richtige Programm! Wenn Sie also zum Beispiel Videoclips aus dem Internet heruntergeladen haben, können Sie sich diese dann so anschauen:

1 Bei Windows ME finden Sie den Media Player zwar standardmäßig schon in der Schnellstartleiste, Sie können ihn aber auch über *Start/Programme/Zubehör/Unterhaltungsmedien* erreichen.

2 Jetzt klicken Sie auf den Menübefehl *Öffnen* und suchen die gewünschte Datei aus. Standardmäßig gibt der Media Player im *Öffnen*-Dialog unter *Dateityp Mediendateien (alle Typen)* vor, sodass Sie zwischen Audio- und Videodateien wählen können.

MPEG – Was ist das eigentlich?

Den Begriff MPEG haben Sie wahrscheinlich schon ziemlich häufig gehört. Was sich dahinter verbirgt, ist gar nicht besonders geheimnisvoll, sondern einfach gesagt eine Technik, mit der man Videosequenzen mit sehr guter Qualität komprimieren und schnell wieder dekomprimieren kann. Es wurden für verschiedene Anwendungsgebiete unterschiedliche Standards entwickelt: MPEG 1 für den Computerbereich, MPEG 2 für digitale Fernsehübertragung und MPEG 3 für professionelle Studiotechnik, aber dazu mehr auf Seite 442.

Das steckt dahinter ...

Um Videosequenzen auf einen Bruchteil ihrer ursprünglichen Größe herunterkomprimieren zu können, verwendet MPEG ziemlich komplexe und komplizierte Algorithmen. Die wirkliche Schwierigkeit dabei besteht in zwei Aspekten: Einmal will man vermeiden, dass sich mit steigender Kompression auch die Bildqualität verschlechtert, und zum anderen ist der Witz an MPEG, dass man die komprimierten Dateien in Echtzeit dekomprimieren und ansehen kann. Vor Jahren brauchte man dazu noch eine eigene Decoderkarte, aber heute sind alle aktuellen Rechner schnell genug, um die Dekodierung per Software vorzunehmen. MPEG 2 lässt dabei Kompressionsraten von 30 zu 1 zu, ermöglicht eine Bildauflösung von 720 x 480 Bildpunkten und entspricht damit der Fernsehqualität.

Ein bisschen verwirrend: MPEG und die verschiedenen Versionen

Und jetzt wird's etwas kompliziert und wie immer, wenn es um Computerstandards geht, gibt's mit den Bezeichnungen ziemlich viel Verwirrung und Durcheinander.

MPEG hat natürlich nicht nur etwas mit Videokompression zu tun – schließlich ist die Zeit der Stummfilme lange vorbei. Zu jedem MPEG-Standard gehören auch Audiokompressionsstandards.

Da sich der MPEG 1-Standard durch die starke Verbreitung von Multimedia-PCs immer größerer Beliebtheit erfreute, wurde die Audiokompression weiterentwickelt. Bei den Audiostandards spricht man von den so genannten „Layern“, und inzwischen ist man bei MPEG1-Layer3 angekommen, was – losgelöst von der Videokompression – als MP3-Format zurzeit für viel Wirbel sorgt.

Das steckt dahinter ...

Normale *.wav*-Dateien brauchen bei einer Aufnahme in CD-Qualität, also in 44,1 kHz, etwa 172 KByte pro Sekunde Spieldauer. Die MPEG-Kompression verringert nun die Anzahl der Bits pro Sekunde um den Faktor 12, verschlechtert dabei aber die Klangqualität nicht merklich. Und jetzt das Beste: MP3 schafft es mit seiner Kompression, eine Minute Audiodaten in nur 1 MByte Speicherplatz unterzubringen!

Und was bringt MP3 nun?

Was MP3 bietet, liegt auf der Hand – Geschwindigkeit! Wenn Sie zum Beispiel Audiodateien in CD-Qualität aus dem Internet herunterladen wollen, würde das bei einem dreiminütigen Song mit einem normalen 28.8-Modem rund drei Stunden dauern! Eine MP3-Datei dagegen benötigt pro Minute Spieldauer lediglich 1 MByte Speicherplatz – also ist das Herunterladen selbst mit einem nicht mehr ganz so modernen Modem sehr viel schneller realisierbar.

Spezielle Player für MP3? Vergessen Sie's!

Sie haben gehört, Sie bräuchten einen bestimmten Player für MP3-Dateien? Vergessen Sie's, denn seit Windows 98 SE können alle Media Player auch MP3-Dateien spielen – Sie brauchen also definitiv keinen speziellen Player dafür! Das heißt natürlich nicht, dass Sie nicht einen anderen als den Media Player benutzen können. Auch wenn ich persönlich den Windows Media Player ziemlich genial finde – ein zweiter Player ist nie verkehrt und sorgt einfach für ein bisschen mehr Abwechslung.

Wenn Sie den Windows Media Player nicht mögen

Aha – Sie mögen den Windows Media Player also nicht? Kein Problem – einen wirklich tollen Player namens Sonique können Sie sich unter der Adresse http://www.sonique.de herunterladen.

Der Sonique-Player sieht nicht nur toll aus – er kann auch eine Menge Dinge, die Sie beim Windows Media Player vergeblich suchen werden. Ob Sie Playlisten generieren wollen, spezielle Audioeinstellungen für die Wiedergabe oder den Internetdownload festlegen: Sonique kann so ziemlich alles, was ein moderner MP3-Player können muss. Und selbst sein Design können Sie verändern – von klassisch bis super-spacig!

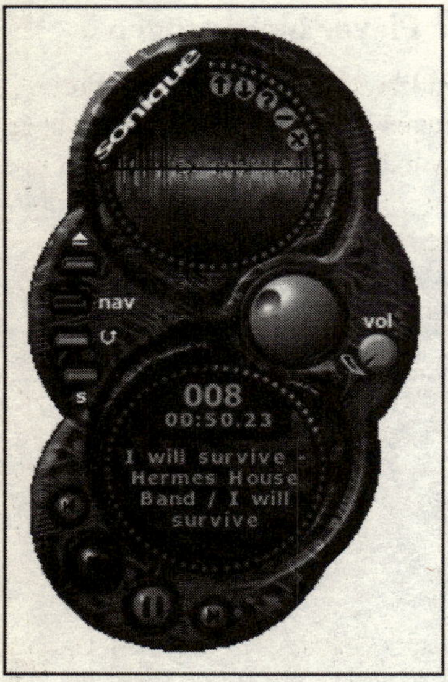

Die rechtliche Seite

Dass MP3 Furore und Ärger macht, ist eigentlich klar! Warum? Na ganz einfach: Sie können sich kostenlos einen MP3-Player herunterladen und auf zahlreichen Webseiten auch gleich noch so ziemlich jedes Musikstück, das in den letzten 20 Jahren in den Hitparaden zu hören war. Ebenfalls kostenlos, versteht sich!

Dass sich die Musikindustrie nicht gerade besonders freut, wenn niemand mehr ihre CDs kauft, ist klar. Und ebenso klar ist auch, dass die Musikindustrie aus genau diesem Grund versucht, das Anbieten von Originalsongs im Internet verbieten zu lassen. Deshalb an dieser Stelle auch mal ausnahmsweise der „erhobene Zeigefinger“: Wenn Sie das mit MP3 gern mal ausprobieren möchten – dann tun Sie's auch. Aber bitte machen Sie's nicht zu Ihrem Hobby, weil sonst irgendwann auch mal alle die Künstler pleite sind, die uns täglich mit tollen Songs begeistern!

Download und dann?

Haben Sie einen MP3-Player heruntergeladen, müssen Sie ihn natürlich installieren. Das läuft bei allen Playern unterschiedlich ab, ist aber genauso einfach und selbsterklärend wie das Installieren irgendeines anderen Programms. Nach der Installation können Sie eine der MP3-Seiten aufrufen und den gewünschten Song herunterladen.

> **Das nervt: Sex statt Songs!**
>
> *Tja – wenn Sie statt auf einer MP3-Seite plötzlich im virtuellen Strip-Club stehen, dann haben Sie nichts falsch gemacht, sondern sind einfach auf einen der vielen falschen Links hereingefallen! Weil MP3 zurzeit natürlich in aller Munde ist, hängen sich auch die Betreiber von Sex-Seiten da dran und geben in ihren Links einfach MP3 an. Dass es auf diesen Seiten eher nicht um MP3 geht, versteht sich von selbst!*

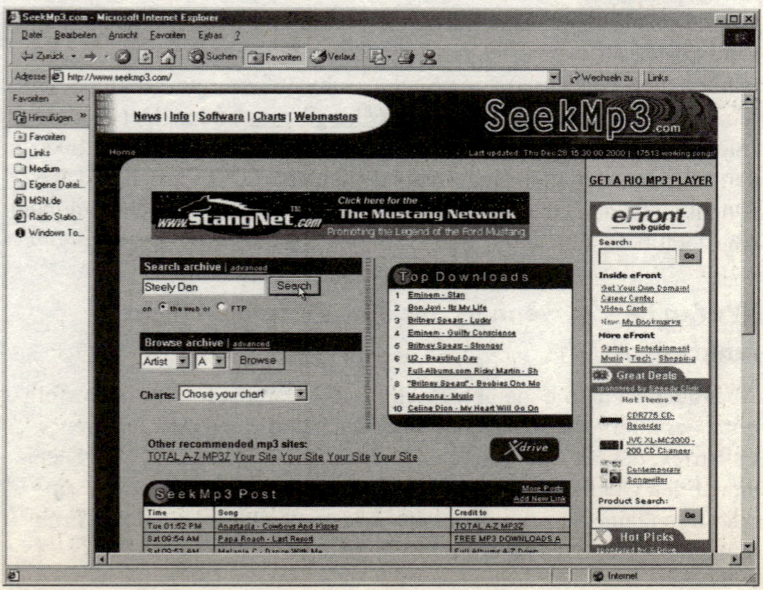

Nach dem Herunterladen öffnen Sie die MP3-Datei einfach mit Ihrem Player, und das war's auch schon! Die Wiedergabequalität der MP3-Songs ist wirklich erstaunlich und lässt sich von einer Musik-CD nicht unterscheiden.

Woran liegt's, wenn der Download nicht klappt?

Wenn Sie endlich den gewünschten MP3-Song gefunden haben, heißt das leider noch lange nicht, dass Sie ihn auch problemlos herunterladen können. Nur zu häufig bekommen Sie nämlich eine ganze Reihe unterschiedlichster Fehlermeldungen angezeigt, für die es dummerweise nur eine Lösung gibt – suchen Sie sich eine andere Downloadadresse.

Mindestens 95 Prozent aller MP3-Seiten sind entweder nur wenige Stunden täglich im Netz verfügbar, extrem langsam oder gar nicht mehr vorhanden – der Link auf die Seite aber sehr wohl noch. Ersparen Sie sich die mühsame Sucherei, die Sie im Endeffekt meist mehr Geld kostet, als wenn Sie gleich die CD mit dem Musikstück kaufen würden, und konsultieren Sie Suchmaschinen wie etwa seekmp3, die Sie unter der Adresse http://www.seekmp3.com finden. Der Vorteil solcher „serösen" Suchmaschinen besteht darin, dass hier die Links zu den MP3-Dateien meist mehrmals täglich überprüft werden und Sie zudem meist noch die durchschnittliche Übertragungsgeschwindigkeit angezeigt bekommen.

Woran liegt's, wenn es mit dem Abspielen nicht funktioniert?

Aber auch wenn Sie die gewünschte MP3-Datei gefunden und erfolgreich heruntergeladen haben, gibt es noch den einen oder anderen Fallstrick, der Sie am Abspielen hindern kann: Häufig sind die Dateien auf den Quellservern nicht als *.mp3*, sondern als Dateien im *.zip*- oder irgendeinem anderen Dateiformat gespeichert. Um dieses Problem zu lösen, gibt es mehrere Möglichkeiten:

MP3-Dateien mit der Endung .zip

Hat die MP3-Datei die Endung *.zip*, entpacken Sie sie einfach mit einem entsprechenden Programm wie etwa WinZip, das Sie unter der Adresse http://www.winzip.de herunterladen können.

MP3-Dateien mit anderen Dateiendungen

Viele MP3-Dateien haben alle möglichen Endungen, die dann eher nach Textverarbeitungs- oder Tabellenkalkulationsdateien klingen. Das muss Sie nicht stören, denn Sie benennen sie einfach in **.mp3* um und können Sie mit Ihrem MP3-Player abspielen. Funktioniert das nicht, bliebt nur eine letzte Möglichkeit: Geben Sie der Datei die Endung *.zip* und versuchen Sie, sie mit WinZip zu entpacken.

Wenn sich Dateien nicht brennen lassen

Ihre MP3-Dateien können Sie prima anhören, aber Ihr Brennprogramm weigert sich strikt, die Songs auch auf CD zu brennen? Die Gründe dafür können ziemlich zahlreich sein, und genau genommen könnten Sie jetzt die nächsten 100 Stunden lang nur herumbasteln, bis Sie den Fehler gefunden haben. Einfacher geht's mit einem klitzekleinen und sehr cleveren Programm namens SCMPX, das Sie unter der etwas verzwickten Adresse http://www.din.or.jp/~ch3/index_e.html finden. Aber aufgepasst: Sollten Sie nur wirre Schriftzeichen sehen, sind Sie auf der original japanischen Seite gelandet! Klicken Sie einfach auf den Link *English,* und schon ist die Seite auch für Europäer lesbar. Was SCMPX macht, ist schnell erklärt: Es wandelt MP3-Dateien in *.wav*-Dateien um, die wirklich jedes Brennprogramm verarbeiten kann. Klicken Sie einfach auf die Schaltfläche *Convert* und suchen Sie sich im folgenden Fenster die zu konvertierende Datei heraus.

Nach der Konvertierung können Sie auch Ihre „Problem-Songs“ ganz lässig auf eine CD brennen!

Imaging: Windows clevere Bildbearbeitung

Windows brachte mit Microsoft Paint ja schon immer seine eigene Bildbearbeitungssoftware mit. Aber ehrlich gesagt: Paint ist doch eher ein ziemlich primitives Programm, mit dem man besonders im Internetzeitalter nicht mehr viel anfangen kann.

Unter Windows ME gibt's Paint zwar immer noch, aber wohl wirklich mehr aus Nostalgiegründen. Besser und flexibler lässt sich nämlich mit dem neuen Tool Imaging arbeiten, das sich zwar nicht mit Programmen wie Paint Shop Pro messen kann, dafür aber eben bereits in Windows enthalten ist.

Imaging, das Sie über *Programme/Zubehör/Imaging* starten, ist wirklich unkompliziert zu bedienen und hat ein paar nützliche Features, die ich Ihnen mal eben aufzeige.

Grafikbibliotheken: Superüberblick über alle Bilder

Eines dieser Features sind die Grafikbibliotheken. Damit können Sie beliebige Gruppen von Bildern zusammenfassen und natürlich auch einfacher verwalten. Ein bisschen einschränkend ist allerdings die Tatsache, dass sich die Grafikbibliotheken nur mit Dateien der Formate *.tif* und *.awd* zusammenstellen lassen. Und so geht's:

1. Zuerst öffnen Sie die erste Datei, die Sie in die Grafikbibliothek aufnehmen wollen.

2. Dann wählen Sie *Ansicht/Seiten- und Miniaturansicht*. Das Imaging-Fenster wird jetzt zweigeteilt, wobei die Bilddatei im linken Teil als Miniatur und im rechten Teil im Original angezeigt wird. Wenn Sie mehrere Dateien in die Bibliothek einfügen wollen, ist das ziemlich nützlich, um den Überblick zu behalten.

3 Jetzt können Sie der Grafikbibliothek die nächste Datei hinzufügen und wählen dazu *Seite/Anhängen/Vorhandene Seite*. Im folgenden Fenster klicken Sie zunächst auf die einzufügende Datei und dann auf *OK*. Übrigens: Wenn Sie einen Scanner angeschlossen haben, können Sie auch auf *Seite scannen* gehen, um ein neues Bild hinzuzufügen. Imaging startet dann automatisch den Scannertreiber und scannt das Bild.

4 So machen Sie jetzt weiter, bis alle gewünschten Dateien in der Bibliothek sind.

5 Wenn die Bibliothek komplett ist, speichern Sie sie über *Datei/ Speichern unter*. Klicken Sie dagegen auf *Speichern*, dann wird die Bibliothek unter dem Namen der aktuellen Grafik gespeichert. Das ist natürlich nicht besonders sinnvoll, wenn Sie verschiedene Bibliotheken anlegen wollen. Besser also, Sie geben jeder Bibliothek einen eigenen aussagekräftigen Namen.

Bilder bearbeiten mit Imaging? Kein Problem!

Mit Imaging können Sie Bilder mit ein paar Mausklicks unkompliziert bearbeiten, wobei es natürlich Grenzen gibt, was die Möglichkeiten angeht. Für die typischen Alltagsaufgaben reicht der Funktionsumfang aber allemal aus.

Schnell mal das Farbformat ändern

Wenn Sie Platz sparen müssen, ist die Änderung des Farbformats eines Bildes manchmal nötig. Wenn Sie also zum Beispiel aus einem speicherintensiven Farbbild ein Graustufenbild machen wollen, geht das so:

1. Öffnen Sie das Bild, dessen Farbformat Sie ändern wollen, klicken Sie es an und wählen Sie im Kontextmenü *Eigenschaften*.
2. Jetzt erreichen Sie das Fenster *Seiteneigenschaften,* in dem Sie die Registerkarte *Farbe* öffnen. Hier sehen Sie das aktuelle Farbformat und können die gewünschte Option anklicken.

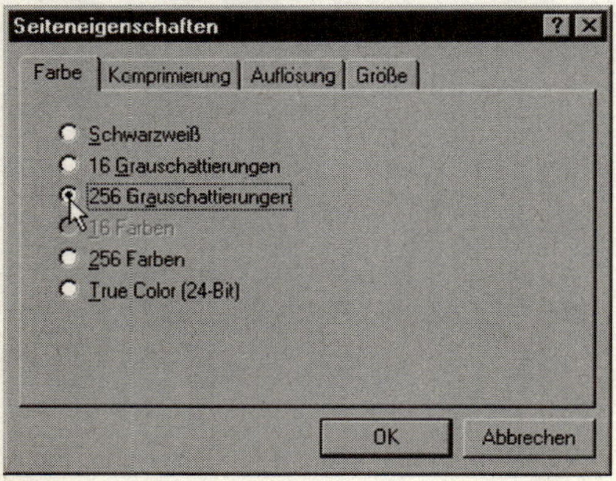

3. Haben Sie das neue Farbformat angeklickt, verlassen Sie das Fenster mit *OK*, und schon wandelt Imaging das Bild um.

Komprimierung und Auflösung verändern

Wenn Sie das Farbformat nicht verändern wollen, um die Datei zu verkleinern, können Sie dies auch über die Komprimierung und die Bildauflösung erledigen. Dazu wählen Sie im Kontextmenü der Datei einfach wieder *Eigenschaften* und öffnen dann die jeweilige Registerkarte. Standardmäßig finden Sie in der Zeile *Komprimierung* den Eintrag *Keine*. Im Auswahlfenster können Sie sich dann zwischen den Kompressionsmethoden *LZW* und *JPEG* entscheiden. Sinnvoll ist es, *JPEG* zu wählen, weil Sie dabei sowohl die Einstellung der Bildauflösung als auch die des Kompressionsgrades bestimmen können.

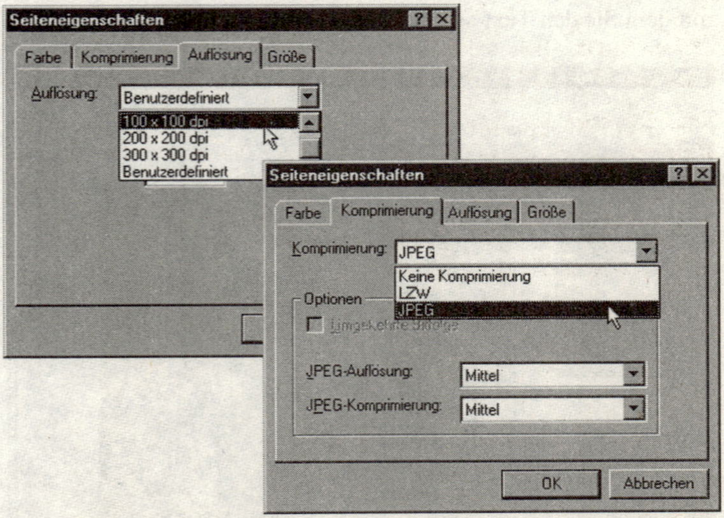

Anmerkungen machen das Leben leichter

Wenn Sie Bilder im Internet verschicken, möchten Sie sie vielleicht zur Erklärung mit Anmerkungen versehen. Imaging macht Ihnen das wirklich leicht:

1 Zuerst öffnen Sie das Bild, dem Sie eine Anmerkung hinzufügen möchten. Dann wählen Sie *Anmerkung/Anmerkungen einblenden*.

Imaging zeigt jetzt am unteren Bildrand eine zusätzliche Symbolleiste, in der Sie alle Anmerkungsbefehle vorfinden.

2 Klicken Sie dort einfach auf *Text*, und Imaging zeigt Ihnen einen Fadenkreuz-Cursor, mit dem Sie im Bild den Rahmen ziehen. Steht der Rahmen, schreiben Sie Ihre Anmerkung dort hinein.

3 Nach Abschluss der Texteingabe, verwandelt sich das vorher weiße Textfeld in ein transparentes Feld ohne Rahmenbegrenzung – Imaging hat den Text ins Bild integriert.

4 Wenn Sie den Text an eine andere Stelle positionieren wollen, klicken Sie ihn einfach an. Jetzt sehen Sie einen Positionsrahmen, mit dem Sie den Text an eine andere Position verschieben können.

So einfach geht's: Videos schneiden mit Windows ME

Microsoft hat sich wirklich bemüht, die neueste Windows-Version so multimedial wie möglich zu machen, und das hat auch ziemlich gut geklappt! Mit Windows ME können Sie jetzt nämlich sogar Ihre Videofilme bearbeiten und schneiden, und das alles ohne zusätzliche Software! Zuständig für Filmarbeit ist das Programm *Movie Maker*, das Sie unter *Programme/Zubehör* finden. Movie Maker kann zwar mit seinen professionellen Konkurrenten nicht mithalten, für das schnelle Bearbeiten von Videoclips eignet es sich jedoch wirklich hervorragend! Auch wenn ambitionierte Hobbyfilmer den Movie Maker wahrscheinlich nur mit einem müden Lächeln bedenken – den Programmumfang und die vielen Möglichkeiten, die Sie bei der Bearbeitung haben, zu beschreiben, würde hier jeden Rahmen sprengen. Deshalb kann ich Ihnen auch nur die wichtigsten Features zeigen – mit ein wenig Probieren und etwas Experimentierfreude werden Sie mit Movie Maker aber garantiert ziemlich schnell wirklich tolle Ergebnisse erzielen!

Ein paar Dinge, die Sie auf jeden Fall brauchen

Um Ihre Videofilme mit Movie Maker bearbeiten zu können, gilt es, ein paar Hardwarevoraussetzungen zu beachten. Die wichtigste Sache ist natürlich, dass Sie Ihre Videokamera auf irgendeine Weise am PC anschließen können. Das kann beispielsweise über eine Hauppauge WinTV-Karte geschehen. Vielleicht haben Sie ja aber auch eine leistungsfähige Grafikkarte mit TV- und Videoanschluss, die Sie dafür genauso benutzen können. Rein geschwindigkeitsmäßig am besten beraten sind Sie allerdings mit einer IEEE-1394-Schnittstellenkarte, auch „Firewire-Schnittstelle" genannt, an die Sie dann – wenn vorhanden – Ihren digitalen Camcorder direkt anschließen können.

Genauso können Sie übrigens auch ganz einfach eine WebCam, wie etwa eine Logitech QuickCam, verwenden, um Videos aufzunehmen und danach mit Movie Maker zu bearbeiten.

Die letzte Möglichkeit – wenn Sie keine Kamera, aber einen Videofilm haben – besteht darin, dass Sie sich diesen Film etwa im MPEG-Format auf eine CD brennen lassen. Diesen Service bieten viele Videofachhändler für wenig Geld an. Von der CD können Sie den Film dann auf die Festplatte kopieren und dort schließlich mit Movie Maker bearbeiten.

Immer der erste Schritt: Filme importieren

Bevor Sie Ihr Video bearbeiten können, müssen Sie es erst einmal in den Movie Maker „reinziehen", also importieren. Das machen Sie über *Datei/Importieren*, wodurch Sie in einem Auswahlfenster landen, in dem Sie den gewünschten Film markieren und auf *Öffnen* klicken. Je nach Länge des Films kann es einige Zeit dauern, bis der Import abgeschlossen ist. Zum Vergleich: Für einen MPEG-Film von rund 35 Minuten Länge und Mono-Ton braucht Movie Maker etwa 10 Minuten.

Ist der Film fertig importiert, können Sie sich auch schon an die Bearbeitung machen.

Wo kommen denn die ganzen Einzel-Clips her?

Wahrscheinlich fragen Sie sich jetzt erst mal, wo die vielen einzelnen Clips herkommen, die Sie neben dem Vorschaumonitor sehen. Ganz einfach: Wie fast jede Schnittsoftware erkennt auch Movie Maker einzelne Szenen und stellt sie als unabhängige Clips dar. So eine Szene entsteht ganz automatisch, wenn Sie die Kamera beim Drehen zwischendurch immer wieder ausgeschaltet haben. Das Gleiche passiert übrigens auch, wenn Sie nach einer Aufnahme auf die Stopp-Taste Ihrer Camera drücken.

Praktisch an den Szenen ist, dass Sie jetzt Ihren ganzen Film in einzelne, leicht überschaubare Schritte unterteilt haben. Wollen Sie sich einen solchen Clip ansehen, klicken Sie ihn einfach an, und schon erscheint er im Vorschaumonitor.

Hier können Sie die Wiedergabe starten, stoppen, vor- und zurückspulen und sich Einzelbilder ansehen.

Und jetzt kommt auch schon der erste Bearbeitungsschritt: Suchen Sie sich die Szene aus, mit der Ihr Videofilm später beginnen soll. Dann ziehen Sie sie mit gedrückter linker Maustaste auf die breite Leiste, die Sie am unteren Bildschirmrand sehen. Direkt auf der Leiste lassen Sie die Maustaste wieder los, wodurch der Clip hier landet.

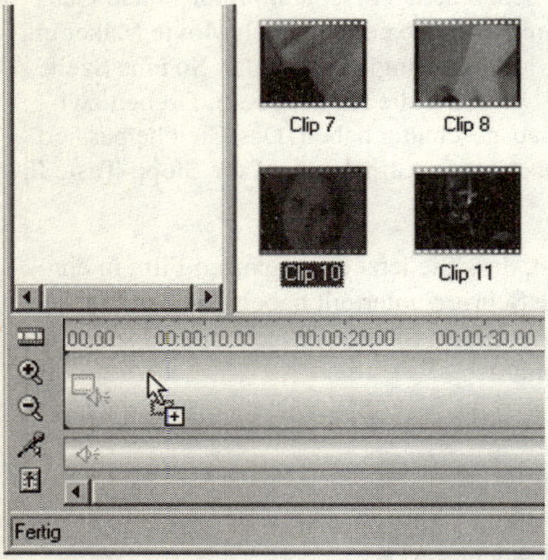

Das Gleiche machen Sie jetzt mit allen weiteren Szenen, aus denen Sie den Film zusammensetzen wollen.

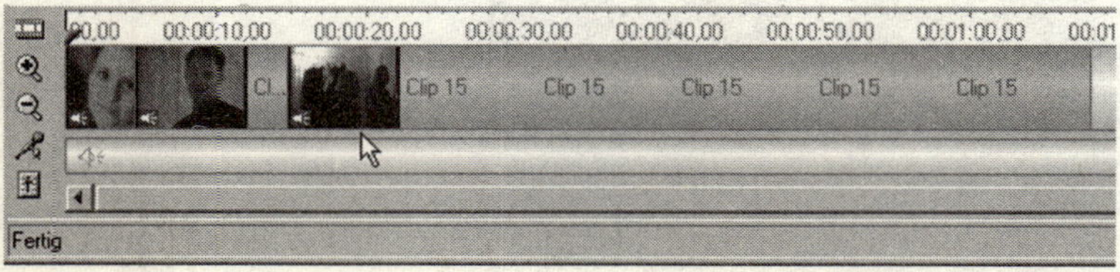

Liegen alle Szenen in der Leiste, sollten Sie sich das erst einmal als Ganzes ansehen. Dazu klicken Sie einfach auf *Wiedergabe/Gesamte(s) Storyboard/Zeitachse wiedergeben*.

Im nächsten Schritt können Sie sich daran machen, die Länge der einzelnen Szenen genauer zu bestimmen. Dazu klicken Sie zuerst einmal die Szene an, deren Länge Sie verändern wollen. Wollen Sie nun zum Beispiel den Anfang der Szene abschneiden, stellen Sie den Mauszeiger exakt auf den linken Rand der Szene, drücken die linke Maustaste und ziehen die Maus dann langsam nach rechts. Im Vorschaumonitor können Sie währenddessen sehen, wo in der Szene Sie sich gerade befinden. Haben Sie die Stelle gefunden, an der diese Szene beginnen soll, lassen Sie die Maustaste wieder los. Und ganz genau so schneiden Sie eine Szene hinten ab. Dazu stellen Sie den Mauszeiger auf den rechten Rand der Szene und schieben die Maus mit gedrückter linker Taste nach links.

Und wie geht das mit dem Ton?

Klarer Fall – Tonuntermalung braucht Ihr Videofilm natürlich auch noch! Haben Sie alle Szenen so zusammengesetzt, wie sie im fertigen Film erscheinen sollen, klicken Sie auf das Mikrofonsymbol am linken unteren Fensterrand. Damit landen Sie im Fenster *Sprechtext aufzeichnen*.

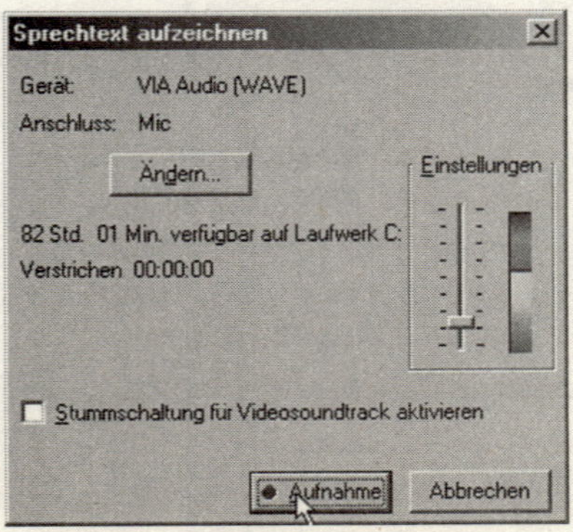

Ist Ihr Mikrofon bereit, klicken Sie auf die Schaltfläche *Aufnahme* und sprechen Ihren Text. Sind Sie damit fertig, klicken Sie auf *Abbrechen* und speichern die Datei im darauf folgenden Fenster unter einem aussagekräftigen Namen. Ihre Aufnahme erscheint jetzt als blaue Linie in der Leiste unter den Filmszenen. Nun sollten Sie sich Ihr Werk noch einmal kurz anhören, was Sie wieder über *Wiedergabe/Gesamte(s) Storyboard/Zeitachse wiedergeben* machen. Für den Fall, dass Ihr Text zu leise oder der Originalsound des Videos zu laut ist, können Sie dies ganz unkompliziert ändern: Klicken Sie einfach auf das Symbol für Lautstärkeregelung am linken unteren Fensterrand.

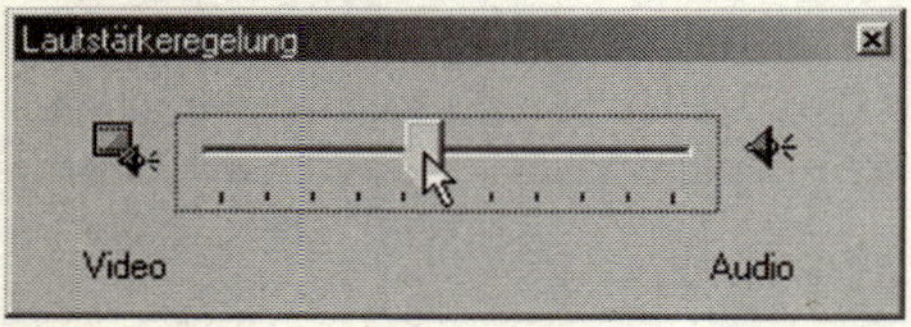

Mit dem Schieberegler können Sie dann den gewünschten Lautstärkepegel einstellen. Sind Sie mit dem Ergebnis zufrieden, klicken Sie auf die Schaltfläche *Speichert den Film*.

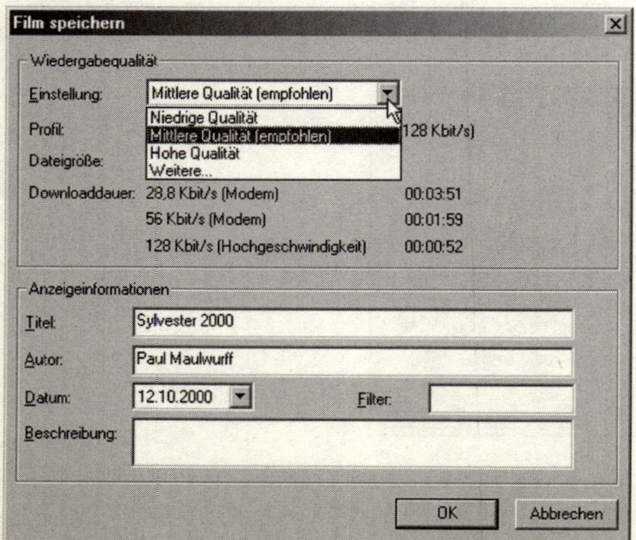

Im Fenster *Film speichern* können Sie nun festlegen, in welcher Qualität der Film gespeichert werden soll. Je nachdem, was Sie mit Ihrem Film machen wollen, sollten Sie sich eine der angebotenen Qualitätsstufen aussuchen. Wollen Sie den Film per E-Mail verschicken, sollte die Dateigröße natürlich so gering wie möglich sein, sehen Sie sich den Film dagegen nur auf dem eigenen PC an oder brennen ihn auf CD, können Sie natürlich die höchste Qualitätsstufe wählen – vorausgesetzt, Sie haben genügend Speicherplatz auf der Festplatte oder der CD zur Verfügung! Die Dateigröße und die zu erwartende Downloadzeit werden übrigens nach der Qualitätsauswahl angezeigt, sodass Sie immer den Überblick behalten.

Kann man beim Boxenkauf eigentlich was falsch machen?

Klare Antwort: Ja, man kann! Auf den ersten Blick sieht's ja wirklich so aus, als wenn das Thema Lautsprecherboxen nicht direkt etwas mit Windows zu tun hat. Indirekt hat es das aber schon, denn schließlich wird Multimedia unter Windows ME wirklich groß geschrieben, und ohne Boxen sieht es damit eher traurig aus.

Weil man aber ganz schnell mal die falschen Boxen kaufen kann, hier ein paar Dinge, auf die Sie beim Boxenkauf achten sollten.

Plastiksound oder Konzertsaal? – So finden Sie die richtigen Boxen!

Wenn Sie Boxen kaufen, achten Sie vor allem auf eines: Volumen sollten sie haben! Was beim Operntenor die Leibesfülle, ist bei der Lautsprecherbox das Gehäusevolumen, das aus einfachem Schall satten Sound macht.

Groß und dick ist immer gut

Selbst wenn Sie wenig Platz auf dem Schreibtisch oder im Regal haben, sollten Sie sich nicht die kleinsten Boxen aussuchen, sondern lieber die größten, die Sie finden können. Wie schon gesagt: Volumen ist Klang! Und dass die „Mini-Micro-Designbox“ dann eben eher wie ein Joghurtbecher klingt, ist klar!

Watt-Angaben sind zweitrangig

Wenn Sie sich die Watt-Angaben auf der Verpackung ansehen, liest sich das meistens so, als wenn Sie mit den Boxen die nächstbeste Diskothek beschallen könnten. Stimmt aber nicht! Was angegeben wird, ist die maximale Musikbelastbarkeit, bei der Ihnen die Boxen gerade noch nicht um die Ohren fliegen. Dass man dabei dann nicht mehr von Hörgenuss sprechen kann, versteht sich von selbst. Realistische Watt-Angaben liegen zwischen 80 und 120 Watt. Werte, die höher liegen, bedeuten aber nicht automatisch auch besseren Klang, sondern nur, dass die Boxen stärker belastbar sind.

Surround-Sound – brauche ich das?

Ob Sie normale Boxen kaufen sollten und damit Stereo hören oder eine Surround-Sound-Anlage mit Sub-Woofer und zwei Satellitenboxen, hängt von Ihren räumlichen Möglichkeiten ab. Für Surround-Sound brauchen Sie etwas mehr Platz, um die Boxen aufzustellen, das Hörerlebnis ist aber auch wirklich bombastisch!

Alle Explorer-Geheimnisse schwarz auf weiß

Kapitel 7

Kapitel 7

Selbst wenn Sie nicht vorhaben, jemals ein „echter“ PC-Freak zu werden und eigentlich nur mal so hin und wieder mit Ihrem Rechner arbeiten, werden Sie am wichtigsten Windows-Programm überhaupt, dem Windows-Explorer, absolut nicht vorbei kommen!

Der Explorer ist quasi der Dreh- und Angelpunkt aller Dinge, die Sie mit Ihren Daten auf dem PC machen – hier landen die Daten in bestimmten Ordnern und hier können Sie sie natürlich auch verschieben, kopieren, löschen oder was auch immer Sie damit tun wollen.

Aber es geht noch weiter! Der Explorer ist nämlich sehr viel mehr als ein reines Instrument zur Datenkontrolle: Mit ihm können Sie eine ganze Menge ziemlich unterschiedlicher Windows-Verhaltensweisen beeinflussen!

Doch dazu gleich mehr – jetzt erst mal ein Blick hinter die Kulissen.

Clever: So schützt sich der Explorer selbst

Weil der Explorer ja nicht nur den Zugriff auf Ihre persönlichen Daten, sondern auch auf „lebenswichtige“ Systemdateien ermöglicht, haben die Microsoft-Entwickler ihm gleich einen Schutzmechanismus mitgegeben.

Wenn Sie beispielsweise den Ordner *Windows* anklicken, sehen Sie – genau: Gar nichts! Der Explorer versteckt also erst mal alle Systemdateien – eine gute Idee um Ihren Rechner vor Kinder- oder Anfängerhänden zu schützen!

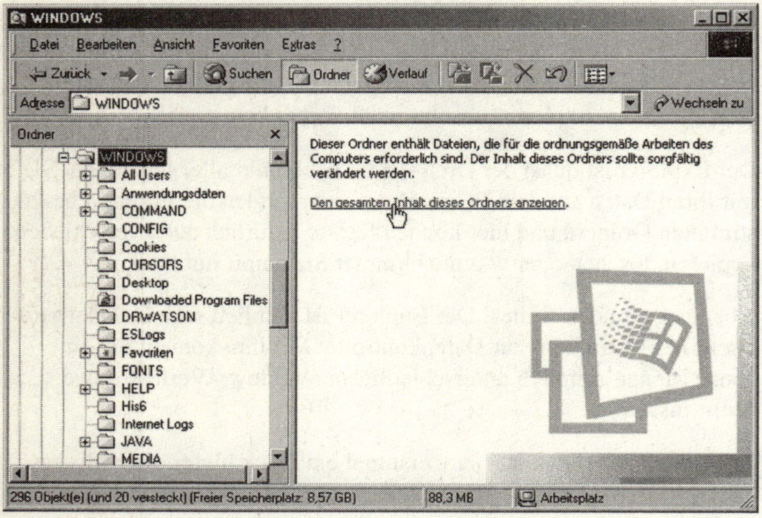

Erst wenn Sie auf den Link *Den gesamten Inhalt dieses Ordners anzeigen* klicken, hört der Explorer mit dem Versteckspielchen auf.

Zugegeben – wenn jemand Ihren Rechner wirklich beschädigen will, ist das Verstecken natürlich kein echtes Hindernis! Gegen unbeabsichtigtes Löschen von Dateien oder chaotisches Anfänger-Herumklicken aber eben sehr wohl. Wenn Sie allerdings ausschließlich allein an Ihrem Rechner arbeiten und wissen, welche Dateien Sie lieber nicht löschen sollten, können Sie auf diese Sicherheitsmaßnahme natürlich verzichten.

Hier schlummern die Explorer-Optionen

Um zu den Einstellungen des Explorers vorzudringen, klicken Sie einfach auf *Extras/Ordneroptionen,* und schon landen Sie im zentralen Designfenster des Explorers.

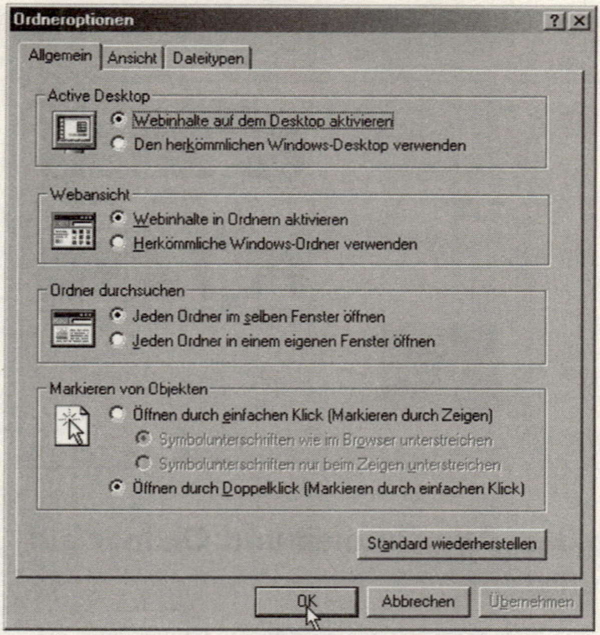

Die Einstellungen, die Sie in der Abbildung sehen, verwendet der Explorer übrigens standardmäßig – wie schon erwähnt, können Sie diese Einstellungen aber jederzeit ändern. Ehrlich gesagt macht das aber nicht immer auch Sinn!

Verflixt – wo ist denn jetzt die Grafikvorschau geblieben?

Nicht besonders sinnvoll ist es zum Beispiel, wenn Sie im Feld Webansicht die Option *Herkömmliche Windows-Ordner verwenden* aktivieren. Dann nämlich geht Ihnen auch sein wirklich feines Feature – die Grafikvorschau – verloren!

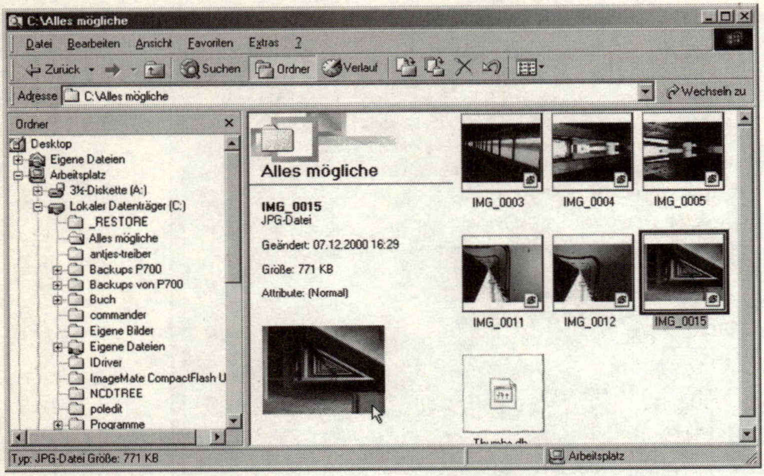

Geht denn das: Alle Dateien und Ordner auf dem PC auflisten?

Wenn Sie aber eine Liste Ihrer Dateien ausdrucken wollen, zum Beispiel um den Inhalt von Verzeichnissen miteinander zu vergleichen oder den Inhalt von Ordnern zu dokumentieren, lässt Sie der Explorer dummerweise im Stich. Obwohl eine solche Funktion ja wirklich sinnvoll wäre, haben die Windows-Entwickler sie eben leider nicht in den Explorer eingebaut. Zum Glück können Sie sich aber mit zwei kleinen Tricks behelfen!

So geht's: Alle Dateien und Ordner ausdrucken

Wenn Sie die komplette Dateiliste Ihres Rechners haben wollen, müssen Sie wohl oder übel auf DOS zurückgreifen und selbst ein bisschen Hand anlegen. Und so geht's:

1 Zuerst öffnen Sie ein DOS-Fenster, auch „DOS-Box" genannt, über *Start/Programme/Zubehör/MS-DOS-Eingabeaufforderung*.

2 Jetzt wechseln Sie mit dem Befehl *cd* zum ersten der Verzeichnisse, die Sie ausdrucken wollen.

3 Schalten Sie Ihren Drucker ein und geben Sie den Befehl „dir > lpt1“ ein. Danach drücken Sie auf die [Enter]-Taste.

4 Weil der DOS-Befehl *dir* dummerweise keinen Seitenvorschub für die letzte Seite des Ausdrucks erzeugen kann, müssen Sie an Ihrem Drucker die Taste für den Seitenvorschub drücken, um die Seite auszugeben.

Und so geht das noch ein bisschen komfortabler

Ein bisschen komfortabler funktioniert der Ausdruck, wenn Sie den Befehl zum Ausdruck der Dateiliste mit ins Kontextmenü aufnehmen. Das Angenehme daran: Der Ausdruck wird zwar von einer kleinen DOS-Batch-Datei erledigt, zwischen den einzelnen Verzeichnissen, die Sie ausdrucken wollen, wechseln Sie aber im Explorer.

Was ich Ihnen jetzt zeige, funktioniert mit der standardmäßigen, ersten parallelen Schnittstelle des Rechners, also LPT1, an die Drucker normalerweise angeschlossen sind. Wenn das bei Ihrem Rechner nicht so ist, geben Sie statt LPT1 die entsprechende Schnittstelle, also LPT2 oder LPT3 an.

1 Zuerst starten Sie den Windows-Editor und geben die beiden folgenden Befehlszeilen ein:

```
CD %1
DIR>LPT1
```

2 Jetzt speichern Sie die Datei unter dem Namen *Printdir.bat* im Ordner *Windows\Command*.

3 Im Eigenschaftenfenster von *Printdir.bat* markieren Sie auf der Registerkarte *Programm* die Option *Beim Beenden schließen*. Für das Feld *Ausführen* wählen Sie den Eintrag *Minimiert* und verlassen das Fenster mit *OK*.

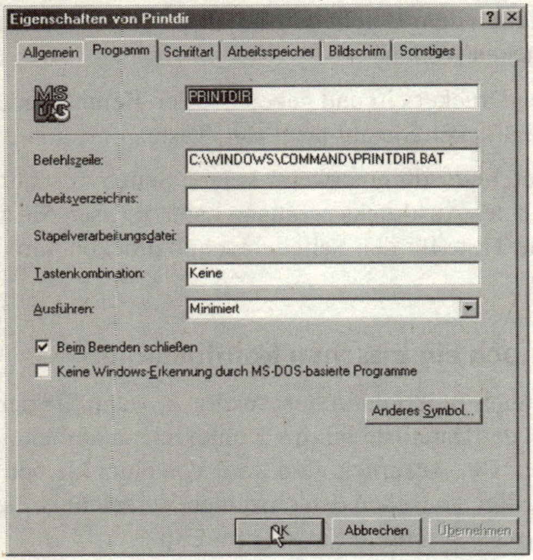

4 Öffnen Sie über *Start/Ausführen/Regedit* den Registrierungseditor. Jetzt gehen Sie unter *HKEY_CLASSES_ROOT* zum Schlüssel *Directory\shell* und markieren diesen Eintrag.

5 Mit *Bearbeiten/Neu* legen Sie einen neuen Schlüssel mit der Bezeichnung *Drucken* an. Sollte der Schlüssel schon existieren, geben Sie ihm einfach einen anderen Namen.

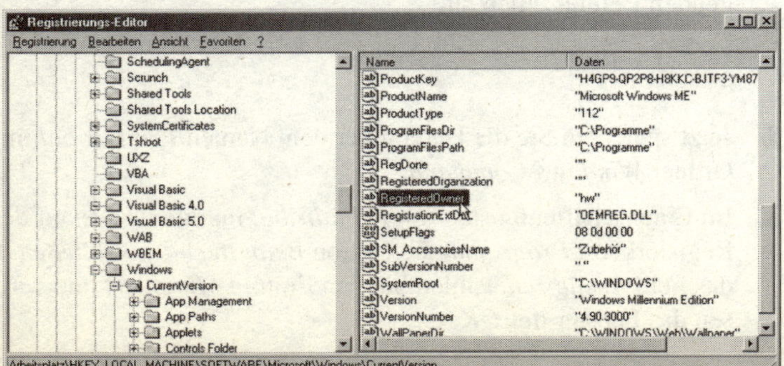

6 Jetzt markieren Sie den neu erstellten Schlüssel *Drucken* und legen mit *Neu* einen weiteren Unterschlüssel mit dem Namen *Command* an.

7 Wenn Sie *Command* anklicken, sehen Sie im rechten Fenster den Eintrag *Standard*. Doppelklicken Sie darauf und geben Sie als Wert diese Befehlszeile ein:

\Windows\Command\PRINTDIR.BAT

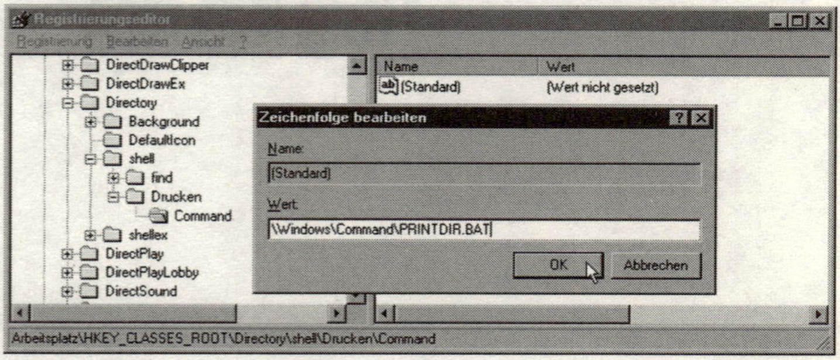

Richtiger Windows-Pfad?

Wenn Sie Windows nicht im standardmäßigen Verzeichnis **C:\Windows** *installiert haben, müssen Sie natürlich Ihren aktuellen Pfad bis zum Windows-Unterverzeichnis* **Command** *angeben!*

8 Jetzt verlassen Sie den Registrierungseditor, und schon steht Ihnen im Kontextmenü jedes Ordners der *Drucken*-Befehl zur Verfügung.

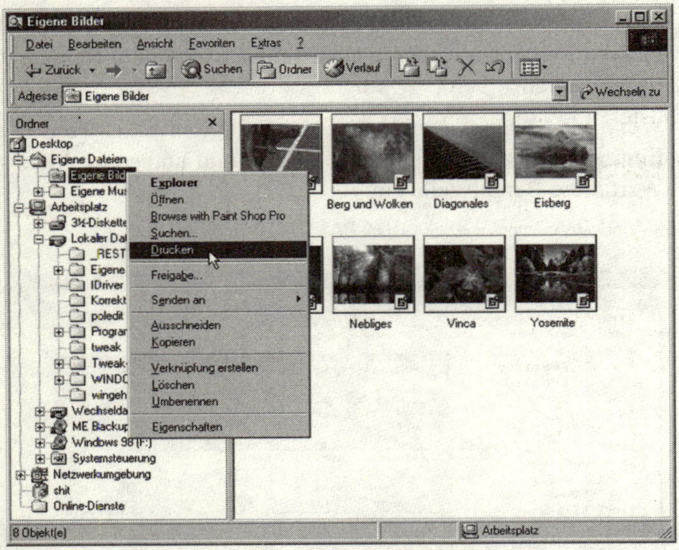

Andere Bezeichnung im Kontextmenü? – Kein Problem!

*Wenn Sie statt **Drucken** lieber **Ausdruck des Ordnerinhalts** oder irgendeine andere Bezeichnung im Kontextmenü haben möchten, ist das blitzschnell gemacht: Klicken Sie im Registrierungseditor einfach auf den Schlüssel **Drucken** und anschließend auf den Eintrag **Standard** im rechten Fenster. Dann tragen Sie als Wert die neue Bezeichnung ein.*

Blitzschnell mit nur einem Mausklick: Dateien sortieren

Manchmal braucht man einfach eine kleine Gedächtnisstütze, besonders dann, wenn es um das Suchen einer bestimmten Datei geht. Klar – es gibt ja die Windows-Suche, aber die hilft nicht viel, wenn man den Dateinamen nicht kennt oder sich nicht mehr sicher ist, welches Format die Datei hat.

Hier springt der Explorer ein, denn mit ihm können Sie Dateien mit nur ein paar Mausklicks nach verschiedenen Kriterien sortieren lassen. So lässt sich, wenn auch trotzdem noch mit etwas Sucherei, jede Datei lokalisieren.

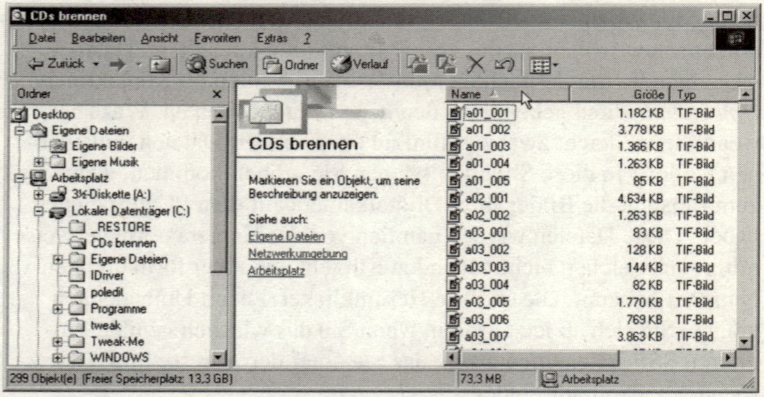

Je nachdem, auf welche Schaltfläche Sie im rechten Explorer-Fenster klicken, werden die Dateien dann nach Dateiname, -größe, -typ oder dem Datum der letzten Änderung sortiert angezeigt.

Übrigens: Wenn Sie die Schaltflächen nicht sehen sollten, machen Sie Folgendes: Klicken Sie mit der rechten Maustaste irgendwo in den freien grauen Bereich der Menüleiste, also etwa direkt neben *Extras*. Im Kontextmenü klicken Sie dann auf den Eintrag *Standard-Schaltflächen*.

Schluss mit der Nerverei: So können Sie Dateien auf einen Schlag umbenennen

Eine wirklich sinnvolle Funktion haben die Entwickler dem Explorer leider nicht verpasst: Die Möglichkeit, mehrere Dateien auf einen Schlag umzubenennen! Klar – wenn Sie nur ein oder zwei Dateien umbenennen wollen, ist das kein Problem! Sie klicken die Dateien nacheinander mit der rechten Maustaste an, wählen im Kontextmenü *Umbenennen* und geben dann den neuen Dateinamen an. Was aber, wenn Sie vielleicht zwanzig, fünfzig oder hundert Dateien umbenennen wollen? In diese Situation können Sie schnell kommen, wenn Sie zum Beispiel die Bilder Ihrer Digitalkamera auf dem PC gespeichert haben. Diese Dateien werden nämlich von der Kamera normalerweise mit irgendwelchen nichtssagenden Kürzeln und einer fortlaufenden Nummer benannt. Die endlose Herumklickerei beim Umbenennen können Sie sich ab jetzt sparen, wenn Sie das wirklich geniale Programm SSFileRename nutzen, das Sie unter der Adresse http://www.soehnel-software.de finden.

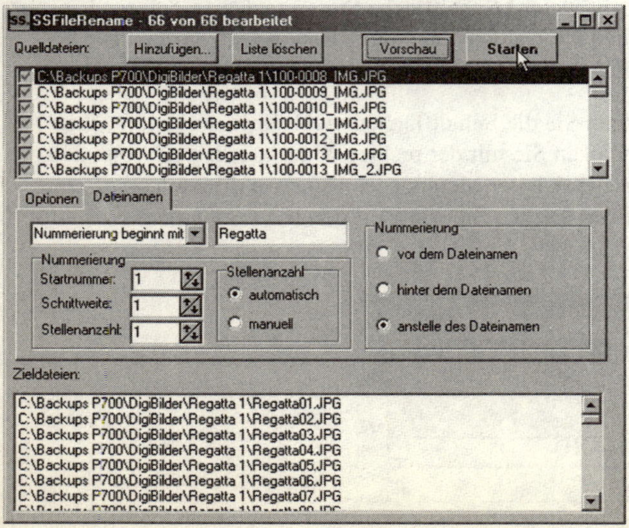

Mit ein paar Mausklicks bestimmen Sie die Dateien, die umbenannt werden sollen, geben die Parameter fürs Umbenennen an und schon geht's los! Statt stundenlang im Explorer herumzuklicken, ist der ganze Vorgang in ein paar Sekunden erledigt und Sie haben sich Zeit und Nerven gespart. Und weil SSFileRename obendrein auch noch Freeware ist, gibt's nur einen Tipp: sofort besorgen!

Explorer ohne Maus bedienen: So geht's!

Im Normalfall – es sei denn, Ihre Maus hat gerade den Geist aufgegeben – werden Sie zwar nicht in die Verlegenheit kommen, im Explorer ausschließlich mit der Tastatur zu arbeiten – ganz anders aber, wenn Sie mit dem Notebook unterwegs sind. Da ist nämlich, trotz eingebauten Glide-Pads, die Tastatur einfach schneller. Ganz abgesehen davon: Haben Sie schon mal versucht, mit dem Notebook auf den Knien mit Touchpad oder Trackball zu arbeiten? Es gibt wirklich nicht viele Dinge, die unangenehmer sind!

Tastenkürzel	Aktion
F1	Ruft die Hilfe auf.
F2	Umbenennen eines markierten Objekts.
F3	Öffnet das Dialogfenster *Suchen nach*.
F4	Öffnet das Pulldown-Menü der Adressleiste.
F5	Aktualisiert die Anzeige (z. B. nach einem Diskettenwechsel).
F6 Tab	Wechselt zwischen dem linken und rechten Fenster sowie der Link- und Adressleiste (falls eingeblendet).
F10	Aktiviert die Menüleiste.
+ (auf dem Ziffernblock)	Blendet das Unterverzeichnis des selektierten Ordners ein.
- (auf dem Ziffernblock)	Blendet das Unterverzeichnis des selektierten Ordners aus.
* (auf dem Ziffernblock)	Blendet alle Unterverzeichnisse des selektierten Ordners ein.

Tastenkürzel	Aktion
[→]	Öffnet den selektierten Ordner. Blendet das Unterverzeichnis des selektierten Ordners ein.
[←]	Schließt einen selektierten und geöffneten Ordner. Wechselt zum nächsthöheren Ordner.
[Strg]+[A]	Markiert alle Objekte des aktuellen Ordners, auch Unterverzeichnisse.
[Alt]+[Enter]	Öffnet das Eigenschaftenfenster für das selektierte Objekt.
[Alt]+[F4]	Beendet den Explorer.
[Alt]+[←]	Bewegt den Cursor zurück zu einem vorher geöffneten Ordner.
[Alt]+[→]	Bewegt den Cursor zum vorher geöffneten Ordner.
[Umschalt]+[F10]	Öffnet das Kontextmenü des markierten Objekts.

Explorer-Zicken, die Ihnen jeden Tag begegnen

Normalerweise ist der Explorer ja ziemlich kooperativ- manchmal ist er aber richtig zickig und macht nicht das, was man eigentlich will. Um es aber gleich vorweg zu sagen: Meistens liegt's nicht am Explorer, sondern an einem selbst!

Mit ein paar Tricks für den Explorer-Alltag gibt's noch weniger Probleme.

Was soll denn das: Der Explorer zeigt immer den falschen Ordner

Das kennen Sie bestimmt: Sie rufen den Explorer auf und landen jedes Mal in irgendeinem Ordner, statt in dem, in den Sie wirklich wollen! Das lässt sich leicht umgehen, wenn Sie dem Explorer einfach das gewünschte Startverzeichnis für den Aufruf angeben.

Und so geht's:

1 Starten Sie über *Start/Programme* den Windows-Explorer.

2 Jetzt öffnen Sie das Kontextmenü des Explorers und wählen den Eintrag *Eigenschaften*.

3 Im Feld *Ziel* sehen Sie die Befehlszeile für den Explorer mit den Parametern und der Angabe für das Startverzeichnis.

4 Jetzt geben Sie als Startverzeichnis den Ordner, mit dem der Explorer starten soll, und seinen kompletten Pfad ein. Mit *OK* verlassen Sie das Fenster wieder.

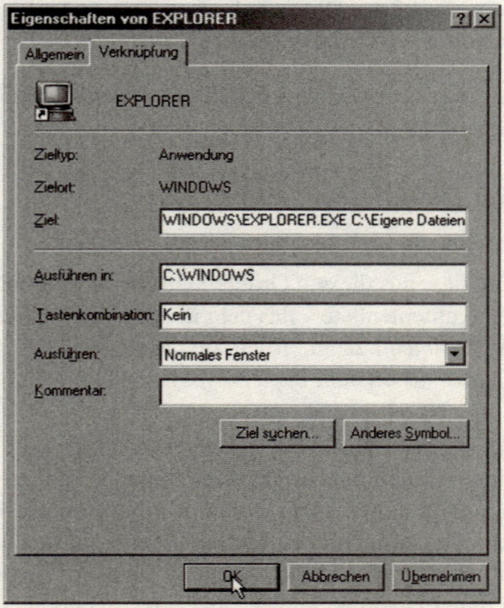

5 Beim nächsten Explorer-Start landen Sie daraufhin automatisch in Ihrem Wunschordner. Und ganz klar: Wenn sich Ihr Wunschordner irgendwann mal ändert, ändern Sie eben ganz einfach wieder das Startverzeichnis!

Wieso kratzt der Explorer dauernd auf dem Diskettenlaufwerk herum?

Es ist nicht nur ärgerlich, sondern auch ganz schön störend, wenn Windows in unregelmäßigen Abständen auf das leere Diskettenlaufwerk zugreift. Für dieses wirklich etwas seltsame Verhalten gibt es mehrere Ursachen, die aber erst einmal gar nicht so leicht herauszufinden sind. Der einfachste und auch häufigste Grund ist, dass irgendwo ein Verweis auf eine Datei oder ein Programm steht, die bzw. das sich im Diskettenlaufwerk befunden hat oder zumindest bei einem bestimmten Programmaufruf befinden sollte. Dummerweise können aber auch ein Registry-Verweis auf das Diskettenlaufwerk oder sogar ein Virenscanner der Grund für die Floppy-Kratzerei sein.

Um rauszubekommen, wer oder was wirklich hinter diesem Verhalten steckt, gehen Sie am besten systematisch vor.

Verweise im Menü Dokumente finden

1 Zuerst überprüfen Sie die Einträge unter *Start/Dokumente*.

2 Um sicher zu sein, dass aus diesem Ordner kein Aufruf kommt, löschen Sie die Dokumentenliste – das geht über *Start/Einstellungen/Taskleiste & Startmenü*, dann öffnen Sie die Registerkarte *Erweitert* und klicken neben dem Papierkorbsymbol auf *Löschen*.

Das steckt dahinter ...

Es kann sein, dass einige Programme auf Dateieinträge im Ordner *C:\Windows\Recent* zugreifen. In diesem Ordner werden nämlich die Bezüge zu den Anwendungsprogrammen und den damit geöffneten Dateien als Verknüpfungen gespeichert. Und genau diese Verknüpfungen werden dann in der Dokumentenliste angezeigt. Wenn Sie die Listeneinträge löschen, werden damit automatisch auch die Verknüpfungen aus dem Ordner *Recent* gelöscht.

Befehle unter „Ausführen" durchsehen

Manchmal können Befehle unter *Start/Ausführen* auf das Diskettenlaufwerk verweisen. Sehen Sie sich also die Liste *Ausführen* an, in der alle zuletzt ausgeführten Befehle angezeigt werden. Verweist einer der Befehle auf ein Programm bzw. eine Programmdatei wie zum Beispiel eine *.dll*-Datei, auf einer Diskette, kann es sein, dass ein anderes Programm versucht, diese Datei erneut aufzurufen.

1. Wählen Sie *Start/Ausführen* und überprüfen Sie die Befehle in der Liste auf alle Einträge, die auf das Diskettenlaufwerk verweisen.
2. Verweise auf das Diskettenlaufwerk löschen Sie.
3. Am besten können Sie Einträge unter *Ausführen* übrigens mit TweakUI löschen. Dazu starten Sie TweakUI und öffnen die Registerkarte *Paranoia*.
4. In der Liste unter *Covering Your Tracks* setzen Sie ein Häkchen vor die Option *Clear Run history at logon*.

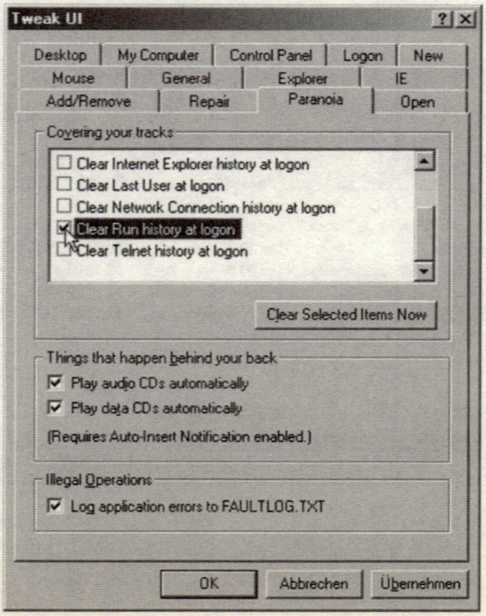

Bösewicht Virenscanner

Sinn und Zweck eines Virenscanners ist es natürlich, Laufwerke regelmäßig auf Viren zu überprüfen. Und logischerweise gehört hier auch das Diskettenlaufwerk dazu.

Sehen Sie also einfach mal nach, ob Sie Ihren Virenscanner angewiesen haben, etwa das Diskettenlaufwerk regelmäßig auf Viren zu überprüfen!

Wenn der Taskplaner sich meldet

Auch der Taskplaner – Sie erreichen ihn übrigens über *Start/Programme/Zubehör/Systemprogramme/Geplante Vorgänge* – kann der Verursacher für die Laufwerkszugriffe sein! Vielleicht haben Sie ja zum Beispiel irgendwann mal eingestellt, dass Microsoft Backup regelmäßig die Daten der Diskette sichern soll?

Sehen Sie also am besten im Taskplaner nach und löschen Sie alle Vorgänge, die sich auf das Diskettenlaufwerk beziehen.

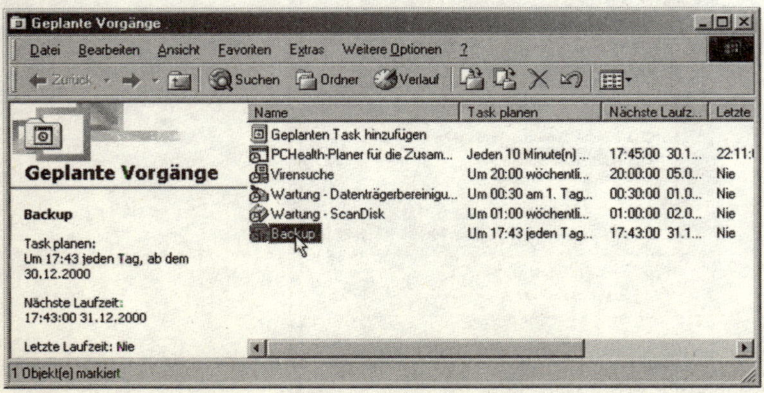

Noch eine Möglichkeit: Dateilisten in Programmen

Ein weiterer Grund für das Herumwirtschaften auf dem Diskettenlaufwerk können Dateilisten aus Programmen sein – fast alle Anwendungen merken sich nämlich die Position der zuletzt geöffneten und gespeicherten Dateien.

Die Lösung: Löschen Sie die Verweise auf Diskettenlaufwerke aus der Dateiliste im jeweiligen Programm.

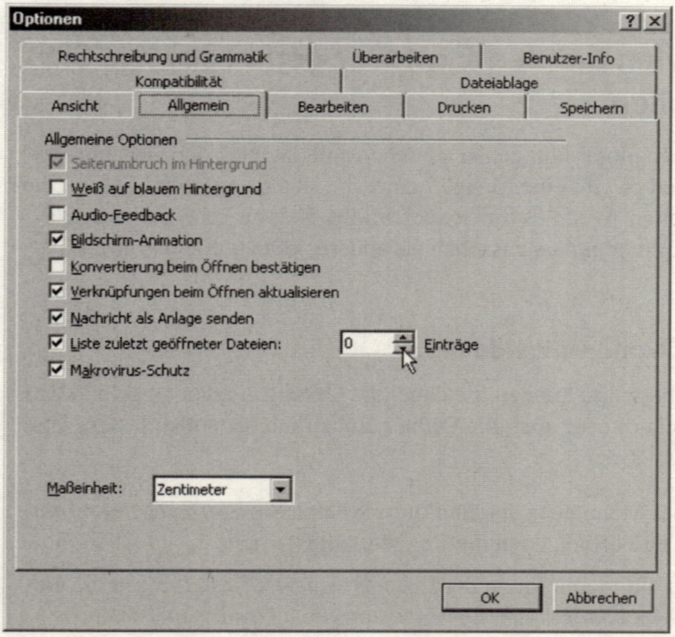

Wenn Sie etwa mit Microsoft Word arbeiten, wählen Sie *Extras/Optionen* und öffnen dann die Registerkarte *Allgemein*. Hier finden Sie die Option *Liste zuletzt geöffneter Dateien*. Wenn Sie den Wert dahinter auf *0* setzen oder die Option gleich ganz deaktivieren, legt Word keine Dateilisten mehr an.

Jetzt sind Sie zwar die Dateiliste mit dem lästigen Verweis auf das Diskettenlaufwerk los, die nützliche Seite der Dateiliste aber leider auch. Wenn Sie die Dateiliste nicht deaktivieren wollen, machen Sie Folgendes:

Rufen Sie einfach mehrere Dokumente von Ihrer Festplatte auf und schließen Sie die Dokumente gleich wieder. Die neuen Einträge in der Dateiliste überschreiben jetzt die bisherigen und damit auch den Verweis auf das Diskettenlaufwerk.

So stylen Sie den Explorer genau so, wie Sie es wollen

Wie der Explorer nun genau aussehen soll, ist natürlich Geschmackssache, und es gibt eine Menge Leute, die sich tagaus tagein genau darüber streiten. Wenn es Ihnen aber auf die Nerven geht, dass manche Ordner immer anders aussehen als andere, können Sie das schnell ändern.

Jeder Ordner individuell ...

Praktischerweise können Sie dabei die Optik für jeden einzelnen Ordner speichern oder aber alle Ordner einheitlich darstellen lassen. Und so geht's:

1. In der Menüleiste des Explorers wählen Sie *Extras/Ordneroptionen* und öffnen dann die Registerkarte *Ansicht*.
2. Jetzt aktivieren Sie in der Liste *Erweiterte Einstellungen* die Option *Ansichtoptionen für jeden einzelnen Ordner speichern*.
3. Wenn Sie das Fenster mit *OK* verlassen, merkt sich der Explorer die individuellen Einstellungen zu jedem Ordner.

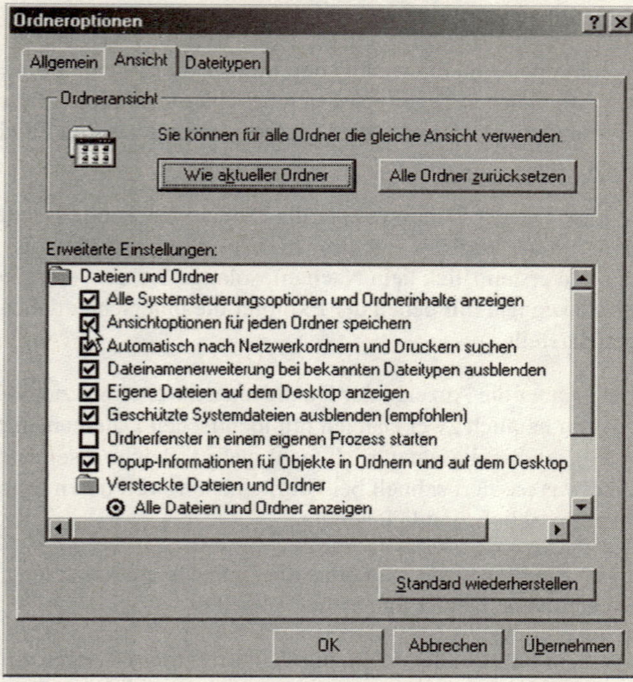

... oder sind alle gleich?

Wenn Sie's lieber einheitlich haben, also alle Ordner gleich dargestellt werden sollen, kostet Sie das auch nur ein paar Mausklicks. Zuerst öffnen Sie den Explorer und dann irgendeinen Ordner. Als Nächstes stellen Sie den Ordner genau nach Ihren Vorstellungen ein. Zum Schluss wählen Sie wieder *Extras/Ordneroptionen* und öffnen dort die Registerkarte *Ansicht.* Im Feld *Ordneransicht* klicken Sie dann auf die Schaltfläche *Wie aktueller Ordner*. Jetzt werden alle Ordner so dargestellt wie der aktuell angezeigte.

So schnell finden Sie die Dateierweiterungen

Dateierweiterungen sind die wichtigsten Informanten, wenn Sie wissen wollen, um welchen Dateityp es sich bei einer bestimmten Datei handelt. Normalerweise besteht die Dateierweiterung aus drei Zeichen wie *.txt* oder *.doc*.

Dummerweise blendet Windows aber die Dateierweiterung für jeden Dateityp, der in der Registry eingetragen wird, standardmäßig aus. Das ist auf den ersten Blick kein Nachteil, solange Sie die verschiedenen Symbole kennen, mit denen der Explorer die unterschiedlichen Dateitypen darstellt.

Manchmal ist aber die Anzeige der Dateinamenerweiterung ziemlich wichtig. Wenn nämlich zwei Dateien mit identischen Dateinamen existieren, können Sie diese natürlich nicht mehr so leicht auseinander halten. So etwas passiert schnell bei Grafikdateien, weil deren Symbole sich nun wirklich ziemlich ähneln.

Da stellt sich die Frage, wie man ohne die Dateinamenerweiterung die beiden Dateien voneinander unterscheiden soll?

Um in so einem Fall Dateien leicht und fehlerfrei identifizieren zu können, wählen Sie im Explorer *Extras/Ordneroptionen* und öffnen dann die Registerkarte *Ansicht*.

Hier entfernen Sie das Häkchen vor der Option *Dateinamenerweiterung bei bekannten Dateitypen ausblenden*. Ab jetzt zeigt der Explorer standardmäßig alle Dateierweiterungen an, egal, ob sie in der Registry eingetragen sind oder nicht.

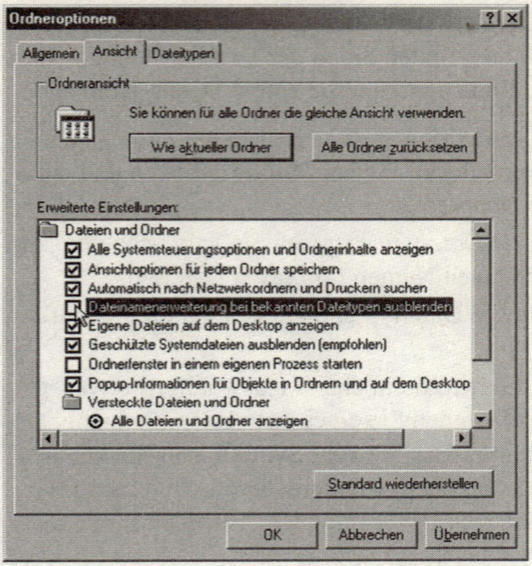

Geht denn das: Andere Symbole für bestimmte Dateitypen?

Standardmäßig wird jedem Dateityp im Explorer ein bestimmtes Dateisymbol zugeteilt. Bei Microsoft Word beispielsweise wird einem Word-Dokument ein völlig anderes Symbol zugeteilt als einer Word-Vorlage.

Anders als bei Word ist das bei Grafikprogrammen. Die können zwar die verschiedensten Typen von Grafikdateien bearbeiten, allen Dateitypen wird dann aber das Symbol des Grafikprogramms zugeteilt. Wenn Sie also zum Beispiel mit Paint Shop Pro arbeiten, werden alle dem Programm zugeordneten Grafikdateitypen mit dem identischen Paint Shop Pro-Symbol dargestellt. Dass so etwas ganz schnell zu ziemlicher Verwirrung führen kann, ist eigentlich klar.

Glücklicherweise können Sie das standardmäßige Symbol für einen Dateityp aber ändern und sollten das auch machen! Was Sie dazu benötigen, ist der Name, unter dem der Dateityp auf Ihrem Rechner registriert wurde. Diesen Namen finden Sie in der Detailansicht des Explorers in der Spalte *Typ*. Und so weisen Sie einem Dateityp ein anderes Symbol zu:

1 In der *Systemsteuerung* klicken Sie auf *Ordneroptionen* und dann auf die Registerkarte *Dateitypen*.
2 In der Liste *Registrierte Dateitypen* suchen Sie jetzt nach dem zuvor im Explorer gefundenen Namen für diesen Dateityp.
3 Nun markieren Sie diesen Dateityp und klicken auf die Schaltfläche *Erweitert*
4 Über *Anderes Symbol* sehen Sie in einem Auswahlfenster verschiedene Symbole, von denen Sie eines auswählen können. Wichtig ist eigentlich nur, dass Sie kein Symbol auswählen, das von dieser oder einer anderen Anwendung bereits für einen Dateityp verwendet wird!

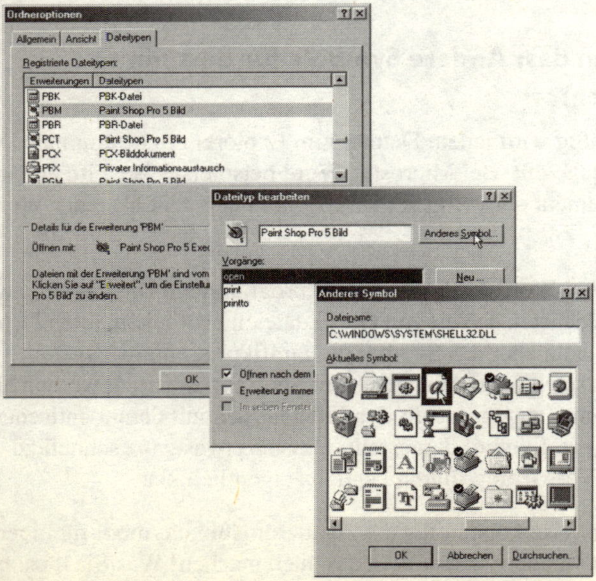

5 Nicht alle Programme bringen auch mehrere Symbole mit, deshalb kann es sein, dass Sie im Auswahlfenster kein passendes Symbol finden. In so einem Fall können Sie im Feld *Dateiname* den Pfad zu einer anderen Symbolbibliothek angeben.

> **Hier verstecken sich die Symbolbibliotheken**
>
> *Eine der am häufigsten verwendeten Symbolbibliotheken ist die Datei* **Shell.dll** *im Ordner* **Windows\System**, *in der fast alle Symbole zu finden sind, die Windows verwendet. Wenn Ihnen die dort angebotenen Symbole zu langweilig sind, gehen Sie doch einfach mal im Internet auf die Suche! Geben Sie in einer beliebigen Websuchmaschine einfach den Begriff „Symbole" oder „Symbols" ein.*

So geht's: Wirklich alle Ordner und Dateien zählen lassen

Wenn Sie wissen wollen, wie viele Ordner und Dateien in einem Verzeichnis stehen und keine Lust zum Zählen haben, werfen Sie doch einfach mal einen Blick auf die Statusleiste des Explorers: Sie zeigt nämlich die Anzahl aller vorhandenen Objekte, also von Dateien und Ordnern an.

> **Wo ist die Statusleiste?**
>
> *Wenn Sie die Statusleiste im Explorer nicht finden können, ist sie nicht aktiviert. Um das zu ändern, wählen Sie im Explorer* **Ansicht** *und klicken dann auf* **Statusleiste**. *Jetzt finden Sie sie am unteren Bildschirmrand.*

Besonders interessant: Selbst wenn Sie die Option zum Ausblenden von versteckten Dateien und Systemdateien aktiviert haben, informiert Sie die Statusleiste trotzdem über die Anzahl der versteckten Objekte im aktuellen Ordner.

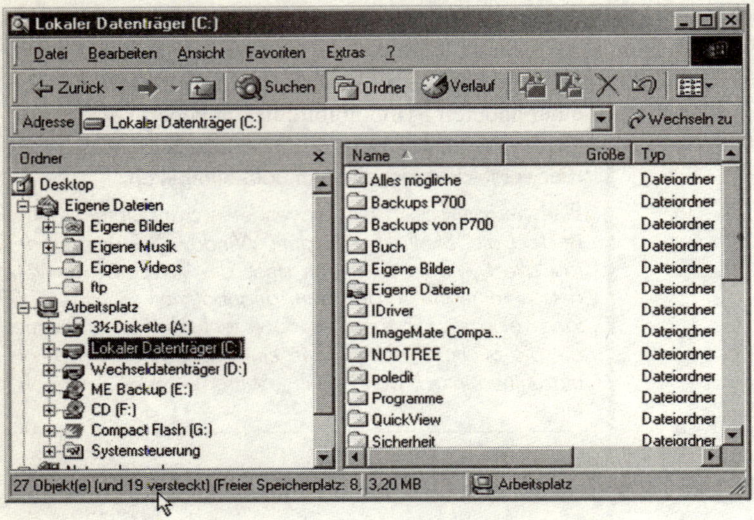

Besserer Überblick: Pfadangabe in der Titel- und Adressleiste im Explorer

Zur besseren Orientierung und damit Sie theoretisch vom Explorer direkt ins Internet wechseln können, hat der Windows-Explorer eine Adressleiste, die Sie ein- oder ausblenden können. Klicken Sie auf einen Ordner oder eine Datei, sehen Sie in der Adressleiste die komplette Pfadangabe.

1 In der Menüleiste wählen Sie *Ansicht/Symbolleisten*.

2 Jetzt klicken Sie auf *Adressleiste*, um die Leiste anzuzeigen.

Wenn Sie die Adressleiste ausblenden wollen, weil Sie Ihnen vielleicht zu viel Platz wegnimmt, müssen Sie auf die Anzeige des aktuellen Pfads aber nicht verzichten: Sie können ihn ganz einfach in der Titelleiste des Explorers anzeigen lassen.

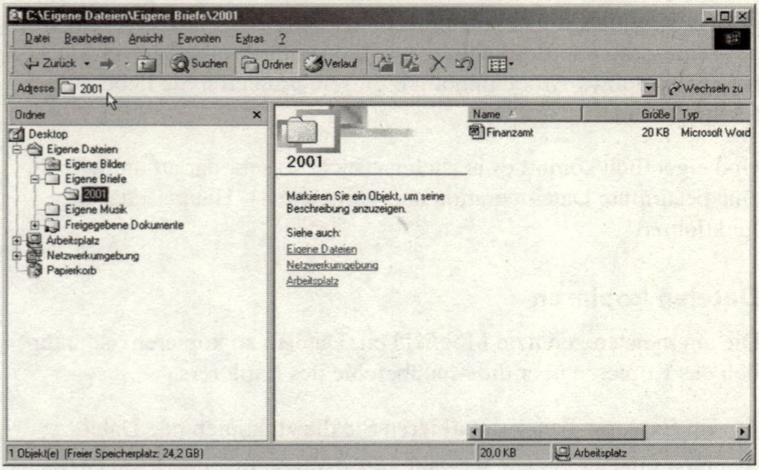

1 Im Explorer wählen Sie *Extras/Ordneroptionen* und öffnen dann die Registerkarte *Ansicht*.

2 Im Fenster *Erweiterte Einstellungen* aktivieren Sie die Option *Vollständigen Pfad in der Titelleiste anzeigen*.

Gewusst wie: Dateioperationen richtig anwenden

Kein Zweifel – Windows und die Maus gehören einfach zusammen wie siamesische Zwillinge. Aber obwohl Windows von vorn bis hinten auf die Bedienung mit der Maus ausgelegt ist, können Sie in vielen Fällen entweder mit der Maus, der Tastatur oder mit beiden arbeiten. Ganz besonders bei den so genannten „Dateioperationen", also dem Markieren, Kopieren, Einfügen, Verschieben oder Löschen, bietet der Windows-Explorer eigentlich immer zwei Möglichkeiten Tastatur oder Maus an.

Welche Methode Sie bevorzugen, hängt natürlich von Ihren Vorlieben ab – eine generelle Empfehlung gibt's da einfach nicht. Bevor Sie sich bei der Windows-Arbeit unnötig bremsen, probieren Sie lieber alle Methoden aus!

Und eigentlich kommt es ja auch gar nicht so sehr darauf an, wie Sie eine bestimmte Dateioperation nun vornehmen – Hauptsache, sie funktioniert!

Dateien kopieren

Die am meisten genutzte Möglichkeit, Dateien zu kopieren, ist natürlich das Kopieren über die Menübefehle des Explorers.

1. Im Explorer-Fenster markieren Sie die zu kopierende Datei.
2. Jetzt klicken Sie auf *Bearbeiten/Kopieren*, um eine Kopie der Datei im Arbeitsspeicher des Rechners abzulegen.
3. Um die Kopie im Zielordner einzufügen, klicken Sie erst auf den Zielordner und dann auf *Bearbeiten/Einfügen*.

Das Einzige, worin sich die Kopie vom Original unterscheidet, ist der Zusatz *Kopie von* im Dateinamen. Das aber passiert nur, wenn Sie die Kopie im gleichen Ordner wie die Originaldatei ablegen. Liegt die kopierte Datei in einem anderen Ordner, behält der Explorer den ursprünglichen Dateinamen bei.

Wenn Sie mehrere Kopien in einem Ordner anlegen, kennzeichnet der Explorer sie durch eine fortlaufende Nummerierung.

Mit Maus und Tastatur geht's noch viel schneller

Viel schneller als über *Bearbeiten/Kopieren* können Sie eine Datei mit einer „Mischtechnik“ aus Maus und Tastatur per Drag & Drop kopieren.

Dabei halten Sie die Taste [Strg] gedrückt, klicken mit der linken Maustaste auf die zu kopierende Datei und ziehen die Kopie der Datei an eine andere Stelle des Fensters. Der Explorer erzeugt dabei eine Kopie und zeigt Ihnen dies mit einem kleinen Pluszeichen neben dem Mauszeiger an.

Und hier etwas Superpraktisches an der Methode: Wenn nämlich der gewünschte Ordner nicht aufgeklappt ist, bleiben Sie mit dem Mauszeiger einfach kurz auf dem übergeordneten Ordner stehen. Einen Augenblick später klappt der Explorer automatisch die nächste Ebene der Ordnerstruktur auf, und so können Sie nicht aufgeklappte Ordnerbäume bis zum gewünschten Zielordner durchblättern.

Geht auch: Nur mit der Maus ...

Wenn Sie am liebsten nur mit der Maus arbeiten, benutzen Sie am besten die rechte Maustaste, um eine Datei zu kopieren.

Mit der rechten Maustaste klicken Sie auf die gewünschte Datei. Dann halten Sie die Maustaste gedrückt, während Sie den Mauszeiger an die Stelle ziehen, an der der Explorer die Kopie erstellen soll. Wenn Sie die Maustaste loslassen, werden Sie in einem Fenster gefragt, ob Sie die Datei hierher kopieren wollen.

Wenn Sie den zweiten Punkt des Dialogfensters anklicken, können Sie statt einer Kopie eine Verknüpfung auf die ursprüngliche Datei erstellen.

... oder nur mit der Tastatur kopieren

Vielleicht arbeiten Sie ja lieber mit der Tastatur statt mit der Maus? Dann können Sie Tastenkombinationen zum Kopieren und Einfügen verwenden, mit denen Sie – ein wenig Übung vorausgesetzt – auch nicht langsamer als mit der Maus arbeiten:

Markieren Sie die gewünschte Datei und drücken Sie [Strg]+[C].

Jetzt stellen Sie den Cursor auf die gewünschten Ordnerposition und drücken [Strg]+[V], um eine Kopie der Quelldatei einzufügen.

Wie war das noch mal mit Ausschneiden und Einfügen?

Wenn Sie eine Datei in einen anderen Ordner kopieren und zugleich die Quelldatei an der alten Stelle löschen wollen, machen Sie das mit *Ausschneiden* und *Einfügen*.

Wenn Sie den Befehl *Bearbeiten/Ausschneiden* ausführen, verschiebt der Explorer die Datei in den Arbeitsspeicher des Rechners. Dabei wird sie an der ursprünglichen Position leicht durchsichtig dargestellt. Wenn Sie jetzt auf einen anderen Ordner klicken und dann *Einfügen* wählen, verschwindet die Datei von ihrem Ursprungsort und taucht zugleich im neuen Ordner auf.

Das können Sie übrigens beliebig oft wiederholen und so mehrere Kopien dieser Datei erzeugen. Es funktioniert so lange, bis Sie den Inhalt des Arbeitsspeichers mit einem neuen Befehl *Kopieren* oder *Ausschneiden* überschreiben.

Sicher ist sicher: Lieber erst einmal kopieren!

Normalerweise geht beim Ausschneiden und anschließenden Einfügen nichts schief. Wie gesagt – normalerweise! Wenn sich aber Windows in genau dem Augenblick, in dem Sie die ausgeschnittene Datei wieder einfügen wollen, aufhängt, dann haben Sie wirklich Pech gehabt: Nach einem Neustart ist die ausgeschnittene Datei nämlich ein für allemal verloren! Bei wichtigen Dateien sollten Sie besser die Kopieren/Einfügen-Methode nutzen und erst, wenn die Kopie „heil" an ihrem Ziel angekommen ist, die Quelldatei an ihrem Ursprungsort löschen!

Ziemlich clever: Dateioperationen mit Senden an

Im Kontextmenü aller Dateien finden Sie den Eintrag *Senden an*. Damit können Sie Dateien blitzschnell und ziemlich bequem an beliebige Ziele kopieren oder verschieben.

1 Zuerst markieren Sie die gewünschte Datei und öffnen dann deren Kontextmenü.

2 Wählen Sie im Kontextmenü den Befehl *Senden an*, und Windows wird je nach Ziel die Datei selbstständig kopieren, verschieben oder eine Verknüpfung erstellen. Trotzdem können Sie aber auch selbst entscheiden, welche Aktion mit der Datei durchgeführt werden soll.

Wenn Sie die Strg-Taste gedrückt halten und anschließend das Ziel wählen, wird die Datei kopiert.

Wenn Sie dabei die Umschalt-Taste drücken, verschiebt der Explorer die Datei.

So geht's: Ordner und Dateien blitzschnell umbenennen

Keine Frage – die Orientierung im Explorer erleichtern Sie sich ganz enorm, wenn Sie Ihren Ordnern und Dateien aussagekräftige Namen geben. Mit dem Explorer ist das Umbenennen zum Glück ein Kinderspiel und funktioniert so:

1 Klicken Sie die umzubenennende Datei an.

2 Dann drücken Sie die Taste F2 auf der Tastatur. Der Dateiname wird jetzt unterlegt dargestellt, und Sie können einen neuen Namen vergeben. Damit die Namensänderung gültig wird, drücken Sie danach die Taste Enter. Übrigens – wenn Ihnen einfällt, dass Sie die Datei doch nicht umbenennen wollen, können Sie bis dahin den Vorgang mit der Esc-Taste abbrechen.

Wenn Sie den einfachen Klick zum Öffnen und Starten von Dateien und Programmen verwenden, funktioniert das Umbenennen etwas anders: Weil Sie die Datei nicht markieren können – ein Mausklick würde sie ja schon starten – klicken Sie mit der rechten Maustaste auf den zu bearbeitenden Namen und wählen im Kontextmenü den Befehl *Umbenennen*.

Wichtig beim Umbenennen!

Das Umbenennen von Dateien und Ordnern ist eigentlich ziemlich einfach – ein paar Dinge müssen Sie aber beachten!

Keine Sonderzeichen

In den Namen dürfen die Sonderzeichen \, /, :, *, ?, „, <, > und | nicht vorkommen.

Keine Umlaute

Verwenden Sie bitte keine landesspezifischen Sonderzeichen wie etwa die deutschen Umlaute ä, ö, ü! Stattdessen nehmen Sie besser ae, oe, ue. Der Hintergrund ist einfach: Windows selbst und natürlich auch alle Computerprogramme basieren auf dem englischen Alphabet, das keine Umlaute kennt. Sonderzeichen und Umlaute können dann dazu führen, dass Dateien oder Verzeichnisse für einige Programme nicht lesbar sind.

Aussagekräftige Namen vergeben

Unter Windows dürfen Namen – Punkte und Dateinamenerweiterung mitgerechnet – bis zu 254 Zeichen lang sein. Vergeben Sie also keine kryptischen Abkürzungen, von denen Sie nach ein paar Tagen garantiert nicht mehr wissen, was dahintersteckt, sondern eine klare Bezeichnung des Dateiinhalts.

Andererseits sollten Sie auch nicht unbedingt Romane verfassen, weil sonst die Lesbarkeit und die Anzeige in Dialogfenstern leidet.

Keine Programmordner und -dateien umbenennen

Wenn Sie sichergehen wollen, Windows nicht durcheinander zu bringen, dann benennen Sie nur Dateien und Ordner um, die Sie auch selbst erstellt haben. Wenn Sie nämlich Namen von Programmordnern ändern, läuft möglicherweise die Anwendung wegen fehlender Bezüge nicht mehr. Ist das doch mal passiert, müssen Sie die falschen Bezüge per Hand in der Registry wieder geradebiegen. Wie das geht, zeige ich Ihnen ab Seite 514.

Keine Dateinamenerweiterungen ändern

Auch Dateinamenerweiterungen sollten Sie nicht ändern, weil sonst die Verknüpfung mit der zugeordneten Anwendung nicht mehr funktioniert.

Geschmackssache: Dateien im Explorer per Doppelklick oder einfach markieren?

In Windows ME können Sie auch im Explorer so arbeiten, als wären Sie im Internet unterwegs – also Dateioperationen mit dem gewohnten Doppelklick oder dem einfachen „Internetklick“ ausführen. Und so stellen Sie das ein:

1 Wählen Sie im Explorer einfach *Extras/Ordneroptionen.*

2 Auf der Registerkarte *Allgemein* können Sie jetzt im Feld *Markieren von Objekten* zwischen den Optionen *Öffnen durch einfachen Klick (Markieren durch Zeigen)* und *Öffnen durch Doppelklick (Markieren durch einfachen Klick)* auswählen.

Haben Sie den Doppelklick gewählt, markieren Sie Dateien im Explorer mit einem einfachen Klick und öffnen sie per Doppelklick. Wenn Sie sich für den einfachen Klick entschieden haben, markieren Sie Dateien, indem Sie den Cursor auf die gewünschte Datei stellen und dort einen Moment stehen lassen. Der Explorer markiert die Datei dann automatisch.

Etwas verwirrend: Mehrere Dateien und Ordner markieren im Einfach-Klick-Modus

Ein bisschen kompliziert wird das Markieren im „Einfach-Klick-Modus", wenn es dabei um eine fortlaufende Reihe von Dateien geht. Dabei müssen Sie nämlich die [Umschalt]-Taste drücken und mit dem Cursor zuerst auf die erste und dann auf die letzte zu markierende Datei zeigen.

Wenn Sie schon mit Windows 95 oder 98 gearbeitet haben, dann heißt es jetzt aufpassen: Sie dürfen nämlich auf keinen Fall, wie sonst unter Windows 95 oder 98 üblich, auf die Datei klicken! Das Zeigen mit dem Cursor genügt, um die Dateien zu markieren.

Wieder anders funktioniert das Markieren, wenn Sie mehrere Dateien markieren, die nicht in einer fortlaufenden Reihe stehen. Dann markieren Sie die erste Datei durch Zeigen mit dem Cursor. Sie drücken die [Strg]-Taste und halten sie gedrückt, während Sie die anderen Dateien durch Zeigen markieren.

Damit die Dateien markiert werden, bleiben Sie auf jeder Datei einen Moment mit dem Cursor stehen.

So finden Sie garantiert alles, was Sie suchen

Eine prima Sache ist das ja schon, dass Festplatten heutzutage wirklich billig und dazu noch riesengroß sind. Einen klitzekleinen Haken hat es allerdings auch: Auf großen Platten speichert man natürlich auch ein Menge mehr Dateien – die dann aber auch jederzeit blitzschnell wiederzufinden, ist gar nicht so einfach!

Genau deshalb spielen der Explorer und seine Möglichkeiten, Ordnerinhalte und Dateien individuell zu gestalten, eine ziemlich große Rolle.

Je nachdem, wie Sie nämlich die Ordner und Dateien darstellen lassen, zeigt Ihnen der Explorer bereits auf den ersten Blick bestimmte Informationen.

Standardmäßig zeigt der Explorer Ordner und Dateien als große Symbole mit einer kleinen Beschreibungszeile an. Das ist bei Ordnern mit wenig Inhalt zwar recht übersichtlich, wenn Sie aber zum Beispiel den *Windows*-Ordner in dieser Darstellung nach einer bestimmten Datei durchsuchen wollen, haben Sie nach zehn Minuten garantiert Kopfschmerzen.

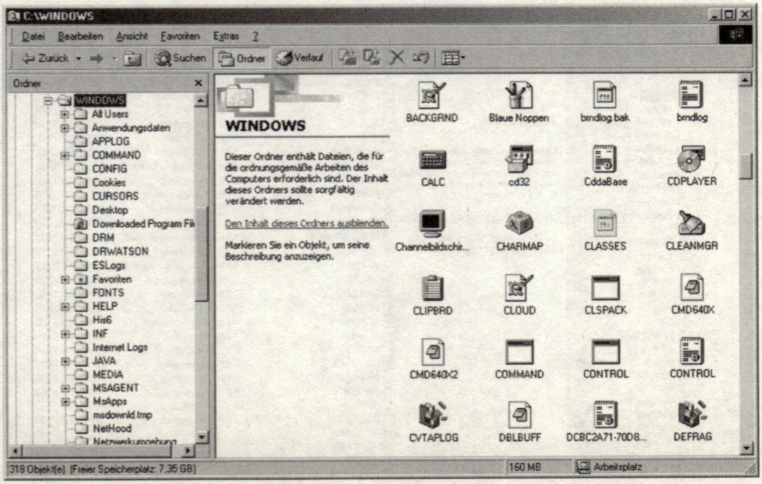

Schneller und vor allem ein bisschen augenfreundlicher können Sie im Explorer Dateien finden, wenn Sie statt der großen Symbole lieber eine der anderen vier Darstellungsarten wählen.

Um die Darstellungsform zu ändern, klicken Sie einfach in der Schaltflächenleiste des Explorers auf *Ansichten* oder auf den Menüpunkt *Ansicht* und suchen sich unter *Große Symbole, Kleine Symbole, Liste, Details* oder *Miniaturansicht* die gewünschte Ansicht aus.

Die beste Darstellungsart ist bei reinen Datendateien aber sicherlich *Details*, wobei Sie alle wirklich wichtigen Informationen zu den gezeigten Ordnern und Dateien präsentiert bekommen. Größter Vorteil der Detailansicht: Sie können Ordnerinhalte nach Name, Größe, Typ oder Speicherdatum sortieren lassen.

Wenn Sie eine Datei suchen und eine dieser Dateieigenschaften kennen, wird die Suche gleich ein bisschen leichter!

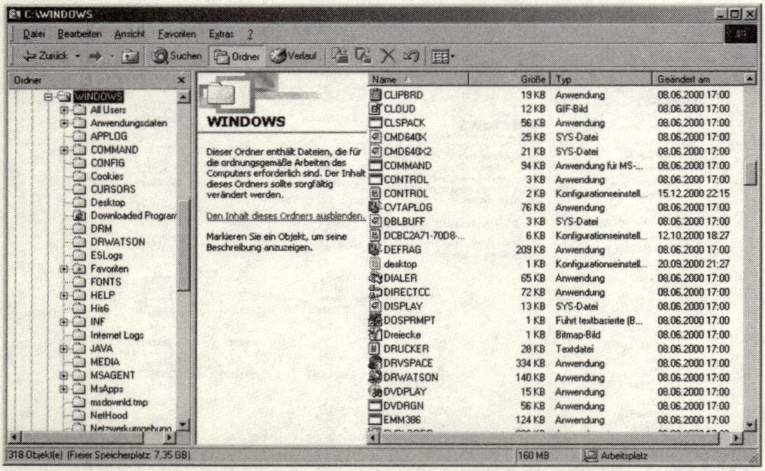

Noch mehr Infos: Zusätzliche Spalten definieren

Noch mehr Dateiinfos zeigt ihnen der Explorer in der Detailansicht an, wenn Sie einfach zusätzliche Spalten definieren!

Wählen Sie einfach *Ansicht/Spalten auswählen,* und Sie landen im Fenster *Spalteneinstellungen.* Hier können Sie sage und schreibe 21 weitere Spalten anzeigen lassen, was wirklich Sinn macht: Je nachdem, mit welcher Art von Daten Sie hauptsächlich arbeiten, genügt vielleicht schon eine zusätzliche Spalte, um die gesuchte Datei wirklich auf einen Blick zu finden! Wenn Sie beispielsweise viel mit Textdokumenten zu tun haben, könnten Sie die Spalte *Autor* anzeigen lassen – mit einem Klick auf diese Spalte, werden dann alle Dokumente in einem Ordner alphabetisch nach ihren jeweiligen Autoren sortiert dargestellt.

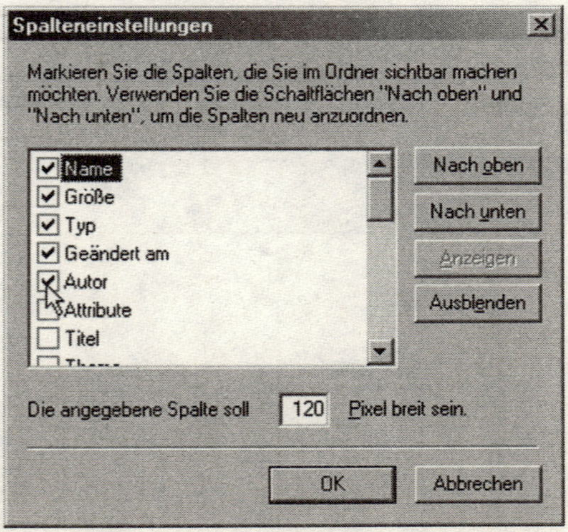

So einfach geht's – Laufwerke und Ordner durchsuchen

Egal, wie gut und übersichtlich Sie Ihre Ordner- und Verzeichnisstruktur organisiert haben: Es gibt Situationen, in denen eine Datei wie weggehext ist und sich scheinbar in irgendeiner dunklen Ecke der Festplatte versteckt. Tja – aber wo? Die einzige Möglichkeit, das herauszubekommen, ist die Windows-Suche, die Sie unter *Start/Suchen* finden.

> **Noch schneller mit Tastaturbefehlen!**
>
> *Noch schneller kommen Sie übrigens zur Windows-Suche, wenn Sie auf der Tastatur die Tasten* Win*+*F *drücken! Und wenn Sie gerade im Explorer arbeiten, markieren Sie einfach das zu durchsuchende Laufwerk oder den gewünschten Ordner und drücken die* F3*-Taste. Wenn Sie gerade auf dem Desktop sind, genügt ein Mausklick in den freien Bereich und anschließend ein Druck auf die* F3*-Taste.*

Ganz rationell: Alle Laufwerke auf einmal durchsuchen

Wenn Ihr Computer über mehrere Laufwerke verfügt und Sie alle Laufwerke nach einer Datei durchsuchen wollen, bietet die Windows-Suche dafür eine prima Option!

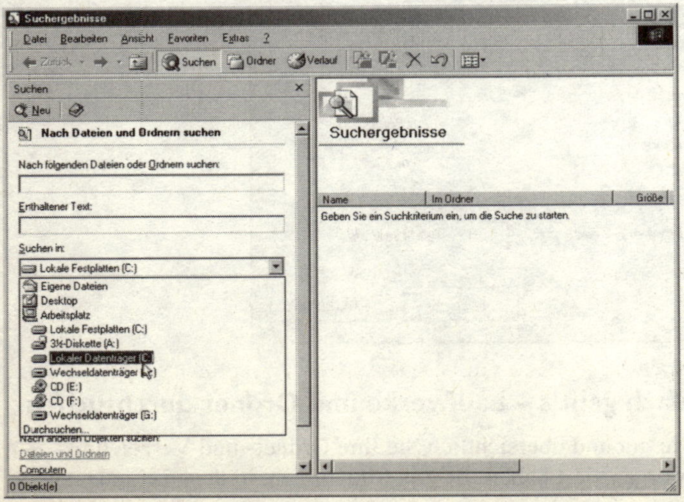

Im Fenster unter *Suchen/Nach Dateien oder Ordnern* klicken Sie einfach auf den Auswahlpfeil im Feld *Suchen in* und wählen *Lokale Datenträger*.

Was tun, wenn die Datei immer noch verschwunden ist?

Die Datei, die Sie suchen, ist einfach nicht zu finden, obwohl Sie genau wissen, dass sie auf dem PC existieren muss? Einfache Lösung: Es handelt es sich ziemlich sicher um eine versteckte oder um eine Systemdatei! Und mit genau diesen Dateien funktioniert die Windows-Suche nicht.

Besser gesagt: Die Windows-Suche zeigt die Dateien einfach nicht an! Um das zu ändern, müssen Sie im Explorer unter *Extras/Ordneroptionen* in der Registerkarte *Ansicht* die Option *Alle Dateien und Ordner anzeigen* aktivieren. Jetzt werden in der Windows-Suche auch wirklich alle Dateien angezeigt!

Suchbefehle für bestimmte Dateien selbst erstellen

Wenn Sie öfter mal nach Dateien mit speziellen Kriterien suchen und nicht immer wieder alle Parameter für die Suche neu eingeben wollen, kommt hier die Lösung: Die Windows-Suche bietet die Möglichkeit, Suchmuster zu speichern. Und das geht so:

1. Im *Suchen*-Fenster geben Sie zunächst alle Parameter für die Suche nach den gewünschten Dateien ein.
2. Dann wählen Sie *Datei* und klicken auf *Suche speichern*.
3. Im nächsten Fenster können Sie jetzt auswählen, in welchem Ordner Sie die Suche speichern wollen – sinnvoll ist da zum Beispiel der Desktop. Windows legt daraufhin ein neues Symbol für die gespeicherte Suche auf dem Desktop an.

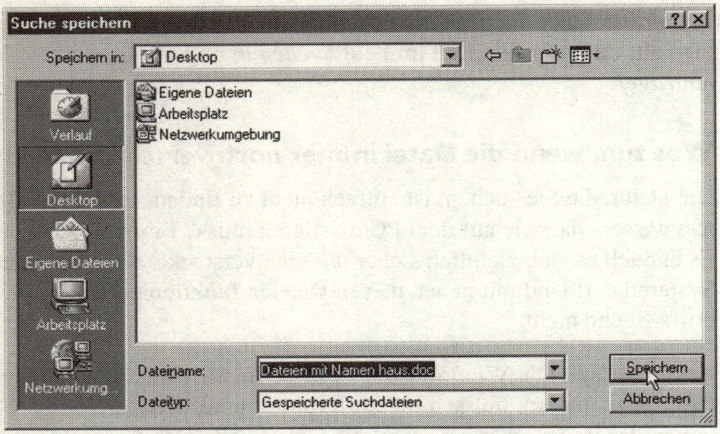

4 Wenn Sie die Suche erneut durchführen wollen, klicken Sie einfach auf dieses Symbol. Dadurch öffnet sich das *Suchen*-Fenster mit den gespeicherten Parametern.

Suchen und finden (fast) auf einen Blick: Die Miniaturansicht

Eine wirklich clevere Sache für die Dateisuche finden Sie im Explorer – die Miniaturansicht. Sie macht allerdings nur bei Grafikdateien wirklich Sinn, Textdokumente kann die Miniaturansicht nämlich nicht darstellen. Klicken Sie einfach auf *Ansicht/Miniaturansicht,* und nach ein paar Sekunden sehen Sie alle Bilder in dem betreffenden Ordner in Form von kleinen Dias.

Klar – wirklich haarfeine Details kann Ihnen die Miniaturansicht nicht bieten, für die schnelle Suche nach einer bestimmten Datei reicht sie aber allemal aus!

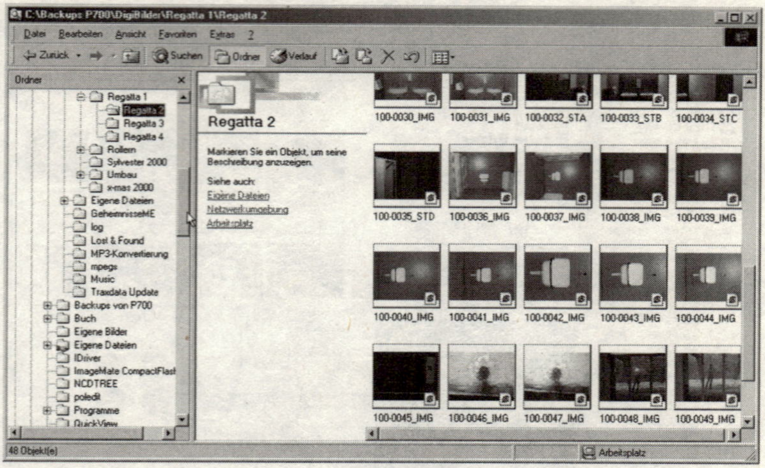

Und noch eine Möglichkeit: Die Grafikvorschau

Dass es die Schnellansicht in Windows ME nicht mehr gibt, ist wirklich bitter – eine Art kleine Wiedergutmachung ist dafür die neue Grafikvorschau im Windows ME-Explorer. Wenn Sie viele Bilder auf Ihrem PC haben, ist die Grafikvorschau eine wirklich sinnvolle Sache, denn Sie arbeitet blitzschnell und Sie müssen nicht erst Ihr Grafikprogramm öffnen, um sich mal schnell einen Überblick zu verschaffen!

Die Grafikvorschau funktioniert allerdings nur einem speziellen Ordner namens *Eigene Bilder*.

Alle Bilddateien, die Sie hier speichern, werden grundsätzlich als verkleinerte Versionen angezeigt. Wenn Sie ein Bild anklicken, erscheint es in einem gesonderten Vorschaufenster

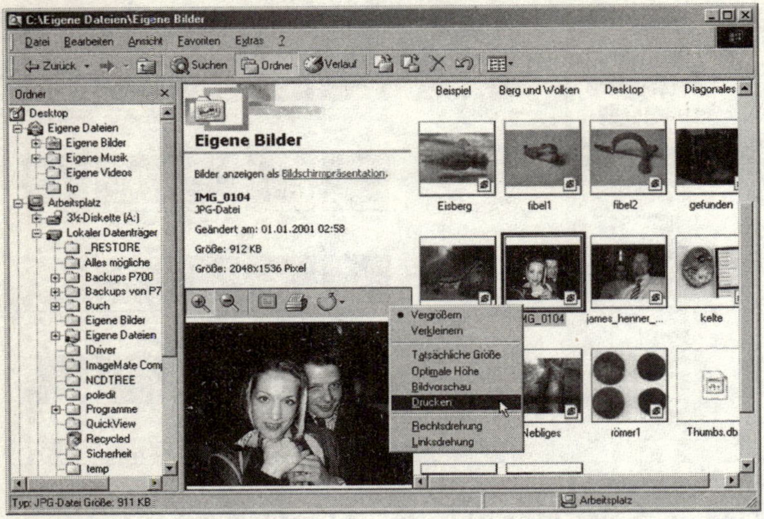

Wirklich witzig ist dabei, dass Sie das Bild im Vorschaufenster drehen, verkleinern, vergrößern und auch gleich ausdrucken können.

Die wichtigste Datei gelöscht: Und was jetzt?

Manchmal ist so ein Papierkorb schon eine ziemlich praktische Sache. Man muss ihn zwar hin und wieder ausleeren, damit er nicht überquillt; wenn man aber versehentlich ein wichtiges Dokument weggeschmissen hat, kann man es im Notfall eben noch einmal herauskramen, wieder glatt streichen und weiterverwenden.

Ziemlich genau so funktioniert auch der Windows-Papierkorb. Wenn Sie also Dateien oder Ordner gelöscht haben, können Sie sie wieder herausholen und vor dem endgültigen Abflug ins Daten-Nirwana bewahren.

Damit endet aber auch schon jede Ähnlichkeit mit einem echten Papierkorb, denn normalerweise löscht Windows Ihre Daten in zwei Stufen. In der ersten Stufe werden die Daten nach dem Löschen im Explorer nicht mehr angezeigt und landen im Papierkorb. Sie sind aber nach wie vor auf dem Rechner vorhanden und können deshalb auch wiederhergestellt werden.

Vorsicht: Bei Disketten, Netzlaufwerken und Wechselmedien gibt's keinen Papierkorb!

Das ist wirklich tückisch: Der Windows-Papierkorb funktioniert nur mit größeren lokalen Datenspeichern und Festplatten, aber nicht mit Diskettenlaufwerken! Wenn Sie also Daten von Disketten löschen, werden sie daher nicht in den Papierkorb verschoben, sondern sofort gelöscht. Genauso ist es übrigens auch mit Daten auf Netzlaufwerken und Wechselmedien! Bei Netzlaufwerken ist das mit dem Löschen allerdings noch ein bisschen komplizierter, weil es nämlich von Ihren Zugriffsrechten auf dieses Laufwerk abhängt. Was es damit auf sich hat, erkläre ich Ihnen ab Seite 714.

So wird richtig gelöscht

Sie meinen, man könnte beim Löschen ja eigentlich nicht viel falsch machen? Von wegen – denn der Papierkorb hat eine Menge verschiedener Einstellungsmöglichkeiten. Und wenn man nicht aufpasst, werden Daten eben doch sofort gelöscht und sind trotz Papierkorb für immer verloren. Und raten Sie mal, wann einem genau das passiert? Stimmt: Exakt dann, wenn es um eine wirklich absolut wichtige Datei geht!

Wenn Sie Daten auf Ihrem Rechner löschen, verschiebt der Explorer sie standardmäßig erst einmal in den Papierkorb. Dessen Inhalt können Sie sich über das Desktopsymbol ansehen. Aber auch im Explorer sind die gelöschten Daten noch vorhanden, und zwar im versteckten Systemordner *Recycled* und im Ordner *Papierkorb*.

So holen Sie Daten wieder aus dem Papierkorb

Jetzt ist's passiert: Ihnen ist gerade eingefallen, dass Sie eine bestimmte Datei doch noch mal brauchen! Und so holen Sie sie zurück:

1. Öffnen Sie den Papierkorb und markieren Sie die Datei.
2. Im linken Fenster des Papierkorbs klicken Sie dann auf *Wiederherstellen*. Jetzt wird die Datei wieder an der ursprünglichen Speicherposition im Explorer angezeigt.
3. Ist es der gesamte Inhalt des Papierkorbs, den Sie wiederherstellen wollen, haben Sie dazu zwei Möglichkeiten. Schließen Sie den Papierkorb, öffnen Sie ihn gleich wieder und klicken Sie dann auf *Alle Wiederherstellen*. Die zweite Möglichkeit: Sie markieren alle Dateien im Papierkorb und klicken dann auf *Wiederherstellen*.

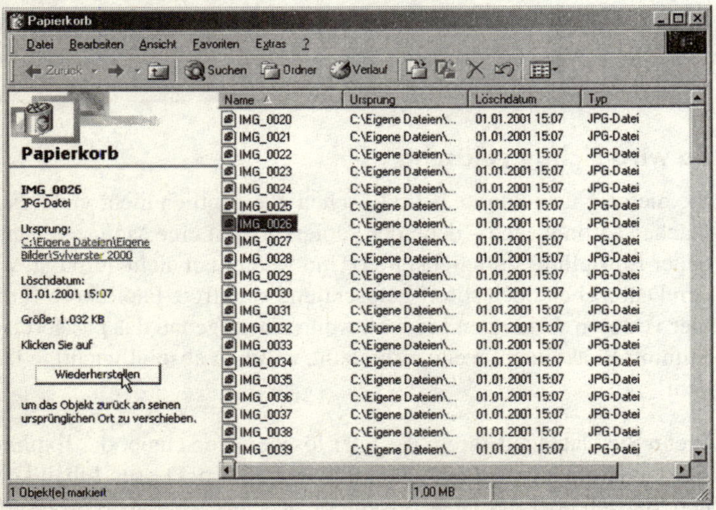

Datei und Ordner gelöscht – was jetzt?

Wenn Sie eine Datei aus dem Papierkorb fischen wollen, deren ursprünglichen Ordner Sie ebenfalls gelöscht haben, ist das kein Problem. Wenn Sie nämlich die Datei wiederherstellen lassen, wird dabei automatisch auch der gelöschte Ordner, in dem sie sich befand, wiederhergestellt.

Was tun, wenn Daten wirklich gelöscht werden sollen?

Wenn Sie Daten wirklich nicht mehr auf dem Rechner haben wollen, tritt quasi die zweite Stufe des Löschvorgangs ein. Dabei werden alle Daten im Papierkorb gelöscht und sind dann auch nicht mehr auf dem Rechner vorhanden.

Endgültig löschen können Sie Dateien, indem Sie im Papierkorb auf *Papierkorb leeren* klicken. Genauso gut können Sie natürlich auch den Weg über *Datei/Papierkorb leeren* wählen – das Ergebnis ist in beiden Fällen das gleiche.

Wollen Sie nur bestimmte Daten im Papierkorb löschen, klicken Sie die jeweiligen Dateien oder Ordner an und wählen im Kontextmenü *Löschen*.

Mit Vorsicht zu genießen: Automatisches Leeren des Papierkorbes

Sie können Windows den Papierkorb auch automatisch leeren lassen, was zwar ziemlich bequem, aber auch eine zwiespältige Sache ist. Wenn Sie nämlich wirklich mal eine Datei wiederherstellen müssen, haben Sie keinen Überblick mehr, ob sie sich noch auf dem Rechner befindet oder bereits aus dem Papierkorb gelöscht wurde!

Damit Windows den Papierkorb nicht überquellen lässt, machen Sie Folgendes:

1 Im Kontextmenü des Papierkorbs wählen Sie *Eigenschaften*.

2 Im Eigenschaftenfenster des Papierkorbs können Sie jetzt den Prozentsatz für den Speicherplatz festlegen, den der Papierkorb auf Ihrer Festplatte belegen darf. Je niedriger Sie ihn setzen, desto häufiger muss Windows Daten endgültig und automatisch aus dem Papierkorb entfernen, um das vorgegebene Platzlimit nicht zu überschreiten.

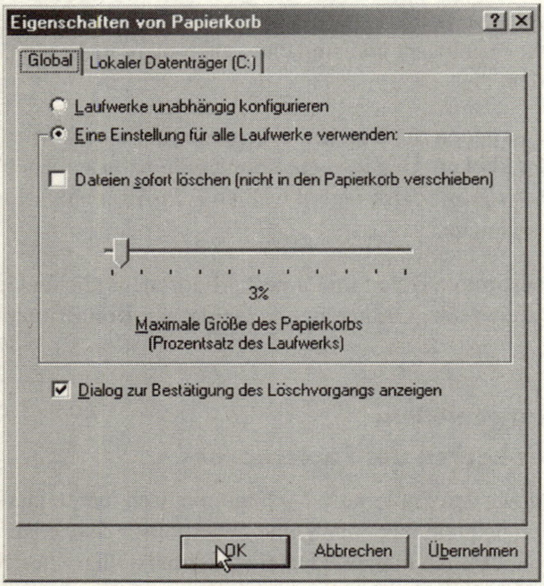

Standardmäßig räumt Windows dem Papierkorb 10% der Festplattenkapazität ein, was sich ja eigentlich nach gar nicht so viel anhört. Wenn Sie aber mal einen Blick auf den Wert werfen, stellt sich der Papierkorb als ein ziemlicher Speicherfresser heraus.

Haben Sie zum Beispiel eine 20 GByte große Festplatte, sind es dann nämlich satte 2 GByte, die für den Papierkorb reserviert sind und anderweitig nicht mehr zur Verfügung stehen!

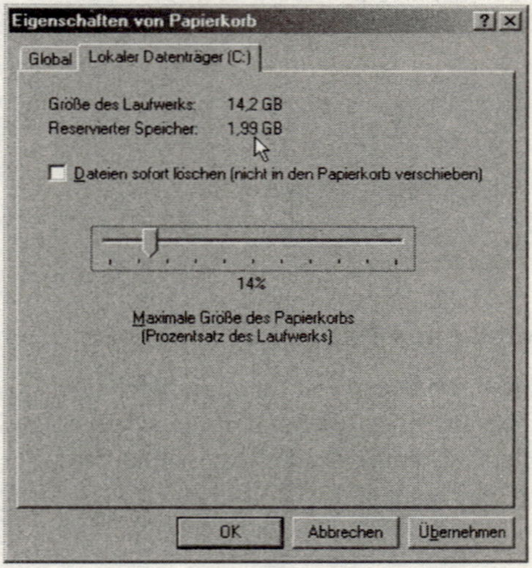

So viel Festplattenplatz sollten Sie wirklich nicht verschwenden! Einzige Ausnahme: Wenn Sie sehr häufig etwa mit großen Bilddateien arbeiten und öfter Daten wiederherstellen müssen. Ansonsten ist es wirklich mehr als ausreichend, dem Papierkorb 5% des Plattenplatzes zu reservieren.

Das geht auch: Dateien sofort löschen

Ehrlich gesagt, würde ich das nicht unbedingt tun, aber vielleicht wollen Sie ja einfach auf den Papierkorb verzichten? Das ist zwar wirklich ein riskantes Spielchen, hat aber, ob man es glaubt oder nicht, sogar ein paar Vorteile! Erster Vorteil: Der Papierkorb belegt dann keinen Speicherplatz mehr auf der Festplatte. Nächster Vorteil, wenn Sie sehr auf Sicherheit bedacht sind: Die gelöschten Dateien können mit den Windows-eigenen Tools nicht wiederhergestellt werden, womit

Sie potenziellen Datenschnüfflern natürlich einen Riegel vorschieben! Um Daten sofort und ohne Umweg zu löschen, öffnen Sie das Kontextmenü des Papierkorbs und wählen dort *Eigenschaften*. Hier aktivieren Sie die Option *Dateien sofort löschen (nicht in Papierkorb verschieben)*.

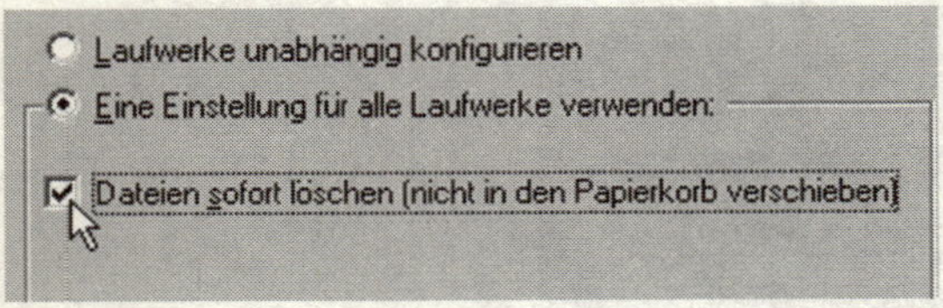

Per Tastendruck: Mit oder ohne Papierkorb löschen

Wenn Sie sich aussuchen wollen, ob Daten erst im Papierkorb oder gleich im Datenhimmel verschwinden, halten Sie beim Löschen einfach die [Umschalt]-Taste gedrückt. Damit wird die Datei ohne Umweg über den Papierkorb endgültig gelöscht.

Schluss damit: Wenn der Doppelklick immer die falsche Anwendung startet

Wenn Sie im Explorer auf eine Datei doppelklicken, wird sie automatisch mit dem richtigen Programm geöffnet. Das funktioniert, weil Windows für die Zuordnung eines Dateityps zu einem Anwendungsprogramm eine aus drei Zeichen bestehende Dateinamenerweiterung benutzt. Die Dateinamenerweiterung ist also viel wichtiger, als sie aussieht!

Um so nerviger ist die Tatsache, dass der Explorer die Namenserweiterungen bei allen registrierten Dateitypen kurzerhand aus dem Explorer ausblendet! Ein Klick auf eine Datei kann dann eben vielleicht gar nicht das gewünschte Programm, sondern ein anderes öffnen, für das dieser Dateityp ebenfalls registriert ist. Abgewickelt wird die Zuordnung eines Dateityps zum entsprechenden Programm bei der Installation des Programms und wird dabei in die Registry eingetragen. Wenn Sie festlegen möchten, mit welchem Programm ein bestimmter Dateityp beim Doppelklick gestartet werden soll, müssen Sie aber in den meisten Fällen die Registry gar nicht bearbeiten. Das lässt sich nämlich auch im Explorer auf einfache Weise durchführen.

Erster Schritt: Welche Anwendung gehört zu welchem Dateityp?

Wenn Sie wissen wollen, welcher Dateityp welcher Anwendung zugeordnet ist, klicken Sie im Explorer auf *Extras/Ordneroptionen*. In der Registerkarte *Dateitypen* zeigt Ihnen der Explorer alle bisher für Windows registrierten Dateitypen.

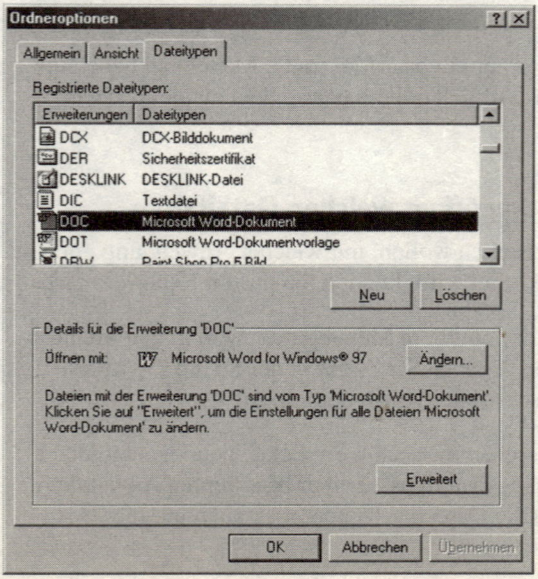

Unter *Details für die Erweiterung* ... sehen Sie die Erweiterung für den Dateityp und auch die damit verbundene Anwendung.

Ärgerlich an der Dateiliste ist, dass die Dateien nicht nach ihrer Erweiterung aufgelistet werden, sondern nach einem beschreibenden Namen, der sich in den meisten Fällen aus der mit dem Dateityp verbundenen Anwendung ergibt. Gerade bei Grafikdateien ist der gewünschte Dateityp deshalb gar nicht so leicht zu finden.

Wird eine Grafikdatei vom Typ *.bmp* mit dem Programm Paint geöffnet, wird der Dateityp *.bmp* nicht etwa unter *Paint*, sondern unter dem Begriff *Bitmap-Bild* in der Liste angezeigt. Wenn Sie zum Beispiel das so ziemlich beliebte Bildbearbeitungsprogramm Paint Shop Pro auf Ihrem Rechner installieren, wird der Dateityp *.bmp* ab jetzt diesem Programm zugeordnet und Sie finden ihn unter dem Eintrag *Paint Shop Pro Bild*.

Tja – wie ich schon vorher ein paar Mal sagte: Manchmal haben die Windows-Entwickler wirklich um ein paar Ecken zu viel gedacht!

Nächster Schritt: Welche Anwendung öffnet welchen Dateityp?

Wenn Sie schnell feststellen wollen, mit welcher Anwendung ein bestimmter Dateityp geöffnet wird, können Sie das im Explorer machen.

Haben Sie im Explorer unter dem Menüeintrag *Ansicht* den Menüpunkt *Details* aktiviert, können Sie direkt in der Spalte *Typ* ablesen, welcher Anwendung der Dateityp zugeordnet ist.

Damit es noch ein bisschen mehr „um die Ecke“ geht, genügt jetzt aber die Zuordnung eines Dateityps zu einer bestimmten Anwendung allein noch nicht, um die Datei per Doppelklick auch mit dieser Anwendung zu öffnen.

Den tatsächlichen Befehl für das Öffnen einer Datei finden Sie, wenn Sie im Explorer *Extras/Ordneroptionen* wählen und in der Registerkarte *Dateitypen* auf *Erweitert* klicken.

Im Fenster *Dateityp bearbeiten* werden im Feld *Vorgänge* alle zur Verfügung stehenden Befehle aufgelistet. Wichtig ist hier jetzt der fett dargestellte Befehl, denn dieser wird ausgeführt, wenn Sie auf den entsprechenden Dateityp doppelklicken. Alle anderen angezeigten Befehle erscheinen im Kontextmenü der Datei.

Wenn Sie wollen, können Sie ziemlich einfach einen der in der Liste aufgeführten Befehle als neuen Standardbefehl festlegen. Und das geht so:

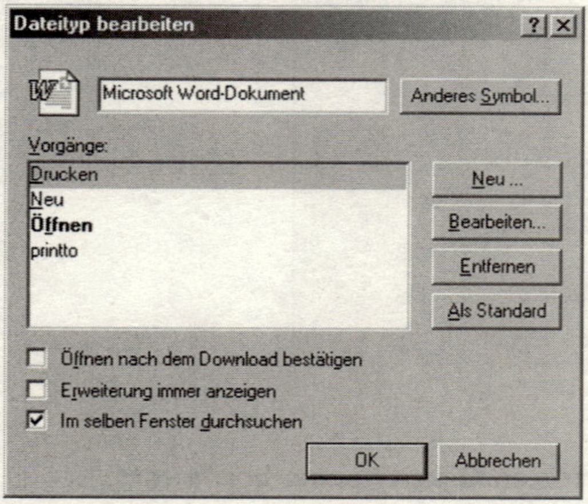

1 Zuerst markieren Sie den gewünschten Befehl in der Liste *Vorgänge*.

2 Dann klicken Sie auf *Als Standard*. Der Befehl wird jetzt als Standardbefehl fett dargestellt.

Nehmen wir als Beispiel doch einfach mal den Eintrag *Öffnen* in der Liste der Vorgänge für ein Word-Dokument.

Wenn Sie den Befehl *Öffnen* markieren und auf *Bearbeiten* klicken, öffnet sich ein weiteres Dialogfenster. Und hier können Sie jetzt die komplette zugrunde liegende Befehlssyntax einsehen und theoretisch auch bearbeiten. Im Beispiel unseres Word-Dokuments sehen Sie in der Zeile *Anwendung für diesen Vorgang* den kompletten Pfad zur Programmdatei *Winword.exe*, mit der dieser Dateityp geöffnet und ausgeführt werden kann.

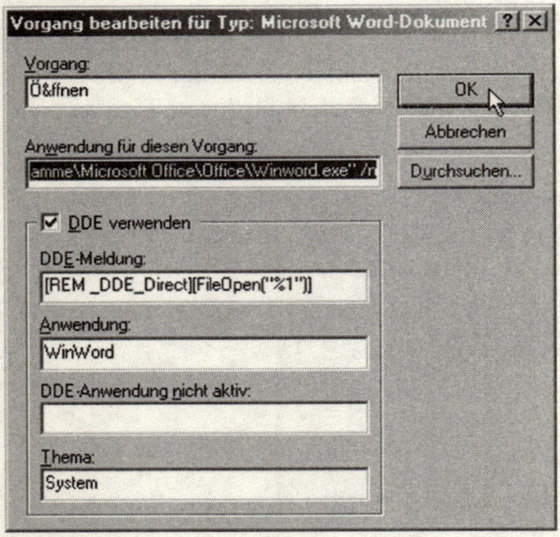

Dritter Schritt: Einem nicht registrierten Dateityp eine bestimmte Anwendung zuordnen

Wenn ein bestimmter Dateityp noch nicht registriert wurde, erkennt Windows das und zeigt Ihnen automatisch das Dialogfenster *Öffnen mit*. Um den Dateityp und die gewünschte Anwendung festzulegen, machen Sie Folgendes:

1 Zuerst klicken Sie im Explorer-Fenster mit der rechten Maustaste auf die Datei, die registriert werden soll.

2 Im Kontextmenü klicken Sie auf *Öffnen mit/Programm auswählen*. Sie landen im Fenster *Öffnen mit,* in dem Sie die gewünschte Anwendung zum Öffnen und Bearbeiten dieses Dateityps auswählen.

3 Wichtig ist jetzt, dass die Option *Diese Datei immer mit diesem Programm öffnen* aktiviert ist. Nur dann nämlich wird der neue Dateityp dieser Anwendung dauerhaft zugeordnet.

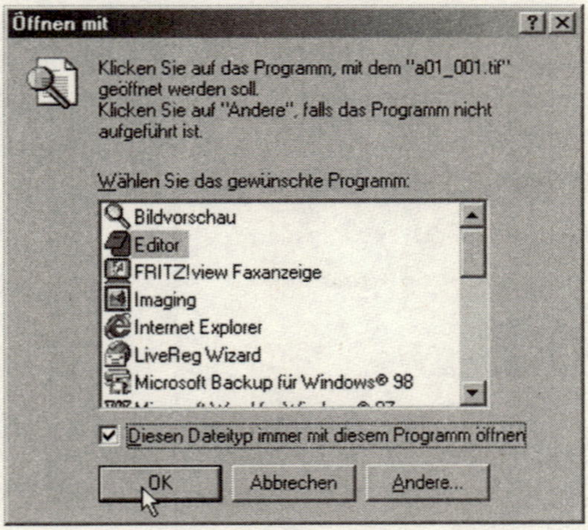

4 Zum Schluss klicken Sie auf *OK*, um den Dateityp zu registrieren.

Ziemlich einfach: Einem nicht registrierten Dateityp eine Anwendung zuordnen

Wenn Sie die gewünschte Anwendung in der Liste der Programme nicht finden, können Sie über die Schaltfläche *Andere* den Pfad zu einer noch nicht registrierten Anwendung angeben. Wichtig ist dabei natürlich, dass das ausgewählte Programm den Dateityp unterstützt und ihn öffnen und bearbeiten kann. Logischerweise wäre es also völliger Unsinn, eine Datei vom Typ *Audio* dem Programm Word zuzuordnen.

Blitzschnell: Einen bereits registrierten Dateityp einem anderen Programm zuordnen

Auch wenn Sie einen Dateityp einem anderen Programm zuordnen wollen, ist das relativ einfach und geht blitzschnell:

1 Zuerst öffnen Sie das Kontextmenü der ausgewählten Datei mit der rechten Maustaste und wählen *Öffnen mit/Programm auswählen.*

2 Dadurch gelangen Sie ins Fenster *Öffnen mit*, in dem Sie die gewünschte Anwendung auswählen können, mit der dieser Dateityp ab jetzt geöffnet werden soll.

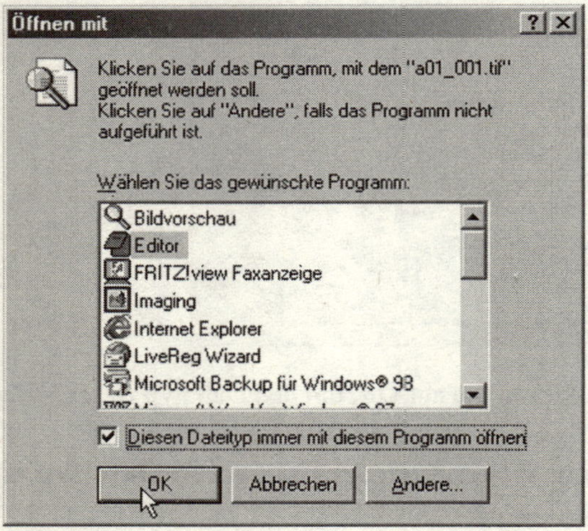

Normalerweise gilt diese Zuordnung nur ein einziges Mal. Wenn Sie den Dateityp dauerhaft dem Programm zuordnen wollen, müssen Sie die Option *Diese Datei immer mit diesem Programm öffnen* aktivieren.

So können Sie einen Dateityp einem Programm zuordnen und gleich neue Befehle festlegen

Wie schon gesagt, die gerade gezeigten Beispiele waren die einfachste Art der Registrierung eines neuen Dateityps. Eine Menge mehr Möglichkeiten bei diesem Vorgang haben Sie aber, wenn Sie über den Explorer und das Dialogfenster *Dateityp bearbeiten* gehen.

Hier können Sie nämlich nicht nur den Dateityp einem Programm zuordnen, sondern auch gleich noch ergänzende Befehle für das Kontextmenü dieses Dateityps erstellen.

Nehmen wir als Beispiel doch mal die beliebten Readme-Dateien, die es in Massen auf allen möglichen Programm-CDs gibt. Damit man sie wirklich zuerst liest, haben Sie nicht die normale Dateinamenerweiterung *.txt* oder *.doc*, sondern *.1st*, ein Wortspielchen für *First*. Diesen Dateityp *.1st* kennt der Explorer aber gar nicht.

Und so schaffen Sie's, dass der neue Dateityp mit der Erweiterung *.1st* mit der Windows-eigenen Mini-Textverarbeitung WordPad geöffnet und gedruckt wird:

1 Im Explorer klicken Sie auf *Extras/Ordneroptionen,* und öffnen die Registerkarte *Dateitypen* und klicken auf *Neu*.

2 Jetzt geben Sie eine Bezeichnung für den neu zu registrierenden Dateityp ein, in unserem Fall also „.1st“, und klicken auf *Erweitert*. In der Auswahlliste, die Sie jetzt sehen, können Sie nun das Programm festlegen, mit dem dieser Dateityp geöffnet werden soll. In unseren Fall ist das also logischerweise WordPad.

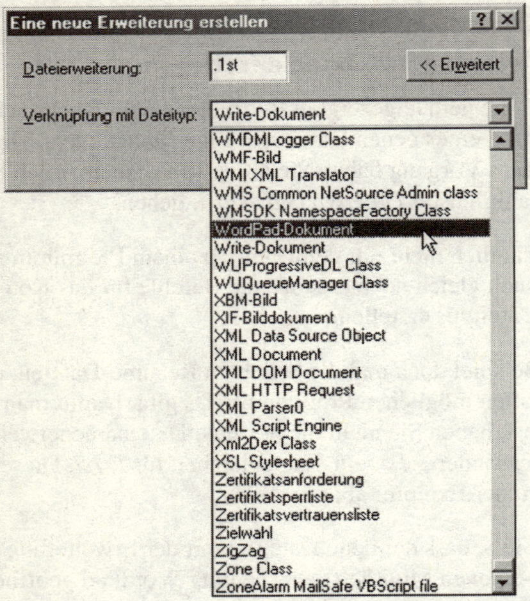

3 Haben Sie das Fenster mit *OK* verlassen, landen Sie wieder auf der Registerkarte *Dateitypen*. Hier finden Sie den neuen Dateityp ganz oben in der Liste.

4 Jetzt markieren Sie den Eintrag und klicken danach auf *Erweitert*. In der Liste *Vorgänge* ist *open* bisher der einzige Eintrag. Er ist fett dargestellt und damit der Befehl, der durch Anklicken ausgeführt wird.

5 Markieren Sie *open* und klicken Sie danach auf *Bearbeiten*. Im Fenster *Vorgang bearbeiten für Typ* wird die Befehlszeile für den Start des Programms WordPad angezeigt. Der Parameter *%1* steht als Platzhalter für den Namen der zu öffnenden Datei.

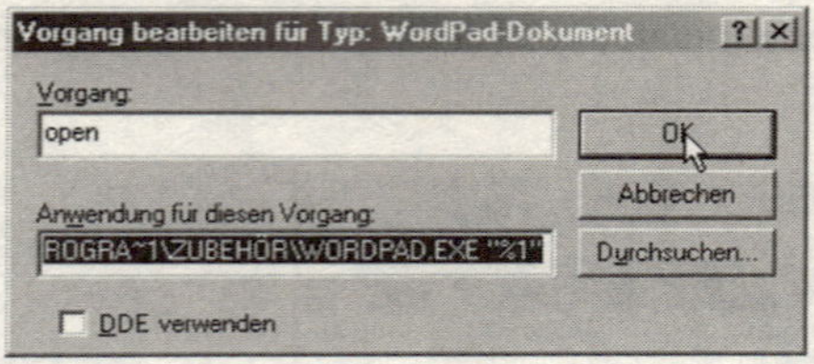

Ein Klick bzw. Doppelklick auf den neuen Dateityp im Explorer öffnet die Datei mit dem Programm WordPad. Weil Sie die Datei aber vielleicht auch gleich noch ausdrucken möchten, können Sie auch diesen Befehl für den Dateityp festlegen.

Alles supereinfach mit einem kleinen Programm

Ein kleines Programm namens Datei Ordner, das Sie im Internet unter der Adresse http://www.mbalz.de herunterladen können, vollbringt alle vorher geschilderten Arbeitsschritte mit nur ein paar Mausklicks! Zuerst suchen Sie sich den Dateityp heraus, dem Sie eine bestimmte Anwendung zuordnen wollen, und legen Sie danach das Programm fest, mit dem der Dateityp geöffnet werden soll.

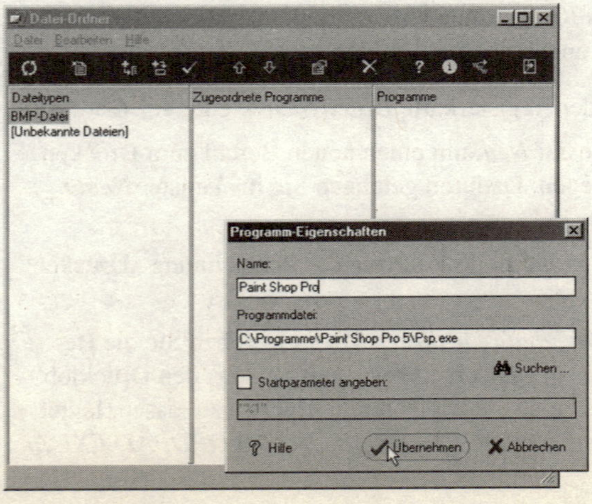

Nach der erfolgreichen Zuordnung taucht das zugeordnete Programm in der Liste auf.

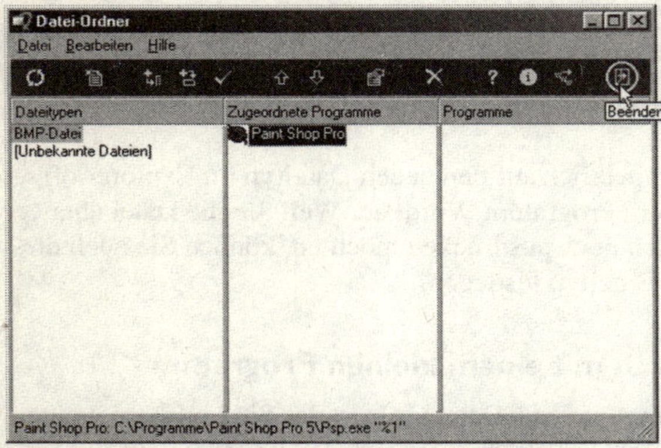

Übrigens können Sie natürlich auch umgekehrt vorgehen – also einer bestimmten Anwendung einen entsprechenden Dateityp zuordnen.

So geht's: Datei direkt übers Kontextmenü drucken

Um die Datei übers Kontextmenü auszudrucken, müssen Sie natürlich einen neuen Befehl anlegen. Und das geht so:

1 Klicken Sie in der Registerkarte *Dateitypen* wieder auf *Erweitert*.

2 Jetzt klicken Sie auf *Neu*, um einen neuen Befehl zum Drucken der Datei anzulegen. Dadurch gelangen Sie ins Fenster *Neuer Vorgang*.

3 Hier tragen Sie in die Zeile *Vorgang* die Bezeichnung „Drucken" ein.

4 In die Zeile *Anwendung für diesen Vorgang* geben Sie die Befehlszeile für das gewünschte Programm ein, das den Druckjob ausführen soll. Um also etwa NotePad drucken zu lassen, lautet die Befehlszeile *C:\PROGRA~1\ZUBEHÖR\WORDPAD.EXE /p „%1"*.

5 Zum Schluss bestätigen Sie die Eingabe mit *OK* und schließen danach alle Fenster zum Bearbeiten des Dateityps. Und das war's auch schon!

Wenn Sie das Kontextmenü der *ReadMeDatei.1st* jetzt mal zum Test öffnen, sehen Sie als zweiten Befehl den Eintrag *Drucken*. Ab jetzt können Sie diesen Dateityp also über das Kontextmenü ausdrucken lassen!

Hoppla! Wo kommen denn die anderen Befehle im Kontextmenü her?

Wenn Sie einen neuen Dateityp registrieren, tauchen manchmal schon Befehle in der Liste auf, die Sie gar nicht erzeugt haben. Woher das kommt? Nun, ganz einfach: Diese Befehle ordnet Windows automatisch jedem Dateityp zu, da es sich um globale, also für alle Dateitypen gültige Befehle handelt.

Und auch Programme und Utilities können das Kontextmenü für Dateien selbstständig um anwendungsspezifische Befehle erweitern. Hier mal ein kleiner Überblick über die Befehle, die im Kontextmenü auftauchen, und über die Dateitypen, die dahinterstecken:

Eintrag im Kontextmenü	Dateityp
Wiedergeben	für Audio-CDs oder Videoclips
Konfigurieren	für Bildschirmschoner
Testen	für Bildschirmschoner

Eintrag im Kontextmenü	Dateityp
Installieren	für Bildschirmschoner
print	Im Kontextmenü erscheint *Drucken*; bei *.bmp*-Dateien.
Ansicht	bei Cabinet-Dateien (CAB)
Abonnieren	bei Channel-Files
Bearbeiten	bei Channel-Files
Neu	z. B. bei Word-Dokumenten
Drucken	z. B. bei Word-Dokumenten
Öffnen	z. B. bei Word-Dokumenten

Befehlsreihenfolge im Kontextmenü ganz nach Ihren Vorstellungen

Interessante Frage: Kann man die Reihenfolge der Befehle im Kontextmenü neu anordnen? Klar, allerdings nicht beliebig, sondern nur in einem gewissen Rahmen. Und zwar funktioniert das nur mit Befehlen, die in der Registry unterhalb des Schlüssels *shell* als „Verb“ angelegt wurden. Wenn Sie die Befehle im Kontextmenü neu anordnen wollen, müssen Sie die Unterschlüssel, also Verben, von *shell* in der Reihenfolge als Werte von *shell* eintragen, in der sie im Kontextmenü erscheinen sollen. Hört sich kompliziert an, ist es aber gar nicht.

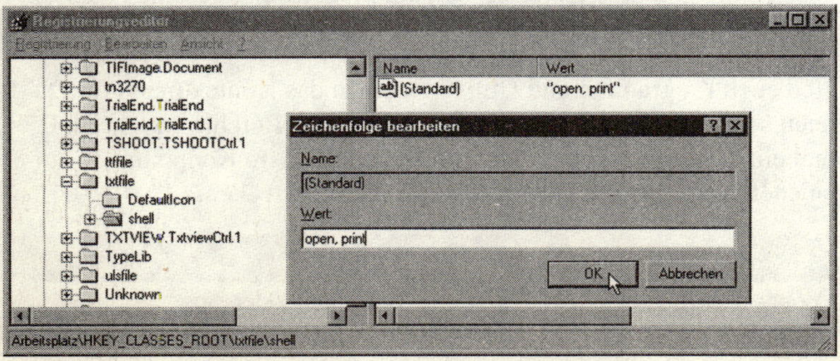

Wenn im Kontextmenü also als erster Befehl *Drucken* und als zweiter *Öffnen* stehen soll, tragen Sie unter *Wert* die Befehle „print, open" ein. Wichtig ist dabei das Komma, das beide Befehle trennt! Windows verwendet im Kontextmenü standardmäßig immer das erste Verb, das Sie hier angeben.

Und wenn *Öffnen* der erste Befehl sein soll und *Drucken* der zweite, tragen Sie eben „open, print" ein.

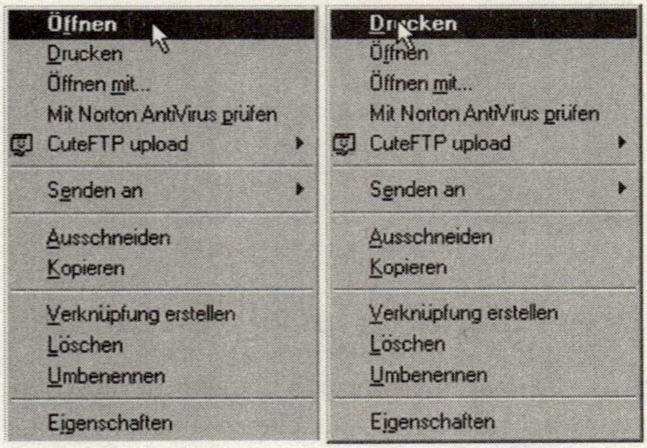

Mit SmartShellExtensions das Kontextmenü erweitern

Ein Super-Tool zum Erweitern der Datei-Kontextmenüs ist Smart ShellExtensions, das Sie im Internet unter der Adresse http://www.fantastic-bits.de herunterladen können.

SmartShellExtensions erweitert das Kontextmenü von Dateien um einige sinnvolle Einträge, für die Sie ansonsten etliche Mausklicks bräuchten. Besonders praktisch ist dabei zum Beispiel die Möglichkeit zum erweiterten Kopieren, die Sie über den gleichnamigen Eintrag im Kontextmenü aufrufen.

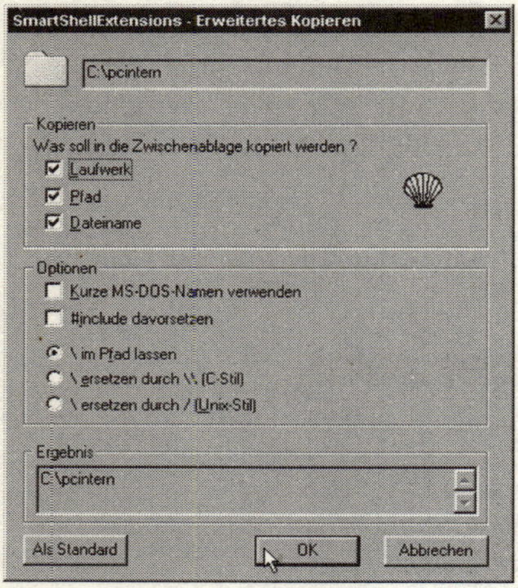

Alles, was Sie übers Formatieren wissen müssen

Unter Windows können Sie Datenträger ziemlich bequem formatieren. Ob Sie das im Arbeitsplatz oder im Explorer machen, ist dabei egal – das Ergebnis ist dasselbe. Klicken Sie einfach den zu formatierenden Datenträger, also zum Beispiel die Diskette an und wählen Sie im Kontextmenü *Formatieren.*

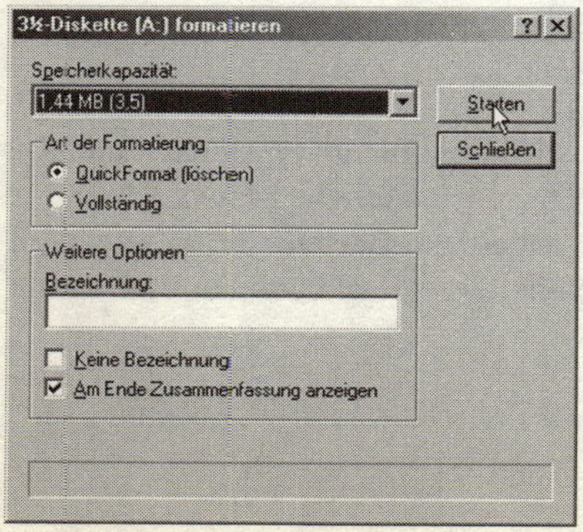

Formatieren und formatieren – doch zwei Paar Schuhe?

Wenn Sie sich das Formatierungsfenster genauer ansehen, finden Sie zwei Formatierungsoptionen, nämlich *QuickFormat* und *Vollständig*. Eigentlich scheint es da ja egal zu sein, welche Option man wählt – Hauptsache, der Datenträger wird formatiert!

Tja – ganz so stimmt das allerdings nicht, denn die beiden Formatierungsmethoden unterscheiden sich ziemlich voneinander!

QuickFormat (löschen)

QuickFormat (löschen) ist die schnellste Methode, den Inhalt eines Datenträgers zu löschen. Ein bisschen irreführend ist der Befehl *Format* in diesem Zusammenhang aber schon, und nur der Zusatz *löschen* sagt aus, was bei dieser Art der Formatierung wirklich passiert: Es wird nämlich lediglich die **F**ile **A**llocation **T**able, kurz FAT, gelöscht!

Wenn die FAT fehlt, kann das Betriebssystem auf dem Datenträger die Positionen nicht mehr finden, an denen sich die eigentlichen Dateien befinden. Im Klartext: Es werden jetzt zwar keine Dateien mehr angezeigt, sie existieren aber weiterhin auf dem Datenträger! Mit speziellen Utilities können Sie die FAT wiederherstellen und die Dateien damit auch wieder lesen. Das funktioniert allerdings nur, bis Sie neue Dateien auf dem Datenträger speichern und dadurch die Datenbereiche überschreiben.

QuickFormat ist also wirklich nur fürs schnelle „Drüberbügeln" geeignet und birgt ein gewisses Sicherheitsrisiko, wenn Sie eine so formatierte Diskette später weitergeben.

Vollständig

Besser ist da schon die Option *Vollständig*. Hier wird nämlich nicht nur die FAT gelöscht und neu geschrieben, sondern auch der Datenträger formatiert. Hier wird beim Formatieren von Disketten und Festplatten allerdings ein Unterschied gemacht!

Das steckt dahinter ...

Wenn Sie eine Diskette mit der Option *Vollständig* formatieren, wird für eine eventuelle Wiederherstellung am Ende der Diskette zuerst eine Kopie der bisherigen FAT gespeichert. Dann formatiert der Explorer die Diskette, wobei die Daten in den Sektoren mit Hexadezimal F6 überschrieben werden. Zugleich wird die Diskette auf fehlerhafte Sektoren überprüft und defekte Sektoren werden als unbrauchbar markiert. Ganz anders läuft die Formatierung einer Festplatte oder die von Festplattenpartitionen ab. Dabei wird mit dem Befehl *Vollständig* lediglich eine neue FAT für die Festplatte oder Partition erstellt. Anders als bei der Formatierung einer Diskette werden auch keine neuen Werte wie Hexadezimal F6 in die Sektoren der Festplattenpartition geschrieben. Und genau an dieser Stelle könnte ein potenzieller Datenspitzel zuschlagen! Die Daten auf der Platte oder der Partition kann man zwar nicht mehr direkt über die FAT ansprechen, mit bestimmten Tools wie dem Norton Utilities Diskeditor kann man sie aber lesen und rekonstruieren!

Ein weiterer Unterschied zum Formatieren einer Diskette besteht darin, dass die Festplatte bei der Option *Vollständig* nicht auf fehlerhafte Sektoren überprüft wird. Dass der Explorer die Festplatte nicht nach beschädigten Sektoren untersucht, ist auch der Grund dafür, dass die Formatierung einer Festplattenpartition mit der Option *Vollständig* nur ein paar Sekunden dauert.

Daten beim Formatieren wirklich löschen? So geht's!

Wenn Sie sicher sein wollen, dass Daten auf einer Diskette wirklich gelöscht werden, müssen Sie beim Formatieren auf jeden Fall die Option *Vollständig* wählen.

Und weil das bei Festplattenpartitionen schon etwas schwieriger wird, bleibt Ihnen kaum eine andere Möglichkeit, als auf externe Programme wie McAfee Nuts&Bolts oder die Norton Utilities zurückzugreifen. Was die Programme machen, ist schnell erklärt: Sie überschreiben die ursprünglichen Daten in den Sektoren mit neutralen Daten, ähnlich wie Windows dies beim Formatieren von Disketten durchführt. Und damit können die Daten auch nicht mehr mit einem Diskeditor ausgelesen werden. Auf den Webseiten der Hersteller, http://www.nai.com und http://www.symantec.com, finden Sie mehr Informationen zu diesen Programmen.

Die Laufwerkbezeichnung als Zufallsspielchen?

Wenn Sie eine Diskette formatieren, vergibt Windows in Form einer Zufallszahl eine ziemlich seltsame Datenträgerbezeichnung. Die Bezeichnung ist wichtig, denn so identifiziert Windows die Diskette bei einem Wechsel.

Sie müssen sich aber nicht mit dieser merkwürdigen Zufallszahl abfinden, sondern können selbst eine Bezeichnung für die Diskette eingeben. Vor dem Formatieren tragen Sie einfach den Namen in das Feld *Bezeichnung* ein.

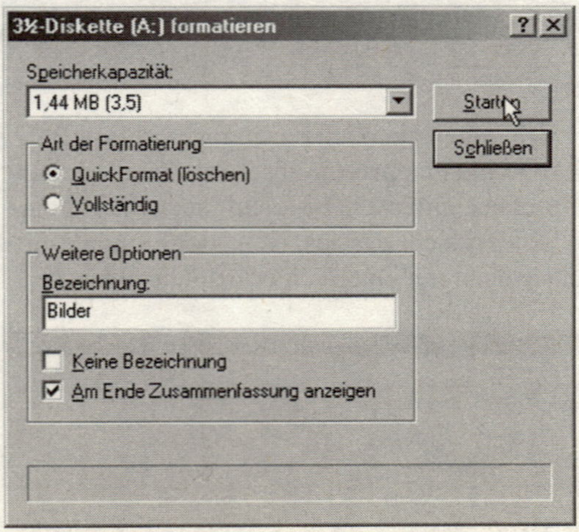

Zusammenfassung immer anzeigen lassen!

Windows zeigt nach dem Formatieren standardmäßig eine Zusammenfassung des Vorgangs, und das ist ziemlich nützlich. Wenn die Diskette nämlich fehlerhafte Sektoren enthält, wird das hier angezeigt. Lassen Sie also die Option ***Am Ende Zusammenfassung anzeigen*** *am besten immer aktiv!*

Was soll denn das? Wenn Disketten sich nicht formatieren lassen

Wenn Sie im Explorer eine Diskette formatieren wollen und nach ein paar Sekunden eine Fehlermeldung auftaucht, kann das je nach Art der Meldung unterschiedliche Gründe haben.

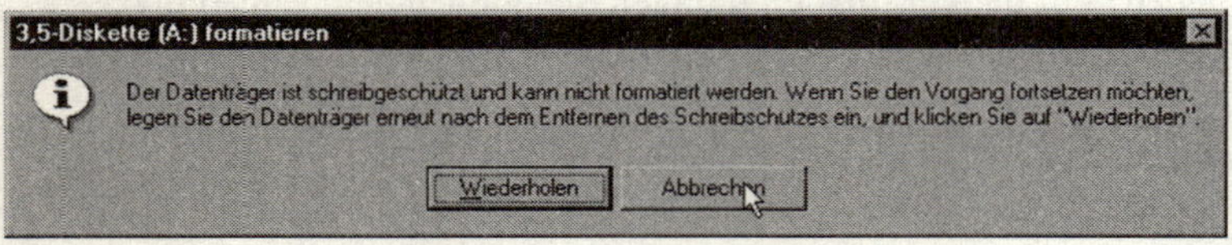

Meistens sind die Fehlermeldungen ziemlich eindeutig, wie zum Beispiel dann, wenn die Diskette mit einem Schreibschutz versehen wurde. Wenn Sie den Schreibschutz entfernt haben, läuft auch die Formatierung völlig normal ab. Anders sieht das aus, wenn der Explorer die Formatierung startet und sie dann mit einer Fehlermeldung abbricht.

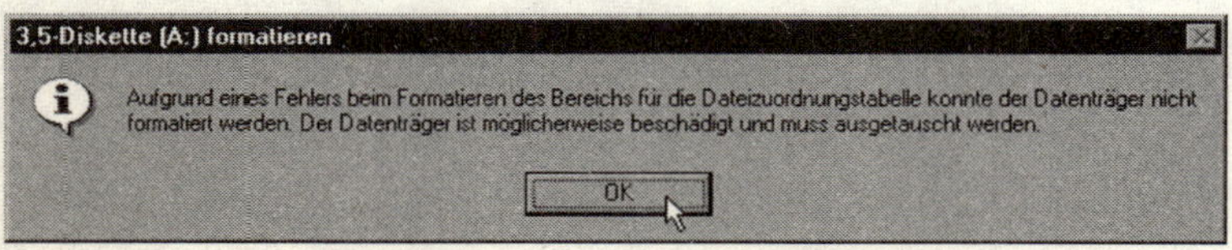

Meistens handelt es sich dabei um einen schweren Defekt auf der Diskette, der auch nicht behebbar ist. Passiert Ihnen das mit einer Diskette, sollten Sie sie am besten gleich entsorgen.

Merkwürdig: Wieso lassen sich die Laufwerkbuchstaben nicht beeinflussen?

Haben Sie sich schon mal gefragt, wieso Ihre Festplatte C: heißt und Ihr Diskettenlaufwerk A:, und warum Sie das scheinbar nicht ändern können?

Das steckt dahinter ...

Wenn Sie den Begriff „Laufwerk“ benutzen, ist darunter nicht immer zwangsläufig ein eigenes physikalisches Laufwerk, also eine einzelne Festplatte zu verstehen. Eine physikalische Festplatte kann ja in mehrere Bereiche aufgeteilt werden, die als „Partitionen“ bezeichnet werden. Und jetzt wird's ein bisschen verzwickt: Während nämlich für den Rechner jede Festplatte auch ein Laufwerk darstellt, sieht Windows jede Partition auf einer Festplatte als ein Laufwerk an. Beim Vergeben der Laufwerkbuchstaben folgt Windows festgelegten Regeln:

Für Diskettenlaufwerke sind immer die Buchstaben A: und B: reserviert. An die erste physikalische Festplatte im Rechner wird immer der Laufwerkbuchstabe C: vergeben.

Auf einer Festplatte können Sie mehrere Partitionen anlegen, wobei die erste Partition als „primäre Partition“ bezeichnet wird. Sie ist die so genannte „aktive Partition“, auf der sich normalerweise das Betriebssystem befindet.

Die zweite Partition wird „erweiterte Partition“ genannt und kann in mehrere logische Laufwerke unterteilt werden.

Wenn Sie auf einer Festplatte mehrere Partitionen angelegt haben, erhält die primäre aktive Partition den Laufwerkbuchstaben C:. Wenn Sie weitere logische Laufwerke in der erweiterten Partition auf dieser Festplatte anlegen, werden diese dann fortlaufend mit den Buchstaben D:, E: usw. bezeichnet.

Festplatte	Partition	Laufwerkbuchstabe
primäre Partition	ein Laufwerk	C:
erweiterte Partition	erstes logisches Laufwerk	D:
erweiterte Partition	zweites logisches Laufwerk	E:
	drittes logisches Laufwerk	F:

Wenn Ihr Rechner mehr als eine physikalische Festplatte hat, dann werden der ersten Festplatte der Buchstabe C: und allen weiteren Festplatten die nachfolgenden Buchstaben zugeordnet.

Festplatte	Partition	Laufwerkbuchstabe
erste physikalische Festplatte	eine Partition	C:
zweite physikalische Festplatte	eine Partition	D:
dritte physikalische Festplatte	eine Partition	E:

Ein bisschen verzwickter wird die Sache mit den Laufwerkbuchstaben, wenn Sie auf den physikalischen Festplatten jeweils mehrere Partitionen angelegt haben. Mal ein Beispiel: In einem Rechner sind zwei physikalische Festplatten eingebaut und jede dieser Festplatten ist in zwei Partitionen aufgeteilt. Zudem enthält die erweiterte Partition der ersten Festplatte zwei logische Laufwerke. Die Vergabe der Laufwerkbuchstaben sieht dann so aus:

Festplatte	Partition	Laufwerkbuchstabe
erste physikalische Festplatte	erste aktive Partition	C:
erste physikalische Festplatte	zweite erweiterte Partition erstes logisches Laufwerk	E:
erste physikalische Festplatte	zweite erweiterte Partition zweites logisches Laufwerk	F:
zweite physikalische Festplatte	erste Partition	D:
zweite physikalische Festplatte	zweite erweiterte Partition, ein logisches Laufwerk	G:

Wie schon gesagt – das Ganze ist etwas verzwickt und hängt zudem mit Vorgaben zusammen, die Windows ME und auch DOS stellen. Die erste Festplatte erhält dabei immer den Laufwerkbuchstaben C: und enthält die aktive und bootfähige Partition. DOS und Windows ME funktionieren nur dann, wenn sich das Betriebssystem auf dem Laufwerk mit dem Laufwerkbuchstaben C: befindet!

Warum die Vergabe von Laufwerkbuchstaben mit dem Festplatteneinbau zusammenhängt

Wenn ich zu Anfang gesagt habe, Sie können die Vergabe der Laufwerkbuchstaben „scheinbar" nicht beeinflussen, stimmt das auch. Tatsächlich können Sie es natürlich schon – wobei es aber immer eine Festplatte C: und ein Diskettenlaufwerk A: oder B: geben muss! Welche Festplatte aber welchen Laufwerkbuchstaben zugeordnet bekommt, hängt nur davon ab, wie die Festplatten eingebaut wurden! Unterschiede gibt es dabei eigentlich nur zwischen EIDE- und SCSI-Festplatten zu beachten.

So werden die Laufwerkbuchstaben bei EIDE-Festplatten vergeben ...

Der IDE-Controller auf dem Motherboard verfügt über einen Primary- und einen Secondary-Anschluss, an den bis zu vier EIDE-Festplatten angeschlossen werden können. Dabei wird der Festplatte am Primary-Anschluss der Laufwerkbuchstaben C: zugeordnet. Eine zweite Festplatte, die am Secondary-Anschluss hängt, bekommt dann den Laufwerkbuchstaben D:.

Wenn Sie nun zwei Festplatten am Primary-Anschluss betreiben wollen, muss die eine Festplatte als *Master* und die andere als *Slave* eingestellt werden. Die Master-Festplatte bekommt den Laufwerkbuchstabe C: zugeordnet, die Slave-Platte erhält den Buchstaben D:. Wenn nun am Secondary-Anschluss eine zweite Festplatte mit der Einstellung Master hängt, erhält die zweite Master-Festplatte den Buchstaben D: und die erste Slave-Platte den Buchstaben E:.

Wenn Ihnen das jetzt einfach zu viele Masters und Slaves waren, schlagen Sie doch mal auf Seite 753 nach – dort zeige ich Ihnen, was es mit Master und Slave so auf sich hat.

... und so bei SCSI-Festplatten

Wenn Sie nur eine SCSI-Festplatte am SCSI-Controller haben, erfolgt die Vergabe der Laufwerkbuchstaben so, wie oben beschrieben und ist natürlich völlig unkompliziert.

Haben Sie mehrere SCSI-Festplatten an einem Controller, dann entscheidet die SCSI-ID darüber, welcher Laufwerkbuchstabe der Festplatte zugeordnet wird. Dabei wird die niedrigste SCSI-ID vom SCSI-Controller als erste Festplatte angesehen. Weil von ihr gebootet wird, erhält sie den Laufwerkbuchstaben C:. Alle weiteren Festplatten bekommen dann je nach SCSI-ID die nächsten Buchstaben zugeteilt.

Sobald Sie aber erweiterte Partitionen anlegen, gilt auch hier, dass die Laufwerkbuchstaben an die primären Partitionen und erst dann an die erweiterten Partitionen bzw. die darin enthaltenen logischen Laufwerke vergeben werden.

So geht's:
Ein fester Laufwerkbuchstabe fürs Zip-Laufwerk

Normalerweise ist die Vergabe von Laufwerkbuchstaben ja eigentlich kein Problem. Nervig wird das erst, wenn Sie eine weitere Festplatte in Ihren Rechner einbauen oder in einer erweiterten Partition zusätzliche logische Laufwerke erstellen.

Der fast schon klassische Fall ist ein Rechner mit einer Festplatte C: und einem CD-ROM-Laufwerk D:. Irgendwann bauen Sie eine zweite Festplatte ein, und es fängt an, kompliziert zu werden: Jetzt werden die Laufwerkbuchstaben C: und D: nämlich automatisch an die beiden Festplatten vergeben und das CD-ROM-Laufwerk bekommt dadurch die Bezeichnung E:. Und vielleicht kommt jetzt auch noch ein CD-

ROM-Brenner oder ein Zip-Laufwerk dazu? Was passiert, ist klar: Jedes neue Laufwerk versucht, sich den nächsten freien Laufwerkbuchstaben zu schnappen.

Ein externes Zip-Laufwerk braucht aber den Laufwerkbuchstaben nur im eingeschalteten Zustand. Wenn Sie es ausschalten, schnappt sich das Laufwerk nach dem Zip-Laufwerk bei einem Neustart auch gleich den frei gewordenen Laufwerkbuchstaben. Das heillose Chaos also, bei dem sich Laufwerkbuchstaben dauernd ändern! Da wäre es doch prima, wenn man den Laufwerken die Laufwerkbuchstaben selbst zuweisen könnte, statt das Betriebssystem bestimmen lassen zu müssen.

Tja – schön wär's, aber leider funktioniert das nicht so, wie man sich's denkt, denn dass die Laufwerkbuchstaben für Festplatten nach bestimmten Regeln automatisch vergeben werden, habe ich ja schon erklärt.

Aber: Laufwerkbuchstaben für CD-ROM-Laufwerke, Wechselmedien und Netzwerklaufwerke können Sie selbst festlegen. Und damit ist auch schon ein Teil des Problems mit Zip-Laufwerken gelöst.

Und noch mal ein Beispiel: Sie bauen eine weitere Festplatte in Ihren Rechner ein. Weil die Festplatten ja automatisch den jeweils nächsten Buchstaben nach den bereits bestehenden Laufwerkbuchstaben für Festplatten bekommen, verschiebt sich der Laufwerkbuchstabe für das CD-ROM-Laufwerk um mindestens einen Buchstaben nach hinten.

Und jetzt wird's ärgerlich, denn Windows ME und viele andere Programme merken sich den Installationspfad der Erstinstallation. Weil nach dem Einbau einer zweiten Festplatte der Buchstabe fürs CD-ROM dann nicht mehr D:, sondern vielleicht E: oder F: ist, stimmt der abgespeicherte Installationspfad natürlich nicht mehr.

Die Folge: Wollen Sie Windows-Komponenten nachinstallieren oder brauchen Sie die Windows-CD für Treiberaktualisierungen, werden Sie dauernd mit der Meldung genervt, dass die Windows-CD unter D: nicht gefunden werden kann.

Und hier die Lösung: Verschieben Sie den Laufwerkbuchstaben für das CD-ROM-Laufwerk einfach so weit nach hinten, dass er sich auch nach dem Einbau mehrerer zusätzlicher Laufwerke nicht verändert. Und so geht's:

1 In der *Systemsteuerung* wählen Sie *System* und öffnen dann den *Geräte-Manager*.

2 In der Geräteliste doppelklicken Sie auf den CD-ROM-Eintrag und wählen dann *Eigenschaften*.

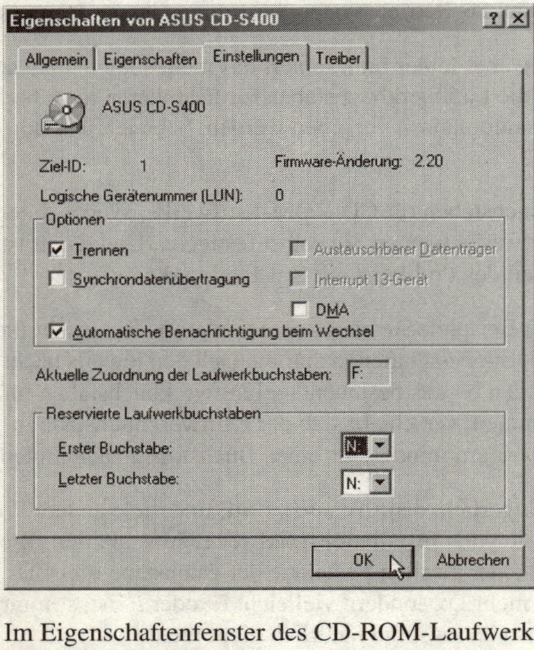

3 Im Eigenschaftenfenster des CD-ROM-Laufwerks öffnen Sie die Registerkarte *Einstellungen*, auf der der dem CD-ROM-Laufwerk aktuell zugeordnete Laufwerkbuchstabe angegeben wird.

4 Unter *Reservierte Laufwerkbuchstaben* können Sie dem CD-ROM-Laufwerk jetzt einen festen Laufwerkbuchstaben zuweisen.

Für den ersten und letzten Buchstaben in den beiden Kombinationsfeldern geben Sie dabei denselben Laufwerkbuchstaben an.

5 Haben Sie das Fenster mit *OK* geschlossen und den Rechner neu gestartet, können Sie das CD-ROM-Laufwerk mit dem zuvor festgelegten Buchstaben ansprechen.

Was der Explorer sonst noch kann

Weil der Windows-Explorer eigentlich eine Art Kombination des klassischen Explorers und des Internet Explorer ist, bieten sich natürlich auch eine Menge interessanter Anwendungsmöglichkeiten. Mit das Wichtigste ist aber, dass der Übergang zwischen den Inhalten Ihres lokalen Rechners und webbasierenden Inhalten fast schon fließend wird.

Mit dem Explorer ins Internet

Es stimmt tatsächlich: Mit dem Windows ME-Explorer kommen Sie mehr oder weniger direkt ins Internet! Dazu brauchen Sie allerdings die so genannte „Adressleiste", die Sie aktivieren, wenn Sie mit der rechten Maustaste in den freien Bereich der Menüleiste klicken und im Kontextmenü den Eintrag *Adressleiste* wählen. Wenn Sie jetzt eine beliebige Internetadresse eingeben, versucht der Explorer die Verbindung zu Ihrem Provider herzustellen.

Übrigens können Sie dazu auch die Schaltfläche *Verlauf* benutzen, woraufhin alle zuletzt besuchten Internetseiten angezeigt werden. Klicken Sie auf einen der Einträge, versucht Windows die Verbindung zum Internet aufzubauen und die Seite zu erreichen.

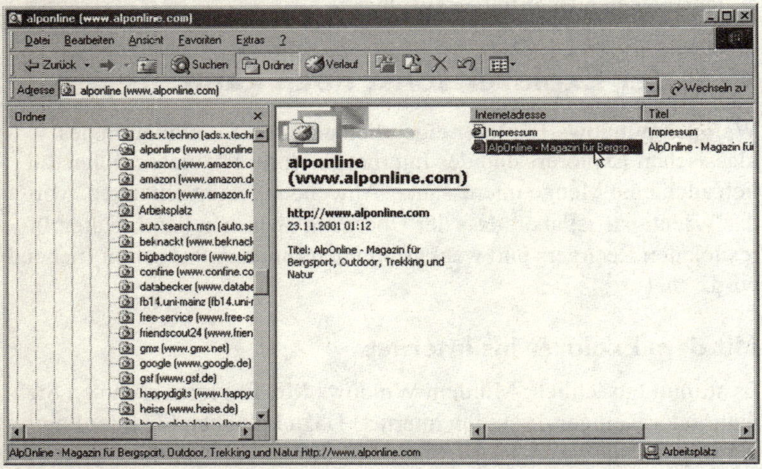

Favoriten nicht nur online: Lokale Ordner als Favoriten

Unter *Favoriten* können Sie im Internet Explorer Ihre Lieblings-Webadressen ablegen und sie dann blitzschnell anspringen. Das geht aber nicht nur mit Webadressen, sondern auch mit den Ordnern auf Ihrem PC! Wenn Sie den *Favoriten*-Ordner über den Menübefehl *Favoriten* aufrufen, finden Sie schon ein paar Favoriten, die Windows bei der Installation automatisch angelegt hat.

Wenn Sie Ordner auf Ihrem Rechner als Favoriten festlegen wollen, machen Sie Folgendes:

1 Zuerst markieren Sie den Ordner, der unter *Favoriten* auftauchen soll.

2 Dann klicken Sie auf *Favoriten/Zu Favoriten hinzufügen*. Jetzt übernimmt der Explorer den vorher markierten Ordner und zeigt ihn im Dialogfenster *Zu Favoriten hinzufügen* an.

3 In der Zeile *Name* können Sie dann entweder den angezeigten Ordnernamen übernehmen oder eine neue Bezeichnung eingeben.

4 Wenn Sie einen neuen oder anderen Ordner für die Anzeige in den Favoriten wählen wollen, klicken Sie auf *Erstellen in*.

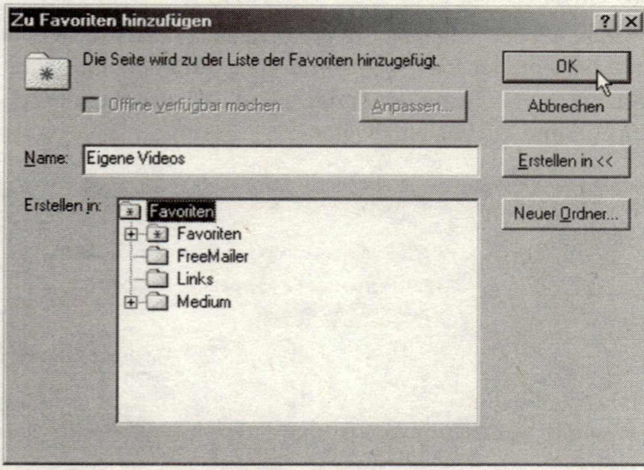

5 Zum Schluss bestätigen Sie Ihre Eingaben mit *OK*, und schon erscheint der Ordner im *Favoriten*-Menü!

Der Explorer kann zippen

Nein, das ist kein Schreibfehler: Der Windows-Explorer kann wirklich zippen – zicken aber natürlich auch! In allen früheren Windows-Versionen mussten Sie sich ein gesondertes Packprogramm wie etwa WinZip besorgen, um komprimierte Dateien zu packen und wieder zu entpacken. Das ist zum Glück vorbei, denn der Windows-Explorer hat eine neue Funktion, die sich hinter der Bezeichnung *Komprimierter Ordner* versteckt.

So geht's: Dateien entpacken ...

Haben Sie eine gepackte Datei, also zum Beispiel eine WinZip-Datei, machen Sie Folgendes, um sie zu entpacken:

1 Im Explorer doppelklicken Sie auf die gepackte Datei und landen damit in einem neuen Fenster.

2 Hier markieren Sie die zu entpackende Datei und klicken auf *Datei/Alle extrahieren*.

3 Und schon wieder gelangen Sie in ein neues Fenster – diesmal ist es ein Assistent, der Sie durch den Entpackprozess führt. Hier geben Sie an, in welchem Ordner der Inhalt der gepackten Datei landen soll und klicken auf *Weiter*.

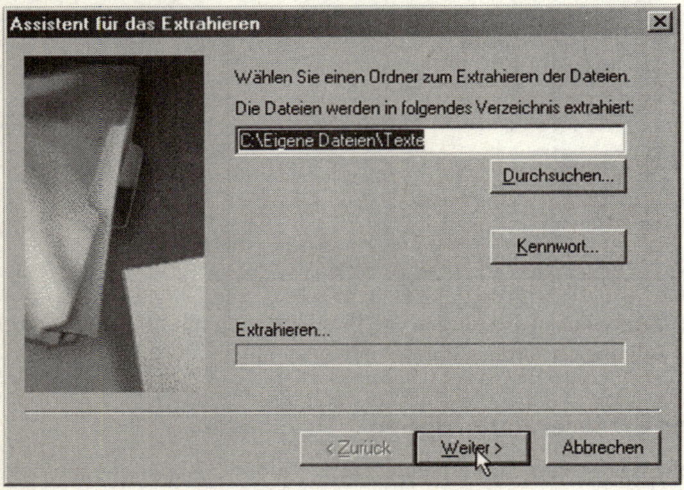

4 Im nächsten Fenster starten Sie den Entpackprozess und schon können Sie die entpackte Datei unter dem angegebenen Pfad finden.

... und wieder „verpacken"

Wollen Sie selbst Dateien zusammenpacken, geht das ebenfalls mit nur ein paar Mausklicks.

1. Im Explorer klicken Sie zuerst auf *Datei/Neu/Komprimierter Ordner*.
2. Windows erstellt jetzt diesen neuen Ordner und gibt ihm den wenig aussagekräftigen Namen *Neuer komprimierter Ordner*. Um einen besseren Namen einzutragen, klicken Sie den Ordner einfach mit der rechten Maustaste an und wählen im Kontextmenü den Eintrag *Umbenennen*.
3. Jetzt suchen Sie sich die Dateien aus, die Sie packen wollen, und ziehen sie einfach mit der Maus in den soeben erstellten komprimierten Ordner.
4. Das war's auch schon – Sie können den Ordner jetzt zum Beispiel als Anhang mit einer E-Mail versenden.

Und WinZip ist doch schneller

Keine Frage: Wenn Sie sich nicht erst ein Packprogramm aus dem Internet herunterladen wollen, ist die Pack-Funktion in Windows ME wirklich klasse! Allerdings kann sie nicht annähernd mit dem absoluten Standard-Packprogramm WinZip mithalten. WinZip bietet nicht nur viel mehr Funktionen, sondern ist vor allem blitzschnell! Und genau da mangelt es bei der Windows-Packerei ganz erheblich, denn wenn Sie zum Beispiel ein paar Bilddateien im *.tif*- oder *.bmp*-Format packen wollen, können Sie ganz lässig eine Tasse Kaffee trinken gehen, bis Windows damit fertig ist! Wollen Sie doch lieber WinZip benutzen, können Sie sich das Programm unter der Adresse http://www.winzip.com herunterladen. Darüber hinaus finden Sie es auf fast jeder CD, die einer gängigen Computerzeitschrift beiliegt.

Sie mögen den Explorer nicht? Wie wär's denn mit dem Windows Commander?

Wenn Sie ein bisschen Abwechslung suchen und den Windows-Explorer sowieso nicht besonders gern mögen, sollten Sie unbedingt den Windows Commander ausprobieren! Der Commander, den Sie unter der Adresse http://www.ghisler.com finden, ist eigentlich als Alternative zum Explorer gedacht – wenn Sie seine Funktionsvielfalt sehen, werden Sie aber einfach nur noch staunen! Das Schönste daran: Er läuft absolut stabil und hat Features, die Microsoft beim Explorer einfach vergessen hat!

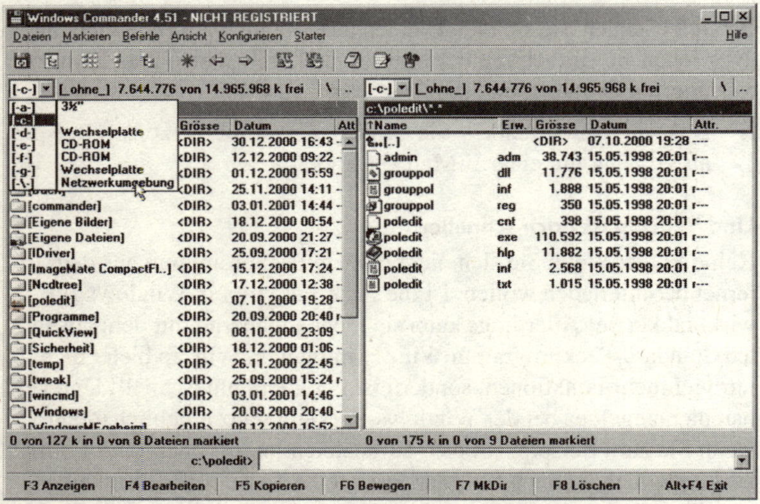

Sie können den Windows Commander zwar jederzeit als Shareware-version ausprobieren – die gerade einmal 50 DM, die die registrierte Vollversion kostet, sind aber definitiv sehr gut angelegt! Mein Tipp deshalb: kaufen!

Aufgedeckt: Die Registry-Geheimnisse

Kapitel 8

Vielleicht haben Sie noch nie von der Registry gehört und, wenn doch, dann möglicherweise nur als etwas, von dem man unbedingt die Finger lassen sollte?

Tja – so ganz verkehrt ist das mit dem „Hände weg“ nicht, denn die Registry – in Wirklichkeit heißt sie übrigens Registrierdatenbank – ist das „Herz und Hirn“ von Windows. Hier werden sämtliche Informationen zur aktuellen Konfiguration Ihres PCs abgelegt, und dementsprechend empfindlich ist die Registry eben auch. Das bedeutet nicht, dass Sie nun einen großen Bogen um die Registry machen müssen, denn hier lassen sich ein ganze Menge wirklich sinnvoller Einstellungen vornehmen. Wann immer Sie an der Registry arbeiten, sollten Sie das einfach sehr vorsichtig und konzentriert tun: Ein paar falsche Einstellungen reichen nämlich aus, um Windows und damit auch Ihren PC erst mal lahm zu legen!

Ja, aber wozu gibt's denn die Systemwiederherstellung?

Sie fragen sich vielleicht, wieso man so vorsichtig sein soll, denn schließlich kann die Systemwiederherstellung ja alle selbstverschuldeten Patzer wieder ausbügeln – oder? Stimmt! Die Systemwiederherstellung kann ein Menge Fehler wieder gerade biegen, aber eben nicht alle! Klar – sie sichert auch die aktuelle Version der Registry, trotzdem kann sie bei bestimmten, gravierenden Fehlern auch nicht mehr helfen.

Das macht die Registry

Wie schon gesagt, die Registry enthält alle Informationen darüber, wie Windows aussieht und welche Programme und Hardware installiert sind. Damit das Ganze ein bisschen übersichtlicher wird, sind all diese Konfigurationsdaten nach ihren Aufgabenbereichen aufgelistet und werden auch so verwaltet. Wenn Sie irgendetwas an Windows verändern, dann geschieht das zentral über die Registrierdatenbank. Dazu müssen Sie aber nicht unbedingt die Registry selbst editieren, sondern machen das beispielsweise über die verschiedenen Dialogfenster in der Systemsteuerung. Während Sie nur ein paar Mausklicks ausführen müssen, schuftet Windows dann hinter den Kulissen und nimmt die richtigen Eintragungen und Änderungen in der Registry vor.

Wenn Sie sich einfach nicht an die Registry herantrauen

Wenn Sie jetzt noch so viel Respekt vor der Registry haben, dass Sie sie am liebsten doch nicht anfassen, müssen Sie trotzdem nicht auf viele der möglichen Einstellungen verzichten: Mit Tools wie TweakUI oder Tweak Me können Sie nämlich ziemlich risikolos alles Mögliche ausprobieren und müssen nicht erst in den Tiefen der Registry arbeiten!

Windows 98 und Windows ME: Die gleiche Registry oder doch nicht?

Vielleicht haben Sie ja schon unter Windows 98 oder 98 SE mit der Registry gearbeitet und kennen sich bereits ein wenig damit aus? Wenn ja, dann müssen Sie sich unter Windows ME auf keine großartigen Neuerungen gefasst machen.

Die Registry von Windows ME hat sich seit Windows 98 zwar ein wenig verändert, aber wirklich nur geringfügig. Der Hauptunterschied zur „alten" Registry besteht darin, dass sie jetzt nicht mehr aus nur zwei, sondern aus drei „Unterabteilungen" besteht, was den Systemstart ziemlich beschleunigt. Was die grundsätzliche Arbeit mit der Registry angeht, werden Sie aber keine Unterschiede feststellen können.

Registry-Tipps, die Sie jeden Tag brauchen

Mit meistens nur ein paar Eingriffen in die Registry können Sie Windows ME viel sicherer und komfortabler machen. Manchmal genügt dafür schon das Hinzufügen oder Ändern eines Eintrags. Das alles funktioniert relativ komfortabel mit dem Programm Registrierungseditor, kurz Regedit, das Windows ME gleich mitliefert.

Vorsicht: Immer erst die Registry sichern!

Eine richtig gemeine Eigenschaft hat die Registry jedoch: Im Gegensatz zu anderen Windows-Programmen können Sie hier nämlich Änderungen nicht mehr einfach rückgängig machen! Deshalb meine dringende Bitte: Bevor Sie irgendetwas an der Registry verändern, legen Sie auf jeden Fall eine Sicherung an! Wie Sie das machen, zeige ich Ihnen ab Seite 581.

So schnell werden Sie alte Programmeinträge endlich los

Wenn Sie ein Programm von Ihrem Rechner entfernen, machen Sie das normalerweise über *Start/Einstellungen/Systemsteuerung/Software* und die Registerkarte *Installieren/Deinstallieren*. Manchmal kommt es aber vor, dass zwar das Programm gelöscht wurde, der Programmeintrag in der Liste der zu deinstallierenden Programme jedoch weiterhin angezeigt wird.

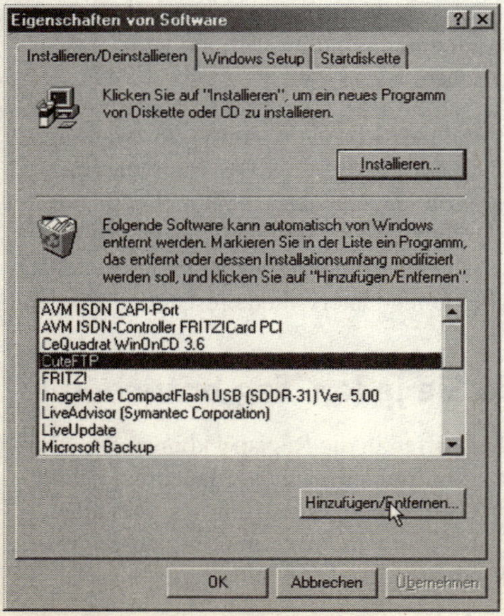

Klar – das ist wirklich nur ein Schönheitsfehler, aber dafür ein ziemlich störender. Wenn Sie nämlich erneut auf *Hinzufügen/Entfernen* klicken, zeigt Windows Ihnen eine Fehlermeldung. Den alten Eintag können Sie direkt in der Registry ziemlich schnell loswerden. Und das geht so:

1 Starten Sie den Registrierungseditor, indem Sie unter *Start/Ausführen* die Zeile „REGEDIT“ eingeben.

2 In der Registry suchen Sie nun *HKEY_LOCAL_MACHINE\Software\Microsoft\Windows\CurrentVersion\Uninstall*. Hier werden alle unter Windows installierten 32-Bit-Komponenten und -Programme eingetragen, alte 16-Bit-Windows- oder DOS-Anwendungen aber nicht. Der Schlüssel enthält für das jeweilige Programm den Eintrag *UninstallString*. Als Wert für *UninstallString* wurden bei der Installation des Programms der Aufruf der Deinstallationsroutine und die dafür erforderlichen Parameter eingetragen.

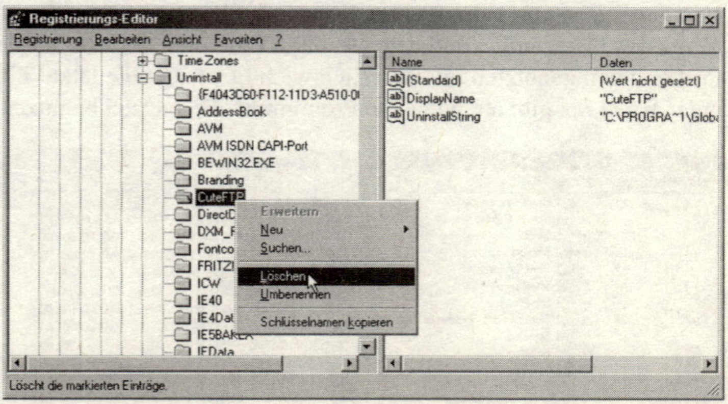

3 Jetzt suchen Sie sich den verwaisten Eintrag aus der Softwareliste, klicken ihn mit der rechten Maustaste an und wählen im Kontextmenü *Löschen*.

4 Damit die Registry die Änderungen speichern kann, beenden Sie den Registrierungseditor. Und das war's auch schon! Der verwaiste Eintrag ist jetzt aus der Softwareliste verschwunden!

Und so geht das mit alten DLLs und Dateien

Immer wieder macht ein bestimmter Dateityp, die **D**ynamic **L**ink **L**ibrary, kurz DLL, unter Windows eine Menge Probleme. Das kommt hauptsächlich daher, dass DDLs häufig von verschiedenen Anwendungen während der Programmausführung verwendet werden können. Wenn Sie ein Programm deinstallieren, werden Sie von Windows dann auch öfters gefragt, ob eine oder mehrere bestimmte DLLs ebenfalls gelöscht werden können. Die meisten DLLs werden aber von der Deinstallationsroutine ohne irgendwelche Rückfragen automatisch gelöscht. Auch hier ist die Registry wieder der Grund für das merkwürdige Löschverhalten. Alle DLLs, die von mehreren Programmen verwendet werden können, verwaltet die Registry im Schlüssel *HKEY_LOCAL_MACHINE\Software\Microsoft\Windows\Current Version\SharedDLLs*. Im rechten Fenster der Registry sehen Sie unter *Name* den Dateinamen und den gesamten Dateipfad der von mehreren Programmen genutzten *.dll*. Wirklich wichtig ist aber die letzte Ziffer unter *Wert*: Sie gibt an, wie viele Programme diese Datei benutzen.

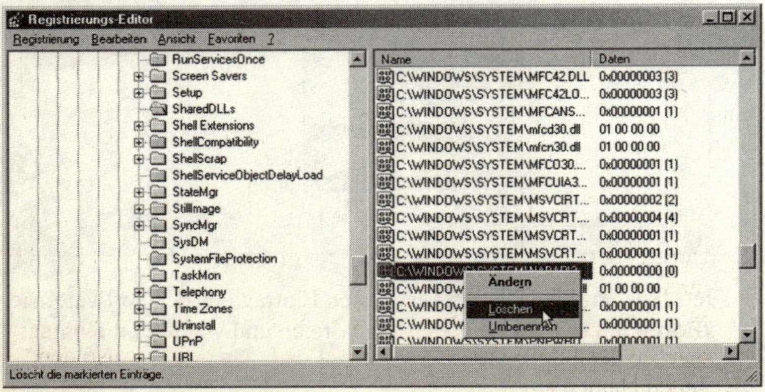

Diese Ziffer wird vom Installationsprogramm eines Programms um jeweils einen Zähler erhöht, wenn das neu zu installierende Programm die Datei ebenfalls benutzt. Bei der Deinstallation des Programms wird die Ziffer wieder um einen Zähler heruntergesetzt. Wenn Sie als letzte Ziffer *0* sehen, kann das Deinstallationsprogramm die Datei löschen, weil keine andere Anwendung die Datei verwendet. Und damit können Sie den Eintrag in der Registry und natürlich auch die entsprechende *.dll*-Datei auf der Festplatte löschen. Am besten notieren Sie sich den Namen der Datei, bevor Sie den Registry-Eintrag löschen, und löschen sie dann im Explorer.

Erst mal auf Nummer sicher gehen?

Wenn Sie sich trotzdem nicht sicher sind, ob die Datei nicht doch noch von einem Programm verwendet wird, löschen Sie sie erst einmal noch nicht, sondern benennen Sie sie einfach um. Wenn sich dann herausstellt, dass alle Programme einwandfrei laufen, löschen Sie die Datei endgültig.

Ganz einfach: Benutzer- und Firmennamen ändern

Während seiner Installation sammelt Windows auch einige persönliche Informationen wie Namen und Firmennamen von Ihnen, die ebenfalls in der Registry gespeichert werden. Wenn sich diese Informationen mal ändern, vielleicht weil Sie geheiratet oder den Firmennamen geändert haben, können Sie diese Angaben über die Registry ändern. Besonders praktisch ist das aber, wenn Sie zum Beispiel einen gebrauchten Rechner gekauft haben und jetzt immer die Daten des Vorbesitzers sehen müssen. Und so geht's:

1 Gehen Sie in der Registry in den Pfad *HKEY_LOCAL_MACHINE\Software\Microsoft\Windows\CurrentVersion*. Neben den Einträgen *RegisteredOrganization* und *RegisteredOwner* finden Sie Ihren und den Firmennamen.

2 Doppelklicken Sie auf den Wert, den Sie ändern wollen, und geben Sie dann im Bearbeitungsfenster den neuen Wert, also den neuen Namen an.

3 Nach einem Windows-Neustart sind Ihre Namensangaben jetzt wieder auf dem neuesten Stand.

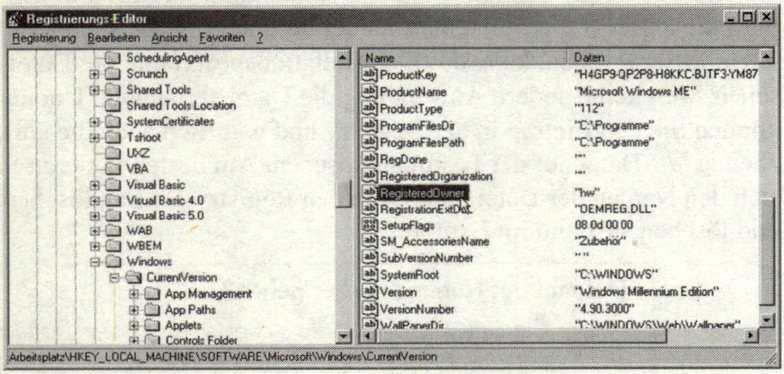

Übrigens nutzen auch alle Programme, die Sie unter Windows installieren, diese beiden Schlüssel. Bei der Installation eines Programms sehen Sie dann die bereits ausgefüllten Namensfelder. Da ist es natürlich besonders nervig, wenn hier ein fremder Name steht!

Manchmal geht's einfach nicht anders: Bildschirmauflösung mal anders festlegen

Keine Frage: Die Bildschirmauflösung werden Sie normalerweise in der Systemsteuerung oder dem Kontextmenü des Desktops einstellen und nicht in der Registry. Warum denn auch? Tja – manchmal gibt es eben Situationen, da führt kein Weg an der Registry vorbei.

Und in genau die Situation können Sie kommen, wenn Sie einen neuen Monitor anschließen. Beim Installieren des Monitors per *.inf*-Datei und der Änderung der Bildschirmauflösung können nämlich ganz schnell mal Fehler auftreten. Nach einem Windows-Neustart arbeitet der Monitor dann mit einer Auflösung von 640 x 480, während die Einstellungen für den Monitor aber von einer höheren Einstellung ausgehen. Und die Folge: Sie sehen nur einen Teil des Fensters für die Einstellung der Bildschirmauflösung.

Der Regler *Bildschirmbereich*, mit dem Sie die Auflösung ändern könnten, liegt natürlich außerhalb Ihres Arbeitsbereichs, und das Fenster selbst können Sie nicht verschieben! Tja, was nun?

Hier hilft nur noch die Registry, in die Sie die korrekten Auflösungswerte direkt eintragen:

1 Starten Sie *Regedit* und gehen Sie in der Registry auf den Schlüssel *HKEY_LOCAL_MACHINE\Con-fig\0001\Display\Settings*.

2 Im Eintrag *Resolution* sehen Sie die beiden Zahlen, die die Bildschirmauflösung festlegen.

3 Jetzt doppelklicken Sie auf den Eintrag und geben die neue Auflösung ein. Wichtig ist, dass Sie die beiden Werte der Auflösung durch ein Komma trennen!

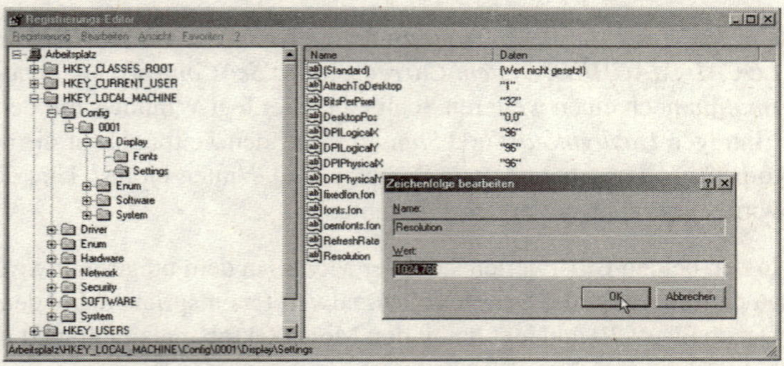

4 Nach der Änderung starten Sie Windows neu, und die Bildschirmauflösung stimmt wieder.

Mal eben die Zeitzonen bearbeiten

Wenn Sie Windows ME installieren, müssen Sie ziemlich zum Schluss die Zeitzone für Ihren Computer angeben. Diese Informationen speichert Windows in der Registry im Schlüssel *HKEY_LOCAL_MACHINE\Software\Microsoft\Windows\CurrentVersion\Time Zones*.

Im Schlüssel *Time Zones* wird dann als Wert für *(Standard)* die von Ihnen zuvor festgelegte Zeitzone angezeigt, wie beispielsweise *(MEZ) Mitteleuropäische Zeit*.

Der Schlüssel *Time Zones* hat aber noch eine ganze Menge von Unterschlüsseln, in denen jeweils die Werte für eine bestimmte Zeitzone stehen.

Name	Inhalt/Bedeutung
Display	Beschreibung für die Zeitzone.
Dlt	Bezeichnung der Sommerzeit.
MapID	Legt für die Zeitkarte den dargestellten Ausschnitt fest.
Std	Bezeichnung der Standardzeit.
TZI	Binärwert der Standardwerte für die Zeitzone.

Um die Werte für die Zeitzone zu definieren, gibt es unter *HKEY_LOCAL_MACHINE\System\CurrentControlSet\Control\TimeZoneInformation* noch einen weiteren Schlüssel. Hier legt Windows mit den Einträgen *DaylightStart* und *StandardStart* den Zeitpunkt für die automatische Umschaltung von Sommer- und Winterzeit fest. Und da wird's jetzt auch ein bisschen kompliziert.

In den beiden Binärwerten steht der Monat, in dem umgestellt wird, an der dritten Stelle. Der Hexadezimalwert *0a* entspricht dabei dem Dezimalwert *10* und legt damit den Monat Oktober als Zeitpunkt der Umstellung fest. Normalerweise müssen Sie an den Werten in den Einträgen *DaylightStart* und *StandardStart* keine Änderungen vornehmen, es sei denn, es wird ein neuer Zeitpunkt für die Sommer-/Winterzeit-Umstellung festgelegt, den Windows dann natürlich noch nicht kennt.

An den Einstellungen in *TimeZoneInformation* sollten Sie am besten nichts ändern, denn die Werte für die Zeitzone können Sie viel komfortabler über *Start/Systemsteuerung/Datum/Uhrzeit* ändern.

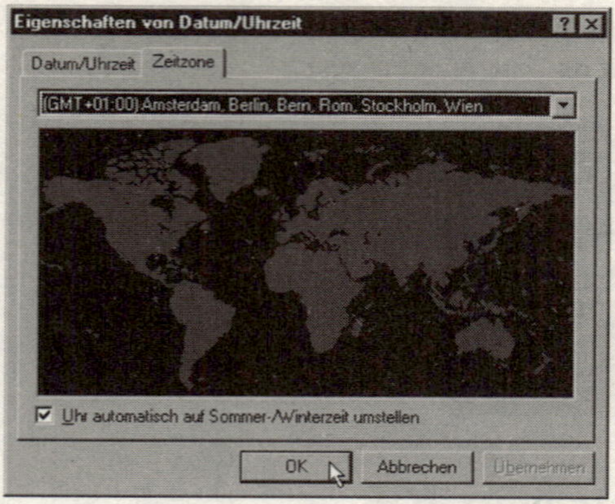

Ihr Wohnort im Zeitzonenfenster

Wenn Sie anstelle der vorgegebenen Städte auch Ihren eigenen Wohnort im Zeitzonenfenster anzeigen lassen wollen, geht das natürlich auch.

1 Öffnen Sie die Registry und dort den Schlüssel *HKEY_LOCAL_MACHINE\Software\Microsoft\Windows\CurrentVersion\Time Zones\W. Europe*.

2 Jetzt setzen Sie im Eintrag *Display* als Wert einfach Ihren Wohnort ein.

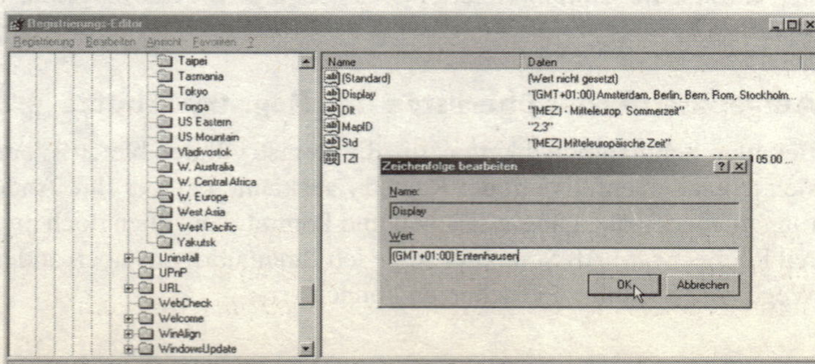

3 Bestätigen Sie die Änderung und verlassen Sie die Registry. Ab jetzt steht Ihr Wohnort im Zeitzonenfenster.

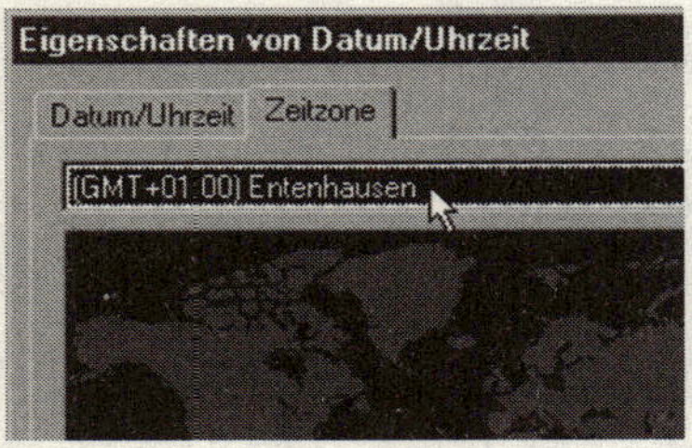

Finger weg von meinem PC: So geht's mit der Registry

Gerade weil in der Registry ja nun wirklich jede kleinste Kleinigkeit Ihres PCs katalogisiert, eingetragen und verwaltet wird, können Sie sie nicht nur für kosmetische Änderungen an Windows einsetzen.

Die Registry bietet auch eine Menge verschiedener Möglichkeiten, um Ihren Rechner vor unbefugten Zugriffen zu schützen und Datenspione abzuwehren!

Die meisten Änderungen, die Sie dazu vornehmen müssen, sind ziemlich einfach und unkompliziert, haben aber eine durchschlagende Wirkung.

Aufgepasst: Profis überlisten den Registry-Schutz!

Bei allen Schutzmöglichkeiten, die die Registry Ihnen bietet: Wenn sich jemand ebenfalls mit der Registry auskennt, kann er Ihre Änderungen wieder rückgängig machen und kommt dann eben doch an Ihren Rechner ran! Ab Seite 658 zeige ich Ihnen übrigens noch andere Wege, wie Sie Ihren PC schützen können.

Weg mit den Einträgen im Dokumente-Menü

Eine praktische Sache ist das *Dokumente*-Menü schon, das unter *Start/ Dokumente* alle zuletzt geöffneten Dateien anzeigt. Ein Klick auf ein Dokument, und schon wird es geöffnet! Aber auch der Datenspitzel freut sich natürlich über einen so guten Service – kann er doch mit wenigen Mausklicks herausbekommen, woran Sie gerade so arbeiten.

Klar – Sie können über *Start/Einstellungen/Taskleiste & Startmenü* und die Schaltfläche *Löschen* im Abschnitt *Menü Dokumente* das *Dokumente*-Menü jederzeit löschen. Aber was, wenn Sie es einfach vergessen haben? Mit der Registry geht das einfacher, Sie können nämlich mit wenig Aufwand dafür sorgen, dass das *Dokumente*-Menü **immer** leer bleibt! Und das geht so:

1. Öffnen Sie in der Registry den Schlüssel *HKEY_CURRENT_USER\Software\Microsoft\Windows\CurrentVersion\Policies\Explorer.*
2. Jetzt suchen Sie den Eintrag *NoRecentDocsHistory*. Wenn der Eintrag nicht existiert, legen Sie ihn an. Dazu klicken Sie mit der rechten Maustaste ins rechte Fenster der Registry und wählen im Kontextmenü *Binärwert*. Dann geben Sie den Namen „NoRecent DocsHistory“ an. Danach doppelklicken Sie auf den neuen Eintrag und geben den Wert „01 00 00 00“ ein.

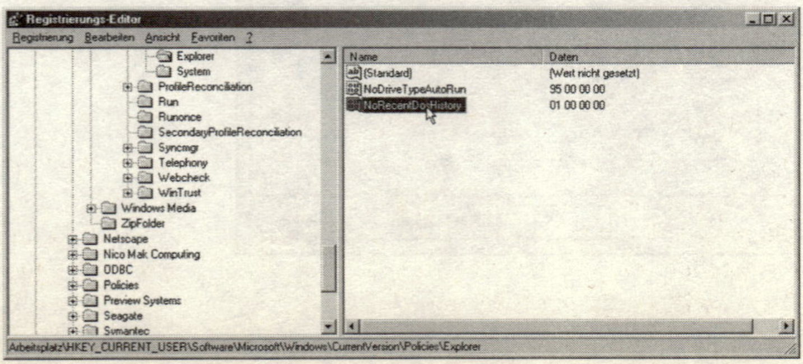

3 Wenn der Eintrag bereits existiert, ändern Sie seinen Wert von *00 00 00 00* auf *01 00 00 00*.

4 Damit die Änderungen sichtbar werden, müssen Sie Windows neu starten, und ab jetzt gibt's keinen Eintrag mehr im *Dokumente*-Menü.

Ein bisschen einfacher können Sie (fast) das Gleiche mit TweakUI erreichen: Wenn Sie auf der Registerkarte *Paranoia* die Option *Clear Dokument history at logon* aktivieren, wird der *Dokumente*-Ordner bei jedem Neustart von Windows geleert!

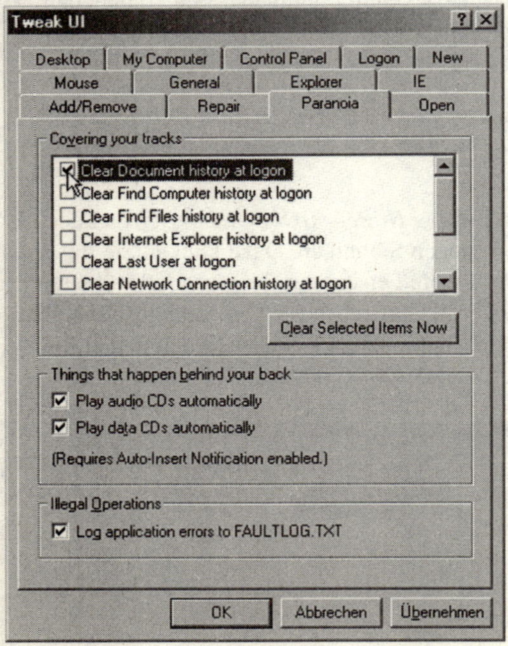

Das geht auch: Dokumente-Menü ganz ausblenden

Wenn sowieso keine Einträge mehr im *Dokumente*-Menü stehen, können Sie es genauso gut auch ganz loswerden. Und das geht so:

1 In der Registry gehen Sie auf den Schlüssel *HKEY_CURRENT_USER\Software\Microsoft\Windows\CurrentVersion\Policies\Explorer.*

2 Jetzt klicken Sie mit der rechten Maustaste ins rechte Registry-Fenster und legen über das Kontextmenü einen neuen Binärwert mit dem Namen *NoRecentDocsMenu* an.

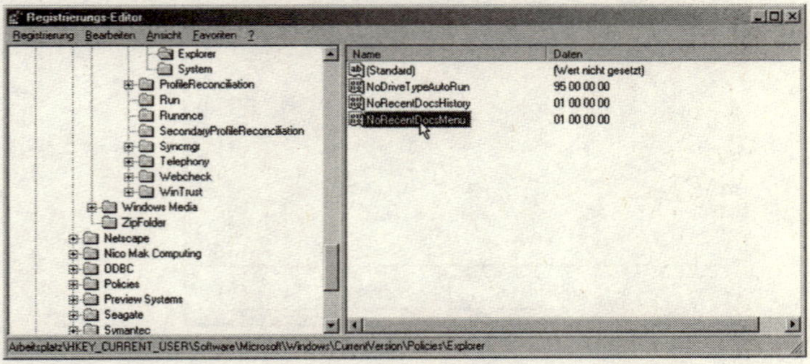

00 00 00 00 auf *01 00 00 00*.

3 Nach einem Windows-Neustart ist das *Dokumente*-Menü aus der *Start*-Leiste verschwunden.

4 Wollen Sie das Gleiche anstatt über die Registry mit TweakUI machen, öffnen Sie die Registerkarte *IE* und deaktivieren dort die beiden letzten Optionen *Show My Documents on Start Menu Documents* und *Show My Pictures on Start Neu Documents.*

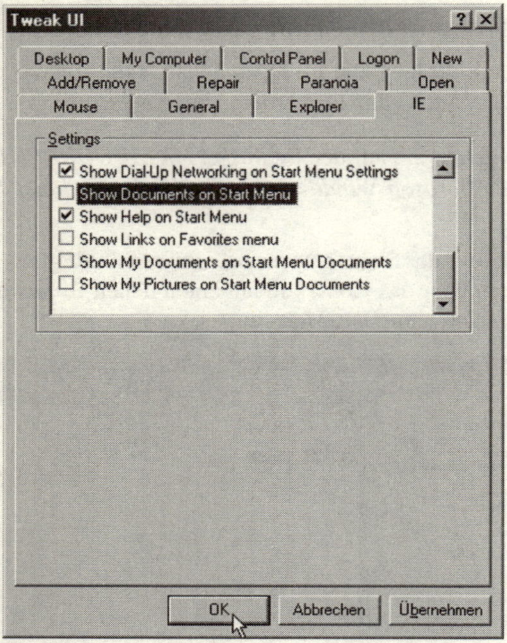

Sicher ist sicher: So schnell blenden Sie Systemsteuerung, DFÜ-Netzwerk und Drucker aus

Wenn hin und wieder vielleicht ein ziemlich unerfahrener Benutzer an Ihrem Rechner sitzt, kann er in der Systemsteuerung oder am Drucker aus Versehen eine ganze Menge durcheinander bringen.

Die einzige Lösung: Blenden Sie einfach beide Einträge aus! Das geht blitzschnell mit einem zusätzlichen Eintrag in der Registry:

1 Öffnen Sie die Registry und dort den Schlüssel *HKEY_CURRENT_USER \Software\Microsoft\Windows\CurrentVersion \Policies\Explorer*.

2 Jetzt suchen Sie den Eintrag *NoSetFolders*. Häufig ist der Eintrag noch nicht vorhanden und Sie müssen ihn dann selbst anlegen. Im Kontextmenü des rechten Registry-Fensters gehen Sie auf *DWORD-Wert* und geben dem neuen Eintrag den Namen *NoSet-Folders*.

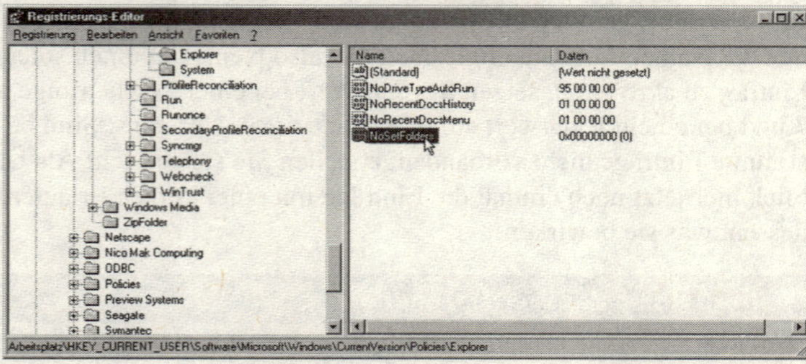

3 Dann doppelklicken Sie auf den neuen Eintrag und tragen als Wert „1“ ein.

4 Zum Schluss müssen Sie Windows neu starten, damit die Änderungen übernommen werden.

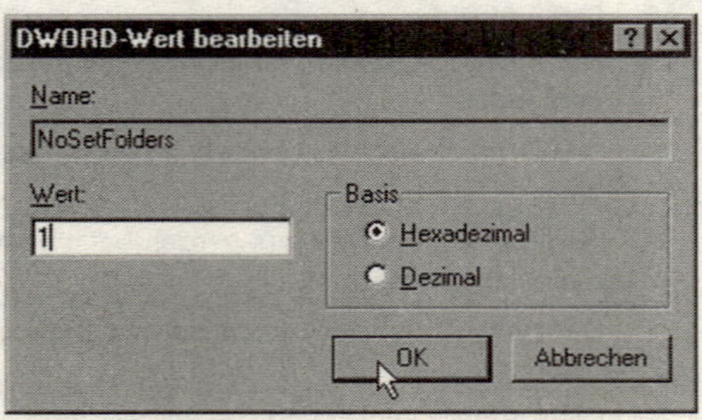

Das müssen Sie wissen: Wichtige Sicherheitseinträge im Schlüssel Policies\Explorer

Wir haben jetzt ja schon ein paar Mal im Registry-Zweig *HKEY_CURRENT_USER\Software\Microsoft\Windows\CurrentVersion\Policies\Explorer* gearbeitet und dort Sicherheitseinstellungen vorgenommen. Eigentlich alle Einträge sind Verneinungen, daher beginnen die Namen mit dem englischen *No*, also Nein. Um einen solchen Eintrag zu aktivieren, setzen Sie den Wert bei einer Zeichenfolge auf *1* und bei einem Binärwert auf *01* hexadezimal. Übrigens: Sind bestimmte Einträge nicht vorhanden, erstellen Sie sie einfach! Als Überblick hier jetzt noch einmal die Einträge mit einer kurzen Erläuterung dessen, was sie bewirken.

Eintrag/Name des Werts	Funktion
NoClose	Sie können nicht über den Befehl *Start/Beenden* beenden.
NoDriveTypeAutoRun	Schaltet das automatische Abspielen des CD-ROM-Laufwerks aus.
NoFileMenu	Der Befehl *Datei* in der Menüleiste des Explorers wird ausgeblendet.
NoFind	Blendet alle Einträge *Suchen* im Startmenü und Explorer aus.
NoRun	Der Eintrag *Ausführen* im Startmenü wird ausgeblendet.
NoNetHood	Das Symbol *Netzwerkumgebung* wird ausgeblendet.
NoSaveSettings	Änderungen am Desktop werden beim Beenden nicht gespeichert.
NoStartBanner	Der Hinweis auf das Startmenü wird nicht angezeigt.
NoSetFolders	Die Ordner *Drucker* und *Systemsteuerung* werden unter *Start/Einstellungen* und im *Arbeitsplatz* ausgeblendet.

Nicht immer wirklich sinnvoll: den Befehl Suchen im Startmenü ausblenden

Wenn Sie den *Suchen*-Befehl per Registry aus dem Startmenü ausblenden, ist das zwar auch eine zusätzliche Sicherheit gegen Datenspione, der Schuss kann aber auch nach hinten losgehen! Die Manipulation in der Registry hat dann nämlich für den Explorer vielleicht auch ungewollte Auswirkungen. Wenn Sie also zum Beispiel den *Suchen*-Befehl ausblenden, passiert Folgendes:

Mit Ausblenden des Befehls *Suchen* im Startmenü ist die Suchfunktion im Explorer ebenfalls verschwunden. Wenn Sie also in der Menüleiste auf den Befehl *Extras/Suchen* klicken, wird die Auswahl der verschiedenen Suchoptionen nicht mehr angezeigt. Aber es kommt noch schlimmer: Auch im Kontextmenü der im Explorer angezeigten Objekte gibt es dann den Befehl *Suchen* nicht mehr!

Tja – eigentlich wollten Sie ja nur den Befehl *Suchen* im Startmenü ausblenden ... Als Ergebnis haben Sie den Befehl jetzt in allen Varianten des Explorer deaktiviert, und das war's wahrscheinlich nicht, was Sie wollten!

Also ich glaube ja nicht, dass Sie wirklich auf den *Suchen*-Befehl verzichten wollen, wenn aber doch, dann geht das so:

1. In der Registry öffnen Sie den Schlüssel *HKEY_CURRENT_USER\Software\Microsoft\Windows\CurrentVersion\Policies\Explorer.*
2. Weil der Eintrag *NoFind* wahrscheinlich nicht existiert, legen Sie über das Kontextmenü einen Eintrag vom Typ *Zeichenfolge* mit dem Namen *NoFind* an.
3. Als Wert tragen Sie „1" ein und starten Windows neu.

Den Befehl *Suchen* im Startmenü sind Sie jetzt los – alle anderen Suchmöglichkeiten aber eben auch!

So können Sie den nervigen Benutzernamen Ihres Vorgängers automatisch loswerden

Vielleicht arbeiten Sie im Netzwerk und benutzen für die Anmeldung am Netzwerk den Microsoft-Dialog. Dummerweise merkt sich Windows standardmäßig den Namen des zuletzt am Netzwerk angemeldeten Benutzers. Das ist zwar in punkto Sicherheit nicht so bedenklich, weil hier ja nur der Login-Name steht, dafür ist es aber umso nerviger. Wenn das Dialogfenster *Netzwerkkennwort eingeben* erneut für die Anmeldung angezeigt wird, dann steht im Feld *Benutzername* schon der Login-Name dieses letzten Benutzers. Das ist ganz praktisch, wenn Sie allein an einem Netzwerkrechner arbeiten, weil es Ihnen das Eintippen Ihres Login-Namens erspart.

Ganz anders ist es, wenn Sie sich einen PC mit mehreren Benutzern teilen. Dann nämlich gibt man schnell versehentlich das eigene Kennwort ein, ohne zu kontrollieren, ob der vorgegebene Benutzername überhaupt der eigene ist. Die Anmeldung am Netzwerk scheitert dann natürlich. Und noch schlimmer: Je nach Netzwerkkonfiguration kann es sein, dass das Konto eines Benutzers automatisch gesperrt wird, wenn mehrmals hintereinander das falsche Passwort zum Login-Namen eingegeben wurde. Am besten ist es also, Sie schalten die Anzeige des Login-Namens des zuletzt angemeldeten Benutzers in der Registry aus. Und so geht's:

1. Öffnen Sie in der Registry den Schlüssel *HKEY_LOCAL_MACHINE\Software\Microsoft\Windows\CurrentVersion\Policies\Network.*
2. Sehen Sie nach, ob der Eintrag *DontDisplayLastUserName* bereits existiert.
3. Wenn es den Eintrag noch nicht gibt, müssen Sie ihn selbst anlegen. Das machen Sie übers Kontextmenü im rechten Fenster der Registry, indem Sie einen Eintrag vom Typ *Zeichenfolge* anlegen und ihm den Namen *DontDisplayLastUserName* geben.

4 Dann doppelklicken Sie auf den neuen Eintrag und geben als Wert „1“ ein.

Beim nächsten Aufruf des Anmeldedialogs wird der Login-Name des vorherigen Benutzers nicht mehr angezeigt.

> **Besser geht's mit TweakUI!**
> *Schneller und unkomplizierter funktioniert diese Einstellung übrigens mit TweakUI. Hier aktivieren Sie auf der Registerkarte* Paranoia *einfach die Option* Clear Last User at Logon.

Den Ausführen-Befehl ausblenden und den Zugriff auf die Registry verhindern

Über den Befehl *Ausführen* im Startmenü könnte natürlich jeder Bösewicht ein beliebiges Programm auf Ihrem PC starten. Besonders unangenehm: Diese Person könnte damit blitzschnell und ohne große Umwege auch auf die Registry zugreifen! Und so können Sie das verhindern:

1 Öffnen Sie in der Registry den Schlüssel *HKEY_CURRENT_USER\Software\Microsoft\Windows\CurrentVersion\Policies\Explorer*.

2 Sehen Sie nach, ob es den Eintrag *NoRun* gibt. Wenn nicht, müssen Sie ihn übers Kontextmenü im rechten Fenster der Registry als Binärwert mit dem Namen *NoRun* selbst erzeugen.

3 Dann doppelklicken Sie auf den neuen Eintrag und geben als Wert „01 00 00 00“ ein.

4 Damit Ihre Änderungen funktionieren, müssen Sie Windows neu starten.

So können Sie den Befehl Favoriten verstecken

Die Liste der Favoriten ist für Sie eine prima Arbeitserleichterung, weil Sie schnell die hinterlegten Dokumente und Webseiten aufrufen können. Für den potenziellen Datenspitzel sind die Favoriten natürlich ein gefundenes Fressen. Über die Registry ist es aber zum Glück kein Problem, den Befehl *Favoriten* im Startmenü und seine Einträge zu verstecken. Und so geht das:

1 Öffnen Sie in der Registry den Schlüssel *HKEY_CURRENT_USER\Software\Microsoft\Windows\CurrentVersion\Policies\Explorer*.

2 Über das Kontextmenü erstellen Sie einen Eintrag vom Typ *Binärwert* und geben ihm den Namen *NoFavoritesMenu*.

3 Jetzt doppelklicken Sie auf den neuen Eintrag und geben den Wert „01 00 00 00" ein, womit die Anzeige des Befehls *Favoriten* ausgeschaltet wird.

> **Bequemer und schneller mit TweakUI!**
>
> *Den Befehl* **Favoriten** *können Sie übrigens auch über TweakUI ausblenden, was natürlich schneller geht als manuell über die Registry. In TweakUI öffnen Sie die Registerkarte* **IE** *und deaktivieren die Option* **Show Links on Favorites Menu**.

So kann Windows nicht beendet werden

Manchmal ist es ganz sinnvoll, den Befehl zum Beenden von Windows zu sperren. Wenn Sie zum Beispiel eine zeitaufwändige Animation auf dem Rechner erzeugen, wäre es schon ziemlich ärgerlich, wenn jemand Windows zwischendrin einfach beendet. Genauso ärgerlich ist es, wenn Sie den Rechner als Faxgerät nutzen und ein anderer Benutzer, weil die Faxsoftware unauffällig im Hintergrund läuft, den Rechner abschaltet. Und so verhindern Sie solche Ärgernisse:

1 Öffnen Sie in der Registry den Schlüssel *HKEY_CURRENT_USER\Software\Microsoft\Windows\CurrentVersion\Policies\Explorer.*

2 Weil der Eintrag *NoClose* wahrscheinlich nicht vorhanden sein wird, legen Sie ihn als Binärwert an.

3 Jetzt doppelklicken Sie auf den Eintrag und geben „01 00 00 00“ als Wert an.

Nun ist es nicht mehr möglich, Windows mit den üblichen Methoden, also etwa *Start/Beenden/Windows herunterfahren* oder Alt+F4 zu beenden. Etwas unangenehm an der Methode ist natürlich, dass Sie Windows ME jetzt nur noch mit Hilfe des Reset- bzw. Ausschaltknopfes des Computers beenden können. Und das tut weder Windows noch der Festplatte Ihres Rechners besonders gut.

Und natürlich geht auch das mit TweakUI: Auf der Registerkarte *IE* deaktivieren Sie einfach die Option *Allow Logoff*.

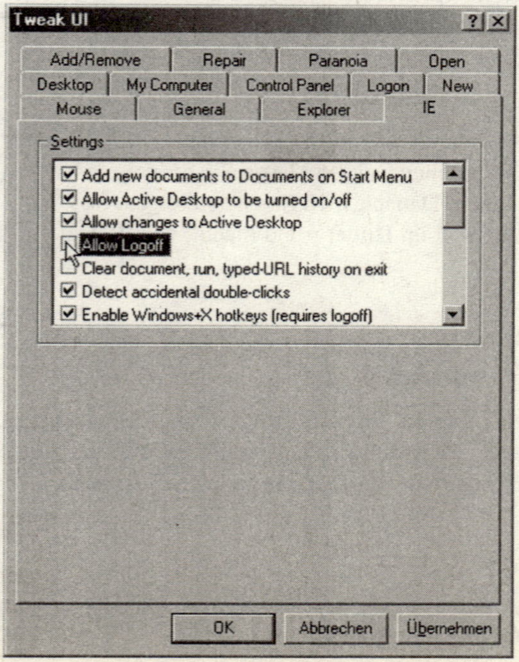

Hinter den Kulissen von Windows: Die Geheimnisse der Registry und der Systemdateien

An einigen Stellen habe ich Ihnen ja schon gezeigt, wie Sie mit der Registry arbeiten können und welche Vorteile das von Fall zu Fall bringt. Aber bis jetzt wussten Sie wahrscheinlich gar nicht so ganz genau, nach welchem Schema die Registry aufgebaut ist und wie sie funktioniert!

Wenn Sie jetzt vielleicht zusammenzucken und sich denken, dass Ihnen das sowieso alles zu kompliziert ist – vergessen Sie's! Die Registry sollte man zwar mit ein bisschen Vorsicht behandeln und nicht wild drauflos Änderungen vornehmen, ansonsten ist sie aber ziemlich logisch aufgebaut und lange nicht so kompliziert, wie sie aussieht.

Wenn Sie hinter die Kulissen von Windows ME schauen wollen, nehmen Sie sich einfach ein bisschen Zeit und lesen Sie die folgenden Seiten. Ich verspreche Ihnen: Danach wird Ihnen so einiges, was Windows scheinbar geheimnisvoll im Hintergrund macht, kein Rätsel mehr sein!

Gar nicht so kompliziert: So sieht die Registry von innen aus

Auch wenn's so aussieht, aber die Registry ist tatsächlich keine einzelne in sich geschlossene Datei, sondern besteht im Grunde aus drei Dateien, nämlich der *User.dat*, der *System.dat* und der *Classes.dat*.

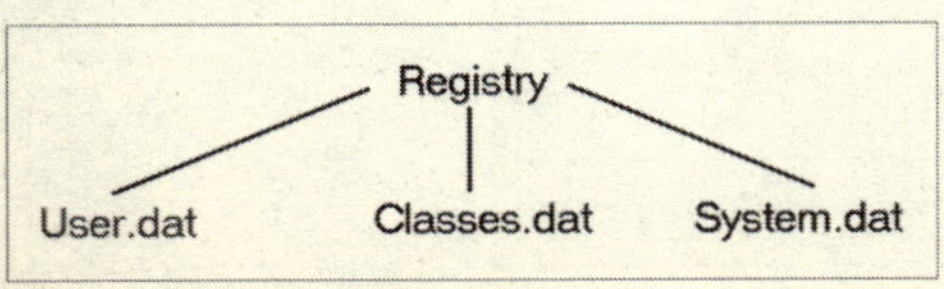

User.dat, Classes.dat und System.dat sind versteckt

User.dat, Classes.dat und *System.dat* sind Systemdateien und werden von Windows standardmäßig versteckt. Sie können sie sehen, indem Sie im Explorer unter *Extras/Ordneroptionen/Ansicht* die Option Alle Dateien und Ordner anzeigen aktivieren.

Und das steckt in System.dat, User.dat und Classes.dat

In der Datei *System.dat*, die standardmäßig im Ordner *Windows* gespeichert wird, stehen Informationen zur Hardwarekonfiguration Ihres Rechners. Dazu gehört zum Beispiel auch die Verwaltung der Plug & Play-Einstellungen oder die Konfiguration der Software.

In der Datei *User.dat* werden dagegen alle Informationen über den Benutzer des Systems, also Sie selbst, gespeichert. Zu diesen Infos gehören zum Beispiel die Einstellungen für den Desktop oder die Anmeldenamen. Auch die *User.dat* steht standardmäßig im Ordner *Windows*. Wenn Sie aber zum Beispiel Benutzerprofile angelegt haben, stehen die persönlichen Einstellungen jedes Benutzers als *User.dat* im Ordner *Windows\Profiles\Username*.

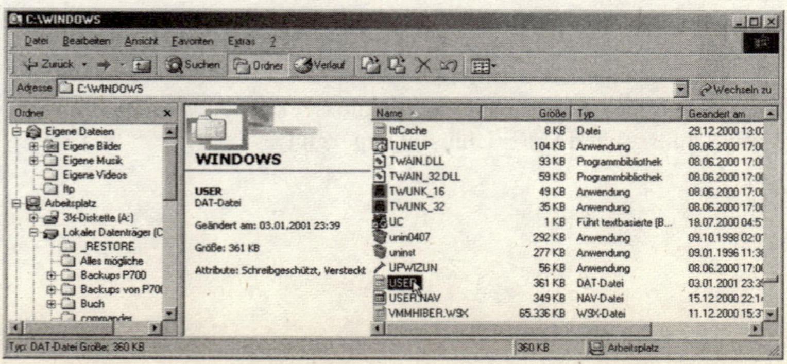

In der Datei *Classes.dat* schließlich, speichert Windows alle Konfigurationsdaten, die Sie auch in den Dateien *Autoexec.bat, Config.sys, System.ini* oder *Win.ini* finden.

Diese Daten werden eigentlich nur aus Kompatibilitätsgründen zu älteren Programmen geführt und quasi doppelt verwaltet. An der *Classes.dat* werden Sie eigentlich nie etwas ändern müssen, denn alle Einstellungen, die Sie in den „alten" Konfigurationsdateien vornehmen, werden automatisch in die *Classes.dat* übernommen.

Sieht kompliziert aus, ist er aber gar nicht: Der Aufbau der Registry und ihrer Hauptschlüssel

Wenn Sie die Registry mit *Start/Ausführen* und dem Befehl *Regedit* aufrufen, zeigt sie sich im Editor als in sechs Hauptschlüssel unterteilt, die auch „Rootkeys" genannt werden.

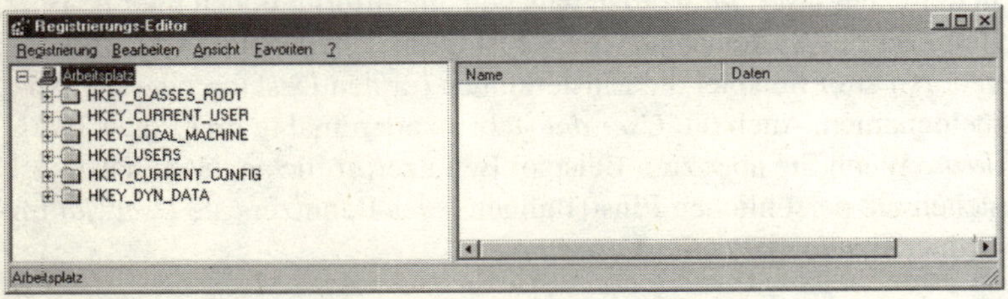

Jeder dieser Hauptschlüssel enthält mehrere Unterschlüssel, auch „Subkeys" genannt, die weitere Unterschlüssel haben können. Wenn Sie auf das Pluszeichen vor einem Schlüssel klicken, werden die weiteren Schlüssel und Unterschlüssel angezeigt.

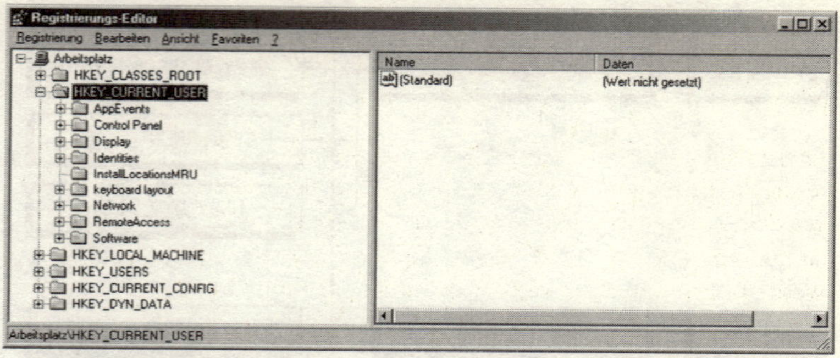

Die sechs Hauptschlüssel beginnen immer mit der Bezeichnung *HKEY* und heißen:

HKEY_CLASSES_ROOT
HKEY_CURRENT_USER
HKEY_LOCAL_MACHINE
HKEY_USERS
HKEY_CURRENT_CONFIG
HKEY_DYN_DATA

Ein wenig Aufschluss über die Art der darin gespeicherten Konfigurationsdaten gibt der zweite Teil des Schlüsselnamens.

Während die Schlüssel *HKEY_USERS* und *HKEY_LOCAL_MACHINE* sozusagen „echte“ Hauptschlüssel sind, verweisen die Schlüssel *HKEY_CURRENT_USER, HKEY_CURRENT_CONFIG, HKEY_CLASSES_ROOT* und *HKEY_DYN_DATA* auf Teilbereiche der beiden ersten Hauptschlüssel oder auf eine Auswahl von Unterschlüsseln der ersten zwei Hauptschlüssel.

Eigentlich klar, oder? Werfen Sie einfach mal einen Blick auf die Skizze, wenn Ihnen das zu kompliziert vorkommt.

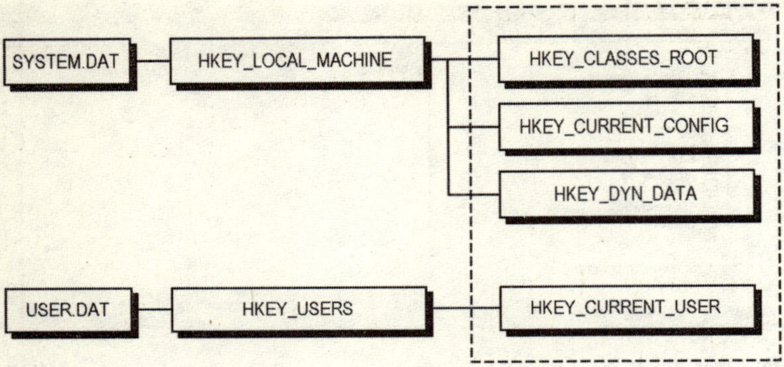

Der Hauptschlüssel *HKEY_CLASSES_ROOT* ist also zum Beispiel ein Verweis auf den Teilbereich *HKEY_LOCAL_MACHINE\Software\Classes* des Hauptschlüssels *HKEY_LOCAL_MACHINE.*

Das steckt dahinter ...

Durch diese Struktur werden die Daten zwar zweimal dargestellt, das vereinfacht aber den Zugriff für die Verwaltung und Bearbeitung auf die entsprechenden Unterschlüssel. Wichtig zu wissen ist dabei, dass diese vier Schlüssel keine Kopien von Teilbereichen der Schlüssel *HKEY_LOCAL_MACHINE* und *HKEY_USERS* sind, sondern immer Zeiger auf den jeweiligen Eintrag. Das bedeutet, dass die Änderung eines Eintrags in einem dieser vier Hauptschlüssel auch direkt in die beiden anderen Hauptschlüssel *HKEY_LOCAL_MACHINE* und *HKEY_USERS* geschrieben wird!

HKEY_CLASSES_ROOT: Diese Infos stecken drin

Wie schon gesagt, ist der Hauptschlüssel *HKEY_CLASSES_ROOT* ein Verweis auf den Schlüssel *HKEY_LOCAL_MACHINE\Software\Classes*. Im oberen Teil des Schlüssels werden dabei alle Dateierweiterungen für registrierte Dateitypen gespeichert. Wenn Sie beispielsweise Microsoft Word oder WordPad auf Ihrem Rechner installiert haben, finden Sie hier den Eintrag *.doc* für ein Word-Dokument.

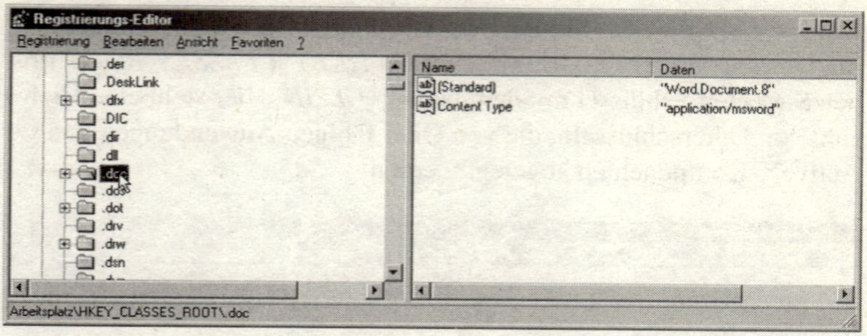

Im rechten Fenster der Registry sehen Sie den Eintrag *(Standard)*, der als Wert die Bezeichnung für den registrierten Dateityp enthält.

Bezeichnungen für registrierte Dateitypen erscheinen als Schlüssel im unteren Teil des Schlüssels *HKEY_CLASSES_ROOT*. Hier werden dann unter anderem die Eigenschaften der registrierten Dateien gespeichert und auch die Befehle festgelegt, die Sie im Kontextmenü eines Dateityps sehen. Die entsprechenden Befehle finden Sie im Unterschlüssel *shell* eines Dateityps.

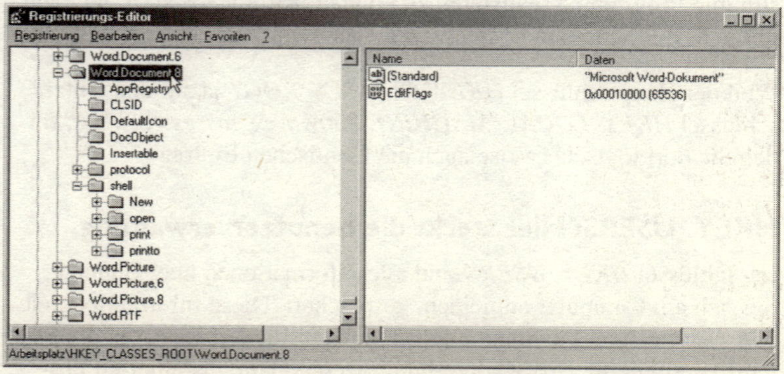

Zu den Dateieigenschaften, die hier verwaltet werden, gehört auch das Symbol, mit dem die Datei im Explorer angezeigt wird. Und auch die Befehle, die bei einem Doppelklick auf den Dateinamen ausgeführt werden, also etwa das Starten des verknüpften Programms, werden hier gespeichert. Ebenfalls im Schlüssel *HKEY_CLASSES_ROOT* finden Sie einen Schlüssel mit dem Namen *CLSID*. Hier steht eine Vielzahl von Unterschlüsseln, die von OLE-fähigen Anwendungen und ActiveX-Komponenten abgelegt werden.

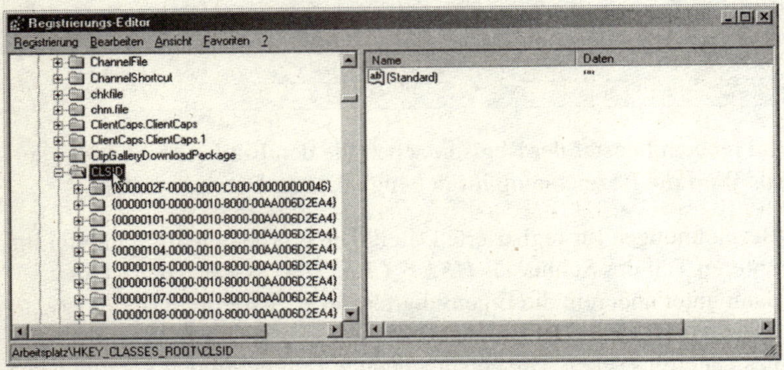

Diese Schlüssel braucht Windows, um Drag & Drop und OLE für bestimmte Programme realisieren zu können. Auf die CLSIDs gehe ich übrigens auf Seite 606 noch etwas genauer ein.

Weil der Hauptschlüssel *HKEY_CLASSES_ROOT* ja auf den Unterschlüssel *HKEY_LOCAL_MACHINE\Software\Classes* verweist, finden Sie dort logischerweise auch die identischen Einträge.

HKEY_USERS: Hier steckt die Benutzerverwaltung

Im Schlüssel *HKEY_USERS* sind alle Informationen über Benutzer, die sich am Computer anmelden, gespeichert. Diese Informationen legen zum Beispiel die Standardeinstellungen für den Desktop, die Systemsteuerung, die Netzwerkverbindungen und die installierten Programme fest. Wenn Sie Windows ME installieren, wird der Unterschlüssel *Default* angelegt, in dem die Informationen stehen, die für alle Benutzer des Computers gleichermaßen gelten.

Im Schlüssel *HKEY_USERS* finden Sie standardmäßig die zwei Schlüssel *DEFAULT* und *Software*. Wenn Sie die Benutzerprofile in Windows aktivieren, also einen neuen Benutzer anlegen, wird mindestens ein weiterer Schlüssel angelegt, nämlich der des aktuellen Benutzers.

Wenn sich jetzt ein neuer Benutzer zum ersten Mal mit einem eigenen Namen unter Windows anmeldet, wird für ihn automatisch ein neuer Unterschlüssel mit seinem Namen angelegt, wobei die Standardbenutzerwerte aus *DEFAULT* in diesen neuen Unterschlüssel kopiert werden. Die Werte für den neuen Benutzer werden dann in einer neu angelegten Datei *User.dat* im Verzeichnis *C:\Windows\Profiles\Username* gespeichert. *Username* steht dabei natürlich für den richtigen Namen des Benutzers.

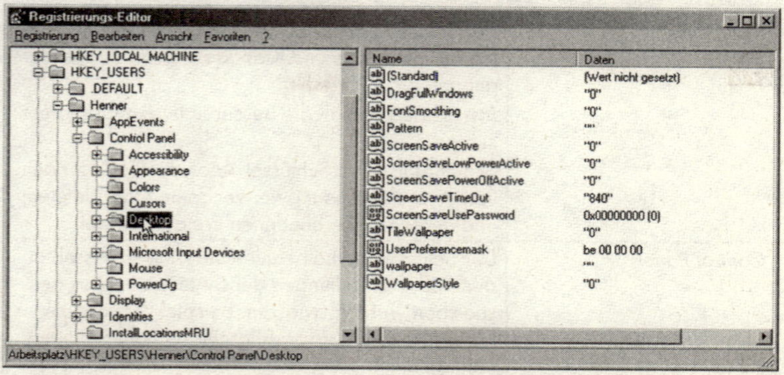

Wenn der Benutzer jetzt Änderungen am Desktop vornimmt, werden alle Einstellungen in seinem Unterschlüssel und damit auch in seiner Datei *User.dat* gespeichert.

Das hat seinen Grund, denn weil Windows ME die Daten bei jeder Anmeldung am System neu einliest, kann damit auch jedem Benutzer seine ganz persönliche Arbeitsumgebung auf dem Desktop zur Verfügung gestellt werden.

HKEY_CURRENT_USER: Der aktuell angemeldete Benutzer

Wenn Windows ME gestartet wird und sich ein Benutzer mit seinem Login-Namen anmeldet, werden alle Einstellungen aus der Datei *User.dat* im persönlichen Verzeichnis des Benutzers, also aus *C:\Windows\Profiles\Username*, in *HKEY_USERS* angezeigt. Wenn Sie sich nicht über einen persönlichen Benutzernamen am Computer anmelden, verwendet Windows standardmäßig die Daten für den Standardbenutzer aus dem Schlüssel *DEFAULT*. Und damit ist die Konfiguration des Computers und des Desktops für jeden Benutzer identisch. Im Folgenden sind die Unterschlüssel, die Sie im Schlüssel *HKEY_CURRENT_USER* finden, und ihre Bedeutungen aufgelistet:

Name des Schlüssels	Schlüsselinhalt
AppEvents	Der Schlüssel besitzt zwei Unterschlüssel zum Thema Systemklänge und Klangdateien für Anwendungen. *EventLabels* enthält die Beschreibungen für Systemklänge. *Schemes* listet im Schlüssel *Apps* die Pfade zu den von einer Anwendung verwendeten Klangdateien und den damit verbundenen Ereignissen auf.
Control Panel	Der Schlüssel enthält zahlreiche Unterschlüssel, in denen die Einstellungen der Systemsteuerung gespeichert werden, wie zum Beispiel verwendete Farbschemata, Cursor, Bildschirmschoner, Powermanagement.
Display	Enthält den Schlüssel *Settings*, der verschiedene Werte für den Bildschirm definiert, beispielsweise *Resolution* für die Bildschirmauflösung.
InstallLocationsMRU	Zeigt eine Liste der bei den letzten Installationen verwendeten Pfade.
keyboard layout	Der Schlüssel enthält weitere Teilschlüssel, die die aktuelle Einstellung der Tastatur definieren. Diese Einträge dürfen Sie hier nicht editieren! Ändern Sie die Tastatureinstellungen nur über die Systemsteuerung.

Name des Schlüssels	Schlüsselinhalt
Network	Der Schlüssel enthält weitere Schlüssel. *Persistent* enthält Informationen über ständige Netzwerkverbindungen. *Recent* enthält Informationen über die letzte Netzwerkverbindung, wie den Usernamen.
RemoteAccess	Der Schlüssel enthält weitere Schlüssel mit Profilen und Adressen für den Fernzugriff auf den Computer.
Software	Der Schlüssel enthält zahlreiche Unterschlüssel. In ihnen wird die Konfiguration der Software für den aktuell angemeldeten Benutzer abgelegt. Welche Schlüssel hier angezeigt werden, hängt von den installierten Anwendungen ab.

HKEY_LOCAL_MACHINE: Hier wird die Hard- und Software verwaltet

Neben der Verwaltung der Benutzerdaten in *HKEY_USER* bzw. *HKEY_CURRENT_USER* ist der Hauptschlüssel *HKEY_LOCAL_MACHINE* der zweite wirklich wichtige Teil der Registry.

Hier sind nämlich alle Informationen über die vorhandene Hardware, die verwendeten Treiber und die installierte Software des Rechners gespeichert. Das bedeutet, dass die hier abgelegten Informationen für alle Benutzer des Systems gleichermaßen gelten. Physikalisch werden diese Daten in der Datei *System.dat* im Ordner *Windows* gespeichert.

Im Schlüssel *HKEY_LOCAL_MACHINE* finden Sie mehrere Schlüssel, in denen die Hardware definiert wird, und zusätzlich einen Schlüssel für die Verwaltung und Konfiguration der auf dem Rechner installierten Programme.

Und das sind die Unterschlüssel, die Sie in *HKEY_LOCAL_MACHINE* finden, und ihre Funktionen:

Name des Schlüssels	Schlüsselinhalt
Config	Der Schlüssel verwaltet die verschiedenen Hardwareprofile für den Computer. Sie werden über *Systemsteuerung/System* und das Register *Hardwareprofile* angelegt.
Enum	Der Schlüssel *Enum* (von **Enum**erator, dt. Aufzähler) enthält Informationen über Hardwarekomponenten, die während des Starts von Windows ermittelt werden. Beispiele: PCI-Komponenten, Monitor, Schnittstellen, SCSI-Geräte, Soundkarte.
Hardware	Der Schlüssel enthält Informationen zum installierten Prozessor sowie zu seriellen Schnittstellen und zum Modem.
Network	Der Schlüssel verwaltet den primären Netzwerkanbieter und Angaben zur letzten erfolgreichen Netzwerkanmeldung.
Security	Schlüssel für die zukünftige Verwaltung von Sicherheitsinformationen in Verbindung mit NT. Existiert aus Kompatibilitätsgründen zu Windows NT.
Software	Der Schlüssel listet allgemeine Einstellungen des Computers für alle installierten 32-Bit-Anwendungen und *.ini*-Dateien auf (im Gegensatz zu benutzerspezifischen Einstellungen in *HKEY_CURRENT_USER\Software*).
System	Die Unterschlüssel enthalten alle nötigen Informationen für den Systemstart. Sie steuern das Laden der Gerätetreiber, die Aktivierung von Betriebssystemdiensten und deren Einstellungen.

Wenn Sie den Rechner starten, überprüft Windows zuerst die vorhandene Hardware und vergleicht sie mit den Einträgen in den Unterschlüsseln *Config* und *Enum*, die Informationen zur Hardwareausstattung und deren Konfiguration enthalten. Hier finden Sie also etwa die Informationen zum angeschlossenen Monitor, zur USB-Schnittstelle oder zum Modem. Im Unterschlüssel *Software* legt die Registry alle Informationen zu den auf dem Rechner installierten Programmen ab.

HKEY_LOCAL_MACHINE\Enum: Hier geht's um Plug & Play

Wenn Sie Windows starten, werden die Bussysteme des Rechners nach der verfügbaren Hardware durchsucht. Erledigt wird diese Arbeit von speziellen Treibern, auch „Bus-Enumeratoren" genannt. Für die so ermittelte Hardware werden dann die nötigen Ressourcen ermittelt und dabei gleich auf mögliche Konflikte mit anderer Hardware überprüft. Die ermittelten Werte listet Windows dann im Schlüssel *HKEY_LOCAL_MACHINE\Enum* auf.

Und genau so kommt Plug & Play zustande! Weil ja bei jedem Windows-Start die Einträge auf ihre Übereinstimmung mit der vorhandenen Hardware hin überprüft werden, kann zum Beispiel eine neu eingebaute Plug & Play-Grafikkarte vom zuständigen Enumerator erkannt werden. Nach der Überprüfung und Zuweisung von freien Ressourcen wird sie dann in den Schlüssel *Enum* aufgenommen.

Der Unterschlüssel CLASSES

Der Unterschlüssel *HKEY_LOCAL_MACHINE\Software\CLASSES* registriert die verschiedenen Dateierweiterungen und Dateitypen und die damit verbundenen Anwendungen. Auch der Schlüssel *CLASSES* enthält den Unterschlüssel *CLSID*, in dem alle OLE-fähigen Programme ihre Konfigurationen abspeichern. Vom Aufbau und Inhalt her gleicht der Schlüssel *CLASSES* übrigens völlig dem schon angesprochenen Hauptschlüssel *HKEY_CLASSES_ROOT*. Das ist eigentlich auch klar, weil *HKEY_CLASSES_ROOT* ja lediglich ein Zeiger auf den Unterschlüssel *CLASSES* in *HKEY_LOCAL_MACHINE\Software* ist!

Schnelleres Suchen durch die doppelten Schlüssel

Die Vorteile des Zeigers *HKEY_CLASSES_ROOT* merken Sie besonders beim Durchsuchen der Registry! Der Suchvorgang durchläuft dabei die Haupt- und Teilschlüssel der Registry in der Reihenfolge, wie Sie sie auch im Registrierungseditor sehen.

Wenn Sie zum Beispiel nach dem Eintrag *.bmp* suchen, um ein zusätzliches Programm für diesen Dateityp zu registrieren, stellen Sie den Cursor auf den Eintrag *Arbeitsplatz* und starten über *Bearbeiten/ Suchen* anschließend die Suche. Schon nach ein paar Sekunden wird der gesuchte Eintrag erst einmal im Schlüssel *HKEY_CLASSES_ ROOT* gefunden.

Mit der Taste [F3] können Sie die Suche nach dem Eintrag fortsetzen. Und jetzt dauert es schon deutlich länger, bis der Eintrag ein weiteres Mal, und zwar in *HKEY_LOCAL_MACHINE\Software\Classes* gefunden wird. Das liegt daran, dass alle Schlüssel in der Registry der Reihe nach durchsucht werden müssen.

Übrigens: Bei die Bearbeitung eines Eintrags spielt es keine Rolle, ob Sie den identischen Eintrag in *HKEY_CLASSES_ROOT* oder *HKEY_ LOCAL_MACHINE\Software\CLASSES* ändern! In beiden Fällen wird nämlich immer der Schlüssel bzw. der Wert im Schlüssel *CLASSES* geändert.

HKEY_CURRENT_CONFIG: Hier steckt die aktuelle Konfiguration

Der Hauptschlüssel *HKEY_CURRENT_CONFIG* ist ein Zeiger auf den Schlüssel *HKEY_LOCAL_MACHINE\Config\000x*. Der Schlüssel *Config* kann übrigens mehrere Schlüssel mit der Bezeichnung *000x* enthalten, die immer fortlaufend nummeriert werden. In jedem dieser *000x*-Schlüssel sind dabei die Informationen für eine spezielle Konfiguration gespeichert.

Wenn Sie zum Beispiel Ihr Notebook mal mit und mal ohne Docking-Station einsetzen, werden dafür zwei Schlüssel *0001* und *0002* angelegt, in denen die jeweils gültigen Konfigurationsdaten stehen. Der Schlüssel *HKEY_CURRENT_CONFIG* zeigt dann auf den für die aktuelle Hardwarekonfiguration gültigen Schlüssel *000x*.

Im Schlüssel *HKEY_CURRENT_CONFIG* finden Sie diese Unterschlüssel:

Name des Schlüssels	Schlüsselinhalt
Display	Enthält Daten zur Bildschirmeinstellung (Unterschlüssel *Settings*) wie beispielweise die Auflösung und die verwendeten Bildschirmschriften (Unterschlüssel *Fonts*).
Enum	Enthält Unterschlüssel für das Plug & Play-BIOS.
Software	Der Schlüssel enthält Informationen zur Internetkonfiguration von Windows (Schlüssel *Internet Settings*), zum Beispiel *Autodial* und *ProxyEnable*.
System	Listet in Unterschlüsseln die installierten und verfügbaren Drucker auf (auch Faxmodem, Fax über ISDN-Karte).

HKEY_DYN_DATA: Schnell zu den Konfigurationsdaten

Im Hauptschlüssel *HKEY_DYN_DATA* werden dynamische Daten verwaltet. Unter dynamischen Daten versteht man solche Daten, die sich bei der Windows-Arbeit öfter ändern oder auf die mehrmals zugegriffen wird. Solche Daten sind zum Beispiel die Informationen über Gerätezustände oder die Plug & Play-Konfiguration.

Damit Windows so schnell wie möglich an diese Informationen herankommt, wird ein cleverer Trick angewandt: Die Daten werden nicht etwa aus der Registry von der Festplatte gelesen, sondern gleich in den Arbeitsspeicher des Rechners kopiert. Der Zugriff funktioniert dadurch natürlich um ein Vielfaches schneller! Weil der Arbeitsspeicher ja aber ein flüchtiger Speicher ist, der nach dem Ausschalten des

Rechners gelöscht wird, müssen die Konfigurationsdaten für den Schlüssel *HKEY_DYN_DATA* bei jedem Windows-Start neu erzeugt werden.

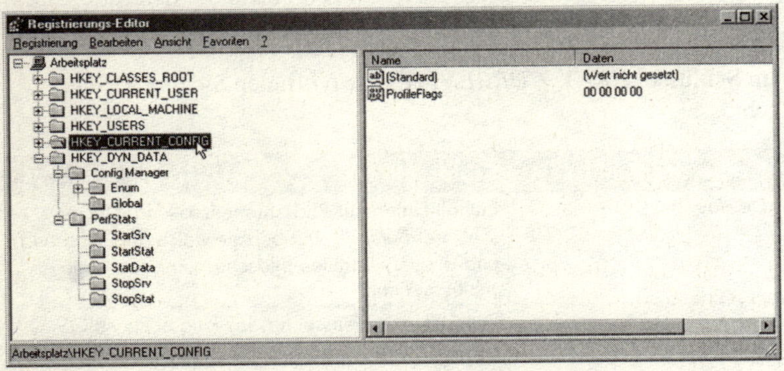

Im Schlüssel *HKEY_DYN_DATA* finden Sie mindestens zwei Unterschlüssel, und zwar *Config Manager* und *PerfStats*.

Im Unterschlüssel *Config Manager* steht im Unterschlüssel *Enum* die aktuelle Systemkonfiguration mit allen installierten Hardwarekomponenten. Im Schlüssel *PerfStats* speichert Windows so genannte „statistische Werte" wie die Systemauslastung. Die Werte aus *PerfStats* können Sie sich übrigens über den Systemmonitor anzeigen lassen.

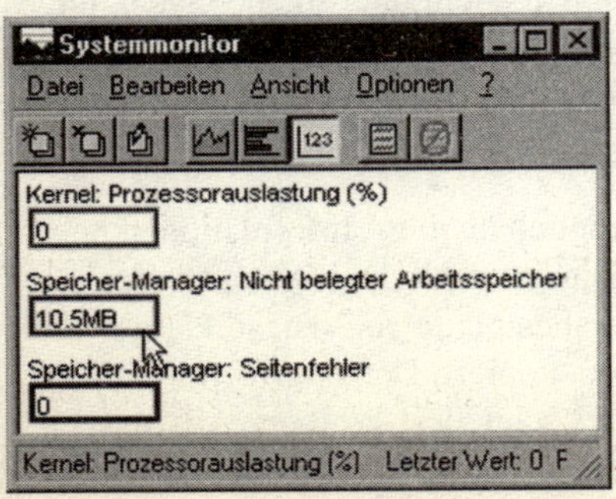

Wenn auf dem Rechner Hard- oder Software läuft, die ebenfalls dynamische Daten erzeugen und speichern muss, kann der Schlüssel *HKEY_DYN_DATA* auch noch weitere Schlüssel haben.

Das macht wirklich Sinn: Die Registry manuell überwachen und sichern

Klar – Windows ME verfügt mit der Systemwiederherstellung über ein wirklich tolles Tool, um Ihren PC nach einem heftigen Crash wieder auf die Beine zu stellen. Die Systemwiederherstellung berücksichtigt dabei auch die Registry, aber – wie schon gesagt – leider nicht mit absoluter Zuverlässigkeit! Auf den Punkt gebracht bedeutet das, dass Sie im schlimmsten Fall völlig im Regen stehen und Windows nicht mehr lauffähig ist!

Zugegeben – dieser Fall wird nicht an der Tagesordnung sein, rechnen müssen Sie aber damit und das vor allem dann, wenn Sie häufiger mal an Ihrem PC herumbasteln, die Konfiguration ändern und mit allen möglichen Programmen herumexperimentieren!

Wenn Sie gern an der Registry basteln, ist das Sichern ein Muss

Je mehr und häufiger Sie an Ihrem PC hard- oder softwaretechnisch verändern, desto größer ist die Gefahr, dass die Registry irgendwann einmal kollabiert! Das liegt gar nicht unbedingt immer an Windows und der Registry – Schuld sind häufig schlampig programmierte Anwendungen oder nicht Windows-konforme Hardware! Und schlussendlich können genauso gut Sie selbst die Katastrophe herbeigeführt haben – ein paar falsche Einstellungen in der Registry reichen dafür nämlich aus!

Die Folge daraus ist klar: Windows lässt sich entweder gar nicht mehr starten oder läuft nur noch instabil und stürzt alle naselang ab!

So geht's: Die Registry in Sicherheit bringen

Damit so etwas erst gar nicht passiert und Sie immer eine funktionsfähige Version der Registry haben, erstellt Windows automatisch und regelmäßig Sicherheitskopien der Registry. Dazu nutzt Windows ME ein kleines Programm für die Registrierungsprüfung namens ScanRegW.exe.

ScanRegW erstellt beim ersten erfolgreichen Systemstart eines Tages automatisch eine Sicherungskopie der Registry und speichert sie in einer komprimierten Datei vom Typ *.cab*. Gespeichert werden die Kopien im versteckten Ordner *Sysbckup*, den Sie im Ordner *Windows* finden.

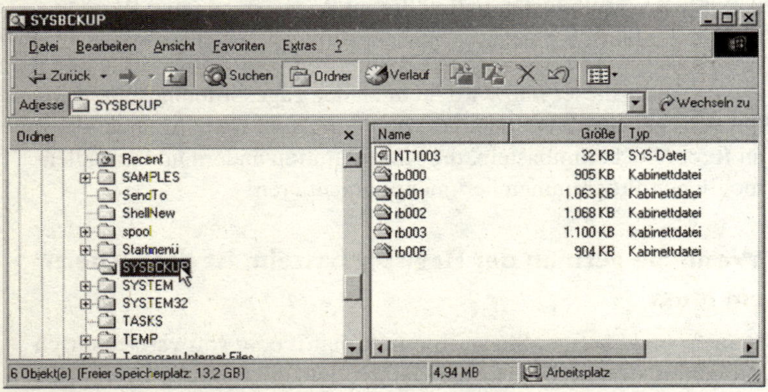

Sicherungsdateien beginnen immer mit den Buchstaben *rb*, denen eine dreistellige Nummer und die Dateinamenerweiterung *.cab* folgt. Wenn Sie mal in die Detailansicht des Explorer gehen, können Sie unter *Geändert am* ablesen, wann genau die Sicherung erstellt wurde. Das ist ziemlich wichtig, wenn Sie zum Beispiel eine bestimmte Sicherung auf Diskette kopieren möchten.

Wichtig: Nur eine korrekte Registry sichern

Wenn Sie die Registry sichern wollen, tun Sie das natürlich nur mit einer absolut korrekten und funktionsfähigen Version! Wenn Ihr PC also sowieso völlig unstabil läuft, dauernd abstürzt und „aus dem letzten Loch“ pfeift, macht eine Sicherung wenig Sinn: Würden Sie Windows mit dieser zerschossenen Registry wiederherstellen, drehen Sie sich quasi im Kreis und haben nach der Wiederherstellung einen genauso unstabilen PC wie vorher!

Um mal bei dem Fall des „zerschossenen“ Windows zu bleiben: In dieser Situation ist es eher sinnvoll, die Festplatte „platt“ zu machen, Windows komplett neu aufzuspielen und erst, wenn alles hundertprozentig korrekt arbeitet, die Registry zu sichern!

ScanRegW so starten, wie Sie es wollen

ScanRegW können Sie mit verschiedenen Parametern starten, die in der Konfigurationsdatei *Scanregw.ini* im Ordner *Windows* gespeichert sind.

Wenn Sie die Datei öffnen, können Sie die vorgegebenen Parameter ziemlich flexibel anpassen.

Schlüsselwort/Befehl	Beschreibung
Backup=	Der Wert für diesen Eintrag aktiviert und deaktiviert die Sicherung. Die folgenden Werte sind möglich: *Backup=1* aktiviert die Sicherung (Vorgabewert). *Backup=0* deaktiviert die Sicherung.
MaxBackupCopies	Der Wert bestimmt die maximale Zahl der Sicherungskopien. Der Vorgabewert für *MaxBackupCopies* ist 5. Der größtmögliche Wert ist 99.
BackupDirectory	Gibt das Verzeichnis für die Speicherung der Sicherungskopien an. Existiert kein Eintrag für ein Verzeichnis, werden die Sicherungen standardmäßig in *C:\Windows\Sysbckup* gespeichert.

Schlüsselwort/Befehl	Beschreibung
Optimize	Der Wert für den Eintrag aktiviert oder deaktiviert die Optimierung der Registry. *Optimize=1* aktiviert die Optimierung (Vorgabewert). *Optimize=0* deaktiviert die Optimierung.
Files	Mit dem Eintrag werden die angegebenen Dateien in die Sicherung einbezogen. Es existiert standardmäßig kein Vorgabewert.

Windows begrenzt die Anzahl der Registry-Sicherungen mit dem Eintrag durch den Wert für *MaxBackupCopies* auf fünf Sicherungen. Der Sinn dahinter ist, dass Sie damit für jeden Tag einer Fünf-Tage-Arbeitswoche eine Sicherungskopie der Registry haben. Wenn Sie aber vielleicht eine Sechs-Tage-Woche haben, können Sie den Wert für *MaxBackupCopies* natürlich dementsprechend anpassen. Übrigens: Maximal können Sie für die Anzahl der Sicherungskopien den Wert *100* angeben.

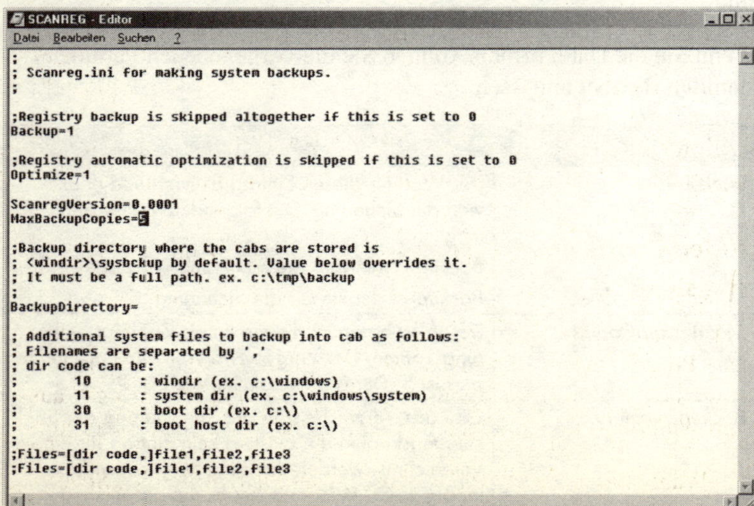

Wenn Sie einen anderen als den standardmäßigen Ordner angeben wollen, in dem die Sicherungskopien gespeichert werden, können Sie das unter dem Eintrag *BackupDirectory* erledigen. Absolut wichtig ist dabei aber, dass Sie immer den kompletten und natürlich fehlerfreien Pfad zu dem Ordner eintragen! Wenn Sie wollen, können Sie in der *Scanregw.ini* zusätzliche Dateien in die Sicherung aufnehmen. Das funktioniert mit der Anweisung *Files*, in der neben der Angabe von Dateinamen über eine Zahl der Ordner bestimmt wird, in dem sich die Dateien befinden.

Zahlencode	Verzeichnis
10	*Windows*-Verzeichnis, Beispiel *C:\Windows*
11	*System*-Verzeichnis, Beispiel *C:\Windows\System*
30	Bootverzeichnis, Beispiel *C:*
31	Verzeichnis, das die Startdateien enthält, Beispiel *C:*

Wenn Sie etwa die beiden Dateien *Autoexec.bat* und *Config.sys* mit in die Sicherung aufnehmen wollen, geben Sie diese Zeile ein:

```
Files=30, AUTOEXEC.BAT, CONFIG.SYS
```

Sie können übrigens auch mehrere Zeilen dieses Typs untereinander setzen. Und weil sich die einzelnen Dateien einer *.cab*-Archivdatei im Explorer ansehen lassen, können Sie auch gleich überprüfen, ob die angegebenen Dateien in die Sicherung aufgenommen wurden.

Superwichtig vor Registry-Änderungen: Registry prüfen und sichern!

Bevor Sie irgendwelche Einstellungen der Registry verändern oder neue Programme auf Ihrem Rechner installieren, sollten Sie die Registry sichern. Das geht ziemlich einfach, indem Sie ScanRegW aus dem *Windows*-Ordner aufrufen. Und so geht das mit der Sicherung:

1 Wählen Sie *Start/Ausführen* und geben Sie den Befehl „Scan RegW“ ein.

2 Jetzt startet ScanRegW und überprüft die Registry zuerst auf Fehler. Wenn ScanRegW keine Fehler gefunden hat, zeigt es Ihnen ein entsprechendes Fenster. Danach können Sie entscheiden, ob Sie die Sicherungskopie der Registry vom heutigen Tag mit der gerade gescannten Version überschreiben wollen. Tun Sie das, bestätigt ScanRegW dann die erfolgreiche Sicherung.

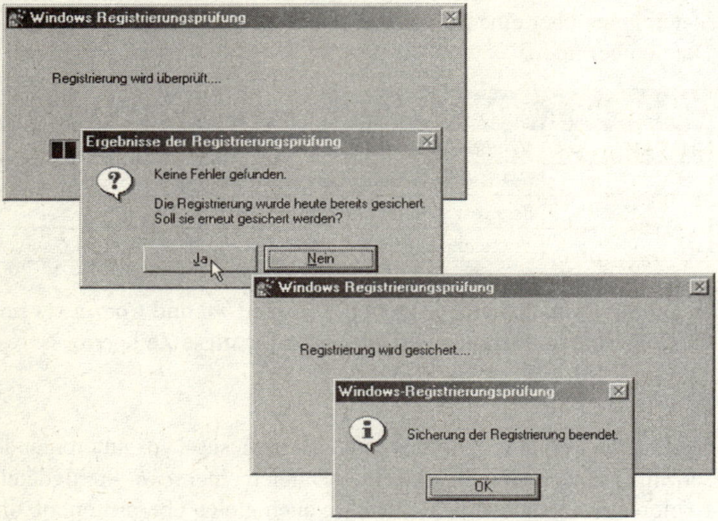

Clevere Parameter für ScanRegW

ScanRegW.exe können Sie mit verschiedenen Parametern aufrufen und damit ganz unterschiedliche Ergebnisse erzielen

Wenn Sie unter *Start/Ausführen* den Befehl „Scanregw /Autoscan" eingeben, wird eine Überprüfung der Registry mit anschließender Sicherung veranlasst. Nach der Überprüfung erstellt ScanRegW dann eine Sicherungskopie, ohne dass Sie vorher gefragt werden, ob Sie eine am heutigen Tag erstellte Sicherungskopie überschreiben möchten oder nicht.

Mit dem Befehl *Scanregw /Scanonly* lassen Sie die Registry auf Fehler überprüfen, ohne dass ScanRegW dabei eine Sicherungskopie erstellt.

> **Ganz einfach: Ältere Sicherung nicht überschreiben**
> *Wenn Sie übrigens eine ältere Sicherung der Registry behalten, also nicht überschreiben lassen wollen, geht das auch! Entweder benennen Sie die ältere Sicherung um, oder Sie kopieren sie in einen anderen Ordner, bevor Sie ScanRegW ausführen.*

Im Fall der Fälle: So wird die Registry wiederhergestellt

Wenn's mal wirklich so schlimm kommt, dass Windows wegen eines Registry-Fehlers nicht mehr laufen sollte, können Sie die Registry mit *Scanreg.exe* manuell herstellen. Das funktioniert allerdings nur im DOS-Modus, weil Windows den Zugriff auf die Registry sperrt.

Vielleicht wundern Sie sich jetzt, wenn Sie DOS-Modus hören, denn Windows ME hat ja offiziell gar kein DOS mehr?

Stimmt nicht so ganz – ab Seite 613 zeige ich Ihnen, wie Sie sehr wohl mit DOS arbeiten können – an dieser Stelle geht's aber um etwas anderes.

Ist die Registry zerschossen, startet Windows ME normalerweise im abgesicherten Modus und gibt Ihnen die Chance, die Systemwiederherstellung einzusetzen. Wie das geht, sehen Sie ab Seite 365.

1 Hat sich die Registry aber mit einem echten Riesen-Crash verabschiedet, startet Windows nicht mal mehr im abgesicherten Modus! Was Ihnen übrig bleibt, ist jetzt nur noch die Startdiskette.

2 Mit ihr starten Sie den PC, und zwar über die Option *4 Computer mit der Minimalkonfiguration starten*.

3 Jetzt rufen Sie die DOS-Version von ScanRegW, das Programm Scanreg.exe mit dem Befehl *scanreg /restore* auf.

4 Und jetzt kommt etwas sehr Cleveres: Windows zeigt Ihnen alle Registry-Sicherungen in einer Liste nach Datum sortiert. Sie suchen sich einfach die gewünschte Sicherung aus und klicken auf *Wiederherstellen.*

5 Die zerschossene Registry wird jetzt mit der intakten Version überschrieben, und nach einem Neustart arbeitet Ihr PC wieder völlig korrekt!

Achtung: Nur eine ScanRegW-Sicherung pro Tag!

Weil der Befehl zur automatischen Überprüfung der Registry im Schlüssel *Run* der Registry steht, wird er bei jedem Start von Windows ausgeführt.

Wenn Sie den Rechner aber am gleichen Tag neu starten, erkennt Windows, dass schon eine Registry-Sicherung vom heutigen Tag besteht und überschreibt die existierende Sicherung dann nicht!

Ganz bequem: Die Registry vor dem Bearbeiten automatisch sichern lassen

Wie ja schon gesagt – vor jeder Änderung an der Registry sollten Sie eine Datensicherung der beiden Dateien *System.dat* und *User.dat* vornehmen. Am einfachsten wäre es da natürlich, die beiden Dateien einfach mit dem Explorer zu kopieren. Aber erstens ist das doch ein bisschen umständlich, und zweitens vergisst man das garantiert genau dann, wenn es drauf ankommt.

Die bequemste Lösung ist eine kleine Batch-Datei, in der das Anlegen einer Sicherung mit dem Aufruf des Registrierungseditors kombiniert wird. Im Klartext: Wenn Sie *Regedit* aufrufen, um an der Registry zu arbeiten, wird vorher automatisch eine Sicherung der Registry veranlasst!

Und so geht's:

1 Starten Sie den Windows-Editor NotePad und geben Sie die folgenden Zeilen ein:

```
cd C:\windows
attrib -h -r -s system.dat
attrib -h -r -s user.dat
attrib -h -r -s classes.dat
copy system.dat C:\Zielverzeichnis
copy user.dat C:\Zielverzeichnis
copy classes.dat C:\Zielverzeichnis
attrib +h +r +s system.dat
attrib +h +r +s user.dat
attrib +h +r +s classes.dat
regedit
```

2 Jetzt speichern Sie die Batch-Datei zum Beispiel als *Regsich.bat* und legen sich gleich eine Verknüpfung zum Desktop an. Wenn Sie Regedit aufrufen wollen, tun Sie das jetzt nur noch über diese Batch-Datei.

Und das steht in der Batch-Datei

Den Begriff *Zielverzeichnis* habe ich natürlich anstelle des Ordners angegeben, in dem Sie die Sicherungskopie speichern wollen! Weil *System.dat* und *User.dat* ja versteckte Systemdateien sind, müssen in der zweiten und dritten Zeile die Attribute *hidden*, *read-only* und *system* für die beiden Dateien zurückgesetzt werden. Ist der Kopiervorgang abgeschlossen, werden die Attribute wieder gesetzt, und anschließend wird Regedit gestartet.

Auch das geht: Umgebungsvariable benutzen

Statt mit dem Befehl *cd* in das *Windows*-Verzeichnis zu wechseln bzw. den Pfad zum Verzeichnis anzugeben, können Sie die Umgebungsvariable *%WINDIR%* benutzen und vor dem Dateinamen einsetzen. Damit ermittelt das Betriebssystem automatisch den Pfad zum *Windows*-Verzeichnis. Das macht die Batch-Datei flexibler, weil Sie

sie jetzt auch auf andere Computer kopieren können, bei denen das *Windows*-Verzeichnis vielleicht einen anderen Namen hat. Wenn Sie die Umgebungsvariable nutzen wollen, lassen Sie einfach die erste Zeile in der Batch-Datei mit dem Befehl *cd* zum Wechsel in das *Windows*-Verzeichnis weg! Die zweite Zeile der Datei lautet dann:

```
attrib -h -r -s %WINDIR%\system.dat
```

Und in alle weiteren Zeilen, die einen Verweis auf eine Datei enthalten, setzen Sie ebenfalls die Umgebungsvariable *%WINDIR%* ein!

Wichtig: Das müssen Sie für die Bearbeitung der Registry unbedingt wissen!

Weil die Registry eine sehr spezielle Datenbankstruktur hat, lässt sie sich nicht mit normalen Editoren wie NotePad bearbeiten, sondern braucht einen eigenen Registrierungseditor, „Regedit" genannt. Auf den vorangegangenen Seiten habe ich Ihnen den ja schon häufig gezeigt – den genauen Umgang mit Regedit zeige ich Ihnen jetzt hier.

> **Vorsicht Falle: Rückgängig nicht möglich!**
>
> *Regedit erstellt keine automatischen Sicherungskopien der Registry, wenn Sie Einträge in ihr verändern, und alle Änderungen an den Schlüsseln und Einträgen werden ohne weitere Sicherheitsabfrage direkt in die Registry geschrieben! Dummerweise hat Regedit außerdem keine Funktionen zur Rücknahme der letzten Eingaben. Wenn Sie zum Beispiel einen Eintrag markiert und ihn versehentlich mit der* Entf*-Taste gelöscht haben, müssen Sie ihn per Hand wieder neu hinzufügen. Deshalb: Vor dem Aufruf von Regedit und irgendwelchen Arbeiten an der Registry legen Sie bitte eine Sicherungskopie an! Wie das geht, beschreibe ich auf Seite 136. Arbeiten Sie mit Windows ME, sollten Sie vor jeglichen Arbeiten an der Registry auf jeden Fall einen „Schnappschuss" Ihres Systems machen, damit Sie eventuelle Fehler später mit der Systemwiederherstellung wieder ausbügeln können! Wie die Systemwiederherstellung funktioniert, zeige ich Ihnen auf Seite 365.*

So arbeiten Sie mit Regedit

Regedit wird bei der Installation von Windows standardmäßig im Verzeichnis der Windows-Dateien, also unter *C:\Windows* gespeichert. Sie öffnen Regedit über *Start/Ausführen* und den Befehl *Regedit*.

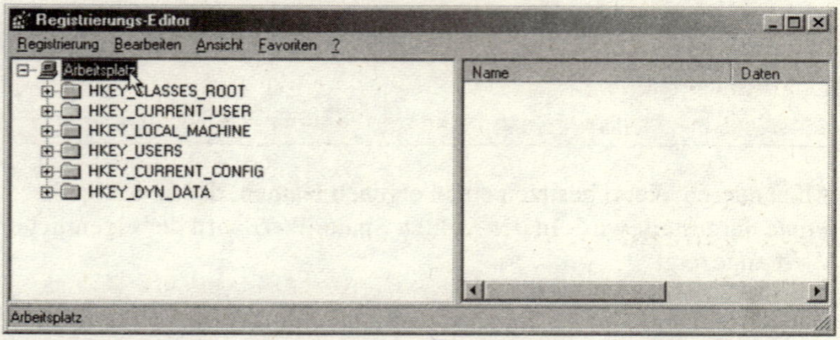

Regedit wird immer mit einem zweigeteilten Fenster dargestellt. Ähnlich wie beim Explorer sehen Sie in der linken Hälfte die Struktur der Registry. Statt Ordnern und Verzeichnissen werden hier aber im linken Fenster die Schlüssel und Unterschlüssel angezeigt.

Wenn vor einem Schlüssel ein Pluszeichen steht, bedeutet das, dass dieser Schlüssel weitere Unterschlüssel enthält. Genau wie im Explorer klappen Sie mit einem Klick auf das Pluszeichen die untergeordnete Struktur und deren Einträge auf.

Wenn Sie auf einen Schlüssel klicken, um ihn zu markieren, wird im rechten Fenster der Wert des aktuellen Schlüssels angezeigt. Jeder Schlüssel enthält mindestens einen Wert mit dem Namen *(Standard)*.

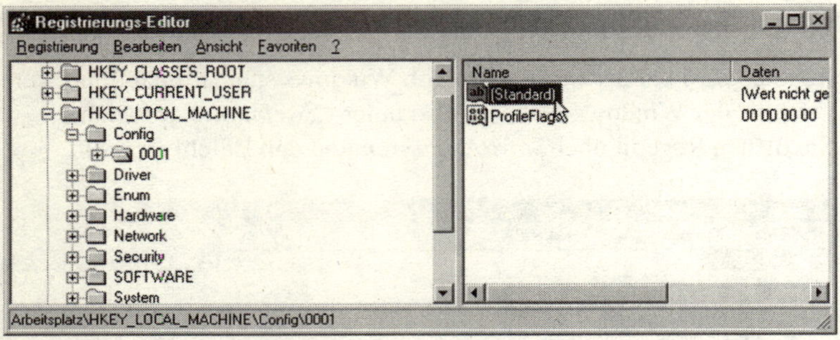

Alle anderen Werte besitzen einen eigenen Namen, der in der Spalte *Name* dargestellt wird. In der rechten Spalte *Wert* wird der eigentliche Wert angezeigt.

Der Text *(Wert nicht gesetzt)* bedeutet, dass für diesen Eintrag noch kein Wert definiert wurde.

So legen Sie neue Schlüssel und Werte an

Unterhalb der sechs Hauptschlüssel können Sie neue Schlüssel und Unterschlüssel anlegen. Jedem Schlüssel können Sie zudem neue Werte hinzufügen. Die Befehle dazu finden Sie in der Menüleiste unter *Bearbeiten/Neu*. Schneller und einfacher ist aber die Methode über das Kontextmenü. Und so wird in einem Schlüssel ein neuer Unterschlüssel angelegt:

1. Zuerst klicken Sie mit der rechten Maustaste auf den Schlüssel, damit dessen Kontextmenü angezeigt wird.
2. Im Kontextmenü wählen Sie jetzt *Neu/Schlüssel*. Der neue Schlüssel wird jetzt als Unterschlüssel mit dem Namen *Neuer Schlüssel #1* angelegt.
3. Regedit stellt den Namen *Neuer Schlüssel #1* unterlegt dar, damit Sie den richtigen Schlüsselnamen sofort eingeben können.

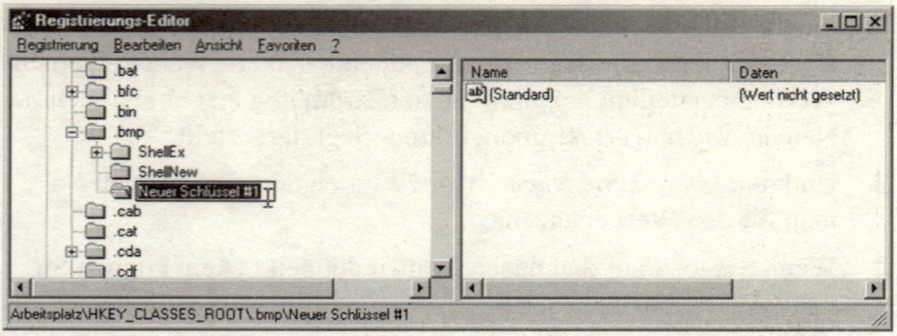

Im rechten Fenster des neuen Schlüssels erzeugt Regedit für einen noch nicht definierten Wert automatisch den Eintrag *(Standard)*.

So geht's: Einen neuen Wert in einem Schlüssel anlegen

Wenn Sie einen neuen Wert in einem Schlüssel anlegen wollen, markieren Sie im linken Fenster zuerst den Schlüssel. Im rechten Fenster werden jetzt alle schon vorhandenen Werte angezeigt.

1 Jetzt klicken Sie mit der rechten Maustaste im rechten Fenster auf einen freien Platz, um das Kontextmenü zu öffnen. Im Kontextmenü können Sie nicht nur neue Schlüssel anlegen, sondern auch neue Werte definieren.

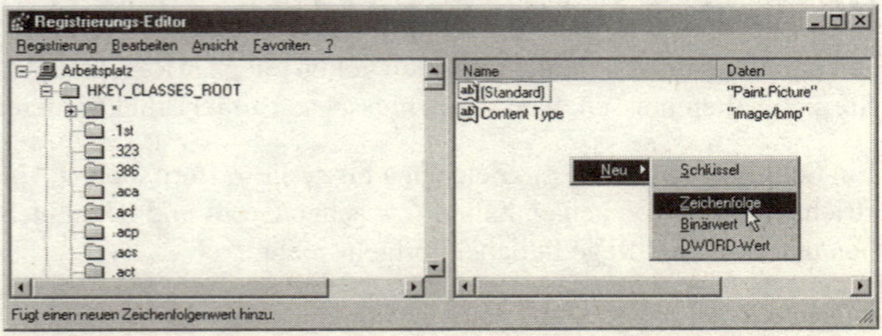

2 Jetzt wählen Sie den Typ, also *Zeichenfolge, Binärwert* oder *DWORD-Wert*, für den neu zu erstellenden Wert. Wenn Sie einen Wert neu erstellen, bekommt er standardmäßig erst einmal den Namen *Neuer Wert #1* und wird unterlegt dargestellt.

3 Und nun können Sie *Neuer Wert 1#* durch den eigentlichen Namen für den Wert ersetzen.

4 Wenn Sie jetzt auf den neuen Namen doppelklicken, können Sie den Wert bearbeiten.

Aufgepasst bei der Namensvergabe!

Ganz wichtig ist, dass ein neuer Name für einen Schlüssel auf dieser Hierarchieebene immer nur einmal vorkommen darf! Wenn Ihnen die Doppelung trotzdem mal passiert, zeigt Ihnen Regedit sofort eine Fehlermeldung!

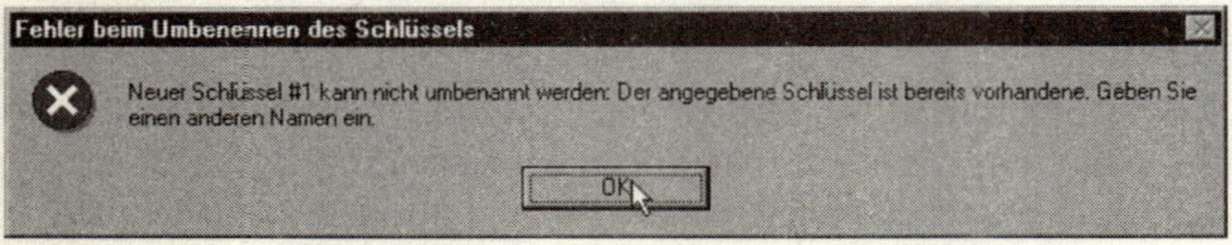

Wichtig: Darauf müssen Sie bei Schlüsselnamen achten!

Bei der Vergabe von Schlüsselnamen gelten ein paar Regeln, an die Sie sich halten müssen, weil die Schlüssel sonst nicht funktionieren:

Ein Schlüsselname darf die Zeichen a bis z, die Ziffern 0 bis 9, Unterstriche und Leerzeichen enthalten. Zwischen Groß- und Kleinbuchstaben unterscheidet Regedit dabei übrigens nicht.

Genau wie bei der Vergabe eines Schlüsselnamens darf auch der Name für einen Wert innerhalb eines Schlüssels nur einmal vorkommen. Auch hier zeigt Ihnen Regedit im Zweifelsfall eine Fehlermeldung.

... und darauf müssen Sie bei Wertenamen achten!

Der Wertename darf die Zeichen a bis z, die Ziffern 0 bis 9, Unterstriche und Leerzeichen enthalten. Auch hier wird nicht zwischen Groß- und Kleinbuchstaben unterschieden.

Für einen Wert können die Einträge in der Registry diese Typen annehmen:

Datentyp	Beschreibung
Text (Zeichenfolge)	Text (String), der aus darstellbaren Zeichen besteht. Er wird in Anführungszeichen gesetzt, die von Regedit bei Bedarf automatisch eingetragen werden. Ein leerer Wert wird in der Anzeige durch zwei Anführungszeichen dargestellt. Beispiel: *„C:\Programme\Norton Web Services"*
DWORD	Maximal 4 Byte großer spezieller Binärwert. Die Darstellung erfolgt als hexadezimaler Wert, gefolgt vom selben Wert als Dezimalwert in runden Klammern. Beispiel: *0x000003e8(1000)*. Dabei ist *0x000003e8* die hexadezimale Darstellung des dezimalen Werts 1000.
Binär (Binary)	Hexadezimalwert mit einer Größe von 1 bis zu 16 KByte.

Wenn Sie einen Wert ändern wollen, wählen Sie zuerst im linken Fenster den Schlüssel aus. Im rechten Fenster sehen Sie dann alle Werte für diesen Schlüssel. Um das Bearbeitungsfenster für diesen Wert zu öffnen, doppelklicken Sie einfach auf den Namen des Werts. Je nach Datentyp öffnet Regedit dann das richtige Bearbeitungsfenster. Textwerte können Sie direkt eingeben. Regedit setzt übrigens die Anführungszeichen, die den Eintrag umschließen müssen, automatisch hinzu, sobald Sie das Bearbeitungsfenster wieder schließen.

Hier geben Sie zum Beispiel als Text den Pfad zu einer Datei als Wert ein.

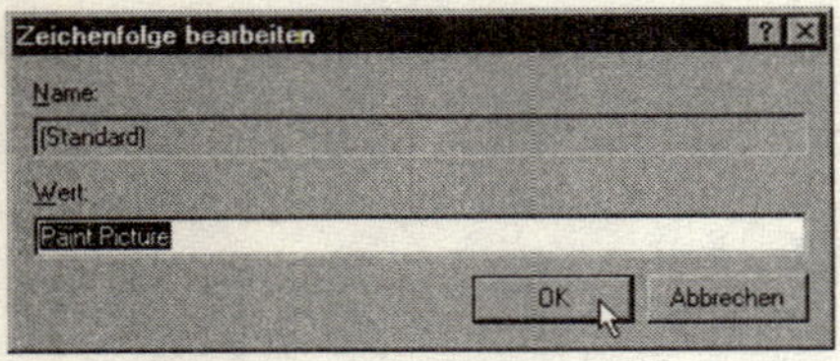

Wenn Sie Werte vom Typ *DWORD* erstellen, zeigt Regedit Ihnen ein anderes Bearbeitungsfenster. Hier können Sie den Wert entweder als dezimalen oder hexadezimalen Wert eintragen. Markieren Sie dazu einfach die gewünschte Option im Abschnitt *Basis* des Fensters.

So geht's: Richtig löschen in der Registry

Dass Programme nach ihrer Deinstallation noch Schlüssel und Werte in der Registry hinterlassen, wissen Sie ja schon. Die einzige Chance, diese Einträge wieder loszuwerden, besteht natürlich darin, die entsprechenden Schlüssel, Unterschlüssel oder Werte einfach zu löschen. Und so wird richtig gelöscht:

1. Zuerst markieren Sie den Schlüssel im linken Fenster, für zu löschende Werte den Eintrag im rechten Teil des Fensters.
2. Dann öffnen Sie das Kontextmenü und klicken auf *Löschen*. Vor dem endgültigen Löschen zeigt Regedit Ihnen noch mal eine Sicherheitsabfrage.

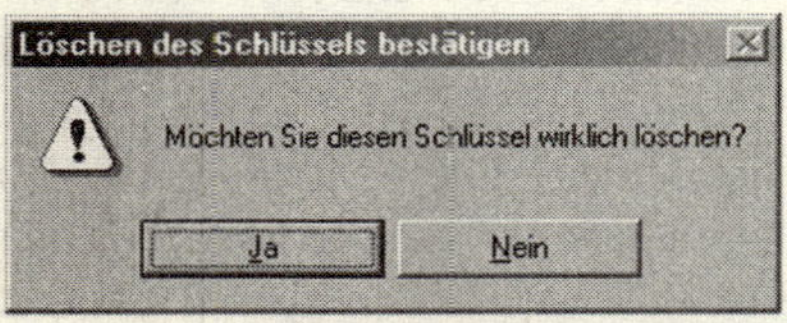

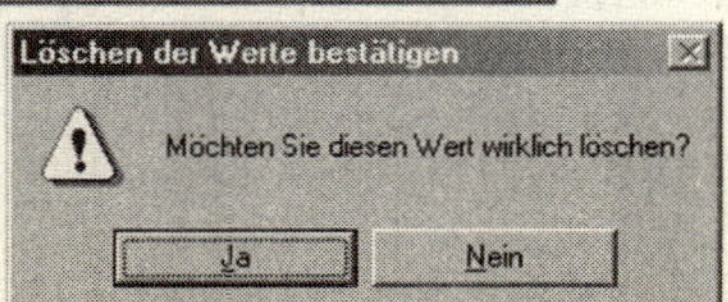

Oh nein – ich hab' den falschen Eintrag gelöscht! Und was jetzt?

Wenn Sie aus Versehen einen Eintrag in der Registry gelöscht haben, den Sie eigentlich noch gebraucht hätten, ist das natürlich ziemlich ärgerlich.

Trotzdem – keine Panik! Mit der Systemwiederherstellung können Sie diesen Patzer im Normalfall wieder ausbügeln. Voraussetzung dafür ist natürlich, dass Sie einen „Schnappschuss" Ihres Systems gemacht haben. Wie das geht, sehen Sie ab Seite 365.

War der „Patzer" eher eine mittelschwere Katastrophe, hilft Ihnen die Sicherheitskopie der Registry in jedem Fall weiter! Sehen Sie einfach noch mal auf Seite 583 nach, was Sie in diesem Fall tun können! Und es gibt noch eine letzte, wenn auch ziemlich ungewöhnliche Möglichkeit: Vielleicht haben Sie vor dem Löschen die Registry über *Registrierung/Drucken* ausgedruckt. Dann können Sie den gelöschten Schlüssel oder Wert auch manuell wieder in die Registry eintragen.

So geht's: Schlüssel und Werte umbenennen

Obwohl Sie Schlüssel und Werte in der Registry auf die gleiche Weise wie Ordner und Dateien im Explorer umbenennen können, sollten Sie lieber darauf verzichten. Weil die meisten Einträge in der Registry entweder von Windows oder den installierten Programmen eingetragen werden, würde das Umbenennen dieser Einträge nämlich ziemlich sicher ins totale Chaos führen!

Alle selbst erstellten Schlüssel und Werte können Sie aber in der Regel problemlos umbenennen, solange vom Explorer oder einem Programm kein zwingender Verweis darauf existiert. Wenn Sie zum Beispiel den neuen Schlüssel *open1* angelegt haben, über den ein Dateityp mit einer bestimmten Anwendung geöffnet wird, können Sie den Schlüssel auch in *open2* umbenennen, ohne dass die Funktion Schaden nimmt.

Wenn's schnell gehen muss: So aktualisieren Sie die Registry blitzschnell

Wenn Sie keine Zeit und Lust haben, Ihren Rechner immer komplett neu zu starten, damit Änderungen in der Registry sofort ihre Wirkung zeigen, dann geht das auch anders.

Zuerst aktualisieren Sie den Desktop mit der Taste [F5]. Wenn sich immer noch keine Wirkung zeigt, drücken Sie die Tastenkombination [Strg]+[Alt]+[Entf]. Im Dialogfenster markieren Sie den Explorer und klicken auf *Task beenden*.

Kurz darauf erscheint ein weiterer Dialog, und Sie wählen hier wieder auf *Task beenden*. Jetzt wird der Explorer neu gestartet, und die Registry-Änderungen müssten übernommen worden sein.

Ungewöhnlich aber nützlich: Die Registrierung ausdrucken

Sie können die Registry, besser aber bestimmte Teile der Registry ausdrucken lassen und haben damit im Bedarfsfall die Möglichkeit, zerstörte Einträge manuell wiederherzustellen.

Die komplette Registry auszudrucken, empfehle ich Ihnen nicht, weil da ganz schnell ein paar Hundert Druckseiten zusammenkommen! Und so geht's:

1. Wenn Sie einen Teil der Registry ausdrucken wollen, öffnen Sie zunächst den Schlüssel bis zu der Ebene, die die gewünschten Einträge enthält.

2. Jetzt wählen Sie *Registrierung/Drucken*. Standardmäßig finden Sie als Druckbereich die Option *Gewählter Zweig* aktiviert.

3. Bevor Sie den Ausdruck starten, schauen Sie besser noch einmal in der Zeile *Gewählter Zweig* nach und überprüfen die Pfadangabe!

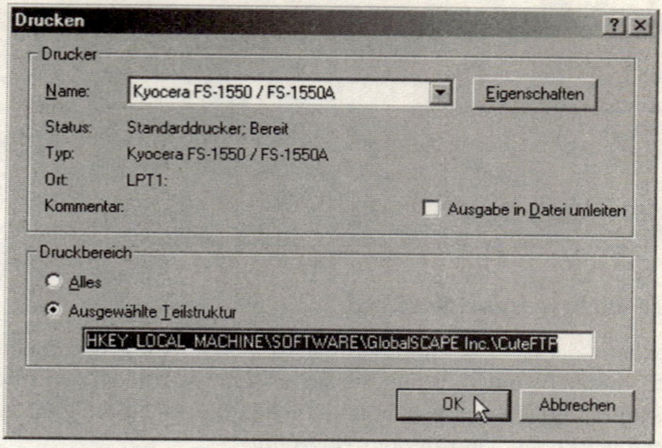

Schnell gemacht: Die Registry durchsuchen

Wenn Sie in der Registry einen bestimmten Eintrag bearbeiten wollen, müssen Sie ihn natürlich erst einmal finden! Und genau das kann ziemlich langwierig werden, wenn Sie nicht genau wissen, an welcher Stelle der Registry der Eintrag steht.

Mit dem Befehl *Bearbeiten/Suchen* sparen Sie sich eine Menge Zeit und Nerven und können obendrein sicher sein, dass kein Vorkommen des Eintrags übersehen wurde.

Praktischerweise müssen Sie für die Suche nach einem Eintrag nicht den gesamten Ausdruck eingeben, es reicht nämlich schon, wenn Sie einen Teil davon eingeben. Wichtig ist dabei nur, dass Sie in diesem Fall die Option *Nur ganze Zeichenfolge vergleichen* deaktivieren.

Wenn Sie einen speziellen Ausdruck suchen, dessen Schreibweise Sie genau kennen, können Sie mit dieser Option die Auswahl aber sehr präzise eingrenzen. Um die Suche noch zu verfeinern, können Sie als Option zwischen Schlüsseln, Werten oder Daten oder allem gleichzeitig suchen lassen.

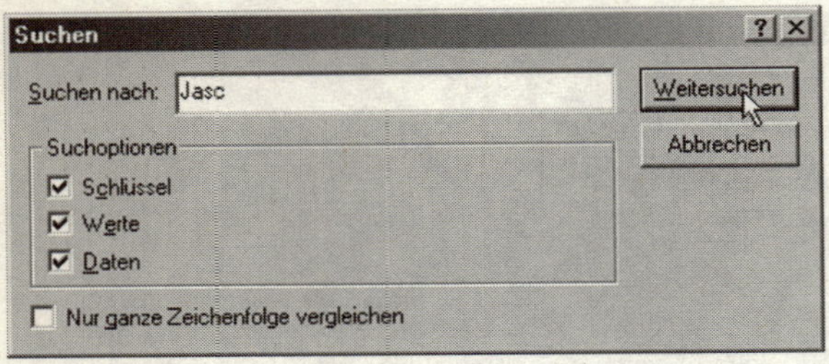

Das ist wichtig beim Suchen!

Die Suche in der Registry startet immer von dem Zweig aus, in dem Sie sich gerade befinden. Wenn Sie sicher sein wollen, dass wirklich die gesamte Registry durchsucht wird, gehen Sie am besten ganz nach oben und markieren den Eintrag *Arbeitsplatz*.

Wenn Sie die Suchoption *Werte* markieren, sind damit nicht die Werte für einen Eintrag im rechten Fenster der Registrierungseditors gemeint, sondern die Bezeichnung des Eintrags in der Spalte *Name*!

Wenn Sie die Option *Daten* aktivieren, dann durchsuchen Sie die tatsächlichen Daten in der Spalte *Werte* des Registrierungseditors.

Die eigentliche Suche starten Sie mit *Weitersuchen*. Die Suche stoppt beim ersten Vorkommen des Suchbegriffs, und der Pfad zu dem Fundort wird in der Statuszeile des Registrierungseditors angezeigt. Zusätzlich sind alle Schlüssel im Pfad zu dem Eintrag geöffnet, und der Eintrag wird markiert dargestellt.

Weil ein Eintrag in der Registry ja öfter vorkommen kann, können Sie die Suche über *Weitersuchen* fortsetzen oder, und das geht schneller, die Taste F3 drücken.

Lieber noch mal nachschauen

Sie wissen es ja schon – viele Schlüssel, Bezeichnungen und Werte kommen mehr als einmal in der Registry vor. Bevor Sie also einen gefundenen Eintrag gleich mit Begeisterung editieren, vergewissern Sie sich, dass es wirklich der gesuchte Eintrag ist! Durchsuchen Sie einfach die Registry auf alle Vorkommen des Suchbegriffs. Übrigens bleiben die während der Suche aufgeklappten Schlüssel geöffnet, sodass Sie zu einem einmal gefundenen Eintrag schnell wieder zurückfinden!

Was sind eigentlich .reg-Dateien?

Dateien mit der Erweiterung *.reg* enthalten Informationen aus einem Teil der Registry oder auch aus der ganzen Registry. Im Gegensatz zur Datenbankstruktur der Registry ist eine Registrierungs- oder *.reg*-Datei, eine ASCII-Datei in einem speziellen Format. Die in der *.reg*-Datei gespeicherten Informationen sind ein exaktes Abbild der Struktur von Schlüsseln, Namen und Werten in der Registry bzw. einem Teil der Registry.

Wie Sie eine *.reg*-Datei von der Registry oder einem Zweig der Registry erstellen, zeige ich Ihnen gleich im Anschluss!

Und was kann ich damit anfangen?

.reg-Dateien bringen etliche Vorteile bei der Sicherung und Bearbeitung der Registry. So können Sie mit einer *.reg*-Datei zum Beispiel neue Schlüssel und Werte in die Registry einfügen, ohne die Registry direkt bearbeiten zu müssen. Die *.reg*-Datei wird dazu mit allen Schlüsseln und Werten mit Hilfe eines Editors erstellt. Und anschließend importieren Sie die *.reg*-Datei einfach in die Registry.

Die Registry verfügt über Export- und Importfunktionen, die Sie nutzen können, um etwa einen bestimmten Zweig in der Registry auf einen anderen Computer zu übertragen. Das geht allerdings nur, wenn auf beiden Computern dieselben Voraussetzungen herrschen.

Wenn Sie zum Beispiel eine bestimmte Funktion für den Anwender in der Registry gesperrt haben und sie jetzt auch auf anderen Computern sperren wollen, geht das blitzschnell: Sie exportieren den betreffenden Zweig in eine *.reg*-Datei und importieren ihn dann auf den anderen Computer.

.reg-Dateien als Crashtest-Dummies

Und noch ein ziemlich praktisches Anwendungsgebiet gibt es für die *.reg*-Dateien: Wenn Sie ausprobieren wollen, wie sich die Änderung eines Eintrags in der Registry auswirkt und die Änderung danach ganz leicht wieder rückgängig machen wollen, geht das nämlich ebenfalls mit einer *.reg*-Datei. Dafür sichern Sie zuerst den betreffenden Zweig mit der Exportfunktion von Regedit. Danach ändern Sie den Eintrag in der Registry und testen die Wirkung. Wenn Sie den zuvor geänderten Eintrag jetzt wieder rückgängig machen wollen, genügt es, den zuvor als *.reg*-Datei gesicherten Zweig wieder zu importieren und den geänderten Wert dadurch zu überschreiben. Praktisch, nicht wahr?

Die .reg-Datei von innen

Und jetzt mal ein Blick auf den Inhalt einer *.reg*-Datei. Als Beispiel habe ich übrigens einen Auszug aus den Einträgen für den Zweig mit dem Schlüssel *.bmp* gewählt. Über *Registrierung/Registrierungsdatei exportieren* können Sie diesen Zweig der Registry in eine *.reg*-Datei kopieren und anschließend in einem normalen Texteditor ansehen und ändern.

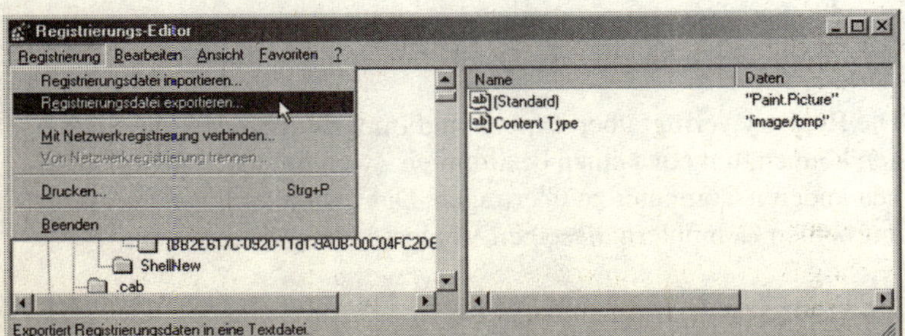

Im Kontextmenü der *.reg*-Datei wählen Sie einfach *Bearbeiten*, um sich die Datei anzusehen. Und so sieht die *.reg*-Datei aus:

```
REGEDIT4
[HKEY_CLASSES_ROOT\.bmp]
"Content Type"="image/bmp"
@="PSP.Image"

[HKEY_CLASSES_ROOT\.bmp\ShellNew]
"NullFile"=""
"Command"="C:\\PROGRA~1\\PAINTS~1\\PSP.EXE /New"

[HKEY_CLASSES_ROOT\.bmp\ShellEx]

[HKEY_CLASSES_ROOT\.bmp\ShellEx\{BB2E617C-0920-11d1-9A0B-
00C04FC2D6C1}]
@="{7376D660-C583-11d0-A3A5-00C04FD706EC}"
```

Und das bedeuten die Einträge in der *.reg*-Datei im Einzelnen:

REGEDIT4

.reg-Dateien für Windows werden in der ersten Zeile immer vom Schlüsselwort *Regedit4* eingeleitet. Nach dieser Zeile muss eine Leerzeile stehen, bevor die weiteren Einträge folgen.

[HKEY_CLASSES_ROOT\.bmp]

Einträge beginnen immer mit dem Namen des Schlüssels, aus dem diese Daten stammen bzw. in den sie eingefügt werden sollen, und haben am Anfang und am Ende jeweils eine eckige Klammer. In der nächsten Zeile steht dann der Wert für den Schlüssel. Die Struktur entspricht der Form *„Name“=„Wert“*.

"Content Type"="image/bmp"

Wichtig ist hier, dass sowohl der Name als auch der Wert jeweils in Anführungszeichen stehen müssen.

@="PSP.Image"

Das @-Zeichen am Beginn einer Zeile legt den Standardwert für den Schlüssel fest. In der Registry steht dieser Wert dann unter *(Standard)*.

Ziemlich einfach: Registrierungsdateien exportieren und importieren

.reg-Dateien können Sie, wie schon gesagt, exportieren oder importieren. Beide Funktionen finden Sie in Regedit unter dem Menüpunkt *Registrierung*.

Exportieren

Wenn Sie die Registry komplett oder Teile daraus exportieren wollen, machen Sie das so:

1. In der Registry markieren Sie in den Zweig, den Sie exportieren wollen.
2. Dann wählen Sie *Registrierung/Registrierungsdatei exportieren.*
3. Jetzt wählen Sie mit *Speichern in* den Ordner aus, in dem die *.reg*-Datei gespeichert werden soll, und geben unter *Dateiname* einen Namen an, der den Inhalt beschreibt.
4. Im Abschnitt *Exportbereich* ist die Option *Gewählter Zweig* bereits aktiviert. Wenn Sie die gesamte Registry exportieren wollen, wählen Sie einfach die Option *Alles*.
5. Zum Schluss klicken Sie auf *Speichern*, um die *.reg*-Datei zu erzeugen.

Importieren

Über den Menübefehl *Registrierung/Registrierungsdatei importieren* können Sie eine *.reg*-Datei in die geöffnete Registrierung einfügen. Hier heißt's aber wirklich vorsichtig sein, denn dabei wird je ein bereits existierender Schlüssel mit derselben Bezeichnung mit den zu importierenden Werten ohne Warnung überschrieben!

Registry gesichert?

Sicher ist schließlich sicher, deshalb sollten Sie vor dem Importieren einer .reg-Datei eine aktuelle Sicherungskopie der Registry angelegt haben!

Und so wird importiert:

1 In Regedit wählen Sie *Registrierung/Registrierungsdatei importieren.*

2 Jetzt geben Sie den Pfad zur gewünschten *.reg*-Datei an.

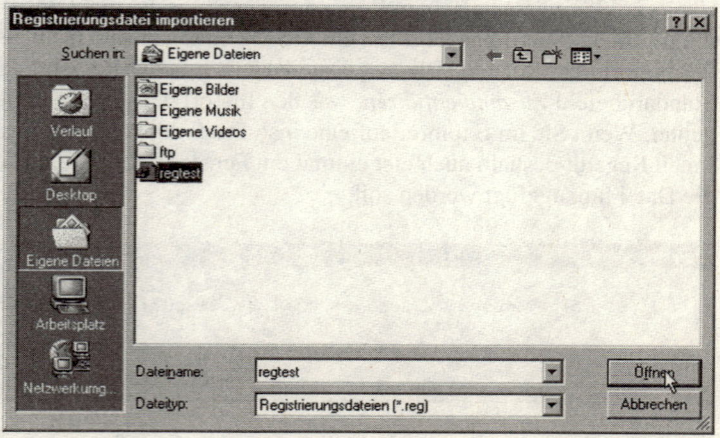

3 Wenn Sie jetzt auf *Öffnen* klicken, wird die *.reg*-Datei importiert.

Jetzt wird die *.reg*-Datei entsprechend der in ihr gespeicherten Schlüsselangaben in den richtigen Schlüssel der Registry importiert. Das geht blitzschnell und ohne Ihr weiteres Zutun. Zum Schluss zeigt Ihnen Windows lediglich ein Meldungsfenster, in dem der erfolgreiche Import bestätigt wird.

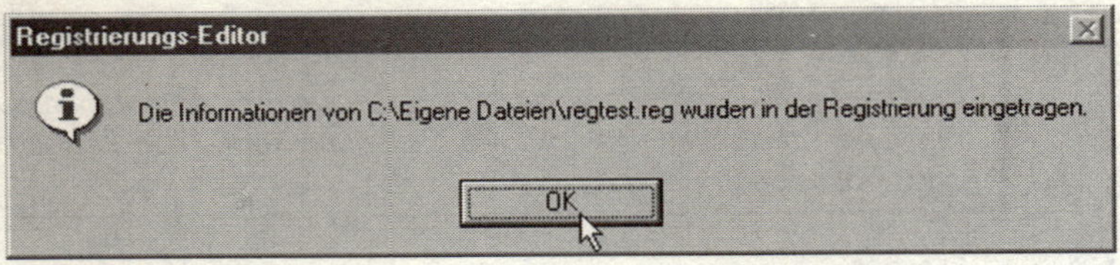

Geht denn das: .reg-Datei mit dem Explorer importieren?

Wenn Sie eine *.reg*-Datei importieren wollen, geht das auch mit dem Explorer, Sie müssen also den Registrierungseditor gar nicht unbedingt öffnen. Allerdings läuft das ein kleines bisschen anders ab als der Import über Regedit. Die *.reg*-Dateien haben in der Registry den Standardbefehl *Zusammenführen*, was den Import der *.reg*-Datei bedeutet. Wenn Sie im Explorer auf eine *.reg*-Datei doppelklicken, zeigt Ihnen Regedit deshalb auch erst einmal ein Fenster mit der Frage, ob die Datei hinzugefügt werden soll.

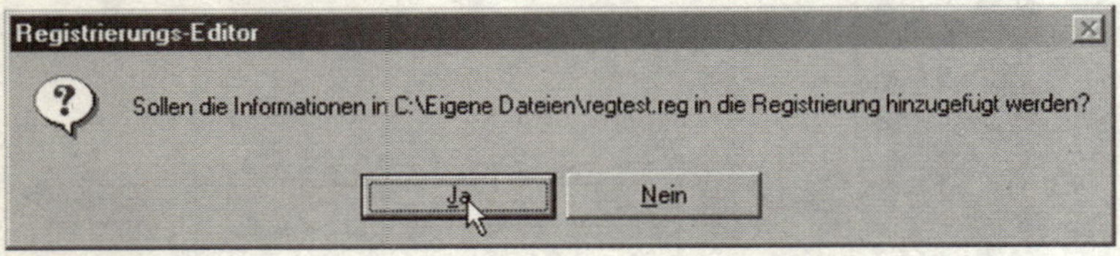

Wenn Sie die Abfrage mit *Ja* bestätigen, werden die Informationen in die Registry importiert. Auch hier zeigt Ihnen Regedit übrigens wieder mit einem Fenster an, dass der Import geglückt ist.

Das steckt dahinter ...

Wenn Sie *.reg*-Dateien importieren, wird zunächst nach dem angegebenen Schlüssel gesucht, dann werden die Werte in den Schlüssel eingetragen. Wenn die Werte schon existieren, werden sie einfach überschrieben. Und wenn der Schlüssel in der Registry nicht gefunden wird, wird er als neuer Unterschlüssel des angegebenen Schlüssels erstellt.

Wozu gibt's eigentlich noch .ini-Dateien?

Mit der Registry lässt sich Ihr Rechner zwar prima konfigurieren und verwalten, aus Gründen der Abwärtskompatibilität gibt es aber immer noch die Dateien *Win.ini* und *System.ini*. Benötigt werden sie nur noch von 16-Bit-Anwendungsprogrammen, die ihre Konfigurationsinformationen wie unter Windows 3.x in diesen beiden Dateien ablegen wollen. Windows ME verwaltet diese Dateien gleich zweimal, und zwar sowohl in ihrer „normalen" Form, also auch in der Registry selbst in der Datei *Classes.dat*.

Im Grunde könnten Sie diese Dateien also auch über die Registry bearbeiten – viel einfach ist das aber über einen Editor oder das Systemkonfigurationsprogramm.

16-Bit-Programme haben häufig eigene INIs

Fast alle 16-Bit-Programme legen zusätzlich auch noch eigene *.ini*-Dateien an, die normalerweise im *Windows*-Ordner liegen. Wenn Sie wissen wollen, wie viele *.ini*-Dateien sich auf Ihrem Rechner tummeln, geben Sie in der Windows-Suche unter *Namen* einfach mal „*.ini" ein.

32-Bit-Programme schreiben stattdessen in die Registry

Dagegen speichern 32-Bit-Programme ihre programmeigenen Konfigurationsdaten normalerweise nicht mehr in der *Win.ini* und der *System.ini* ab und benutzen auch keine zusätzlichen *.ini*-Dateien. Stattdessen werden die Daten in der Registry abgelegt. Allerdings gibt's auch hier die eine oder andere Ausnahme! Es gibt nämlich auch 32-Bit-Programme, die zusätzlich programmeigene *.ini*-Dateien brauchen. *ScanRegW.exe* für die Sicherung der Systemdateien ist zum Beispiel so ein Programm. ScanRegW verwendet seine eigene *.ini*-Datei, die *Scanreg.ini*, für die Konfigurationseinstellungen, in denen festgelegt ist, was ScanRegW genau machen soll.

.ini-Dateien leicht bearbeiten

Weil *.ini*-Dateien reine ASCII-Textdateien sind, können Sie sie in jedem beliebigen Editor bearbeiten, also zum Beispiel auch im ganz normalen Windows-Editor.

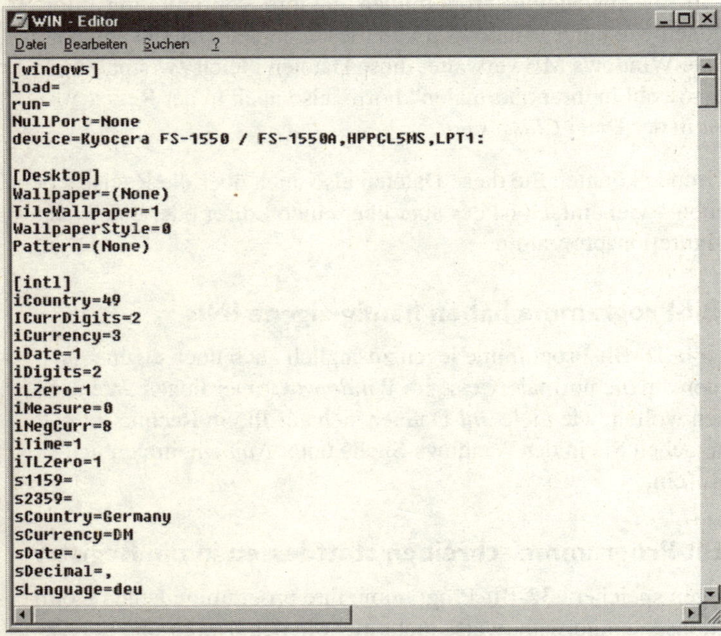


```
[windows]
load=
run=
NullPort=None
device=Kyocera FS-1550 / FS-1550A,HPPCL5MS,LPT1:

[Desktop]
Wallpaper=(None)
TileWallpaper=1
WallpaperStyle=0
Pattern=(None)

[intl]
iCountry=49
ICurrDigits=2
iCurrency=3
iDate=1
iDigits=2
iLZero=1
iMeasure=0
iNegCurr=8
iTime=1
iTLZero=1
s1159=
s2359=
sCountry=Germany
sCurrency=DM
sDate=.
sDecimal=,
sLanguage=deu
```

Die so genannten „klassischen Systemdateien" sind die *Win.ini, System.ini, Config.sys* und die Datei *Autoexec.bat*.

So sind .ini-Dateien aufgebaut

.ini-Dateien sind in verschiedene Abschnitte aufgeteilt, wobei immer ein Schlüsselwort in eckigen Klammern am Beginn eines Abschnitts steht. Unter dem Schlüsselwort stehen dann die eigentlichen Anweisungen. Wenn Sie sich das Schlüsselwort genauer ansehen, können

Sie in den meisten Fällen bereits sehen, um welche Konfigurationsdaten es sich im nachfolgenden Abschnitt handelt.

Bei den Konfigurationsdaten steht links vom Gleichheitszeichen der Name des Werts und rechts vom Gleichheitszeichen der eigentliche Konfigurationswert. Genau genommen entspricht das dem Namen und dem Wert eines Eintrags in einem Schlüssel in der Registry.

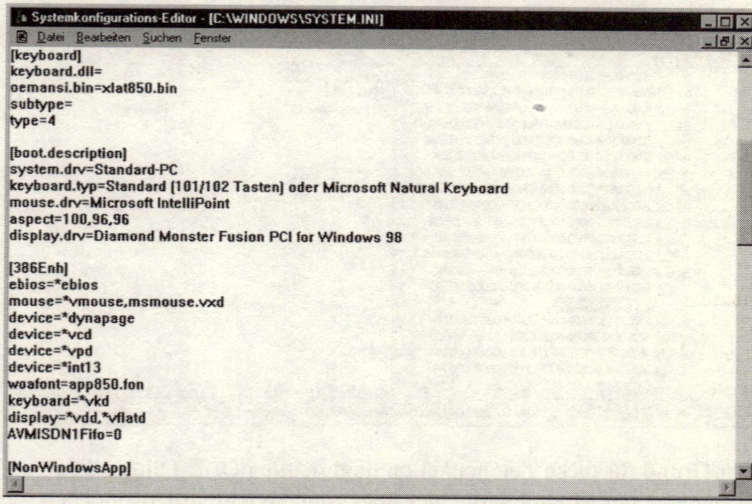

Vor der Bearbeitung: Lieber eine Sicherheitskopie anlegen!

Die *.ini*-Dateien sind zwar übersichtlicher und deshalb natürlich auch einfacher zu bearbeiten als die Registry, trotzdem sollten Sie vor irgendwelchen Änderungen auf jeden Fall eine Sicherheitskopie der betreffenden Datei anlegen. Wenn Sie einen Wert geändert haben, der von Windows oder einem Programm gebraucht wird, und es deshalb zu Fehlfunktionen kommt, ersetzen Sie die Originaldatei einfach durch die Sicherungskopie. Mehr zu den Systemdateien gibt's übrigens ab Seite 635!

Das müssen Sie über den CLSID wissen!

Wenn Sie in der Registry mal in den Hauptschlüssel *HKEY_LOCAL_ROOT* sehen, finden Sie dort einen Schlüssel mit dem Namen *CLSID*, der eine Menge ziemlich kryptischer Zeichenketten enthält. Und auch die Bezeichnungen der Unterschlüssel machen das auf den ersten Blick nicht unbedingt verständlicher.

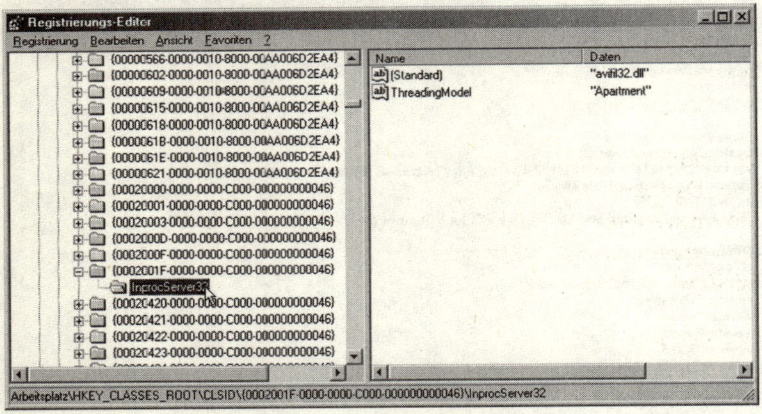

Der Grund für diese Zeichenketten liegt in allen OLE-fähigen Programmen oder Modulen, die hier über eine eindeutige 16-Byte-Zeichenkette identifiziert werden.

Diese Zeichenkette wird als „**Class ID**-Code", kurz CLSID, bezeichnet und besteht aus 32 hexadezimalen Zahlen.

Das steckt dahinter ...

Tatsächlich besteht dieser CLSID aus einer Kombination von Zufallszahlen, dem Tag und der Uhrzeit der Erstellung des Objekts und der dabei verwendeten Hardwarekonfiguration.

Erzeugt wird die Zeichenkette bei der Programmierung der Software mit bestimmten Microsoft-eigenen Programmierwerkzeugen und steht ab diesem Zeitpunkt für dieses Objekt fest.

Damit ist der CLSID für ein Objekt auf jedem Rechner weltweit identisch und kann von Windows und anderen Programmen dazu genutzt werden, das Objekt als OLE-Objekt und ActiveX-Element eindeutig anzusprechen.

Für ein Microsoft Word-Dokument sieht der CLSID zum Beispiel so aus:

{00020900-0000-0000-C000-000000000046}

Im Schlüssel *CLSID* unter *HKEY_LOCAL_ROOT* können Sie alle CLSIDs sehen, die auf diesem Rechnersystem benutzt werden. Wenn Sie ein weiteres OLE-fähiges Programm auf Ihrem Rechner installieren, erzeugt das Setup-Programm einen neuen Eintrag im Schlüssel *CLSID*.

Und der wird in *HKEY_LOCAL_MACHINE\Software\Classes*, dem eigentlichen Speicherort für CLSIDs, eingetragen. Der Schlüssel *HKEY_LOCAL_ROOT\CLSID* ist also nur ein Zeiger darauf.

Unter *CLSID* kann der Schlüssel zu einem Objekt eine ganze Reihe weiterer Unterschlüssel enthalten, wie zum Beispiel der CLSID für ein Microsoft Word-Dokument (s. Abb. nächste Seite).

Welches Objekt dabei welchen Schlüssel verwendet, hängt von der Aufgabe des Objekts ab. Hier mal ein paar Beispiele:

- *ProgID* zeigt den Namen des Objekts an, also etwa *Word.Docu ment.6*

- *LocalServer* zeigt den Pfad zu einer 16-Bit-Anwendung an, die von diesem Objekt genutzt werden kann.

- *LocalServer32* zeigt den Pfad zu einer 32-Bit-Anwendung an, die von diesem Objekt genutzt werden kann, also zum Beispiel *Pfad\Winword.exe*.
- *InprocHandler32* enthält den Verweis auf eine *.dll*-Datei, die einer *.exe*-Datei Bibliotheken zur Bearbeitung dieses Objekts zur Verfügung stellt, wie zum Beispiel *Ole32.dll*.
- *InprocServer32* enthält den Verweis auf einen 32-Bit-In-Process-Server.
- *DefaultIcon* ist das für dieses Objekt als Standardvorgabe benutzte Symbol, also etwa *Winword.exe,0*, wobei die Ziffer *0* für das erste Symbol in der Datei oder Bibliothek steht.
- *Verb* enthält in Unterschlüsseln verschiedene Befehle für das Objekt und die Art, wie es dargestellt wird.

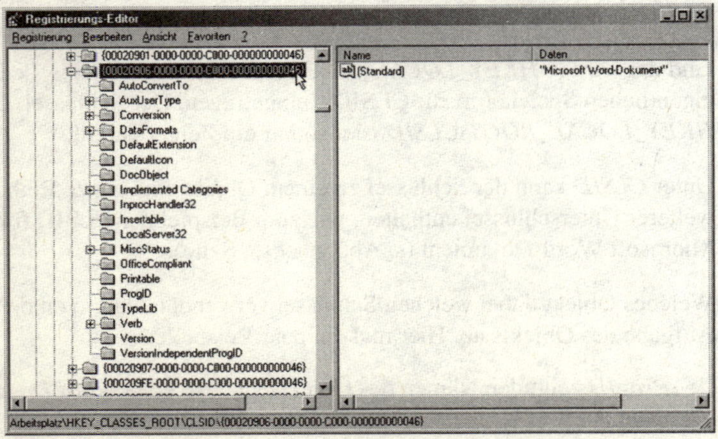

Glücklicherweise müssen Sie sich im Normalfall um einen CLSID nicht kümmern, weil der Eintrag und die Registrierung eines OLE-fähigen Objekts oder Programms bei der Installation automatisch abläuft.

Ein paar Objekte gibt es aber in Windows, die Sie weder manipulieren noch anpassen können, außer wenn Sie das Objekt über seinen CLSID ansprechen.

Und hier ein Überblick über die CLSIDs von einigen Objekten im Systemordner:

Aufgabe/Bedeutung	CLSID
Aktenkoffer	{85BBD920-42A0-1069-A2E4-08002B30309D}
DFÜ-Netzwerk	{992CFFA0-F557-101A-88EC-00DD010CCC48}
Drucker	{2227A280-3AEA-1069-A2DE-08002B30309D}
Internet Explorer	{FBF23B42-E3F0-101B-8488-00AA003E56F8}
Internet Cache Folder	{7BD29E00-76C1-11CF-9DD0-00A0C9034933}
Microsoft Network	{00028B00-0000-0000-C000-000000000046}
Papierkorb	{645FF040-5081-101B-9F08-00AA002F954E}
Posteingang	{00020D75-0000-0000-C000-000000000046}
Systemsteuerung	{21EC2020-3AEA-1069-A2DD-08002B30309D}
URL-Verlaufsordner	{FF393560-C2A7-11CF-BFF4-444553540000}

DOS ist tot – oder doch nicht?

Kapitel 9

Vielleicht haben Sie ja nie mit DOS gearbeitet und wundern sich jetzt doch ein wenig über das Riesengeschrei wegen des fehlenden Uraltbetriebssystems in Windows ME?

Naja – verstehen kann man das, denn was sich Microsoft bei der Entscheidung DOS aus Windows ME auszusperren gedacht hat, versteht niemand so recht!

Wenn Sie DOS schon kennen und auch weiter benutzen wollen, dann hier erst mal die relativ gute Nachricht: DOS gibt es nach wie vor – auch unter Windows ME!

„Relativ" gut ist diese Nachricht deshalb, weil Microsoft wirklich alles getan hat, um uns Anwendern den Zugang zu DOS so gut wie möglich zu verbarrikadieren! Die Geschichte der „DOS-Verbannung" ist allerdings auch nicht so ganz brandneu, denn Microsoft wollte schon unter Windows 95 und 98 das „lästige" DOS loswerden, hat das aber, vor allem aus Kompatibilitätsgründen zu älteren Anwendungen, nie geschafft.

Oh nein! Und was mache ich jetzt mit meinen ganzen alten DOS-Spielen und -Programmen?

Keine Sorge: Grundsätzlich müssen Sie weder Ihre DOS-Spiele noch andere DOS-Programme auf den Müll werfen!

Viele DOS-Spiele laufen nämlich sehr wohl unter Windows ME, zumindest diejenigen, die nicht den „exklusiven DOS-Modus" brauchen. Aber auch für solche Kandidaten gibt es eine Lösung – ich zeige sie Ihnen gleich im Anschluss!

Einige Programme allerdings sind unter Windows ME definitiv nicht lauffähig, wie zum Beispiel Disk-Tools wie Partition Magic, oder verschiedene Diagnose-Tools. Zum Glück haben aber alle betroffenen Hersteller schon vor Erscheinen von Windows ME entsprechende Updates angekündigt, sodass Sie Ihre Programme mittlerweile auch wieder einsetzen können. Leider sind nicht alle Hersteller dabei so kulant, ein kostenloses Update anzubieten – bei manchen Programmen müssen Sie nämlich wohl oder übel etwas tiefer in die Tasche greifen und ein Update kaufen! Eine der wirklich lobenswerten Ausnahmen ist dabei beispielweise der Hersteller Powerquest, bei dem Sie als Nutzer von *PartitionMagic 5.0* ganz selbstverständlich ein kostenloses Update zugeschickt bekommen!

Die Bootdiskette lebt

Haben Sie ein DOS-Spiel oder -Programm, das den exklusiven DOS-Modus verlangt, führt kein Weg an der so genannten „Bootdiskette" vorbei. Mit dieser Diskette starten Sie dann den PC – nicht aber Windows ME! Das allerdings klappt auch nicht immer – was Sie dann noch tun können, sehen Sie im Anschluss.

Das steckt dahinter ...

Anders als bei der Windows 95- oder 98-Startdiskette, ist die Windows ME-Startdiskette sehr eng mit dem Betriebssystem verzahnt. Weil sie zum Beispiel auch für eine Systemwiederherstellung gebraucht wird, arbeitet Sie beim Booten des PCs schon mit dem System zusammen und unterdrückt damit quasi einen Bootvorgang ins „echte" DOS. Um das zu verhindern, müssen Sie den Inhalt der Startdiskette also modifizieren – wie das geht, zeige ich Ihnen gleich.

Die einfachste Möglichkeit: Eine „alte" Startdiskette muss her

Wenn Sie keine Lust auf ein bisschen Handarbeit haben, gibt es eigentlich nur eine sinnvolle Möglichkeit: Vielleicht haben Sie in Ihrem Freundeskreis ja jemanden, der noch mit Windows 98 oder 98 SE arbeitet? Wenn ja, dann erstellen Sie auf diesem PC eine Startdiskette, mit der Sie Ihren Windows ME-Rechner im DOS-Modus starten können.

Zweite Möglichkeit: Ein bisschen Arbeit mit der Windows ME-Startdiskette

Kommen Sie nicht an eine Windows 98-Startdiskette, können Sie natürlich auch die Windows ME-Startdiskette verwenden, müssen sie aber eben ein wenig modifizieren. Doch keine Sorge – mehr als ein paar Minuten brauchen Sie dafür nicht! Und das geht so:

1 Zuerst öffnen Sie über *Start/Einstellungen* die *Systemsteuerung*. Hier klicken Sie auf *Software* und dann auf die Registerkarte *Startdiskette*.

2 Jetzt legen Sie eine leere Diskette ein und klicken auf *Diskette erstellen*.

3 Ist die Startdiskette erstellt, müssen Sie noch ein paar Einträge, die Windows dort gemacht hat, abändern, denn Sie wollen den Rechner ja mit DOS und nicht mit Windows starten. Interessant ist dafür erst einmal die Datei *Config.sys*.

4 Zum Bearbeiten öffnen Sie am besten die so genannte „DOS-Box" über *Start/Programme/Zubehör/MS-DOS Eingabeaufforderung*. In der DOS-Box geben Sie dann den Befehl *a:* ein und drücken die [Enter]-Taste. Jetzt geben Sie den Befehl *edit config.sys* ein und drücken noch mal auf [Enter].

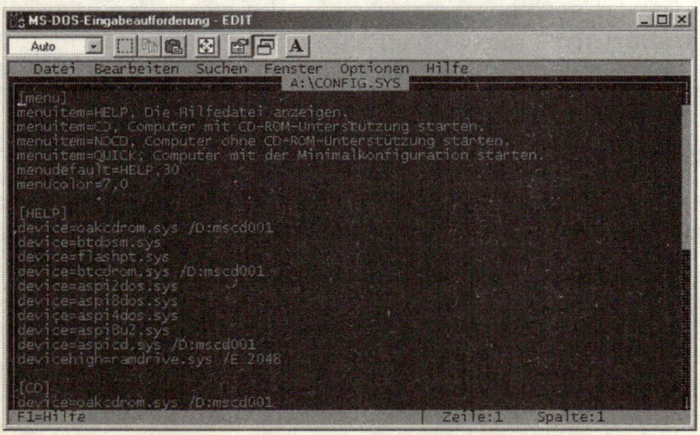

5 Im nächsten Schritt löschen Sie alle Einträge aus der Datei, die Sie nicht mehr brauchen, sodass die *Config.sys* zum Schluss so aussieht:

```
[menu]
menuitem=CD, Computer mit CD-ROM-Unterstützung starten.
menuitem=NOCD, Computer ohne CD-ROM-Unterstützung starten.
menudefault=CD,30
menucolor=7,0
[CD]
device=oakcdrom.sys /D:mscd001
device=btdosm.sys
device=flashpt.sys
device=btcdrom.sys /D: mscd001
device=aspi2dos.sys
device=aspi8dos.sys
device=aspi4dos.sys
device=aspi8u2.sys
device=aspicd.sys /D:mscd001
[NOCD]
[COMMON]
files=10
buffers=10
dos=high, umb
stacks=9, 256
lastdrive=z
device=display.sys con=(ega..1)
county=049, 850, country.sys
install=mode.com con cp prepare=( (850) ega.cpi)
install=mode.com con cp select=850
```

6 Haben Sie die Datei entsprechend geändert, wählen Sie *Datei/ Speichern*.

7 Die zweite für uns interessante Datei ist die *Autoexec.bat*, in der Sie nun ebenfalls alle unerwünschten Einträge löschen, bis sie zum Schluss so aussieht:

```
@ECHO OFF
cls
```

```
set temp=c:\
set tmp=c:\
path=c:\Windows\Command; a:\: %CDROM%:\
IF "%config%"== "NOCD" GOTO QUIT
MSCDEX.EXE /D:mscd001 /L%CDROM%
```

8 Auch die *Autoexec.bat* speichern Sie jetzt, schließen die DOS-Box wieder, und damit ist die Bootdiskette auch schon fertig!

Verflixt – warum klappt das nicht?

Sie haben die Bootdiskette angelegt, starten Ihren PC damit und trotzdem bekommen Sie Ihr Spiel nicht zum Laufen?

Genau dieser Fall dürfte eigentlich nicht eintreten – tut er es aber doch, ist Ihr Spiel daran „Schuld“! Das hat den Grund, dass Ihr Spiel wahrscheinlich bestimmte Geräteaufrufe in der *Config.sys* verlangt, also beispielsweise ganz eigene Einstellungen zur Soundkarte.

Normalerweise finden Sie diese Parameter aber in der Bedienungsanleitung des jeweiligen Spiels ziemlich ausführlich erläutert – ein Blick in diese Anleitung lohnt sich also!

Dritte Möglichkeit: Dual-Boot mit einer eigenen Partition

Die dritte der vier Möglichkeiten ist zugleich auch die komfortabelste, hat aber einen entscheidenden Nachteil – sie kostet nämlich leider ein paar Mark!

Was Sie tun müssen, ist ziemlich einfach: Sie besorgen sich zunächst ein Partitions-Tool wie etwa PartitionMagic von PowerQuest. Mit diesem Tool legen Sie nun ganz einfach eine DOS-Partition auf Ihrer Festplatte an. Das funktioniert ziemlich unkompliziert und ist nach maximal einer Stunde erledigt, wobei Ihnen das Programm eigentlich schon die ganze Arbeit abnimmt.

Danach installieren Sie den mitgelieferten Boot-Manager – mit ihm können Sie beim Rechnerstart festlegen, welches Betriebssystem gebootet werden soll, also entweder Windows ME oder DOS. Auf der DOS-Partition laufen Ihre Spiele genauso wie Ihre alten DOS-Programme wieder völlig problemlos!

Letzte Möglichkeit: DOS „freipatchen"

Die letzte Möglichkeit, um wieder an DOS heranzukommen, ist zugleich auch die vertrackteste. Ganz ehrlich gesagt, möchte ich Ihnen nicht dazu raten – ich zeige Sie Ihnen aus Gründen der Vollständigkeit aber trotzdem.

Eine Warnung gleich vorweg: Wenn Sie nicht ein wirklich versierter Windows-Bastler und obendrein noch ziemlich risikofreudig sind, sollten Sie definitiv die Finger von diesem Patch lassen!

Qual der Wahl – welcher Patch darf's denn sein?

Mittlerweile existieren etliche verschiedene Patches, die alle zum selben Ergebnis führen – DOS lebt wieder!

Das hört sich prima an – der Weg dorthin ist aber teilweise ziemlich steinig! Welchen der Patches Sie wählen, ist natürlich Ihre Sache – zwei davon würde ich persönlich aber in die engere Wahl ziehen. Das bedeutet nicht, dass einige Patches schlechter oder gefährlicher für Ihren PC als andere sind – die beiden gezeigten Versionen sind nur ziemlich „narrensicher", man kann beim Einsatz also nicht allzu viel falsch machen! Zudem existieren Patches, die DOS zwar wieder freisetzen, aber eben nicht das „richtige", sondern eine Art abgespeckte Version, die nicht das gesamte Funktionsspektrum bietet. Bei den beiden gezeigten Patches, ist dies übrigens nicht der Fall!

Vorsicht: Wer patcht, verliert den Support-Anspruch!

Neben der Gefahr des Datenverlustes durch einen Windows-Crash gibt es beim Einsatz eines Patches noch ein anderes Problem: Mit dem Patch verändern Sie Windows ME nachhaltig und Microsoft zieht sich damit – und das rein juristisch betrachtet zu Recht – aus jeglicher Gewährleistung zurück! Im Klartext: mit einem gepatchten Windows ME haben Sie keinerlei Anspruch auf Support von Microsoft! Das nur zur Erinnerung – wenn Sie aber sowieso lieber einen möglichst großen Bogen um den Microsoft-Support machen, brauchen Sie sich um diese Einschränkung natürlich nicht zu kümmern ;-)

DOS4ME: Klappt fast immer

Einen wirklich cleveren Patch namens DOS4ME finden Sie auf der Seite der Computerzeitschrift PC-Welt, die Sie unter der Adresse http://www.pcwelt.de erreichen. Hier finden Sie nicht nur den Patch selbst, sondern auch noch eine sehr ausführliche Dokumentation zum Umgang damit.

Schon ein bisschen zickiger: Der Real DOS-Mode Patch for Windows Millennium Edition

Nicht ganz so komfortabel und auch nur in englischer Sprache verfügbar, ist der Patch, den Sie unter der Adresse http://www.geocities.com/mfd4life_2000/ finden.

Auch zu diesem Patch gibt es eine relativ ausführliche Dokumentation – allerdings wie gesagt nur in englischer Sprache. Zudem müssen Sie beim Einsatz dieses Patches doch noch ein wenig mehr Handarbeit investieren!

Kein DOS – aber wie geht das dann mit dem BIOS-Flash?

Ein ganz anderes Thema, das Sie als Windows ME-Benutzer irgendwann einmal interessieren könnte, ist das Flashen des PC-BIOS.

Was Sie dabei tun müssen, ist, das BIOS Ihres Rechners auf den neuesten Stand zu bringen. Mit einer kleinen Datei, die Sie von der Internetseite des Boardherstellers herunterladen, ist Ihr PC damit dann wieder auf dem neuesten Stand. Das Problem an der Sache besteht nun darin, dass dieser Vorgang nur im exklusiven MS-DOS-Modus funktioniert.

Im Normalfall legen Sie dazu eine Bootdiskette an, auf die Sie nachträglich sowohl die neue BIOS-Datei als auch ein kleines Programm kopieren, das den eigentlichen Flash-Vorgang dann abwickelt.

Eine Möglichkeit – die aber dummerweise nicht bei allen Motherboards funktioniert – besteht darin, dass Sie sich zuerst eine Bootdiskette anlegen und diese dann so verändern, wie gerade beschrieben. Danach kopieren Sie die BIOS-Datei und das Flash-Programm auf die Diskette und starten den PC damit. Nach dem DOS-Start können Sie das BIOS dann problemlos flashen.

Wie gesagt – nicht bei allen Motherboards funktioniert das auch, sodass Ihnen im schlimmsten Fall nur die zweite Möglichkeit bleibt. Und die heißt: abwarten! Das ist zwar etwas nervig, es haben aber alle Motherboardhersteller versprochen, sich Lösungen zu diesem Problem einfallen zu lassen und auf ihren Webseiten anzubieten.

Tja – alles, was Sie tun können, ist also regelmäßig auf die Webseite Ihres Boardherstellers zu gehen und nachzugucken, ob dort endlich eine Lösung angeboten wird. Übrigens: Auf Seite 750 finden Sie die Adressen aller wichtigen Motherboardhersteller!

Wer braucht eigentlich noch DOS ?

Wozu Sie DOS brauchen, wenn Sie mit Windows ME arbeiten, ist auf den ersten Blick gar nicht so deutlich. Klar – wenn Sie wirklich ausschließlich mit Windows-Programmen arbeiten, nur Spiele haben, die hundertprozentig unter Windows ME laufen und Ihrem PC niemals eine neue Festplatte spendieren wollen, dann müssen Sie sich um DOS absolut keine Gedanken mehr machen.

Ein paar Situationen, in denen Sie an DOS gar nicht vorbeikommen

Ganz anders aber, wenn Sie auch nur ein einziges Spiel haben, an dem Ihr Herz nun mal hängt, das eben vielleicht nicht oder nur sehr schleppend mit Windows ME zusammenarbeitet! Spätestens dann nämlich werden Sie auf DOS zurückgreifen müssen, und ohne einen Blick hinter die DOS-Kulissen sind Sie schlicht und einfach verloren. Die andere Situation: Sie haben eine neue Festplatte gekauft und müssen sie logischerweise formatieren und partitionieren. Noch wahrscheinlicher: Sie beschließen, Ihre Festplatte zu formatieren und Windows ME neu aufzuspielen. Auch in diesen beiden Situationen brauchen Sie zumindest ein „gesundes Halbwissen" was DOS und bestimmte Befehle angeht.

Haben Sie das nicht, bleibt vielleicht noch ein netter und kompetenter Mensch im Freundeskreis, der die Arbeiten für Sie macht. Kennen Sie keinen solchen netten „Computermenschen", müssen Sie mit Ihrem Rechner zwangsläufig zum nächsten PC-Laden, gutes Geld für diesen Service bezahlen und obendrein vielleicht noch ein paar Tage auf Ihren PC warten!

Damit Ihnen genau das nicht passiert, finden Sie auf den folgenden Seiten alle wichtigen DOS-Infos und Befehle und erfahren, wie Sie sie einsetzen und worauf Sie dabei achten sollten.

Vielleicht brauchen Sie sie ja tatsächlich nie – wenn Sie aber nur ein einziges Mal darauf zurückgreifen können, haben Sie sich damit schon bares Geld, viel frustrierende Herumprobiererei und nicht zuletzt eine Menge Nerven gespart!

Die wichtigsten DOS-Befehle und -Tricks auf einen Blick

Wie prima manche DOS-Befehle wären, merkt man leider erst, wenn man nicht mehr weiß, wo sie zu finden sind! Wenn sich zum Beispiel Windows endgültig verabschiedet hat, Sie aber ganz dringend an eine bestimmte Datei auf dem Rechner heran müssen, kann DOS weiterhelfen.

Mit den Befehlen die Sie auf den nächsten Seiten finden, können Sie – wenn der Rechner nur noch unter DOS läuft – so ziemlich alles machen können, wofür Sie sonst Windows benutzen würden.

Grundsätzlich werden die DOS-Befehle übrigens in interne, also vom Befehlsinterpreter *Command.com* zur Verfügung gestellte, und externe Befehle unterteilt.

Interne DOS-Befehle

Alle internen DOS-Befehle werden sofort umgesetzt, wenn Sie sie eintippen.

cd ..

Mit dem Befehl *cd ..* wechseln Sie in das Verzeichnis, das eine Ebene höher liegt. Wenn Sie gerade im Verzeichnis *C:\Windows\System* sind, wechseln Sie mit *cd ..* also ins Verzeichnis *C:\Windows*. Ein weiteres *cd ..* und Sie sind im Verzeichnis *C:*.

cls

Mit *cls* löschen Sie den gesamten DOS-Bildschirm bis auf die Zeile mit dem DOS-Prompt.

copy

Mit *copy* können Sie Dateien kopieren. Wollen Sie zum Beispiel die Datei *C:\Texte\Haus* ins Verzeichnis *C:\Texte\Alles* kopieren, würden Sie

```
copy c:\texte\haus c:\texte\alles
```

eingeben.

date

Über den Befehl *date* zeigt DOS das aktuelle Systemdatum an, das Sie in diesem Zuge auch gleich ändern können.

del

Den Befehl *del* brauchen Sie zum Löschen einer Datei. Um die Datei *C:\Texte\Haus* zu löschen, müssen Sie zunächst in das Verzeichnis wechseln, in dem sich die zu löschende Datei befindet. Und dort geben Sie ein:

```
del haus.txt
```

Das Löschen funktioniert nur, wenn Sie immer die Dateierweiterung der zu löschenden Datei mit angeben.

dir

Mit *dir* lassen Sie sich den Inhalt des aktuellen Verzeichnisses oder Laufwerks anzeigen.

exit

Mit dem Befehl *exit* verlassen Sie den Befehlsinterpreter *Command.com. Exit* geben Sie zum Beispiel ein, wenn Sie unter Windows ME die DOS-Box wieder verlassen wollen.

md

Mit dem Befehl *md* erstellen Sie ein neues Verzeichnis an der Stelle, an der Sie sich gerade befinden. Wenn Sie im Verzeichnis *C:\Texte* ein neues Verzeichnis mit dem Namen *Texte2* erstellen wollen, wechseln Sie zunächst ins Verzeichnis *C:\Texte* und geben dort ein:

```
md texte2
```

rd

Den Befehl *rd* benutzen Sie, um ein Verzeichnis zu löschen. Das funktioniert allerdings nur, wenn das Verzeichnis leer ist, sich also weder eine Datei noch ein weiteres Verzeichnis darin befinden.

Um das Verzeichnis *C:\Texte\Texte2* zu löschen, wechseln Sie zunächst in das entsprechende übergeordnete Verzeichnis und geben dort ein:

```
rd texte2
```

ren

Mit dem Befehl *ren* können Sie Dateien umbenennen. Wollen Sie die Datei *Haus.txt* in *Haus1.txt* umbenennen, geben Sie ein:

```
ren haus.txt haus1.txt
```

set

Mit dem Befehl *set* lassen Sie DOS die Systemvariablen anzeigen.

time

Über den Befehl *time* zeigt DOS die aktuelle Systemzeit an, die Sie auch gleich ändern können.

type

Mit dem Befehl *type* können Sie ASCII-Dateien auf dem Bildschirm anzeigen lassen. Wenn Sie die Datei *Haus.txt* anzeigen lassen wollen, wechseln Sie in das Verzeichnis, in dem sich die Datei befindet, und geben dann ein:

```
type haus.txt
```

Das funktioniert aber nur, wenn Sie die Dateierweiterung mit eingeben. Bei langen Texten haben Sie jedoch das Problem, dass die Datei sofort nach Bestätigung des Befehls mit der Enter-Taste blitzschnell über den Bildschirm saust und Sie natürlich nichts lesen können.

Längere Texte sehen Sie sich mit dem Befehl *more* an, zu dem ich gleich noch komme.

ver

Über den Befehl *ver* werden das aktuelle Betriebssystem und seine Versionsnummer angezeigt.

vol

Mit dem Befehl *vol* können Sie den Namen des aktuellen Laufwerks und seine Laufwerkbezeichnung anzeigen lassen, sofern vorhanden.

Externe DOS-Befehle

Anders als die internen Befehle werden externe DOS-Befehle erst nach dem Laden der entsprechenden Dienstprogramme ausgeführt.

attrib

Mit dem Befehl *attrib* zeigt DOS das Attribut einer Datei an. Wenn Sie das Attribut der Datei *Haus.txt* einsehen wollen, wechseln Sie zunächst in das Verzeichnis, in dem die Datei liegt, und geben dann ein:

```
attrib haus.txt.
```

Jetzt zeigt DOS eine Zeile, die so aussehen könnte:

```
a   auto.txt                c:\texte\auto.txt
```

DOS stellt das Attribut einer Datei immer an den Zeilenbeginn. Und das sind die Attribute, die unter DOS verwendet werden:

Attribut	Bedeutung
A	Archivdatei
H	versteckte Datei
S	Systemdatei
R	schreibgeschützte Datei

Natürlich können Sie Attribute auch kombinieren, sodass *SHR* für eine schreibgeschützte Systemdatei steht, die zudem versteckt ist.

deltree

Der Befehl *deltree* funktioniert so ähnlich wie der Befehl *rd* und löscht ebenfalls Verzeichnisse. Während Sie aber mit *rd* nur einzelne und leere Verzeichnisse löschen können, löscht *deltree* gleich einen ganzen Verzeichnisbaum. Wenn Sie zum Beispiel den Verzeichnisbaum *C:\Texte\Neu\Kalkulation\Hausbau* löschen wollen, geben Sie ein:

```
deltree c:\texte
```

DOS fragt Sie jetzt, ob Sie das Verzeichnis inklusive aller seiner Unterordner löschen wollen, was Sie mit *Ja* oder *Nein* beantworten können.

diskcopy

Der Befehl *diskcopy* startet ein kleines Programm, mit dem sich Disketten kopieren lassen. Wenn Sie den Inhalt einer Diskette auf eine andere kopieren wollen, legen Sie zuerst die zu kopierende Diskette ein und geben ein:

```
diskcopy a: a:
```

Jetzt kopiert DOS den Inhalt der ersten Diskette in den Arbeitsspeicher des Rechners und fordert Sie danach auf, die zweite Diskette einzulegen. Wenn Sie das getan und bestätigt haben, kopiert DOS die Daten aus dem Arbeitsspeicher auf die neue Diskette.

doskey

Mit dem Befehl *doskey* speichern Sie die während Ihrer DOS-Arbeit eingegebenen internen und externen Befehle, zwischen denen Sie dann mit den Pfeiltasten der Tastatur wechseln können. Das erspart natürlich das ständige Neueingeben der Befehle.

edit

Der Befehl *edit* ruft den DOS-Editor auf, mit dem Sie beispielsweise die Systemdateien bearbeiten können.

fc

Mit dem Befehl *fc* können Sie Dateien miteinander vergleichen. Um zum Beispiel die Dateien *Text1.txt* und *Text2.txt* miteinander zu vergleichen, geben Sie ein:

```
fc auto1.txt auto2.txt
```

Jetzt zeigt DOS den Inhalt beider Dateien an, was allerdings nur bei kleinen Dateien wie kurzen ASCII-Dateien sinnvoll ist.

fdisk

Den Befehl *fdisk* brauchen Sie, um das gleichnamige Festplattenpartitionierungs-Tool aufzurufen. Ab Seite 755 zeige ich Ihnen, wie Sie damit arbeiten.

format

Mit dem Befehl *format* können Sie einen Datenträger formatieren.

label

Mit dem Befehl *label* können Sie den Namen und die Bezeichnung eines Datenträgers einsehen und verändern.

mem

Mit *mem* lassen Sie DOS die aktuellen Informationen zur Belegung des Arbeitsspeichers anzeigen.

more

Den Befehl *more* benutzen Sie in Verbindung mit dem Befehl *type*, um Dateien seitenweise anzeigen zu lassen. Wollen Sie die Datei *Haus.txt* im Verzeichnis *Texte* anzeigen, geben Sie ein:

```
type c:\texte\haus.txt | more
```

Das funktioniert nur, wenn Sie den Strich vor dem *more*-Befehl, auch „Pipe" genannt, setzen, den Sie mit den Tasten [AltGr]+[>] erzeugen.

Der Parameter /p

Den Parameter */p* setzen Sie in ähnlichen Situationen ein wie den *more*-Befehl. Wenn Sie sich beispielsweise alle Dateien im Verzeichnis *Windows* anzeigen lassen wollen, würden die Dateien mit dem *dir*-Befehl einfach über den Monitor zischen, ohne dass Sie etwas erkennen können. Geben Sie allerdings ein:

```
dir/p
```

zeigt DOS den Verzeichnisinhalt seitenweise an. Durch Drücken einer beliebigen Taste wird der nächste Teil des Verzeichnisses dargestellt.

move

Mit dem Befehl *move* können Sie Verzeichnisse verschieben und, wenn Sie wollen, auch gleich umbenennen. Wenn Sie zum Beispiel das Verzeichnis *C:\Texte\Haus* nach *C:\Texte3* verschieben wollen, geben Sie ein:

```
move c:\texte\haus c:\texte3
```

Ein bisschen vorsichtig müssen Sie mit *move* sein, wenn im Zielverzeichnis bereits Daten mit dem gleichen Namen vorhanden sind, weil diese dann einfach überschrieben werden.

Wenn Sie ein Verzeichnis umbenennen wollen, geben Sie einfach den Verzeichnisnamen der Zielbezeichnung ein, also etwa

```
move c:\hund c:\katze
```

scandisk

Der Befehl *scandisk* startet das gleichnamige Programm, mit dem die Festplatte des Rechners auf Fehler überprüft wird.

scanreg

Über den Befehl *scanreg* starten Sie die Überprüfung der Registry.

Hilfe unter DOS

Brauchen Sie unter DOS Hilfe zu einem der gerade beschriebenen Befehle? Kein Problem! Wenn Sie mal nicht mehr genau wissen, welche Parameter Sie zum Beispiel für den *format*-Befehl verwenden müssen, geben Sie einfach ein:

```
format /?
```

Jetzt zeigt DOS Ihnen alle für den Befehl zur Verfügung stehenden Parameter und gibt an, wie Sie diese einsetzen können. In der Abbildung sehen Sie übrigens die Befehle, die Windows ME Ihnen in einer DOS-Box zeigt – unter dem „echten" DOS kommen noch verschiedene andere Parameter hinzu!

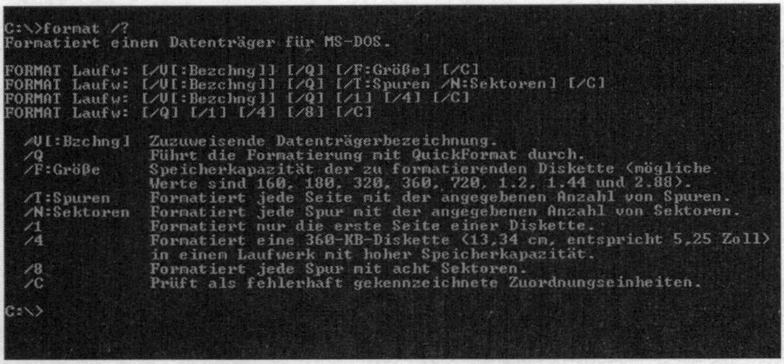

Hier kommt noch mehr Hilfe!

Wenn Sie noch mehr Hilfe brauchen, dann finden Sie die auf der Windows-CD, wenn Sie im Ordner *Tools\Oldmsdos* die Datei *Help.exe* anklicken. Hier finden Sie nicht nur alle unter DOS zur Verfügung stehenden Befehle, sondern auch gleich Anwendungsbeispiele dazu.

Kleiner Tipp am Rande: Wenn Sie viel mit DOS arbeiten, sollten Sie sich die für Sie wichtigen Befehle und Befehlsbeschreibungen einfach ausdrucken!

Auch unter DOS immer der Joker

Auch unter DOS gibt es den Joker, manchmal als „Wildcard" bezeichnet. Er ist nichts anderes als die [*]-Taste auf der Tastatur, die Sie bei DOS-Befehlen recht universell einsetzen können.

Mit dem Joker können Sie zum Beispiel Daten zu Gruppen zusammenfassen und sich damit natürlich eine Menge Arbeit ersparen. Wollen Sie zum Beispiel alle Treiberdateien anzeigen lassen, die im Verzeichnis *Windows\System* stehen, wechseln Sie in das Verzeichnis und geben ein:

```
dir *.drv
```

Jetzt zeigt Ihnen DOS alle Dateien mit der entsprechenden Dateierweiterung.

Dateierweiterungen auf einen Blick

An der Dateierweiterung, also den drei Zeichen, die dem Punkt hinter dem Dateinamen folgen, können Sie mit einem Blick erkennen, um was für einen Dateityp es sich gerade handelt. Einige dieser Dateierweiterungen kennen Sie aus Windows, andere sind DOS-eigene Erweiterungen.

Hier die Wichtigsten, die Ihnen immer wieder begegnen:

Dateierweiterung	Datei
.asc	ASCII-Datei
.bak	Sicherungsdatei, also kopierte Datei
.bat	Stapelverarbeitungsdatei
.com	ausführbare Programmdatei, die auf eine maximale Größe von 64 KByte beschränkt ist
.exe	ausführbare Programmdatei ohne Größenbeschränkung
.dll	Dynamic Link Library – eine Windows-eigene Datei
.drv	Treiberdatei
.sys	Systemdatei
.sik	Sicherungsdatei, also kopierte Datei
.$$$	temporäre Datei
.txt oder *.dok* oder *.doc*	Textdatei aus Microsoft-Programmen
.dbf oder *.dat* oder *.mdb*	Datenbankdatei

Was soll denn das: Ich schreibe ja plötzlich Englisch?

Das hier könnte Ihnen ganz schnell passieren: Sie arbeiten mit DOS und schaffen es nicht mal, das Laufwerk zu wechseln! Erst beim zweiten Blick wird klar, was los ist: Der Doppelpunkt, der hinter der Laufwerkangabe stehen muss, ist schlicht und einfach nicht mehr auf der Tastatur vorhanden, und stattdessen sehen Sie die spitze Klammer auf dem Bildschirm. Und auch der Backslash, der schräge Trennungsstrich zwischen Verzeichnissen, ist weg! Hat sich etwa die Tastatur plötzlich verabschiedet? Der Grund für das Chaos ist eigentlich ziemlich einfach – man muss nur erst einmal dahintergekommen sein!

Der Chaosproduzent, der für die scheinbar defekte Tastatur sorgt, ist der englische Keyboard-Treiber. Durch seine Ansteuerung der Tastatur liegen bestimmte Zeichen einfach auf anderen Tasten. Am schnellsten beheben Sie das Problem, indem Sie am DOS-Prompt den deutschen Tastaturtreiber manuell laden. Das funktioniert mit der ziemlich komisch aussehenden Eingabe: „kezb gr".

Stimmt – normalerweise heißt der Aufruf für den deutschen Tastaturtreiber *keyb gr*!

Die englische Tastenbelegung hat aber die Position der Buchstaben Y und Z vertauscht, also müssen Sie Ihre Eingabe dem anpassen!

Das sind die Tasten für die wichtigsten DOS-Eingaben:

DOS-Befehl	Taste auf der englischen Tastatur
:	Ö
z	Y
y	Z
\	<
*	Umschalt+8

DOS und der Windows-Explorer

Wenn Sie gerade in der DOS-Box arbeiten und mal eben in den Windows-Explorer wechseln wollen, ohne die DOS-Box extra verkleinern zu müssen, geht das ganz einfach!

Geben Sie am DOS-Prompt einfach die Zeile

```
explorer
```

ein und drücken Sie die Enter-Taste. Schon öffnet Windows den Explorer!

Spart viel Tipperei und Nerven: Der Doskey

Kennen Sie das? Gerade haben Sie einen langen DOS-Befehl oder eine genauso lange Pfadangabe eingetippt und einen Schreibfehler gemacht! Also alles von vorn!

Von wegen – denn wenn im Hintergrund der Doskey läuft, werden alle Ihre Befehle gespeichert und Sie können sie bequem mit den Pfeiltasten der Tastatur wieder zurückholen!

Zwei Möglichkeiten gibt's dabei, den Doskey einzusetzen – eine blitzschnelle und eine eher auf Dauer angelegte. Hier erst mal die schnelle Version:

Geben Sie am DOS-Prompt einfach den Befehl

```
doskey
```

ein. DOS meldet sofort *DOSKEY ist installiert*, und der Doskey steht jetzt für die Dauer dieser DOS-Sitzung bereit. Übrigens: Wenn Sie unter Windows ME in einer DOS-Box arbeiten, ist der Doskey standardmäßig bereits aktiv, Sie müssen Ihn also nicht extra aufrufen!

Ein Kinderspiel: Systemdateien unter DOS bearbeiten

Wenn Sie mit DOS auf einer eigenen Partition arbeiten, kann es durchaus mal sein, dass etwa ein Spiel bestimmte Einstellungen von Ihnen verlangt. Fast immer geht es dabei um Einträge in den Dateien *Autoexec.bat* und *Config.sys*. Welche das sind, steht im Handbuch zu Ihrem Spiel – Sie brauchen diese Angaben also nur noch nach der jeweiligen Anleitung abzutippen!

Nützliche Oldies: Autoexec.bat und Config.sys

Im Grunde könnten Sie auf die Dateien *Autoexec.bat* und *Config.sys* verzichten, und Windows ME würde trotzdem prima arbeiten. Ganz anders aber unter DOS, denn hier sind diese Dateien absolut lebenswichtig, weil sie vor allem bestimmte Gerätetreiber laden.

Wenn Sie doch mal etwas ändern müssen

Die Dateien *Autoexec.bat* und *Config.sys* können Sie unter DOS am besten mit dem DOS-Editor namens *Edit* bearbeiten. Diesen rufen Sie am DOS-Prompt einfach mit dem Befehl

```
edit
```

auf.

Edit ist aber die letzte Rettung, wenn Windows aus irgendwelchen Gründen nicht mehr arbeitet. Und so arbeiten Sie mit *Edit*:

1 Rufen Sie *Edit* auf, indem Sie in der DOS-Box den Befehl „edit“ eingeben.

2 Im Hauptfenster von *Edit* können Sie mit der Maus arbeiten und auf *Datei/Öffnen* klicken.

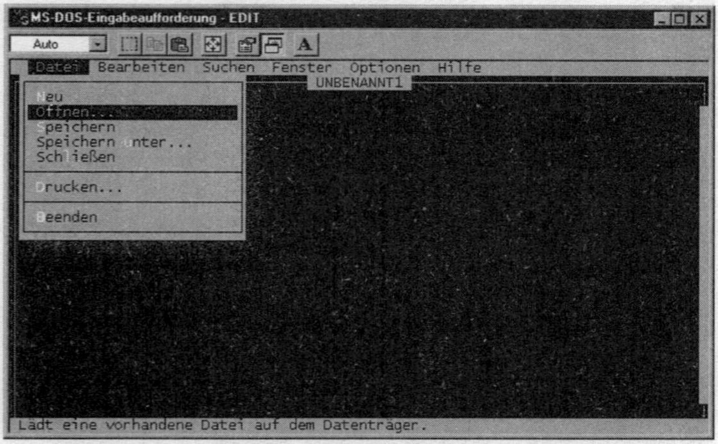

3 Sie landen im *Öffnen*-Fenster, das für Windows-Benutzer ein bisschen altertümlich aussieht.

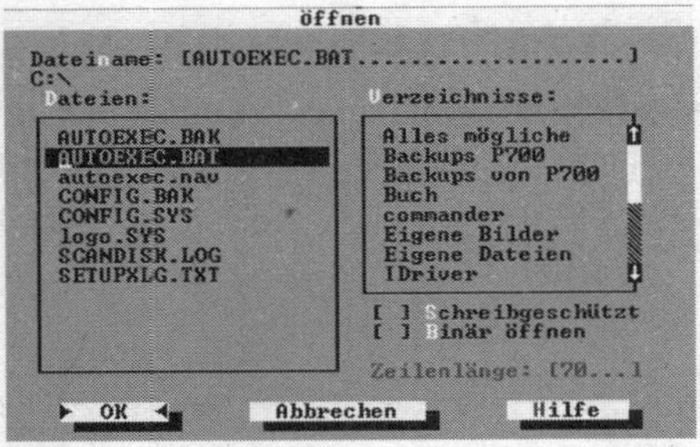

4 Wenn Sie jetzt zum Beispiel die *Autoexec.bat* öffnen wollen, gibt es dazu mehrere Wege. Unter der Zeile *Dateiname* steht der Ordner, in dem Sie sich aktuell befinden, und darunter sehen Sie eine Auswahlliste der vorhandenen Dateien. Wenn die gesuchte Datei in diesem Ordner steht, können Sie sie mit Hilfe des Rollbalkens in der Auswahlliste suchen. Steht die Datei in einem anderen und Ihnen vielleicht unbekannten Ordner, tragen Sie einfach den Namen in die Zeile *Dateiname* ein und klicken danach auf *OK*.

5 Etwas anders geht es, wenn Sie zwar die Dateiendung kennen, aber den Dateinamen nicht. Hier kommen Sie mit dem Joker weiter, also dem Stern vor der gesuchten Dateiendung. Damit veranlassen Sie *Edit*, alle Dateien mit der entsprechenden Endung anzuzeigen.

6 Haben Sie die Datei gefunden, öffnen Sie sie mit der *OK*-Schaltfläche.

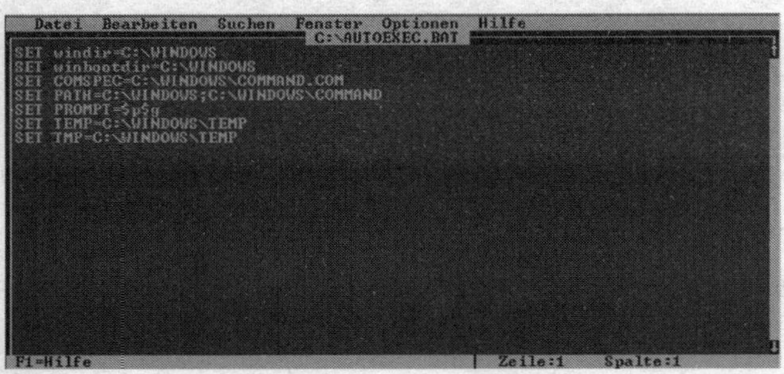

„Jugend forscht": Was steckt eigentlich in den alten Dateien Win.ini und System.ini?

Windows ME verwaltet zwar alle Systemeinstellungen, die Sie in den Dateien *Win.ini* und *System.ini* finden, schon in der Registry und dort in der Datei *Classes.dat*, die doppelte Verwaltung dieser Daten ist aber aus Kompatibilitätsgründen zu älteren Programmen notwendig.

Eigentlich brauchen Sie diese Dateien also gar nicht weiter zur Kenntnis zu nehmen – aber vielleicht sind Sie einfach viel zu neugierig und wollen doch wissen, was es so alles auf Ihrem PC gibt?

Who's who in den Systemdateien

Hier mal ein Blick auf die wichtigsten Einträge der *Win.ini*. Normalerweise müssen Sie in der *Win.ini* selbst keine Änderungen vornehmen, weil Sie das viel komfortabler direkt über die Systemsteuerung machen können.

Eintrag	Bedeutung
[windows]	In den Sektionen *load* und *run* legen Sie fest, welche Programme beim Windows-Start geladen werden sollen. Im Anschluss an diese Übersicht sehen wir uns diesen Vorgang näher an.
[Desktop]	Hier wird mittels verschiedener Sektionen angegeben, wie der Desktop-Hintergrund dargestellt werden soll. Änderungen nehmen Sie aber nicht hier, sondern über das Eigenschaftenfenster der Anzeige vor.
[intl]	Hier werden landesspezifische Einstellungen vorgenommen. *Country=49* beispielsweise setzt den internationalen Code für Deutschland. Auch hier ändern Sie die Einstellungen aber nicht in der Datei, sondern über die *Ländereinstellungen* in der Systemsteuerung.
[Fonts] *[FontSubstitutes]*	Dieser Eintrag bezeichnet die installierten Schriften bzw. die für bestimmte Schriftarten verwendeten Ersatzschriften.

Eintrag	Bedeutung
[Compatibility] *[Compatibility32]* *[Compatibility95]* *[ModuleCompatibility]* *[MCICompatibility]*	Diese Einträge betreffen die Kompatibilität von Windows zu anderen Programmen. Besonders hier gilt: Finger weg, denn an dieser Stelle können Sie das Verhalten von Windows höchstens negativ beeinflussen!
[TrueType]	Dieser Eintrag legt beispielsweise über den Zusatz *FontSmoothening* fest, ob die Bildschirmschriftarten bei der Anzeige geglättet werden sollen. Einfacher geht dies aber über das Eigenschaftenfenster der Anzeige, in dem Sie auf der Registerkarte *Effekte* die Option *Bildschirmschriftarten glätten* aktivieren.
[mci extensions]	Dieser Eintrag weist bestimmte Dateiformate den entsprechenden MCI-Geräten zu.
[Ports]	Hier werden die parallelen Ports und die seriellen Schnittstellen des PCs verwaltet.
[embedding]	In diesem Eintrag werden Informationen verwaltet, die dem Einbinden von Objekten in Dokumente dienen. Auch hier sollten Sie keine manuellen Änderungen vornehmen.
[Extensions]	In diesem Eintrag werden Dateikürzel mit den entsprechenden Anwendungen verknüpft. Dadurch wird das zugehörige Programm automatisch geöffnet, wenn Sie eine Datei mit einem bestimmten Dateikürzel anklicken.
[Devices] *[PrinterPorts]*	In diesem Eintrag werden sowohl die Druckertreiber als auch die Einstellungen des Druckeranschlusses verwaltet. Weil dieser Eintrag automatisch mit der Einrichtung eines Druckers generiert wird, müssen Sie auch hier keine manuellen Veränderungen vornehmen.
[Sounds]	In diesem Eintrag wird festgelegt, welchem Windows-Ereignis welcher Klang zugeordnet wird. Auch diesen Eintrag ändern Sie besser nicht in der Datei, sondern über *Akustische Signale* in der Systemsteuerung.

Wenn Sie alte 16-Bit-Programme auf Ihrem Rechner installiert haben, finden Sie übrigens zusätzlich zu den gerade gezeigten Einträgen deren eigene Einträge mit den für das jeweilige Programm geltenden Werten.

So wird die Win.ini manuell bearbeitet

Wenn Sie die *Win.ini* manuell bearbeiten wollen, ist das eigentlich nur in den zwei Einträgen *Load*= und *Run*= sinnvoll, weil Sie hier Programme als Symbole laden oder direkt ausführen lassen können. Wenn Sie zum Beispiel beim Windows-Start das Programm Paintbrush als Symbol laden und WordPad ausführen lassen wollen, ändern Sie die Einträge *Load*= und *Run*= einfach so ab:

```
load=pbrush.exe
run=write.exe
```

Hinter den Kulissen der System.ini

Auch die *System.ini* müssen Sie normalerweise nicht manuell bearbeiten. Hier die wichtigsten Einträge in der *System.ini*:

Eintrag	Bedeutung
[boot]	In diesem Eintrag werden alle Gerätetreiber angegeben, die mit dem Windows-Start automatisch ausgeführt werden sollen, wie etwa Maus- oder Tastaturtreiber.
[keyboard]	In diesem Eintrag werden spezielle Informationen zur Tastatur und zum Tastaturtreiber verwaltet.
[boot.description]	In diesem Eintrag finden Sie eine Art Kurzbeschreibung Ihres PCs, in dem etwa der Typ der Tastatur, der Maus und der Grafikkarte aufgeführt werden.
[386enh]	Dieser Eintrag verwaltet die Einstellungen des erweiterten 386-Modus.
[NonWindowsApp]	Unter diesem Eintrag sind die Größen von TrueType-Schriften für DOS-Anwendungen aufgeführt.
[power.drv]	Dieser Eintrag verwaltet die Einstellungen zum Powermanagement.

Eintrag	Bedeutung
[drivers] *[drivers32]*	In diesem Eintrag finden Sie Treiber, die zusätzlich geladen werden, wie etwa Treiber für Multimedia-Player.
[mci]	Dieser Eintrag verwaltet die Treiber für spezielle MCI-Geräte, wie den CD-Player oder MPEG-Video.
[Password Lists]	In diesem Eintrag werden die Passwortdateien mit der Endung **.pwl* verwaltet, die etwa das Passwort für die Netzwerkanmeldung enthalten.

Von wegen „altes Eisen": Die Msdos.sys ist immer noch nützlich

Vielleicht wundern Sie sich jetzt doch ein bisschen: Erst das ganze Tamtam um „Windows ME hat kein DOS mehr" und jetzt plötzlich eine Datei namens *Msdos.sys*?

Tja – die Wahrheit sieht eben anders aus, als Microsoft das will, und Windows ME basiert, wie Sie ja schon gesehen haben, eben doch noch auf DOS!

Deshalb ist auch die Datei *Msdos.sys* noch vorhanden – zugegeben – sie ist nicht mehr ganz so wichtig wie noch in Windows 98, aber sie hat durchaus noch ihre Lebensberechtigung!

Was sie nach wie vor tut, ist, den Windows-Start zu beeinflussen, und genau das gibt Ihnen die Chance, an ein paar Stellen einzugreifen! Auf den ersten Blick scheint sie zwar nur aus ein paar Textzeilen zu bestehen – hinter denen verbergen sich allerdings eine Reihe ganz interessanter Einstellungsmöglichkeiten! Allerdings gibt es auch einige Einträge in der *Msdos.sys*, die noch aus Windows 98-Zeiten stammen und unter Windows ME keine Bedeutung mehr haben, bzw. gar nicht mehr funktionieren. Welche das sind, zeige ich Ihnen jeweils.

Öffnen Sie die *Msdos.sys* einfach im Windows-Editor und denken Sie daran, dass Sie in ihrem Kontextmenü erst die Eigenschaft *Schreibgeschützt* deaktivieren müssen, bevor Sie sie bearbeiten können!

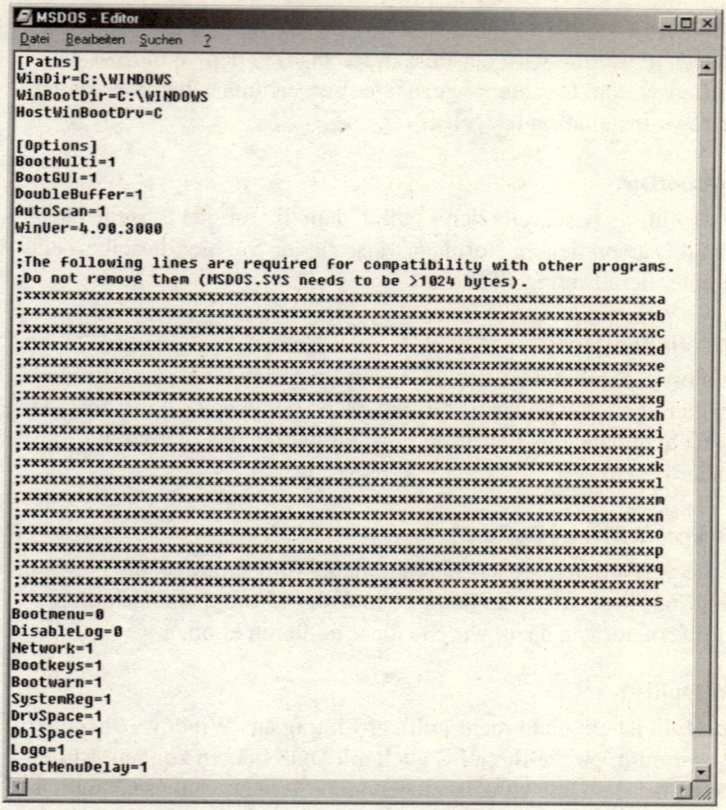


```
[Paths]
WinDir=C:\WINDOWS
WinBootDir=C:\WINDOWS
HostWinBootDrv=C

[Options]
BootMulti=1
BootGUI=1
DoubleBuffer=1
AutoScan=1
WinVer=4.90.3000
;
;The following lines are required for compatibility with other programs.
;Do not remove them (MSDOS.SYS needs to be >1024 bytes).
;xxxxxxxxxxxxxxxxxxxxxxxxxxxxxxxxxxxxxxxxxxxxxxxxxxxxxxxxxxxxxxxxxxxxxa
;xxxxxxxxxxxxxxxxxxxxxxxxxxxxxxxxxxxxxxxxxxxxxxxxxxxxxxxxxxxxxxxxxxxxxb
;xxxxxxxxxxxxxxxxxxxxxxxxxxxxxxxxxxxxxxxxxxxxxxxxxxxxxxxxxxxxxxxxxxxxxc
;xxxxxxxxxxxxxxxxxxxxxxxxxxxxxxxxxxxxxxxxxxxxxxxxxxxxxxxxxxxxxxxxxxxxxd
;xxxxxxxxxxxxxxxxxxxxxxxxxxxxxxxxxxxxxxxxxxxxxxxxxxxxxxxxxxxxxxxxxxxxxe
;xxxxxxxxxxxxxxxxxxxxxxxxxxxxxxxxxxxxxxxxxxxxxxxxxxxxxxxxxxxxxxxxxxxxxf
;xxxxxxxxxxxxxxxxxxxxxxxxxxxxxxxxxxxxxxxxxxxxxxxxxxxxxxxxxxxxxxxxxxxxxg
;xxxxxxxxxxxxxxxxxxxxxxxxxxxxxxxxxxxxxxxxxxxxxxxxxxxxxxxxxxxxxxxxxxxxxh
;xxxxxxxxxxxxxxxxxxxxxxxxxxxxxxxxxxxxxxxxxxxxxxxxxxxxxxxxxxxxxxxxxxxxxi
;xxxxxxxxxxxxxxxxxxxxxxxxxxxxxxxxxxxxxxxxxxxxxxxxxxxxxxxxxxxxxxxxxxxxxj
;xxxxxxxxxxxxxxxxxxxxxxxxxxxxxxxxxxxxxxxxxxxxxxxxxxxxxxxxxxxxxxxxxxxxxk
;xxxxxxxxxxxxxxxxxxxxxxxxxxxxxxxxxxxxxxxxxxxxxxxxxxxxxxxxxxxxxxxxxxxxxl
;xxxxxxxxxxxxxxxxxxxxxxxxxxxxxxxxxxxxxxxxxxxxxxxxxxxxxxxxxxxxxxxxxxxxxm
;xxxxxxxxxxxxxxxxxxxxxxxxxxxxxxxxxxxxxxxxxxxxxxxxxxxxxxxxxxxxxxxxxxxxxn
;xxxxxxxxxxxxxxxxxxxxxxxxxxxxxxxxxxxxxxxxxxxxxxxxxxxxxxxxxxxxxxxxxxxxxo
;xxxxxxxxxxxxxxxxxxxxxxxxxxxxxxxxxxxxxxxxxxxxxxxxxxxxxxxxxxxxxxxxxxxxxp
;xxxxxxxxxxxxxxxxxxxxxxxxxxxxxxxxxxxxxxxxxxxxxxxxxxxxxxxxxxxxxxxxxxxxxq
;xxxxxxxxxxxxxxxxxxxxxxxxxxxxxxxxxxxxxxxxxxxxxxxxxxxxxxxxxxxxxxxxxxxxxr
;xxxxxxxxxxxxxxxxxxxxxxxxxxxxxxxxxxxxxxxxxxxxxxxxxxxxxxxxxxxxxxxxxxxxxs
Bootmenu=0
DisableLog=0
Network=1
Bootkeys=1
Bootwarn=1
SystemReg=1
DrvSpace=1
DblSpace=1
Logo=1
BootMenuDelay=1
```

Und das steht drin, in der Msdos.sys

Die *Msdos.sys* ist in zwei Blöcke unterteilt, von denen der erste *[Paths]* heißt. In ihm stehen Informationen, die benötigt werden, um die Windows-Programmdateien und die Registry zu finden. Am besten lassen Sie diese Einträge übrigens völlig in Ruhe – positiv verändern können Sie hier nämlich eigentlich nichts! Und das sind die drei Einträge, die Sie hier finden:

WinDir

Mit diesem Eintrag wird der Pfad bezeichnet, in dem Windows gespeichert wurde. Das hier angegebene Verzeichnis haben Sie bei der Windows-Installation festgelegt.

WinBootDir

Dieser Eintrag beschreibt den Pfad, in dem die für den Systemstart nötigen Dateien liegen. Normalerweise finden Sie hier dieselbe Zeile wie unter dem Eintrag *WinDir*.

HostWinBootDrv

Mit diesem Eintrag wird das Laufwerk bezeichnet, auf dem Windows gebootet wird. Auch hier finden Sie, wenn bei der Windows-Installation nicht ein anderes Laufwerk gewählt wurde, das Laufwerk C: als Standard.

Einträge im Block [Options]

Im Block *[Options]* stehen standardmäßig fünf Einträge, die den Windows-Start beeinflussen. Hier aber mal alle 15 möglichen Einträge und Informationen dazu, wie Sie diese editieren können.

BootMulti=1

BootMulti ist ein nicht mehr gültiger Eintrag aus Windows 98-Zeiten, der bestimmt, ob Sie Ihren PC auch mit DOS booten können. Ist der Wert hinter dem Gleichheitszeichen auf *1* gesetzt, ist diese Möglichkeit aktiviert. Die Ziffer *0* deaktiviert sie. Da Windows ME ja nicht mehr in DOS booten kann, ist dieser Eintrag im Grunde überflüssig.

BootGui=1

Auch dieser Eintrag stammt noch aus Windows 98 und hat festgelegt, ob die Datei *Io.sys* die grafische Benutzeroberfläche von Windows 98 lädt. Ebenso wie der Eintrag BootMulti ist BootGUI eigentlich nutzlos!

DoubleBuffer=1

Hier wird festgelegt, ob das Buffering, also der Cache für SCSI-Geräte, aktiviert ist. Standardmäßig steht hier der Eintrag *1*, wodurch der Cache nur den SCSI-Controllern zur Verfügung gestellt wird, wenn sie ihn anfordern. Wenn Sie stattdessen *2* eintragen, wird der Cache immer zur Verfügung gestellt, auch wenn der SCSI-Controller dies nicht verlangt. Mit der Ziffer *0* deaktivieren Sie den Cache.

AutoScan=1

Mit *AutoScan* legen Sie fest, was ScanDisk nach einem Windows-Crash oder wenn Windows nicht korrekt beendet wurde, machen soll. Wenn Sie den standardmäßigen Wert *1* verwenden, zeigt Windows nach einem Crash eine Warnmeldung und ScanDisk wird gestartet. Mit dem Wert *2* wird ScanDisk bei jedem Windows-Start ausgeführt. Und mit *0* deaktivieren Sie ScanDisk, was allerdings nicht besonders schlau wäre.

BootSafe

Hier wird festgelegt, ob Windows automatisch im abgesicherten Modus starten soll. Mit dem Wert *0* haben Sie die Möglichkeit, Windows über das Bootmenü manuell im abgesicherten Modus zu starten. Wenn Sie den Wert auf *1* setzen, startet Windows immer im abgesicherten Modus.

BootKeys

Mit *BootKeys* wird bestimmt, ob Sie im Bootmenü eine der verschiedenen Startarten wählen können. Der Wert *1* ermöglicht das, und der Wert *0* deaktiviert die Auswahl.

BootMenu

Mit *BootMenu* können Sie festlegen, dass das Windows-Bootmenü automatisch erscheint. Mit dem Wert *0* bekommen Sie das Bootmenü angezeigt, wenn Sie die Taste [Strg] drücken. Setzen Sie den Wert auf *1*, erscheint das Startmenü automatisch. Wenn Sie den Wert *1* eingegeben haben, läuft während der Darstellung des Bootmenüs ein Countdown, nach dessen Ablauf der Rechner mit den vorgegebenen Werten gestartet wird. Wie Sie diese Vorgaben verändern, sehen Sie im nächsten Eintrag *BootMenuDefault*.

BootMenuDefault

Mit diesem Eintrag legen Sie fest, welche der Optionen des Startmenüs aktiviert werden soll. Nach Ablauf des Countdowns wird der Rechner dann mit dieser Option gebootet. Um die Option zu bestimmen, tragen Sie die Zahlen 1 bis 6 entsprechend den Einträgen des Bootmenüs ein.

Zahl	Option des Bootmenüs
1	normal
2	protokolliert (\BOOTLOG.TXT)
3	abgesicherter Modus
4	Einzelbestätigung
5	nur Eingabeaufforderung
6	nur Eingabeaufforderung für abgesicherten Modus

BootMenuDelay

Mit *BootMenuDelay* legen Sie fest, wie viele Sekunden der Countdown dauern soll, bevor der Rechner mit der unterlegt dargestellten Option gebootet wird. Standardmäßig sind das übrigens 30 Sekunden.

BootWarn

Hier können Sie festlegen, was genau nach einem Windows-Crash oder einer nicht korrekten Systembeendigung passieren soll. Wenn Sie den Wert *1* verwenden, wird Windows automatisch im abgesicherten Modus gestartet und eine entsprechende Warnmeldung auf dem Windows-Startbildschirm gezeigt. Wenn Sie den Wert auf *0* setzen, wird Windows normal gestartet.

BootWin

Und noch ein veralteter Eintrag: Mit *BootWin* konnte man unter Windows 98 festlegen, ob Windows oder DOS gebootet werden sollte. Mit dem Wert *1* wurde Windows gebootet, der Wert *0* bootete DOS.

Logo

Dieser Eintrag betrifft das animierte Windows-Start-Logo. Steht der Wert dieses Eintrags auf *1*, wird das Logo gezeigt, der Wert *0* blendet es aus. Manchmal kann das Ausblenden des Windows-Logos Probleme verhindern, die durch externe Speicher-Management-Programme verursacht werden.

Wo kommen denn die ganzen „Xe" her?

Unter den beiden Blöcken *[Paths]* und *[Options]* besteht die *Msdos.sys* scheinbar nur noch aus einer endlosen Reihe des Buchstabens X. Da juckt es einen doch direkt in den Fingern, den Unsinn zu löschen, oder? Das wäre allerdings ziemlich ungeschickt, denn die „Xe" haben natürlich ihren Sinn! Fast alle älteren Virenscanner erwarten nämlich, dass die Datei *Msdos.sys* größer als 1.024 Byte ist. Wenn festgestellt wird, dass sie kleiner ist, vermutet der Virenscanner natürlich sofort einen Virus! Um solche falschen Alarme zu vermeiden, wurden Füllzeichen in die Datei eingesetzt, damit die *Msdos.sys* größer als 1.024 Byte ist.

Schreibschutz unter DOS und was jetzt?

Die *Msdos.sys* im Windows-Editor zu bearbeiten, ist kein Problem, weil sich ja mit nur ein paar Mausklicks der Schreibschutz der Datei entfernen lässt. Ganz anders ist es, wenn Sie das unter DOS tun wollen. Da stellt sich dann die Frage: Wie lässt sich denn der Schreibschutz entfernen? Mit Hilfe der richtigen DOS-Befehle ist das zum Glück kein Problem und geht so:

```
attrib -r -h -s c:\ msdos.sys
```

Jetzt können Sie die Datei in *Edit* öffnen und bearbeiten. Sind Sie damit fertig, setzen Sie die Dateiattribute wieder auf ihre ursprünglichen Werte zurück, und zwar so:

```
attrib +r +h +s c:\ msdos.sys
```

DOS-Programme unter Windows: Es gibt keine Probleme

Wie schon gesagt: Die meisten DOS-Spiele oder -Programme laufen unter Windows ME eigentlich ziemlich problemlos! Allerdings gibt es natürlich auch hier Ausnahmen, denn besonders ältere Spiele machen ganz gern mal Zicken und weigern sich schlicht und einfach zu arbeiten!

Bevor Sie zur „Radikalmethode“ greifen und eine DOS-Partition anlegen oder den PC mit der Bootdiskette starten, macht es Sinn, erst mal die Einstellungsmöglichkeiten in Windows ME anzusehen. Bei ziemlich vielen der Ärgerkandidaten reichen nämlich häufig schon ein paar veränderte Einstellungen, und schon klappt alles prima! Problemlöser sind in solchen Fällen die Programminformationsdateien, „PIF“ genannt, die noch aus Zeiten von Windows 3.x stammen. Ihre einzige Aufgabe ist die Konfiguration von DOS-Programmen, um sie unter Windows laufen zu lassen.

Einstellungen für DOS-Programme unter Windows ME

Ob Sie DOS-Programme überhaupt speziell einrichten müssen, zeigt sich schnell, wenn Sie damit arbeiten wollen. Bekommen Sie massenhaft Fehlermeldungen oder hängen sich das Programm und Windows ME auf, führt kein Weg an der Bearbeitung der jeweiligen PIF-Datei vorbei. Das funktioniert übrigens nur mit Programmen, die nicht ausschließlich im exklusiven DOS-Modus, sondern auch in einem DOS-Fenster laufen können. Und hier folgt das, was Sie tun müssen: Zuerst suchen Sie das Programm im Explorer und wählen in dessen Kontextmenü den Eintrag *Eigenschaften*.

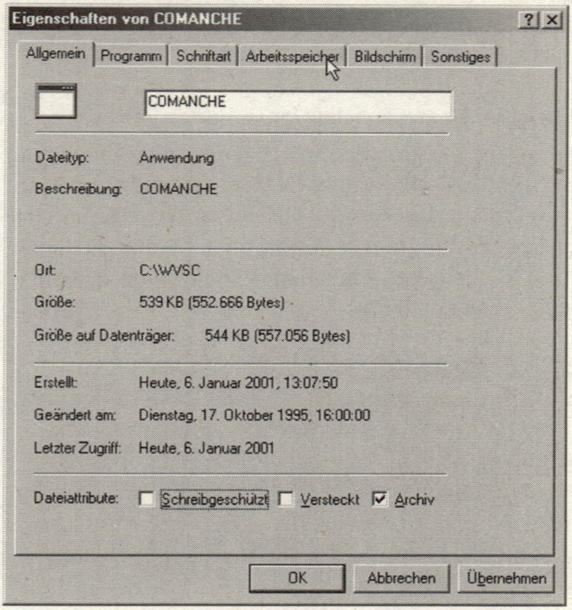

Im Eigenschaftenfenster des Programms landen Sie zuerst auf die Registerkarte *Programm.* Interessant für die Programmeinrichtung ist hier die Registerkarte *Arbeitsspeicher*.

Wichtig: Die richtigen Speichereinstellungen für die DOS-Box!

Obwohl Windows die Zuweisung der verschiedenen Speichertypen für die DOS-Box automatisch erledigt, produzieren besonders ältere DOS-Programme immer wieder Speicherfehler. Dummerweise hängen die Speicherprobleme ziemlich eng mit der Programmierung einer Anwendung zusammen, und so lassen sich die tatsächlichen Gründe für Speicherfehler meist gar nicht herausbekommen. Was die Sache noch schwieriger macht, ist die Tatsache, dass fast keines der älteren

DOS-Programme über eine Fehlerausgabe verfügt, die angibt, welcher Speicherbereich von dem Problem betroffen ist und weshalb. Wenn Sie mit einem solchen Programm arbeiten, können Sie im Grunde nur die verschiedenen Einstellungen der Registerkarte *Speicher* so lange durchprobieren, bis Sie das Problem lokalisiert haben.

Konventioneller Speicher/Ursprünglicher Umgebungsspeicher

Hier können Sie festlegen, wie groß der Speicher der DOS-Umgebung sein soll. Wenn Sie Speicherprobleme mit DOS-Programmen feststellen, sollten Sie den Wert von *Automatisch* auf mindestens *3328* setzen und dann das Verhalten des Programms beobachten. Stellen Sie keine Änderung fest, setzen Sie den Wert mit jedem Versuch eine Stufe höher, bis das Programm fehlerlos läuft.

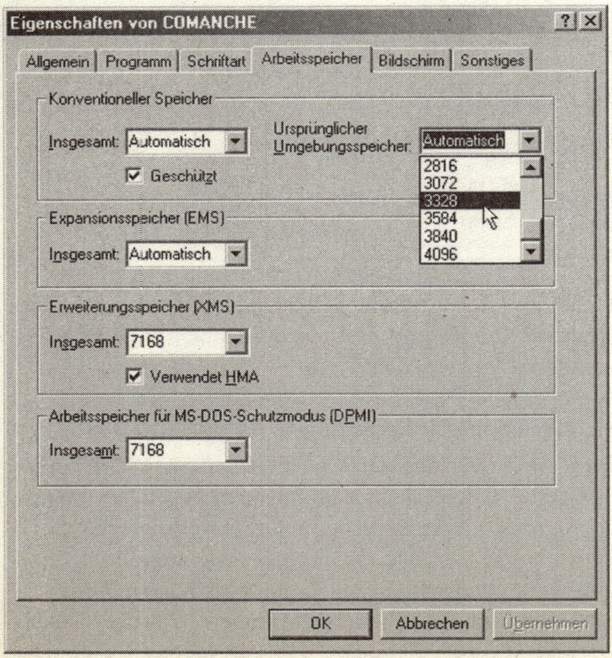

Konventioneller Speicher/Insgesamt

Hier stehen die Einstellungen für den konventionellen DOS-Speicher, der – egal, wie viel Arbeitsspeicher Ihr PC hat – maximal 640 KByte beträgt. Die standardmäßige Option *Automatisch* ist deshalb sinnvoll, weil Windows damit den Speicherhunger selbst ziemlich aufwändiger Programme dynamisch regeln kann.

Option Geschützt

Im Feld *Konventioneller Speicher* finden Sie die Option *Geschützt*, die Sie wirklich nur bei DOS-Programmen ausprobieren sollten, die am laufenden Band Abstürze oder nicht nachvollziehbare Fehler produzieren. Ist die Option aktiviert, verbietet Windows dem Programm den unkontrollierten Zugriff auf den Systemspeicher.

Die Registerkarte Sonstiges

Zum Schluss der Konfigurationsarbeiten, sollten Sie noch einen Blick auf die Registerkarte *Sonstiges* werfen. Hier finden Sie einige sinnvolle Optionen, die zwar nicht unbedingt mit DOS-Problemen zusammenhängen, mit denen Sie die Probleme aber möglicherweise verhindern können.

Vordergrund

Hier bestimmen Sie, ob ein Windows-Bildschirmschoner auch während der DOS-Arbeit anspringen darf. Textverarbeitungs- und Datenbankprogramme haben unter DOS damit normalerweise keine Schwierigkeiten, die meisten DOS-Spiele aber schon!

Was passiert, ist klar: Das Spiel hängt sich auf und lässt sich erst nach einem Neustart des Rechners wiederbeleben. Wenn Ihnen das schon passiert ist, sollten Sie entweder diese Option oder den Windows-Bildschirmschoner deaktivieren!

Maus

Hier finden Sie eine nützliche und eine ziemlich kritische Option. Die Option *Schnelleditor* ist sinnvoll und sollte stets aktiv sein, denn damit können Sie im DOS-Fenster, wie unter Windows gewohnt, Bildschirminhalte bearbeiten. Dafür ist aber die Option *Exklusiver Modus* ziemlich kritisch. Sie stellt dem DOS-Programm nämlich die Maus exklusiv zur Verfügung, was bedeutet, dass Sie unter Windows ohne Maus arbeiten müssten. Aktivieren Sie diese Option also nur, wenn das DOS-Programm wirklich unbedingt eine Maus benötigt!

Hintergrund

Das hört sich wirklich merkwürdig an: *Immer vorübergehend aussetzen.* Trotzdem verbirgt sich hier eine sinnvolle Option! Gemeint ist damit nämlich, dass einem DOS-Programm, sobald es nicht mehr aktiv ist, auch die Prozessorzeit entzogen wird. Und damit wird natürlich das gesamte System entlastet. Aber genau hier wird's auch gefährlich: Diese Einstellung ist natürlich nur dann sinnvoll, wenn ein Programm auch tatsächlich nicht aktiv ist, wenn Sie es zum Beispiel in die Task-Leiste legen.

Bei einer Textverarbeitung ist das kein Problem, ganz anders sieht das aber schon aus, wenn Sie einem Spiel die Prozessorzeit entziehen. Hier laufen nämlich auch ohne Benutzereingaben grafische Aktivitäten ab, die logischerweise Prozessorzeit brauchen. Und wenn Sie dem Spiel jetzt plötzlich diese Zeit wegnehmen, hängt es sich auf oder stürzt sang- und klanglos ab!

Weitere Optionen

Diese Option brauchen Sie nur, wenn Sie mit einem wirklich steinalten DOS-Programm arbeiten. Solche Oldies verlieren nämlich beim Kopieren und anschließenden Einfügen recht häufig Daten. Das liegt daran, dass Windows ME schlicht und einfach zu schnell arbeitet. Wenn Sie also solche Datenverluste feststellen, deaktivieren Sie die Option.

Ärger mit DOS? Das können Sie tun!

Sie haben sich eine eigene DOS-Partition angelegt, Ihr DOS-Spiel installiert, legen die Spiele-CD ein und nichts passiert, denn Ihr PC findet einfach kein CD-ROM-Laufwerk?

Die Lösung: Autoexec.bat und Config.sys editieren

Womit das mit dem fehlenden CD-ROM-Laufwerk unter DOS zu tun hat, ist eigentlich ganz klar: Die Bösewichte sind die beiden Dateien *Autoexec.bat* und *Config.sys*. Hier fehlen nämlich einfach die Treiberaufrufe fürs CD-ROM-Laufwerk!

Who's who in Autoexec.bat und Config.sys

Neben dem CD-ROM-Laufwerk gibt es unter DOS normalerweise auch keine Maus und keine Soundkarte. Maus und Soundkarte sind nicht unbedingt ein Problem, denn so gut wie alle DOS-Spiele bieten nach der Installation eigene Treiber für diese beiden Geräte an. Ohne CD-ROM-Laufwerk kommen Sie aber erst gar nicht an das Spiel heran.

So binden Sie CD-ROM-Treiber ganz lässig in die Systemdateien ein ...

CD-ROM-Treiber für DOS lassen sich auf verschiedene Weise einbinden. Am komfortabelsten geht das über die Treiberdiskette des CD-ROM-Laufwerks. Auf der Diskette finden Sie normalerweise einen Treiber zur Installation unter DOS, und obendrein läuft die Installation meist sogar automatisch ab.

Haben Sie die Treiberdiskette nicht zur Hand, wird es etwas kniffliger. Die zweite Möglichkeit besteht darin, den Treiber von der Webseite des Herstellers herunterzuladen. Dumm nur, wenn der Hersteller keine Webadresse hat!

Für den Fall gibt's eine prima Notlösung, die Sie einfach mal ausprobieren sollten: Interessanterweise funktionieren so gut wie alle CD-ROM-Laufwerke mit Treibern des Herstellers Toshiba.

Wenn Sie im Internet sind, laden Sie also einfach einen Toshiba-Treiber herunter, dessen Beschreibung von der Geschwindigkeit her zu Ihrem CD-ROM-Laufwerk passt, und binden ihn dann so ins System ein, wie ich es Ihnen jetzt zeige.

Übrigens: Für diese Arbeiten benutzen Sie unter DOS den Editor, den ich Ihnen schon ab Seite 633 gezeigt habe.

Etwas mehr Arbeit: Treiber manuell einbinden

1. Zuerst kopieren Sie den Treiber in ein beliebiges Verzeichnis. Dann stellen Sie den Pfad der Datei *Mscdex.exe* fest und notieren ihn am besten.
2. Im Editor öffnen Sie jetzt die Datei *Autoexec.bat*.
3. Ich gehe jetzt einfach mal davon aus, dass sich die Datei *Mscdex.exe* im Stammverzeichnis des Laufwerks C: befindet und Ihr CD-ROM-Laufwerk den Buchstaben D: hat. Ist das so, dann geben Sie diese Zeile ein:

   ```
   c:\mscdex.exe /d:mscd00 /l:d
   ```

4. Jetzt speichern Sie die Datei *Autoexec.bat* und schließen sie danach.

Das steckt dahinter ...

Zunächst wird damit der Pfad zur Datei *Mscdex.exe*, der CD-ROM-Unterstützung für DOS angegeben. Mit */d: mscd00* haben Sie dann den Treibernamen angegeben. Der Eintrag */l:d* sagt aus, dass es sich beim CD-ROM-Laufwerk um das Laufwerk mit der Bezeichnung D: handelt.

Gleiches Spiel mit der Config.sys

1. Jetzt öffnen Sie die Datei *Config.sys* und setzen dort die folgende Zeile. Als Beispiel habe ich hier übrigens den schon erwähnten Toshiba-Treiber verwendet – Sie setzen stattdessen natürlich den Treiber Ihres CD-ROM-Laufwerks ein.

   ```
   device=c:\toshv111.sys /d:mscd00
   ```

2. Speichern Sie jetzt die *Config.sys* und verlassen Sie den Editor. Nun starten Sie den PC neu und haben unter DOS Ihr CD-ROM-Laufwerk!

Das steckt dahinter ...

Device= bedeutet, dass es sich um ein Hardwaregerät handelt, dessen Treiber nun angegeben werden. Jetzt folgt der Pfad, unter dem der Gerätetreiber abgelegt ist, sowie sein Name. Der Eintrag */d:mscd00* ist der gleiche wie in der *Autoexec.bat*: Er bezeichnet wiederum den Treibernamen.

Ärger mit der Speicherverwaltung? Hier kommt Hilfe!

Auf der Registerkarte *Speicher* in der DOS-Box haben Sie ja schon ein paar Speicherbezeichnungen gesehen, und ein bisschen unverständlich klingen diese Bezeichnungen ja schon!

Keine Sorge – die Speicherverwaltung unter DOS sieht zwar sehr verzwickt aus, ist aber längst nicht so kompliziert, wie's auf den ersten Blick scheint! Allerdings bekommen Sie von dem, was DOS da so im Hintergrund mit dem Speicher macht, im Normalfall nichts mit, weil die Zuweisung von Speicher automatisch geschieht und sich jedes Programm genau den Speicher holt, den es braucht.

Unangenehm wird es allerdings, wenn ein DOS-Programm gar nicht erst startet und stattdessen Meldungen wie *Zu wenig Erweiterungsspeicher vorhanden – machen Sie Erweiterungsspeicher frei und starten Sie das Programm erneut* zeigt.

Das Who's who der Speichertypen

Tatsächlich existieren mehrere Speichertypen mit ziemlich unterschiedlichen Aufgaben. Unangenehmerweise brauchen gerade DOS-Spiele von jedem dieser Speichertypen ein bisschen was und liefern Programmhänger, wenn sie den nicht bekommen. Fragt sich eben nur – was ist welcher Speicher, was macht er und wie können Sie ihn manipulieren?

Der konventionelle Arbeitsspeicher

Der konventionelle Arbeitsspeicher besteht aus den ersten 640 KByte des Arbeitsspeichers. Dieser Bereich wird sowohl von DOS-Spielen als auch von Real-Mode-Treibern genutzt. Sie können aber auch festlegen, dass diese Treiber in den UMB, den **U**pper **M**emory **B**lock, geladen werden sollen, wozu Sie Speicherverwaltungs-Tools wie EMM368 brauchen.

UMB – Upper Memory Block

Der UMB besteht aus sechs einzelnen UMBs, die jeweils 64 KByte, zusammen also 386 KByte groß sind. Hier arbeiten neben verschiedenen 16-Bit-Treibern auch Grafikkarten und Netzwerkkarten.

XMS oder Erweiterungsspeicher

Der XMS oder Erweiterungsspeicher ist der Speicher, der oberhalb von 1 MByte beginnt. Die ersten 64 KByte des XMS bezeichnet man als **H**igh **M**emory **A**rea oder HMA. Interessant ist der HMA deshalb, weil Sie diesen Speicherbereich für DOS-Programme nutzen können, die dann keinen konventionellen Speicher brauchen.

Der EMS oder Expansionsspeicher

Der letzte Speichertyp ist der EMS oder auch Expansionsspeicher. Vor allem DOS-Spiele brauchen diesen Speicher und machen die Sache damit ein wenig kompliziert: Den Expansionsspeicher können Sie nämlich nur mit Speicherverwaltungs-Tools wie etwa EMM386, 386Max oder QEMM realisieren.

Welcher Speicher macht was?

Ein Blick auf den Windows-Start zeigt ganz gut, wie die verschiedenen Speichertypen arbeiten:

Himem.sys

Noch vor dem eigentlichen Windows-Start wird der Speicher-Manager *Himem.sys* von der Datei *Io.sys* automatisch geladen. *Himem.sys* verwaltet jetzt den gesamten Erweiterungs- oder XMS-Speicher einschließlich des HMA.

EMM386

Dummerweise kann Himem DOS-Programmen weder Expansionsspeicher zur Verfügung stellen, noch kann er die UMBs nutzen. Deshalb gibt es den Speicher-Manager EMM386, den Sie über einen Eintrag in der Datei *Config.sys* zum Starten bringen. Auch EMM386 benötigt natürlich Speicher, und zwar genau 10 KByte, die er an seinem Standort, dem konventionellen Speicher, belegt. Um überhaupt arbeiten zu können, braucht er weitere 150 KByte, die er sich aus dem konventionellen Speicher holt. Weil genau das aber Speicherengpässe nicht besser macht, sollte der EMM386 wirklich nur dann geladen werden, wenn er unbedingt benötigt wird.

Treiber in UMBs

Wenn Sie Treiber in die UMBs laden wollen, müssen Sie dafür die Datei *Config.sys* ändern. Tragen Sie einfach die folgenden Zeilen ein:

```
device=Himem.sys
device=emm386.sys noems
dos=high, umb
```

Ganz wichtig ist, dass die Anweisung, EMM386 zu laden, immer nach dem Aufruf von *Himem.sys* erfolgen muss, aber vor allen Einträgen, mit denen Treiber in den UMB geladen werden.

In den Zeilen, die Sie gerade eingegeben haben, wird in der zweiten Zeile mit dem Eintrag *noems* festgelegt, dass EMM386 keinen Expansionsspeicher zur Verfügung stellt und so nur für die Nutzung der UMBs verwendet wird. Und mit der dritten Zeile wird bestimmt, dass DOS in den HMA geladen wird. Wenn Sie zum Beispiel ein Programm in den UMB laden wollen, setzen Sie dafür in der *Config.sys* den Eintrag *devicehigh=*. Wenn Sie das mit Drivespace machen wollen, sieht der Eintrag so aus:

```
devicehigh=c:\windows\command\drvspace
```

So gibt's mehr Expansionsspeicher

Wenn ein DOS-Programm Expansionsspeicher haben will, können Sie EMM386 anweisen, diesen Speicher auch zur Verfügung zu stellen. Dafür tragen Sie in die *Config.sys* ein:

```
device=emm386.sys ram
```

Die große Frage: Wie viel Speicher ist noch frei?

Wenn Sie wissen wollen, über wie viel freien, also für DOS-Programme nutzbaren Speicher Ihr Rechner verfügt, können Sie dies ziemlich schnell herausbekommen. Dazu brauchen Sie am DOS-Prompt nur den Befehl „mem" einzugeben.

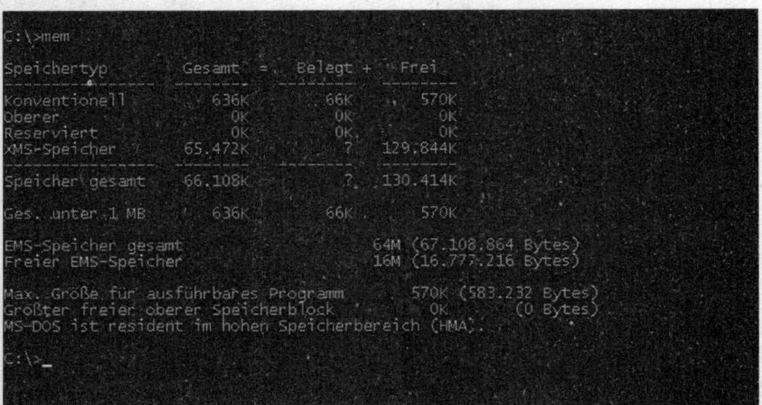

Mit dem *mem*-Befehl können Sie sich schnell einen Überblick über den freien und den belegten Speicherplatz verschaffen, detaillierte Auskünfte liefert er aber nicht. Wenn Sie ein bisschen genauer wissen wollen, welche Programme und Treiber in welche Speicherbereiche geladen wurden, dann benutzen Sie einfach den erweiterten *mem*-Befehl! Mit *mem /c /p* zeigt DOS die genaue Speicherbelegung jetzt seitenweise an.

```
C:\>mem /c/p

Module mit Zugriff auf Arbeitsspeicher unter 1 MB:

  Name         Gesamt         =   Konventioneller   + oberer Speicher
  --------  ----------------   ----------------   ----------------
  MSDOS       27.872   (27K)     27.872   (27K)          0     (0K)
  HIMEM        1.168    (1K)      1.168    (1K)          0     (0K)
  DISPLAY      8.304    (8K)      8.304    (8K)          0     (0K)
  DBLBUFF      2.976    (3K)      2.976    (3K)          0     (0K)
  IFSHLP       2.864    (3K)      2.864    (3K)          0     (0K)
  WIN          3.856    (4K)      3.856    (4K)          0     (0K)
  vmm32        3.424    (3K)      3.424    (3K)          0     (0K)
  KEYB         6.944    (7K)      6.944    (7K)          0     (0K)
  COMMAND     10.368   (10K)     10.368   (10K)          0     (0K)
  DOSKEY       4.688    (5K)      4.688    (5K)          0     (0K)
  Frei       578.544  (565K)    578.544  (565K)          0     (0K)

Speicherbelegung im Überblick:

  Speichertyp          Gesamt   =    Belegt    +    Frei
  ----------------  ----------   ----------   ----------
  Konventionell        651.264       72.720      578.544
  Oberer                     0            0            0
  Reserviert                 0            0            0
  XMS-Speicher      67.043.328            ?  132.960.256
  ----------------  ----------   ----------   ----------
  Speicher gesamt   67.694.592            ?  133.538.800

  Ges. unter 1 MB      651.264       72.720      578.544

  EMS-Speicher gesamt                67.108.864    (64M)
  Freier EMS-Speicher                16.777.216    (16M)
  Max. Größe für ausführbares Programm      578.528   (565K)
  Größter freier oberer Speicherblock             0      (0K)
  MS-DOS ist resident im hohen Speicherbereich (HMA).

C:\>
```

Wenn Sie sich mit dem *mem*-Befehl angesehen haben, welche Programme und Treiber sich in welchen Speicherbereichen befinden, können Sie ziemlich leicht Speicher frei machen.

Geht denn das: Papierkorb unter DOS?

Klar geht das – allerdings funktioniert der DOS-Papierkorb nicht ganz genau so wie der, den Sie aus Windows kennen! Mit ein bisschen Handarbeit haben Sie auch unter DOS einen Papierkorb. Was Sie dazu tun müssen, ist nichts weiter, als ein DOS-Makro und ein Verzeichnis anzulegen. Und so geht's:

1 Im Stammverzeichnis der Festplatte legen Sie ein neues Verzeichnis an und geben ihm den Namen *Pkorb*. Sie können das entweder im Explorer machen oder auf DOS-Ebene mit dem Befehl

```
md pkorb
```

2 Jetzt starten Sie den Rechner mit DOS und erstellen das Makro mit dieser Zeile:

```
doskey del=copy $1 c:\pkorb$tdel $1
```

Die Anweisung, die Sie DOS mit dem Makro geben, lautet, alle Dateien, die mit dem Befehl *del* gelöscht werden, zwar zu löschen, aber gleichzeitig auch eine Kopie im Verzeichnis *Pkorb* anzulegen.

3 Wenn Sie jetzt eine Datei mit *del* löschen, werden Sie von DOS zwar wie immer vor dem Löschen gewarnt, sie können den Hinweis aber getrost ignorieren.

4 Wenn Sie eine gelöschte Datei wiederherstellen wollen, kopieren Sie sie entweder im Windows-Explorer ins gewünschte Verzeichnis oder machen das unter DOS mit dem *copy*-Befehl.

Und wo ist der Haken?

Stimmt – es gibt leider einen Haken am Papierkorb unter DOS! An dem Haken ist DOS Schuld, das innerhalb eines Verzeichnisses keine zwei gleichen Dateinamen erlaubt. Was passiert, ist klar: Wenn Sie eine Datei löschen und im Papierkorb befindet sich bereits eine gleichnamige Datei, dann schlägt die Löschaktion fehl. Und an der Stelle müssen Sie sich einfach entscheiden, ob Sie die Datei im Papierkorb gänzlich löschen oder vielleicht einfach umbenennen wollen.

So geben Sie Datenspitzeln ordentlich was auf die Finger

Es ist schon ein wirklich unangenehmes Gefühl, wenn Sie vermuten müssen, dass sich irgendjemand brennend für Ihren PC und vor allem für die Daten darauf interessiert!

Klar – eigentlich sollten Sie sich an dieser Stelle fragen, warum das so ist und vor allem spätestens jetzt etwas dagegen unternehmen!

Windows ME bietet Ihnen zwar eine ganze Menge Möglichkeiten, Ihre Daten vor neugierigen Blicken zu verstecken, viel wichtiger ist aber, dass Sie alle Schutzmaßnahmen mit Disziplin ausführen. Sensible Daten regelmäßig zu löschen, ist ganz prima, nützt aber nichts, wenn Sie dafür bei der Vergabe von Passwörtern eher nachlässig sind.

Welche Schutzmöglichkeiten es gibt, zeige ich Ihnen jetzt mal nach dem Aufwandsprinzip gestaffelt. Je aufwändiger Sie den Schutz gestalten, desto schwerer hat's der potenzielle Datenklauer, an Ihre Daten heranzukommen, und umgekehrt.

Bei einer anderen Art von Datenspionage werden die Daten nicht gestohlen, sondern zerstört, um einen möglichst großen Schaden anzurichten. Und das geht natürlich am besten mit Viren, die auf recht unterschiedliche Weise auf Ihren PC gelangen können. Ab Seite 236 zeige ich Ihnen, was Sie dagegen machen können.

Da stöhnt der Spion: Mit diesen Tipps bleiben Ihre Daten geheim

Auch wenn die meisten Sicherheitstipps supereinfach erscheinen – wenn Sie sie wirklich strikt einhalten, haben Datenspione und Viren auf Ihrem PC eigentlich keine Chance mehr!

Sicherheitskopien wegschließen

Wenn Sie Sicherheitskopien auf Disketten, sonstigen Wechseldatenträgern und Backup-Medien haben, dann gehören diese sicher verschlossen an einen nur Ihnen zugänglichen Ort!

Benutzte Datenträger immer formatieren

Benutzte Disketten oder Zip-Disks sind ein tolles Betätigungsfeld für den Datenklau, selbst wenn Sie alle Dateien darauf gelöscht haben. Um Daten tatsächlich und endgültig zu löschen, müssen Sie den Datenträger vollständig formatieren, weil sonst verwertbare Informationen zurückbleiben.

PC abschließen

Wenn Ihr PC abschließbar ist, dann nutzen Sie diese Möglichkeit auch! Einen abgeschlossenen PC kann der Datendieb nicht booten, und um diesen Schutz zu umgehen, müsste er erst das Gehäuse öffnen.

Diskettenlaufwerk abschließen

Eine abschließbare Verriegelung für das Diskettenlaufwerk bremst den Datenklau erst mal gehörig aus! Der PC kann zumindest von diesem Laufwerk aus nicht mehr gebootet werden, und auch dieser Schutz lässt sich nur umgehen, indem das Gehäuse geöffnet wird.

BIOS-Passwort vergeben

Wenn Sie Ihrem PC ein BIOS-Passwort verpassen, kann er ebenfalls nicht mehr gebootet werden. Wie das geht, zeige ich Ihnen ab Seite 666.

Windows-Passwortschutz nicht vergessen!

Zugegeben – das Windows-Passwort hält nur die wenigsten professionellen Datendiebe wirklich ab. Trotzdem sollten Sie es nutzen, denn als Teil eines Schutzsystems erfüllt es auch seinen Zweck.

Bildschirmschoner mit Passwortschutz verwenden

Wenn Sie Ihren PC nur kurze Zeit allein lassen, benutzen Sie einfach einen passwortgeschützten Bildschirmschoner.

Dokumente-Ordner leeren

Den Ordner *Start/Dokumente* sollten Sie regelmäßig leeren, oder legen Sie per Registry fest, dass er von Windows gar nicht erst verwendet wird. Wie das geht, lesen Sie auf Seite 551.

Wichtige Daten verstecken

Mit dem Explorer können Sie wichtige Dokumente oder auch ganze Ordner auf der Festplatte verstecken. Wie das geht, steht auf Seite 663.

Papierkorb immer leeren

Natürlich sollten Sie den Windows-Papierkorb regelmäßig leeren, um dem Datenspitzel hier möglichst keine Spuren zu hinterlassen. Noch sicherer ist es, wenn Dateien erst gar nicht im Papierkorb landen, sondern gleich gelöscht werden. Wie das geht, steht auf Seite 507.

Datenverschlüsselung benutzen

Für wirklich wichtige Dokumente benutzen Sie am besten eine leistungsfähige Verschlüsselungssoftware wie PGP. Wie Sie damit arbeiten, steht auf Seite 247.

Den Web-Cache leeren

Weil Sie bei jedem Internetbesuch Spuren hinterlassen, die den Datenspion interessieren, sollten Sie den Internet-Cache und den Browserverlauf regelmäßig löschen.

Aktuelle Virenscanner verwenden

Gegen Viren im Internet und in Onlinediensten können Sie mit einigen Vorsichtsmaßnahmen, vor allem mit einem Virenscanner etwas ausrichten!

Das findet der Datenspion eklig: So kommen Sie an wirklich sichere Passwörter

Wenn Sie wirklich sichere Passwörter entwickeln wollen, ist das ein bisschen schwieriger, als man vielleicht so denkt. Weil Datenspitzel nämlich dummerweise sehr gut in der Lage sind, Passwörter allein durch geschicktes Assoziieren zu erraten, scheiden viele Passwörter, die einem so beim ersten Versuch einfallen, gleich wieder aus. Datenspione wissen nämlich auch sehr gut, dass die meisten Menschen

Passwörter nach ganz bestimmten Kriterien entwickeln. Und meistens ist das dann das eigene Geburtsdatum oder das des Partners, der Name des Hundes oder das eigene Autokennzeichen.

Damit Sie wissen, worauf Sie beim Entwickeln von Passwörtern achten müssen, hier mal die wichtigsten Punkte:

Niemals Namen oder Geburtsdaten!

Datenspitzel versuchen es immer zuerst mit Namen oder Geburtsdaten Ihrer näheren Umgebung. Der nächste Versuch ist dann Ihr Autokennzeichen. Klarer Fall: Solche Passwörter sind wirklich unsicher!

Niemals Hobbys!

Genauso leicht zu erraten ist ein Passwort, das mit Ihrem Hobby zu tun hat! Wenn Sie Angler sind, wäre das Passwort „Forelle“ oder „Karpfen“ einfach zu schnell zu erraten.

Lang genug müssen sie sein

Passwörter sollten eine bestimmte Länge haben. Drei Zeichen sind einfach zu kurz, 20 aber auch wieder zu lang und zu umständlich einzugeben. Acht oder zehn Zeichen sind eigentlich die optimale Passwortlänge!

Alphanumerische Passwörter wählen!

Am besten verwenden Sie für Ihr Passwort Klein- und Großbuchstaben und auch Ziffern.

Passwort notieren? – Lieber nicht!

Ihr Passwort zu notieren, ist wirklich gefährlich – oder würden Sie Ihre PIN-Nummer auf Ihre EC-Karte schreiben? Wenn Sie sich Ihr Passwort wirklich nicht merken können, dann notieren Sie es dort, wo es garantiert niemand findet! Ein Zettel unter dem Maus-Pad oder der Tastatur ist auf jeden Fall die falsche Methode!

Mehr Sicherheit ohne Mehrkosten: Die Windows-Schutzmechanismen

Wenn Sie die Schutzmechanismen nutzen, die Ihnen Windows ME und Ihr PC bieten, haben Sie schon einen ziemlich guten Schutz vor Datenspionen. Und das beste an diesen Mechanismen ist: Fast alle können Sie mit nur wenigen Mausklicks aktivieren!

Dokumente-Ordner leeren

Wenn Sie dem Datenspion den Einblick in den *Dokumente*-Ordner verwehren wollen, gibt's dazu drei Möglichkeiten:

Dokumente regelmäßig löschen

Ein Blick in den *Dokumente*-Ordner ist zwar für Sie eine nützliche Sache, für den Datenspion aber auch, weil er sofort sieht, welche Dateien Sie zuletzt bearbeitet haben. Wenn er genug Zeit hat, landet er auch gleich per Mausklick im gewünschten Dokument. Um das zu verhindern, sollten Sie den Inhalt des *Dokumente*-Ordners regelmäßig über die Task-Leiste löschen. Wählen Sie einfach *Start/Einstellungen/Taskleiste und Startmenü* und öffnen Sie dann die Registerkarte *Erweitert*. Hier klicken Sie auf die Schaltfläche *Löschen* direkt neben dem Papierkorbsymbol.

Dokumente-Ordner stilllegen

In der Registry können Sie ganz schnell festlegen, dass Windows im *Dokumente*-Ordner keine Einträge mehr vornehmen darf. Wie das geht, sehen Sie ab Seite 551.

Dokumente-Ordner löschen

Wenn Sie auf den *Dokumente*-Ordner ganz verzichten wollen, können Sie ihn auch komplett löschen, indem Sie den Ordner *Recent* im *Windows*-Verzeichnis löschen.

Dateien und Ordner verstecken

Wenn Sie Ordner oder Dateien vom Rechner „verschwinden" lassen wollen, machen Sie das so:

1. Zuerst klicken Sie auf die zu versteckende Datei oder den Ordner und klicken im Kontextmenü auf *Eigenschaften*.
2. Dann aktivieren Sie im Eigenschaftenfenster der Datei im Feld *Dateiattribute* die Option *Versteckt*.
3. Im Explorer wählen Sie jetzt *Extras/Ordneroptionen* und öffnen dort auf die Registerkarte Ansicht. Hier aktivieren Sie die Option *Versteckte Dateien und Ordner ausblenden*.

Bis zu dem Zeitpunkt, an dem Sie die Option *Alle Dateien und Ordner anzeigen* markieren, ist die Datei jetzt vor neugierigen Blicken verborgen!

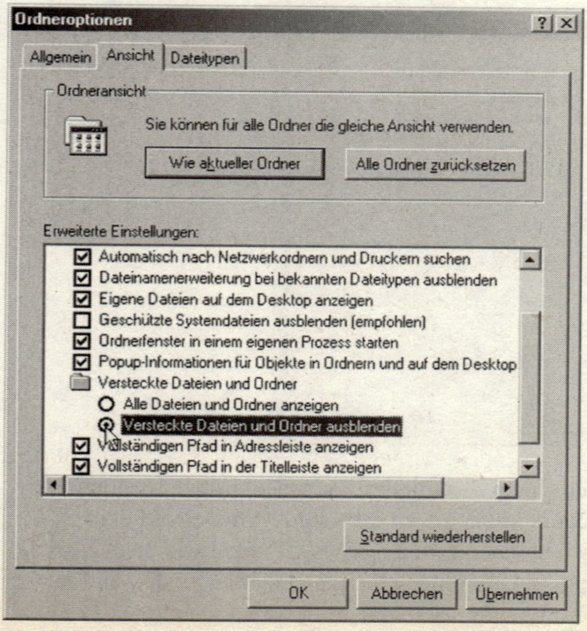

Verstecken ist nur „erste Hilfe" – kein echter Schutz!

Wenn Sie schnell mal Daten verstecken wollen, ist diese Methode praktisch; wenn sich der Datenspitzel allerdings ebenfalls mit Windows auskennt und ein paar Minuten Zeit hat, macht er den Versteckvorgang einfach kurzfristig rückgängig und sieht die versteckten Daten dann natürlich auch! Ein echter Schutz ist das Verstecken also nicht!

Spitzelbremse TweakUI

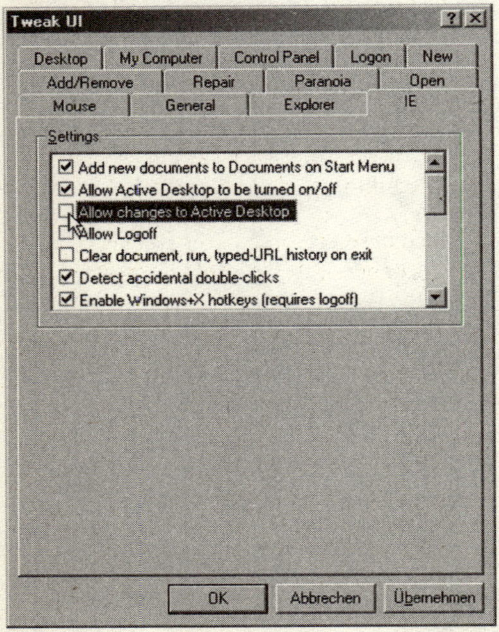

Auch TweakUI lässt sich – zumindest teilweise – als Spitzelbremse einsetzen, denn damit können Sie bestimmte Aktionen auf dem PC sperren. Aber auch hier heißt es: aufgepasst! Genau wie beim Verstecken von Dateien und Ordnern kann jemand, der sich mit Windows auskennt, alle Einstellungen ziemlich einfach rückgängig machen!

Geht denn das: Windows-Passwörter umgehen?

Windows-Passwörter sind zwar besser als nichts, ihre eigentliche Aufgabe ist aber weniger der Datenschutz als vielmehr das Verwalten verschiedener Benutzer und deren Desktops. Und deshalb ist das Sicherheitslevel eines Windows-Passworts natürlich ziemlich niedrig. Für jemanden, der sich nicht besonders gut mit Windows auskennt, ist so ein Windows-Passwort aber schon eine prima „Spitzelbremse“, und deshalb sollten Sie es auch verwenden. Wie schnell es sich aber „knacken“ lässt, zeige ich Ihnen jetzt mal:

So wird ein Windows-Passwort umgangen ...

Windows legt das Passwort jedes Benutzers in einer eigenen *.pwl*-Datei im Ordner *Windows* ab. Als eine Art kleiner Sicherheitsmechanismus werden diese *.pwl*-Dateien verschlüsselt abgelegt, sodass sie zum Beispiel mit dem Windows-Editor nicht lesbar sind.

Diese Passwortdatei ist aber kein besonders guter Schutz, denn mit Programmen wie *Win Dietrich* können Sie eine solche Datei im Klartext ansehen. An einem laufenden Rechner könnte der potenzielle Datendieb also Ihr Windows-Passwort abfragen und es dazu verwenden, sich jederzeit auf Ihrem PC anzumelden. Win Dietrich finden Sie übrigens im Internet unter http://www.babe.de.

... und so geht's fast noch einfacher!

Noch weniger Arbeitsaufwand erfordert eine andere Methode, das Windows-Passwort zu umgehen: Wenn Windows nämlich einfach im abgesicherten Modus gestartet wird, wird auch die Passwortabfrage nicht abgearbeitet. Wenn dem Datendieb dabei vielleicht auch bestimmte Features Ihres Rechners nicht zur Verfügung stehen – an die gewünschten Daten kommt er in jedem Fall heran! Wenn der Datenspion ganz bedenkenlos ist, löscht er einfach die *.pwl*-Datei und kann nach einem Windows-Neustart uneingeschränkt mit Ihrem Rechner arbeiten!

Sinnvoll oder riskant? BIOS-Passwörter nutzen

Eine Möglichkeit, dem potenziellen Datenspion das Leben wirklich zur Hölle machen, besteht darin, Ihrem PC ein BIOS-Passwort zu verpassen.

Solche Passwörter sind selbst für den „fortgeschrittenen“ Datendieb eine echte Herausforderung und kaum zu knacken! Aber auch dabei gibt's wieder eine Einschränkung: Wenn Sie nämlich an einen Spitzel geraten, der sich mit der PC-Hardware gut auskennt und auch noch eine Menge Zeit mitbringt, kann er das BIOS-Passwort sehr wohl umgehen! Der Aufwand dafür ist aber ziemlich hoch und wird von den meisten Spitzeln einfach schon deshalb gescheut, weil sie dabei erwischt werden könnten!

Das steckt dahinter ...

BIOS-Passwörter werden nicht auf der Festplatte gespeichert, sondern im BIOS des PCs selbst, das in einem Speicherbaustein, einem so genannten „CMOS“ sitzt.

Und so geht das mit dem BIOS-Passwort

Die Vorgehensweise bei der Vergabe des Passworts unterscheidet sich je nach BIOS-Hersteller etwas, ich habe als Beispiel ein Award-BIOS benutzt, das in nahezu 90% aller PCs verwendet wird. Das BIOS-Passwort erlaubt zwei unterschiedliche Schutzarten. Sie können zum einen den PC selbst per Passwort schützen. Dabei wird der Bootvorgang nach ein paar Sekunden unterbrochen und geht erst dann weiter, wenn Sie das richtige Passwort eingeben. Statt des PCs selbst können Sie aber auch zum anderen das Setup-Programm des PCs per Passwort schützen, sodass Veränderungen am PC nur noch mit dem Passwort möglich sind. Und so vergeben Sie das BIOS-Passwort:

1. Zuerst starten Sie den Rechner. Falls er bereits läuft, fahren Sie Windows herunter und starten ihn dann neu.

2 Damit Sie ins Setup kommen, drücken Sie bei einem Award-BIOS die [Entf]-Taste genau dann, wenn die ersten Zeilen der BIOS-Meldung erscheinen. Wenn Sie ein Phoenix-BIOS haben, benutzen Sie die Taste [F2], bei einem AMI-BIOS die Taste [Entf].

3 Im Setup wählen Sie per Pfeiltasten den Eintrag *BIOS Features Setup* und drücken die [Enter]-Taste.

4 Unter *BIOS Features Setup* wählen Sie den Eintrag *Security Option*. Standardmäßig ist hier die Option *Setup* aktiv. Mit der [Bild↑]- oder [Bild↓]-Taste aktivieren Sie die Option *System*.

5 Jetzt kehren Sie mit der [Esc]-Taste in den Startbildschirm des Setups zurück und wählen dort den Eintrag *User Password*.

6 In einem kleinen Fenster müssen Sie nun das Passwort eingeben. Beenden Sie die Passworteingabe mit der [Enter]-Taste. Jetzt müssen Sie das Passwort zur Kontrolle noch einmal eingeben. Bestätigen Sie diese Eingabe ebenfalls mit der [Enter]-Taste.

7 Anschließend ist das Passwort aktiviert. Verlassen Sie das Setup und bestätigen Sie, dass die Änderungen gespeichert werden sollen. Weil das Rechner-Setup die englischen Tastaturtreiber verwendet, müssen Sie für *Ja* auf die [Z]-Taste drücken!

8 Das Setup-Programm veranlasst daraufhin einen Rechnerneustart. Und dann wird der Bootvorgang von einem kleinen Fenster unterbrochen, in dem Sie das BIOS-Passwort angeben müssen.

BIOS-Passwort wieder deaktivieren

Wenn Sie das BIOS-Passwort wieder deaktivieren wollen, machen Sie das folgendermaßen:

1 Gehen Sie wieder ins Setup-Programm des Rechners.

2 Jetzt wählen Sie den Eintrag *User Password* und drücken die [Enter]-Taste zweimal hintereinander. Das Setup zeigt in einem Warnfenster, dass das BIOS-Passwort jetzt deaktiviert wird.

3 Wenn Sie die [Enter]-Taste ein drittes Mal drücken, ist das BIOS-Passwort deaktiviert.

Au weia! BIOS-Passwort vergessen und was jetzt?

Stimmt – das ist ein echter Albtraum: Sie haben Ihr BIOS-Passwort vergessen! Damit haben Sie nicht nur den Datenspitzel, sondern auch sich selbst ganz prima aus Ihrem Rechner ausgesperrt! Alles halb so schlimm, denn genauso wie der vorher schon angesprochene Datenspitzel mit Hardwarekenntnissen können natürlich auch Sie das BIOS-Passwort umgehen. Was Sie dazu brauchen, ist lediglich ein einfacher Schraubenzieher!

Aber – und hier kommt auch schon die erste Einschränkung – Sie sollten sich wirklich nur daran machen, wenn Sie wenigstens Grundkenntnisse der PC-Hardware haben! Ist das nicht so, lassen Sie die jetzt folgenden Arbeiten besser von einem versierten PC-Bastler durchführen!

So können Sie BIOS-Passwörter umgehen

Neben den grundlegenden technischen Werten des PCs ist auch das Passwort im BIOS des Rechners gespeichert. Und das BIOS selbst steckt in einem elektronischen Baustein, „CMOS" genannt, der sich auf dem Motherboard befindet. Um nun um die Passwortabfrage herumzukommen, gibt es – je nach Hersteller und Alter des Motherboards – verschiedene Möglichkeiten.

Alle neueren Motherboards haben einen Jumper, den Sie während des Bootvorgangs für einige Sekunden umstecken. Damit wird die Passwortabfrage umgangen, und jetzt können Sie das Passwort im Setup des Rechners deaktivieren oder ein neues Passwort eingeben. Dummerweise ist die Position dieses Jumpers bei jedem Motherboard anders, Sie müssen also im Handbuch Ihres Motherboards nachsehen, wo sie genau ist.

Manche Motherboards haben übrigens statt des Jumpers einen kleinen Dip-Schalter, um die Passwortabfrage zu umgehen. Aber auch hier müssen Sie in Ihrem Motherboard-Handbuch nachsehen, wo dieser Schalter sitzt.

Wenn Sie kein Motherboard-Handbuch mehr haben

Wenn Sie das Motherboard-Handbuch nicht mehr haben, bleibt nur eine letzte und ziemlich risikolose Möglichkeit: Sie müssen die kleine Batterie, die das BIOS mit Strom versorgt, für einige Sekunden abklemmen und danach wieder anschließen. Durch die Trennung vom Stromkreis vergisst das BIOS die bisherigen Einstellungen und wird automatisch auf die Herstellerwerte zurückgesetzt.

Unangenehmerweise wird aber dabei nicht nur das Passwort gelöscht, sondern auch wichtige Werte wie zum Beispiel die Festplattenparameter. Die meisten neueren Festplatten werden von neueren BIOS-Versionen zwar problemlos erkannt, bei älteren Festplattentypen müssen Sie die Werte aber manuell eintragen. Und wenn Sie jetzt auch kein Datenblatt der Festplatte haben, sieht's wirklich finster aus!

Datenblätter aller Festplatten im Internet

Besonders für ältere Modelle halten die Festplattenhersteller die Datenblätter im Internet parat. Hier also die Webadressen der wichtigsten Festplattenhersteller:

Hersteller	Webadresse
Conner	http://www.conner.com
Fujitsu	http://www.fujitsu.com
HP	http://www.hewlett-packard.com
IBM	http://www.ibm.com
Maxtor	http://www.maxtor.com
Quantum	http://www.quantum.com
Seagate	http://www.seagate.com
Western Digital	http://www.western-digital.com

Das lange Märchen von den BIOS-Crackern

Im Internet werden immer wieder Programme als Geheimtipp gehandelt, mit denen sich BIOS-Passwörter abfragen lassen sollen. Wenn Sie in der Situation sind, Ihr BIOS-Passwort vergessen zu haben, dann könnte so ein Programm doch ein tolle Hilfe sein, oder? Vergessen Sie's einfach wieder, denn es funktioniert schlicht und ergreifend nicht! Warum das so ist, liegt eigentlich auf der Hand: Wenn das Auslesen des BIOS-Passworts funktionieren soll, geht das natürlich nur auf einem bereits laufenden PC. Ohne Passwort bootet Ihr PC aber nicht, und damit können Sie das Ausleseprogramm natürlich auch nicht benutzen!

Jetzt könnte der Datendieb ein solches Programm natürlich sehr gut dazu benutzen, um schnell mal das BIOS-Passwort in Ihrem laufenden Rechner auszuspähen. Aber auch hier die gleiche Situation: Fehlanzeige! Auch in diesem Fall ist der Hintergrund ziemlich einfach erklärt: Diese Ausleseprogramme stammen nämlich noch aus Zeiten, als man von Pentium-Rechnern noch nicht mal zu träumen wagte! Und selbst auf den alten 386er- und 486er-Rechnern funktionierten die Programme nur bei einigen alten BIOS-Versionen der Hersteller Award, AMI und IBM. Motherboards mit diesen BIOS-Versionen gibt's heute aber nur noch im Museum. Und selbst wenn solche Uralt-PCs noch in Betrieb sind – Windows ME läuft garantiert nicht darauf!

Aufgedeckt: So arbeiten Datenspione

Wissen Sie, warum viele Datendiebe so viel Erfolg haben? Ganz einfach – weil sie genau wissen, wo sie nach Informationen suchen müssen! Und die liegen häufig da, wo man sie am wenigsten erwartet. Fast schon so etwas wie eine Goldgrube für den Spitzel ist der Windows-Papierkorb.

Den Papierkorb immer leeren!

Der Datenspitzel muss die Dateien im Papierkorb meistens noch nicht einmal mit *Wiederherstellen* sichtbar machen, denn oft verraten schon die Dateinamen, was für einen Inhalt eine Datei hat. Grundsätzlich sollten Sie also den Papierkorb immer leeren, wenn Sie Ihren Arbeitsplatz verlassen!

Sicherer ohne Papierkorb

Besser ist es da schon, ganz auf den Papierkorb zu verzichten und Daten damit wirklich zu löschen. Diese Methode ist natürlich nur dann sinnvoll, wenn Sie nie Daten versehentlich löschen und dann wiederherstellen müssen. Wenn Sie den Papierkorb abschalten wollen, aktivieren Sie in seinem Eigenschaftenfenster die Option *Dateien sofort löschen (nicht in Papierkorb verschieben)*.

Und noch eine Fundgrube für den Datenspitzel: Der Internet-Cache

Zwei Ordner, die für Ihre Internetarbeit wichtig sind, kann auch der Datenspitzel prima löschen. Der Internet Explorer speichert im Ordner *Windows\Temporary Internet Files* Bilddateien oder Textdokumente der Internetseiten, die Sie in letzter Zeit besucht haben. Das ist sinnvoll, denn diese lokal gespeicherten Daten müssen nicht wieder von neuem geladen werden, wenn Sie die Seite wieder besuchen. Für den Datenspitzel ist der Cache damit natürlich eine wahre Informationsfundgrube, die ihm viel über Ihre Onlinezeiten und -gewohnheiten verrät. Wenn Sie möglichst wenig Spuren hinterlassen wollen, sollten Sie den Inhalt des Ordners *Temporary Internet Files* also regelmäßig löschen. Der Haken daran: Jetzt müssen die Cache-Einträge jedes Mal neu erstellt werden, und damit werden natürlich auch Ihre Onlinezeiten länger!

> **Internetadressen unter Netscape**
>
> *Wenn Sie den Netscape-Browser verwenden, finden Sie die Cache-Dateien im Verzeichnis* Netscape\Users\[Username]\Cache.

Verlauf-Ordner löschen

Der Ordner *Windows\Verlauf* ist der zweite Ordner, in dem der Datenspitzel Ihre Onlinegewohnheiten prima nachvollziehen kann. Hier speichert Windows alle von Ihnen angewählten Webseiten im Klartext. Genau wie die *Temporary Internet Files* sollten Sie auch den Inhalt dieses Ordners regelmäßig löschen!

Verräterische Adressleiste

Auch ein Punkt, an dem der Datenspitzel prima ansetzen kann, ist die Adressleiste, die Sie in der Task-Leiste anzeigen lassen können. Sie speichert alle einmal gemachten Adresseinträge, die auch dann nicht verloren gehen, wenn Sie die Adressleiste wieder ausblenden oder den Internet-Cache löschen! Dummerweise können Sie die Einträge nur über die Registry löschen, und wie das geht, lesen Sie auf Seite 341.

Ganz fies: So werden Sie bei der Arbeit überwacht

Eine richtig fiese Möglichkeit, um Sie und Ihre Arbeit auszuspionieren, funktioniert ganz unauffällig und so harmlos im Hintergrund, dass Sie davon garantiert nichts merken!

Mittel zum Zweck sind kleine Spionage-Tools, wie etwa das Programm IntraSpy, das Sie unter der Adresse http://www.natasoft.com finden. Was dieses kleine Programm tut, ist schnell beschrieben: Nach der Installation und dem Programmstart schreibt IntraSpy alles, aber auch wirklich alles, was am PC geschieht, in eine Log-Datei. Selbst Tastatureingaben „notiert" sich das Programm – später lässt sich also Wort für Wort nachlesen, was Sie in Ihrer Arbeitszeit so an Dokumenten verfasst haben!

Zugegeben – solche fast schon professionellen Spitzelprogramme werden nicht allzu häufig eingesetzt, in Unternehmen finden sie aber mehr und mehr Verbreitung!

Gründe dafür gibt es mehr als genug, hier einmal die zwei häufigsten:

Da wird der Chef sauer: Mailen statt arbeiten

In fast allen großen Unternehmen gibt es Richtlinien zum Thema „private E-Mail", doch im Normalfall wird niemand etwas dagegen haben, wenn Sie hin und wieder mit Ihren Freunden oder Verwandten Mails austauschen. Ganz anders sieht das aus, wenn Sie mehr mailen als arbeiten und Ihr Chef irgendwann mal wissen möchte, was Sie eigentlich den ganzen Tag so an Ihrem PC machen. Mit Programmen wie IntraSpy kann man Sie dann ganz schön in die Klemme bringen, wenn Sie schwarz auf weiß sehen, in welchen Chats oder Anzeigenforen Sie während der Arbeitszeit unterwegs waren!

Geheimnisverrat und Industriespionage: Leider an der Tagesordnung

Was sich vor ein paar Jahren noch wie reine Agentenstorys anhörte, ist längst Realität: Firmengeheimnisse wandern fast schon massenweise per E-Mail zur Konkurrenz!

Logisch, dass kein Firmenchef gern zusieht, wie seine Mitarbeiter wichtige Details ausplaudern und so schnell wie möglich etwas dagegen zu unternehmen versucht!

Und weil „Spione" natürlich nicht dumm sind und ihre Schnüffelergebnisse nicht per Firmen-E-Mail verschicken, nutzen sie dazu clevererweise Free-Mailer wie Hotmail, Yahoo oder andere. In einem solchen Fall ist auch der Netzwerkadministrator hilflos, denn bis auf den Einwahlvorgang bei einem solchen Free-Mailer kann er nichts weiter feststellen.

Mit Tools wie IntraSpy sieht das aber gleich ganz anders aus – egal, was der Spion auf seiner Tastatur tippt, das Programm speichert es!

Konsequenz: Vorsicht beim Mailen aus der Firma!

Ganz bestimmt haben Sie sowieso nichts mit Industriespionage am Hut – trotzdem sollten Sie sich im Klaren darüber sein, dass Sie jederzeit überwacht werden können! Das bedeutet nicht, dass Sie ab jetzt keine privaten Mails mehr vom Arbeitsplatz schreiben sollen – denken Sie nur einfach daran, dass niemand etwas darin finden sollte, was Sie ins Zwielicht bringen könnte!

Wenn Sie doch ein bisschen James Bond spielen wollen

Wer weiß – vielleicht sind Sie ja wirklich der geborene Geheimagent, hatten aber dummerweise nie die Chance, in diesem Beruf zu arbeiten?

Aber mal im Ernst – wenn Sie wirklich hochwichtige Dateien ziemlich sicher und obendrein noch superunauffällig verstecken wollen, sollten Sie sich das Programm Masker ansehen, das Sie unter der Adresse http://www.masker.online.de finden.

Mit Masker können Sie zum Beispiel eine Datei in einer anderen, völlig unauffälligen Datei wie etwa einem Bild oder einem Videofilm verstecken! Das klingt ziemlich verrückt – funktioniert aber prima, und ein potenzieller Datenspitzel wird ziemlich viel Mühe haben, die versteckte Datei zu finden.

Und selbst wenn er sie gefunden haben sollte, wird er sich nicht besonders darüber freuen können, denn Masker verschlüsselt die Dateien vor dem Verstecken auch gleich noch – ein klares K.O. für den Spion!

Volle Spielepower unter Windows ME

In den „guten alten Tagen“ des Computers, also etwa zu Zeiten von Windows 3.11, war das Spielen am Rechner noch mehr ein Abenteuer als ein echtes Vergnügen!

Eins der fast schon klassischen Probleme war damals der Joystick, den man meistens erst nach ein paar Stunden nerviger Bastelei zum laufen bekam!

Glücklicherweise sind diese Zeiten aber lange vorbei und Windows ME macht es Ihnen ziemlich leicht, selbst mit einem Noname-Joystick zu spielen wie ein Profi.

Und wo ich gerade bei Joysticks bin, hier gleich mal etwas, was mich früher immer ganz schön geärgert hat: die Billig-Joysticks! Klar – als Schüler oder Azubi hat man einfach nicht das Geld für den Super-Hightech-Joystick, aber dummerweise kauft man dann eben schnell einen von der billigsten Sorte, und das hat seine Folgen!

So ein Noname-Joystick löst sich nach ein paar Spielerunden fast unweigerlich in seine Bestandteile auf. Obendrein klemmen meistens die Schalter, es brechen Druckknöpfe ab oder – und das ist supernervig – der Joystick lässt sich aufgrund seiner schlechten Bauteile gar nicht erst richtig kalibrieren.

Im Spiel flattert er also, wandert in alle möglichen Richtungen aus, und Sie treffen Ihre Ziele fast nie. Tja – nach so einer Erfahrung legt man dann eben doch ein bisschen mehr für einen Marken-Joystick an, der dann auch ein paar Jahre hält und immer präzise funktioniert!

Vor dem Spielen das Wichtigste: Den Joystick richtig installieren und kalibrieren

Sie haben sich eine feine Flugsimulation gekauft, stecken den Joystick ein und los geht's? Fehlanzeige – denn ohne einen richtig kalibrierten Joystick brauchen Sie ein Simulationsspiel eigentlich gar nicht erst anzufangen!

Ohne Kalibrierung können Sie den vollen Funktionsumfang des Spiels nämlich nicht nutzen und Ihre Spielfiguren, Fahr- oder Flugzeuge lassen sich nicht so steuern, dass das Spiel auch wirklich Spaß macht.

Das steckt dahinter ...

Beim Kalibrieren legen Sie die physikalischen Bewegungsgrenzen des Joysticks fest, bestimmen, wo sein Nullpunkt, also seine neutrale Steuerungsmitte liegt und welche Bedienelemente für welche Funktionen genutzt werden sollen.

Die Kalibrierungseinstellungen werden von Windows gespeichert, und Windows-Spiele können auf diese Einstellungen zugreifen.

Wirklich wichtig beim Kalibrieren ist eigentlich nur, dass Sie die einzelnen Schritte ganz präzise vornehmen. Wenn Sie hier nämlich ungenau sind, rächt sich das im späteren Spielverlauf ziemlich bitter!

Sie merken das dann ganz schnell daran, dass Sie zum Beispiel Ihren Bewegungsspielraum gar nicht ausnutzen können. Und so kalibrieren Sie den Joystick:

1. In der *Systemsteuerung* wählen Sie *Spieleoptionen*.
2. Im Fenster *Spieleoptionen* klicken Sie *Hinzufügen*
3. Jetzt landen Sie im Fenster *Gamecontroller hinzufügen*, in dem Sie, je nach Joystick, unterschiedlich vorgehen.
4. Wenn Sie einen Marken-Joystick haben und seine genaue Produktbezeichnung kennen, wählen Sie ihn in der Liste im Feld *Gamecontroller* aus.
5. Wenn Sie einen Noname-Joystick haben oder die Typenbezeichnung nicht kennen, müssen Sie etwas anders vorgehen. Am Anfang der Auswahlliste sehen Sie verschiedene Standard-Joysticktypen, unter denen Sie das passende Modell auswählen. Mit *Benutzerdefiniert* können Sie eine eigene Joystickdefinition aufstellen, was praktisch ist, wenn Ihr Joystick in keine der angebotenen Kategorien passt.

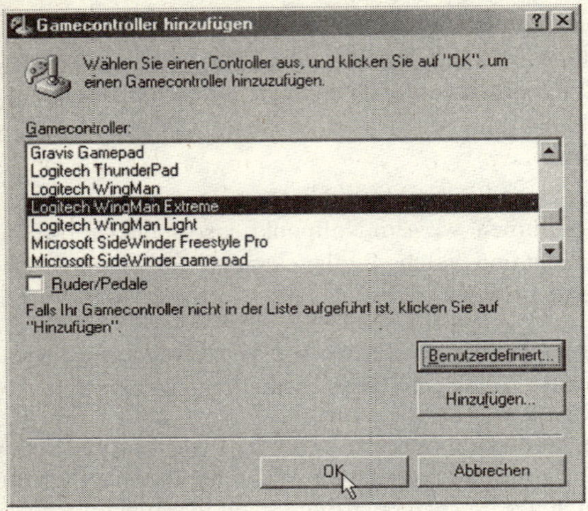

6 Wenn Sie den Joystick ausgewählt haben, landen Sie wieder im Anfangsfenster, in dem der Joystick jetzt eingetragen ist.

7 Und jetzt wird's ernst: Das Kalibrieren beginnt! Klicken Sie den Joystick an und wählen Sie dann *Eigenschaften*. Jetzt gelangen Sie ins Fenster *Eigenschaften von Gamecontroller* und klicken dort auf die Registerkarte *Einstellungen* und dann auf *Kalibrieren*.

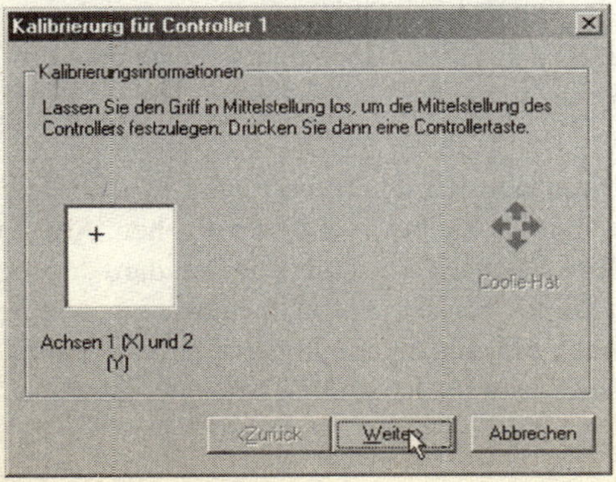

8 Nun folgen Sie dem Assistenten durch die drei Kalibrierungsschritte. Wenn Sie mit der Kalibrierung fertig sind, klicken Sie im Fenster *Eigenschaften von Gamecontroller* auf die Registerkarte *Testen*. Hier probieren Sie jetzt die Funktionstasten aus und kontrollieren, ob die Achsenzentrierung richtig funktioniert hat.

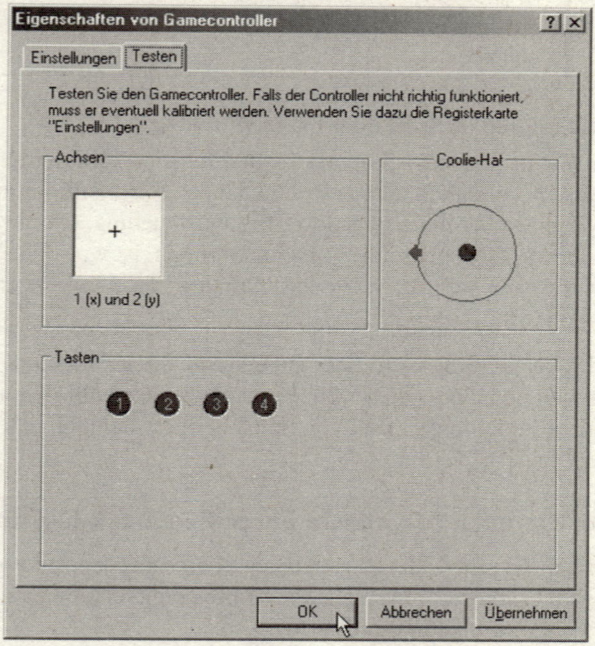

Wenn Sie beim Testen merken, dass irgendeine Steuerungsfunktion nicht so arbeitet, wie Sie das wollen, müssen Sie die Kalibrierung auf jeden Fall noch mal durchführen!

> **Trimmung berücksichtigen!**
>
> *Jeder halbwegs gute Joystick hat neben dem eigentlichen Steuerhebel auch zwei kleine Einstellrädchen, mit denen Sie die so genannte „Trimmung" regeln können. Die Trimmung ist nichts anderes als eine Art Feineinstellung für den Steuerhebel – beim Kalibrieren sollten Sie darauf achten, dass diese Einstellrädchen in der Mittel- oder Nullstellung stehen!*

Was nun: Kalibrieren im Spiel oder unter Windows?

In fast allen Windows-Spielen können Sie den Joystick kalibrieren. Wenn Sie diese Möglichkeit nutzen wollen, landen Sie allerdings auf kürzestem Wege wieder in der Windows-Systemsteuerung. Ob Sie also unter Windows selbst oder übers Spiel kalibrieren, ist wirklich egal, weil Windows-Spiele auf die Systemeinstellungen von Windows zurückgreifen können.

Anders ist das bei DOS-Spielen! Hier müssen Sie den Joystick im Spiel installieren und ihn an dieser Stelle natürlich auch kalibrieren. Das Kalibrieren funktioniert dabei von Spiel zu Spiel ziemlich unterschiedlich.

Teuer aber ziemlich realistisch: Force-Feedback-Joysticks

Seit ein paar Jahren gibt es die so genannten „Force-Feedback-Joysticks" – Joysticks, die auf physikalische Kräfte reagieren, die in einem Spiel ja nur optisch dargestellt werden.

Wenn Sie in einer Flugsimulation eine wirklich enge Kurve ziehen, reagiert ein solcher Force-Feedback-Joystick dabei ziemlich realistisch und zeigt die auftretenden Steuerungskräfte durch verstärkten Widerstand. Wenn Sie jetzt noch in eine Turbulenz kommen, merken Sie das ganz schnell durch heftigstes Schütteln des Joysticks.

Mittlerweile gibt es aber nicht nur Joysticks mit dieser Technologie – auch Steuerräder und GamePads können seit einiger Zeit schütteln und rütteln! Das Geheimnis hinter diesen Aktivitäten sind kleine, ziemlich leistungsfähige Elektromotoren, die die ganze Ruckelei veranstalten. Und da sind wir auch gleich schon bei einem eher unangenehmen Effekt dieser Joysticks:

Diese kleinen Elektromotoren werden nämlich meist von einem Lüfter gekühlt, der aber häufig so höllisch laut ist, dass man am besten nur mit Kopfhörern spielt!

Nichtsdestotrotz macht es natürlich eine Menge Spaß, mit diesen Joysticks zu spielen – am Beispiel eines echten Joystick-Klassikers, dem Microsoft Force-Feedback-Joystick, zeige ich Ihnen jetzt einmal, worauf Sie achten müssen.

Eine kleine Hürde gleich zu Anfang: Die Spieleanpassung

Dummerweise kann der Force-Feedback-Joystick seine Fähigkeiten standardmäßig fast nur in neuen Spielen beweisen. Der Grund ist einfach: Die meisten Spieleklassiker sind einfach älter als diese Joystick-Technologie, und die Spielehersteller sehen natürlich keinen Grund, ihre zum Teil seit Jahren nicht mehr produzierten Spiele diesen neuen Joysticks anzupassen. Also muss Microsoft einspringen und für die programmtechnische Unterstützung sorgen.

Zu den beliebtesten und bestverkauften Spielen gibt es mittlerweile so genannte „Profile“, also spezielle Skripts, die den Force-Feedback-Joystick unterstützen. Aber wenn Sie Pech haben, wird genau Ihr Lieblingsspiel nicht unterstützt und Sie können sich den Kauf sparen.

Eine prima Möglichkeit, um herauszubekommen, ob Ihr Spiel unterstützt wird oder nicht, ist die Webadresse http://www.microsoft.com/products/hardware/sidewinder/profiler/profiles1.htm. Hier finden Sie alle aktuell unterstützten Spiele, und zu ziemlich vielen anderen Spielen können Sie die Profile downloaden.

Anders als beim normalen Joystick: Den Force-Feedback-Joystick installieren und kalibrieren

Eigene Installationsroutine für den Force-Feedback-Joystick!

Den Force-Feedback-Joystick können Sie nicht über die Systemsteuerung installieren, stattdessen müssen Sie die beiliegende Installations-CD verwenden! Ohne DirectX in der Minimumversion 5.2 arbeitet dieser Joystick übrigens auch nicht, deshalb installiert Ihnen das Joystick-Setup diese Multimedia-Schnittstelle auch auf den Rechner, wenn Sie das bisher noch nicht getan haben. Was es mit DirectX auf sich hat, zeige ich Ihnen übrigens ab Seite 686.

Und so wird der Force-Feedback-Joystick installiert:

1. Im Hauptfenster des Installationsprogramms wählen Sie *Microsoft Game Controller-Software installieren*.
2. Im nächsten Fenster sehen Sie jetzt den Hinweis auf DirectX, dann legen Sie die Landessprache der Installation fest.
3. Wenn Sie Ihren Namen eingegeben und den Installationspfad bestimmt haben, beginnt die eigentliche Installation. Danach starten Sie Windows neu und können anschließend den Joystick kalibrieren.
4. Wählen Sie *Programme/Microsoft Hard-ware/Gamecontroller/Sidewinder-Zentrale*. Sie gelangen ins Hauptfenster der Joysticksoftware und klicken auf *SideWinder-Systemsteuerung*.

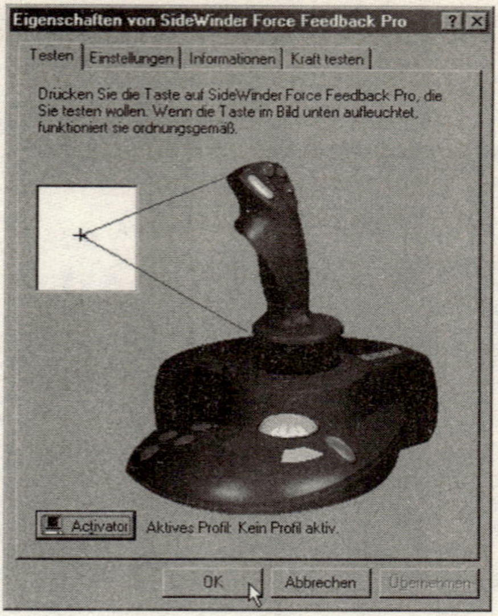

5 Stimmt – bei diesem Joystick gibt es keine Frage nach der Mittenzentrierung! Das ist aber eigentlich logisch, weil die Stellmotoren des Joysticks so geregelt sind, dass er, sobald Sie ihn anfassen, sofort in die Mittelstellung fährt. Allerdings gibt es hier eine Ausnahme: Wenn ein Spiel das Kalibrieren des Joysticks unbedingt haben will, sollten Sie das auch tun!

6 Auf der Registerkarte *Einstellungen* stellen Sie ein, wie stark die Bewegungskräfte sind, die der Joystick in einem Spiel zeigt. Einstellen können Sie das über *Kraftrückmeldung* und *Zur Mitte zurückkehren*. Wichtig ist dabei, dass die beiden Optionen eng zusammenhängen. Die *Kraftrückmeldung* entscheidet darüber, wie stark Sie das Schütteln einer Turbulenz spüren. Die Option *Zur Mitte zurückkehren* ist dafür verantwortlich, wie viel Widerstand der Joystick Ihrer Handbewegung entgegensetzt. Wenn Sie die Option *Kraftrückmeldung* deaktivieren, setzt Ihnen der Joystick eben auch keinerlei Widerstand mehr entgegen. Die einzige Möglichkeit, die besten Einstellungen zu finden, besteht also im Aus-

probieren. Am besten fangen Sie damit an, die zwei Regler erst einmal auf der Mittelstellung zu lassen und bei der Registerkarte *Kraft testen* fortzufahren.

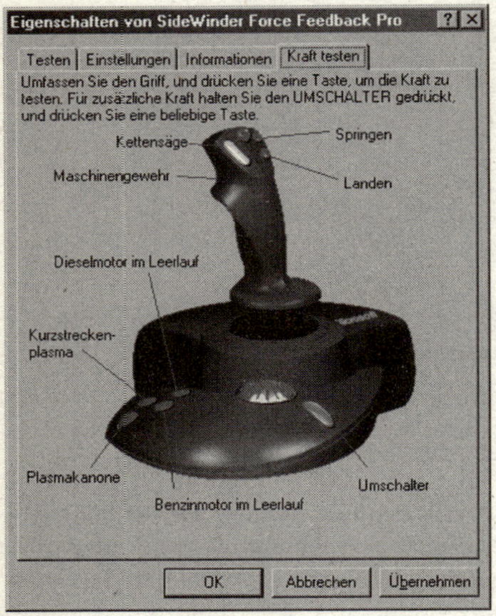

7 Jetzt probieren Sie die soeben gemachten Einstellungen einfach mal aus. Es ist übrigens weniger wichtig, dass der Joystick wie verrückt rumzappelt, sondern dass die ausgeführten Bewegungen Sie nicht nerven! Was beim Joysticktest noch witzig ist, kann im späteren Spiel nach längerer Zeit nämlich genau das Gegenteil bewirken!

8 Die Registerkarte *Informationen* können Sie ignorieren, Sie brauchen sie nur, wenn der Joystick nicht so funktioniert, wie er soll. Dafür können Sie dann auf *Problembehandlung für Kraftrückmeldung* gehen, wo es schrittweise Lösungsvorschläge gibt.

9 Das war's, und mit *OK* verlassen Sie das Eigenschaftenfenster des Joysticks.

Profile aktivieren und verwenden

Eigentlich könnten Sie jetzt sofort mit dem Spiel beginnen, vorausgesetzt natürlich, der Force-Feedback-Joystick unterstützt Ihr Spiel Und so finden Sie das raus:

1. Wählen Sie *Programme/Microsoft Hardware/Gamecontroller* und dort den *Profilactivator*. Im Hauptfenster des Profilactivators stehen schon einige Einträge – vielleicht ist Ihr Spiel ja sogar dabei!
2. Wenn Ihr Spiel dabei ist, setzen Sie einfach einen Haken vor den Spieleintrag. Finden Sie Ihr Spiel nicht, dann klicken Sie auf *Hinzufügen*.
3. Jetzt gelangen Sie ins Fenster *Profil hinzufügen*, in dem eine ganze Menge Spielprofile stehen. Hier markieren Sie einfach das gewünschte Profil und klicken dann auf *Hinzufügen*.
4. Nun taucht das neue Profil im Fenster *Microsoft SideWinder Profilactivator* auf, in dem Sie, wenn Sie das Spiel laufen lassen möchten, einen Haken vor den entsprechenden Eintrag setzen.
5. Wenn Sie Ihr Spiel auch in der Liste *Profil hinzufügen* nicht gefunden haben, könnte es ja auf der Microsoft-Webseite stehen, wo Sie jetzt mal nachsehen sollten.

Das müssen Sie über DirectX und OpenGL wissen

DirectX begegnet Ihnen auf Schritt und Tritt, wenn Sie sich mit Spielen beschäftigen, und trotzdem weiß eigentlich niemand so richtig, was DirectX wirklich ist.

Das steckt dahinter ...

Man könnte DirectX auch Multimedia-Schnittstelle nennen, es ist aber kein Programm oder Treiber, sondern besteht aus einer ganzen Reihe von Einzelkomponenten. Diese Komponenten wirken sich, sofern die

Spieleentwickler das bei der Programmierung berücksichtigt haben, im Zusammenspiel durch bestimmte Effekte aus.

Das Innenleben von DirectX

DirectX ist als Version 7.0 in Windows ME bereits enthalten – und natürlich schon wieder veraltet! Mittlerweile ist Microsoft bei der Version 8.0 angelangt und auch diese Version wird schon bald wieder überholt sein. Weil Sie am besten immer die neueste Version installiert haben sollten, halten Sie am besten regelmäßig auf der Windows-Update-Seite unter der Adresse http://windowsupdate.microsoft.com/ Ausschau nach neuen Versionen.

Und aus diesen Einzelkomponenten besteht DirectX:

Direct3D

Direct3D besteht aus zwei Schichten und ist eine Art universelle Schnittstelle zwischen 3D-Programmen und der Grafikkarte. Die so genannte „HAL", die hardwarenahe Schicht, nutzt dabei die Fähigkeiten der Grafikkarte selbst, während der HEL, der Emulationsmodus, einspringt, wenn eines dieser Features nicht vorhanden ist.

DirectDraw

DirectDraw arbeitet in Bereichen, in denen es nicht um das Rendering geht und ist damit eine Art Speicher-Manager. DirectDraw verwaltet zum Beispiel den Speicherplatz beim Buffering von Bildern oder für deren Tiefeninformationen.

DirectPlay und DirectInput

DirectPlay brauchen Sie, wenn Sie im Netzwerk spielen, denn es sorgt für eine reibungslose und störungsfreie Kommunikation zwischen den einzelnen Spielern. DirectInput ist dafür verantwortlich, dass die Kommunikation zwischen einem Spiel und den Eingabegeräten funktioniert. Die frühen Versionen von DirectX haben nur normale Joysticks unterstützt. Um zum Beispiel den Force-Feedback-Joystick einzusetzen, brauchen Sie aber schon mindestens die DirectX-Version 5.0.

DirectSound

Über DirectSound werden als Audioschnittstelle die digitalisierten Klänge abgespielt. Neue Soundkarten, die DirectSound unterstützen, können damit dann zum Beispiel 3D-Soundeffekte nutzen.

Unsichere Zukunft: OpenGL

OpenGL ist das Gegenprodukt zu DirectX und hat im Grunde die gleichen Aufgaben wie der DirectX-Bestandteil Direct3D. Bisher hat sich nur DirectX auf dem Markt durchgesetzt – was mit OpenGL in dieser Richtung passiert, ist ziemlich unklar. Für den Spielealltag ist es also nicht weiter von Bedeutung – Windows ME hat aber OpenGL-Treiber, die Sie sich über die Bildschirmschoner *3-D-Bukett, 3-D-Labyrinth, 3-D-Objekte, 3-D-Rohre* und *3-D-Text* ansehen können.

Schluss mit der Einsamkeit: Onlinespiele im Internet

Wenn Sie keine Lust haben, immer allein gegen den Rechner zu spielen? Dann gehen Sie einfach ins Internet! Da gibt es nämlich mittlerweile ein ziemliche Menge von Spieleseiten, auf denen Sie sich mit anderen zum Onlinespiel treffen können.

Vergessen Sie die Onlinekosten nicht!

Onlinespiele sind fast immer superspannend, und genau deshalb vergisst man leider ganz schnell die Telefon- und Providerkosten! Und dann kann aus einer tollen Spielrunde ganz schnell ein ziemlich teurer Spaß werden! Wenn Ihnen die Onlinespielerei auf Dauer zu teuer wird, dann überlegen Sie doch mal, wie es mit einem Netzwerkspiel wäre. Auf Seite 698 steht, was Sie dafür brauchen.

Ab ins Internet und nie wieder allein spielen

Die meisten Webseiten, auf denen sich Onlinespieler regelmäßig treffen, sind kostenlos, es gibt aber auch eine Menge kommerzieller Seiten. Die sind dann zwar häufig auch so richtig professionell gemacht – kosten aber eben noch mal zusätzliches Geld! Zu Anfang orientieren Sie sich lieber an den kostenlosen Seiten, von denen WON eine der bekanntesten ist.

WON finden Sie unter der Adresse http//www.won.net. Neben den Onlinespielen können Sie auf diesen Seiten meistens auch eine Menge Sharewarespiele und Spieltipps herunterladen. Ein Besuch lohnt sich also auf jeden Fall!

Onlinespiele mit Microsoft

Klar, dass es sich auch Microsoft nicht nehmen lässt, bei den Onlinespielen mitzumischen! Die Microsoft-Webseite namens *Internet Gaming Zone* hat rund zwei Millionen Mitglieder und ist unter http://www.zone.com zu erreichen.

Ganz anders als auf freien Seiten müssen Sie sich hier aber ganz regulär anmelden und haben dann nur mit einer User-ID Zugang zur Seite. In Dutzenden von Spieleräumen treffen sich meist mehrere Hundert Spieler, und dementsprechend hektisch geht es hier auch zur Sache!

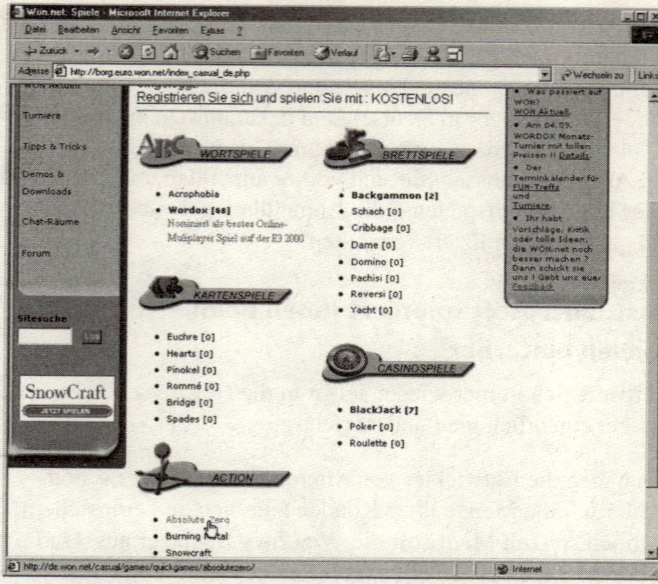
Won.net: Spiele - Microsoft Internet Explorer
Datei Bearbeiten Ansicht Favoriten Extras ?
Zurück Suchen Favoriten Verlauf
Adresse http://borg.euro.won.net/index_casual_de.php
Wechseln zu Links
Turniere
Tipps & Tricks
Demos & Downloads
Chat-Räume
Forum
Sitesuche
SnowCraft
Registrieren Sie sich und spielen Sie mit : KOSTENLOS!
WORTSPIELE
Acrophobia
Wordox [68]
Nominiert als bestes Online-Multiplayer Spiel auf der E3 2000
BRETTSPIELE
Backgammon [2]
Schach [0]
Cribbage [0]
Dame [0]
Domino [0]
Pachisi [0]
Reversi [0]
Yacht [0]
KARTENSPIELE
Euchre [0]
Hearts [0]
Pinokel [0]
Rommé [0]
Bridge [0]
Spades [0]
CASINOSPIELE
BlackJack [7]
Poker [0]
Roulette [0]
ACTION
Absolute Zero
Snowcraft
WON Aktuell
WORDOX Monats-Turnier mit tollen Preisen !! Details
Terminkalender für FUN-Treffs und Turniere
Ihr habt Vorschläge, Kritik oder tolle Ideen, die WON.net noch besser machen ? Dann schickt sie uns ! Gebt uns euer Feedback
http://de.won.net/casual/games/quickgames/absolutezero/
Internet

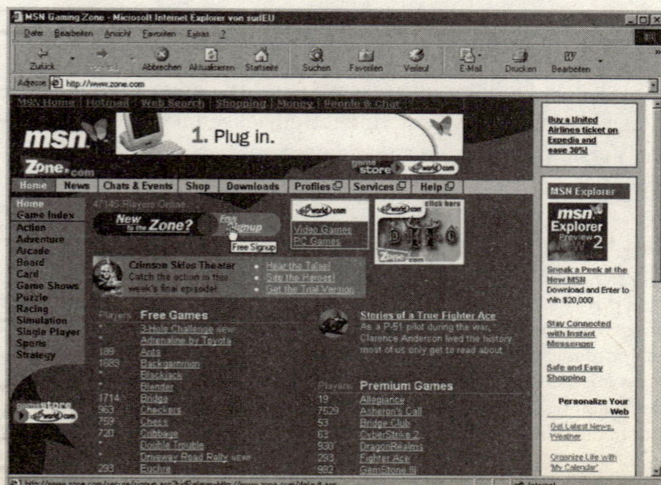
MSN Gaming Zone - Microsoft Internet Explorer von surfEU
Datei Bearbeiten Ansicht Favoriten Extras ?
Zurück Abbrechen Aktualisieren Startseite Suchen Favoriten Verlauf E-Mail Drucken Bearbeiten
Adresse http://www.zone.com
msn
1. Plug in.
Zone.com
Home News Chats & Events Shop Downloads Profiles Services Help
Game Index
Action
Adventure
Arcade
Board
Card
Game Shows
Puzzle
Racing
Simulation
Single Player
Sports
Strategy
New to the Zone?
Free Signup
Crimson Skies Theater
Free Games
Stories of a True Fighter Ace
Premium Games
Buy a United Airlines ticket on Expedia and save 30%!
MSN Explorer
Sneak a Peek at the New MSN
Download and Enter to Win $20,000!
Stay Connected with Instant Messenger
Safe and Easy Shopping
Personalize Your Web
http://www.zone.com/secure/signup.asp?idReferer=http://www.zone.com/default.asp
Internet

Klar sind die meisten Online-Games englischsprachig, es gibt aber auch viele anderssprachige, die Sie ganz leicht finden, wenn Sie auf eine beliebige Suchmaschine gehen und dort den Suchbegriff „Online Games“ eingeben! Eine der in Deutschland bekanntesten Webseiten für Onlinespiele finden Sie zum Beispiel unter http://www.gamechannel.de. Auch hier müssen Sie sich vorher anmelden und können nur mit einer User-ID mitspielen – die Anmeldung geht aber blitzschnell und ganz unkompliziert vonstatten!

Aufgepasst: Microsoft spioniert Ihnen beim Onlinespielen hinterher!

Wieso Microsoft sich immer wieder selbst in die Negativschlagzeilen bringt, versteht eigentlich niemand so richtig.

Tatsächlich haben die Entwickler von Microsoft ME es aber schon wieder geschafft, eine Menge ihrer Kunden ziemlich zu verunsichern, denn tatsächlich spitzelt Microsoft die Windows-Benutzer aus. Und das genau dort, wo man es am allerwenigsten erwartet: beim Spielen!

Keine Angst – wenn Sie gerade Ihr Lieblingsspiel auf dem Rechner laufen lassen, bekommt Microsoft davon natürlich nichts mit, dafür aber wenn Sie sich an Onlinespielen beteiligen. Mit einem kurzen und ganz harmlos klingenden Text auf einem Beipackzettel der Windows ME Update-Version werden Sie sogar darauf aufmerksam gemacht! Falls Sie den Zettel nicht mehr finden sollten – hier der Wortlaut:

> **„Hinweis für Nutzer von Internetspielen:**
>
> Wenn Sie sich entscheiden, aus Microsoft Windows Millennium Edition heraus auf das Internetspielfeature zuzugreifen, werden bestimmte Systeminformationen und eine Computer-ID, die für die Administration des Spielens erforderlich sind, zur Internetspiele-Webseite upgeloadet. Indem Sie auf das Internetspielefeature zugreifen, ermächtigen Sie Microsoft und/oder deren bezeichneten Vertreter zum Zugriff und zur Verwendung dieser Informationen zu diesem Zweck."

Tja – was soll man dazu sagen? Als Nicht-Juristen gucken wir Benutzer uns diesen Zettel entweder gar nicht an oder verstehen sowieso nicht so ganz, welche Tragweite diese Formulierung eigentlich hat.

Dummerweise lässt sich gegen diese Funktion nichts machen – die einzige Chance, Microsofts Sammelwut zu entgehen, besteht darin, die Finger von Onlinespielen zu lassen!

Spielen im Netzwerk: So geht's

Wenn Sie mit Freunden im Netzwerk spielen wollen, ist das viel einfacher und billiger, als Sie vielleicht denken!

Weder teuer noch kompliziert: Das brauchen Sie fürs Netzwerkspiel

Was Sie brauchen, ist natürlich ein funktionierendes Netzwerk, das aber für Spiele ziemlich schnell aufgebaut ist. Das Schöne daran: Sie müssen wirklich kein Netzwerkfachmann sein, um dies zu realisieren, und da jeder Spieler sich seine eigenen Bauteile kauft, müssen Sie noch nicht mal viel Geld ausgeben! Hier ein kurzer Überblick über die Dinge, die Sie brauchen – welche Arbeitsschritte im Einzelnen nötig sind, zeige ich Ihnen ab Seite 698.

Wichtigste Voraussetzung: Netzwerkfähig muss das Spiel sein

Wenn Sie ein Spiel im Netzwerk laufen lassen, muss es natürlich auch netzwerkfähig sein. Ob es das ist, steht auf der Spielverpackung. Ist das Spiel netzwerkfähig, ist noch wichtig, wie viele Spieler es unterstützt. Die meisten netzwerkfähigen Spiele erlauben mindestens fünf Mitspieler.

Netzwerkkarten

In jedem angeschlossenen Computer muss zuerst mal eine Netzwerkkarte stecken. Die sind als Noname-Modell wirklich superbillig und funktionieren dennoch prima!

Netzwerkkabel und -stecker

Als Nächstes brauchen Sie Netzwerkkabel. Die einfachste Ausführung für die billigste Netzwerkvariante gibt es im Handel in Längen von zwei bis zehn Metern ebenfalls sehr günstig. Jeder angeschlossene Rechner braucht dabei sein eigenes Kabel. Bei der einfachsten Netzwerkversion mit BNC-Kabeln brauchen Sie für jeden angeschlossenen Rechner zwei Stecker. Das ist einmal ein so genanntes „T-Stück", eine Art Kabelverteiler, und ein Abschlusswiderstand. Eigentlich brauchen nur der erste und der letzte Rechner eines Netzwerkstrangs diesen Abschlusswiderstand, weil diese Stecker aber nur Pfennige kosten, kaufen Sie am besten für jeden Rechner einen.

Einbauen, anstecken – fertig?

Fast, aber eben leider doch nicht ganz so einfach ist das mit dem Netzwerk. Die Netzwerkkarten werden genauso eingebaut wie jede andere Steckkarte auch, und weil schon günstige Karten Plug & Play-fähig sind, müssen Sie noch nicht mal mit der Konfiguration kämpfen! Aber sogar die superbilligen ISA-Karten ohne Plug & Play bieten so weite, per Jumper einstellbare Adressräume, dass es auch hier keine Komplikationen gibt.

Dienste, Clients und Protokolle

Damit im Netzwerk alles in geordneten Bahnen abläuft, muss sich jeder angeschlossene Rechner an festgelegte Protokolle halten. Dafür werden so genannte „Dienste und Clients" benutzt, die Sie installieren müssen. Alles was Sie dafür brauchen, finden Sie übrigens auf der Windows ME-CD! Ab Seite 708 zeige ich Ihnen, wie Sie die Dienste, Clients und Protokolle richtig installieren und einsetzen.

Zum Schluss die Spielinstallation

Ist das Netzwerk aufgebaut und funktioniert, können Sie das Spiel installieren. Dabei gibt es aber keine festen Regeln, denn manche Spiele müssen vollständig auf jedem angeschlossenen Rechner installiert werden, andere wiederum werden nur auf einem Rechner vollständig und auf den restlichen PCs nur teilweise installiert.

So lösen Sie blitzschnell Ihre Spielprobleme

Wenn ein Spiel nicht so will, wie es soll, dann gibt es dafür meist mehrere Gründe. Der größte Unterschied besteht dabei zwischen DOS- und Windows-Spielen. Wie Sie bei bockigen DOS-Spielen vorgehen können, sehen Sie ab Seite 612. Wichtig bei der Suche nach Problemlösungen ist vor allem, dass Windows ME bei reinen DOS-Spielen ziemlichen Ärger machen kann, weil DOS unter Windows ME ja eigentlich nicht mehr vorhanden ist. Eine Bootdiskette oder eine eigene DOS-Partition ist dann häufig die letzte Chance, das Spiel doch noch zum Laufen zu bekommen. Auf Seite 614 finden Sie übrigens alle Infos zu diesem Thema.

Viel weniger verzwickt sind dagegen Windows-Spiele, und selbst wenn sie mal Ärger machen, ist das Problem meistens schnell gefunden.

Bockige Spiele? So bekommen Sie's in den Griff!

Fast immer das „Problemkind": Der Arbeitsspeicher

Wenn Ihr Windows-Spiel fast einschläft, die Bildwiedergabe immer ruckelt und die Festplatte dauernd herumarbeitet, haben Sie einfach zu wenig Arbeitsspeicher. Weil allein schon Windows eine Menge Ressourcen braucht, wird es natürlich schnell eng, wenn Sie jetzt noch ein Spiel wie Monster Truck Madness II laufen lassen. Wenn Sie viel spielen, sollte Ihr Rechner mindestens 64 MByte Arbeitsspeicher haben! Wie Sie den ganz einfach aufrüsten, sehen Sie ab Seite 748!

Zu lahme Grafikkarte?

Bei den heutigen Spielen hat eine Grafikkarte mit weniger als 16 MByte Speicher einfach keine Chance mehr. Die einzige Abhilfe, wenn Ihr Spiel nicht auf Touren kommt, ist also: aufrüsten! Und weil selbst Karten mit 32 oder mehr MByte Speicher immer billiger werden, sollten Sie am besten gleich zu einem solchen Modell greifen!

Wichtig: Die richtige Speicherverwaltung!

Ziemlich viele Spielprobleme unter Windows werden durch die falsche Verwaltung des virtuellen Speichers ausgelöst. Die Speicherverwaltung finden Sie in der *Systemsteuerung* unter *System/Leistungsmerkmale/Virtueller Speicher*. Wenn Sie Probleme vermeiden wollen, lassen Sie aber am besten die Finger von sämtlichen Änderungen! Windows verwaltet den virtuellen Speicher bei Spielen besser, als man das selbst kann, sodass Änderungen die Spieleperformance garantiert nur schlechter machen!

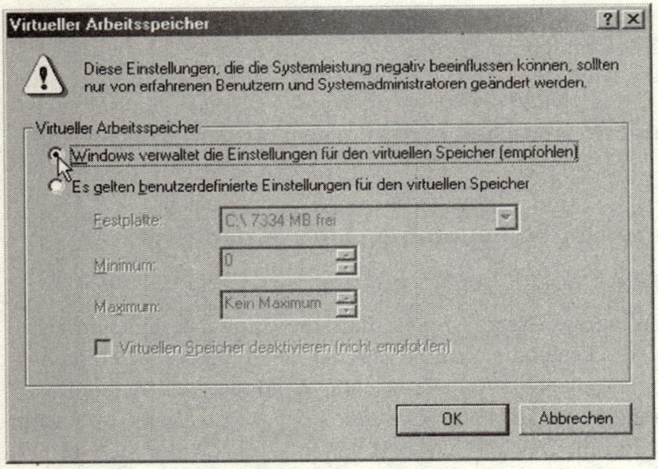

Eine Ausnahme gibt es hier allerdings: Ein paar wenige Spiele schlagen nämlich eine manuelle Einstellung des virtuellen Speichers vor. Dazu finden Sie aber in der Spieldokumentation sehr genaue Werte, an die Sie sich auch halten sollten!

Grafikbeschleunigung und CD-ROM-Cache

Wenn Ihr Windows-Spiel zu langsam oder gar nicht erst richtig läuft, dann sehen Sie doch mal nach, ob die Grafikbeschleunigung und der CD-ROM-Cache aktiviert sind! In der *Systemsteuerung* wählen Sie zuerst *System/Leistungsmerkmale/Dateisystem/CD-ROM*. Stellen Sie den Regler in der Zeile *Größe des Zusatz-Cache-Speichers* am besten auf den Maximalwert. Und unter *Zugriff optimieren für* muss auf jeden Fall *Quad-Speed oder höher* stehen!

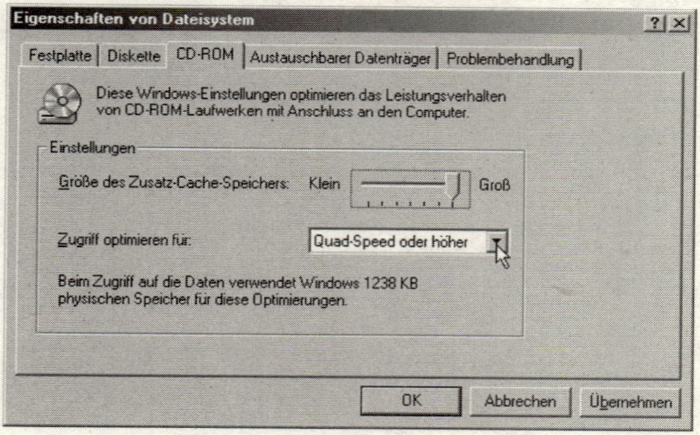

Um die Hardwarebeschleunigung für die Grafikkarte zu kontrollieren, klicken Sie auf die Schaltfläche *Grafik*, die Sie auf der Registerkarte *Leistungsmerkmale* der Systemeigenschaften finden. Hier setzen Sie den Schieberegler am besten auf den Maximalwert.

Kein Sound?

Anders als bei Windows-Spielen müssen Sie die Soundkarte bei DOS-Spielen grundsätzlich gesondert konfigurieren. Bei allen neueren DOS-Spielen können Sie nach der Konfiguration den Sound testen. Ganz aktuelle DOS-Spiele bieten die Möglichkeit der Adresserkennung der verwendeten Soundkarte. Wenn Ihr Spiel trotzdem stumm bleibt, sehen Sie einfach unter Windows im *Geräte-Manager* nach, auf welcher Adresse die Soundkarte arbeitet und welche Ressourcen sie benutzt. Und diese Werte tragen Sie dann im Setup des DOS-Spiels ein.

Bei Windows-Spielen ist der Grund für ein „Stummfilm-Spiel“ fast immer supereinfach, aber eben gut versteckt: Windows-Spiele haben oft eigene Lautstärkeregler, die aber nicht immer auf den ersten Blick zu finden sind. Bevor Sie also an Ihrer Soundkarte oder den Boxen verzweifeln, durchsuchen Sie das Spiel erst einmal nach diesem Lautstärkeregler.

Windows ME perfekt vernetzt

Um das Thema „Netzwerk“ ranken sich ja eine Menge verschiedener Gerüchte, die eigentlich immer auf zwei Aussagen hinauslaufen: Netzwerke sind superteuer und superkompliziert.

Vergessen Sie's ganz schnell wieder, denn weder die eine, noch die andere Aussage stimmen! Ganz im Gegenteil – Netzwerke, zumindest im Heimbereich, sind eigentlich superbillig und von „kompliziert“ kann überhaupt nicht die Rede sein!

Ich garantiere Ihnen – selbst wenn Sie das Wort „Netzwerk“ noch nie zuvor gehört haben – dass in maximal zwei Stunden ein prima funktionierendes Netzwerk bei Ihnen zu Hause arbeitet!

Glauben Sie nicht? Dann lesen Sie einfach mal dieses Kapitel und schon wissen Sie alles, was Sie über Netzwerke wissen müssen! Die einzigen Dinge, die Sie zusätzlich noch brauchen, sind ein Netzwerkkabel und mindestens zwei Netzwerkkarten!

Brauche ich eigentlich ein Netzwerk?

Ob Sie wirklich ein Netzwerk brauchen oder nicht, müssen Sie natürlich selbst beurteilen – wenn Sie aber vielleicht noch einen älteren Zweitrechner haben, lohnt es sich auf jeden Fall, darüber nachzudenken!

Stellen Sie sich doch mal vor, dass einer der PCs eine ISDN-Karte hat und sich natürlich prima zum Surfen im Internet eignet. Und am zweiten PC haben Sie vielleicht einen teuren Drucker angeschlossen. Wenn Sie die beiden PCs jetzt miteinander vernetzen, dann kann jeder PC auf die Ressourcen des anderen zugreifen. Und statt mit Disketten rumzumachen, um Daten vom einen auf den anderen PC zu bringen, tauschen Sie die Daten jetzt einfach über die Netzwerkverbindung aus!

Kein Problem: Windows 95, 98 und ME im Netzwerk

Alles, was ich Ihnen auf den nächsten Seiten zeige, gilt natürlich auch, wenn Sie Windows 95-, Windows 98- und Windows ME-Rechner miteinander vernetzen wollen! Lediglich die einzelnen Arbeitsschritte unterscheiden sich an manchen Stellen voneinander: Während Sie unter Windows ME mit einem komfortablen Assistenten arbeiten können, müssen Sie bei den älteren Windows-Versionen dann eben noch ein bisschen mehr „Handarbeit" investieren.

Wenn's supereinfach gehen soll: Die PC-Direktverbindung

Die einfachste Möglichkeit, um zwei PCs miteinander zu verbinden, ist die PC-Direktverbindung. Zwei PCs werden über die serielle oder parallele Schnittstelle per Kabel miteinander verbunden. Die PC-Direktverbindung ist in punkto Geschwindigkeit zwar den aufwändigeren Netzwerkverbindungen völlig unterlegen – für den Hausgebrauch und kleinere Datenmengen reicht sie aber aus. Und das Schönste: Sie brauchen wirklich nur ein einziges Kabel zu kaufen und sonst nichts! Hier mal eben ein Überblick, an dem Sie ablesen können, wie lange eine 1 MByte große Datei bei den verschiedenen Netzwerkverbindungen braucht, um übertragen zu werden:

Verbindungsart	Zeit für die Übertragung von 1 MByte
Serielle Schnittstelle (9.600 Bit/s)	7 Minuten
Parallele Schnittstelle	45 Sekunden
Netzwerkkarte 10 MBit/s	1,2 Sekunden

Wirklich nur ein Kabel und sonst nix: Die PC-Direktverbindung

Um die PC-Direktverbindung über die serielle oder parallele Schnittstelle herzustellen, müssen Sie natürlich zuerst das entsprechende Kabel kaufen.

Das ist aber kein normales serielles oder paralleles Kabel, sondern ein so genanntes „Nullmodemkabel", bei dem einige Verbindungsleitungen anders gepolt sind.

Am besten über die parallele Schnittstelle

Für die PC-Direktverbindung nehmen Sie am besten die parallele Schnittstelle, weil sie einfach schneller ist. Ein bisschen unpraktisch daran ist, dass die meisten PCs nur eine parallele Schnittstelle haben und Sie deshalb immer zwischen Drucker und der PC-Direktverbindung hin- und herwechseln müssen.

Die PC-Direktverbindung installieren

Weil die PC-Direktverbindung standardmäßig bei der Installation von Windows ME nicht mit installiert wird, müssen Sie sie nachinstallieren. Das machen Sie in der *Systemsteuerung* über den Punkt *Software*.

Hier öffnen Sie die Registerkarte *Windows Setup* und suchen die Komponentengruppe *Verbindungen*, in der Sie den Eintrag *PC-Direktverbindung* finden. Haben Sie sie installiert, geht es so weiter:

1. Wählen Sie zuerst *Start/Programme/Zubehör/Kommunikation/PC-Direktverbindung*. Wenn Sie den Befehl zum ersten Mal anklicken, öffnet sich der PC-Direktverbindungs-Assistent.
2. Jetzt legen Sie im ersten Fenster fest, ob es sich bei diesem Computer um den Host-Computer handelt, auf dem die gewünschten Dateien liegen, oder um den Gastcomputer, der auf den Host-Computer zugreifen darf.

3 Im nächsten Fenster wählen Sie die erforderliche Schnittstelle gemäß dem vorhandenen Schnittstellenkabel aus. Bei beiden PCs müssen Sie natürlich denselben Anschlusstyp angeben.

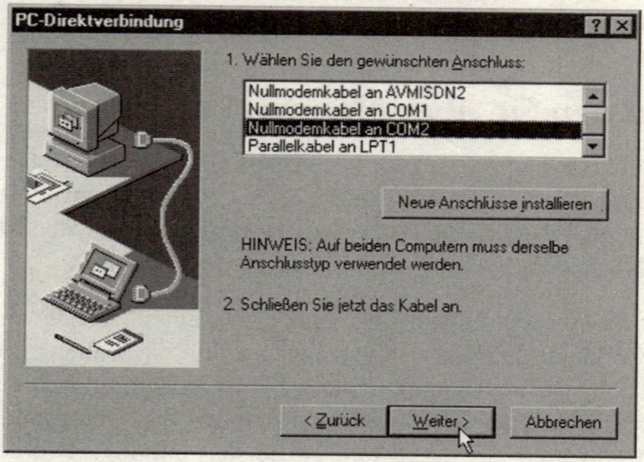

4 Jetzt schließen Sie das erforderliche Kabel an und klicken auf *Weiter*. Die Konfiguration des ersten PCs wird vervollständigt, und um die Installation abzuschließen, klicken Sie im nächsten Fenster auf *Fertig stellen*.

5 Nun müssen Sie den ganzen Vorgang auf dem zweiten Rechner wiederholen, den Sie aber als Host konfigurieren.

6 Haben Sie die Installation auf dem zweiten Rechner beendet, können Sie sofort Daten austauschen!

Noch einfacher und schneller geht's mit dem USB-Link

Eine weitere Möglichkeit, eine schnelle und preiswerte Direktverbindung auf die Beine zu stellen, funktioniert mittels eines so genannten „USB-Link-Kabels“. Solche Kabel werden für rund 50 DM angeboten und sind eine wirklich praktische Sache!

Zum einen unterstützen diese Kabel meist das so genannte „Hot Plug & Play" – Sie können sie also während des laufenden Betriebs ein- und ausstecken. Zum anderen realisieren Sie damit Übertragungsraten von rund 8 Mbit/s – als fast so viel wie mit einer 10 Mbit/s-Netzwerkkarte!

Das müssen Sie über Netzwerke wissen

Die PC-Direktverbindung ist zwar auch schon ein Netzwerk – aber eben auf dem untersten Level. Wenn Sie ein „richtiges" Netzwerk realisieren wollen, brauchen Sie als zusätzliche Hardware für jeden Rechner eine Netzwerkkarte und natürlich ein Netzwerkkabel.

Übrigens ist es von der Leistung her egal, ob Sie eine ISA- oder eine PCI-Netzwerkkarte nehmen – ausschlaggebend für die Wahl ist, welcher Steckplatz in Ihrem Computer noch frei ist. Allerdings haben sich die Preisverhältnisse bei Netzwerkkarten ziemlich stark verändert und PCI-Netzwerkkarten sind mittlerweile wirklich spottbillig geworden.

Nix mit teuer: Diese Hardware brauchen Sie fürs Windows-Netzwerk

Alte ISA-Karten bekommen Sie schon für ein paar Mark – für eine leistungsfähige PCI-Karte müssen Sie heute aber auch nicht mehr als 30 DM bezahlen. Ehrlich gesagt – ich würde keine ISA-Karte mehr kaufen, denn PCI-Karten sind Plug & Play-fähig, also blitzschnell installiert und konfiguriert. Bei den ISA-Karten kann es da aber schon mal kniffliger werden! Wie viel oder, besser gesagt, wie wenig Geld Sie für Ihr Netzwerk ausgeben, hängt aber auch davon ab, was für einen Typ von Netzwerk Sie realisieren wollen. Ein Netzwerk können Sie nämlich auf verschiedene Arten aufbauen, wobei sich vor allem in kleinen und mittleren Netzwerken das so genannte „Ethernet" als Netzwerksystem etabliert hat. Grundsätzlich gibt es vier verschiedene Arten des Ethernet, wobei aufgrund der niedrigen Kosten und leichten Verlegbarkeit der Kabel eigentlich nur drei Arten eingesetzt werden.

Bezeichnung	Max. Übertragungsrate	Art der Topologie	Die wichtigsten Eigenschaften
10Base2	10 MBit/s	Bus-Topologie	Der PC wird über einen Koax-Kabelbus mit den nächsten beiden PCs verbunden. Die maximale Länge eines solchen Segments mit mehreren PCs beträgt 185 Meter. Ein Segment wird an den beiden Enden mit jeweils einem 50-Ohm-Abschlusswiderstand terminiert.
10BaseT	10 MBit/s	Stern-Topologie	Der PC wird über ein Twisted-Pair-Kabel mit einem Hub verbunden. Die maximale Leitungslänge von einem PC zum Hub darf 100 Meter nicht überschreiten.
100BaseT, wird auch allgemein als „Fast-Ethernet" bezeichnet	100 MBit/s	Stern-Topologie	Erfordert wegen der höheren Datenübertragungsraten eine Verkabelung mit Kategorie 5-Kabeln (CAT 5).

Bei der Verkabelung eines Netzwerks können Sie zwischen zwei verschiedenen Arten auswählen. Der Unterschied dieser beiden Arten besteht in der maximal möglichen Übertragungsrate und dem Aufwand bei der Verkabelung.

Geht schnell und kostet wenig: Bus-Topologie mit Koaxverkabelung

Wirklich sehr günstig und einfach aufzubauen, ist eine Verkabelung mit Koaxialkabel in Form der so genannten „Bus-Topologie".

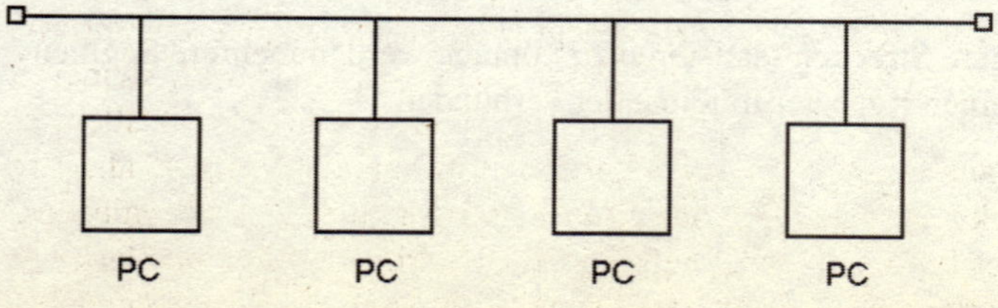

Übertragen werden die Daten über ein Netzwerkkabel, den so genannten „Bus“, an das alle Rechner eines Segments angeschlossen werden. Jeder angeschlossene PC wird dabei mit einer Netzwerkkarte und einem T-förmigen Anschlussstück ausgestattet.

An die beiden freien Enden des T-Stücks wird dann das Netzwerkkabel angeschlossen.

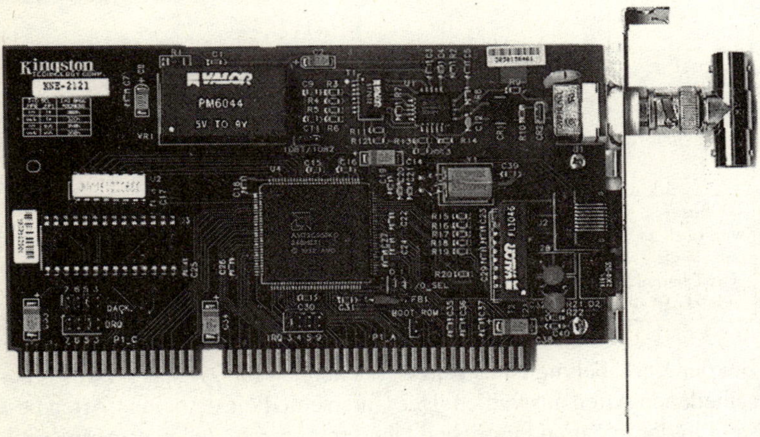

Das Koaxialkabel für eine Ethernet-Verkabelung gemäß 10Base-2 wird übrigens als „RG58“ bezeichnet. Ein Koaxialkabel, an das mehrere PCs angeschlossen werden können, bezeichnet man als „Segment“. Die Gesamtlänge eines Segments ist auf maximal 185 Meter beschränkt.

Um längere Strecken realisieren zu können, werden mehrere Segmente über einen Repeater miteinander verbunden.

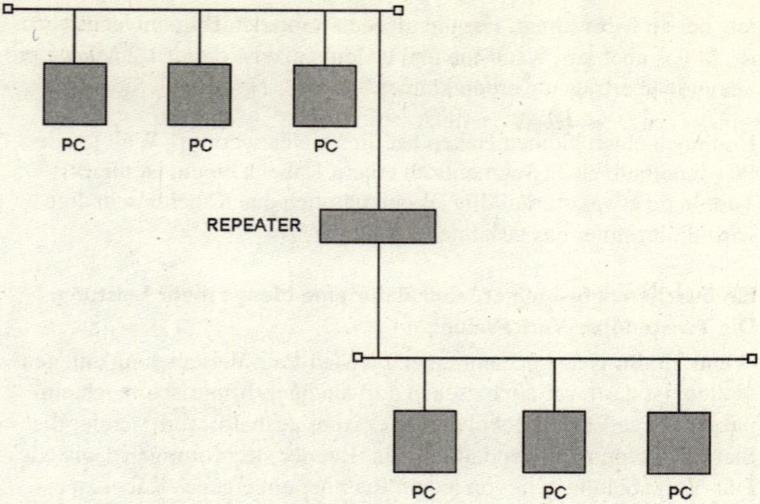

Über Repeater können mehrere Segmente miteinander verbunden und so größere Distanzen überwunden werden.

Ein Repeater ist übrigens nichts anderes als ein Signalverstärker, der die durch die Kabellänge verursachten Leistungsverluste in der Signalübertragung ausgleicht.

Wenn Sie zwei Rechner auf dieser Basis vernetzen wollen, brauchen Sie zwei Netzwerkkarten mit BNC-Anschluss, zwei Abschlusswiderstände für die beiden Enden des Busses und natürlich das Koaxialkabel in der gewünschten Länge. Das alles ist nicht besonders teuer, denn Netzwerkkarten mit BNC-Anschluss gibt's unter 30 DM, ein Abschlusswiderstand kostet etwa 5 DM, und bei fertig konfektioniertem Koaxialkabel müssen Sie für zehn Meter etwa 20 DM anlegen.

Jeder weitere Rechner, den Sie an dieses Netzwerk anschließen wollen, braucht dann natürlich auch eine Netzwerkkarte und ein weiteres Stück Koaxialkabel. Der einzige Nachteil der Bus-Topologie und der Verkabelung mit Koaxialkabel ist, dass die mögliche Übertragungsrate bei 10 Mbit/s liegt. Für die meisten normalen Büroanwendungen reicht das aber aus, wenn Sie mal bedenken, dass damit 1,2 MByte pro Sekunde übertragen werden können!

Und noch einen kleinen Haken hat dieser Netzwerktyp: Weil ja alle PCs innerhalb eines Segments an einem Kabel hängen, ist die Bus-Topologie etwas störanfällig. Wenn nämlich das Kabel beschädigt wird, fällt immer das gesamte Segment aus.

Ein bisschen aufwändiger, aber dafür eine Menge mehr Leistung: Die Twisted-Pair-Verkabelung

Wenn Sie Ihr Netzwerk mit einer Twisted-Pair-Verkabelung anlegen wollen, ist das zwar ein bisschen aufwändiger, bringt aber auch ein paar massive Vorteile! Aufwändiger ist es deshalb, weil Sie hier die Stern-Topologie verwenden müssen. Bei der sternförmigen Twisted-Pair-Verkabelung geht von jedem Rechner ein eigenes Kabel zu einem Verteiler, auch „Hub" genannt.

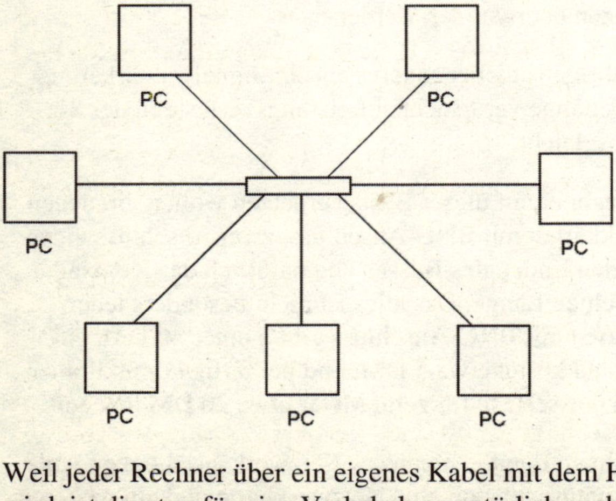

Weil jeder Rechner über ein eigenes Kabel mit dem Hub verbunden wird, ist die sternförmige Verkabelung natürlich auch nicht so anfällig für Störungen. Wird die Leitung zu einem PC unterbrochen, fällt dann auch nur dieser eine Rechner aus. Wird allerdings in einem Netzwerk mit einem Server die Verbindung zwischen dem Server und dem Hub unterbrochen, fallen auch alle PCs an diesem Stern aus. Was diesen Netzwerktyp noch ein bisschen teurer macht, ist der Hub, den es in einfachen Ausführungen aber auch schon für etwa 150 DM gibt.

Die Twisted-Pair-Netzwerkkarten dagegen sind auch nicht teurer als die BNC-Karten, lediglich das Twisted-Pair-Anschlusskabel kostet ein bisschen mehr als die Koaxialvariante.

Hier wird's teuer: Netzwerkkabel professionell verlegen

Wenn Sie ein Netzwerk so richtig professionell realisieren wollen, wird es schon ein bisschen teurer, denn Netzwerkkabel sollten immer in einem Kabelschacht zu den einzelnen Arbeitsplätzen verlegt werden. Für den „Hausgebrauch" muss das natürlich nicht sein. Die Netzwerkkabel – egal, ob Koax oder Twisted-Pair – sollten Sie aber trotzdem ein bisschen geschützt verlegen!

Bei nur zwei PCs, brauchen Sie gar keinen Hub

Sie brauchen aber nicht unbedingt einen Hub, wenn Sie zwei Rechner mit einem Twisted-Pair-Kabel verbinden wollen. Einfacher ist es, die beiden Rechner direkt miteinander zu verbinden. Was Sie brauchen, sind dann lediglich die Netzwerkkarten für die beiden PCs und – das ist absolut wichtig – ein so genanntes „gedrehtes Twisted-Pair-Kabel".

Netzwerkkarte einbauen: So schnell geht's

Netzwerkkarten werden genauso eingebaut wie jede andere Steckkarte – also einfach in einen freien Steckplatz gesetzt, und das war's auch schon! Das Einzige, woran Sie denken sollten, ist, dass Sie für alle angeschlossenen Rechner das gleiche Netzwerkkartenmodell vom gleichen Hersteller verwenden. Zugegeben – ein Netzwerk funktioniert auch mit unterschiedlichen Karten, es kann dann aber einfach eher zu allen möglichen Problemen kommen, die Sie bei Karten des gleichen Herstellers nicht haben!

So sparen Sie sich eine Menge Bastelei: Lieber gleich PCI-Karten nehmen

Also vielleicht stehen Sie ja auf endlose Bastelei und mögliche Adresskonflikte, was ich aber eigentlich nicht glaube! Ich würde jedenfalls keine ISA-Karte nehmen und mich mit Jumpern für die Adressvergabe herumärgern! Zahlen Sie lieber ein paar Mark mehr und nehmen Sie Plug & Play-fähige PCI-Karten. Die werden von Windows erkannt und die entsprechenden Ressourcen automatisch ermittelt. Was Sie dann noch tun müssen ist – genau: gar nichts. Die Installation und Konfiguration ist in ein paar Minuten abgeschlossen und Sie können sich an den nächsten Arbeitsschritt, die Installation der Clients und Protokolle machen!

Wie war das noch mal mit dem Netzwerk-Assistenten?

Aha – Sie haben so richtig Angst vor Netzwerken? Vergessen Sie die Sorgen, um die Netzwerkkonfiguration, denn *der Assistent für das Heimnetzwerk*, den Sie unter *Start/Programm/Zubehör/Kommunikation* finden, nimmt Ihnen fast die gesamt Arbeit ab. Sehen Sie einfach mal auf Seite 721 nach, wie das funktioniert.

Wie bitte: Clients und Protokolle?

Die Netzwerkkarten sind eingebaut, die Kabel stecken, und da könnte es doch eigentlich gleich losgehen? So schnell geht's aber leider nicht, denn um die Verbindung mit einem anderen Rechner in einem Netzwerk aufnehmen zu können, müssen Sie noch ein paar Kleinigkeiten erledigen. Jetzt werden nämlich noch ein Client für das Betriebssystem und ein Netzwerkprotokoll für die Kommunikation des Rechners im Netzwerk benötigt. Wenn Sie nun erst mal einen gehörigen Schrecken bekommen haben und nichts von Protokollen und Clients wissen wollen, blättern Sie am besten ganz schnell auf Seite 721, wo Ihnen der schon erwähnte Netzwerk-Assistent die Arbeit abnimmt.

Wenn Ihnen der Assistent aber eher auf die Nerven geht, dann lesen Sie einfach weiter – die Installation von Clients und Protokollen ist nämlich alles andere als kompliziert!

So geht's: Den Client installieren

Zuerst müssen Sie den so genannten „Client für Microsoft-Netzwerke" installieren, und zwar natürlich auf jedem am Netzwerk angeschlossenen Rechner. Öffnen Sie einfach die *Systemsteuerung*, klicken Sie dort auf *Netzwerk* und dann auf die Registerkarte *Konfiguration*. Und so geht's weiter:

1 Zuerst klicken Sie auf *Hinzufügen*. Sie gelangen ins Fenster *Netzwerkkomponententyp wählen*.

2 Hier doppelklicken Sie auf *Client*.

3 Im nächsten Fenster klicken Sie auf den Eintrag *Microsoft*. Im rechten Fenster sehen Sie jetzt die verfügbaren Microsoft Netzwerk-Clients.

4 Nun markieren Sie den Eintrag *Client für Microsoft-Netzwerke*.

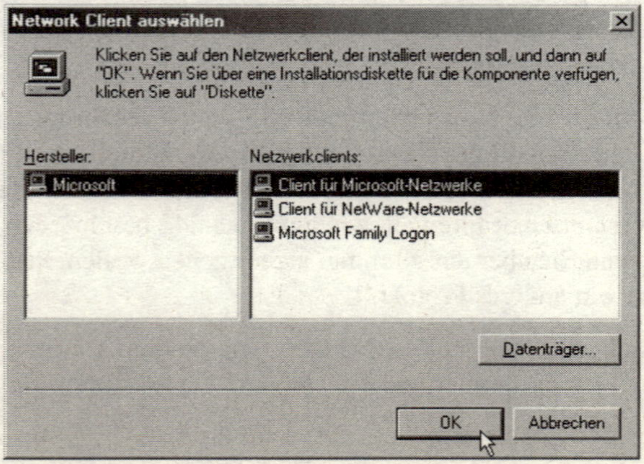

5 Mit *OK* wird der Client installiert und dann auch in der Liste der installierten Netzwerkkomponenten angezeigt.

Auch keine große Aktion: Das Netzwerkprotokoll installieren

Genau wie die Clients müssen Sie auch auf jedem Netzwerkrechner ein Netzwerkprotokoll installieren. Ohne dieses Protokoll könnten die Rechner nämlich nicht miteinander kommunizieren!

Windows unterstützt mehrere Netzwerkprotokolle und liefert die entsprechenden Microsoft-eigenen Treiber gleich mit. Wenn Sie wollen, können Sie auch mehrere Netzwerkprotokolle nebeneinander betreiben, was aber nicht besonders sinnvoll ist.

Windows unterstützt zwar bis zu acht Protokolle gleichzeitig, jedes zusätzliche Protokoll erhöht aber auch den Verwaltungsaufwand für den Rechner und den Datenverkehr im Netz.

Die Qual der Wahl: Welches Protokoll?

Windows ME installiert und verwendet standardmäßig das Protokoll TCP/IP, das Sie auch für die Verbindung zum Internet brauchen. TCP/IP wird deshalb auch das „Internetprotokoll" genannt, es eignet sich aber genauso gut für den Netzwerkbetrieb. Im Grunde müssten Sie also gar kein weiteres Protokoll installieren – allerdings gibt es auch ein paar „Häkchen" an TCP/IP!

Da Sie ja sowohl für Ihre Internetverbindung als auch für Ihr internes Netzwerk dieses Protokoll benutzen, könnte es rein theoretisch sein, dass jemand von außen über TCP/IP auf Ihr Netzwerk zugreift! Das können Sie zwar mit einer Firewall, wie auf Seite 242 beschrieben, verhindern – wenn Sie aber auf Nummer sicher gehen wollen, installieren Sie lieber ein anderes Protokoll!

Ein solches „sicheres" Protokoll ist NetBEUI, das zudem sehr einfach zu konfigurieren ist, dafür aber leider nicht ganz die Leistungsfähigkeit von TCP/IP bietet.

Wollen Sie doch lieber das leistungsfähigere TCP/IP-Protokoll nutzen, schlagen Sie einfach auf Seite 708 nach, wie das geht.

Hier erst mal ein Überblick über die wichtigsten Netzwerkprotokolle:

Protokoll	Einsatzbereich
NetBEUI	Einfaches Netzwerkprotokoll für den Einsatz in kleinen Netzwerken (Peer to Peer) ohne dedizierten Server bzw. Serverbetriebssystem. Für die Konfiguration genügt die Eingabe eines Computernamens und die Bezeichnung einer Arbeitsgruppe. NetBEUI wird auch von älteren Windows-Versionen, MS-DOS 6.x und OS/2 unterstützt. NetBEUI kann nicht über einen Router eingesetzt werden.
IPX/SPX	Klassisches Protokoll für die Anbindung an Novell NetWare-Server, bei denen keine Unterstützung für TCP/IP installiert ist. In einem NetWare-Netz kann jedoch auch für die Realisierung eines Intranet TCP/IP als zusätzliches Protokoll geladen sein. Diese Möglichkeit kann vor allem mit IntranetWare ab der Version 4.1x genutzt werden. NetWare verwendet ab der Version 5 TCP/IP als primäres Protokoll. IPX/SPX kann auch ohne einen NetWare-Server in einem Microsoft-Netzwerk verwendet werden, da es deutlich schneller ist als NetBEUI.
TCP/IP	Protokoll für den Einsatz in lokalen Netzwerken (Intranet) und für die Anbindung an das Internet. Die für die Konfiguration erforderliche IP-Adresse kann manuell oder automatisch durch einen DHCP-Server zugewiesen werden. Windows installiert standardmäßig TCP/IP als Protokoll und kann sich selbst automatisch eine IP-Adresse zuweisen. TCP/IP beinhaltet mehrere Protokolle wie beispielsweise ICMP (**I**nternet **C**ontrol **M**essage **P**rotocol), DNS (**D**omain **N**ame **S**ystem Protocol), PPP (**P**oint-to-**P**oint **P**rotocol).

So installieren Sie NetBEUI

Wie gesagt – NetBEUI ist zwar ein recht einfaches, dafür aber sicheres Protokoll. Und so installieren Sie es:

1 In der *Systemsteuerung* klicken Sie auf *Netzwerk* und dann auf *Hinzufügen*.

2 In der Registerkarte *Konfiguration* klicken Sie auf *Hinzufügen* und dann auf *Protokoll*.

3 Im nächsten Fenster markieren Sie als Hersteller den Eintrag *Microsoft* und im rechten Fenster *NetBEUI*.

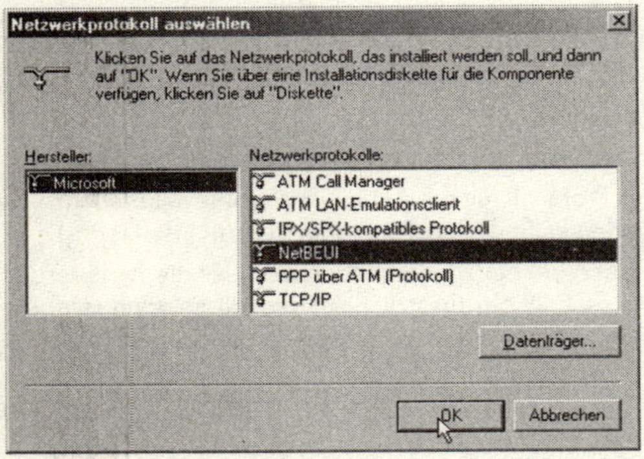

4 Mit *OK* wird NetBEUI auf Ihrem Rechner installiert.

Ressourcen freigeben

Damit die anderen Rechner im Netzwerk auf Ihre Festplatten oder zum Beispiel den Drucker zugreifen können, müssen Sie jetzt noch die Datei- und Druckerfreigabe einstellen.

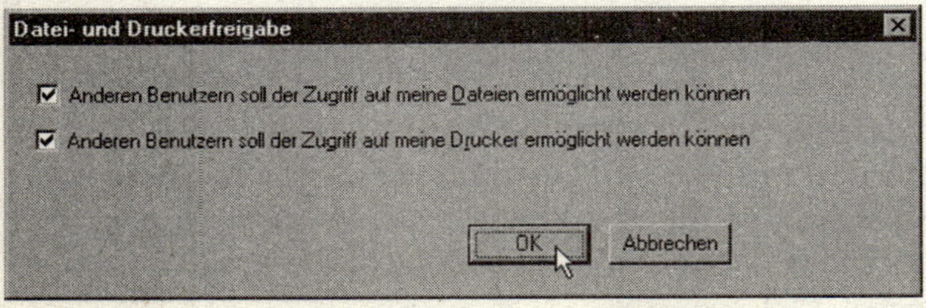

In der Registerkarte *Konfiguration* klicken Sie einfach auf die gleichnamige Schaltfläche und aktivieren dann die beiden Optionen im Fenster *Datei- und Druckerfreigabe*.

Wichtig: Der Rechner braucht einen Namen und muss in eine Arbeitsgruppe!

NetBEUI setzt, wie übrigens alle Netzwerkprotokolle, voraus, dass jeder Computer im Netz einen eindeutigen Namen hat, über den er im Netzwerk identifiziert werden kann. Obendrein muss er Mitglied einer Arbeitsgruppe sein. Bei der Windows -Installation haben Sie bereits einen Namen für den Computer angegeben. Diesen Namen können Sie verwenden, aber natürlich auch einen anderen definieren.

Klicken Sie in der *Systemsteuerung* auf *Netzwerk* und dann auf die Registerkarte *Identifikation*. Im Feld *Computername* geben Sie jetzt eine Bezeichnung an, die den Rechner im Netzwerk zweifelsfrei identifiziert.

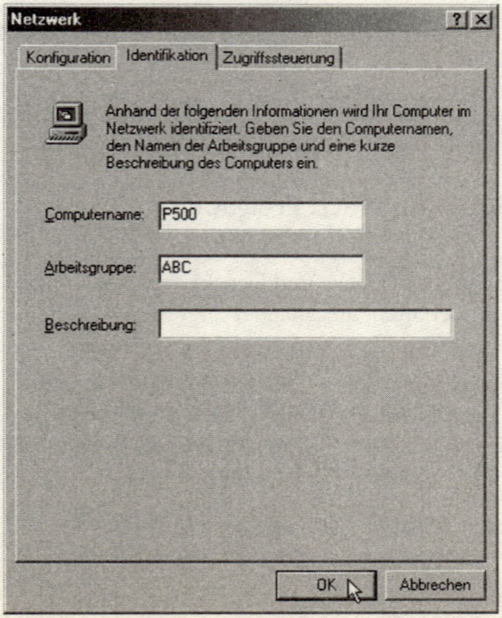

Während natürlich jeder angeschlossene Rechner einen eigenen Namen hat, müssen Sie im Feld *Arbeitsgruppe* bei allen Rechnern die gleiche Bezeichnung eingeben! Damit definiert NetBEUI die Zugehörigkeit eines Rechners zu einer Gruppe. Diese Gruppe sehen Sie dann später in der Netzwerkumgebung im Explorer und auf dem Desktop.

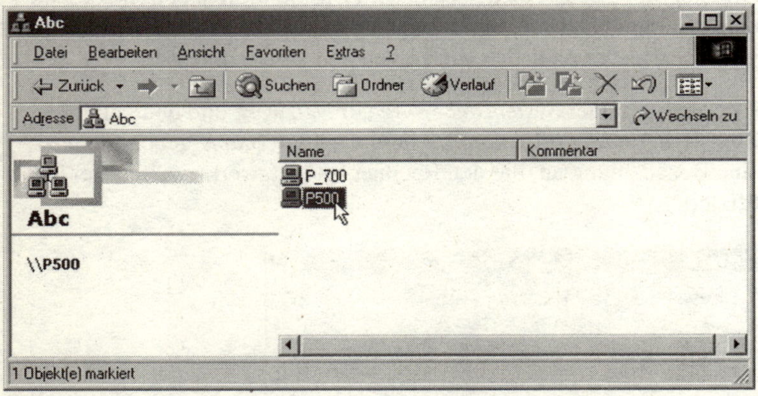

Fast die wichtigste Sache im Netz: Freigaben

Und jetzt sind Sie fast schon fertig mit der Netzwerkeinrichtung! Trotz Clients, Protokollen und der Datei- und Druckerfreigabe können die Netzwerkrechner aber noch nicht aufeinander zugreifen. Das liegt daran, dass Sie die entsprechenden Ressourcen auf den einzelnen Rechnern noch nicht freigegeben haben. Jetzt sind die Rechner zwar miteinander verbunden, Sie müssen ihnen jetzt aber erst „erlauben", jeweils auf einen anderen Rechner und dort auf bestimmte Ressourcen wie Festplatten oder Drucker zuzugreifen. Und das geht so:

1. Zuerst öffnen Sie den *Arbeitsplatz*, um alle Laufwerke des Rechners anzuzeigen.
2. Dann klicken Sie mit der rechten Maustaste auf das gewünschte Laufwerk und wählen im Kontextmenü *Freigabe*.

3 Jetzt landen Sie im Eigenschaftenfenster des Laufwerks und dort auf der Registerkarte *Freigabe*. Die Registerkarte *Komprimierung* gibt es unter Windows ME übrigens nicht mehr, denn DriveSpace wird in der neuesten Windows-Version nur noch zum Lesen komprimierter Laufwerke benutzt.

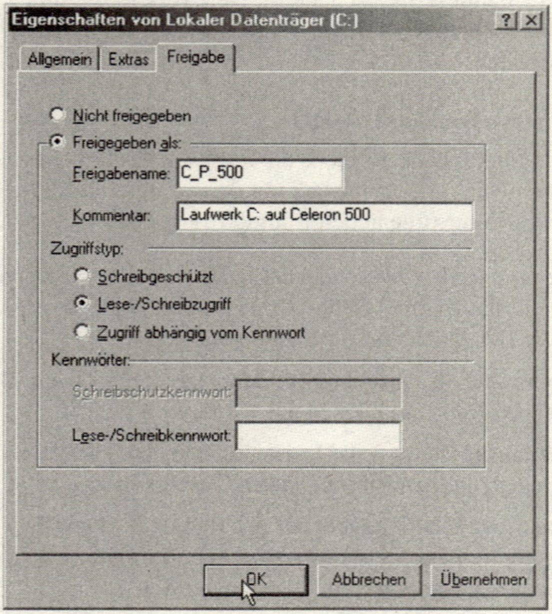

4 Standardmäßig ist die Option *Nicht freigeben* markiert. Sie aktivieren jetzt die Option *Freigegeben als* und geben dem Laufwerk einen Namen.

5 Im nächsten Schritt können Sie das Laufwerk in drei verschiedenen Zugriffsstufen freigeben. Mit der Option *Schreibgeschützt* können die anderen Anwender die Daten auf dem Laufwerk lesen, dort aber keine Daten speichern. Mit der Option *Lese-/Schreibzugriff* haben die anderen Rechner den vollen Zugriff auf das Laufwerk. Wenn Sie die Option *Zugriff abhängig vom Kennwort* wählen, muss der Benutzer, der von seinem Rechner aus auf diese Platte zugreifen will, erst ein Kennwort eingeben. Wenn Sie wollen, können Sie sogar zwei Kennwörter vergeben, eines für den Schreibschutz und ein zweites für den Lese-/Schreibzugriff.

6 Das Gleiche machen Sie jetzt auf allen angeschlossenen Rechnern. Sind Sie damit fertig, ist auch Ihr Netzwerk fertig, und jeder angeschlossene Rechner kann auf die Ressourcen der anderen Rechner zugreifen!

Das macht Sinn: Den Drucker freigeben

Nicht viel anders funktioniert übrigens die Freigabe des Druckers. Klicken Sie ihn einfach im Arbeitsplatz mit der rechten Maustaste an und wählen Sie im Kontextmenü den Eintrag *Freigabe*.

1 Wählen Sie *Start/Einstellungen/Drucker/Neuer Drucker*. Dann klicken Sie auf das Symbol *Neuer Drucker*. Das Dialogfenster *Assistent für die Druckerinstallation* wird geöffnet.

2 Jetzt markieren Sie als Anschluss für den neuen Drucker die Option *Netzwerkdrucker* und klicken auf *Weiter*.

3 Um den Netzwerkpfad zu dem Drucker anzugeben, klicken Sie auf *Durchsuchen* und landen im Fenster *Drucker suchen*.

4 Jetzt klicken Sie in der Übersicht auf das Pluszeichen vor dem Host-Computer, um alle Drucker anzuzeigen, die an diesen Computer angeschlossen sind und freigegeben wurden.

5 Nun markieren Sie den gewünschten Drucker und klicken auf *OK*. Dann klicken Sie auf *Weiter* und geben einen Namen für den Drucker an.

6 Nach dem Ausdruck einer Testseite klicken Sie auf *Fertig stellen*, und das war's auch schon! Wenn Sie diese Arbeitsschritte auf allen angeschlossenen Rechnern ausgeführt haben, können Sie ab jetzt auch von jedem Rechner aus Ihre Dokumente drucken!

Das müssen Sie über TCP/IP und IP-Adressen wissen!

Wenn Windows ME bei der Installation auf einem Rechner eine Netzwerk- oder ISDN-Karte findet, dann wird automatisch auch das Netzwerkprotokoll TCP/IP installiert. Das ist seit Windows 98 neu, denn seitdem nutzt Windows TCP/IP, ganz anders als seine Vorgänger, als Standardprotokoll. Das hat seinen Grund natürlich in der immer engeren Verflechtung zwischen Windows und dem Internet, denn auch hier kommunizieren Computer ja über TCP/IP.

Das steckt dahinter ...

Der Name TCP/IP setzt sich aus den zwei Teilen TCP (**T**ransfer **C**ontrol **P**rotocol) und IP (**I**nternet **P**rotocol) zusammen. TCP hat als erster Teil die Aufgabe, die Datenübertragung zwischen den verschiedenen Computern im Internet zu regeln. Und hinter IP, dem zweiten Teil des Begriffs, verbirgt sich die Adresse, unter der ein Rechner im Internet erreicht und angesprochen werden kann. Jeder Rechner muss deswegen natürlich auch eine IP-Adresse haben. Eine IP-Adresse ist ein 32-Bit-Wert und wird dezimal in vier dreistelligen Zahlengruppen dargestellt, die durch drei Punkte voneinander getrennt sind. Eine IP-Adresse entspricht allgemein dem Muster *aaa.bbb.ccc.ddd*, also etwa *192. 168.154.196*. Jede dieser vier Zahlengruppen kann dezimal einen Wert zwischen 0 und 255 annehmen. So sind alle Kombinationen zwischen *0.0.0.0* und *255.255.255.255* möglich. Das ist aber nur rein theoretisch so, denn die IP-Adressen sind nicht frei verfügbar, sondern werden zentral durch die InterNIC vergeben.

Wenn Sie in Deutschland eine IP-Adresse haben wollen, um Ihr Netzwerk ins Internet zu bringen, müssen Sie sich an die deutsche InterNIC unter der Adresse http://www.denic.de wenden.

Grundsätzlich wird bei IP-Adressen zwischen öffentlichen IP-Adressen, die global erreichbar sind, und IP-Adressräumen, die für private Netzwerke reserviert sind, unterschieden. Die Adressräume für lokale

Netzwerke sind *192.168.0.0* bis *192.168.255.255* sowie *169.254.0.0* bis *169.254.255.255*. Private IP-Adressen können dabei nicht im globalen Internet eingesetzt werden. Wenn ein Netzwerk keine direkte Anbindung an das Internet hat, können Sie beliebige IP-Adressen vergeben. Nur der Rechner, über den dann die Anbindung an das Internet erfolgt, braucht als Einziger eine offiziell vergebene IP-Adresse. So ein Rechner wird dann als „Gateway" bezeichnet, und die intern im Netzwerk vergebenen IP-Adressen werden vor dem Internet verborgen, damit es nicht zu einem Konflikt mit einer bereits vergebenen IP-Adresse kommt.

Grundsätzlich werden IP-Adressen in Klassen aufgeteilt. Mit der Wahl der Klasse bestimmen Sie, wie viele Geräte Sie in einem Netzwerk mit einer IP-Adresse ausstatten können. Hier wird zwischen einem Class-A-, Class-B- und Class-C-Netz unterschieden. Im Wesentlichen bestimmt die Wahl der Adressklasse, wie viele IP-Adressen in einem Bereich für die Vergabe an Rechner und Geräte zur Verfügung stehen. Für kleinere Netzwerke mit bis zu 256 Rechnern eignet sich ein IP-Adressen-Pool eines Class-C-Netzes. In einem Class-C-Netz ist nur die letzte Stelle der IP-Adresse variabel. Hier ein Beispiel für die Auswahl und Vergabe der IP-Adressen:

Als Erstes legen Sie den IP-Adressraum für Ihr Netzwerk fest. Aus dem Pool der privaten Adressräume verwenden Sie ein Class-C-Netz mit den IP-Adressen *192.168.100.0* bis *192.168.100.255*. Weil es nicht üblich ist, IP-Adressen mit 0 oder 255 an Rechner zu vergeben, bekommt der erste Rechner im Netzwerk die IP-Adresse *192.168.100.1*, der zweite die IP-Adresse *192.168.100.2*, der dritte die IP-Adresse *192.168.100.3* usw. Die letzte Class-C-IP-Adresse lautet dann *192.168.100.255*. Die nächsthöhere IP-Adresse ist bereits der IP-Adressraum eines anderen Class-C-Netzes. Sie lautet *192.168.101.0*.

Ziemlich einfach: IP-Adressen automatisch vergeben

Zugegeben – das mit den IP-Adressen macht den wenigsten Leuten so richtig Spaß, und deshalb scheuen auch viele Windows-Benutzer vor diesem Protokoll zurück. Das ist aber gar nicht nötig, denn Sie können

Windows dazu bringen, die IP-Adressen automatisch zu vergeben und müssen sich dann um wirklich nichts mehr kümmern. Einzige Einschränkung bei diesem Verfahren: Es funktioniert nur in privaten Netzwerken! Aber wahrscheinlich hatten Sie sowieso nicht vor, mit Ihrem Rechner Internetprovider zu werden, oder?

Viel tun müssen Sie dazu eigentlich nicht, denn wie schon gesagt – wenn Windows bei der Installation eine Netzwerk- oder ISDN-Karte findet, wird TCP/IP sowieso automatisch installiert. Damit Sie TCP/IP auf möglichst einfache Weise in einem kleinen lokalen Netzwerk auch ohne DHCP-Server nutzen können, kann Windows IP-Adressen automatisch vergeben. Wenn Sie in der *Systemsteuerung* auf *Netzwerk*, dann auf *TCP/IP-Protokoll* und schließlich auf *Eigenschaften* klicken, landen Sie in der Registerkarte *IP-Adresse*. Ist hier die Option *IP-Adresse automatisch beziehen* aktiviert, teilt sich Microsoft TCP/IP selbst eine IP-Adresse aus dem privaten Adressbereich *169.254.x.x* zu.

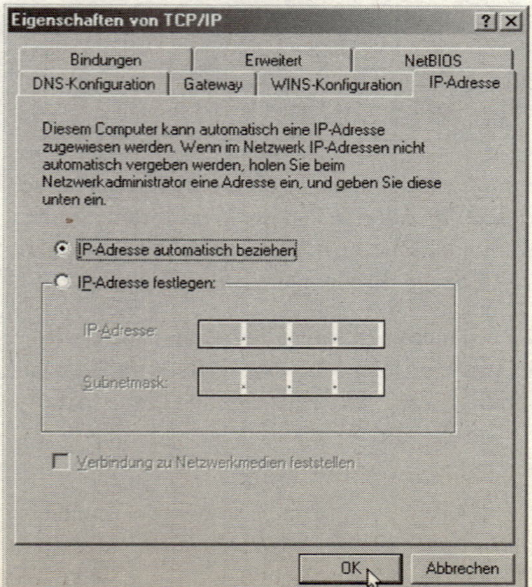

Ob die automatische Zuweisung funktioniert hat, können Sie so prüfen:

1 Sehen Sie zuerst nach, ob die Option *IP-Adresse automatisch beziehen* aktiviert ist.

2 Dann wählen Sie *Start/Ausführen* und geben den Befehl „WINIPCFG“ ein.

3 Es öffnet sich das Fenster *IP-Konfiguration*, in dem Sie die zugewiesene IP-Adresse sehen können.

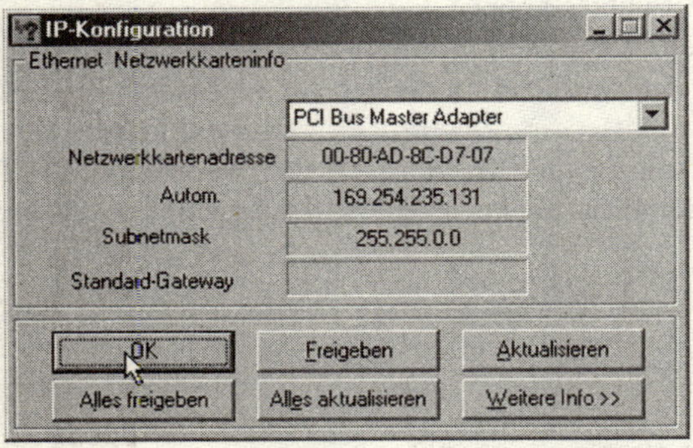

Im Fenster *IP-Konfiguration* werden jetzt die Netzwerkkartenadresse, die automatisch zugewiesene IP-Adresse und der Wert für die Subnet Mask angezeigt. Ist die automatische Zuweisung privater IP-Adressen aktiv, wird vor der IP-Adresse die Bezeichnung *Autom.* angezeigt.

Wenn Sie ein Gateway zum Internet in Ihrem Netzwerk haben, wird die IP-Adresse ebenfalls hier eingeblendet. Über *Weitere Info* können Sie zusätzliche Konfigurationswerte wie den Zeitpunkt der IP-Adressenvergabe einsehen.

Wenn Sie wirklich Angst vor Netzwerken haben

Sie haben immer noch Angst vor Netzwerken und können sich weder mit Clients noch mit Protokollen anfreunden?

Kein Problem – Sie müssen nämlich eigentlich so gut wie gar nichts von Netzwerken verstehen, um in Null-Komma-nix ein prima funktionierendes Netzwerk zu haben!

Unter Windows ME klappt das alles mit nur ein paar Mausklicks und dem *Assistenten für das Heimnetzwerk*, der Ihnen fast die gesamte Konfigurationsarbeit abnimmt.

Los geht's mit dem Netzwerk

Haben Sie die am Netzwerk beteiligten Rechner – im Normalfall werden das eigentlich nur zwei sein – mit den Netzwerkkarten ausgerüstet und miteinander verkabelt, kann es auch schon losgehen.

1 Starten Sie den Assistenten über *Start/Programme/Zubehör/Kommunikation*. Im ersten Fenster nach der Begrüßung wählen Sie die Option *Die Einstellungen für das Heimnetzwerk auf diesem Computer bearbeiten* und klicken auf *Weiter*.

2 Im nächsten Fenster geht es um die Internetverbindung, über die der PC unter Umständen verfügt. Wollen Sie zugleich auch die Internetverbindungsfreigabe nutzen, müssen Sie die erste Option *Ja, folgende Verbindung wird verwendet* anklicken. Sehen Sie am besten einmal auf Seite 223 nach, wo Sie mehr zu diesem Thema lesen können. Interessiert Sie die Internetverbindungsfreigabe nicht, können Sie auch die letzte Option *Nein, das Internet wird von diesem Computer nicht verwendet* anklicken.

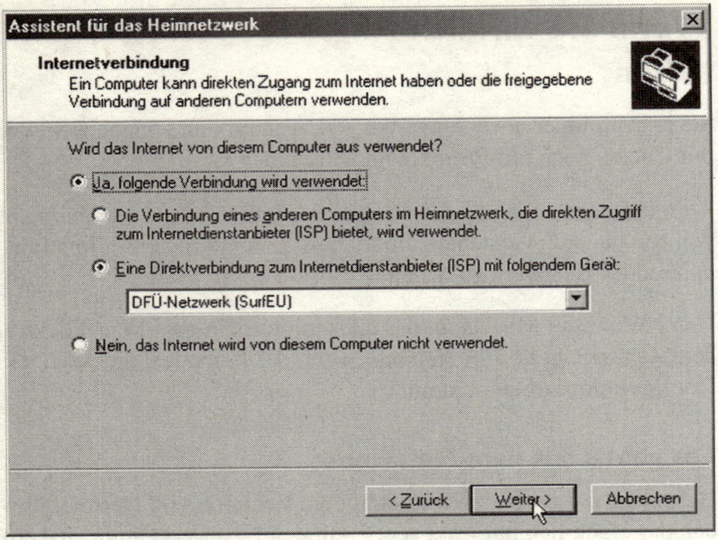

3 Im folgenden Fenster werden Sie noch mal gefragt, ob andere Rechner im Netzwerk das Internet nutzen sollen oder nicht. Ist das nicht der Fall, wählen Sie die zweite Option und kommen mit *Weiter* ins nächste Fenster.

4 Hier müssen Sie nun einen Namen für den ersten der beiden Netzwerkcomputer angeben, weil ja alle am Netzwerk beteiligten PCs einen eindeutigen Namen haben müssen, mit dem sie zu identifizieren sind. Obendrein müssen auch alle PCs erst einmal in einer so genannten „Arbeitsgruppe" sein, damit sie zusammenarbeiten können.

Der Assistent schlägt den Arbeitsgruppennamen *MSHOME* vor, den Sie jetzt einfach einmal annehmen – ändern können Sie das später übrigens jederzeit.

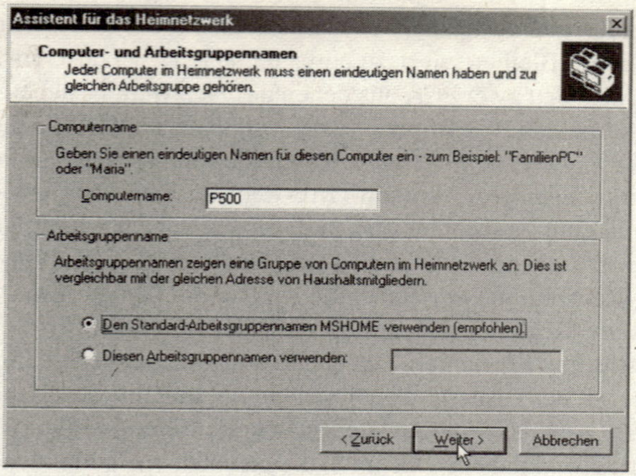

5 Im nächsten Fenster geht es darum, welche der Ressourcen, über die der aktuelle PC verfügt, freigegeben werden sollen. „Freigeben" bedeutet in diesem Fall, dass die anderen PCs im Netzwerk auf diese Ressourcen zugreifen dürfen. Außer Sie haben triftige Gründe dagegen, sollten Sie natürlich alle Ressourcen des Rechners freigeben!

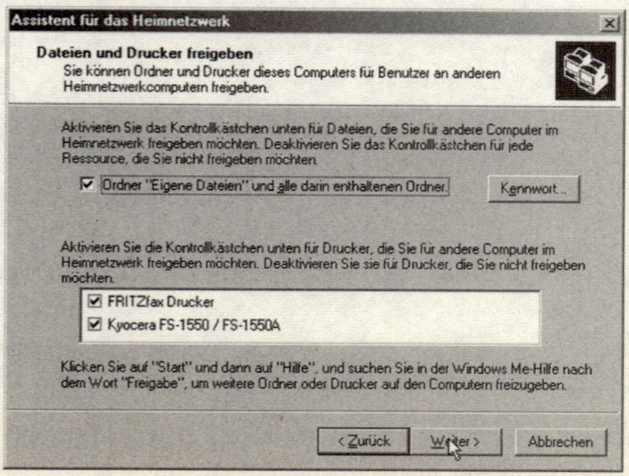

6 Im folgenden und vorletzten Fenster geht es nun um eine wichtige Entscheidung! Bleiben wir dazu einfach mal kurz bei unserem Beispiel, also den zwei PCs, aus denen das Netzwerk bestehen soll. Ist auf beiden PCs Windows ME installiert, können Sie die Option *Keine Diskette erstellen* wählen. Sie führen dann nämlich später auf dem anderen Windows ME-Rechner dieselben Arbeitsschritte mit dem Assistenten aus, und das war's auch schon! Ist der andere PC aber beispielsweise ein Windows 95- oder Windows 98-Rechner, müssen Sie auf jeden Fall die Option *Installationsdiskette für das Heimnetzwerk erstellen* auswählen! Diese Diskette stecken Sie dann in den anderen PC und starten die Setup-Datei auf der Diskette. Per Assistent und mit ein paar Mausklicks wird dann auch der andere Rechner konfiguriert. Die Arbeitsschritte sind dabei so ziemlich die gleichen wie beim Assistenten in Windows ME.

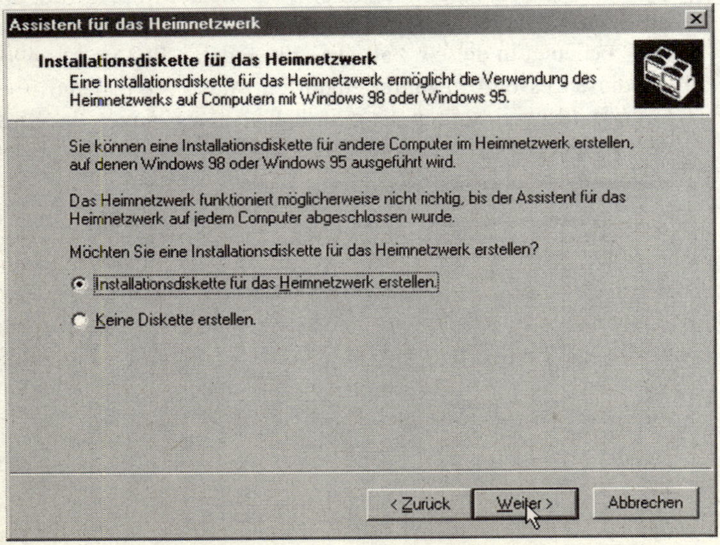

7 Im letzten Fenster klicken Sie nur noch auf *Fertig stellen*, und damit haben Sie bereits die Hälfte der Arbeit hinter sich!

Und wie geht das mit dem zweiten PC?

Um den zweiten PC ins Netzwerk zu integrieren müssen Sie nichts besonders Spannendes tun. Wie gerade gesagt, hängen die Arbeitsschritte eigentlich nur davon ab, mit welchem Betriebssystem der andere Rechner arbeitet. Ist es Windows ME, führen Sie auf dem anderen Rechner einfach die gleichen Arbeitsschritte durch wie auf dem ersten PC. Läuft der zweite PC mit Windows 95 oder Windows 98, legen Sie jetzt die vorher erstellte Installationsdiskette ein und starten die Setup-Datei. Die nächsten Arbeitsschritte sind im Grunde dieselben wie beim Windows ME-Assistenten und in ein paar Minuten erledigt!

Die typischen Netzwerkprobleme und wie Sie sie lösen können

Wenn im Netzwerk Probleme auftauchen, sind die leider nicht immer so ganz schnell zu lösen, was daran liegt, dass ja mehr als nur ein Rechner der Problemverursacher sein kann. Mit ein bisschen Systematik lassen sich aber fast alle Probleme einkreisen und dann auch lösen!

Grundsätzlich haben Netzwerkprobleme immer zwei Ursachen: Entweder ist die Hardware fehlerhaft oder defekt, oder Sie haben einen Fehler bei der Konfiguration der Software, also der Clients und Protokolle gemacht. Wenn Sie den Assistenten fürs Heimnetzwerk benutzt haben, können Sie Konfigurationsfehler eigentlich schon ausschließen – haben Sie die Konfiguration aber manuell vorgenommen, müssen Sie wohl oder über noch mal alle Einstellungen überprüfen.

Netzwerkkarte okay?

Schauen Sie sich zuerst mal an, ob die Netzwerkkarte richtig funktioniert. Klicken Sie in der *Systemsteuerung* auf *System* und dann auf die Registerkarte *Geräte-Manager*. Steht vor dem Eintrag der Netzwerkkarte ein Ausrufezeichen, ist sie nicht richtig konfiguriert und kann dann von den Treibern und Netzwerkprotokollen natürlich auch nicht angesprochen und genutzt werden. Den Fehler können Sie genauso wie bei allen anderen Hardwarekomponenten beheben, indem Sie die Karte erst einmal entfernen und dann neu installieren. Funktioniert sie anschließend immer noch nicht, sollten Sie beim Hersteller versuchen, neue Treiber für die Karte zu bekommen.

Ist das überhaupt das richtige Kabel?

Es klingt lächerlich, ist aber immer wieder ein Fehlerpunkt: das falsche Netzwerkkabel! Das passiert besonders gern bei der Verkabelung mit Twisted-Pair-Kabel, wenn nur zwei Rechner ohne Hub miteinander vernetzt werden sollen. In diesem Fall brauchen Sie nämlich nicht ein „normales“ Twisted-Pair-, sondern ein so genanntes „gedrehtes Twisted-Pair-Kabel“! Passen Sie beim Kabelkauf also am besten sehr genau auf, denn viele Verkäufer kennen diesen Unterschied gar nicht!

Netzwerkverbindung optisch prüfen

Fast alle Netzwerkkarten haben auf dem Slotblech neben dem Anschluss für das Netzwerkkabel ein oder mehrere Leuchtdioden. Für eine erste Überprüfung ist die Leuchtdiode für die Anzeige einer Verbindung wichtig. Sie trägt meist die Bezeichnung *LNK* oder auch *Link*. Leuchtet die LED, besteht auch eine Verbindung zum Netzwerk. Ist die LED aus, ist entweder der Rechner bzw. der Hub nicht eingeschaltet, oder das Kabel zur nächsten Netzwerkkarte bei der Bus-Topologie bzw. zum Hub bei der Stern-Topologie ist defekt.

Die klassischen Probleme bei der Bus-Topologie

Wenn Sie Ihr Netzwerk als Bus-Topologie mit Koaxialkabel RG58 aufgebaut haben, müssen Sie einen Netzwerkstrang an beiden Enden mit einem Widerstand abschließen. Wenn der Widerstand fehlt oder kaputt ist, kann keine Netzwerkverbindung zwischen den Rechnern aufgebaut werden. Zum Glück kosten die Abschlusswiderstände nur ein paar Pfennige – ein Austausch ist also wirklich kein Aufwand!

Wenn Sie das Koaxialkabel nicht geschützt verlegt haben, genügt ein Bürostuhl, der das Netzwerkkabel überrollt, oder ein Tritt mit einem scharfkantigen Absatz, um das Kabel zu beschädigen. Das Netzwerk fällt dabei gar nicht immer sofort komplett aus. Eine niedrige Datenübertragungsrate und Rechner, die immer wieder nicht erreichbar sind, sind ein ganz deutlicher Hinweis auf ein beschädigtes Netzwerkkabel.

LAN-Tester für versteckte Kabelfehler

Eine tolle Möglichkeit, versteckte Kabelfehler zu finden, ist ein LAN-Tester. So ein LAN-Tester kann Ihnen bis auf wenige Zentimeter genau angeben, an welcher Stelle in der Netzwerkverkabelung der Fehler auftritt. LAN-Testgeräte sind leider ziemlich teuer und lohnen sich natürlich nicht, wenn man nicht professionell damit arbeitet. Zum Glück können Sie solche Geräte aber im Fachhandel auch stunden- oder tageweise ausleihen. Und normalerweise genügen ein paar Stunden völlig, bis Sie den Fehler in der Verkabelung lokalisiert und behoben haben.

Aufwändige Suche in der Stern-Topologie

Weil bei der Stern-Topologie jeder Rechner über ein eigenes Kabel mit dem Hub verbunden wird, müssen Sie hier natürlich auch jedes einzelne Kabel testen! Dass der Hub selbst defekt ist, kommt übrigens so gut wie nie vor.

Bevor Sie sich aber mit einem LAN-Tester ans Werk machen, beobachten Sie die Verbindungs-LEDs auf der Kartenrückseite und die entsprechende LED am Hub. Erst wenn die LEDs auf beiden Seiten nicht leuchten, können Sie relativ sicher sein, dass das Kabel defekt ist. Zum Aufspüren von Netzwerkfehlern können Sie ein einfaches Programm verwenden, das Microsoft mit Windows ME installiert. Die Überprüfung der Kommunikation zwischen zwei Netzwerkkarten nutzt dazu die Funktionen von NetBIOS.

1 Gehen Sie über *Start/Programme/Zubehör* in die MS-DOS-Eingabeaufforderung und geben Sie als Befehl „net diag“ ein.

2 Jetzt sucht die Netzwerkdiagnose nach einem NetBIOS-Server. Weil dies der erste Rechner ist, auf dem Sie die Diagnose gestartet haben, wird kein NetBIOS-Server bzw. Diagnoseserver gefunden.

3 Sie geben jetzt auf die Frage *Wird das Microsoft-Netzwerkdiagnoseprogramm auf anderen Computern im Netzwerk ausgeführt* als Antwort „N“ ein. Der erste Computer wird ab jetzt als Diagnoseserver verwendet.

4 Nun geben Sie auf dem zweiten Rechner in einem DOS-Fenster ebenfalls den Befehl „net diag“ ein.

5 Der zweite Rechner sendet jetzt eine Anfrage an den Diagnoseserver, die von diesem beantwortet wird. Wenn die Anfrage erfolgreich beantwortet wurde, sehen Sie eine entsprechende Meldung. Wenn die Anfrage nicht beantwortet werden konnte, sehen Sie eine Fehlermeldung. Der Diagnoseserver wurde nicht gefunden und deshalb wurde natürlich auch keine Antwort gesendet. Und das ist auch schon ein klarer Hinweis auf einen Fehler in der Verkabelung des Netzwerks.

Probleme mit TCP/IP

Weil TCP/IP das am aufwändigsten zu konfigurierende Netzwerkprotokoll ist, schleichen Sie hier natürlich auch am ehesten Fehler ein. Mit einem ziemlich nützlichen Hilfsprogramm namens Ping lassen sich Hard- und Softwarefehler in einer TCP/IP-Umgebung aufspüren.

Was Ping macht, ist schnell erklärt: Es sendet so genannte „ICMP-Echopakete“ von einem lokalen Computer zu einer Zieladresse und wartet dann auf eine Antwort. Gibt es eine Antwort auf Ihrem lokalen Computer, ist die Verbindung zur Zieladresse normalerweise in Ordnung.

Um Ping zu verwenden, gehen Sie in die MS-DOS-Eingabeaufforderung, geben den Befehl „ping“, ein Leerzeichen und dann die IP-Adresse des Zielcomputers ein. Ping sendet vier ICMP-Echopakete und zeigt Ihnen die Zeitspanne, die bis zur Antwort vom Zielcomputer vergangen ist, an. Übrigens: Auf Seite 720 sehen Sie, wie Sie die IP-Adresse eines Rechners im Netzwerk herausbekommen.

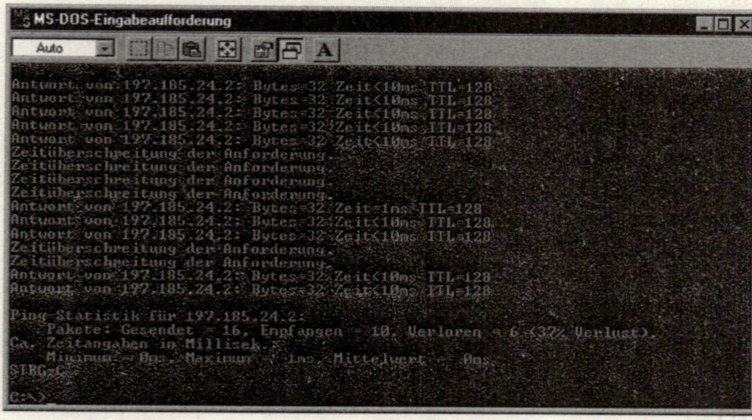

Ping wartet standardmäßig eine Sekunde auf eine Antwort von der IP-Zieladresse. Wenn die Antwort innerhalb dieser Zeitspanne nicht kommt, zeigt Ping in der Statistik eine Zeitüberschreitung, das „Timeout“, für das Paket an. Manchmal gibt es aber auch Fälle, in denen Sie einem Fehler nur durch dauerndes „Pingen“ auf die Spur kommen können.

In so einem Fall können Sie die IP-Zieladresse auch über einen längeren Zeitraum anpingen. Geben Sie dazu in der MS-DOS-Eingabeaufforderung den Befehl „ping“ und die IP-Zieladresse gefolgt vom Parameter *-t* ein. Wenn Sie Ping mit dem Parameter *-t* aufgerufen haben, drücken Sie Strg+C, um den Vorgang wieder abzubrechen.

Wenn Sie versuchen, eine IP-Zieladresse im Internet zu erreichen, können Sie deren aktuelle Verfügbarkeit ebenfalls per Ping überprüfen. Da das ICMP-Echopaket im Internet nicht unbedingt den kürzesten Weg nimmt, kann es sein, dass die standardmäßige Wartezeit von einer Sekunde für eine Antwort nicht ausreicht. In diesem Fall können Sie den Wert für Timeout mit dem Parameter *-w* auch höher setzen. Die Angabe des Werts erfolgt dabei in Millisekunden.

Und diese Parameter können Sie für Ping verwenden:

Parameter	Beschreibung
-a	In der Ausgabe werden IP-Adressen zu Host-Namen aufgelöst. Der Computername wird zusätzlich zur IP-Adresse angezeigt.
-n	Anzahl der ICMP-Datenpakete, die an das Ziel gesendet werden (Standardwert 4).
-t	Der Host wird kontinuierlich angepingt. Abbruch des Befehls mit [Strg]+[C].
-l	Bestimmt die Größe des Datenfeldes eines Pakets in Byte (Standardwert 32, maximal 65.000). Je höher der Wert ist, desto leichter kann es zu Zeitüberschreitungen kommen. Erhöhen Sie in diesem Fall auch den Wert für die Zeitüberschreitung (*timeout*) des Parameters *-w*.
-f	Setzt die Option *Nicht-fragmentieren* (Do-Not-Fragment). Das gesendete Paket kann auf dem Weg durch ein Gateway nicht in mehrere kleine Pakete unterteilt werden.
-i	Setzt das **T**ime **T**o **L**ive-Feld (TTL) im Vorspann des eigentlichen ICMP-Datenpakets auf einen bestimmten Wert (Standardwert 128). Jedes Gateway reduziert den angegebenen Wert um 1. Erreicht der Wert 0, wird das Paket verworfen.
-v	Legt den Wert für das Feld **T**ype **O**f **S**ervice (TOS) im Vorspann des Pakets fest.
-r	Durch Aufruf des Parameters wird die IP-Adresse eines Gateways gespeichert, durch das ein Paket beim Weg durch das Netz läuft. Die Anzahl ist auf einen bis neun Computer beschränkt.
-s	Gibt die Anzahl der Zeitmarken an, die aufgezeichnet werden, wenn das Paket ein Gateway passiert.

Parameter	Beschreibung
-j	Das Paket wird auf dem Weg zum Ziel über bestimmte Computer geleitet, die in einer Liste angegeben werden (Loose Source Route). Dabei muss nicht jeder Abschnitt von einem Host zum nächsten Host festgelegt werden (im Gegensatz zu Strict Source Route). Die maximale Anzahl der angegebenen IP-Adressen ist auf neun beschränkt.
-k	Das Paket wird auf dem Weg zum Ziel über bestimmte Computer geleitet, von denen jeder in einer Liste angegeben wird (Strict Source Route). Jeder Abschnitt von Host zu Host ist damit festgelegt (im Gegensatz zu Loose Source Route). Die maximale Anzahl der angegebenen IP-Adressen ist auf neun beschränkt.
-w	Legt die Zeitspanne (in Millisekunden) fest, die auf eine Antwort gewartet wird (Standardwert 1.000 ms = 1 Sekunde). Wird die Zeit überschritten, erfolgt die Anzeige *timeout*.

Ich will Linux!

Vielleicht haben Sie auch schon mit Linux herumexperimentiert und finden es ein wirklich tolles Betriebssystem?

Kein Wunder, denn selbst als hartgesottener Windows-Fan muss man einfach zugeben, dass Linux ein klasse Betriebssystem ist! Alle möglichen Zipperlein, die bei Windows zum Alltag gehören, kennt Linux nicht, es läuft sehr stabil, und das vor allem auf älteren PCs.

In meinem Büro ist beispielsweise ein wirklich antiquarischer Pentium I mit 233 MHz als Linux-Faxserver an der Arbeit. Er läuft seit bald zwei Jahren 24 Stunden am Tag, und raten Sie mal, was – stimmt: Er ist bisher nicht ein einziges Mal abgestürzt oder hat sonst irgendwelche Zicken gemacht.

Tja – von so etwas kann man als Windows-Benutzer natürlich nur träumen, und vielleicht ist genau das ja auch der Grund, weshalb sich immer mehr Menschen mit Linux beschäftigen.

Aber genug der Linux-Schwärmerei – Sie wollen wahrscheinlich lieber wissen, wie Sie Ihren Linux-PC mit Ihrem Windows-Rechner vernetzen können!

> **Lieber einfach als kompliziert!**
> *Das folgende Beispiel ist natürlich nur eine von vielen Möglichkeiten, um Windows- und Linux-Rechner miteinander zu vernetzen. Sie hat aber einen entscheidenden Vorteil: Sie ist nämlich supereinfach umzusetzen, funktioniert blitzschnell und Sie müssen weder besondere Netzwerkkenntnisse haben, noch sich stundenlang durch ellenlange Konfigurationsdateien kämpfen!*

TCP/IP ist Pflicht!

Damit ein Windows- und ein Linux-Rechner zusammenarbeiten können, brauchen Sie eine gemeinsame Sprache – nämlich das Netzwerkprotokoll. In diesem Fall ist das TCP/IP, das Sie ja auch benutzen, um mit Ihrem Windows-PC ins Internet zu kommen.

Das müssen Sie vorbereiten

Ich gehe im Folgenden einmal davon aus, dass Sie Ihren Linux-PC mit einer beliebigen Distribution, also etwa SuSe oder Red Hat, korrekt konfiguriert haben und dessen IP-Adresse kennen. Wichtig ist vor allem, dass Sie die im Linux-Rechner verwendete Netzwerkkarte richtig erkannt und konfiguriert haben. Ebenso haben Sie einen Benutzer angelegt und kennen dessen Passwort.

Erst mal ein FTP-Programm besorgen

Damit Sie von Ihrem Windows-PC auf den Linux-Rechner zugreifen können, benötigen Sie ein spezielles Programm. Für unser Beispiel habe ich ein kleines, aber feines Programm namens CuteFTP gewählt, das Sie unter der Adresse http//www.globalscape.com herunterladen können.

CuteFTP installieren und konfigurieren

Haben Sie CuteFTP heruntergeladen und installiert, müssen Sie es zunächst konfigurieren.

1 Nach dem Start von CuteFTP klicken Sie zuerst auf die Schaltfläche *Site-Manager*.

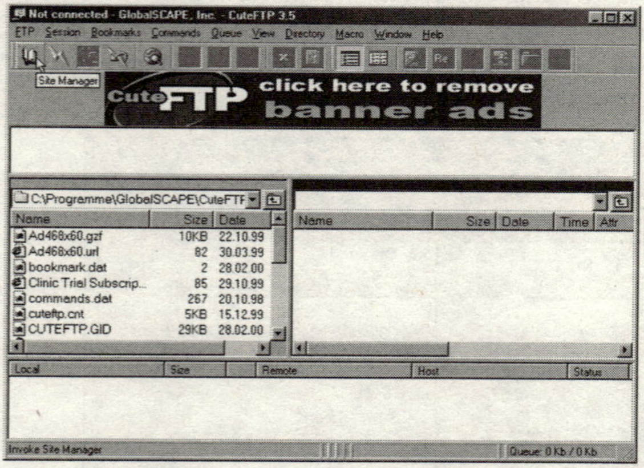

2 Im Fenster *Site-Manager* können Sie alle vorhandenen Einträge ignorieren und klicken stattdessen auch die Schaltfläche *Add Site*.

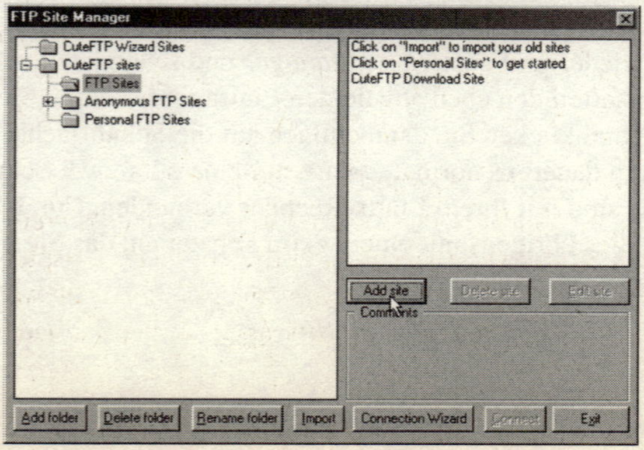

3 Jetzt landen Sie im Fenster *Add Host*. Hier sind eigentlich nur vier Optionsfelder interessant für Sie. In das Feld *Site Label* tragen Sie einen beliebigen Namen ein, der als Beschreibung für den Linux-Rechner dient, auf den Sie zugreifen wollen. Im Feld *Host Address* geben Sie die IP-Adresse des Linux-Rechners an. In das Feld *User-ID* setzen Sie die Bezeichnung, unter der Sie sich auf Ihrem Linux-Rechner als Benutzer anmelden, und im Feld *Password* schließlich tragen Sie das zu diesem Benutzer gehörende Passwort ein. Nach diesen Einträgen schließen Sie das Fenster mit der *OK*-Schaltfläche.

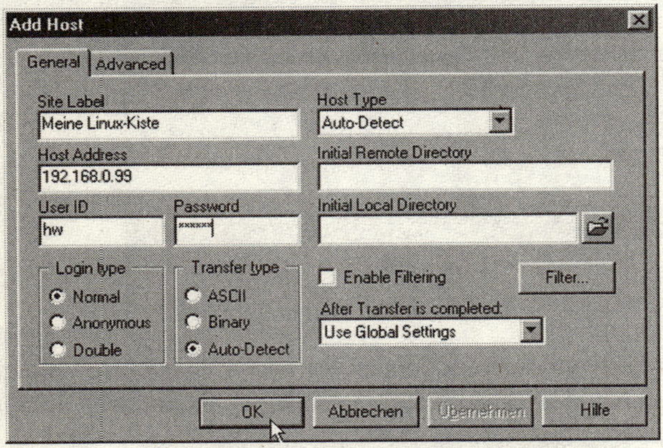

4 Sie landen wieder im Fenster *Site Manager* und sehen jetzt im rechten Fensterteil den eben angelegten Eintrag. Markieren Sie den Eintrag und klicken Sie dann einfach auf die Schaltfläche *Connect*. Nun dauert es normalerweise nur eine oder zwei Sekunden, und Sie sind mit Ihrem Linux-Rechner verbunden. CuteFTP zeigt Ihnen dies übrigens mit einem extra Fenster an, das Sie mit *OK* schließen können.

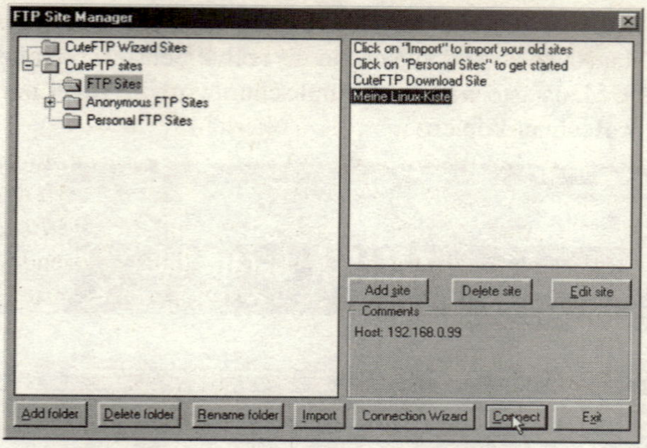

5 Im linken Teils des Programmfensters von CuteFTP sehen Sie nun den Inhalt des Windows-PCs, im rechten Fensterteil den des Linux-Rechners. Durch die Benutzerverwaltung von Linux können Sie aber standardmäßig nicht auf den gesamten Linux-Rechner zugreifen, sondern nur auf das *home*-Verzeichnis des Benutzers, als der Sie sich angemeldet haben. Wollen Sie nun beispielsweise eine Datei vom Windows-PC auf den Linux-Rechner befördern, suchen Sie die Datei erst einmal im linken Fensterteil heraus.

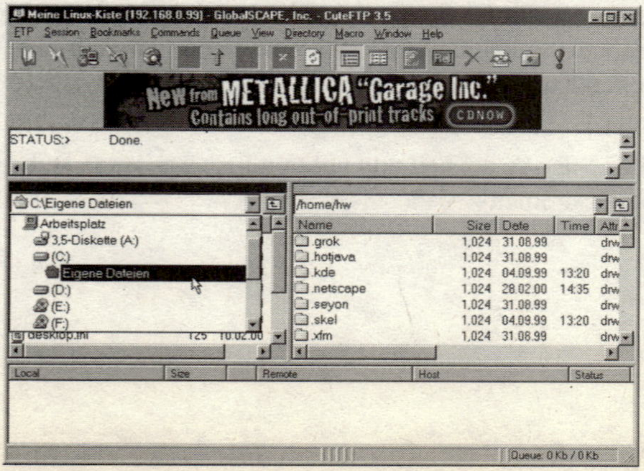

6 Haben Sie die gewünschte Datei gefunden, klicken Sie sie mit der rechten Maustaste an und ziehen sie ins rechte Fenster. Dort lassen Sie die Maustaste wieder los, und schon wird die Datei auf den Linux-Rechner kopiert.

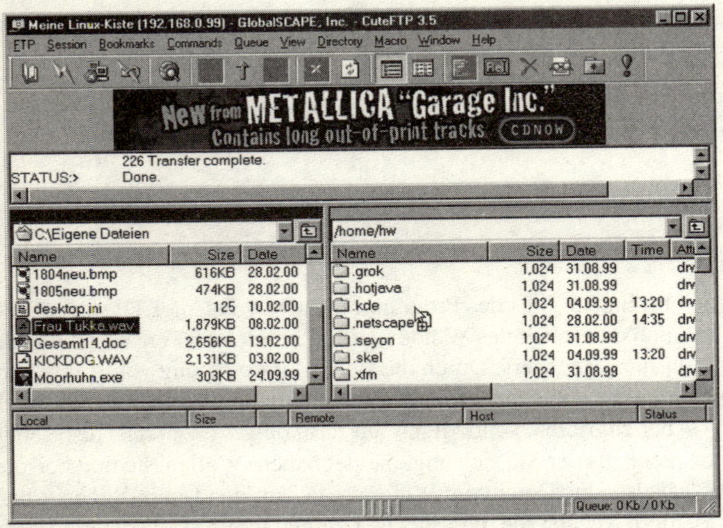

7 Am besten kontrollieren Sie jetzt, ob die Datei wirklich auf dem Linux-Rechner angekommen ist. Starten Sie dort einfach den von Ihnen verwendeten Datei-Manager und wechseln Sie in Ihr *home*-Verzeichnis.

Und? Sehen Sie – so schnell und unkompliziert arbeiten Windows und Linux zusammen!

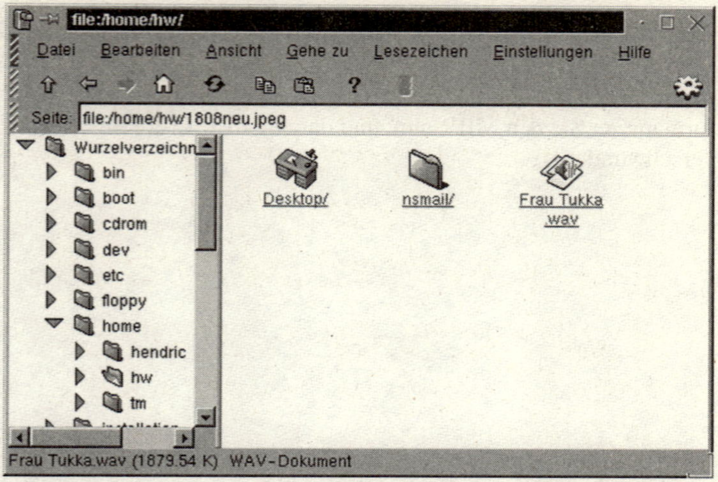

Ich will doch kein Linux mehr!

Wenn Sie – aus welchen Gründen auch immer – Linux wieder loswerden wollen, ist das zwar alles andere als schwierig, funktioniert aber ein wenig anders als bei Windows!

Wichtig: Ins Handbuch gucken!

Das Wichtigste zuerst: Sehen Sie bitte in Ihrer Linux-Dokumentation nach, mit welchen Befehlen Sie die Linux-Partitionen wieder löschen können! Haben Sie die Partitionen gelöscht, bleibt eigentlich nur noch ein Problem – Sie müssen den Boot-Manager namens LILO wieder loswerden!

Vielleicht haben Sie die Linux-Festplatte oder Partition schon formatiert, aber LILO meldet sich beim Rechnerstart immer noch? Der Grund ist, dass Linux den Boot-Manager im so genannten „Master Boot Record", kurz MBR, speichert, den Sie beim „normalen" formatieren nicht erwischen.

Mit dem Befehl

```
fdisk mbr -r
```

formatieren Sie den MBR nun, und damit ist LILO ein für allemal verschwunden!

Kapitel 13

Alle Top-Geheimnisse für Einbau, Umbau und Aufrüstung Ihres Rechners

---

Dank Plug & Play können Sie Hardwarekomponenten unter Windows ME ziemlich unkompliziert und fast vollautomatisch einbinden. Das geht natürlich nur, wenn die verwendete Komponente auch tatsächlich dem Plug & Play-Standard entspricht.

Plug & Play funktioniert nicht: Und was jetzt?

Bei Plug & Play geht normalerweise nichts schief, trotzdem kann es zu Problemen kommen, und Plug & Play arbeitet dann nicht mehr richtig.

Ein Grund für die falsche Erkennung einer neuen Komponente ist zum Beispiel, dass der Erkennungsprozess abgebrochen wurde. Normalerweise beginnt Windows nach einem Neustart den Erkennungsprozess wieder von vorn – bei Grafikkarten gibt es aber immer wieder Ausnahmen, sodass Sie das Gerät dann manuell installieren müssen.

Dabei haben Sie aber zum Glück die Unterstützung des Hardware-Assistenten, und damit hält sich die Arbeit auch in Grenzen!

Der Hardware-Assistent hilft

Bevor Sie den Hardware-Assistenten starten, sollten Sie alle möglicherweise aktiven Anwendungen schließen, damit Windows bei der Erkennung nicht unnötig belastet wird!

1. In der *Systemsteuerung* wählen Sie *Hardware*.
2. Jetzt beginnt die Hardwareerkennung und endet erst einmal in einem Fenster, in dem Windows die erkannten Geräte zeigt. Handelt es sich um ein Plug & Play-Gerät, wird dieses normalerweise aufgeführt. Wie gesagt: normalerweise! Leider funktioniert dies eben nicht immer, sodass das Fenster dann einfach leer bleibt.
3. Wenn das passiert, klicken Sie auf die Option *Nein, das Gerät ist nicht in der Liste aufgeführt* und danach auf *Weiter*. Im nächsten Fenster können Sie jetzt die nicht gefundene Komponente suchen lassen oder sie aus einer Liste auswählen.

4 Nun wählen Sie die Komponente in der Liste aus oder verwenden Treiberdiskette oder -CD des Herstellers. In diesem Fall klicken Sie dann auf *Diskette*.

5 Jetzt sucht Windows aus seiner Treiberdatenbank den entsprechenden Treiber aus und installiert ihn, womit die Komponente dann auch schon fertig installiert ist!

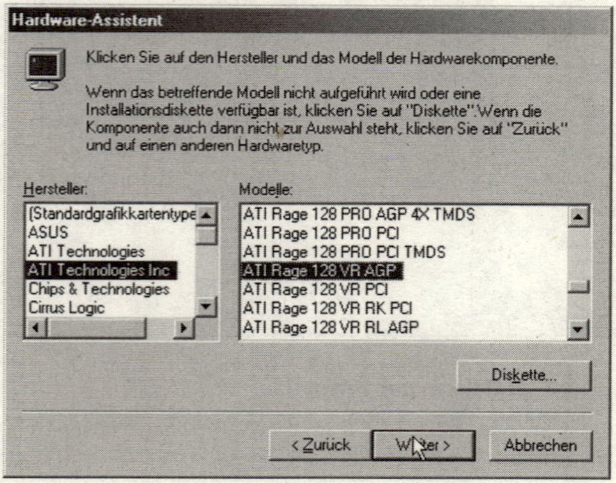

Das Geheimnis der Windows-Treiberdatenbank

Die richtigen *.inf*-Dateien für Plug & Play hat Windows in seiner Treiberdatenbank im Ordner *Windows\Inf* gespeichert, der aber standardmäßig versteckt ist.

Um ihn anzuzeigen, wählen Sie im Explorer *Extras/Ordneroptionen* und aktivieren auf der Registerkarte *Ansicht* die Option *Alle Dateien und Ordner anzeigen.*

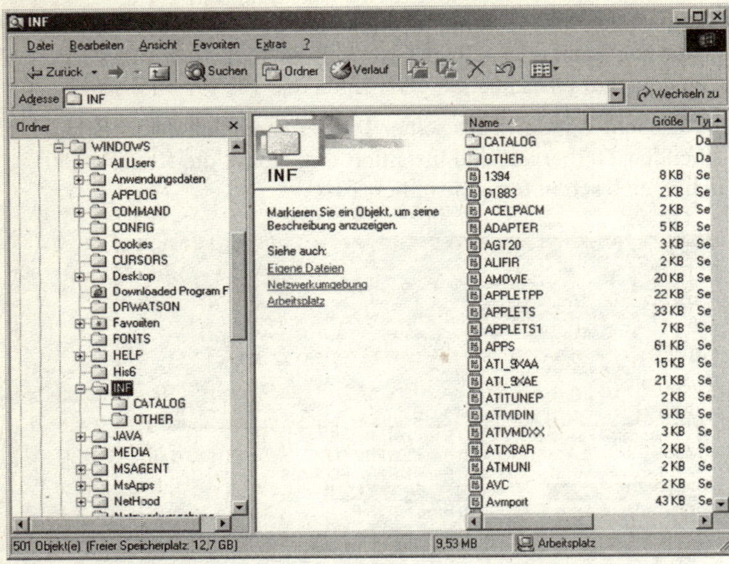

.inf-Dateien auf Vorrat

Wenn Sie öfter mit neuer Hardware herumexperimentieren, können Sie die .inf-Dateien von den Hersteller-CDs oder -Disketten in diesen Ordner kopieren, wenn sie nicht sowieso schon dort vorhanden sind. Kaufen Sie später beispielsweise einmal gebrauchte Hardwarekomponenten ohne Treiber, könnte der richtige Treiber damit schon in der Windows-Treiberdatenbank vorhanden sein!

So geht's: DMA- und Interrupt-Einstellungen manuell verändern

Eigentlich sollte Plug & Play ja dafür sorgen, dass sich die verschiedenen Geräte nicht in die Quere kommen. Dummerweise passiert das aber eben doch hin und wieder, und der Hardware-Assistent ist dann keine große Hilfe, denn er meldet recht salomonisch, dass das Gerät zwar konfliktfrei installiert ist, man aber nicht sicher sein könne, ob es auch funktioniert.

Der Grund für solches Verhalten liegt fast ausschließlich bei den verwendeten Komponenten selbst, die sich zwar als Plug & Play-fähig bezeichnen, es aber nicht sind. Und genau deshalb verlangen sie eben bestimmte, fest vorgegebene Ressourcen, die Sie meist nicht mal per Jumper auf dem Gerät ändern können! Was Sie mit so einer Komponente tun sollten, ist klar: sofort zum Händler zurückbringen und auf einen Umtausch bestehen! Wenn Sie trotzdem versuchen wollen, das Gerät zum Laufen zu bringen, ist einiges an Feinarbeit nötig. Bevor Sie sich aber an die Arbeit machen, sollten Sie einen Blick in die Systeminformation werfen!

Ressourcen analysieren mit der Systeminfo

Die Systeminformation finden Sie unter *Programme/Zubehör/Systemprogramme/Systeminformation*. Hier listet Windows alle Hardwarebestandteile des PCs samt den verwendeten Ressourcen auf. Unter *Hardwareressourcen/IRQs* finden Sie eine Liste aller belegten und freien IRQs des Rechners. Bevor Sie also neue Komponenten hinzufügen, werfen Sie einfach einen Blick in die Systeminformation.

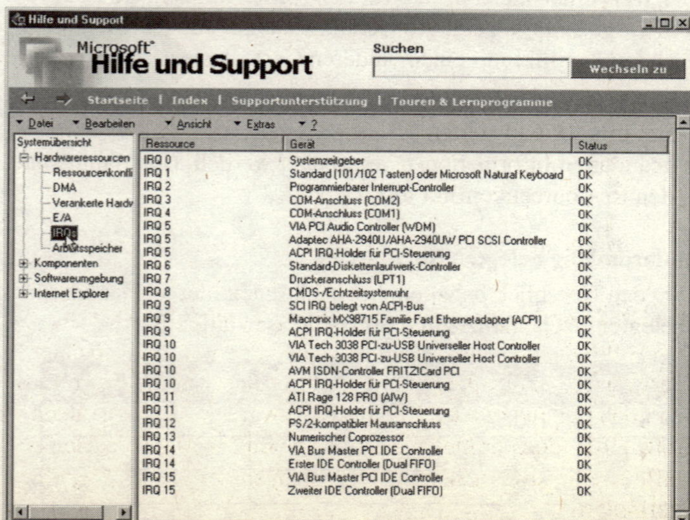

Den Konflikt finden und beseitigen

Wenn Sie einen Ressourcenkonflikt feststellen und beseitigen müssen, machen Sie das mit dem *Geräte-Manager*. Und das geht so:

1. Alle aufgetretenen Konflikte werden im Geräte-Manager mit einem gelben Ausrufezeichen vor dem entsprechenden Gerät gekennzeichnet. Markieren Sie das erste der so gekennzeichneten Geräte und klicken Sie dann auf *Eigenschaften*.
2. Jetzt landen Sie im Eigenschaftenfenster der Komponente und öffnen die Registerkarte *Ressourcen*. Im Ressourcenfeld zeigt der Geräte-Manager den deaktivierten IRQ an und im Feld *Gerätekonflikte* die Beschreibung des Konflikts.
3. Um den Konflikt zu lösen, markieren Sie den gekennzeichneten Eintrag und deaktivieren das Optionsfeld *Automatische Einstellung verwenden,* wodurch Sie Zugriff auf die Schaltfläche *Einstellungen ändern* haben.
4. Jetzt gelangen Sie ins Fenster *Interrupt bearbeiten*, in dem Sie unter *Wert* einen anderen Interrupt einstellen können. Im Feld *Konfliktinformation* zeigt der Geräte-Manager nun zu jedem IRQ an, ob ein Konflikt mit einem anderen Gerät besteht.
5. Wenn Sie den freien IRQ festgelegt haben, verlassen Sie das Fenster mit *OK* und starten Windows danach neu. Nur so können die geänderten Informationen verarbeitet werden. Und damit sind Sie den Ressourcenkonflikt los!

Die standardmäßig belegten Ressourcen

Damit Sie den Überblick behalten, habe ich Ihnen hier alle standardmäßig belegten IRQs, DMAs und Port-Adressen aufgeführt!

Gerät	Standard-Port	Standard-IRQ	Standard-DMA
IDE/EISA 1	1F0	14	
EISA 2	170	15	
COM1	3F8	4	

Gerät	Standard-Port	Standard-IRQ	Standard-DMA
COM2	2F8	3	
COM3	3E8	4	
COM4	2E8	3	
LPT1 (ECP)	378 778	7	 3
LPT2	278	5	
PS/2-Maus		12	

Und wenn ein IRQ fehlt?

Es kommt wirklich nur recht selten vor, aber es könnte theoretisch sein, dass alle IRQs Ihres PCs belegt sind und Sie deshalb keine weiteren Komponenten installieren können. Das Problem lässt sich so lösen:

IRQs freimachen

Wenn tatsächlich kein IRQ mehr frei ist, sollten Sie überlegen, auf welchen der IRQs bzw. auf welches ihn verwendende Gerät Sie am ehesten verzichten können. Wenn Sie zum Beispiel vom Modembetrieb auf eine ISDN-Karte umgestellt haben, fällt das Modem weg und der von ihm verwendete IRQ3 der Schnittstelle COM2 wird frei. Um diesen IRQ dem neuen Gerät zuweisen zu können, müssen Sie die Schnittstelle, die ihn verwendet hat, aber vorher deaktivieren.

1 Öffnen Sie den *Geräte-Manager*, markieren Sie das zu deaktivierende Gerät und klicken Sie dann auf *Eigenschaften*.

2 Im Feld *Gerätenutzung* klicken Sie die Option *In diesem Hardwareprofil deaktivieren* an.

3 Wenn Sie das Fenster mit *OK* wieder verlassen, ist das Gerät deaktiviert.

4 Wenn Sie das Gerät irgendwann wieder aktivieren wollen, wählen Sie in seinem Eigenschaftenfenster die Registerkarte *Allgemein* und dort die Schaltfläche *Gerät aktivieren*.

Den Rechner aufrüsten? Das müssen Sie wissen!

Dass man eigentlich nie genug Arbeitsspeicher haben kann, ist eine alte Computerweisheit, die noch aus den Zeiten von Windows 3.11 stammt. Unter Windows ME gilt sie auch noch, denn dieses Betriebssystem ist nicht gerade genügsam, was den Speicherbedarf angeht! Je nachdem, mit wie aufwändigen Programmen Sie arbeiten, fängt Windows ab 64 MByte RAM erst so richtig an, sich wohl zu fühlen. Und weil Speicher heute so billig ist wie nie, sollten Sie Ihrem PC ruhig das Doppelte, also 128 MByte Arbeitsspeicher gönnen!

PS/2, DIMM, Nanosekunden, Parity, ECC, Speicherbänke

Was Sie da gerade gelesen haben, sind die sechs wichtigsten Begriffe, die Sie beim Aufrüsten des Arbeitsspeichers kennen müssen.

PS/2

PS/2 ist die Bezeichnung für eine bestimmte Speicherbauform, die bis vor kurzem noch Standard war, aber langsam von ihren leistungsfähigeren Nachfolgern abgelöst wird.

DIMM

Die DIMMs sind diese neue Bauform der Arbeitsspeicher-Chips. DIMM- und PS/2-Speichermodule lassen sich nicht miteinander kombinieren. Alle neueren Motherboards werden übrigens ausschließlich mit DIMM-Modulen ausgestattet.

Nanosekunden

Nanosekunden, abgekürzt ns, bezeichnen die Zugriffsgeschwindigkeit der Speichermodule. Die alten PS/2-Module haben dabei Werte von 60 oder 70 ns, die neuen DIMM-Module erreichen Werte von 7 bis 10 ns. Die ns-Werte sind normalerweise auf den Speichermodulen aufgedruckt. Wichtig ist, dass grundsätzlich alle in einem Rechner verwendeten Module immer die gleichen ns-Werte haben müssen!

Parity und ECC

Parity, oder auch Parität, ist ein Kontrollverfahren bei Speichermodulen, mit dem der korrekte Inhalt einer Speicherzelle gewährleistet werden soll. Ob ein Speichermodul über Parity verfügt oder nicht, sieht man an der Anzahl der Chips. Ist die Anzahl gerade, hat das Modul keine Parity, eine ungerade Anzahl bedeutet dagegen, dass es über Parity verfügt. Weil aber auch die Parity schon wieder veraltet ist, heißt das neue Verfahren **E**rror **C**orrection **C**ode, kurz ECC, und wird bei DIMM-Modulen angewendet. Auch hier gibt es Module mit und ohne ECC.

Speicherbänke

Die Speicherbänke sind die Steckleisten auf einem Motherboard, in die die Arbeitsspeichermodule eingesteckt werden. Ältere Motherboards haben Speicherbänke, bei denen immer entweder zwei oder gleich alle vier Bänke mit Speichermodulen gleicher Größe bestückt werden müssen. Neuere Boards, die DIMM-Module verwenden, verfügen in der Regel ebenfalls über vier, manchmal aber nur über drei Speicherbänke. Die neuen Boards müssen nicht mehr paarweise und auch nicht mit Modulen gleicher Größe bestückt werden.

Bitte den Netzstecker ziehen!

Bevor Sie Ihren PC aufschrauben – ziehen Sie den Netzstecker! Es wäre doch wirklich schade, wenn Sie plötzlich gar nichts mehr von Ihrem neu gekauften Arbeitsspeicher haben – oder?

Achtung Statik!

Und noch eine Sicherheitsvorkehrung: Die betrifft diesmal das Leben der hochempfindlichen Bauteile auf einem Motherboard. Elektrische Schläge aus statischer Aufladung mögen diese kleinen elektronischen Wunderwerke nämlich gar nicht und reagieren äußerst beleidigt auf sie! Fassen Sie einfach direkt vor und dann während der Bastelarbeiten regelmäßig ein geerdetes Metallteil wie eine blanke Stelle an einem Heizkörper an! Die statische Aufladung verschwindet jetzt im Heizungsrohr und nicht auf dem Motherboard!

Erster Schritt: Board- und Speichertyp feststellen

Vor dem Speicherkauf müssen Sie natürlich nachsehen, welchen Motherboardtyp Sie besitzen, wie dessen Speicherbänke belegt sind und vor allem mit welcher Art von Speichermodulen! Wenn Sie wegen der Module nicht sicher sind, bauen Sie einfach eines aus und nehmen es in einer kleinen Plastiktüte verpackt mit zum Händler.

Bloß keine Gewalt! Speichermodule richtig ausbauen

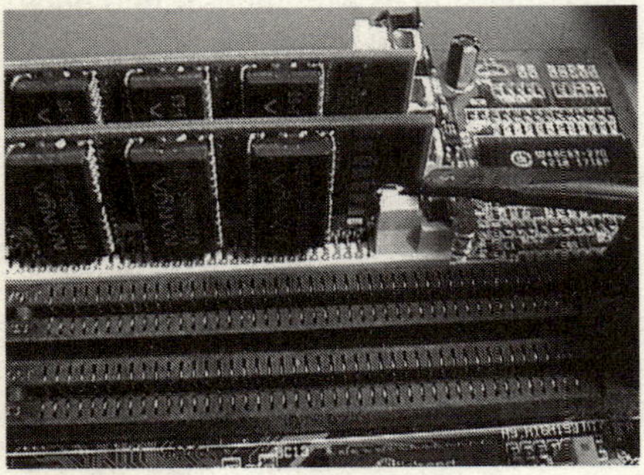

Was Sie brauchen, um ein Speichermodul auszubauen, ist lediglich ein Elektronikschraubenzieher und ein bisschen Gefühl. An beiden Enden der Speicherbank sehen Sie jeweils eine kleine Metallnase, die in die passende Aussparung des Speichermoduls greift.

Drücken Sie die Metallnasen mit dem Schraubenzieher vorsichtig zurück und kippen Sie das Modul schräg nach hinten. Jetzt können Sie es problemlos aus der Bank ziehen. Schauen Sie sich einfach mal die Abbildung an, wenn Sie nicht sicher sind: Da wird nämlich gerade die erste Metallnase vorsichtig zurückgedrückt! Das Herausziehen des Speichermoduls können Sie zwar mit den Fingern machen, prima geeignet ist aber auch eine Elektronikpinzette aus Plastik!

Den neuen Speicher einbauen

Die neuen Speichermodule einzubauen, ist wirklich ziemlich einfach! Sie legen das Modul so auf der Speicherbank auf, dass die beiden Aussparungen an den Haltenasen zu liegen kommen und die Unterseite des Moduls in der Speicherbank sitzt. Mit ein bisschen Druck in Richtung der Nasen rastet das Modul jetzt sehr leicht ein. Wenn das Modul nicht problemlos einrastet, prüfen Sie lieber noch mal, ob es auch auf ganzer Länge richtig in der Speicherbank sitzt. Sie können jetzt etwas nachhelfen, indem Sie die Haltenasen nacheinander mit dem Schraubenzieher leicht zurückbiegen und dabei das Modul in Richtung der Nasen drücken. Und das war's – so schnell haben Sie Ihren Rechner mit Arbeitsspeicher aufgerüstet. Nach dem Einschalten erkennt das Rechner-BIOS übrigens ganz von selbst, dass neuer Speicher vorhanden ist, und Sie müssen nichts weiter einstellen!

Nach dem Arbeitsspeicher das Wichtigste: Die CPU

Eigentlich noch wichtiger als der Arbeitsspeicher ist ein leistungsfähiger Prozessor. Im Grunde wäre das Aufrüsten mit einem neuen Prozessor gar nicht so kompliziert – wenn es nicht dauernd neue Motherboards und Prozessoren gäbe! Grundsätzlich können Sie bei der Prozessoraufrüstung verschiedene Wege gehen, die aber auch unterschiedliche Ergebnisse liefern!

Geht denn das: Alte CPU raus, neue CPU rein?

Grundsätzlich funktioniert das natürlich schon – nur so unkompliziert, wie es klingt, ist es leider nicht. Das funktioniert nämlich nur, wenn Ihr Motherboard leistungsfähigere Prozessoren überhaupt unterstützt! Normalerweise tut das jedes Board, aber bis zu welcher Taktrate, das müssen Sie im Motherboard-Handbuch nachlesen. Haben Sie das Handbuch nicht mehr, dann finden Sie die Motherboard-Dokumentation bestimmt auf der Webseite des Herstellers. Die Webadressen aller wichtigen Motherboardhersteller finden Sie in der folgenden Tabelle.

Hersteller	Webadresse
Asus	http://www.asus.com
A-Open	http://www.aopen.com.tw
Elitegroup	http://www.ecs.com.tw
Iwill	http://www.iwill.com.tw
Soyo	http://www.soyo.com
Tyan	http://www.tyan.com

Dauernd neue Prozessoren – das kann ganz schön nerven!

Wenn Sie sich gerade einen neuen PC kaufen, ist es natürlich toll, wenn garantiert die neueste und schnellste Prozessorgeneration im Regal steht – und das auch noch zu wirklich günstigen Preisen.

Weniger Spaß mit ständig neuen und immer leistungsfähigeren Prozessoren haben Sie aber, wenn Sie Ihren PC gerade aufrüsten wollen.

Dann stehen Sie nämlich vor einer Unmenge verschiedener Hindernisse in Form von Dutzenden von Motherboards, die mit ebenso vielen Prozessoren zusammenarbeiten – oder eben auch nicht! Vor genau diesem Problem werden Sie stehen, wenn Sie einen älteren PC besitzen, also etwa einen Pentium 1 oder einen K6-2 – das Aufrüsten auf den heutigen Standard ist dann nämlich kaum noch möglich! Das liegt aber nicht nur daran, dass ein schon so angejahrtes Motherboard eben einfach nicht die Leistung eines neuen Boards mit entsprechender CPU bringen kann. Das Hauptproblem ist eher, dass die Prozessoren, die Sie eventuell zur Aufrüstung in Ihrem Motherboard verwenden könnten, gar nicht mehr hergestellt werden und deshalb auch ziemlich schwer bis gar nicht mehr zu bekommen sind!

Notlösung, aber manchmal die letzte Möglichkeit: Das „fertige“ Prozessor-Upgrade

Wollen Sie auf gar keinen Fall einen neuen PC kaufen, gibt es noch eine letzte Möglichkeit, der „alten Kiste“ doch noch ein wenig Power einzuhauchen. Realisieren lässt sich das mittels vorbereiteter Prozessor-Upgrades, für die Sie noch nicht mal großartige Bastelkenntnisse brauchen.

Was dabei passiert ist recht einfach: Sie bekommen einen neuen Prozessor, der mit allen elektronischen Bauteilen, wie etwa Spannungsreglern, ausgestattet ist. Genau nach Anleitung entfernen Sie dann den alten Prozessor und stecken den neuen ein. Im günstigsten Fall ist damit auch schon alles erledigt und Ihr angejahrter PC ist bis zu 300 Prozent schneller geworden.

Wenn Sie sich für ein solches Upgrade interessieren, sollten Sie im Internet einmal auf die Seiten der beiden größten Anbieter dieser Lösungen gehen und sich über Möglichkeiten und Preise informieren.

Den Anbieter Evergreen finden Sie unter der Adresse http://www.evertech.co.uk, den zweiten bedeutenden Hersteller Madex unter http://www.madex.com.

Einfach aufzurüsten: Pentium II und III

Ziemlich leicht haben Sie es, wenn Sie bereits ein Pentium-II- oder Pentium-III-Motherboard betreiben und jetzt einen neuen Prozessor haben wollen: In der Regel müssen Sie nur den alten Prozessor herausnehmen und den neuen hineinstecken. Die restlichen Arbeiten beschränken sich zumeist auf das Umstecken von ein paar Jumpern, und welche das sind, erfahren Sie im Handbuch Ihres Motherboards.

Ein bisschen knifflig, aber nicht wirklich kompliziert: Neue Festplatte einbauen

Ein bisschen kniffliger als die Aufrüstung mit Arbeitsspeicher oder neuer CPU ist der Einbau einer neuen Festplatte. Das heißt – eigentlich ist das gar nicht so knifflig, Sie müssen nur auf ein paar sehr unterschiedliche Dinge achten und sollten sich nicht vor leichten Elektrobasteleien fürchten!

So wird eine zweite E-IDE-Festplatte eingebaut

Wenn der Platz auf Ihrer Festplatte eng wird oder die Platte Ihnen zu langsam ist, bauen Sie einfach eine zweite Platte ein. Die alte Platte können Sie dann prima als Backup-Platte verwenden oder einfach als „Rumpelkammer" für Daten und Programme, die Sie nicht so oft brauchen. Die schwierigste Aufgabe ist jetzt, den Controller auf dem Motherboard zu finden, an dem die neue Festplatte angeschlossen wird und der sie steuert. Das ist aber eigentlich gar nicht so schwierig, denn auch die bisherige Festplatte hängt ja an diesem Controller, sodass Sie bloß dem Datenkabel von der Festplatte zum Motherboard folgen müssen. Und schon ist der Controller lokalisiert!

So einfach finden Sie die IDE-Kanäle

Wenn Sie den Controller gefunden haben, bleibt die Frage, auf welchen der Steckplätze Sie das Kabel der Festplatte stecken sollen. Im Normalfall sind nur drei dieser Steckplätze belegt und zwar einer vom Floppy-Laufwerk, einer von der Festplatte und ein weiterer vom CD-ROM-Laufwerk. Alle E-IDE-Controller haben zwei Kanäle: den Primary und den Secondary Channel, die auf dem Board fast immer mit *IDE 1* und *IDE 2* beschriftet sind. An jeden dieser beiden Kanäle können Sie jeweils zwei E-IDE-Geräte wie Festplatten, CD-ROM-Laufwerke oder CD-Brenner anschließen. Die Tücke daran ist aber, dass, wenn Sie zwei Festplatten mit unterschiedlichen Leistungswerten am gleichen Kanal anschließen, die langsamere Platte die Werte der schnelleren Platte herunterdrückt! Damit das nicht passiert, sollten Sie bei zwei unterschiedlichen Festplatten die schnellere am Primary, die langsamere am Secondary Channel anschließen. Und das gilt natürlich auch für ein CD-ROM-Laufwerk: Das schließen Sie am besten möglichst immer allein am Secondary Channel an!

Die Sache mit Master & Slave

Der Hintergrund für die komischen Bezeichnung Master & Slave ist die Funktionsweise von E-IDE. Damit wird nämlich das Verhältnis der angeschlossenen E-IDE-Geräte zueinander beschrieben. Pro Kanal muss bei E-IDE immer eine Festplatte der „Chef", also der Master sein, der anordnet, was getan wird. Damit ist die zweite Festplatte automatisch der „Angestellte" oder Slave, der gehorchen muss. Oberster Chef ist aber immer der Controller, der in erster Linie mit der Master-Platte kommuniziert. Welche der Platten der Master und welche der Slave sein soll, legen Sie bei jeder der Platten mit Jumpern fest, die Sie auf der Plattenrückseite oder auf der Platine finden.

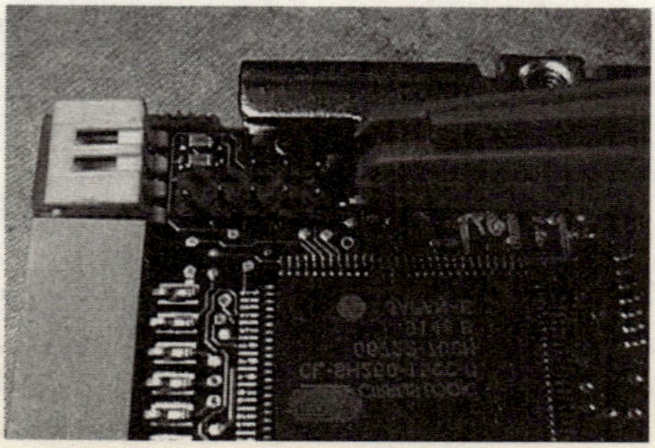

Damit Sie die Jumper auf die richtigen Positionen setzen, müssen Sie in jedem Fall in der Festplattendokumentation nachsehen!

> **Master & Slave auch für CD-ROM-Laufwerke!**
>
> *Auch CD-ROM-Laufwerke müssen entweder als Master oder als Slave konfiguriert werden. Sehen Sie am besten in der Gerätedokumentation nach, wie Sie die Jumper setzen müssen!*

Master & Slave: Diese Kombinationsmöglichkeiten gibt es

Je nachdem, wie viele Festplatten Sie in Ihren PC einbauen, läuft das Master & Slave-Prinzip unterschiedlich ab. Hier mal ein Überblick, wie Sie welche Festplatte jumpern müssten:

Eine Festplatte und ein CD-ROM-Laufwerk

Hier spielt die Master-/Slave-Konfiguration eigentlich keine Rolle, weil beide Geräte über die getrennten E-IDE-Kanäle 1 und 2 angesteuert werden. Dabei wird die Festplatte am Primary Channel angesteckt, und das CD-ROM-Laufwerk steckt auf dem Secondary Channel.

Zwei Festplatten und ein CD-ROM-Laufwerk

Bei dieser Version werden beide Festplatten auf einen, normalerweise den Primary Channel gesteckt. Die eine Platte müssen Sie dann als Master, die zweite Platte als Slave konfigurieren. Das CD-ROM-Laufwerk muss, weil es ja auf dem Secondary Channel steckt, nicht gejumpert werden.

Drei Festplatten und ein CD-ROM-Laufwerk

Jetzt wird's schon ein bisschen kniffliger! Bei dieser Version teilen sich den Primary Channel zwei Festplatten, den Secondary Channel eine Festplatte und das CD-ROM-Laufwerk. Weil der Controller ja beide IDE-Kanäle getrennt verwaltet, müssen Sie also pro Kanal ein Laufwerk als Master und das andere als Slave jumpern. So weit kein Problem, aber einen Haken hat das Ganze dann schon:

Weil das CD-ROM-Laufwerk ja mit einer Festplatte an einem Kanal hängt, wird es auch die Geschwindigkeit dieser Festplatte herunterdrücken. Am besten also, Sie hängen die sowieso langsamste Platte an den gleichen Kanal wie das CD-ROM-Laufwerk!

Nicht besonders komfortabel, aber ziemlich nützlich: Mit Fdisk Festplattenpartitionen erstellen

Irgendwie ist das schon komisch: Wenn Sie mal Computerbenutzer nach Fdisk fragen, tun sich sofort zwei ganz unterschiedliche Lager auf: Die einen kennen Fdisk gar nicht, die anderen kennen Fdisk und hassen es!

Tja – was soll man da sagen! Fdisk ist zwar ein wirklich nützliches und manchmal sogar „lebenswichtiges" Tool, aber weil es tatsächlich ein bisschen verzwickt zu bedienen ist und man eine Menge falsch machen kann, hat es wahrscheinlich eine nur ziemlich kleine Fangemeinde!

Mit Partition It von Quaterdeck oder PartitionMagic von Powerquest gibt es natürlich neuere und superkomfortable Tools, die mehr können als Fdisk – allerdings nützen die Ihnen wenig, wenn Sie einen PC mit einer nagelneuen, unpartitionierten und unformatierten Festplatte ohne Betriebssystem haben. Um solche „nackten" Festplatten einzurichten, bleibt eben nur Fdisk übrig, das zudem sowieso schon ein Bestandteil von Windows ist.

Was Fdisk kann

Die einzige Aufgabe von Fdisk ist es, eine oder mehrere Partitionen auf Festplatten anzulegen und diese dann auch zu formatieren. Das kann Fdisk ziemlich gut, wenn man auch ein bisschen Zeit braucht, um dahinterzukommen, wie das genau geht. Fdisk kann angelegte

Partitionen aber nicht verkleinern oder vergrößern, ohne dabei auch gleich deren Inhalt zu löschen, und das ist natürlich ein dicker Nachteil! Bevor Sie also Fdisk ausführen, müssen Sie sich genau überlegen, wie viele Partitionen Sie auf der Festplatte anlegen wollen.

Ist Windows einmal installiert und Sie wollen dann doch eine zweite Partition haben, würden Sie bei deren Erstellung Windows auch gleich wieder löschen! Für solche nachträglichen Partitionsänderungen ist Fdisk eben einfach nicht gemacht, und hier lohnt es sich wirklich, ein Partitionierungs-Tool zu kaufen! Damit können Sie eine neue Partition in ein paar Minuten erstellen – wohlgemerkt ohne jeglichen Datenverlust!

Fdisk starten

Stellen Sie sich mal vor, Sie haben sich einen neuen Rechner gekauft oder eine neue Festplatte in Ihren PC eingebaut. Die Festplatte ist natürlich unpartitioniert und unformatiert, also wirklich „nackt". Gehen wir doch einfach mal davon aus, dass die Platte 32 GByte groß ist und Sie sie als ganzes, also als späteres Laufwerk C:, nutzen wollen. Was Sie jetzt brauchen, ist eigentlich nur die Windows-Startdiskette.

Und das ist es, was Sie jetzt machen müssen:

1. Erst einmal starten Sie den PC und drücken, wenn sich die ersten Bilder auf dem Monitor zeigen, die [Entf]-Taste auf der Tastatur, um ins Rechner-BIOS zu kommen. Hier ändern Sie im Abschnitt *BIOS FEATURES SETUP* in der Zeile *Boot Sequence* den Eintrag auf *A*.
2. Jetzt verlassen Sie das BIOS und speichern die geänderte Einstellung. Dann legen Sie die Windows-Startdiskette ein und starten den Rechner neu, der jetzt von der Startdiskette bootet. Nun sehen Sie das Microsoft Windows ME-Startmenü, in dem Sie den Eintrag *Computer mit Minimalkonfiguration starten* auswählen.

3 Der PC zeigt Ihnen jetzt den DOS-Prompt des Laufwerks A:, und hier geben Sie den Befehl „Fdisk“ ein.

4 Fdisk präsentiert Ihnen ein Hinweisfenster, in dem Sie auswählen können, ob Sie das Dateisystem FAT16 oder FAT32 verwenden wollen. Dummerweise erscheint diese Frage aber nicht im Klartext, sondern mit der Umschreibung *Erweiterte Unterstützung für Festplatten von mehr als 512 MB*. Weil FAT32 das fortschrittlichere Dateisystem ist, sollten Sie sich mit der Taste [J] auch dafür entscheiden.

5 Sie landen jetzt im Fenster *FDISK-Optionen*, das Ihnen vier verschiedene Optionen bietet.

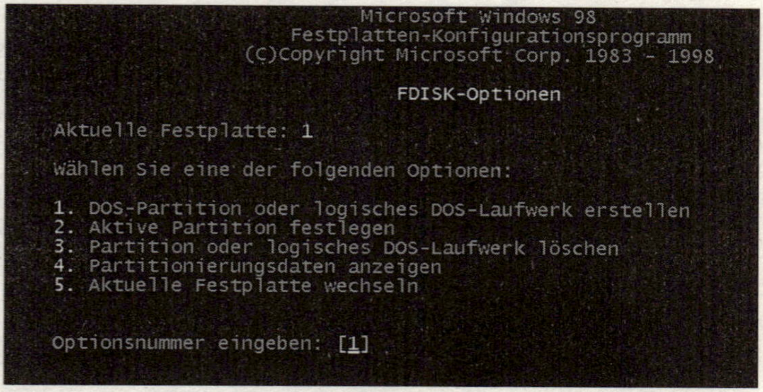

6 Im ersten Schritt legen Sie nun eine DOS-Partition bzw. ein logisches DOS-Laufwerk an, weshalb Sie die Option *1* wählen und danach die [Enter]-Taste drücken.

7 Im nächsten Fenster *DOS-Partition oder logisches DOS-Laufwerk erstellen* wählen Sie die erste Option *Primäre DOS-Partition erstellen*.

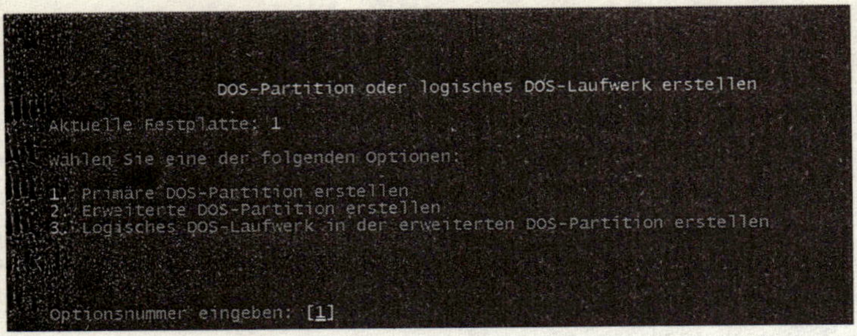

8 Im folgenden Fenster prüft Fdisk das Laufwerk auf Fehler und will dann von Ihnen wissen, ob Sie den gesamten verfügbaren Speicherbereich für die primäre Partition verwenden wollen. Das heißt also, dass dann die gesamte Festplatte aus einer einzigen Partition mit dem Namen C: besteht. Wenn Sie diese Frage bestätigen, meldet Fdisk das erfolgreiche Erstellen der primären Partition. Danach müssen Sie die Startdiskette einlegen und den Rechner neu starten.

9 Nach dem Neustart beginnt Fdisk auch sofort, die Festplatte zu formatieren, was bei unserer Beispielplatte mit 32 GByte Größe so etwa 30 Minuten dauert.

So geht das mit mehreren Partitionen

Wenn Sie mehr als eine Partition anlegen wollen, dann müssen Sie das hier tun:

1 Zuerst starten Sie Fdisk und führen alle Arbeitsschritte aus, bis Sie wieder ins Fenster *DOS-Partition oder logisches DOS-Laufwerk erstellen* kommen.

2 Jetzt wählen Sie die erste Option *Primäre DOS-Partition erstellen*, verneinen aber diesmal die Frage, ob dafür der gesamte verfügbare Speicherplatz verwendet werden soll.

Und jetzt sehen Sie folgende Meldung:

Speicherplatz auf der Festplatte insgesamt: 3237MB (1MB = 1.048.576 Bytes)
Maximal verfügbarer Speicherplatz für die Partition: 3237MB (100%)
Partitionsgröße in MB oder als Prozentsatz des verfügbaren Platzes für die primäre DOS-Partition angeben
.......: [3237]

3 Um nun eine zweite Partition anzulegen, müssen Sie angeben, wie groß diese Partition sein soll. Dies können Sie in Prozent angeben, also *50%*, um die Hälfte der Gesamtgröße für die zweite Partition zu verwenden. Sie können den Wert aber auch in MByte eingeben, also etwa *1618*. Das Ergebnis wäre dann, dass die zweite Partition 1,6 GByte groß ist.

4 Nach dieser Eingabe zeigt Fdisk ein Fenster mit folgenden Angaben:

Partition	Status	Typ	Bezeichnung	MByte	System	Belegung
C: 1		PRI DOS		1618	UNKNOWN	50%

Im Klartext bedeutet das Folgendes:

- *C: 1* sagt aus, dass bisher nur eine Partition besteht, die den Namen *C* hat und die Nummer *1* trägt.
- *Status* gibt Auskunft darüber, welchen Status die Partition hat. Dieser Status wird aber erst vergeben, und deshalb ist das Feld leer.
- *Typ* sagt aus, zu welchem Typ die Partition gehört. Der Eintrag *PRI DOS* bedeutet, dass es sich um eine primäre DOS-Partition handelt.
- *MByte* gibt Auskunft über die Partitionsgröße, in diesem Fall die Hälfte der 3,2 GByte großen Platte, also 1,6 GByte.
- *System* beschreibt das verwendete Dateisystem, das aber hier noch nicht aktiv ist.
- *Belegung* zeigt den belegten Platz auf der gesamten Festplatte, nämlich die 50 Prozent, die wir vorher festgelegt haben.

5 Sie kehren jetzt mit der [Esc]-Taste ins Hauptmenü von Fdisk zurück und wählen die zweite Option *Aktive Partition festlegen*. Der Grund ist klar: Wenn mehr als eine Partition auf einer Festplatte vorhanden ist, müssen Sie festlegen, welche davon die aktive ist, also die, von der der Rechner gebootet wird. Jetzt gelangen Sie ins Fenster *Aktive Partition festlegen*, in dem Sie wieder die Festplattendaten sehen. Darunter zeigt Fdisk diese Zeile:

Geben Sie die Nummer der zu aktivierenden Partition ein ....[ ]

In die eckigen Klammern tragen Sie nun die Nummer der Partition ein, die aktiviert werden soll. In unserem Fall wäre das die „1".

6 Jetzt verändert Fdisk das Fenster ein bisschen und zeigt im Feld *Status* den Buchstaben *A* für aktive Partition. Zusätzlich wird am unteren Fensterrand die Zeile *Partition 1 aktiviert* angezeigt.

7 Mit der [Esc]-Taste kehren Sie nun zurück ins Fdisk-Hauptmenü. Die aktive Partition ist erstellt, und damit können Sie jetzt die zweite Partition erstellen. Dazu wählen Sie im Hauptmenü die erste Option *DOS-Partition oder logisches DOS-Laufwerk erstellen*.

8 Sie landen daraufhin im Fenster *DOS-Partition oder logisches DOS-Laufwerk erstellen*, in dem Sie die zweite Option *Erweiterte DOS-Partition erstellen* auswählen. Fdisk geht jetzt sofort ins Fenster *Erweiterte DOS-Partition erstellen*, prüft die Festplatte erneut auf Fehler und zeigt folgende Zeilen:

Speicherp atz auf Festplatte insgesamt: 3237MB (1MB = 1.048.576 Bytes)
Maximal verfügbarer Speicherplatz für die Partition: 1618 MB (50%)
Partitionsgröße in MB oder als Prozentsatz des verfügbaren Platzes angeben, um die erweiterte DOS-Partition zu erstellen:...............................[1618]

9 Weil ja bereits die Hälfte der Festplatte an die aktive Partition vergeben wurde, bleibt für die erweiterte Partition natürlich nur noch die andere Hälfte der Platte übrig.

Den von Fdisk eingetragenen Wert können Sie also mit der Enter-Taste so übernehmen, und Fdisk zeigt Ihnen diese Zeilen:

Partition	Status	Typ	Bezeichnung	MByte	System	Belegung
C: 1		A	PRI DOS	1618	UNKNOWN	50%
2			EXT DOS	1618	UNKNOWN	50%

Die Zahl 2 in der zweiten Reihe unter *Partition* gibt die Nummer der Partition an.

Unter *Typ* steht jetzt der Eintrag *EXT DOS*, also Extended – erweitertes – DOS.

10 Nun öffnet Fdisk das Fenster *Logische DOS-Laufwerke in der erweiterten DOS-Partition erstellen* und zeigt Ihnen diese Zeilen:

Keine logischen Laufwerke erstellt

Gesamtgröße der erweiterten DOS-Partition: 1618 MB (1MB = 1.048.576 Bytes)
Für logische Laufwerke stehen maximal 1618 MB zur Verfügung (100%)

Größe des log. Laufwerks in MB oder in % des verfügbaren Platzes: [1618]

Sie können auch hier den vorgegebenen Wert mit der Enter-Taste bestätigen, weil die erweiterte Partition ja die volle Größe des noch zur Verfügung stehenden Plattenplatzes haben soll.

11 Jetzt zeigt Fdisk Ihnen wiederum ein neues Fenster mit den folgenden Zeilen:

Lw.	Bezeichnung	MByte	System	Belegung
D:		1618	UNKNOWN	100%

Der gesamte verfügbare Speicherplatz in der erweiterten DOS-Partition ist logischen Laufwerken zugeordnet.

- *Lw.* zeigt den Laufwerknamen an, hier also *D:*.
- Unter *MByte* zeigt Fdisk wieder die Größe der erweiterten Partition an.
- *Belegung* sagt mit dem Wert *100%*, dass die gesamten 1.618 MByte der Partition von der erweiterten Partition genutzt werden.

12 Und das war's auch schon, die Festplatte ist fertig partitioniert! Unter Windows haben Sie jetzt die zwei Laufwerke C: und D:, die jeweils 1,6 GByte groß sind.

So löschen Sie Partitionen und logische Laufwerke

Fdisk kann natürlich auch Partitionen oder logische Laufwerke wieder löschen. Das würden Sie aber nur tun, wenn Sie Ihre Festplatte beispielsweise doch wieder als eine große Partition nutzen wollen. Vorher müssen Sie alle vorhandenen Partitionen löschen, und das geht so:

> **Vorsicht: Partitionen löschen bedeutet Daten löschen!**
>
> *Vergessen Sie bitte nicht, dass Fdisk auch alle in einer Partition vorhandenen Daten gnadenlos löscht, wenn Sie die Partition löschen! Besser also, Sie sehen noch einmal nach, ob Sie wirklich alle wichtigen Daten in dieser Partition vorher gesichert haben!*

1 Zuerst starten Sie Fdisk und wählen dann im Hauptmenü die dritte Option *Logisches DOS-Laufwerk in der erweiterten Partition löschen*, womit Sie im gleichnamigen Fenster landen.

2 Fdisk zeigt jetzt die Daten der erweiterten DOS-Partition und den Warnhinweis, dass beim Löschen der Partition alle darin enthaltenen Daten verloren gehen. Zur Sicherheit müssen Sie nun den Buchstaben und die eventuell vorhandene Bezeichnung der Partition eingeben, die gelöscht werden soll.

3 Daraufhin löscht Fdisk das logische Laufwerk in der erweiterten Partition und meldet das in einem Fenster. Mit der [Esc]-Taste kehren Sie ins Fdisk-Hauptmenü zurück.

4 Nun können Sie die erweiterte Partition löschen, wozu Sie die dritte Option *Partition oder logisches DOS-Laufwerk löschen* auswählen. Dadurch gelangen Sie ins gleichnamige Fenster, in dem Sie die zweite Option *Erweiterte DOS-Partition löschen* auswählen.

5 Im nächsten Fenster sehen Sie wieder den Warnhinweis, dass mit dem Löschen der Partition auch alle Daten der Partition gelöscht werden, und müssen den Vorgang bestätigen.

6 Nach dem Löschen kehren Sie ins Hauptmenü zurück, wo Sie wieder die dritte Option *Partition oder logisches DOS-Laufwerk löschen* auswählen.

7 Im gleichnamigen Fenster wählen Sie jetzt die erste Option *Primäre Partition löschen* und werden auch gleich vor dem drohenden Löschen möglicher Daten auf der Partition gewarnt. Wenn Sie die Frage, ob die Partition wirklich gelöscht werden soll, bestätigen, macht sich Fdisk gleich ans Werk.

8 Und das war's – jetzt sind alle Partitionen der Festplatte gelöscht, und Sie können wieder neue Partitionen erstellen.

Ich will USB!

Der **U**niversal **S**erial **B**us, kurz USB, gehört schon seit einiger Zeit zur Standardausstattung jedes PCs. Neben Scannern, Modems, Mäusen und ISDN-Adaptern gibt es auch USB-Hubs und -Kameras.

Da ist es natürlich schön, wenn man einen relativ neuen Rechner hat, der mit USB-Buchsen ausgestattet ist – und umso ärgerlicher, wenn er das nicht ist!

Aber keine Sorge – auch sehr viele ältere Motherboards verfügen nämlich über USB-Anschlüsse, sie wurden nur nicht nach außen auf eine Blende an der Rückseite des Rechners geführt.

Erster Schritt: Der Blick ins Motherboard-Manual

Sehen Sie einfach einmal im Manual Ihres Motherboards nach. Hier sind alle Steckbuchsen aufgelistet und meistens sogar mit einer Skizze dargestellt. Haben Sie die USB-Buchsen auf dem Motherboard entdeckt, ist der Rest ziemlich einfach.

Übrigens: Falls Ihr Motherboard etwas älter ist und noch keine USB-Unterstützung anbietet, gibt es eine weitere Möglichkeit, den Rechner trotzdem aufzurüsten: In diesem Fall besorgen Sie sich einfach eine USB-Steckkarte, die Sie in einen PCI-Steckplatz des Rechners einbauen.

Den Steckertyp identifizieren

Jetzt müssen Sie nur noch den Typ des USB-Steckers identifizieren. In fast allen Fällen wird der standardmäßige 5-polige Stecker verwendet, manche Boardhersteller haben aber auch andere Bauformen eingesetzt.

Wenn Sie sich auf den Weg machen, die USB-Blende für den PC zu kaufen, nehmen Sie das Motherboard-Handbuch am besten mit. Die USB-Blende ist nichts anderes als eben eine schmale Blechblende, in die zwei USB-Buchsen eingebaut sind.

Nehmen Sie einfach eine der Blechblenden an der Rückseite des Rechners heraus und setzen Sie stattdessen die USB-Blende ein.

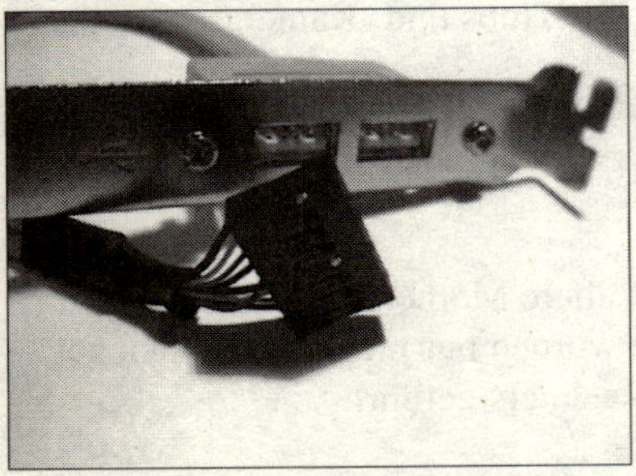

Je nach Motherboardtyp führen nun ein oder zwei Kabel von der Rückseite der USB-Blende zu einem oder auch zwei Steckern. Diese Stecker werden auf die dafür vorgesehenen Buchsen auf dem Motherboard gesetzt, und schon haben Sie fast alle Arbeitsschritte erledigt!

Den USB im BIOS aktivieren

Nach dem Neustart des Rechners müssen Sie im BIOS eventuell den USB aktivieren. Beim Award-BIOS finden Sie den entsprechenden Punkt beispielsweise unter *Integrated Peripherals*. Hier müssen Sie die Option *On Chip USB* auf *Enabled* setzen. Wenn Sie sich mit Arbeiten im BIOS noch nicht so gut auskennen, lesen Sie am besten einmal ab Seite 381 nach, was es dabei zu beachten gibt! Übrigens: Ob der USB aktiviert ist, können Sie in der *Systemsteuerung* nachsehen. Wechseln Sie dort in die Gruppe *System* und klicken Sie dann auf die Registerkarte *Geräte-Manager*. Ist der USB korrekt erkannt worden, erscheint er dort am Ende der Liste.

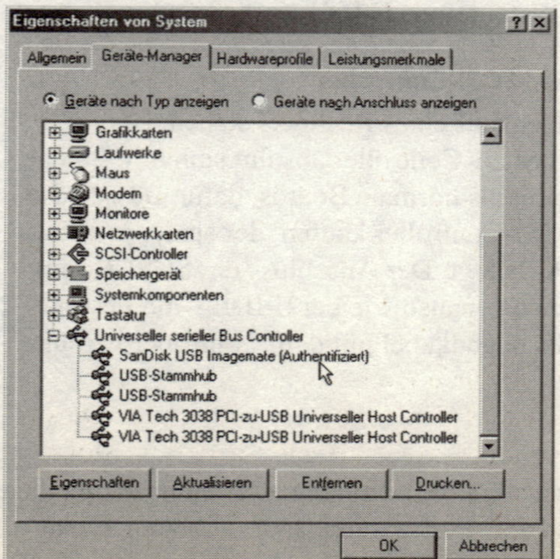

Übrigens: Fast alle USB-Geräte, wie Kameras oder Scanner, bringen eine eigene Software mit, die meist auch über ein kleines USB-Check-Programm verfügt. Ist das bei Ihren USB-Geräten nicht der Fall, können Sie sich ein solches Programm auch aus dem Internet herunterladen.

Unter der Adresse http://www.acwsoft.de/acwusb2.html finden Sie beispielsweise das Programm *Intel USB System Check*, das wirklich gut Dienste leistet.

So kriegen Sie SCSI-Geräte in den Griff

Wenn Sie vor der Entscheidung stehen, SCSI oder E-IDE zu benutzen, ist SCSI auf jeden Fall die erste Wahl! SCSI ist einfach leistungsfähiger als E-IDE, wenn auch die Unterschiede nicht mehr so riesig sind wie noch vor ein paar Jahren.

SCSI: Ziemlich schnell und leider auch teuer

Der Haken an SCSI: Die Komponenten, also Festplatten, CD-Brenner und Scanner, sind 20 bis 30% teurer als E-IDE-Komponenten.

Motherboards mit On-Board-SCSI-Controller

Wenn Sie gerade vor dem Neukauf eines Rechners stehen, ist ein Motherboard mit On-Board-SCSI-Controller absolut sinnvoll. Solche Motherboards sind zwar teurer als normale Boards, dafür müssen Sie aber keinen zusätzlichen SCSI-Controller kaufen, der später ja auch noch einen Steckplatz im PC belegt. Der Anschluss der SCSI-Komponenten funktioniert im Grunde genauso wie bei E-IDE – die Festplatten werden also über ein Flachbandkabel mit dem Controller verbunden.

Der Terminator

SCSI arbeitet völlig anders als E-IDE, nämlich nach dem Prinzip einer Kette. Über diese Kette sind alle Geräte miteinander verbunden und kommunizieren miteinander, wobei jedes der Geräte eine eigene Nummer hat, die so genannte „ID“. Absolut wichtig ist dabei, dass Anfang und Ende der Kette physikalisch abgeschlossen sind, damit die in der Kette laufenden Signale an den Enden nicht ins Leere laufen. Dafür benutzt man Abschlusswiderstände, so genannte „Terminatoren“, die jeweils am Anfang und Ende der SCSI-Kette aufgesteckt werden.

Der SCSI-Controller bildet selbst das eine Ende der Kette und die Festplatte das andere. Während der Controller automatisch terminiert wird, müssen Sie das bei der Festplatte per Jumper machen. Wenn Sie die Terminierung vergessen, würde der Rechner einfach nicht hochfahren.

Externe Geräte terminieren

Natürlich müssen auch externe Geräte wie Scanner, externe Festplatten oder SCSI-Zip-Laufwerke terminiert werden. Zip-Laufwerke haben dafür einen kleinen Schalter auf der Geräterückseite, für einen Scanner müssen Sie dagegen einen eigenen Terminatorstecker kaufen, der auf das offene Ende der SCSI-Kette gesetzt wird.

Wenn Sie das SCSI-Gerät terminiert haben, weisen Sie ihm seine Nummer, also die ID, zu. Bei externen Geräten geht das mit einem kleinen Drehschalter, der auf die gewünschte Nummer eingestellt wird.

SCSI-Controller nachrüsten

Wenn Sie Ihren vorhandenen PC auf SCSI umrüsten wollen, kaufen Sie einfach einen SCSI-Controller und bauen ihn in den PC ein. Das ist genauso einfach, wie es sich anhört, denn der Controller ist nichts anderes als eine Einsteckkarte, die Sie in einen freien Slot des PCs stecken. Die weiteren Schritte wie das Anschließen und Terminieren der Geräte gehen dann genauso vor sich wie beim On-Board-SCSI-Controller.

Ständig Ärger mit Hard- und Software? So werden sie ihn wieder los!

Ein paar Hard- und Softwareprobleme sind fast schon Klassiker, weil sie eigentlich jeder Windows-Benutzer kennt.

Die klassischen Windows-Ärgernisse und wie Sie sie in den Griff bekommen

Nicht immer ist Windows der Auslöser dieser Probleme – häufig sind Treiber einfach fehlerhaft, veraltet oder schlichtweg mit einer falschen Installationsroutine versehen. Hier also mal die Hitliste der Treiberprobleme und Tipps, wie Sie sie in den Griff bekommen.

„Neue Hardware gefunden" bei jedem Windows-Start

Wenn Sie ein neues Plug & Play-Gerät installiert haben und Windows bei jedem Neustart meldet, es hätte neue Hardware gefunden, und Sie zur Installation der Treiber auffordert, dann ist das wirklich nervig! Und das können Sie dagegen unternehmen:

Treiber neu installieren

Diese Meldung wird von der Hardwareerkennung verursacht, die beim Windows-Start überprüft, welche Komponenten installiert sind. Und sie bemängelt den Treiber für das Gerät als nicht vorhanden oder zumindest nicht richtig installiert. Das Problem ist aber schnell gelöst, wenn Sie den fraglichen Treiber löschen und neu installieren.

1. Versuchen Sie es möglichst zuerst mit der mitgelieferten Deinstallationsroutine. Verfügt das Gerät nicht darüber, deinstallieren Sie den Treiber im Geräte-Manager.

2. Wenn das Gerät zum Beispiel eine Grafikkarte ist, wählen Sie im Geräte-Manager die entsprechende Kategorie und danach das Gerät selbst. Klicken Sie dann auf *Entfernen* und bestätigen Sie die Sicherheitsabfrage mit *Ja*.

3 Jetzt installieren Sie den Treiber erneut und starten Windows danach neu. Die Hardwaremeldung beim Windows-Start müsste nun verschwunden sein.

4 Wenn Sie die Meldung immer noch sehen, versuchen Sie über den Gerätehersteller ein Update bzw. Bugfix des Treibers zu bekommen. Wenn das auch nicht klappt, bleibt als letzte Möglichkeit die Verwendung des Microsoft-eigenen Treibers anstatt des Treibers des Herstellers.

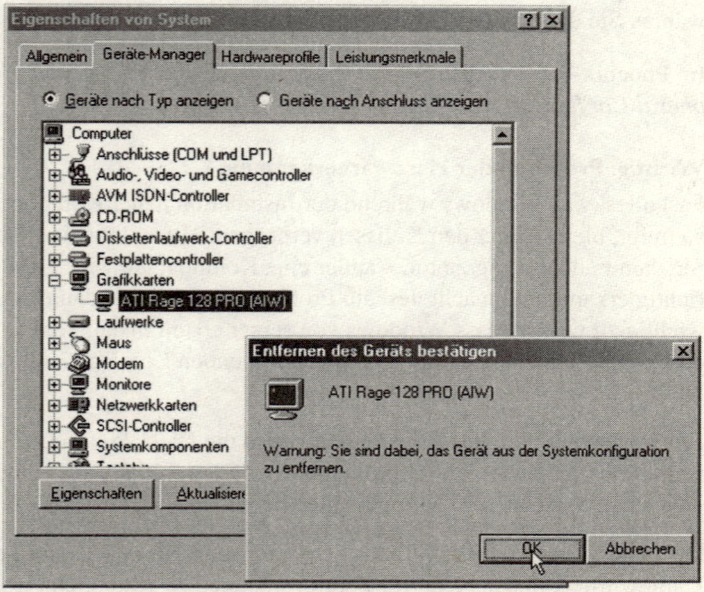

Wenn der Drucker „außerirdisch" druckt

Wenn Ihr Drucker statt des gewünschten Textes alle möglichen außerirdischen Phantasiezeichen druckt, können zwei Dinge dahinter stecken:

Die Schnittstelle wird falsch angesteuert

Fast immer stammt dieses Problem von einer falsch konfigurierten parallelen Schnittstelle, die mehr Daten schickt, als der Drucker verarbeiten kann. Die Folge: Er druckt völlig unsinnige Zeichen. Ändern können Sie dies recht schnell im BIOS Ihres Rechners. Dort stellen Sie in der parallelen Schnittstelle je nach verwendetem BIOS und dessen Version den Modus *Bidirektion, Bi-Dir* oder *Normal* ein.

Beim Award-BIOS finden Sie die parallele Schnittstelle unter *Integrated Peripherals* und dort in *Onboard Parallel Mode*. Beim AMI-BIOS wählen Sie den Eintrag *Peripheral Setup/Parallel Port Mode*.

Im Phoenix-BIOS finden Sie die Einstellungen unter *Advanced, Peripheral Configuration*.

Wichtig: Protokoll der Hardwareerkennung

Fast alles, was Windows während der Installation neuer Komponenten so treibt, bleibt hinter den Kulissen verborgen. Normalerweise haben Sie damit auch wenig zu tun – außer eine Komponente wird nicht richtig erkannt und macht deshalb Probleme. Und genau dann ist es wichtig zu wissen, dass Windows von seiner ersten Installation an jedes weitere Installationsereignis in den folgenden Log-Dateien festhält:

Bei der Installation von Windows ME wird die Datei *Bootlog.txt* erstellt, und hier stehen die Informationen zu allen initialisierten und geladenen Treibern und Komponenten bereit.

Die Datei *Netlog.txt* legt Windows nur an, wenn Netzwerkkarten erkannt wurden, und speichert hier Informationen zu erkannten Netzwerkkomponenten.

So richtig interessant ist die Datei *Detlog.txt*, die bei der ersten Windows ME-Installation die automatische Hardwareerkennung protokolliert. Wenn Sie später eine neue Plug & Play-Komponente hinzufügen, wird die Datei neu erstellt. Das passiert auch, wenn Sie die Hardwareerkennung in der *Systemsteuerung* manuell starten und neue Hardware erkennen lassen. Und jetzt mal ein Blick auf den Inhalt dieser Datei: Anhand der Einträge können Sie sehr gut feststellen, welche Treiber geladen wurden. In der Datei *Detlog.txt* finden Sie zwar ziemlich viele Einträge, von denen für die Suche nach problematischen Treibern aber nur ein paar interessant sind. Solche Einträge beginnen immer mit der Zeile *Checking for:*, der dann die Bezeichnung des Geräts folgt, das die Hardwareerkennung zu identifizieren versucht.

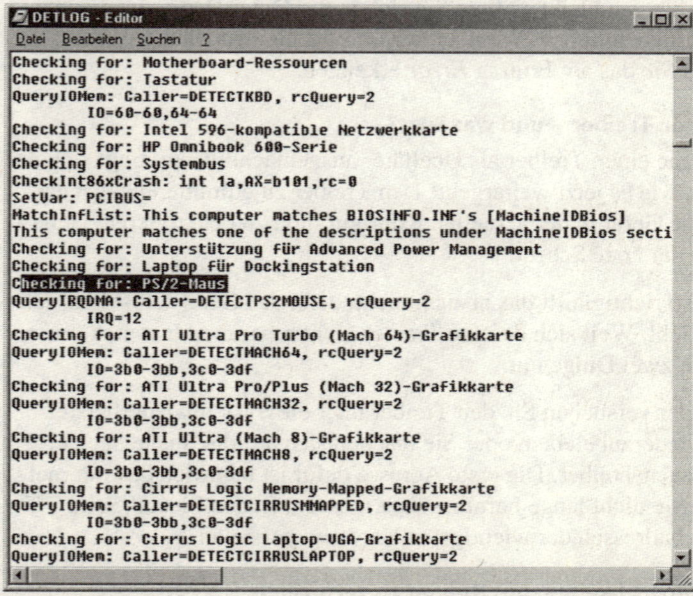

Wenn die Hardwareerkennung zum Beispiel versucht, die angeschlossene Maus zu identifizieren, sieht der Eintrag so aus wie in der Abbildung. Die einzelnen Zeilen des Eintrags bedeuten das:

- Mit *Checking for:* wird jeder Erkennungsversuch eingeleitet.
- Dem folgt jetzt der Name des Geräts, das gesucht wird, hier also *PS/2 Maus*.

- *QueryIRQDMA* steht für die Frage nach dem IRQ und der DMA-Adresse, die das gesuchte Gerät benutzt.
- *Caller* bezeichnet den Aufrufer der Anfrage, wobei *rcQuery* für die Frage nach einer Ressource steht.
- *IRQ=12* stellt das Ergebnis der Erkennung dar, also den von der gefundenen Maus benutzten IRQ12.

Wenn die automatische Hardwareerkennung bei der Installation eines Geräts hängen bleibt, sollten Sie sich in der Datei *Detlog.txt* die letzten Einträge ansehen. Wenn eine Komponente den Hänger verursacht, können Sie das am Eintrag *Error* erkennen.

Kaputter Treiber – und was jetzt?

Wenn Sie einen Treiber als Übeltäter ausgemacht haben, fragt sich natürlich, wie es jetzt weitergeht! Den Treiber zu eliminieren, also das störende Gerät in der aktuellen Konfiguration zu deaktivieren, ist natürlich der erste Schritt.

Nur – so richtig hilft das ja auch nicht, denn das Gerät selbst läuft ja noch nicht. Weil sich defekte Treiber nicht reparieren lassen, können Sie nun zwei Dinge tun.

Entweder versuchen Sie den Treiber über die Systemwiederherstellung wiederzubeleben, oder Sie machen sich auf die Suche nach einem neuen Treiber. Die erste Adresse dafür ist natürlich das Internet. Damit Sie nicht lange herumsuchen müssen, finden Sie auf Seite 775 die Webadressen der wichtigsten Hardwarehersteller.

Zwei Möglichkeiten, um Risiken zu vermeiden

Wenn Sie einen wirklich perfekt konfigurierten Windows-Rechner haben, dann möchten Sie wahrscheinlich gar keine Experimente mit neuer Hardware machen! Das ist klar: Wann immer Sie neue Komponenten hinzufügen, gehen Sie nämlich nun einmal das Risiko ein, dass genau diese Komponente das ganze System durcheinander bringt!

Auch hier können Sie jetzt die Systemwiederherstellung einsetzen, einen „Schnappschuss“ des Systemzustands machen und im Pannenfall zur vorherigen Konfiguration zurückkehren.

Die andere Möglichkeit funktioniert mit den so genannten „Hardwareprofilen“ – Sie können zur Sicherheit aber trotzdem einen System-Schnappschuss anfertigen!

Die Hardwareprofile haben den großen Vorteil, dass Sie neue Hardware ausprobieren können, ohne damit Ihre aktuelle Konfiguration überhaupt nur anzutasten! Im Grunde funktioniert das dann so, als wenn Sie an einem völlig anderen Rechner arbeiten würden.

Läuft die Hardware nicht wie erwartet, wechseln Sie einfach zurück in Ihr Stammhardwareprofil, und schon ist wieder alles so wie vor der Installation!

Hardwareprofile sind interessant für Notebooks!

Besonders interessant sind die Hardwareprofile natürlich auch für Notebooks, die an einer Docking-Station angeschlossen werden! Ab Seite 779 zeige ich Ihnen, worauf es dabei ankommt!

So geht's: Hardwareprofile anlegen

Ein Hardwareprofil ist blitzschnell angelegt, und das geht so:

1. In der *Systemsteuerung* klicken Sie auf *System* und dann auf die Registerkarte *Hardwareprofile*.
2. Wenn Sie noch keine Hardwareprofile erstellt haben, steht in dieser Registerkarte nur den Eintrag *Ausgangskonfiguration*. Um ein neues Hardwareprofil zu erstellen, müssen Sie ein vorhandenes als Vorlage benutzen und wählen deshalb *Kopieren*.

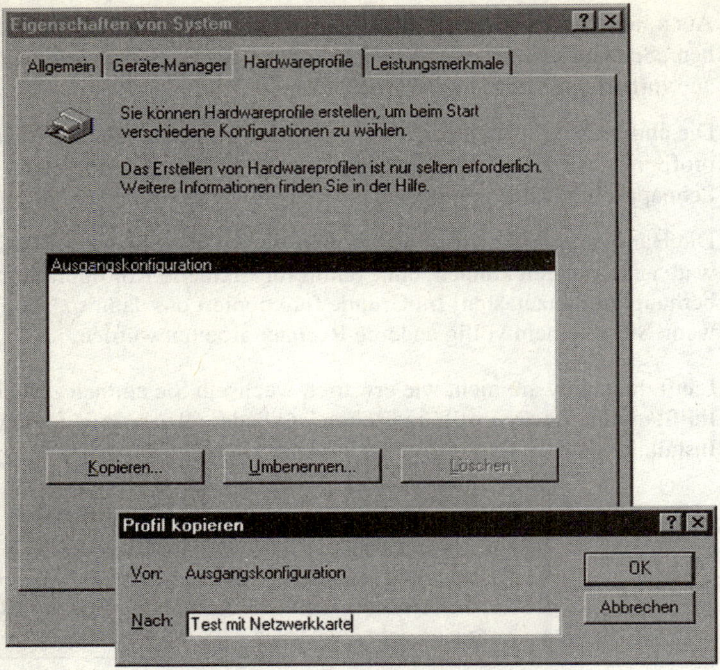

3 Jetzt geben Sie dem neuen Hardwareprofil einen Namen, an dem Sie sofort erkennen können, welche Komponenten Sie hier aktivieren wollen.

4 Nun erscheint das neue Profil in der Registerkarte *Hardwareprofile*. Um zu bestimmen, welche Komponenten in diesem Profil vorhanden sein sollen, markieren Sie das Profil und öffnen danach die Registerkarte *Geräte-Manager*.

5 Im *Geräte-Manager* markieren Sie jetzt die Komponente, die im neuen Profil vorhanden oder nicht vorhanden sein soll, und wählen dann *Eigenschaften*.

6 Um Geräte zu deaktivieren, setzen Sie im Eigenschaftenfenster der Komponente im Feld *Gerätenutzung* ein Häkchen vor die Option *In diesem Hardwareprofil deaktivieren*.

7 Jetzt gehen Sie nach diesem Schema alle zu deaktivierenden Komponenten durch und starten Windows danach neu.

8 Beim Booten sehen Sie nun eine Auswahlliste mit allen vorhandenen Hardwareprofilen, aus der Sie das Profil auswählen, mit dem Windows starten soll.

9 Wenn Sie ein Hardwareprofil wieder entfernen wollen, markieren Sie es in der Registerkarte *Hardwareprofile* und klicken danach einfach auf *Löschen*.

Immer die neuesten Hardwaretreiber aus dem Internet

Damit Sie nicht lange nach neuen Treibern der verschiedenen Hardwarehersteller suchen müssen, hier die wichtigsten Hersteller und deren Webadressen:

Drucker

Hersteller	Webadresse
Brother	http://www.brother.de
Canon	http://www.canon.de
Epson	http://www.epson.de
Fujitsu	http://www. fujitsu-europe.com
Hewlett Packard	http://www.hewlett-packard.de
Kyocera	http://www.kyocera.de
Lexmark	http://www.lexmark.de
Minolta	http://www.minolta.de
NEC	http://www.necd.de
OKI	http://www.oki-osd.com
Panasonic	http://www.panasonic.de
QMS	http://www.qms.com
Mannesmann Tally	http://tally.de
Xerox	http://www.xerox.de

Grafikkarten

Hersteller	Webadresse
ATI	http://www.atitech.ca
Diamond	http://www.diamondmm.de
Elsa	http://www.elsa.de
Genoa	http://www.genoa.de
Hercules	http://www.hercules.com
Matrox	http://www.matrox.com/mga
Miro	http://www.miro.de
Number Nine	http://www.nine.com
STB	http://www.stb.com
VideoLogic	http://www.videologic.com

Soundkarten

Hersteller	Webadresse
Acer	http://www.aopen.com.tw
Aztech	http://www.aztech.com.sg
Creative	http://www.creativelabs.com
Ensoniq	http://www.ensoniq.com

Hersteller	Webadresse
Guillemot	http://www.guillemot.com
Roland	http://www.rolandmusik.de
Terratec	http://www.terratec.de

Scanner

Hersteller	Webadresse
Artec	http://www.artec-electronics.de
Canon	http://www.canon.de
Epson	http://www.epson.de
Genius	http://www.genius.kye.de

Hersteller	Webadresse
Linotype/Heidelberg	http://www.linotype.de
Hewlett Packard	http://www.hewlett-packard.de
Kodak	http://www.kodak.com
Logitech	http://www.logitech.de
Microtek	http://www.microtek.de
Mustek	http://www.mustek-europe.com
Plustek	http://www.plustek.de
Primax	http://www.primax.nl
Sharp	http://www.sharp.de
Sicos	http://sicos.de
Teco	http://www.teco-info.com.tw
Umax	http://www.umax.de
Vobis	http://www.vobis.de

Datenaustausch zwischen PC und Notebook? So klappt's wirklich

Vielleicht haben Sie das auch schon mal beobachtet: Da kommt der Kollege mit seinem Notebook ins Büro zurück und fängt an, mit Disketten zu hantieren, um seine Daten vom Notebook auf den stationären Rechner zu bringen. Tja – schon komisch irgendwie, denn das kann man wirklich einfacher haben, da Windows ME ja schließlich zwei Features hat, mit denen der Datenaustausch blitzschnell und ohne viel Diskettenfummelei abläuft.

Einfacher geht's kaum: Die PC-Direktverbindung

Ganz einfach können Sie Ihre Notebook-Daten mit der PC-Direktverbindung auf den stationären Rechner bringen oder natürlich auch umgekehrt. Wie das geht, sehen Sie ab Seite 699.

Einen kleinen Haken hat die PC-Direktverbindung aber leider! Den bemerken Sie aber nur, wenn Sie zum Beispiel auf dem Notebook und dem stationären PC wechselweise an mehreren gleichen Dateien arbeiten, die dann auf beiden Rechnern natürlich auch immer einen unterschiedlichen Bearbeitungsstand haben. Was folgt, ist ein heilloses Versionschaos, aus dem Sie nur wieder rauskommen, indem Sie dauernd die Dateien miteinander vergleichen.

Chaos vermeiden: Daten synchronisieren mit dem Aktenkoffer

Das können Sie sich ab jetzt aber sparen, wenn Sie den Aktenkoffer von Windows nutzen. Was der Aktenkoffer macht, ist schnell beschrieben: Er synchronisiert Daten! Wenn Sie auf dem Notebook und dem stationären Rechner zum Beispiel am gleichen Word-Dokument arbeiten und die Version auf dem Notebook die aktuelle ist, passt der Aktenkoffer mit ein paar Mausklicks die Version auf dem stationären Rechner an. Und damit haben Sie auf beiden Rechnern die aktuellste Dokumentenversion!

So geht's: Daten synchronisieren

Wenn Sie zum Beispiel ein Word-Dokument synchronisieren wollen, machen Sie das so:

1. Im Explorer kopieren Sie die Datei und wechseln dann auf den Desktop, öffnen dort den *Aktenkoffer* und fügen die Datei mit *Einfügen* ein. Jetzt können Sie den Aktenkoffer wieder schließen.
2. Dann verbinden Sie sich zum Beispiel per PC-Direktverbindung mit dem zweiten Rechner und kopieren den Aktenkoffer über den Explorer vom ersten auf den zweiten Rechner. Was Sie kopieren müssen, ist dabei natürlich der Inhalt des Aktenkoffers, den Sie im Ordner *Windows\Desktop* finden. Jetzt können Sie die Verbindung zwischen den Rechnern wieder kappen und die Datei auf dem einen oder dem anderen Rechner wie gewohnt bearbeiten.
3. Nach ein paar Tagen verbinden Sie beide Rechner wieder miteinander. Öffnen Sie auf dem einen Rechner den Aktenkoffer, klicken Sie im Aktenkoffer das Dokument mit der rechten Maustaste

an und wählen Sie *Aktualisieren*. Jetzt landen Sie im Fenster *Aktenkoffer aktualisieren*. Der Aktenkoffer hat festgestellt, dass eine Version des Dokuments verändert wurde und auf dem anderen Rechner ersetzt werden sollte. Wenn Sie nun auf *Aktualisieren* klicken, wird die Aktualisierung durchgeführt.

4 Und das war's auch schon – jetzt haben Sie auf beiden Rechnern identische Dateiversionen!

So klappt's wirklich: Das Notebook an der Docking-Station

An eine Docking-Station können Sie Ihr Notebook anschließen und damit quasi einen „vollwertigen" Rechner daraus machen: Die Docking-Station können Sie nämlich mit zusätzlichen Geräten wie einem externen Monitor, einer Tastatur, einer Maus oder zusätzlichen Festplatten ausstatten. Allein, also ohne das Notebook, ist die Docking-Station natürlich nur eine „leere Hülle", also eigentlich gar kein richtiger Computer.

Das ist sinnvoll: Hardwareprofile anlegen

Weil Windows ja bei jedem Systemstart nachsieht, ob nicht vielleicht neue Hardware dazugekommen ist, können Sie sich bestimmt vorstellen, was passiert, wenn Sie das Notebook zum ersten Mal in die Docking-Station stecken und dann starten. Richtig: Windows erkennt plötzlich die ganze neue Hardware und installiert die entsprechenden Treiber. Wenn Sie das Notebook jetzt abstöpseln und später ohne Docking-Station starten, geht das Ganze natürlich wieder von vorn los, weil sich die Hardwarekonfiguration ja wieder geändert hat. So macht die Arbeit mit der Docking-Station natürlich keinen Spaß! Die Lösung für diese Nerverei ist zum Glück ganz einfach und heißt *Hardwareprofil*!

Mit der Installation von Windows ME ist auf dem Notebook natürlich auch schon ein Hardwareprofil eingerichtet worden. Standardmäßig wird das erste Hardwareprofil immer als Ausgangskonfiguration verwendet. In der *Systemsteuerung* können Sie die Hardwareprofile ansehen, wenn Sie auf *System* klicken und dann auf die Registerkarte *Hardwareprofile*. Was Sie jetzt tun, ist einfach ein neues Hardwareprofil für die Docking-Station anzulegen! Dafür müssen Sie zuerst die Docking-Station komplett aufbauen und mit allen Geräten verbinden, die Sie später auch nutzen wollen.

1 Jetzt docken Sie das Notebook im ausgeschalteten Zustand ein und schalten es dann ein.

2 Beim Hochfahren von Windows werden die neue Hardware und die Docking-Station erkannt. Dabei wird ein weiteres Hardwareprofil erzeugt, in das die zusätzlichen Geräte ebenso eingetragen werden wie die Ausstattung des Notebooks. Danach wird die Windows-Treiberdatenbank aktualisiert, und Sie können mit dem Notebook arbeiten.

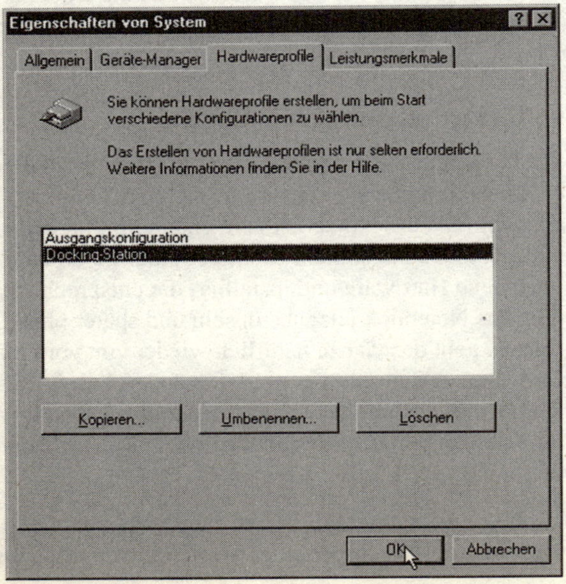

Was jetzt passiert, wenn Sie das Notebook einschalten, ist das: Noch vor dem Windows-Start über die Schnittstelle zur Docking-Station wird festgestellt, ob das Notebook eingedockt ist oder nicht. Je nach Zustand werden dann automatisch das richtige Hardwareprofil ausgewählt und die richtigen Treiber geladen. Wichtig ist jetzt eigentlich nur noch, dass Sie an Folgendes denken: Wenn Sie das Notebook im eingedockten Zustand aus der Docking-Station nehmen wollen, müssen Sie vorher ins Startmenü gehen und auf *PC trennen* klicken. Erst dadurch kann Windows nämlich auf das Hardwareprofil für den ausgedockten Zustand umschalten.

Faxen, drucken, scannen: So klappt's mit Windows ME

Kapitel 14

Drucken ohne Umwege

Wenn Sie ein Dokument ausdrucken wollen, müssen Sie dazu nicht erst das dazugehörige Programm starten, dann das Dokument aufrufen, um es über *Datei/Drucken* an den Drucker zu senden! Es gibt ein paar andere Möglichkeiten, wie Sie das blitzschnell hinbekommen und sich dabei ein Menge Zeit sparen!

Wirklich schnell: Drucken übers Kontextmenü

Gehen Sie einfach in den Explorer, klicken Sie das zu druckende Dokument mit der rechten Maustaste an und wählen Sie im Kontextmenü dann den Eintrag *Drucken*. Noch unkomplizierter geht's kaum!

Genauso flott: Drucken per Drag & Drop

Per Drag & Drop können Sie Dokumente genauso komfortabel ausdrucken, wie übers Kontextmenü – allerdings müssen Sie für diese Möglichkeit vorher 30 Sekunden Arbeit investieren. Und so geht's:

1. Zuerst wählen Sie *Start/Einstellungen/Drucker*.
2. Dann ziehen Sie mit gedrückter rechter Maustaste das Symbol des installierten Druckers auf den Desktop.
3. Wenn Sie die Maustaste loslassen, erscheint ein Kontextmenü, in dem Sie auf *Verknüpfung(en) hier erstellen* klicken.
4. Um ein Dokument blitzschnell auszudrucken, ziehen Sie es einfach mit gedrückter Maustaste vom Explorer auf das Druckersymbol und lassen die Maustaste dort los. Und schon wird das Dokument gedruckt! Übrigens: Logischerweise müssen Sie nicht zwangsläufig in den Explorer gehen – das funktioniert nämlich auch mit Dokumenten, die Sie auf dem Desktop abgelegt haben!

Ganz einfach: Mit ein paar Einstellungen, die das Beste aus Ihrem Drucker herausholen

Eigentlich sollte das ja klar sein: Jedes Gerät funktioniert besser, wenn es mit den neuesten Treibern arbeitet! Nur – in der Praxis sieht's eben doch wieder anders aus, weil man, wenn etwa der Drucker einmal richtig konfiguriert ist, einfach nicht mehr daran denkt, sich um neue Treiber zu kümmern. Dabei ist aber der aktuellste Druckertreiber eigentlich schon fast die Garantie für schnelles und perfektes Drucken! Also – auch wenn Ihr Drucker tadellos läuft – schauen Sie doch mal hin und wieder auf die Webseite des Druckerherstellers und sehen Sie nach, ob es nicht doch schon ein Treiber-Update für Ihren Drucker gibt!

Mit den richtigen Treibern und Einstellungen einfach besser drucken

Fast genauso wichtig wie der aktuellste Druckertreiber sind natürlich die richtigen Druckereinstellungen! Normalerweise werden die Werte bei der Druckerinstallation auf Standardwerte gesetzt, mit denen Ihr Drucker zwar prima funktioniert – aber eben nicht unbedingt perfekt! Sehen Sie sich einfach mal die Druckereinstellungen etwas näher an – häufig lässt sich hier nämlich durchaus noch etwas verbessern!

Klicken Sie mit der rechten Maustaste auf Ihren Drucker und wählen Sie im Kontextmenü *Eigenschaften*. Je nach Druckertyp bekommen Sie eine mehr oder weniger umfangreiche Registersammlung angezeigt, wobei die Registerkarten *Allgemein* und *Details* immer vorhanden sind.

Registerkarte Details

In der Registerkarte *Details* sehen Sie alle Anschlusseinstellungen, die Sie bei der Installation gemacht haben. Wichtig sind hier besonders die Einstellungen unter *Zeitlimit*: Wenn Sie häufiger Probleme mit dem Ausdrucken großer Dokumente haben, setzen Sie den Wert unter

Übertragungswiederholung von standardmäßig *45* auf *60* oder sogar *90* Sekunden. Damit versucht Windows das Dokument auszudrucken, ohne gleich Fehlermeldungen anzuzeigen.

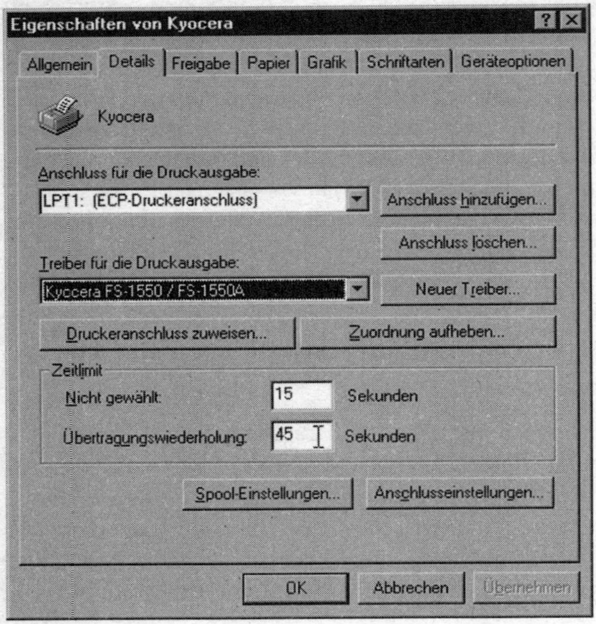

Papiermanagement spart Geld!

In der Registerkarte *Papier* steuern Sie das Papiermanagement Ihres Druckers. Hier legen Sie zum Beispiel die Standardpapiergröße fest und bestimmen die Druckausrichtung, die von Ihnen meistens eingesetzt wird. Unter der Option *Kopien* finden Sie normalerweise den Wert *1*, der generell festlegt, wie viele Ausdrucke eines Dokuments standardmäßig gemacht werden. Wenn also etwa unter Word jedes Dokument immer mehrmals ausgedruckt wird, dann sehen Sie hier nach und setzen den Wert auf *1* zurück! Das spart nicht nur Zeit, sondern auch Papier und Druckmittel!

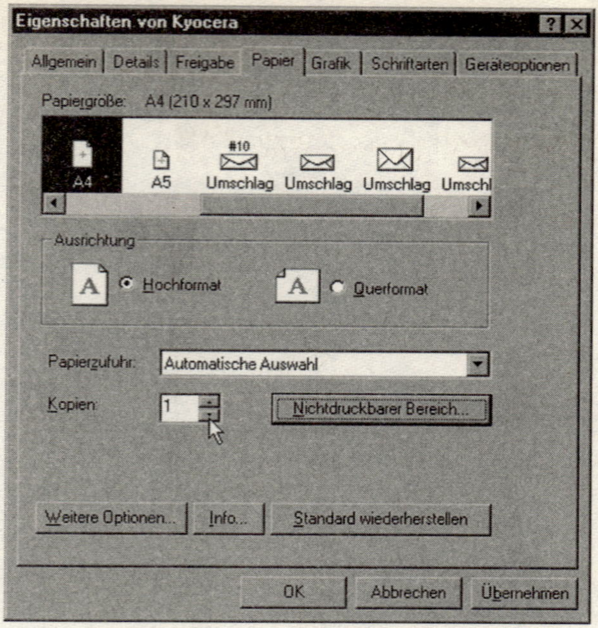

Ich will Musik!

Keine Sorge – Sie sind nicht im falschen Kapitel gelandet! Aber wo wir gerade dabei sind, Geld zu sparen – arbeiten Sie vielleicht häufiger mal mit Notenpapier? Prima, dann sollten Sie mal das Programm Graph Paper Printer ausprobieren, das Sie unter der Adresse http://perso.easynet.fr/~philimar/graphpapeng.htm herunterladen können.

Mit diesem kleinen Programm können Sie sich nämlich Ihr Notenpapier selbst ausdrucken! Ganz nebenbei beherrscht das Programm auch noch eine ganze Menge anderer Formate und obendrein können Sie Ihre eigenen Papiersorten definieren. Ausprobieren lohnt sich!

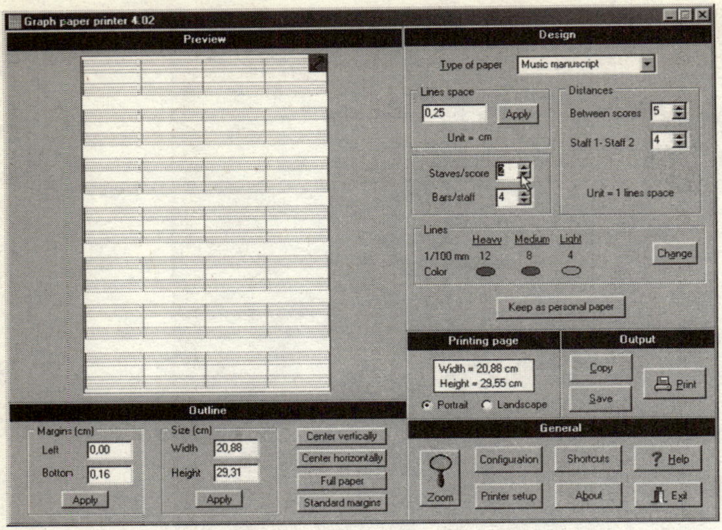

Grafiken richtig ausdrucken

Die Registerkarte *Grafik* hat auch etwas mit Ergonomie zu tun, denn hier legen Sie das allgemeine Rasterverhalten für Grafiken und die Druckauflösung fest. Wenn Sie unter der Option *Intensität* den Regler zu weit nach rechts, also in Richtung *Dunkel* setzen, verbraucht Ihr Drucker sehr viel mehr Druckmittel und braucht für den Ausdruck auch länger. Obendrein werden Grafiken meistens viel zu dunkel!

Die richtigen Geräteoptionen

In der Registerkarte *Geräteoptionen* können Sie unter anderem den Druckerspeicher einstellen, den Ihr Drucker hat. Hier lohnt es sich auf jeden Fall nachzusehen, denn fast immer wird der echte Speicherwert nicht richtig eingetragen. Komischerweise passiert es besonders bei Kyocera-Druckern ganz oft, dass statt der wirklich vorhandenen 5 MByte Druckerspeicher nur 1 MByte erkannt wird. Dass Sie sich dann wundern, weshalb große Dokumente quälend langsam ausgedruckt werden, ist natürlich klar!

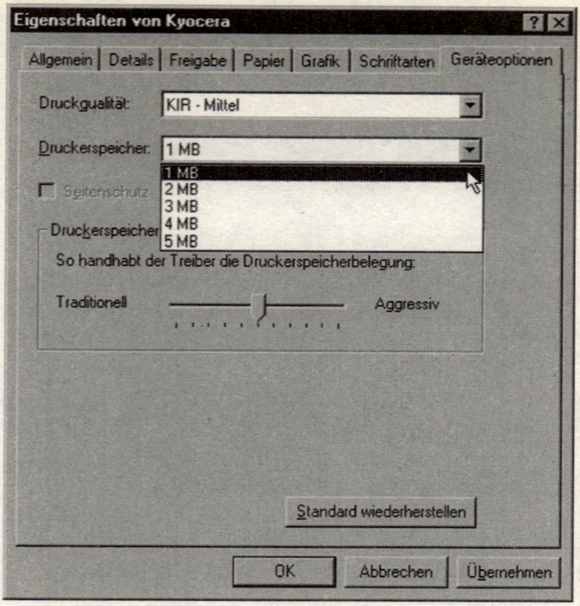

Je nach Druckertyp können Sie hier auch noch bestimmte Druckqualitäten einstellen, was ein prima Sache ist, um Toner oder Tinte zu sparen. Manche Drucker haben auf dieser Registerkarte auch noch zusätzliche Regler, mit denen Sie den Druckerspeicher besser verwalten können. Es lohnt sich, hier ein bisschen herumzuexperimentieren, weil Ausdrucke bei der richtigen Speichereinstellung bis zu 30 Prozent schneller ablaufen!

Manchmal einfach praktischer: Direkt in Datei drucken

Wenn Sie über den Tag verstreut immer wieder mal ein Dokument drucken müssen, das aber zum Beispiel erst abends zur Post muss, dann können Sie sich eine Menge Zeit und Lauferei sparen, wenn Sie Folgendes machen:

1 Öffnen Sie die Registerkarte *Details*.

2 Im Feld *Anschluss für die Druckausgabe* wechseln Sie jetzt von Ihrem normalen Drucker auf den Eintrag *FILE: (Erstellt eine Datei).*

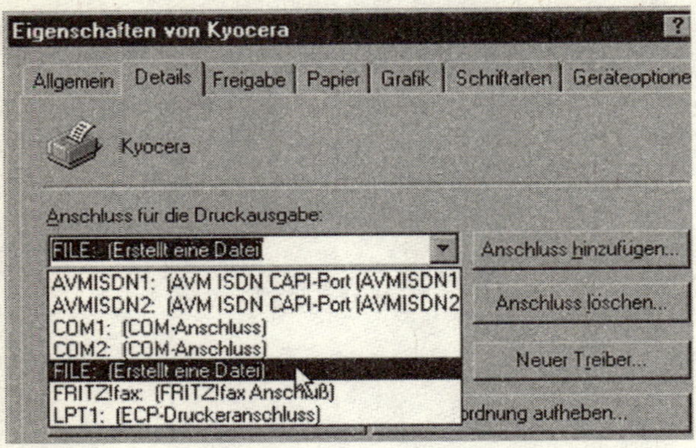

3 Was nun passiert, ist Folgendes: Wenn Sie ein Dokument ausdrucken, wird eine *.prn*-Datei erstellt, die neben dem eigentlichen Dokument auch sämtliche Steuerkommandos enthält. Wenn Sie dann irgendwann alle Dokumente beisammen haben, stellen Sie in der Registerkarte *Details* wieder Ihren normalen Drucker ein und ziehen die *.prn*-Datei vom Explorer per Drag & Drop auf das Druckersymbol. Jetzt werden alle Dokumente auf einen Rutsch ausgedruckt, ohne dass Sie das jeweilige Programm starten müssen.

Immer den Überblick behalten: Der Druck-Manager

Immer wenn Sie ein Dokument ausdrucken, wird im Hintergrund der Druck-Manager aktiv. Seine Aufgabe ist die Koordination zwischen dem druckenden Programm und dem Drucker selbst. Außerdem entlastet er das System, wodurch Sie schneller wieder mit Programmen arbeiten können. Aber der Manager kann noch mehr, denn er zeigt jeden Druckjob detailliert an und bietet Ihnen Informationen über den aktuellen Fortschritt. Und hier zwei Möglichkeiten, den Druck-Manager in den Vordergrund zu bringen: Wenn Sie auf das Druckersymbol doppelklicken, öffnet sich automatisch das Statusfenster des Druck-Managers. So lange kein Druckauftrag läuft, ist das Fenster natürlich leer. Wenn gerade gedruckt wird, erscheint in der Task-Leiste neben der Uhr ein Druckersymbol. Ein Doppelklick darauf öffnet ebenfalls den Druck-Manager. Und jetzt können Sie im Fenster des Druck-Managers verschiedene Informationen zum laufenden Druckauftrag sehen und natürlich auch eingreifen, wenn Sie den Druckauftrag zum Beispiel stoppen wollen.

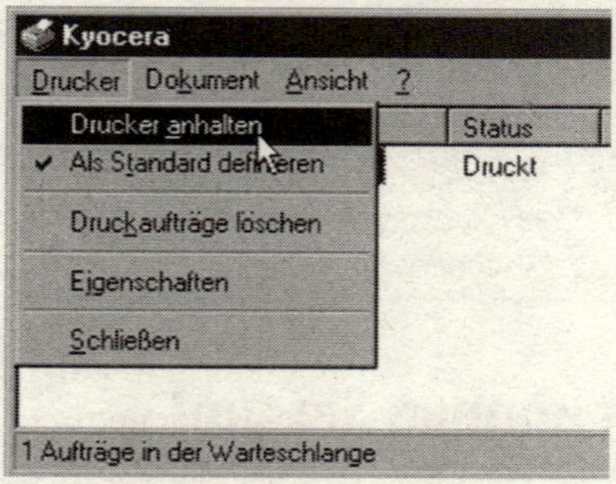

Wenn Sie zum Beispiel noch mal kurz im Dokument nachsehen wollen, ob eine bestimmte Passage auch stimmt, wählen Sie *Drucker/ Drucker anhalten*. Jetzt können Sie in aller Ruhe im Dokument nachlesen.

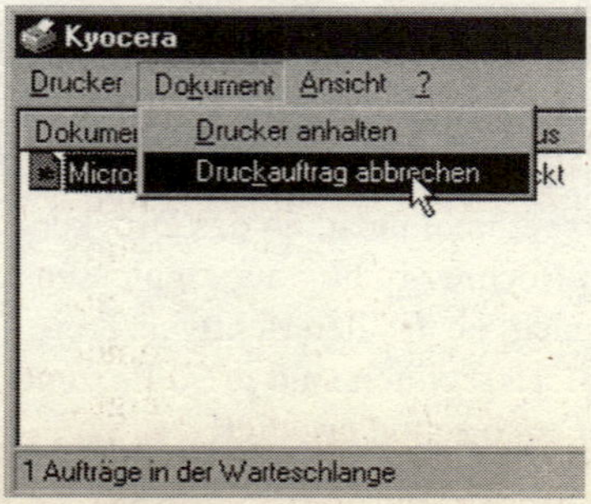

Und vielleicht stellen Sie jetzt ja fest, dass die gesuchte Passage eben doch nicht stimmt! Sie müssen nun aber nicht das gesamte Dokument noch mal ausdrucken, sondern wählen einfach *Dokument/Druckauftrag abbrechen*. Der Druck-Manager löscht den Druckauftrag, und es werden nicht unnötig viele Seiten ausgedruckt!

Wenn Sie keine Chance mehr zum Abbrechen haben

Das ist ärgerlich – Sie drucken ein langes Dokument aus und stellen einen Fehler fest. Jetzt wollen Sie den Druckjob im Druck-Manager löschen, aber da ist der Druckjob schon nach ein paar Sekunden nicht mehr zu sehen! Der Grund ist einfach: Ihr Drucker hat nämlich so viel Speicher, dass der gesamte Druckauftrag genau dort gelandet ist und Sie ihn im Druck-Manager nicht mehr erwischen! Die einzige Chance, den Druck zu unterbrechen, ist jetzt, den Drucker schnell auszuschalten!

Druckerprobleme? Das können Sie tun!

Ihr Drucker druckt zwar, aber nicht das, was Sie erwartet haben? Manchmal gibt es gravierende Unterschiede zwischen dem, was man auf dem Monitor sieht, und dem, was auf dem Papier nachher tatsächlich rauskommt. Noch erstaunlicher ist der Effekt, dass auf unterschiedlichen Rechnern die Dokumente unterschiedlich erscheinen.

Was Sie tun können, wenn der Ausdruck fehlerhaft ist

Meistens sind es zum Glück wirklich nur Kleinigkeiten, wenn der Drucker gar nicht oder nicht richtig druckt. Bevor Sie in die Tiefen von Windows abtauchen, sehen Sie erst einmal nach, ob das Druckerkabel sowohl am Drucker als auch am Rechner richtig angeschlossen ist! Stimmt der Anschluss, sehen Sie nach, ob Sie den richtigen Treiber für Ihren Drucker installiert haben! Tatsächlich sind in 90 Prozent aller Fälle die Druckerprobleme damit auch schon erledigt!

Hoppla! Wo ist denn mein Drucker?

Wenn Sie zum Beispiel unter Word keinen Drucker haben, ist der Druckertreiber entweder gar nicht oder nicht richtig installiert! Das ändern Sie so:

1. Wenn Sie den Drucker schon installiert haben, er aber trotzdem nicht erscheint, wählen Sie *Start/Einstellungen* und dort *Drucker*.
2. Klicken Sie den installierten Drucker mit der rechten Maustaste an und klicken Sie im Kontextmenü auf *Löschen*.
3. Wenn der Drucker gelöscht ist, starten Sie den Rechner neu und installieren den Drucker noch mal.
4. Wichtig ist, dass Sie beim Installationsprozess die Frage, ob dieser Drucker der Standarddrucker sein soll, mit *Ja* beantworten!

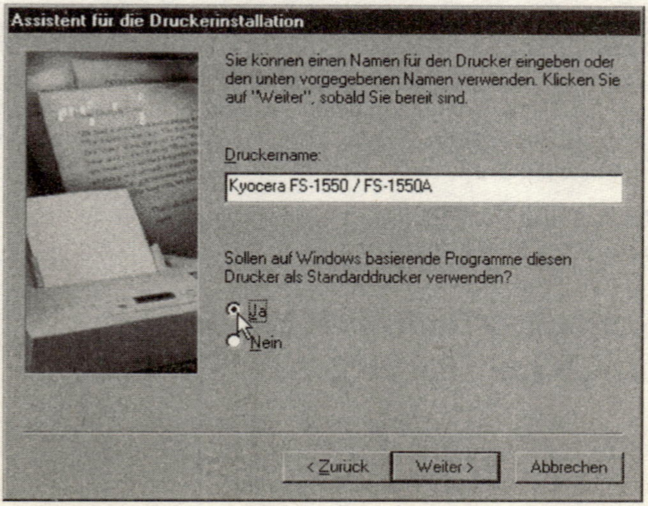

Wenn der Drucker einfach nicht will

Wenn der Drucker nicht drucken will, kann das an verschiedenen Dingen liegen. Sehen Sie erst einmal nach, ob die Kabelverbindungen in Ordnung sind. Danach stellen Sie sicher, dass im Drucker kein Papierstau vorliegt. Ist das alles in Ordnung, leiten Sie den Druck in eine Datei um. Klappt das, öffnen Sie den Explorer und kopieren die Datei in den Ordner *Windows\Spool\Printers*.

Wenn der Ausdruck jetzt funktioniert, besteht ein Kommunikationsproblem zwischen Windows und dem Drucker. Und das liegt fast immer an einem fehlerhaften Druckertreiber! Also auch hier wieder – erst den Drucker entfernen, dann Windows neu starten und den Drucker neu installieren!

Wenn Seiten unvollständig gedruckt werden

Wahrscheinlich hat Ihr Drucker nicht genügend Speicher, um den Druckauftrag entsprechend zu bearbeiten. Am besten spendieren Sie Ihrem Drucker also etwas mehr Speicher, was aber nicht bei allen Druckern geht. Dann bleibt nur noch die Möglichkeit, die Druckauflösung herabzusetzen. Dadurch reduziert sich der für den Ausdruck notwendige Speicherbedarf.

Die Druckauflösung ändern Sie im Eigenschaftenfenster des Druckers auf der Registerkarte *Grafik*.

Scannen mit Windows ME? Eigentlich ganz einfach!

Stimmt – mit Windows hat Scannen auf den ersten Blick nicht so viel zu tun. Aber eben nur auf den ersten Blick! Ein paar Einstellungen hängen nämlich doch mit Windows zusammen, wenn Ihr Scanner zu langsam arbeitet!

Wieso Sie mit ausländischen Treibern meistens schneller scannen

Vielleicht kennen Sie das: Ein Freund oder Kollege hat den gleichen Scanner wie Sie, aber seiner arbeitet viel schneller als Ihrer! Am Arbeitsspeicher kann es nicht liegen, denn auch hier haben Sie genauso viel wie er, und weil Sie selbst das gleiche Grafikprogramm haben, muss Ihr Scanner wohl eine Montagsproduktion sein!

Obwohl das natürlich wirklich so sein könnte, ist es doch eher unwahrscheinlich. Der wahre Grund steckt nämlich fast immer im Scannertreiber! Wenn Sie mal auf dem Rechner Ihres Freundes nachsehen, werden Sie feststellen, dass er einen englischen oder amerikanischen, jedenfalls keinen deutschen Treiber verwendet! Und genau hier liegt das Problem: Der Hersteller will Mehrkosten sparen, die ihm durch das deutsche Urheberrecht entstehen. In Deutschland werden nämlich Scanner, die eine festgelegte Scangeschwindigkeit überschreiten, als Kopierer eingestuft. Und dann ist der Hersteller gezwungen, Gebühren an die Verwertungsgesellschaft Wort zu entrichten, die Einnahmeverluste der Autoren durch angefertigte Kopien ausgleicht. Um der Zahlung dieser Gebühr aus dem Weg zu gehen, werden die Scanner für den deutschen Markt durch einen speziellen Treiber ausgebremst!

Was Sie tun können, ist denkbar einfach: Gehen Sie einfach auf die Webseite des Scannerherstellers und laden Sie sich den englischsprachigen Scannertreiber herunter. Der enthält diese Bremse nicht, und Ihr Scanner ist ab jetzt genauso schnell wie der Ihres Freundes!

Wenn der Scanner trotzdem lahmt

Wenn Ihr Scanner trotz englischem Treiber besonders bei hochauflösenden Scans zu langsam arbeitet, liegt das ganz einfach an zu wenig Arbeitsspeicher!

Schauen Sie sich mal im Systemmonitor an, wie der Arbeitsspeicher im Scanner schrumpft! Den Systemmonitor finden Sie übrigens unter *Programme/Zubehör/Systemprogramme*. Die einzige Möglichkeit, das

Problem zu umgehen, ist, mehr Arbeitsspeicher nachzurüsten! Wenn Sie häufig farbige Vorlagen in Auflösungen von mehr als 300 dpi scannen, sind 64 MByte Arbeitsspeicher eigentlich fast schon die Untergrenze. 128 MByte sind im Grunde optimal, und nach der Aufrüstung werden Sie einen ziemlichen Geschwindigkeitszuwachs feststellen.

Ganz wichtig: Wenn Sie vielleicht sowieso nicht besonders viel Arbeitsspeicher zur Verfügung haben, sollten Sie natürlich vor dem Scannen möglichst alle anderen Programme beenden! Nur so können Sie den vorhandenen Arbeitsspeicher so gut ausnutzen wie möglich.

Speicherverwaltung von Grafikprogrammen nutzen

Leider bieten nicht alle Grafikprogramme die Möglichkeit, den vorhandenen Arbeitsspeicher optimal auszunutzen. Wenn Ihr Grafikprogramm das aber unterstützt, sollten Sie es natürlich auch nutzen!

Tipps, mit denen es einfach besser geht

Ein paar Kleinigkeiten, die ausnahmsweise mal nichts mit Windows zu tun haben, machen Ihren Scan wirklich perfekt! Achten Sie einfach auf diese Punkte:

Saubere Auflage = sauberer Scan

Wenn Sie mal eben Ihre Pizza auf der Glasscheibe des Scanners abgelegt haben, sieht der Scan danach natürlich auch entsprechend aus! Putzen Sie die Scannerscheibe am besten regelmäßig mit einem speziellen Reiniger oder mit einfachem Fensterputzmittel. Und Vorsicht: Immer nur mit einem weichen Tuch putzen, denn Kratzer auf dem Glas sehen Sie in jedem Scan!

Damit dünnes Papier nicht durchscheint

Wenn Sie eine Vorlage auf hauchdünnem Papier haben, scheint leicht mal die bedruckte Rückseite durch. Das verhindern Sie, wenn Sie ein Blatt schwarzes Papier über die Vorlage legen!

Dunkel soll es sein

Wenn Sie scannen, sollte möglichst kein direktes Licht von außen auf den Scanner fallen. Die besten Ergebnisse erzielen Sie, wenn Sie in einem leicht abgedunkelten Raum scannen.

Interpolation – brauche ich das eigentlich?

Fast alle Scannerhersteller protzen mit irrsinnig hohen Auflösungen, hinter denen die Bezeichnung „interpoliert“ steht. Das bedeutet aber nicht etwa, dass die Auflösung des Scans steigt, sondern dass lediglich per Algorithmen zusätzliche Bildpunkte ins Bild gesetzt werden. Das Ergebnis ist deswegen auch nicht schärfer, der Scan braucht nur mehr Zeit, um verarbeitet zu werden – und natürlich mehr Speicherplatz!

Eine Auflösung von 300 dpi reicht allemal aus, und Unschärfen können Sie blitzschnell mit Filtern wie dem Scharfzeichner in Paint Shop Pro beseitigen!

Windows ME kann faxen

Wussten Sie, dass Sie mit Windows ME ganz problemlos faxen können? Was Sie dazu brauchen, ist lediglich ein Modem oder eine ISDN-Karte, den Rest bringt Windows schon mit!

Das steckt dahinter ...

Wieso Windows faxen kann, ist ganz einfach: Es tut nämlich so, als wenn Ihr Modem oder Ihre ISDN-Karte ein Drucker wäre, und „druckt“ das Fax an den ausgewählten Anschluss!

Supereinfach: Faxe aus Programmen versenden

Wenn Sie Ihre Dokumente per Modem oder ISDN-Karte faxen wollen, geht das aus jedem Programm ganz einfach. Und so funktioniert es, wenn Sie zum Beispiel ein Word-Dokument faxen wollen:

1 Zuerst öffnen Sie das Dokument, das Sie faxen möchten.

2 Dann wählen Sie *Datei/Drucken.*

3 Im Fenster *Drucken* wählen Sie im Feld *Drucker* unter *Name* das Faxprogramm.

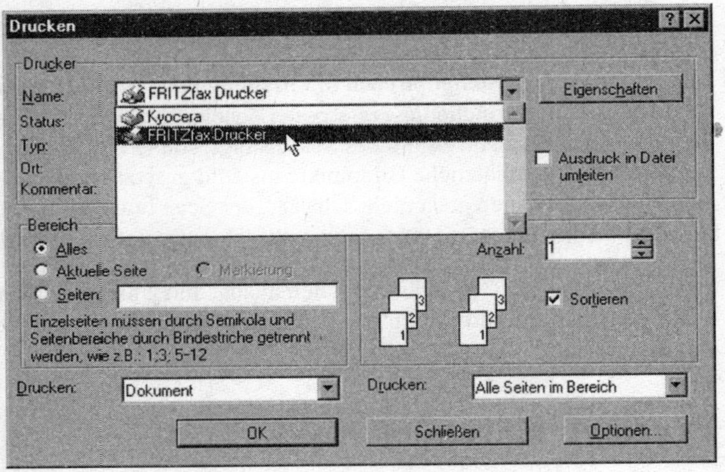

4 Und das war's auch schon! Wenn Sie jetzt auf *OK* klicken, startet das Faxprogramm und Sie können die Empfängernummer entweder manuell eintragen oder aus einem vorher angelegten Telefonbuch übernehmen.

Flinke Faxe: Per ISDN geht's schneller

Wenn Sie eine ISDN-Karte haben, sollten Sie auf jeden Fall das fast immer beiliegende Faxprogramm nutzen. Wenn Sie ein ISDN-Fax oder ebenfalls eine ISDN-Karte auf der Gegenseite haben, laufen die Faxe mit echter ISDN-Geschwindigkeit durch, was Zeit und Geld spart!

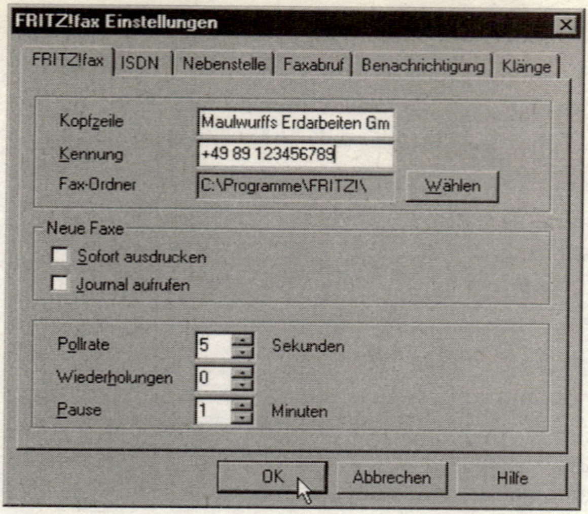

Geht denn das: Faxen übers Internet?

Sie glauben nicht, dass Sie übers Internet Faxe verschicken können? Probieren Sie's einfach aus!

Diese Methode hat zumindest einen unschlagbaren Vorteil: Sie faxen nämlich, wo immer auf der Welt der Empfänger sitzt, immer nur zum Ortstarif, weil Sie ja nur die Telefongebühren zu Ihrem Provider bezahlen müssen!

Einen gewaltigen Haken hat das Faxen übers Internet aber natürlich schon: Wie auch E-Mails theoretisch abgefangen und von fast jedem gelesen werden können, sind auch Internetfaxe fast schon so öffentlich wie eine Postkarte! Dass Sie also keine vertraulichen Informationen übers Internet faxen sollten, versteht sich von selbst!

Faxsoftware kostenlos im Internet ...

Die Software, die Sie fürs Faxen im Internet brauchen, finden Sie auch genau hier, wie zum Beispiel das Programm Fax2000, das unter der Adresse http://www.ccr.net/software/fax2000.htm erhältlich ist.

Fax 2000 funktioniert ziemlich unkompliziert und installiert einen virtuellen Faxdrucker, über den Sie wie üblich aus jedem beliebigen Programm heraus drucken können. Wenn Sie wollen, können Sie übrigens sogar Grafiken mit in Ihr Fax einbinden!

... oder über einen Free-Mailer

Eigentlich brauchen Sie aber gar keine Extra-Software mehr, um übers Internet Faxe zu verschicken. Free-Mailer wie etwa gmx, den Sie unter http://www.gmx.de erreichen, bieten ihren Mitgliedern meistens ebenfalls eine Faxmöglichkeit. Ausprobieren lohnt sich also!

Ziemlich umständlich: Faxen mit Exchange

Wenn Sie sich unbedingt ein wenig Bastelarbeit antun wollen und noch eine alte Windows 98-CD haben, können Sie auch mit Exchange faxen. Ehrlich gesagt würde ich das nicht unbedingt tun, denn wie schon gesagt, ist diese Möglichkeit nicht besonders komfortabel und obendrein kommen Sie mit einem Faxprogramm, das Modem oder ISDN-Karte beiliegt, schneller ans Ziel! Der Vollständigkeit halber zeige ich Ihnen aber trotzdem, wie es geht:

Auf der Windows 98-CD finden Sie im Ordner *\Tools\Oldwin95\Message* die beiden Programme *Wms.exe* und *Awfax.exe*. Dabei handelt es sich um das aus Windows 95 übernommene Exchange und die dazugehörige so genannte „Message-API“, ohne die das Faxen nicht funktioniert. Und so installieren Sie Exchange:

1 Öfnen Sie den Ordner *\Tools\Oldwin95\Message* und installieren Sie die Message API und Exchange durch Starten des Programms *Wms.exe*.

2 Jetzt müssen Sie Windows neu starten und finden dann auf dem Desktop den Ordner *Posteingang* und im Startmenü den Eintrag *Exchange*.

3 Um Microsoft Fax einzurichten, starten Sie jetzt das Programm *Awfax.exe*. Windows muss nun noch mal neu gestartet werden, danach sind alle nötigen Komponenten installiert.

> **Vorsicht: Keine Neuinstallation der MAPI bei bestehendem Outlook 98!**
>
> *Wenn Sie Outlook 98 auf Ihrem Computer installiert haben, sollten Sie die Message API und Exchange nicht installieren, weil es zu Versionskonflikten der installierten Komponenten kommen kann.*

Microsoft Fax für Exchange konfigurieren

Damit Microsoft Fax funktioniert, müssen Sie es im nächsten Schritt konfigurieren.

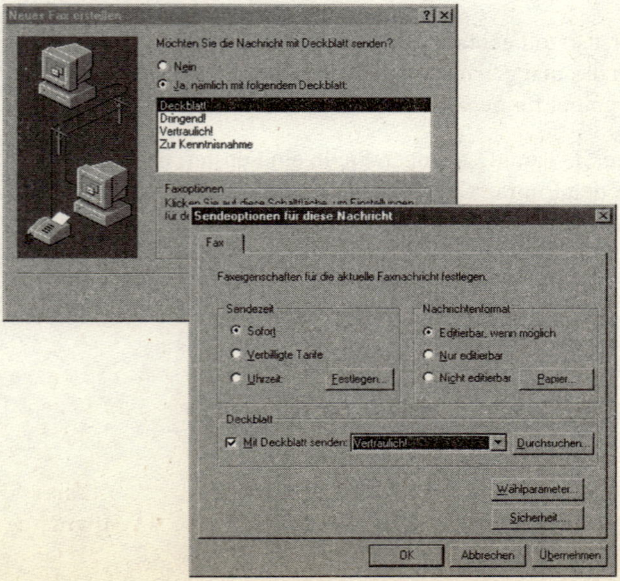

1 Nach dem Start von Exchange Microsoft Fax markieren Sie es als zu konfigurierenden Informationsdienst.

2 Jetzt wird das zum Faxen genutzte Modem bestimmt und eingerichtet. Hier können Sie zum Beispiel einstellen, ob und nach wie vielen Rufzeichen Anrufe entgegengenommen werden.

3 Anschließend geben Sie alle Daten für die Faxkennung ein und stellen den Ordner ein, in dem eingehende Faxe abgelegt werden sollen.

4 Im letzten Schritt bestimmen Sie, ob Exchange bei jedem Systemstart automatisch mitgestartet wird.

Nette Idee, aber nicht unbedingt aktuell: Der Kamera- und Scanneranschluss

Eigentlich ist das ja eine tolle Idee: Windows ME unterstützt jetzt von Haus aus den Anschluss von digitalen Kameras und Scannern.

Was sich zuerst so toll anhört, wird schnell zu „Schnee von gestern" wenn Sie sich das mal genauer angucken. In der *Systemsteuerung* finden Sie das Symbol für *Scanner und Kameras*.

Doppelklicken Sie darauf, gelangen Sie in ein Fenster, in dem Sie wiederum auf den Eintrag *Gerät hinzufügen* klicken.

Was jetzt kommt, ist so richtig unspektakulär – der Assistent für die Scanner- und Kamerainstallation. Klicken Sie hier auf *Weiter*, landen Sie in einem Fenster, in dem Sie versuchen können, Ihren Scanner oder Ihre Kamera zu finden.

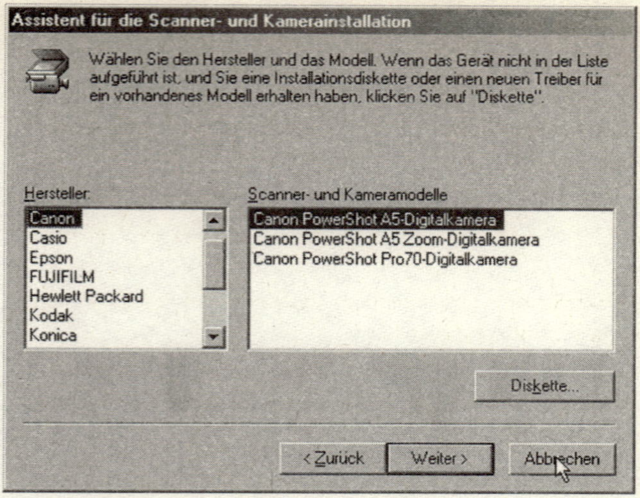

Das Dumme an der ganzen Sache ist nur, dass Sie hier auch mit viel Mühe nicht einen einzigen Scanner finden werden. Und noch dümmer: Die angebotenen Kameramodelle sind nicht gerade der letzte Schrei, also teilweise eher schon ziemlich veraltet. Das heißt nicht, dass diese Kameras deshalb schlechter als neue Modelle sind – nur macht es für Sie eben nicht viel Sinn, diesen Assistenten zu benutzen, wenn Sie beispielsweise eine *Canon Powershot 20* haben.

Am besten bleiben Sie also bei der Software, die Sie von Ihrem Scanner- oder Kamerahersteller bekommen haben!

Lediglich dann, wenn Sie vielleicht wirklich ein etwas älteres Kameramodell haben, aber keine Treiber und Software mehr und der Hersteller das Modell obendrein nicht mehr unterstützt, kann dieses Windows-Feature möglicherweise ganz nützlich sein.

So gibt's später keine Probleme: Windows ME optimal installieren

Kapitel 15

Neue Treiber nötig? Der Gerätetreiber-Assistent macht's für Sie Seite 828

Besonders bei der Installation macht nicht richtig erkannte Hardware häufig Ärger! Das liegt fast immer an den falschen Treibern, aber mit dem Gerätetreiber-Assistenten können Sie neue Treiber schnell und ganz unkompliziert installieren.

Kennen Sie noch den Spruch „Das Fundament jeder Basis ist die Grundlage“? Wie man ihn auch dreht und wendet – es kommt immer das Gleiche raus. Und genau so ist's mit Windows. Was auch immer Sie später an Windows ändern und umkonfigurieren können – wenn Windows nicht sauber installiert ist, fehlt einfach die Basis für einen möglichst fehlerfrei arbeitenden Rechner!

Weil ich sicher bin, dass Sie auf den immer wiederkehrenden Ärger mit allen möglichen Windows-Problemen gut verzichten können, finden Sie hier alle Installationstipps, mit denen Windows garantiert besser und fehlerfreier läuft!

Windows ME als Update oder als Vollversion – das ist der Unterschied

Grundsätzlich gibt's von Windows ME verschiedene Installationsarten, die sich in den einzelnen Versionen ein wenig voneinander unterscheiden.

Windows ME als Update

Seit September 2000 können Sie das nagelneue Windows ME kaufen – zunächst nur als Update. Voraussetzung dafür, dass Sie das Update nutzen können, ist eine Vorgängerversion von Windows ME, also etwa Windows 95, 95b, 98 oder auch Windows 98 SE. Dabei muss das Vorgänger-Windows aber nicht unbedingt schon auf dem PC installiert sein – Sie können Windows ME auch auf einer „nackten“ Festplatte installieren. Während der Installation müssen Sie aber die Installations-CD der Vorgängerversion einlegen, die Windows ME dann überprüft. Installieren Sie Windows ME als Update über Windows 98, bleiben Ihre alten Einstellungen erhalten, Sie können nach dem Update also ohne große Umstellungen weiterarbeiten.

Windows ME als Vollprodukt

Neben der Update-Version gibt es Windows ME natürlich auch als Vollprodukt. Das bekommen Sie entweder im PC-Geschäft, oder Sie haben es automatisch, wenn Sie einen neuen PC kaufen.

Erster Schritt: Die Update-Installation vorbereiten

Weil die Update-Installation, also etwa beim Umstieg von Windows 95 oder 98/SE auf Windows ME am häufigsten vorkommt und eben genau dabei auch die meisten Fehler passieren, zeige ich Ihnen auf den folgenden Seiten, auf welche Fallstricke Sie dabei achten müssen.

Das sollte immer der erste Schritt sein: Die Festplatte aufräumen

Auf einer aufgeräumten Festplatte fühlt sich Windows einfach wohler, was Sie ganz schnell an einem ziemlichen Geschwindigkeitsgewinn merken werden. An ein paar Stellen wird das ganz besonders deutlich, zum Beispiel beim Öffnen des Explorers. Der Explorer kann dann Laufwerke, Ordner und Dateien einfach schneller anzeigen, weil viel weniger Datei- und Ordnereinträge gelesen werden müssen. Und noch ein prima Effekt stellt sich ein: Die Datenfragmentierung auf der Festplatte nimmt logischerweise ab, wenn weniger Dateien auf dem System vorhanden sind.

Aufgepasst! Die Windows ME-Update-CD ist nicht bootfähig!

Eine ganz böse Falle hat Microsoft beim Windows ME-Update gestellt – die CD ist nämlich nicht bootfähig! Stellen Sie sich einfach mal vor, Sie hätten die Festplatte schon „platt gemacht“ und damit natürlich die alte Windows-Version gelöscht. Jetzt wollen Sie den PC von der Windows ME-CD booten, und was passiert? Stimmt. Nichts! Die einzige Chance, diese Falle zu umgehen, besteht darin, sich vorher eine Windows-Startdiskette anzulegen. Damit können Sie den PC booten und haben die Unterstützung des CD-ROM-Laufwerks. Nur so können Sie dann das Windows ME-Setup starten!

Wichtig: Reicht der Speicherplatz aus?

Bei der Installation von Windows wird geprüft, ob auf der Festplatte überhaupt genügend Speicherplatz vorhanden ist. Und hier kommt auch schon die Crux, denn der Platz muss nicht nur für Windows selbst, sondern auch noch für die temporären Dateien ausreichen, die während der Installation gespeichert werden. Wenn Sie an dieser Stelle unter Windows ME die Meldung bekommen, dass der Speicherplatz nicht ausreicht und Sie Platz frei machen sollen, sieht es mit der weiteren Installation eher finster aus. Zwei Möglichkeiten, was Sie jetzt tun können: Drücken Sie die [Win]-Taste auf der Tastatur, bei älteren Tastaturen die Tastenkombination [Strg]+ [Esc], um an den Explorer heranzukommen. Sind Sie im Explorer, machen Sie dort die in der Meldung verlangte Menge an Speicherplatz frei.

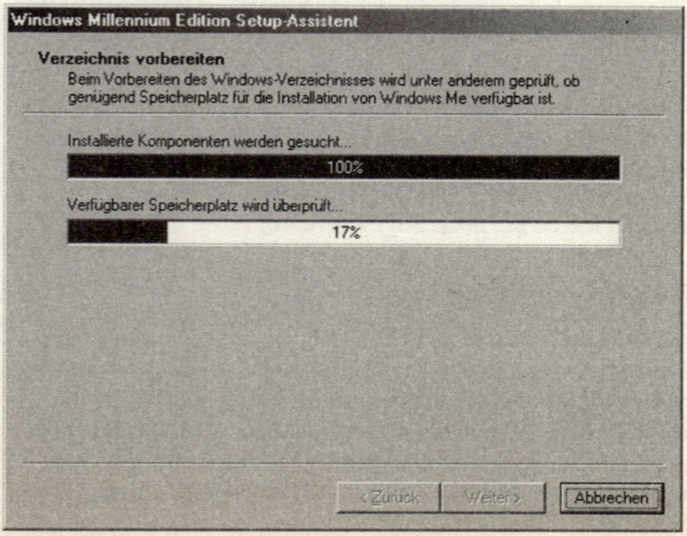

Wenn Sie den Explorer aus irgendwelchen Gründen nicht erreichen können, bleibt nur noch, die Installation abzubrechen und auf normalem Weg in den Explorer zu gelangen.

Hier sollten Sie vor der Installation Platz schaffen

Damit Ihnen solche Situationen erspart bleiben, sollten Sie sich besonders an den folgenden Stellen auf dem Rechner nach überflüssigen Dateien umsehen.

- Im *.tmp*-Verzeichnis, das Sie normalerweise auf der Festplatte C: im Stammverzeichnis finden.
- In den Ordnern *Verlauf* und *Temporary Internet Files*, die Sie im *Windows*-Ordner finden.
- Im Ordner *Downloaded Program Files*, der ActiveX-Steuerelemente und Java-Applets aus Internetseiten enthält.
- Im *.tmp*-Verzeichnis, das Sie im *Windows*-Ordner finden.
- Im *Spool*-Verzeichnis, das Sie im *Windows*-Ordner finden. Hier liegen oft die nicht gedruckten Daten aus einem abgebrochenen Druckauftrag.

Suchen Sie alle Dateien mit der Erweiterung *.tmp* und löschen Sie sie. Dazu benutzen Sie am besten die Windows-Suche und geben im Namensfeld „*.tmp" ein.

Zu guter Letzt leeren Sie noch den Papierkorb.

Alte Programme? Weg damit!

Zum Aufräumen der Festplatte gehört es auch, alle nicht mehr benötigten Programme oder solche, die unter der neuen Windows-Version nicht mehr betrieben werden können, zu deinstallieren. Wichtig in dem Zusammenhang: Wenn Sie planen, auf das FAT32-Dateisystem umzusteigen, müssen Sie sich genau ansehen, welche Backup-Programme und Festplatten-Tools unter FAT32 überhaupt noch betrieben werden dürfen!

Am besten, Sie überprüfen alle Programmgruppenordner unter Windows auf Programme, die Sie lange nicht mehr benutzt haben und auch in Zukunft nicht mehr verwenden wollen.

Benutzen Sie zum Deinstallieren der alten Programme aber bitte immer die mitgelieferten Uninstall-Routinen! Nur so können Sie nämlich relativ sicher sein, dass auch wirklich alle DLLs und Konfigurationsdateien gelöscht werden, die häufig in verschiedenen Ordnern gespeichert wurden. Nächster Vorteil: Die Uninstall-Routinen räumen auch gleich noch die Konfigurationsdateien von Windows, also die *Win.ini*, die *System.ini* und die Registry auf, sodass hier keine veralteten Einträge mehr stehen bleiben.

Den Schriften-Ordner ausmisten

Alle Schriften, die Sie nicht brauchen, sollten Sie ebenfalls rauswerfen. Alle installierten Schriften finden Sie im Ordner *Windows\Fonts*. Um eine Schrift zu löschen, markieren Sie sie zuerst und wählen im Kontextmenü dann den Eintrag *Löschen* aus.

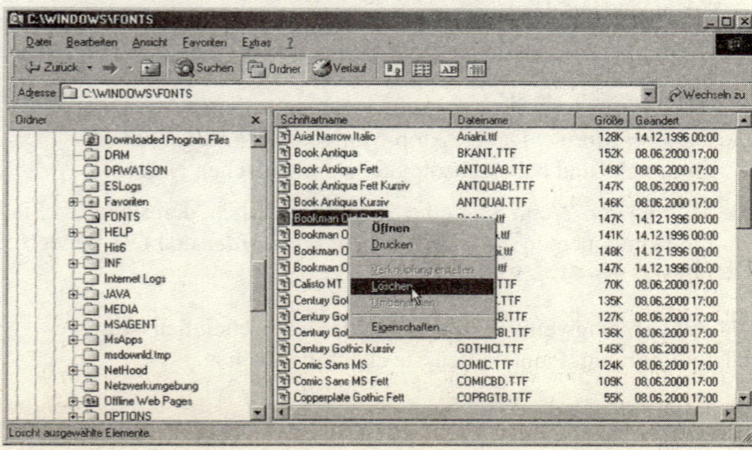

> **Wichtig: Schriften von Grafikprogrammen löschen!**
> *Besonders wenn Sie mit Grafikprogrammen wie Corel DRAW arbeiten, sollten Sie sich den Ordner* **Fonts** *genauer ansehen. Speziell CorelDRAW installiert nämlich teilweise einige Hundert Schriften auf Ihrem Rechner!*

Wichtig: Schriften, die Sie nicht löschen sollten!

Die einzigen Schriften, die Sie nicht löschen sollten, sind *Arial, Times New Roman, Courier New, MS Sans Serif* und *MS System*, weil sie teilweise von Windows selbst verwendet werden.

Weg damit: Überflüssige Windows-Komponenten

Auch überflüssige Windows-Komponenten belasten die neue Windows-Version nur unnötig und sind deshalb klare Löschkandidaten. In der *Systemsteuerung* klicken Sie auf *Software* und dann auf die Registerkarte *Windows Setup*. In der Gruppe *Zubehör* finden Sie Komponenten, die Windows im Grunde gar nicht braucht, und löschen sie. Im Einzelnen sind das:

- *Eingabehilfen*: Wenn Sie nicht auf die Eingabehilfen angewiesen sind, löschen Sie sie.
- *Desktop-Motive*: Die Desktop-Motive sind wirklich nur optische Gimmicks und haben absolut keinen praktischen Nutzen.
- *Multimedia*: Wenn Sie keine Soundkarte haben, deinstallieren Sie die Komponenten *Audiodateien, Audiorecorder* und *CD-Wiedergabe.*

Die sowieso langweiligen Spiele und das wahrscheinlich kaum genutzte Programm Paint sollten Sie ebenfalls löschen.

Klar: Vorher alle wichtigen Daten sichern!

Eigentlich versteht es sich das ja von selbst, man vergisst's aber leicht: Bevor Sie sich ans Update machen, sichern Sie alle wichtigen Daten Ihres Rechners! Als kleine Gedächtnisstütze hier noch einmal die Dateitypen, auf die es besonders ankommt: Alle Datendateien, also Ihre Texte oder Spreadsheets aus Tabellenkalkulationen. Ebenso wichtig sind Ihre Online-Adressbücher! Wo Sie die finden, können Sie auf Seite 378 nachlesen. Wenn Sie wollen, können Sie auch die beiden Konfigurationsdateien *Autoexec.bat* und *Config.sys* sichern. Das muss zwar nicht unbedingt sein, sollten Sie später aber doch mal Probleme mit älterer Hardware haben, können die beiden Dateien weiterhelfen! Wenn Sie von Windows 95 updaten, dann exportieren Sie die Registry in eine *.reg*-Datei und sichern diese Datei ebenfalls. Im Programm Regedit können Sie blitzschnell eine Exportdatei der Registry erzeugen, indem Sie aus dem *Datei*-Menü den Eintrag *Daten exportieren* wählen und dann den weiteren Programmanweisungen folgen.

Wichtig: Sind alle Treiber da?

Extrem wichtig sind alle Treiber für Ihre Geräte, wenn Sie diese nicht sowieso schon auf Diskette oder CD-ROM haben. Sehen Sie also zur Sicherheit lieber noch mal nach! Klar: Windows ME erkennt im Normalfall selbst ältere Hardware – leider gibt's aber immer wieder Ausnahmen!

So geht's: Schritt für Schritt zum neuen Windows

Wenn Sie die Vorbereitungen für die Installation abgeschlossen haben, wird's endlich ernst:

1 Ganz wichtig: Sie müssen alle noch laufenden Programme unter Windows 95 oder 98 schließen! Genauso wichtig: Wenn noch ein Virenscanner im Hintergrund arbeitet, müssen Sie den natürlich auch deaktivieren!

2 Unter *Start/Ausführen* suchen Sie sich mit der *Durchsuchen*-Schaltfläche das CD-Laufwerk und dort das Windows-Setup-Programm im Ordner *\Windows Me* aus. Wollen Sie auf Windows ME updaten, startet die Installation normalerweise direkt nach dem Einlegen der CD. Tut sie das nicht, erreichen Sie das Setup-Programm ebenfalls unter *Start/Ausführen*. Dort geben Sie einfach den Buchstaben Ihres CD-ROM-Laufwerks ein, gefolgt vom Befehl *Setup*.

Hat Ihr CD-ROM-Laufwerk zum Beispiel den Buchstaben *D*, dann sähe die Eingabe so aus:

```
D:setup
```

3 Jetzt erscheint der Willkommen-Dialog, und danach wird der Rechner einer Prüfung unterzogen. Das dauert in der Regel ein paar Minuten, bis Sie zum langweiligsten Teil der Installation, der so genannten „Anwenderbefragung" kommen. Hier müssen Sie den Lizenzvertrag natürlich annehmen und danach Ihre CD-Nummer eingeben.

4 Das Setup bereitet jetzt das Installationsverzeichnis vor, das Sie bei der Update-Installation nicht abändern können. Das ist auch sinnvoll, denn wenn bisherige Komponenten übernommen werden sollen, muss Windows ME natürlich im bestehenden *Windows*-Verzeichnis gespeichert werden.

5 Windows macht Ihnen jetzt das Angebot, die Systemdateien der bisherigen Windows-Version zu sichern. Wenn Sie später, was ich eigentlich nicht glaube, Windows ME doch nicht mehr haben wollen, können Sie es wieder deinstallieren und zur vorherigen Windows-Version zurückkehren. Um den dafür nötigen Festplattenplatz braucht es Ihnen nicht Leid zu tun, denn Sie können diese Windows-Sicherung später jederzeit wieder löschen. Der Weg zurück zu Ihrem bisherigen Windows ist dann aber natürlich versperrt!

6 Bevor Sie die Systemdateien des Vorgänger-Windows sichern können, müssen Sie das Laufwerk bestimmen, auf dem die Siche-

rungskopien abgelegt werden. Es kann jetzt ein paar Minuten dauern, bis Windows alle Dateien und Einstellungen gespeichert hat.

7 Im nächsten Installationsschritt wählen Sie Ihren Standort, also Ihr Land aus. Ganz klammheimlich nutzt Windows Ihre Standortangabe übrigens dafür, um im Hintergrund gleich die Ihrem Standort zugeschriebenen Internet-Channels zuzuordnen. Das können Sie zwar nicht verhindern, wenn Sie die Channels später nutzen wollen, werfen Sie aber einfach die unerwünschten Channels wieder raus und abonnieren die, die Sie wirklich wollen.

8 Eine der letzten Möglichkeiten, in den nächsten 20 Minuten überhaupt ins Setup einzugreifen, kommt jetzt: Windows fordert Sie auf, eine Startdiskette zu erstellen. Dass Sie das auch tun sollten, versteht sich von selbst!

9 Ist die Startdiskette erstellt, können Sie sich in aller Ruhe eine Tasse Kaffee gönnen, denn während der nächsten Zeit passiert nichts, was Sie irgendwie beeinflussen könnten.

Das Setup hängt! Und was jetzt?

Diese Situation kann einem schon einen gehörigen Schrecken einjagen: Das Setup ist hängen geblieben, nichts rührt sich mehr, und der Rechner steht! Was Sie jetzt tun können, beschränkt sich eigentlich nur auf zwei Dinge. Bevor Sie aber irgendetwas tun – bleiben Sie erst mal ruhig und warten Sie ein paar Minuten ab!

Windows hat nämlich die Angewohnheit, während der Installation immer wieder mal ein paar „Denkpausen“ einzulegen, in denen der Rechner wirklich keinen Pieps mehr von sich gibt! Und gerade, wenn man denkt, die Installation wäre hängen geblieben, geht's dann doch weiter.

Versuchen Sie, den Rechner aufzuwecken!

Versuchen Sie zuerst, den Rechner aus seinem Setup-Schlaf aufzuwecken. Drücken Sie dazu ein paar Mal die [Enter]-Taste. Wirkt das nicht, bleibt nur noch die zweite Möglichkeit.

Rechner ausschalten und Setup neu starten

Unangenehm, aber nicht zu ändern: Ist das Setup wirklich ernsthaft hängen geblieben, hilft nur ein Neustart des Setups. Wichtig dabei: Schalten Sie den Rechner einfach am Netzschalter aus, aber niemals (!!) mit dem „Affengriff"! Nur so kann das Setup an der Stelle weitermachen, an der es vorher hängen geblieben ist.

Wenn Sie den Rechner wieder hochgefahren haben, zeigt Ihnen Windows automatisch das Fenster *SaveRecovery*, in dem Sie die Option *SaveRecovery (empfohlen)* wählen.

Was nun: Windows ME-Update oder Vollversion?

Die Update-Version von Windows ME ist zwar deutlich preiswerter als die Vollversionen, für ein Update müssen Sie aber im Besitz einer neueren Version eines Microsoft Betriebssystems sein. Beim Update auf Windows ME sind das Windows 95, 98 und 98 SE. Windows 3.1x zählt übrigens nicht mehr dazu!

Grundsätzlich, also von der Ausstattung her, unterscheiden sich aber die Windows ME-Vollversion und das Windows ME-Update nicht voneinander! Welche Version Sie wählen, ist also eigentlich nur eine Frage des Geldes und der Bequemlichkeit bei der Installation!

Was ist aber nun, wenn Sie etwa von Windows 95 updaten wollen, das „alte" Windows aber dummerweise schon von der Platte gelöscht haben? Tja – dann kann die Installationsroutine von Windows ME natürlich keinen Hinweis mehr auf das alte Windows finden, und theoretisch können Sie das Windows-Update nicht installieren. Dies stimmt aber zum Glück nicht, denn Sie müssen während des Setups dann einfach die so genannte „Konformitätsprüfung" ausführen, also in unserem Beispiel die Windows 95-Installations-CD ins CD-ROM-Laufwerk einlegen. Erst wenn das Setup die Konformitätsprüfung erfolgreich durchgeführt hat, können Sie die Installation fortsetzen.

Und diese Installationstipps machen es Ihnen noch einfacher

Das Windows-Setup ist viel flexibler, als man das so auf den ersten Blick glauben möchte. Durch den Einsatz verschiedener Parameter können Sie das Setup und damit natürlich auch die Windows-Installation ganz maßgeblich verändern. In der Tabelle habe ich Ihnen alle Parameter zusammengestellt, die Sie nutzen können. Eine kleine Einschränkung besteht dabei allerdings: Nicht alle Parameter funktionieren auch bei der Windows ME-Installation! Dummerweise müssen Sie im Bedarfsfall selbst ausprobieren, welche das sind. Der Grund dafür liegt darin, dass die Windows ME-Version die beim Schreiben dieses Buches aktuell war, nicht hundertprozentig der entspricht, die ab Februar 2001 im Handel sein wird!

Clever: Einfach die Setup-Parameter nutzen

Wollen Sie einen bestimmten Parameter nutzen, fügen Sie ihn einfach dem Programmaufruf *Setup* an. Wichtig ist dabei eigentlich nur, dass jedem Parameter der so genannte „Slash" (/) vorangestellt sein muss, Ihre Eingabe also zum Beispiel so aussieht:

```
SETUP /ie /d /is
```

Parameter	Bedeutung	Hier ist er sinnvoll
/c	Beim Setup wird kein Festplatten-Cache verwendet.	Dieser Parameter ist nur dann sinnvoll, wenn Sie Inkompatibilitäten mit der Cache-Software, z. B. bei SCSI-Controllern mit Hardware-Cache, feststellen.

Parameter	Bedeutung	Hier ist er sinnvoll
/d	Die Installation bezieht sich nicht auf eine existierende Windows-Version, sondern installiert wirklich völlig neu.	Wenn die vorherige Windows-Version nicht fehlerfrei lief und Sie keine falschen Einstellungen übernehmen wollen.
/ie	Lässt die Abfrage zum Erstellen einer Notfalldiskette ausfallen.	Sollten Sie nicht verwenden!
/ih	Jetzt läuft ScanDisk im Vordergrund, und Sie können den Fortschritt und eventuelle Fehler sehen.	Wenn die Installation während ScanDisk abbricht. So können Sie die Fehlermeldung ansehen.
/im	Die Überprüfung auf einen ausreichenden konventionellen Arbeitsspeicher fällt weg.	Wenn Sie von Windows 3.1x und Windows 95 updaten, ist die Überprüfung überflüssig.
/in	Installiert ohne alle Netzwerkoptionen. Die entsprechenden Anfragen werden nicht gestellt.	Wenn Sie einen Einzelplatzrechner ohne Netzwerkanschluss haben.
/ir	Aktualisiert den Master Boot Record nicht.	Wenn Sie Probleme mit einem Boot-Manager haben.
/is	Wenn Sie das Setup von Windows aus starten, wird die Schnellprüfung der Festplatte mit ScanDisk übersprungen.	Wenn Sie eine Festplattenkomprimierungssoftware verwenden, die nicht von Microsoft stammt.
/m	Die Sounds beim Start des Setups fallen weg.	Wenn Sie etwas Zeit und Nerven beim Setup sparen wollen.
/nf	Die Aufforderung, die Diskette aus dem Laufwerk zu entfernen, wenn der Rechner während des Setups gebootet wird, fällt weg.	Wenn Sie verhindern wollen, dass das Setup etwa in Verbindung mit *Batch.inf* hängen bleibt.
/IW	Blendet den Lizenzvertrag aus.	Wenn Sie in bisschen Zeit sparen wollen.
/iv	Blendet die Beschreibung der Windows-Features während der Installation aus.	Wenn Sie absolut keine Lust auf stumpfsinnige Microsoft-Werbung haben ;-)
/t: Verzeichnis	Legt das Verzeichnis für die temporären Setup-Dateien fest. Existiert das Verzeichnis, werden alle darin befindlichen Dateien automatisch gelöscht. Die Angabe eines Laufwerks ist möglich. Bei der Installation von der CD muss ein Laufwerk angegeben werden, sonst würde versucht, das Verzeichnis auf der CD-ROM an-	Wenn Sie temporäre Dateien auf ein anderes Laufwerk legen wollen. Sollte der Speicherplatz auf dem Installationslaufwerk nicht ausreichen, können Sie durch das Speichern der temporären Installationsdateien auf einem anderen Laufwerk Platz auf dem Installationslaufwerk schaffen.

Parameter	Bedeutung	Hier ist er sinnvoll
	zulegen. Achtung: Der Verzeichnisname unterliegt noch der alten 8.3-Namenskonvention, d. h., Verzeichnisnamen, die länger als acht Zeichen sind, werden entsprechend gekürzt.	

Geht denn das: Windows einfach auf die neue Festplatte ziehen?

Klare Antwort – ja, das geht! Allerdings nicht mehr so einfach, wie noch unter Windows 95 oder 98, was daran liegt, dass Windows ME ja im Grunde kein DOS mehr hat!

Festplatten-Tool oder Heimarbeit?

Sie können Windows ME aber natürlich trotzdem jederzeit auf eine neue Platte „rüberziehen", wofür es grundsätzlich zwei Möglichkeiten gibt.

Am einfachsten funktioniert das mit einem Festplatten-Tool wie Norton Ghost oder einem beliebigen anderen Programm zum „Klonen" von Festplatten. Nachteil dieser Methode: Ein solches Tool müssen Sie leider erst einmal kaufen!

Die zweite Methode funktioniert im Grunde genauso wie noch unter Windows 95 oder 98, nämlich auf der DOS-Ebene. Genau hier fängt es aber an kompliziert zu werden, denn wie Sie ja wissen, hat Windows ME im Grunde gar kein DOS mehr.

Die im Folgenden gezeigte Methode funktioniert also nur, wenn Sie sich bereits eine DOS-Partition angelegt haben und damit auf ein „echtes" DOS zurückgreifen können!

Windows auf eine andere Platte ziehen: Wieso eigentlich?

Die Gründe, warum Sie Windows auf eine andere Platte ziehen wollen, können ganz unterschiedlich sein. Am häufigsten ist es aber wohl so, dass Sie sich eine neue Festplatte zugelegt haben und es sich ersparen wollen, Windows, alle Ihre Programme und Daten wieder komplett neu installieren zu müssen.

Bevor Sie anfangen: Erst einmal auf Nummer sicher gehen

1. Unter Windows ME überprüfen Sie zuerst einmal die alte Festplatte mit ScanDisk auf mögliche Fehler im Dateisystem und beseitigen sie gegebenenfalls.
2. Jetzt bauen Sie die neue Platte in Ihren PC ein. Die Platte müssen Sie so konfigurieren, dass Sie den Rechner auch weiterhin von der alten Festplatte aus starten können. Wichtig ist dabei das richtige Jumpern bei IDE-Platten bzw. die richtige Terminierung bei SCSI-Platten. Ab Seite 766 erkläre ich Ihnen das übrigens genauer.
3. Nun starten Sie den Rechner von der DOS-Partition. Je nach Größe der Platte und abhängig davon, welches Dateisystem, also FAT16 oder FAT32, Sie verwenden, müssen Sie die neue Platte nach dem Rechnerstart mit Fdisk partitionieren. Wie Sie das machen, zeige ich Ihnen ab Seite 755.
4. Ist die Platte partitioniert, müssen die Partitionen mit *Format* formatiert werden. Die primäre Partition der neuen Festplatte müssen Sie dabei als Systemlaufwerk formatieren. Dazu verwenden Sie beim Aufruf von *Format* den Parameter */s*. An dieser Stelle müssen Sie allerdings ziemlich aufpassen, damit Sie die richtige Festplatte formatieren und nicht versehentlich die alte Festplatte mit Ihren Daten!

5 Jetzt kopieren Sie mit dem Programm Xcopy alle Daten von der alten Platte auf die neue. Beim Aufruf von Xcopy benutzen Sie die Parameter */e /h /q*, damit auch leere Unterverzeichnisse sowie die versteckten und Systemdateien kopiert werden.

6 Nach dem Kopieren legen Sie die Startdiskette ein und übertragen mit *sys x:* die Systemdateien auf die neue Platte. Das *x:* steht hier als Beispiel für den Laufwerkbuchstaben der neuen Festplatte.

7 Zuletzt schalten Sie den Rechner aus und wieder an. Sie müssen jetzt ins BIOS des Rechners und dort die Bootsequenz auf die neue Festplatte einstellen. Damit sind Sie fertig und Windows ME läuft auf der neuen Platte.

Wichtig: Kostenlose Windows-Updates direkt von Microsoft!

Windows immer up-to-date zu halten, ist ganz einfach, seit Microsoft den kostenlosen Windows-Update-Service im Internet anbietet.

Mit ein paar Mausklicks auf der Microsoft-Webseite wird Ihr Windows automatisch aktualisiert, wenn es neue Komponenten oder Treiber gibt.

Und das Schönste daran: Sie müssen während einer Onlineverbindung nur im Startmenü auf *Windows-Update* klicken, um auf der Update-Seite von Microsoft zu landen.

Wenn die Update-Verbindung nicht klappt

Wenn Sie aus irgendwelchen Gründen über die Windows-Update-Schaltfläche keine Verbindung zur Microsoft-Seite herstellen können, tragen Sie die Adresse http://windowsupdate.microsoft.com einfach manuell in Ihren Internetbrowser ein!

Windows ME updaten – wieso eigentlich?

Vielleicht fragen Sie sich, wieso Sie Ihr Windows ME überhaupt updaten sollen, wenn es doch vielleicht ganz prima und ohne irgendwelche Zicken läuft? Und auf die neuesten optischen Gimmicks können Sie vielleicht sowieso verzichten? Der wichtigste Grund für regelmäßige Updates sind gar nicht unbedingt irgendwelche optischen Verbesserungen, sondern die Sicherheits-Updates, die Microsoft auf dieser Seite zur Verfügung stellt! Besonders dann, wenn Sie den Internet Explorer oder Outlook Express benutzen, sind die Updates für Sie interessant, denn in diesen beiden Programmen tauchen immer wieder Sicherheitslücken auf!

Und so geht's: Updaten aus dem Internet

1 Wenn Sie bereits online sind, klicken Sie im Startmenü auf die Schaltfläche *Windows-Update*.

2 Ihr Internetbrowser stellt jetzt die Verbindung zu einem der Update-Server von Microsoft her.

3 Sie landen auf der Homepage des Update-Servers, auf der Sie links das Auswahlmenü *Produkt-Updates* aufklappen.

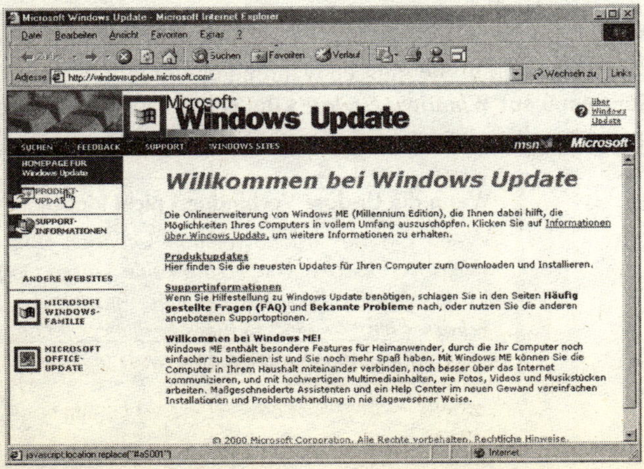

Große Auswahl: Die Produkt-Updates

Haben Sie die Produkt-Updates ausgewählt, beginnt der Server damit, die auf Ihrem Rechner installierten Treiber und Systemdateien mit einer Datenbank zu vergleichen. Das kann, je nach Geschwindigkeit der Internetverbindung, bis zu einer Minute lang dauern.

Als Ergebnis dieses Vergleichs zeigt Ihnen der Server eine Auflistung aller Updates und zusätzlicher Programme, die Sie auf Ihrem Rechner erneuern oder zusätzlich installieren können.

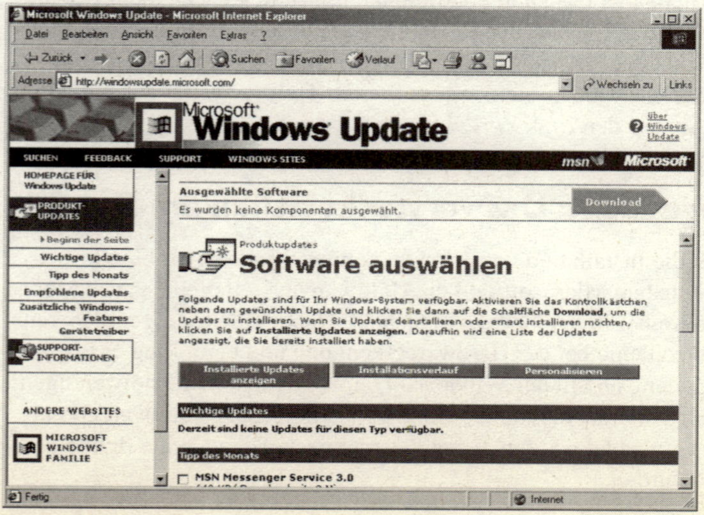

Wenn Sie sich aus der Liste der angezeigten Komponenten die gewünschten herausgesucht und sie mit einem Häkchen markiert haben, kehren Sie zum Seitenanfang zurück. Hier finden Sie die Schaltfläche *Download*, mit der Sie die Komponenten herunterladen.

Mal eben nachsehen, ob neue Treiber da sind

Wenn Sie mal eben nachsehen wollen, ob es für die Geräte in Ihrem PC vielleicht neue Treiber gibt, klicken Sie auf der Update-Seite auf die Kategorie *Gerätetreiber*. Jetzt passiert im Grunde das Gleiche wie beim Produkt-Update: Der Update-Server vergleicht die Treiber auf Ihrem PC mit denen in seiner eigenen Datenbank. Wenn der Server neuere Treiber findet als die auf Ihrem Rechner, stellt er diese zum Download bereit. Auch um die Installation der Treiber müssen Sie sich nicht kümmern, die werden nämlich per Active-Setup noch während der Internetverbindung auf Ihrem Rechner installiert.

Und wenn der Treiber nicht so der Hit war?

Ärgerlich, aber das kann vorkommen: Sie stellen nach einem Update fest, dass der Treiber, den Ihnen die Update-Seite installiert hat, nicht unbedingt der Hit war? Kein Problem – gehen Sie erneut zum Update-Server, wählen Sie den installierten Treiber wieder aus und klicken Sie auf den Link *Zurücksetzen*.

Aufgedeckt: Das versteckt sich in .inf-Dateien

Damit die Installation von Hardware unter Windows problemlos klappt, haben Microsoft und die Hardwarehersteller eine ganze Menge Gerätetreiber in Windows reingepackt. Damit tauchen eigentlich kaum noch Probleme bei der Hardwareerkennung und beim Plug & Play auf. Zudem sind in der Windows-Treiberdatenbank alle notwendigen Treiber vorhanden, die für Windows' automatische Hardwareerkennung verwendet werden, wenn die entsprechenden Geräte richtig erkannt wurden.

Alle mitgelieferten Gerätetreiber, die Sie in Windows ME mit dem Hardware-Assistenten installieren, müssen eine Datei mit der Endung *.inf* enthalten, in der in einzelnen Abschnitten, „Sektionen" genannt, bestimmte Informationen abgelegt sind.

Die *.inf*-Dateien sind den alten *.ini*-Dateien, die es ja bereits unter Windows 3.x gab, ziemlich ähnlich. Alle *.inf*-Dateien müssen bis zu einem gewissen Grad genau gleich strukturiert sein, damit sie funktionieren. Alle grundsätzlichen Sektionen werden in den *.inf*-Dateien durch Begriffe in eckigen Klammern gekennzeichnet. Jede dieser Sektionen darf in der *.inf*-Datei dabei nur einmal vorkommen. Und so sehen die Sektionen für eine *.inf*-Datei aus:

```
[Version]
[Manufacturer]
[Herstellername]
[Installationssektion]
[...]
```

Neben diesen festgelegten vier Sektionen dürfen *.inf*-Dateien aber noch eine beliebige Anzahl von weiteren Sektionen haben, in denen die eigentlichen Installationsanweisungen und Registry-Einstellungen stehen. Bei einer XIRCOM-Netzwerkkarte sieht die *.inf*-Datei zum Beispiel so aus:

```
[Version]
CatalogFile=netcem.cat
Signature="$CHICAGO$"
LayoutFile=Layout.inf, Layout1.inf, Layout2.inf
Provider=%MS%
Class=Net
ClassGUID={4d36e972-e325-11ce-bfc1-08002be10318}
 [Manufacturer]
%XIRCOM%=XIRCOM
[XIRCOM]
%XIRCOMCEM2%=XIRCOMCEM2.ndi,MF\XIRCOMCEM_DEV1
....
```

Der .inf-Datei hinter die Kulissen geschaut

Ehrlich gesagt, sieht der Inhalt so einer *.inf*-Datei schon ein bisschen verwirrend aus, und das Meiste, was darin steht, brauchen Sie im Normalfall auch gar nicht zu entschlüsseln. Ein paar Infos, die sich auch leicht herauslesen lassen, sind aber ganz interessant.

Wenn Sie etwa wissen wollen, wer diese Netzwerkkarte hergestellt hat, sehen Sie einfach in der Sektion *[Manufacturer]* nach! Hier steht im Klartext, wer die Karte produziert hat.

Wollen Sie wissen, wer den Kartentreiber bereitgestellt hat, also der Hersteller oder etwa Microsoft, dann sehen Sie in der Sektion *[Version]* nach und suchen nach der Zeile *Provider=*. Und was taucht da, wenn auch nicht im Klartext, auf?

Die Zeichen *MS* – das Kürzel für Microsoft. Und schon wissen Sie eine Menge mehr über die Herkunft und die Treiberausstattung Ihrer Netzwerkkarte!

Hier stecken Windows-.inf-Dateien

Windows versteckt seine *.inf*-Dateien im Verzeichnis *\Windows\Inf*. Das ist gut zu wissen, wenn Sie eine *.inf*-Datei aus bestimmten Gründen deaktivieren wollen.

.inf-Dateien deaktivieren

Zugegeben, es passiert selten, aber manchmal will Windows eine Hardwarekomponente eben einfach als etwas anderes erkennen, als sie in Wirklichkeit ist. Ob das die Schuld von Microsoft oder die des Herstellers oder die von beiden ist, lässt sich meistens gar nicht sagen. Wenn so etwas passiert, dann am häufigsten mit Netzwerkkarten.

Wenn Windows also Ihre frisch eingebaute Netzwerkkarte des Herstellers ABC als eine Karte vom Hersteller XYZ erkennt, suchen Sie diese im Ordner *Windows\Inf* und benennen sie einfach um. Fahren Sie Windows herunter, bauen Sie die Karte aus und starten Sie Windows neu. Jetzt ist die falsch erkannte Karte gelöscht. Dann fahren Sie Windows wieder herunter, bauen die Karte ein und starten Windows neu. Nun erkennt Windows die richtige Karte, weil es die falsche, also die, deren *.inf*-Datei Sie umbenannt haben, nicht mehr finden kann.

Und hier Windows' wichtigste .inf-Dateien

Die wichtigsten *.inf*-Dateien und deren Verwendungszwecke habe ich Ihnen in der Übersicht zusammengestellt:

.inf-Datei	Bedeutung
Locale.inf	Hier werden Informationen über die Codepages, die Sprachen und Fonts für die verschiedenen Sprachen gespeichert.
Multilng.inf	In dieser *.inf*-Datei sind Informationen über verschiedene Tastaturbelegungen in unterschiedlichen Sprachen gespeichert.
Mullang.inf	Diese *.inf*-Datei ist für Informationen zur Unterstützung ost- und südeuropäischer Sprachen zuständig.
Ols.inf	Hier stehen Informationen über die automatische Installation von Onlinesoftware, die von den Anbietern solcher Dienste zur Verfügung gestellt werden.
Regwiz.inf	In dieser *.inf*-Datei stehen Informationen über die Anwendung des Registrierungs-Assistenten und für die Online-Registrierung.
Msdos.inf	Hier stehen Informationen zur Kompatibilität alter DOS-Befehle unter Windows.
Mdm.inf*	Die Konfigurationsdateien für Modems, wobei jeder Hersteller seine eigene Datei hat.
Net.inf*	Die Konfigurationsdateien für Netzwerkkarten, wobei auch jeder Hersteller seine eigene Datei hat.
Autorun.inf	Hier stehen Informationen darüber, welche Programme auf einer CD-ROM beim Einlegen automatisch gestartet werden. Dazu muss sich diese Datei im Hauptverzeichnis der CD befinden.

Neue Treiber nötig? Der Gerätetreiber-Assistenten macht's für Sie!

Wenn Sie bei der Installation von Windows ME Probleme bei der Hardwareerkennung haben, also Geräte gar nicht oder falsch erkannt werden, ist der erste Schritt, die Einstellungen zu diesem Gerät im Geräte-Manager zu löschen. Der nächste Schritt hängt vom Verlauf des vorherigen ab! Häufig erkennt Windows nach einem Neustart das Gerät nämlich korrekt und installiert die Treiber, sodass Sie nichts weiter tun müssen. Ist das nicht der Fall, müssen Sie sich den Treiber für das Gerät besorgen und lassen ihn dann vom Geräte-Manager installieren.

> **Treibersuche? Hier werden Sie fündig!**
>
> *Auf der Suche nach Treibern sind die Webseiten der Hardwarehersteller sicherlich die erste Anlaufstation! Auf Seite 775 finden Sie die wichtigsten Adressen von Hardwareherstellern – werden Sie dort nicht fündig, sollten Sie mal die Seite http://www.windriver.com ausprobieren. Hier tummeln sich Tausende von Treibern – vor allem wenn Sie ältere oder exotische Hardware haben, wird auf dieser Seite etwas für Sie dabei sein!*

Den Geräte-Manager finden Sie in der *Systemsteuerung*, wenn Sie auf *System* und dann auf die Registerkarte *Geräte-Manager* klicken. Aber hier mal das Ganze Schritt für Schritt:

1 Klicken Sie im *Geräte-Manager* auf das fehlerhafte Gerät und dann auf *Entfernen*. Die anschließende Frage, ob Sie das Gerät wirklich entfernen wollen, bestätigen Sie mit *OK*.

2 Windows ME kommt im Normalfall auch ohne Neustart aus – es kann aber trotzdem sein, dass bei der Installation des einen oder anderen Treibers doch ein Neustart verlangt wird!

3 Nach diesem Neustart steht das Gerät korrekt zur Verfügung. Ist das nicht der Fall, müssen Sie sich auf die Suche nach dem korrekten Treiber begeben!

Neue Treiber installieren

Wenn Sie auf der Internetseite eines Geräteherstellers einen neuen Treiber für ein Gerät gefunden haben und diesen jetzt installieren wollen, funktioniert auch das am besten mit dem Geräte-Manager und dem Gerätetreiber-Assistenten:

1 Starten Sie den *Geräte-Manager* in der *Systemsteuerung* und klicken Sie auf das Gerät, das einen neuen Treiber bekommen soll.

2 Jetzt klicken Sie auf die Registerkarte *Treiber* und anschließend auf *Treiber aktualisieren.*

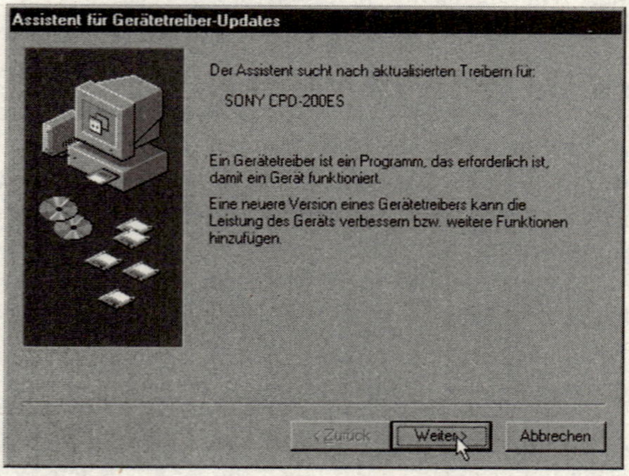

3 Windows zeigt Ihnen nun ein Hinweisfenster, in dem Sie überprüfen können, ob Sie das richtige Gerät ausgewählt haben. Stimmt das Gerät, klicken Sie auf *OK*.

4 Jetzt können Sie Windows in der ersten Option nach einem besseren Treiber suchen oder mit der zweiten Option die neuen Treiber von einem Datenträger oder aus einem Verzeichnis einlesen lassen. Dazu wählen Sie die Option *Position des Treibers angeben (Erweitert).*

5 Im nächsten Fenster klicken Sie auf *Diskette Wechselmedien (Diskette, CD-ROM ...)* und geben den Pfad zu den Treiberdateien an.

6 Zurück im Startfenster des Geräte-Assistenten klicken Sie auf *Weiter*. Jetzt werden die Dateien auf die Festplatte kopiert, die Treiber eingerichtet und dem System hinzugefügt.

7 Ist der Kopiervorgang beendet, zeigt Windows Ihnen das korrekte Einrichten in einem Hinweisfenster an. Mit *Fertig stellen* beenden Sie die Treiberinstallation.

8 Und jetzt kann es noch mal sein, dass Windows einen Neustart des Rechners will – danach steht das Gerät zur Verfügung!

So werden Sie Programmleichen los

Wenn Sie sich von einem Programm auf Ihrem Rechner endgültig verabschieden wollen, löschen Sie es logischerweise einfach. Je nachdem, mit welcher Methode Sie das Programm löschen, klappt das entweder ganz problemlos, oder aber Sie behalten unliebsame Programmreste zurück, an denen Windows ME unter Umständen schwer zu knabbern hat.

So sollten Sie Programme auf keinen Fall löschen!

Wollen Sie wissen, welche Löschmethode die garantiert falscheste ist? Also – am falschesten wäre etwas, das leider immer noch viele Windows-Benutzer machen: Sie gehen einfach in den Explorer und löschen dort den Programmordner!

Das Programm ist dann zwar tatsächlich vom Rechner verschwunden, seine Einträge in der Registry bleiben aber stehen. Und das bedeutet, dass Windows bei jedem Start auch diese nutzlosen Einträge abarbeiten muss und vielleicht sogar Fehlermeldungen anzeigt.

So ist's richtig: Die Windows-Deinstallationsroutine benutzen

Alle 32-Bit-Programme können Sie am einfachsten über die *Systemsteuerung* deinstallieren. Hier klicken Sie auf *Software* und dann auf die Registerkarte *Installieren/Deinstallieren*. Im unteren Teil der Registerkarte sehen Sie jetzt die Liste der Software, die Sie automatisch deinstallieren können. Markieren Sie einfach das Programm, das Sie löschen wollen, und klicken Sie dann auf *Hinzufügen/Entfernen*.

Windows ruft nun die Deinstallationsroutine für das entsprechende Programm auf, die es korrekt deinstalliert.

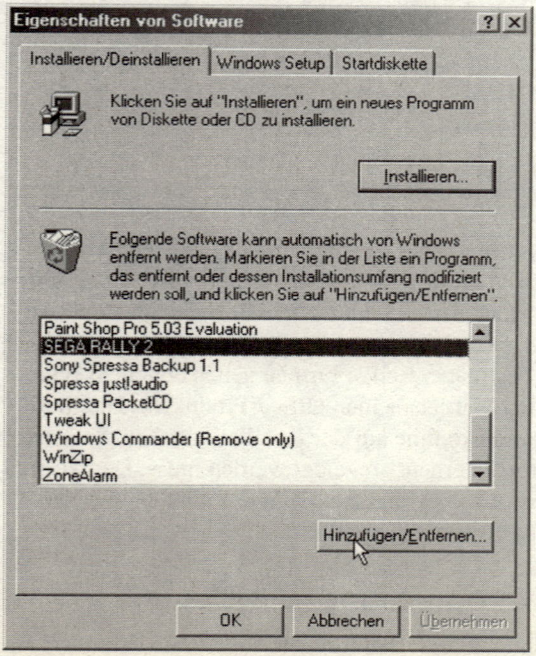

Das steckt dahinter ...

Die Startbefehle für die zu einem Programm gehörende Deinstallationsroutine werden bei der Installation des Programms in der Registry und dort im Schlüssel *HKEY_LOCAL_MACHINE\Software\Microsoft\Windows\CurrentVersion\Uninstall* abgelegt. Wenn Sie die Deinstallation über die *Systemsteuerung* starten, wird die im Schlüssel abgelegte Befehlsfolge ausgeführt.

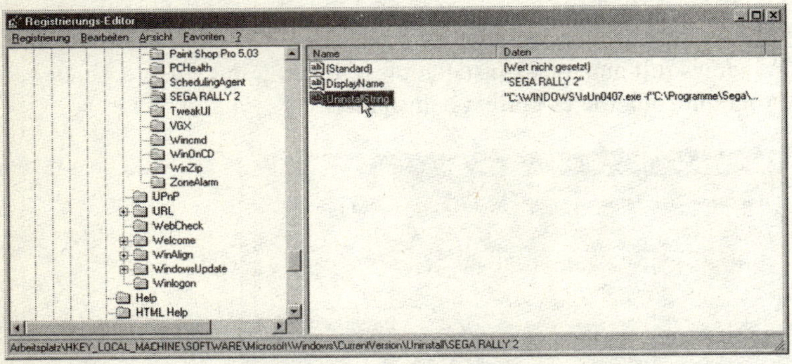

Manche Programme nutzen zum Deinstallieren das gleiche Softwareprodukt wie für die Installation. Ein Produkt, das oft von Softwareherstellern eingesetzt wird, ist *InstallShield*. Viele Softwarehersteller kopieren die komplette Deinstallationsroutine bei der Installation der Software mit auf die Festplatte. Einige Firmen gehen andere Wege, wie beispielsweise Microsoft bei seinen Office-Produkten. Hier befindet sich die Deinstallationsroutine auf der Installations-CD, die daher zum Löschen der Software erneut eingelegt werden muss. Der Aufruf für die Deinstallationsroutine erfolgt auch in diesen Fällen über die Liste der installierten Softwareprodukte.

Wichtig: „Saubere“ Deinstallationsumgebung!

Bevor Sie ein bestimmtes Programm löschen, sollten Sie Windows am besten beenden und neu starten. Erst jetzt können Sie nämlich sicher sein, dass keine Programmreste, genauer gesagt Programmmodule, mehr aktiv sind. Wäre das der Fall, könnte Windows diese Module nicht löschen, was natürlich ärgerliche Programmreste bedeutet.

Programme mit automatischem Start erst deaktivieren!

Wenn Sie ein Programm löschen wollen, das normalerweise automatisch mit Windows startet, müssen Sie diesen AutoStart natürlich erst einmal deaktivieren! Viele Antivirenprogramme sind solche Kandidaten, die automatisch starten. Entweder können Sie den automatischen Start in den Programmeinstellungen der Software deaktivieren oder dies in der Registry erledigen.

Weg damit: Automatisch startende Programme

Haben Sie ein automatisch startendes Programm auf dem Rechner, das sich dummerweise wirklich nicht über seine eigenen Programmeinstellungen vom AutoStart abhalten lässt, löschen Sie den Startaufruf einfach in der Registry.

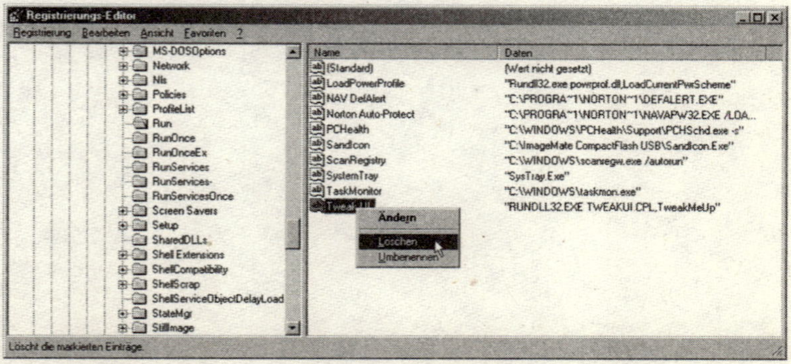

Die AutoStart-Aufrufe finden Sie in der Registry unter *HKEY_LOCAL_MACHINE\Software\Microsoft\Windows\CurrentVersion\Run*, wo Sie den zu löschenden Aufruf markieren und löschen.

Nach dem Löschen: Festplatte defragmentieren

Weil durch das Löschen von Programmen natürlich Speicherplatz auf der Festplatte frei wird, entstehen dadurch auch die „Speicherlöcher". Und das wiederum bremst über kurz oder lang Ihre Festplatte aus. Die Lösung: Nach dem Löschen von Programmen am besten gleich die Festplatte defragmentieren!

Stichwortverzeichnis

C

D

E

F

G

H

I

J

K

L

M

P

Q

R

S

T

U

V

W

Z